분단 극복을 위해 헌신한 외교관

초강 이범석 평전

분단 극복을 위해 헌신한 외교관

초강 이범석 평전

허영섭 지음

채륜

이범석 장관님을 기리며

1983년 10월 9일, 나는 미국 보스턴의 하버드대학교 케네디스쿨에서 연수 중이었다. 수업 준비에 여념이 없던 그날 나는 청천벽력과 같은 뉴스를 듣게 되었다. 버마를 방문 중이던 전두환 대통령 수행원 일행이 아웅산 묘소를 참배하기 위해 도열하고 있던 차에 북한 테러범들이 미리 장치해 놓은 폭발물이 터지면서 각료들을 포함해 수행원 17명이 목숨을 잃었다는 것이었다. 이범석 장관님도 희생자 명단에 포함되어 있었다.

불과 며칠 전 제38차 유엔총회 참석차 방문하셨던 장관님을 뉴욕으로 가서 반갑게 뵈었던 기억이 너무나 생생한데 돌아가셨다는 소식이 도저히 믿기지 않았다. 그 3개월 전까지 보좌관으로 장관님을 모셨던 나로서는 너무 황망하고, 놀랍고, 충격적이어서 눈물이 왈칵 솟구쳤다. 끝까지 보좌하지 못하고 하버드 연수를 위해 장관님 곁을 떠난 것이 마음에 여한으로 남게 되었다.

그로부터 벌써 35년이 지난 오늘, 장관님께서 생전에 활동하시던 모습을 되돌아보면 우리가 어떤 비전을 갖고 지내야 하는지에 대한 큰 교훈을 얻을 수 있다. 과거와 현재, 그리고 미래라는 서로 연결돼 있는 시간-공간 속에서 공통점과 차이점을 찾아내고 이를 통해 배우고, 또한 배운 바를 실행해 나가야 한다는 것을 이 장관님은 보여주셨다. 특히, 최근 급격하게 변화하고 있는 한반도 정세를 보면서 장관님의 혜안이 그립기만 하다.

이범석 장관님은 냉전이 한창이던 1970년대와 80년대 초반을 무대로 활동하셨다. 남북한 간은 물론 세계가 미·소를 양축으로 서로 치열한 대립으로 일관하던 시절이다. 1972년 남북공동성명이 발표되면서 잠시 남북한의 화해와 교류가 기대된 것이 사실이지만 북한의 계속된 도발로 강경 대립이 계속되었다. 따라서 중국과 소련 등 공산권과의 접촉도 어려웠고, 수교는 꿈도 꾸기 어려운 시절이었다. 이러한 환경 속에서도 이 장관님은 미래를 내다보고 우리가 어떠한 대비를 해야 하는지에 관하여 고민하면서 나아갈 방향을 제시하고자 하였다. 1983년 6월 29일 국방대학원 연설을 통해 '북방정책'이라는 외교적 목표를 제시한 것이 그것이다.

이 장관님과 나의 개인적인 인연은 1983년 초에 맺어졌다. 당시 나는 유엔과장으로서 인도에서 개최되는 비동맹 외상회의를 준비하고 있었다. 1975년 유엔총회가 남북한 문제를 더 이상 유엔에서 다루지 않기로 결정하면서 남북한 간의 외교적 대결은 유엔에서 비동맹으로 옮겨가게 되었다.

하지만 장관께서는 남북한이 같은 민족이고 언젠가는 통일을 이뤄 함께 살아가야 함에도 불구하고 국제무대에서 대결하는 모습을 보이는 것이 결코 바람직하지 않다고 생각하셨다. 비동맹 외상회의가 한반도 상황에서 중립적 입장을 취하도록 이끌어야 한다는 게 장관님의 구상이었다. 그렇게 되면 비동맹회의가 더 이상 한반도 조항을 거론할 만한 실익도 없고 의미도 없게 될 것이며, 따라서 비동맹에서 남북 대결을 피할 수 있을 것이라는 판단이셨다.

이 장관님의 이러한 판단은 전략적으로 옳은 것이었다. 유엔총회가 남북한 문제를 다루지 않기로 결정한 것도 바로 그러한 이유였기 때문에 비동맹에서도 똑같은 논리를 적용할 수 있을 것으로 간주했던 것이다. 그러나 비동맹회의는 기본적으로 북한에게 유리한 외교무대였고, 인도는 비동맹의 맹주이면서 북한과의 관계도 매우 가까웠기 때문에 우리로서는 힘든 상황이었다.

이 장관께서는 간디 총리와의 친분 등 외교적 네트워크를 잘 활용하면서 적극적인 활동을 펼치셨다. 그 결과 다행스럽게도 비동맹회의 최종 문서에서 한반도 문제가 종전과 달리 매우 중립적인 표현으로 채택되게 되었다. 이러한 결과에 대해 장관께서도 매우 만족하셨고, 인도 출장에서 귀임한 직후인 그해 3월 장관께서는 나를 장관 보좌관으로 부르셨다.

그러나 아쉽게도 내가 보좌관으로서 장관님을 모실 수 있는 기간은 그리 길지 않았다. 나는 이미 하버드대학 연수과정에 등록되어 있었다. 장관님은 나에게 좀 더 보좌해 줄 것을 기대하셨으나 나는 하버드 연수는 다시 올 수 없는 기회로 생각되었고, 결국 보좌관 재임 6개월 만에 장관님 곁을 떠나게 되었다. 그리고 그해 9월 말, 내가 연수를 떠난 지 한 달 만에 유엔총회에 참석하신 장관님을 찾아뵙게 된 것이다. 장관님은 "학업을 열심히 해서 국가에 보답하라"는 말씀을 주셨는데 이것이 장관님과의 마지막 만남이 될 줄은 꿈에도 생각하지 못했다.

이 장관님은 평생을 나라를 위해 바치신 분이다. 업무에 관한 한 매우 치밀하셨고, 부하들에게는 엄하셨다. 그렇다고 엄하시기만 했던 것은 아니다. 너그러울 때는 한없이 너그러운 면모를 보여주셨다. 유머도 뛰어나셨고, 통도 매우 컸던 분이다. 오늘 장관님의 탁월한 선견지명과 추진력, 그리고 인간적이 모습이 너무 그립기만 하다. 다시금 장관님의 명복을 빌며 하늘에서 대한민국의 미래를 위해 굽어 살피시기를 기원해 본다.

반기문 전 유엔사무총장

언제나 그리운 사람, 이범석 형

내가 1941년 평양고보에 입학했을 때 범석 형은 나보다 3년 위였습니다. 우리 신입생들이 볼 때 형은 어른 같았고, 그 학년의 대대장이었습니다. 그의 늠름한 모습, 우렁찬 구령소리가 아직도 내 기억에 생생하고 귓가에 쟁쟁합니다. 오랜 전통을 지닌 평양고보의 교명을 일본 총독부가 강제로 '평양2중'으로 개칭함으로써 이에 항거하는 재학생과 졸업생들의 드센 목소리가 아직 가라앉지 않았던 무렵입니다.

그뒤로 8.15 광복을 맞아 형은 월남하여 고려대학에 입학하였고, 나는 연희대학에 다니게 되어 형과의 교제가 잠시 끊어져 있었습니다. 그러나 형이 미인인 동시에 후덕한 이윤영 목사의 따님과 결혼하게 되었다고 하여 화제가 됐던 것을 기억합니다. 이윤영 목사는 1948년 제헌국회 때 이승만 의장의 부탁을 받고 개회 기도를 하신 분으로 초대 국무총리 서리를 지내신 분입니다.

형은 대학을 졸업한 뒤 적십자 운동에 전념하였고 남북 관계에서도 적십자사를 대표하여 매우 공이 크다는 사실을 잘 알고 있습니다. 그러던 중 외무부에 발탁되어 외교관으로서도 자못 눈부신 활동을 펼치셨습니다. 통일원장관을 지낸 뒤에는 전두환 대통령의 요청을 거부할 수 없어서 비서실장 일을 하다가 외무장관 자리에 올랐습니다.

형이 버마의 수도인 랭군으로 떠나기 전에 신라호텔에서 같이 저녁을 먹었습니다. 해외순방하는 대통령을 모시고 일행이 버마로 떠날 날을 며칠 앞둔 때였습니다. 형은 치통이 나서 함께 떠날 수가 없다고 하면서 왜 그런지 버마행을 매우 꺼려하고 있었습니다. 하지만 나라를 위하여 하루 늦게라도 치료를 마치고 합류하고 싶었으나 대통령이 허락하지 않아 부득이 치료를 마치지 못한 채 현지에 수행함으로써 끝내 아웅산 참사를 피하지 못하는 결과가 초래되었습니다.

세계 어디에 내놓아도 손색이 없을 만큼 잘 준비된 각료들을 비롯해 17명의 수행원들이 졸지에 목숨을 잃은 가운데 범석 형에 대한 그리움은 날이 갈수록 더해집니다. 나는 현충원에 마련된 형의 묘비에 비명을 쓰면서 이렇게 한마디 적었습니다. 그가 갈라진 국토의 통일을 위해 진력한 사실을 잘 알기 때문에 "평양 가는 열차의 첫 기적소리 울릴 때 일어나세요"라고 누워 있는 형의 부활을 기대하였습니다.

그동안 세월이 흐르고 사람들도 많이 바뀌어 형의 숭고한 희생을 기억하는 사람도 몇 명 없을 것입니다. 그래도 35년의 긴 세월이 지났을망정 그날의 슬픔을 되새길 수 있는 사람들은 형을 잊지 못합니다.

나와는 관계가 깊어서 항상 흠모하여 마지않던 범석 형의 돌연한 이별이 못내 서럽고 아쉽습니다. 오늘도 범석 형을 그리워하면서 형에 대하여 몇 줄의 특별한 소감을 여기에 적어 봅니다.

김동길 연세대학교 명예교수

외유내강의 리더십을 생각하며

  초강初崗 이범석 전 외무장관이 1983년 10월 9일 미얀마의 수도 양곤 아웅산 묘소에서 북한의 마수로 유명을 달리한 지 벌써 35년이 된다. 뒤늦게나마 이 장관의 평전이 나오게 된 것은 우리들 후배로서 대단히 고마운 일이다.

  내가 이 장관을 처음 뵌 것은 1962년 여름 영국 연수에서 돌아와 외무부 본부의 국제기구과에 출근하였을 때다. 당시 이 장관은 대한적십자사에서 외무부로 들어와 국제기구과장으로 재직하고 있었다. 이미 대한적십자사 청소년부장 직책으로 1959년 제네바에서 일본에 의한 재일동포 북송을 저지하기 위해 국제적십자사와 교섭에 임했던 입장이다. 당시 정부 대표단장이던 김용식 공사와 고락을 같이 한 인연으로, 그 후 외무차관으로 승진한 그의 권유로 외무부에 투신하게 되었던 것이다.

  1964년에는 내가 주미대사관에 3등 서기관으로 파견돼 있던 중 유엔대표부에서 참사관으로 전임해 온 이 장관을 모신 인연도 있다. 그리고 한참 세월이 흘러 1982년 외무장관으로 오시게 되어 그 밑에서 제1차관보로 다시금 모시는 기회를 가졌다.

  알려졌다시피 이 장관은 평양 태생으로 거기서 평양고보를 다녔고, 해방이 되면서 월남한 실향민이있다. 한국전쟁 이후 남북 간 첫 접촉은 이산가족 문제 해결을 위한 적십자회담이었다. 우리 정부가 1971년 8월 12일 이산가족 찾기를 위한 적십자회담을 제의했고,

북한이 이틀 뒤 이 제의를 수락했던 것이다. 이에 따라 예비회담이 시작되고도 우여곡절을 겪은 후 1972년 8월에야 제1차 본회담이 평양에서 열리게 되었다. 이때 이 장관은 대한적십자사 부총재로서 우리 측 수석대표를 맡았다.

이 장관이 이런 과정을 통해 북한 사정을 잘 알고 있었으므로 북한 측은 버거운 상대로 봤던 것 같다. 1978년 7월 공산월남에 억류되어 있던 이대용 공사 등 3명의 우리 공관원 석방을 위한 비밀교섭이 뉴델리에서 열렸을 때 마침 이 장관이 주인도 대사로 재직하고 있었다. 그때 회담의 수석대표 자격을 차관급으로 결정하면서 북한이 이 대사를 국장급으로 간주해 배제하려는 저의를 드러낸 것이 그런 이유였다. 물론 종국에는 이 대사가 우리 측 수석대표로 교섭을 맡아 1년여 동안 고생하였다.

내가 접촉했던 이 장관은 외유내강한 분이었다. 실제로 그와 접촉이 있었던 많은 분들이 어려움이 있을 때 마음을 터놓고 상의할 수 있는 형님 같은 분으로 대하곤 했다. 마음 따뜻하고 인간미 가득한 분이었다.

다행스럽게도 지난 2014년 6월에는 아웅산 묘역에서 북한 테러로 희생된 17명의 희생자를 기리기 위한 추모비 제막식이 윤병세 외교장관과 유족들 참석리에 거행되었다. 추모비 건립 후보지에 대해 미얀마 정부가 미얀마 국민들의 '성지聖地'라 하여 난색을 표했으나 우리 정부가 2012년 10월 방한한 떼인세인 대통령을 설득해 건립에 이른 경위가 있다. 나 개인으로도 이 테러사건으로 평소 존경하던 상사, 고교 동기, 동료 등 4명을 졸지에 잃은 충격을 잊을 수 없다. 이 장관님의 명복을 빌면서 남아 있는 우리들의 앞길을 밝혀 주시기를 기원하는 마음 간절하다.

공로명 전 외교통상부 장관

불행했던 현대사의 단면을 생각한다

이범석 전 외무장관의 생애는 불행했던 우리 현대사의 단면을 그대로 보여준다. 일제 식민 치하 당시 평양에서 태어나 어린 시절을 보냈고, 스무 살이 되던 해 광복을 맞았으나 남북이 갈라지면서 피치 못할 실향민 신세가 되었다. 그가 6.25전란 당시 부산 피난 중 적십자사에 몸담은 이래 수행했던 유엔군 포로송환 교섭 업무나 일본의 북송교포 송환 저지 노력에도 굴곡진 우리 현대사의 모습이 담겨 있다.

4.19학생혁명 직후 외무부로 옮겨 외교 일선에서 뛰어다니면서부터는 신생국의 비애를 겪어가며 분단 현실에 부딪쳐야 했다. 튀니지 대사에서 돌아온 뒤 남북적십자회담 수석대표를 맡아 지금껏 간헐적으로 이어지는 이산가족 상봉 회담의 첫 초석을 놓은 것이 대표적인 사례다. 인도 대사 시절에는 베트남에 억류됐던 우리 공관원들의 송환을 위해 북측 대표들과 회담 테이블에 마주앉기도 했다. 그 자신 북한에 고향을 두고 쫓겨나온 입장에서 심사가 보통 어지럽지 않았을 것이다.

그의 생애에서 겉으로 드러난 활약상 만큼이나 돋보이는 것은 역시 근면한 성품이다. 근면하면서도 남다른 책임감의 뒷받침이 없었다면 자신에게 맡겨진 막중한 역할을 원활하게 수행하지도 못했을 것이다. 통일원장관과 대통령 비서실장, 그리고 외무장관 자리를 맡아서도 최선의 노력으로 업무를 수행했다. 어려서 비교적 부유한 형편에서 성장했으면서도 맨손으로 월남해 온갖 어려움을 이겨낼 수 있었던 비결이 그다지 다를 수가 없다.

안타까운 것은 그가 쉰여덟이라는 한창 나이에 세상을 등져야 했다는 점이다. 북한의 공작으로 인한 아웅산 테러사태로 목숨을 잃었다는 사실에 있어서는 잊혔던 분노가 다시금 치솟는다. 젊은 시절부터 북한과의 교섭을 위해 맨 앞줄에서 뛰어다니던 그가 끝내 그들의 흉계에서 벗어나지 못한 것이었다. 아웅산 사태 당시의 다른 희생자들과 함께 스스로의 목숨을 바쳐 북한 정권의 야만성을 증명하려 했던 것인지도 모른다.

돌이켜보면 미얀마 아웅산 국립묘지에서 테러사태가 일어난 것이 1983년 10월의 일이니, 햇수로 벌써 35년 전의 얘기다. 당시 서남아 5개국 및 브루나이 순방에 나섰던 전두환 대통령의 목숨을 노려 북한이 저지른 흉계였다. 이 테러로 우리 정부 각료들을 포함해 수행원 열일곱 명이 어이없이 참변을 당하고 말았다. 그때의 희생자들 모두가 대한민국의 미래를 책임질 막중한 역량과 의지를 지닌 주인공들이었다는 점에서 국민들이 받아들인 슬픔과 충격이 결코 작지 않았다.

세월이 흐르면서 그때의 쓰라린 기억이 점차 흐려지는 것은 무척 아쉬운 일이다. 젊은 세대들 가운데서는 그런 비극적 사태가 있었는지에 대해서조차 아예 접하지 못한 경우도 적지 않을 것이다. 하지만 최근 들어 남북대화가 활발하게 진행되는 가운데서도 북한이 핵무기 포기에 미온적인 데서도 북한 체제의 속성을 충분히 짐작할 수 있다. 그동안 일어났던 두 차례의 연평해전과 천안함 폭침사건, 그리고 연평도 포격사건도 마찬가지다.

남북한이 서로 대화 분위기를 유지하면서 가까이 지내야 하는 것은 핏줄을 나눈 같은 민족으로서 당연한 일이다. 그런 노력을 통해 언젠가는 민족의 염원인 통일도 이룰 수 있을 것이다. 그러나 얼굴에 아무리 웃음을 띠고 있더라도 그동안의 과오에 대한 반성과 사과가 이뤄지지 않는다면 진정성을 믿기 어렵다. 앞으로 남북 간 대화가 더욱 진전되면서 아웅산 사태를 포함해 과거 여러 공작사건들에 대한 북측의 진정한 사과가 이뤄지기를 기대한다.

아웅산 사건이 군부독재 시절 일어났고, 그때의 희생자들이 당시 전두환 대통령의 휘하에서 국정 책임을 맡았다는 점 때문에 북한 테러공작이라는 사실이 상당히 희석된 측면도 없지 않다. 대통령의 인기에 따라 그 수행 각료들의 희생이 덩달아 과소평가되고 있는 것이 사실이라면 그 자체로서 불행한 일이다.

요즈음 중고교 교과서에서도 아웅산 테러사건에 대한 얘기를 거의 찾아보기 어렵게 된 것이 이처럼 복합적인 원인이 작용한 결과일 것이다. 신문에서도 해마다 10월 9일이 되면 '오늘의 소사小史' 정도로 취급하고 있을 뿐이다. 테러사건이 발생하고 이듬해인 1984년 10월 북녘을 바라보는 임진각 공원에 위령탑이 세워졌고, 2014년 6월 현충일을 기해서는 아웅산 국립묘지 현장에 추모비가 제막됐지만 그것만으로는 부족하다.

이제는 아웅산 사태의 희생자들이 저 세상에서나마 편안히 쉴 수 있도록 사회적으로 추모의 분위기를 가꿔나갈 필요가 있다. 35년의 세월이 흐른 지금도 소스라치듯 후유증에 시달리는 유가족들도 위로해 줘야 한다. 그런 점에서는 아웅산 사태가 과거형으로 끝난 게 아니라 현재진행형이나 다름없다. 사건의 실체를 정확히 인식하고 그런 불행한 사태가 다시는 일어나지 않도록 국민 모두가 평소 주변을 단속하고 경계하는 자세가 필요하다.

이범석 장관의 미망인 이정숙 여사의 요청으로 원고 작업에 매달린 지 2년여 만에 겨우 작업을 끝냈다. 한편으로는 홀가분하면서도 워낙 재주가 없는 탓에 이 장관의 진면목을 제대로 그려냈는지 걱정이 앞선다. 이 장관 위주로 글을 쓴 게 사실이지만 그러면서도 최대한 객관성을 유지하려고 노력했다는 점을 아울러 강조하고 싶다. 책을 쓰면서 여러 사람의 도움을 받았지만 그중에서도 언론계 대선배이신 이성춘 선배님의 각별한 조언이 없었다면 원고를 끝내기 어려웠을 것이라는 점을 솔직히 고백한다. 이 장관과 생전에 개인적으로 가깝게 지내며 쌓았던 교분과 경험담은 원고 작성에 적잖은 도움이 되었다. 일제시절의 자료 검색을 도와준 방세현 시사정책연구소장에게도 신세를 졌다.

무엇보다 선뜻 추천사를 써 주신 반기문 전 유엔사무총장과 김동길 연세대 명예교수, 공로명 전 외교통상부 장관께도 감사의 뜻을 표한다. 오세응·안응모 전 장관과 김병연·이재춘·이복형·문동석·강신성·김성엽·이연수 대사께서도 이 장관과의 관계를 회고하는 글을 보내 주시거나 인터뷰에 응해 주셨다. 이외에도 도움을 주신 분들이 많지만 모두 거명하지 못하는 것을 안타깝게 생각하며 이 자리를 빌어 모든 분들께 거듭 감사의 인사를 드린다.

이 책의 출판을 계기로 이범석 장관이 어렵게 헤쳐 왔던 우리 대한민국의 지나간 역사를 되돌아보는 계기가 마련된다면 저자로서는 더 없는 보람이 될 것이다. 민족 분단의 비극인 아웅산 사태도 잊혀져선 안 된다. 남북이 갈등을 극복하고 한 울타리 안에서 지내는 통일의 그날이 올 때까지 가슴 깊이 기억해야 할 것이다. 갈수록 기억을 무디게 만드는 무심한 세월이 원망스러울 뿐이다.

2018년 9월
저자 허영섭

차례

논란/ '해외협력청' 신설 구상/ 노신영과의 갈등/ 외무부 예배반/ 시동을 건 '북방정책'/ '가지 않은 외교'의 길/ 중공 민항기 불시착 사건/ KAL 007기 피격사건/ 미얀마 순방 준비/ 출국 전날, 가을비/ 눈물의 영결식

제1장

일요일의 비보悲報

세월은 흘러가고, 또 흘러간다. 바람처럼 구름처럼 쉬지 않고 흘러가는 것이 세월이다. 잔잔히 흘러가다가 어느 순간 급류를 만나는가 하면 때로는 깊이를 알 수 없는 소용돌이에 휘말리기도 한다.

예고도 없이 찾아오는 세월의 소용돌이는 개인의 삶과 죽음은 물론 국가의 운명까지 순식간에 갈라놓으며 비극적인 파문을 일으킨다. 그리고는 하소연할 틈도 주지 않고 언제 그랬냐는 듯이 또 조용히 잦아든다. 개인적으로나 국가적으로나 세월의 흐름 속에서 슬픔과 눈물, 위로와 한숨이 반복되는 것이 그런 때문이다.

1983년 이역만리 미얀마에서 일어난 아웅산 테러사태가 그러했다.

그해 10월 9일. 한글날이자 일요일이던 이날 서울 시내의 오전 분위기는 그런 대로 평온한 편이었다. 가을이 왔음을 말해주듯이 하늘도 청명했다. 전날 저녁까지 주룩주룩 쏟아져 내리던 빗줄기도 말끔히 걷혀 있었다.

오전 10시, 서울 남산 장충동에 위치한 국립극장에서는 한글날 기념식이 열렸다. 537돌을 맞는 한글날이었다. 기념식 치사는 김상협金相浹 총리가 맡았다. 마침 전두환全斗煥 대통령이 서남아와 대양주 6개국 순방을 위해 바로 전날 출국길에 오름으로써 부재중이기도 했지만 한글날 치사는 관례적으로 국무총리의 몫이었다.

전 대통령은 이미 첫 방문국인 미얀마에 도착해 있었다. 서울에서 미얀마까지의 비행거리는 대략 여덟 시간 정도. 조간신문마다 전 대통령이 수행원들과 양곤 밍갈라돈 공항에 내려 우산유 대통령의 극진한 영접을 받았다고 1면 머릿기사로 큼지막하게 보도했다. "한국과 미얀마는 신뢰와 번영의 동반자로서 통상 증진과 농업개발 등 협력확대 방안을 모색해 나가야 한다"는 전 대통령의 도착성명까지 자세하게 곁들여졌다. 일요일에도 아침 신문이 발행되던 때였다.

그날 아침 신문에는 전 대통령의 미얀마 도착을 전하는 기사 외에도 몇 가지 주요 뉴스가 다뤄지고 있었다. 그때 서울에서 열리고 있던 국제의원연맹IPU 기사가 그중에서도 비중이 큰 편이었다. 연맹 총회에서 한국을 포함한 모든 IPU 회원국들의 유엔가입 지지안이 가결됐다는 내용도 포함되어 있었다. 한국 정부의 거듭된 신청에도 불구하고 유엔가입이 성사되지 않고 있었던 시기다. 미국이 우리 정부에 대해 승용차와 냉장고, 화장품 등에 대한 수입 개방을 요구하고 있다는 내용도 두드러지는 기사였다.

더욱이 소련 전투기의 KAL 007기 격추사건 책임을 둘러싼 국제적인 공방이 계속 이어지던 무렵이었다. 불과 40일 전인 그해 9월 1일 미국에서 서울로 돌아오던 대한항공 여객기가 소련 상공에서 격추되는 어이없는 사건이 벌어졌고, 이에 대해 유엔총회에서 자유진영 국가들의 집중 성토가 이뤄졌던 터다. 이범석李範錫 외무장관이 유엔총회에 참석해 우리 정부의 입장을 적극 전달했던 것이다. 그때 IPU 서울 총회에서도 소련의 사과와 배상을 요구하는 우리 정부의 결의안이 제출되는 등 소련에 대한 국제적인 압박 작전이 진행되고 있었다.

눈길을 국내로 돌려본다면 인천에서는 제64회 전국체전이 열리던 중이었다. 신문에 시도별 메달 집계와 간판급 선수들의 동향이 두루 소개되고 있었다. 그즈음 계속 하향 추세로 치닫던 주가株價 전망과 창경원 동물 가족들의 수송 작전도 눈길을 끄는 기사였다. 당시 과천 서울대공원 공사가 모두 마무리됨으로써 원남동 창경원에 있던 동물원 전체가 이전토록 계획이 잡혀 있었던 것이다.

이를테면, 시민들의 관심사가 그 정도에서 벗어나지 못하고 있었다. 세상이 분주한 듯하면서도 전반적으로는 일상의 틀 안에서 움직이고 있었을 뿐이다. 아무리 놀랄 만한 사건이라도 일단 벌어지고 나서 시간이 흘러가면 차츰 과거의 영역으로 흡수되기 마련이 아니던가. 세월의 급류가 간간이 휘몰아치는 가운데서도 사람들은 저마다 기억과 망각의 경계를 넘나들며 꿋꿋이 살아가고 있는 것이다.

더구나 민족의 명절인 추석을 쉰 지도 벌써 보름 정도가 지난 터여서 사회적으로 크게 부각될 문제도 그리 없었다. 그나마 10월을 맞아 곳곳에서 열리던 다양한 문화 행사가 일요일인 이날 분위기를 살려주고 있었을 뿐이다.

1983년 10월 9일

이렇게 흘러가던 일요일의 평온은 오후 1시가 조금 지나면서 갑자기 깨지게 된다. 좀 더 정확히는 오후 1시 10분께였을까.

첫 비상이 걸린 것은 외무부였다. 전 대통령의 해외순방 첫 방문국인 미얀마 대사관의 외신관으로부터 들어온 제1보가 심상치 않았다. "경호상 문제가 생겼으니 간부들은 비상 대기해 달라"는 내용이었다. 아침 신문에서 우산유 대통령과 환담을 나누며 웃음 짓던 전 대통령 일행에게 그 사이 무슨 일인가 벌어졌음을 암시하고 있었다.

당시 외무부의 지휘권자는 노재원盧載源 차관이었다. 이범석 장관이 전 대통령의 해외순방에 수행 중이었기 때문이다. 노 차관은 이때 방한 일정을 마치고 귀국하는 이탈리아 줄리오 안드레오티Giulio Andreotti 외무장관을 김포공항까지 전송한 뒤 시내로 들어오던 참이었다. 카폰을 통해 상황실로부터 긴급 연락을 받은 그는 세종로 정부종합청사로 들어오자마자 간부회의 소집을 지시하고는 곧바로 김상협 총리에게 정황을 보고했다. 안전기획부를 통해 별도로 총리실에 보고가 올라온 것도 비슷한 시각이었다.

그러는 사이에도 현지에서 상보가 속속 전해 들어오고 있었다. 전 대통령의 수행원들이 미얀마 수도인 양곤 북쪽에 위치한 아웅산묘지를 참배하던 중 원인을 알 수 없는 폭발사고로 현장이 피범벅을 이뤘다는 내용이 확인된 뒤였다. 아직 현장을 수습하는 과정이어서 제대로 파악되지는 않고 있으나 수행 각료들 상당수가 희생됐다는 내용도 전해져 들어왔다. 처음에는 설마 하던 정부청사 분위기가 금방 초상집 분위기로 바뀌고 말았다.

폭발사고가 난 것은 미얀마 현지시간으로 낮 10시 28분께. 2시간 30분의 시차를 감안한다면 서울 시간으로 낮 12시 58분에 사고가 일어났고, 첫 보고가 서울로 전달된 것이 10분이 채 지나지 않아서의 일이었다. 일요일의 난데없는 비보悲報였다.

상황은 숨 가쁘게 이어졌다. 김상협 총리는 즉각 총무처에 비상국무회의 소집을 지시했고, 이에 따라 각 부처 장관들이 영문도 모른 채 종합청사 9층의 총리 집무실로 속속 모습을 드러냈다. 이렇게 비상국무회의가 열린 것이 그날 오후 3시부터. 그러나 연락이 잘 닿지 않은 탓에 드문드문 공석인 상태였다. 참석자들도 외출 중에 황급히 호출된 때문인지 대체로 휴일의 간편복 차림이었다.

이처럼 정부의 긴급 연락망을 통해 비상국무회의가 열리던 무렵에는 이미 각 언론사에도 관련 내용이 속속 입전되고 있었다. 해외 뉴스를 전하는 외신부의 텔렉스 단말기마다 '긴급URGENT'을 알리는 촘촘한 타자기 소리와 함께 사건의 상보를 쏟아내고 있었다. 이러한 소식은 텔레비전과 라디오를 통해 긴급 뉴스로 전달됐고, 집에서 느긋하게 휴일을 보내던 국민들은 경악할 수밖에 없었다.

30분 남짓에 걸친 국무회의가 끝난 뒤 이진희李振羲 문공부 장관의 공식 발표가 이어졌다. 내용은 짤막했다. "정부는 국가안보 및 사후 대책에 관한 모든 조치를 강구중에 있으므로 국민 여러분께서는 일체 동요가 없기 바란다"는 내용이었다. 국무회의에서 논의된 정부 차원의 주문이었지만, 이러한 발표만으로도 사태의 심각성을 충분히 전해주고 있었다. 군대와 경찰에는 즉각 비상령이 내려졌다.

그렇지 않아도 나라 안팎에서 큼지막한 사건·사고들이 줄을 잇던 때였다. 그해 2월, 북한 공군 장교인 이웅평李雄平이 미그19 전투기를 몰고 서해 북방한계선을 넘어 귀순했으며, 5월에는 중공 민항기의 춘천 공군기지 불시착 사건이 이어졌다. 8월에도 중공 미그21가 귀순하는 과정에서 사이렌 소리와 함께 "지금은 훈련 상황이 아니라 실제 상황"이라는 민방위본부의 다급한 방송으로 국민들의 가슴을 철렁이게 만들었던 터다. 승객과 승무원 269명의 목숨을 앗아간 소련 전투기의 KAL 007기 격추사건은 더 말할 필요도 없다.

한국으로서는 긴장과 위기의 시절이었다.

아웅산 국립묘지

그렇다면 그날 미얀마 현지에서는 무슨 일이 벌어졌던 것일까.

미얀마 순교자 국립묘지. 수도인 양곤의 북쪽 싱구타라 언덕에 조성된 우국열사들의 묘역으로, 이 나라에서 독립영웅으로 추앙받는 아웅산 장군의 유해가 묻혀 있는 곳이다. 지난날 미얀마가 영국 식민치하에서 신음할 때부터 나라의 독립을 위해 일생을 바친 주인공이 바로 아웅산이 아니던가. 무려 100m 높이에 이르는 불탑 전체가 황금빛으로 눈부신 쉐다곤 사원이 묘역 앞에 자리잡고 있음으로 해서 더욱 성스러운 느낌을 주는 순례지다.

양곤의 하늘도 이날따라 맑게 개어 있었다. 새벽녘까지 간간이 흩뿌리던 빗방울이 아침이 되면서 말끔히 그친 뒤였다. 비가 내린 때문이었을까. 아열대 지방의 날씨치고 그렇게 더운 편은 아니었다. 오전 열 시께의 기온이 섭씨 23도 정도. 하지만 땅바닥에 스며든 빗물이 태양열에 습기로 솟아오르면서 아침부터 후텁지근하게 느껴질 수밖에 없었다. 그나마 계절적으로 우기가 끝나고 건기로 넘어가는 무렵이어서 이 정도만으로도 현지인들에게는 쾌적하게 여겨지는 날씨였다.

묘역은 아침부터 분주했다. 긴장감도 감돌고 있었다. 전두환 대통령과 수행원들의 참배 계획이 잡혀 있었던 까닭이다. 해외순방에 나선 전 대통령 일행이 전날 오후 미얀마에 도착해 하룻밤을 보내고 첫 공식행사로 이곳 국립묘지를 참배하도록 되어 있었다. 인도와 스리랑카, 호주, 뉴질랜드, 브루나이를 포함하는 6개국 순방 계획에서 첫 방문국이 미얀마였다.

외국 원수로서 순방국의 민족영웅 묘소를 참배하는 것은 빼놓을 수 없는 중요한 외교 관례가 아닌가. 결코 소홀히 해서는 안 되는 행사였다. 더구나 관공서들이 업무를 쉬는 일요일이었으므로 이날 공식 스케줄은 아웅산묘지 참배가 전부였다. 우산유 대통령과의 정상회담도 다음날로 잡혀 있었다. 미얀마의 나라 이름이 아직 '버마'로, 수도 양곤도 '랭군'으로 불리고 있을 때였다. 지금의 행정

수도 네피도는 2005년에야 옮겨간 신도시다.

미얀마 국민들 사이에도 이 묘역은 성지로 떠받들어지고 있었다. 아웅산 장군이 제2차 세계대전이 끝나고 미얀마의 독립을 눈앞에 둔 상황에서 정체불명의 괴한으로부터 저격당해 목숨을 잃은 비운의 지도자였기에 국민들의 추앙심이 더욱 간절했을 것이다. 미얀마 군부정권에 맞선 민주화운동으로 2015년 선거에서 정권교체에 성공한 아웅산 수치 여사가 그의 막내딸이다. 1991년 노벨 평화상을 받은 주인공이기도 하다.

지붕이 한옥 기와집 비슷하게 만들어진 묘소 건물은 길다란 직사각형 터전에 자리 잡고 있었다. 터전의 넓이는 대략 200평 정도. 그중에서도 아웅산 장군의 무덤은 육중한 석판에 덮여 앞쪽 중앙에 세로로 자리 잡았고, 그 양옆으로 다른 열사들의 무덤이 네 기씩 나란히 배치되어 있었다. 벽 뒤쪽에 걸린 빛바랜 흑백사진들이 이 무덤의 주인공들일 터였다.

건물의 안팎을 구분하는 칸막이나 벽이 따로 없었기에 묘소는 사방으로 훤히 틔었고, 지붕을 떠받치는 둥근 기둥들만이 적당한 간격으로 자리를 잡고 있었을 뿐이다. 대략 5m 높이의 천장은 아열대 양식의 목재 타일로, 바닥은 대리석으로 장식된 모습이 특징이었다. 묘소 건물 주변에는 나지막한 나무 울타리가 빙 둘러 설치되어 있었다.

이날 스케줄상으로 예정된 전두환 대통령의 참배시간은 오전 10시 30분. 시간이 가까이 다가오면서 미리 현장에 도착해 있던 수행원들이 묘소 앞 단상에 두 줄로 나란히 도열하기 시작했다. 서석준 부총리도 현장에 나와 있던 미얀마 문공장관과 담소를 나누다가 돌계단으로 올라가 단상 앞줄에 섰다. 전 대통령이 도착하면 곧바로 참배 행사가 시작될 참이었다. 이미 간단한 예행연습도 이뤄진 뒤였다.

순방 일정을 총괄적으로 관할해 온 이범석 외무장관도 계획대로 행사가 준비됐는지를 살펴보고는 도열 행렬로 들어가 자리를 잡았다. 서열상으로 서석준 부총리 다음 자리였다. 옆으로는 김동휘 상공장관, 서상철 동자부장관이 미리 위치를 잡고 있었다. 그 뒷줄에는 김재익 경제수석비서관, 강인희 농수산부 차관, 최재욱 청와대 공보비서관 등이 자리를 잡았다.

도열한 수행원단 중에서도 서 부총리와 이 장관의 모습이 눈에 두드러지는 편이었다. 듬직한 풍채 때문이었다. 특히 이 장관은 육척 거구에 눈매가 부리부리해서 누구라도 첫눈에 압도당할 법했다. 그러면서도 신사다운 풍모가 눈길을 끄는 주인공이었다.

하지만 이범석은 어딘지 불편한 모습이었다. 은근히 얼굴을 찌푸리는 듯도 했다. 그 직전에 일어난 KAL기 피격사건의 처리를 위해 유엔본부 출장으로 쫓아다니느라 과로가 겹친 탓이었다. 결과적으로 잇몸이 견딜 수 없을 만큼 부어올랐고, 그래서 수술을 받은 끝에 실밥을 뽑은 것이 바로 이틀 전이었다. 원래는 하루를 더 기다렸다가 마무리를 하도록 되어 있었건만 순방 일정에 맞추려면 달리 방법이 없었다. 물론 하루 앞당겨 실밥을 뽑았다고 해서 그렇게 큰 차이가 있었을까마는 역시 심리적인 압박감 만큼은 어쩔 수 없었을 것이다.

북한 화물선의 궤적

그렇다고 반드시 잇몸 때문만은 아니었다. 북한 화물선인 애국동건호가 20일 전쯤 이곳 양곤 항구를 거쳐 스리랑카에 기착했다가 퇴거 명령을 받았다는 얘기가 아무래도 마음에 걸렸다. 서울을 출발하기 이틀 전 스리랑카 대사관으로부터 긴급보고로 날아든 전문의 내용이었다. 더구나 스리랑카도 이번 순방의 목적지가 아닌가. 미얀마 다음이 인도였고, 또 그 다음이 스리랑카였다.

어딘지 마음이 찜찜했다. 출국 직전 미얀마 대사관으로부터 이에 대한 답신을 받고도 마음을 놓을 수가 없었다. "동건호 승무원들이 항구에 내려 생필품을 구입한 외에는 별다른 문제점을 발견할 수 없다"는 간단한 내용이었다. 그래서 더욱 의구심을 불러일으키고 있었다. 정말로 그것뿐이었을까, 마음이 놓이지를 않았다. 아웅산 참배 행사가 끝나는 대로 그 내막에 대해 자세히 알아보리라 생각하고 있었던 것이다.

아직은 미얀마와의 관계도 그렇게 원활하다고 할 처지는 아니었다. 미얀마 정부가 남북한 사이에서 원칙적으로 중립을 표방하고 있었으면서도 실제로는 북한에 은근히 더 기울어져 있었다. 사회주의를 지향하는 국가 체제상 어쩔 수 없는 상황이었을 터다. 북한이 주장하듯이 주한미군 철수와 기존 휴전협정의 평화협정 대체를 지지하는 입장이었다. 1975년 제30차 유엔총회에서 한국 문제가 거론됐을 때도 이러한 공산측 결의안에 지지를 표명한 바 있었다. 더구나 바로 그해 5월 남북한과 동시 수교를 맺은 직후의 일이다.

무엇보다 북한과의 왕래가 잦은 편이었다. 북한의 무역 대표단이 처음으로 미얀마를 방문한 1957년 이래 그해 2월까지 정치·경제·문화·체육 등 각 분야의 친선 사절단이 무려 40여 차례나 찾은 것으로 보고되어 있었다. 북한이 미얀마를 동남아 진출의 교두보로 삼고 있었음을 말해준다.

특히 1965년에는 북한 김일성金日成 주석이 인도네시아를 방문하면서 미얀마에 잠시 기착했었고, 1977년에는 네윈 대통령이 평양을 방문해 서로의 우의를 확인했다. 북한 이종옥李鍾玉 총리도 1981년 미얀마를 다녀갔다. 그때까지 북한이 미얀마에 500만 달러 규모의 경제 지원을 함으로써 주석 제련소와 유리공장, 비날론

(석탄섬유) 공장 등을 세운 것으로 전해지고 있었다. 1982년에는 우 칫라잉 외무장관이 북한을 방문하기도 했다. 전 대통령의 미얀마 방문 바로 전 해의 얘기다.

그에 비하면 한국과의 교류 활동은 거의 답보 상태였다. 일찍이 1961년 영사관계를 수립한 데 이어 이듬해 9월 총영사관을 개설했 고, 더 나아가 정식으로 대사교환 관계를 맺고도 왕래는 뜸했던 처 지다. 한국은 상주 대사관을 설치한 이래 초대 안진생安珍生 대사 를 시작으로 김형근金炯根, 이계철李啓哲 대사가 파견됐으나 미얀 마 측은 도쿄주재 대사로 하여금 한국 대사를 겸임토록 하고 있었 을 뿐이다. 미얀마의 상주 대사관이 서울에 설치된 것은 1989년에 들어와서다.

그렇지만 미얀마는 일찌감치 유엔 사무총장까지 배출한 나라로 서 국제사회에서의 잠재적 비중을 무시할 수는 없었다. 주미대사와 유엔대사를 거쳐 제3대 유엔 사무총장을 지낸 우탄트가 그 주인공 이다. 그런데도 아직은 폐쇄사회였다. 그 닫힌 문의 틈새를 통해 가 까스로 우리 기업체들이 하나 둘씩 미얀마에 진출하기 시작할 무 렵이었다.

이제는 양국 간에 정치적인 대화 통로를 터야 했다. 따라서 전 대 통령의 방문으로 미얀마 시가지에 태극기가 휘날렸다는 사실만으 로도 외교적 성과라 자부할 만했다. 하지만 아직은 아니었다. 북한 화물선의 정체를 밝히는 작업이 남아 있었다. 이범석의 얼굴이 자 꾸만 찌푸려질 만도 했다.

진혼의 나팔소리

이제 계획에 차질이 없다면 전두환 대통령도 곧 현장에 도착할 것이었다. 전 대통령 일행의 차량은 정확히 10시 20분 영빈관을 출발하도록 예정되어 있었다. 의전 관례상 미얀마 우칫라잉 외무장관이 아웅산묘소까지 직접 안내한다는 계획이었다.

다른 수행원들이 대통령보다 묘소에 먼저 도착해 있었던 것은 예행연습 때문이었다. 아니, 그보다는 숙소가 별도로 떨어져 있던 이유가 더 컸다. 경제 사절단과 기자단을 제외하고도 공식 수행원이 모두 스물두 명에 이르는 대규모 방문단이었으니, 제한된 영빈관 시설에 다 같이 묵는 것은 애초부터 무리였다. 전 대통령이 묵는 영빈관에 숙소를 배정받은 수행원은 함병춘 비서실장과 심상우 민정당 총재 비서실장, 민병석 주치의 정도였다. 영빈관 제2별관에는 김병훈 의전수석과 노영찬 의전장 등 실무진들이 배치되어 있었다.

서석준 부총리와 이범석 장관을 비롯한 다른 수행원들 대부분은 인야레이크 호텔로 숙소를 배정받았다. 아웅산묘지에서도 북쪽으로 약 10km쯤 떨어져 있는 호텔이다. 호텔이라고 했지만 수행원들이 배정받은 방에는 텔레비전이나 냉장고조차 갖춰지지 않은 상태였다.

호텔은 겉벽이 담청색과 붉은색으로 장식되어 있었으며 건물 규모가 작은 데 비해 겉모습은 어딘지 육중한 분위기를 띠고 있었다. 사회주의 국가의 전형적인 건물 모습이다. 호텔 자체가 소련 정부의 지원으로 세워진 것이었다. 건물이 약간 낡은 데 비해서는 풍광이 아름다운 호숫가에 자리 잡은 덕분에 그런 대로 운치를 자랑할 만했다. 영빈관도 한 굽이 떨어져 같은 인야레이크 호숫가에 위치해 있었다.

호텔에 배정된 수행원들은 느긋하게 아침식사를 마치고 오전 열시가 조금 지나 참배 행사장으로 출발했다. 이들이 숙소에서 묘역까지 걸린 시간은 대략 10분 남짓.

언론사 소속 기자들은 묘역 주변에서 자유롭게 취재활동을 벌이고 있었다. 기자들 가운데 몇 명만 대통령 부인 이순자李順子 여사가 참석키로 돼있는 교민 부인들 다과회 행사장에 가 있었을 뿐이다. 이때 순방에 취재차 동행한 기자들은 모두 20여 명. 신문·방송·통신사 소속으로 청와대를 출입하는 기자들이었다. 미얀마 언론사의 기자들도 현장에서 취재에 참여하던 중이었다.

수행 경제인들은 별도로 골프를 즐기도록 되어 있었다. 몇 명은 쉐다곤 사원 구경에 나서기도 했다. 대통령의 우국열사 묘지 행렬에 동행해서 우르르 참배하는 모습이 오히려 자연스럽지 않다는 판단 때문이었다. 당시 전경련 회장이던 정주영鄭周永 현대그룹 회장을 비롯해 정수창鄭壽昌 대한상의 회장, 유기정柳琦諪 중소기협 회장, 신병현申秉鉉 무역협회 회장, 이건희李健熙 삼성그룹 부회장, 최종현崔鍾賢 선경그룹 회장, 구자경具滋暻 럭키그룹 회장, 김우중金宇中 대우그룹 회장 등 29명이 경제 사절단에 포함되어 있었다.

그러는 사이 짙은 감색의 벤츠 승용차가 태극기를 날리며 묘역으로 들어섰다. 수행원단이 일찌감치 나란히 도열해 있을 때였다. 승용차는 앞뒤로 모터사이클의 경호를 받고 있었다. 이때가 10시 25분쯤. 차에서 내린 사람은 이계철 주 미얀마 대사였다. 영빈관에 들렀다가 전 대통령보다 앞서 출발한 것이었다. 그는 함병춘 비서실장과 함께 승용차에서 내리면서 "대통령께서 곧 도착하실 것"이라며 영빈관 분위기를 전했다. 이 대사와 함 실장도 앞줄 행렬에 끼어 자리를 잡았다.

함병춘 실장은 원래 전 대통령과 동행할 예정이었으나 영빈관 출발이 지연되는 바람에 먼저 출발하게 되었다. 미얀마 영접요원들에게 나눠줄 선물을 수령하기 위해 영빈관에 들렀던 이계철 대사가 출발하면서 자연스럽게 그 차에 동승하게 됐던 것이다.

마이크를 통해 "잠시 후 대통령께서 도착하시겠다"는 의전 담당관의 안내 목소리가 흘러나온 것은 이런 상황에서다. 자리를 놓고 경쟁을 벌이던 카메라 기자들도 일순 멈칫해졌다. 중요한 행사가 있을 때마다 카메라 기자들은 자리다툼이 치열했다. 카메라의 앵글을 확보할 수 있는 위치를 미리 차지하느냐에 따라 취재경쟁이 결판나기 때문이다.

일행이 새삼 옷매무새를 가다듬으며 자리를 정돈하고 있을 때 갑자기 행사 시작을 알리는 군악대의 진혼 나팔소리가 한두 소절인가 짧게 울려 퍼졌다. 나팔소리는 원래 주빈이 참석한 뒤에 울리는 것이 의전 관례가 아닌가. 따라서 상당히 이례적인 일이었지만 일행은 행사 준비 절차이겠거니 생각할 수밖에 없었다. 이계철 대사가 자리를 잡고 불과 1분여 뒤의 상황이다.

그런데, 그 나팔소리가 신호탄이 되었던 것일까. 엄청난 폭발음과 동시에 묘역이 번갯불 같은 섬광에 휩싸인 것은 나팔소리가 울리고 불과 10여 초의 간격을 두었다가 벌어진 일이다. 뒤따라 몰아닥친 뜨거운 열기의 폭풍과 함께 사방은 아수라장으로 변하고 말았다. 순식간의 사태였다. 그것이 현지 시간으로 오전 10시 28분께. 이른바 '아웅산 사태'로 기억되는 비극의 사건이다.

묘지 앞 단상에 도열해 있던 수행원들로서는 피할 겨를도 없었다. 폭발소리와 함께 무너져 내린 육중한 지붕의 잔해더미와 기둥에 그대로 깔려 버렸다. 자욱한 흙먼지 속에 여기저기 신음소리만이 비명처럼 터져나왔다. 화약 냄새에 비릿한 피 냄새가 섞여 진동하고 있었다. 전쟁터가 따로 없었다.

아내 이정숙의 예감

이때 상황에 대해서는 미얀마 공보실 소속이던 코코기 기자의 목격담이 전해진다. 폭발로 인해 부상을 입고 이틀간 병원에 입원했다가 퇴원해서 현지 〈AP통신〉과의 인터뷰를 통해 밝힌 내용이다. 그 내용이 국내 신문에 다음과 같이 소개되었다.

"수백 개의 벼락이 한꺼번에 내리치며 마치 하늘이 무너져 내리는 듯했다. 내 생애 그렇게 큰 폭발소리를 들어본 적이 없다." (동아일보, 1983년 10월 13일)

코코기 기자는 폭발과 함께 정신을 잃었으나 잠시 후 깨어나 무너진 틈새에서 다리에 피를 흘리며 쓰러져 있는 자신을 발견하게 된다. 아직 잿빛 포연이 묘소 위로 자욱하게 치솟고 있을 때였다. 뒤늦게 확인된 일이지만, 묘소에 설치된 원격폭탄이 세 개였으나, 그중 한 개만 터지고 두 개는 불발로 그쳤기에 그나마 생존자가 있었던 것이다. 그의 동료 기자 세 명이 현장에서 숨졌고, 카메라맨인 소에민트 기자도 입원 치료를 받던 중 사망했다.

이범석 외무장관도 현장에서 목숨을 잃고 말았다. 지붕이 폭삭 가라앉으면서 쏟아지는 잔해더미를 미처 피하지 못했던 것이다. 그러나 마지막 숨이 끊어지는 순간 왜 자신이 아까부터 그토록 마음이 서성대며 불안했는지를 직감적으로 느꼈을지 모른다. 문제의 그 북한 공작선이 과연 무슨 일을 벌였을까 하는 의문점이었다. 스리랑카 대사관에서 날아든 그 한 장의 전문이 최후의 수수께끼였던 것이다.

이범석의 생애 마지막 모습은 웃저고리 단추를 만지며 옷매무새를 가다듬는 자세로 복원되었다. 얼굴은 다소 긴장되어 있으면서 입술은 굳게 다물고 있었다. 당시 〈연합통신〉 사진부장이던 최금영 기자의 카메라에 포착된 수행원단의 도열 사진에서다. 셔터를 누르자마자 폭탄이 터졌고, 최 기자도 파편을 맞고 쓰러져 정신을 잃고 말았다. 카메라가 깨진 채 필름에 피가 묻고 햇빛에 노출된 상태에서도 어렵게나마 사진을 인화할 수 있었던 것이다.

한편, 이범석의 아내 이정숙李貞淑은 그날 경기도 양주군 임업시

아웅산 테러사태가 발생하기 직전 수행원들이 도열하고 있는 모습. 앞줄 오른쪽부터 서석준 부총리, 이범석 외무, 김동휘 상공, 서상철 동자부장관, 이계철 대사, 함병춘 비서실장, 심상우 총재비서실장, 이기백 합참의장.

험장 근처에 있는 부모님 산소에 성묘 중이었다. 친정아버지의 기일이 며칠 남지 않았으므로 남편의 해외출장 기간에 날짜를 앞당겨 자매들끼리 성묘에 나섰던 것이다. 이승만李承晩 대통령 당시 초대 국무총리 서리를 지낸 이윤영李允榮이 이정숙의 친정아버지다.

그날 성묘를 하면서 이정숙의 언니 이영숙李英淑이 식구들을 위해 대표기도를 했다. 이범석도 기도 내용에 포함되었다. "대통령을 수행하느라 지금 이곳에 같이 참석하지 못했지만 그가 어느 곳에 있든지 하나님께서 그와 같이 하시고 보호해 주실 것을 믿습니다"라고 기원했다.

기도를 하는 도중 이정숙은 새삼 남편 생각이 떠올랐다. 연일 계속되던 격무로 인해 풍치가 도지면서 잇몸 수술을 받은 게 가장 마음에 걸렸다. 잇몸이 아파 식사도 제대로 하지 못하는 남편을 보며 안쓰럽다고 생각했다. 오죽하면 해외순방 일정을 관리해야 하는 주무장관으로서 하루 늦게 별도로 출발하면 안 되겠느냐고까지 청와대에 요청했을까 싶었다.

언니가 대표기도를 드리는 동안 그런 남편의 얼굴이 불현듯 떠올랐던 것이다. 바로 전날 환송행사가 열리는 김포공항까지 직접 전송했고, 지금은 머나먼 남쪽나라 미얀마에 있을 남편이었다. 머릿속에 떠오른 남편의 모습은 평소대로 여유있게 웃고 있으면서도 어딘지 찡그리는 듯한 표정이었다. 잇몸의 아픔을 참느라 찡그리던 얼굴이 생각난 것이겠지…. 별 탈이야 있겠는가 생각하면서도 불안감을 참을 수가 없었다.

하지만, 그런 불안감을 하나의 예감이라 할 수 있을까. 서석준 부총리를 포함해 열여섯 명의 사망자 명단이 발표된 것은 그날 오후 4시 50분께. 남편 이범석의 이름도 그 명단에 올라 있었다. 결국 성묘 자리에 모인 처갓집 식구들이 이범석의 마지막 순간에 그의 영혼을 위해 기도 드린 셈이었다. 이정숙이 공연히 초조감을 느꼈던 것은 아웅산에서 폭파의 참상이 일어나던 그 어느 순간이었을 것이다.

엇갈린 운명들

아웅산묘지에서 울려 퍼진 폭발음은 양곤 시내까지 뒤흔들어 놓았다. 느닷없는 폭발사고였다. 저 멀리 맑은 하늘로 기둥처럼 솟아오르는 시커먼 연기가 예삿일이 아님을 말해주고 있었다. 조용하기만 하던 양곤 시내의 일요일 아침 분위기가 순식간에 긴장감으로 휩싸일 수밖에 없었다.

묘역에서 폭탄이 터져 아비규환을 이루던 그 시각, 전두환 대통령의 차량 행렬도 거의 묘소 쪽으로 접근하고 있었다. 영빈관에서 묘소까지 이르는 4.8km 거리에서 대략 1.5km 정도를 앞두고 있던 위치였다. 아마 2~3분쯤 뒤에는 도착할 수 있을 것이었다. 선두 경호팀이 "10시 30분쯤 현장에 도착하겠다"는 무전 연락을 현장 경호팀에 보낸 게 바로 직전이다.

원래 10시 20분 영빈관을 출발한다는 계획이었으나 시간이 지체되어 버린 탓이었다. 영빈관을 출발한 것이 원래 계획보다 4분쯤 늦어졌다. 묘지 참배에 수행토록 돼있던 우칫라잉 외무장관이 약속보다 늦게 도착한 것이 주된 이유였다.

사실은, 우칫라잉 장관이 늦은 것부터가 우연의 연속이었다. 전 대통령의 부인 이순자 여사가 주관하는 교민 부인들과의 다과회를 10시 30분으로 늦추자는 제의를 미얀마 측이 잘못 알아들었던 것이다. 원래는 10시부터 다과회 모임이 예정되어 있었으나, 그렇게 된다면 우칫라잉 장관이 전 대통령을 수행하러 오더라도 영빈관 응접실이 번거로울 것 같았으므로 다과회 모임을 대통령 일행이 묘지로 떠난 다음에 갖는 게 좋겠다는 뜻이었다. 영빈관 응접실이 비좁은 게 문제였다.

이때 상황에 대해서는 당시 경호실장이던 장세동張世東이 자세하게 설명하고 있다. "미얀마 외무장관은 약속된 10시 15분보다 4분이 늦은 10시 19분에 도착했고, 대통령이 불만을 표시하기 위해 그를 3~4분 이상 기다리게 한 후 10시 23분에 현관에 나와 인사하고 10시 24분에 행사장으로 떠났다"는 것이다. 원래대로라면 우칫라잉이 10시 15분에 영빈관에 도착해서 5분 정도 환담한 뒤 출발하도록 되어 있었다. 현장 도착은 25분에, 묘지 헌화는 30분으로 잡혀 있었다.

어쨌거나, 전 대통령으로서는 천우신조였다. 이동 중인 상태였기에 사고를 피할 수 있었다. 결과적으로는 방문국 외무장관의 의도치 않은 결례로 무사할 수 있었던 셈이다.

아웅산 묘역에서 예상하지 못한 폭발음이 들려옴에 따라 전 대통령의 차량 행렬은 곧바로 방향을 돌리게 된다. 이러한 돌발 상황에서 믿을 만한 곳이라고는 그나마 숙소인 영빈관 밖에 없었다. 비상사태임을 감지한 것이었다. 우칫라잉 장관이 영빈관에 늦게 도착함으로써 은근히 언짢았던 전 대통령이었지만 이미 그런 감정을 따질 때가 아니었다.

전 대통령이 영빈관에 도착해 사건 개요를 보고받으면서 후속 대책을 지시하고 있을 때 우산유 대통령이 황급히 쫓아왔다. 사과와 위로를 표명하려는 것이었건만 이미 엎질러진 물이었다. 미얀마의 실력자 네윈 장군도 위로차 찾아왔으나 한동안 문앞에서 저지당하는 수모를 겪어야 했다. 하지만 해외순방 중에 수행 각료들을 한꺼번에 잃은 충격과 비통함에 비한다면 그만한 정도는 수모라고 할 수도 없었다.

그렇더라도 피해자의 입장인 것은 미얀마 정부도 마찬가지였다. 경비에 소홀했던 책임이 없지 않았을망정 자칫 음모에 가담했다는 덤터기를 쓸 판이었다. 조속히 사건 진상을 밝히는 것만이 자신에게 쏠린 국제사회의 눈총을 벗어나는 방법이었다. 즉각 공항이 폐쇄되고 전국적으로 비상경계령이 내려졌다. 이때쯤에는 이미 현지에 주재하던 〈AP통신〉 세인원 기자의 타전으로 참사 소식이 세계 각국으로 시시각각 전해지고 있었다.

이제 눈길은 양곤 육군종합병원으로 쏠리게 되었다. 부상자들이 신속하게 병원으로 옮겨져 응급치료를 받게 되었으나 단 두 명뿐인 일요일 당직 의사가 마흔 명도 넘는 대상자를 돌보기에는 처음부터 역부족이었다. 일요일이 아니라도 약품이 워낙 부족했고, 의료시설 자체가 열악했다. 사망이 최종 확인된 희생자 유해는 병원 뒤편의 영안실로 옮겨졌다. 영안실이라야 냉방이 제대로 될 리 없었다. 서둘러 서울로 운구해야 했다.

희생된 수행원들의 신원이 밝혀진 것도 이러한 과정을 거쳐서다. 대통령의 해외순방에 수행했다가 첫 방문국에서 폭탄테러로 한꺼번에 목숨을 잃은 것이었으니, 참담하고도 어이없는 변고였다. 더구나 희생자들 모두 능력이 출중한 엘리트들이었다. 대한민국 정부로서는 그 자체만으로도 최대의 위기를 맞고 있었다.

현장에서 목숨을 잃거나 부상당한 사람들의 명단은 다음과 같다.

〈사망자〉◇서석준徐錫俊 경제부총리 겸 경제기획원장관(당시 45세) ◇이범석李範錫 외무부장관(58세) ◇김동휘金東輝 상공부장관(57세) ◇서상철徐相喆 동자부장관(48세) ◇이계철李啓哲 미얀마 대사(54세) ◇함병춘咸秉春 대통령 비서실장(51세) ◇심상우沈相宇 민정당 총재비서실장(45세) ◇강인희姜仁熙 농수산부 차관(48세) ◇김용한金容澣 과기처 차관(54세) ◇김재익金在益 대통령 경제수석비서관(45세) ◇하동선河東善 해외협력위 기획단장(45세) ◇민병석閔炳奭 대통령 주치의(54세) ◇이재관李載寬 대통령 공보비서관(43세) ◇이중현李重鉉 동아일보 사진기자(34세) ◇정태진丁汰鎭 대통령 경호원(31세) ◇한경희韓敬熙 대통령 경호원(31세)

〈부상자〉◇이기백李基百 합참의장 ◇이기욱李基旭 재무부 차관 ◇최금영崔琴煐 연합통신 사진부장 ◇김기석金基石 코리아헤럴드 기자 ◇윤국병尹國炳 한국일보 기자 ◇문진영文振英 MBC 기자 ◇송진혁宋鎭赫 중앙일보 기자 ◇최규철崔圭徹 동아일보 기자 ◇김기성金基成 연합통신 기자 ◇윤구尹求 경향신문 기자 ◇최재욱崔在旭 청와대 공보비서관 ◇최상덕崔尙德 외교부 의전과장 ◇임삼택林三澤 문공부 공보과 직원 ◇김상영金相榮 문공부 공보과 직원이들 부상자 가운데 이기백 합참의장과 이기욱 재무차관은 중상을 입어 별도로 필리핀의 클라크 미군기지로 후송되었다. 미얀마 육군병원에서는 약품조차 변변하지 않아 시간이 지체될수록 생명이 위험하다는 판단 때문이었다. 결국 필리핀으로 후송된 끝에 이기백 합참의장은 위기를 넘겼으나, 이 차관은 끝내 운명하고 말았다. 국가 원수의 외국 순방길에 수행원과 경호

아웅산 테러사태 발생 1년 뒤인 1984년 10월 9일 경기도 파주 임진각에 세워진 아웅산 순국외교사절 위령탑. 17명의 희생자를 상징해 높이 17m, 17계단의 탑신으로 만들어졌다.

원, 취재기자를 포함해 열일곱 명이 폭탄테러로 한꺼번에 목숨을 잃는 전대미문의 사건이 벌어진 것이다. 현장 취재차 나와 있던 미얀마 기자 중에서도 세 명이 목숨을 잃었다.

이처럼 상황이 예기치 않게 돌변하자 전두환 대통령은 나머지 순방 일정을 전면 취소하고 당일로 귀국길에 오르게 된다. 공식 수행원 가운데 화를 모면한 사람은 장세동 경호실장과 김병훈金炳薰 의전수석, 황선필黃善必 공보수석 등 세 명뿐이었다. 미얀마 주재 대사관에서도 이계철 대사가 희생당한 바람에 차석인 송영식宋永植 참사관이 현지에서 사건 마무리 업무를 수행해야 했다. '국화작전'이란 암호명이 붙여졌던 순방 계획이 그야말로 쑥대밭이 되고 말았다.

스리랑카 대사관의 급보

거슬러 올라가는 얘기지만, 이범석은 전날 아침 서울에서 순방 특별기에 오를 때부터 기색이 별로 좋지 않았다. 앞서 거론했듯이 스리랑카 대사관에서 급보로 날아든 한 통의 전문 때문이었다. 콕 찍어 말할 수는 없었어도 뭔가 낌새가 수상하다고 생각했다. 일종의 예감이었을까.

가뜩이나 풍치가 도져 잇몸이 쑤시던 터에 아침부터 빗줄기도 쏟아져 내리고 있었다. 가을비라고 했지만 구질구질한 느낌은 어쩔 수 없었을 것이다. KAL 007기 피격사건도 아직 해결을 보지 못하고 있었다.

그날 이범석은 한남동 공관에서 김포공항으로 출발하기에 앞서 외무부 총무과장인 강신성姜信盛의 방문을 받았다. 강 과장이 아침 일찍 부인과 함께 공관으로 송별 인사차 방문한 것이었다. 이범석은 강 과장 부부의 배웅을 받으며 서둘러 공관을 출발했다. 아내 이정숙이 공항 환송을 위해 동승하고 있었다.

그는 김포공항에 도착하기까지도 승용차 안에서 북한 화물선 문제로 계속 지시를 내리고, 또 보고를 받아야 했다. 청와대와 안기부에서도 확인 전화가 자꾸 걸려왔다. 동승하고 있던 아내와도 개인적인 얘기를 나눌 여유가 별로 없었다. 공항에 도착해 귀빈실 출입문을 통해 아내와 함께 우산을 받쳐 들고 특별기 트랩 앞에 마련된 순방 환송식장까지 걸어가는 중에도 그는 긴장된 눈빛을 감추지 못했다.

무엇보다 아직 KAL기 격추사건이 해결되지 않은 상태였다. 소련은 '미확인 비행체'의 자국 영공 침해사건으로 문제를 끌어가려는 속셈이었다. 그날 아침 신문에만 해도 "소련 전투기가 KAL기가 여객기임을 식별하지 못했을 가능성이 있다"는 〈뉴욕 타임즈〉의 보도 내용이 소개되었고, "그렇다고 해도 중대 범죄임을 면할 수가 없다"는 미국 국무성의 성명까지 연이어 보도되고 있었다. 그런데도 순방 일정으로 열이레 동안이나 자리를 비운다는 사실이 은근히 마음에 걸렸을 것이다.

뉴욕을 출발한 KAL 007기가 사할린 상공에서 소련 공군 전투기의 미사일 공격으로 추락해 탑승자 269명 전원이 희생된 참화 사건은 국제사회의 공분을 불러일으키고 있었다. 그 무렵 소련이 군비경쟁을 서두르고 있었고, 이에 대해 미국 레이건 대통령이 소련을 '악의 제국Evil Empire'으로 규정함으로써 동서간의 신경전이 고조되고 있을 때였다. 그 중심에 피해자인 한국이 있었고, 이범석이 사태의 해결 방향을 이끌어가던 중이었다.

이런 상황에서 스리랑카 대사관으로부터 날아든 문제의 전문은 그의 머릿속을 구석구석 비집어대고 있었다. 북한 화물선이 양곤 항구에 정박해 있다가 지금은 콜롬보 항구로 옮겨가 머물고 있다니…. 내용 자체가 어두운 음모를 암시하는 듯했다. 그것이 이범석 개인의 직감이었다.

더욱이 미얀마나 스리랑카는 이번 순방 대상국이 아닌가. 아무리 생각을 돌리려 해도 은근히 곤두선 신경은 진정되지가 않았다. 이에 대해 김병연金炳連 아주국장에게 보고를 받으면서도 마음이 불편했다. 그 사이 미얀마 대사관으로부터 도착한 답신은 더욱 마음을 언짢게 만들었다. 현지 대사관의 입장에서 우선적으로 점검이 이뤄졌어야 하는 보고를 누락하고도 정작 진상을 파악해 보라는 지시에 "문제될 게 없다"는 투로 달랑 서너 줄짜리 답변만을 보내온 것이었다.

다음날이면 대통령 일행이 현지에 도착할 것이고, 따라서 영접 준비만으로도 대사관 전체가 눈코 뜰 새 없이 바쁠 것이라는 생각이 들면서도 어딘가 야속하다는 느낌을 감출 수가 없었다. 이범석이 공항 환송식장에서 눈살을 찌푸릴 만도 했다.

그날 아침 분위기에 대해서는 〈조선일보〉임동명林東明 기자도 다음과 같이 기록하고 있다. 외무부를 출입하는 정치부 기자였다.

"이날 오전 9시 45분쯤 전두환 대통령의 서남아 및 대양주 6개국 순방 환송식장에 공식 수행원 자격으로 김포공항에 나온 이범석 외무장관의 표정은 무척 딱딱하기만 했다. '원로에 수고가 많겠다'는 인삿말에도 '수고는 무슨…'이라고 간단히 받아넘기고는 수행원석으로 가 버렸다. 평소 소탈하고 명랑하던 태도와는 영 딴판이었다." (월간조선, 1983년 11월호)

환송식이 진행되는 동안에도 이 장관은 비를 맞으면서 미동도 하지 않았고 입을 굳게 다문 채 뭔가를 깊이 생각하는 모습이었다. 환송 행사가 끝나자 다른 수행원들과는 달리 뒤도 돌아보지 않고 특별기에 올랐다는 게 임 기자의 목격담이다. 전 대통령의 순방을 위해 대한항공 747SP기가 특별기로 준비되어 있었다.

이범석은 특별기에 올라타고도 표정이 풀어지지 않았다. 순방에 동행했던 김병연 국장의 증언이 그것을 말해준다. "그날 출국 비행기에 오른 이 장관은 비를 털면서 굉장히 기분 나빠하셨다"고 그는 회고한다.

아직 동건호의 정체가 자세히 드러나지 않고 있었으니, 미얀마 대사관으로서는 소홀히 다룰 만도 했다. 더욱이나 바쁜 탓이었을 것이다. 동건호가 특수공작 임무를 수행토록 위장한 북한 대남공작부 소속 무역선이라는 일말의 단서만 포착했어도 그런 일은 없었을지 모른다.

일본에서 '조선화보朝鮮畵報'라는 간판을 내걸고 출판사를 운영하던 조총련계 기업인 문동건文東建이 1976년 김일성의 생일을 맞아 선물로 기증한 선박이 바로 동건호였고, 그는 이 공로로 북한 최고훈장을 받기도 했다. 5400톤급에 고성능 통신시설을 갖춤으로써 현지 항구의 무선전신국을 거치지 않고도 평양과 직접 교신이 가능한 첩보 공작선이 바로 동건호였다. 일본과 홍콩, 싱가포르, 그리고 멀리 아프리카 소말리아 해역까지 오가며 공작 업무를 수행했던 사실이 그 뒤에야 소상히 밝혀지게 된다.

물론 스리랑카 대사관의 보고에서도 처음에는 선박의 이름조차 확실히 드러나지 않고 있었다. '통곤Tong Gon'이라는 이름이 처음 전해진 명칭이다. 이미 보안상의 이유로 스리랑카 당국으로부터 출항 명령을 받고 있었으나 현지 언론들조차 이에 대해 관심을 기울이지 않고 있을 때였다. 특별히 두드러진 단서가 나타나지 않았기 때문일 것이다.

그러나 이범석으로서는 북한 화물선이 양곤 항구에 일주일이나 머물렀다는 사실만으로도 의문점이 증폭될 수밖에 없었다. 더욱이 양곤에서 바다 쪽으로 시리암 섬에는 몇 해 전인가 북한이 지어준 주석 제련소가 자리 잡고 있지 않은가. 북한 기술자 대여섯 명이 상시로 체류하고 있는 근거지다. 혹시 그 시리암 섬을 발판으로 삼아 무슨 공작을 벌였던 것은 아닐까. 여기까지 생각이 미치자 더욱 기분이 찜찜해질 수밖에 없었다.

북한 당국의 집요함에 대해서는 누구보다 소상히 꿰뚫고 있는 그였다. 한 번 물고 늘어지기 시작하면 좀처럼 물러서지 않는 그들이지 않는가. 그들의 속성이 그러했다. 이미 남북적십자회담 수석대표로 그들을 상대했으며, 그 전에도 서너 차례나 국제무대에서 북한 대표들과 직접 마주앉았던 경험에서 터득된 인식이다. 이번에도 뭔가 느낌이 좋지 않았다.

더욱이 북한이 KAL기 격추사건에서도 소련의 입장을 두둔하던 상황이었다. 한 핏줄을 나눈 동족이면서도 비참한 사건에 맞닥뜨린 남한의 슬픔과 입장은 안중에도 없는 듯했다. 말로는 남북한 당사자와 미국이 참여하는 대화 협상을 제의하고 있었으면서도 속마음은 엉뚱한 곳에 쏠리고 있었던 것이다. 전두환 대통령이 그때 김포공항 출국성명을 통해 "소련의 대한항공기 폭파사건과 관련해 온 세계가 분노와 애도의 뜻을 표하고 있는데도 같은 동족인 북한 공산집단이 동포의 참혹한 희생에 대해 오히려 가해자를 두둔하고 나서는 모습에서 반反문명과 반反이성, 그리고 반反민족과 반反인간의 암담한 심정을 금할 수가 없다"고 개탄한 것이 그런 때문이다.

우려를 더해 주었던 것은 양곤 시내의 경비 상태가 언제라도 허술한 틈새를 드러낼 수 있다는 점이었다. 그 전 해만 해도 밤중에 어느 괴한이 미국 대사관저에 침입하는 예기치 못한 사건이 벌어지지 않았는가. 경비원들이 저지에 나섰으나 괴한이 흉기를 휘두르는 바람에 한 명이 현장에서 목숨을 잃었고 다른 경비원 한 명은 중태에 빠졌던 사건이다. 패트리서 번Patricia Mary Byrne 대사가 마침 출타 중이어서 상해를 입지 않은 것이 그나마 다행이었다.

더군다나 미얀마 정치권이 권력 암투에 휩싸여 틴우 정보부장과 그 휘하의 간부들이 모조리 숙청되면서 정보기관이 제 기능을 발휘하지 못하는 상황이었다. 틴우가 서서히 실력자로 떠오르게 되자 부정부패를 이유로 네윈에 의해 제거된 뒤끝이다. 따라서 전 대통령 방문에 따른 경호 협의도 미얀마 정보부를 통하기보다는 외무성 의전국을 통해 간접적으로 이뤄져야 했다.

이런저런 생각에 이범석은 그날 오후 미얀마에 도착해서도 아직 기분이 가라앉은 상태였다. 공연히 마음이 놓이지 않았다. 공항에 착륙한 뒤 미얀마 측의 열렬한 환영을 받게 됨으로써 행사를 준비한 입장에서 약간의 위안을 받았을 뿐이다. 도착 행사가 끝나고 일행이 공항을 빠져나올 때 장세동 경호실장 승용차의 시동이 걸리지 않는 바람에 주위 사람들이 뒤에서 밀어주는 해프닝이 벌어지긴 했지만, 일단 시작만큼은 만족할 만했다. 그래도 마음속 의문점은 숨기기가 어려웠다.

밍갈라돈 공항에서 숙소인 인야레이크 호텔로 가는 동안에도 마찬가지였다. 승용차에 동승한 〈문화방송MBC〉의 문진영文振英과 〈코리아 헤럴드〉 김기석金基石 기자와 대화를 나누며 은근히 푸념이 새나왔다. 순방 관련 얘기를 주고받다가 "이번에는 별로 오고 싶지 않았다"며 심정을 밝히게 된다. 공항 도착 환영식 취재 당번을 맡은 '풀 기자'가 이들 두 명이었고, 취재가 끝난 뒤 이 장관을 위해 배정된 승용차에 함께 타고 호텔로 향하던 도중의 길지 않은 대화였다.

이범석으로서는 여러 상황이 겹쳐 있었다. 북한 화물선과 관련한 숙제만 해도 골치가 아픈 터에 KAL기 피격사건도 아직 마무리되지 않은 상태였다. 잇몸 통증까지 겹쳐 신경이 쓰일 수밖에 없었다. 오죽했으면 하루 늦게 순방단에 합류하겠다는 얘기까지 꺼내야 했을까.

아마 그때의 수행기간 중 자신의 운명에 결정적인 위해가 미칠 것이라는 사실을 본능적으로 감지하고 있었는지도 모른다. 그 스스로 실토한 대로 미얀마 만큼은 피하려 했던 흔적이 엿보인다. 하지만 명색이 외무장관으로서 자기가 싫다고 대통령의 순방에 빠질 수 없는 노릇이었다. 그것이 이범석의 운명이었다.

"서울에서 한 잔 하자"던 약속

그렇게 미얀마에서의 첫날 저녁을 보내고 날이 밝아왔다. 이범석의 생애 마지막이 되는 날이었다. 그것은 다른 수행원들에게도 마찬가지였다. 단지 운명의 날이 될 줄을 미처 모르고 있었을 뿐이다.

하지만 밤중에 푹 쉰 덕분인지 이범석은 어느 정도 원기를 되찾은 모습이었다. 원래 타고난 성격상 기분이 나빠도 내색을 잘 드러내지 않는 편이었다. 수술을 받은 잇몸 부분이 약간 부어오른 채 쑤시기는 했어도 그런 대로 견딜 만했다.

아침 식사 때는 오히려 표정이 유쾌한 듯했다. 그는 자리에 앉아 식사를 하던 중 자기보다 늦게 식당에 내려온 〈코리아 타임즈〉 박창석朴昌錫 기자와 눈이 마주치자 그를 자기 자리로 불렀다. 수행원단의 식사는 숙소인 인야레이크 호텔의 지하 1층 식당에 준비되어 있었다.

"어이, 미스터 박. 이리 오라우."

박 기자는 접시에 음식을 적당히 담아서는 이범석이 앉은 맞은편에 자리를 잡았다. 그렇지 않아도 순방 일정과 관련해서 이것저것 물어볼 게 적지 않던 터였다. 이런 식으로 자연스럽게 마주친 식사 자리는 취재 기회로도 제격이었다.

"그래, 어젯밤 잘 잤는가?"

"감기 기운으로 잠을 좀 설쳤습니다. 장관님께선 잘 주무셨습니까?"

박 기자가 자리에 앉은 뒤 다시 한 차례 아침 인사가 오갔다.

박 기자는 서울에서부터 가벼운 감기 기운이 있었고, 그래서 잠을 제대로 이룰 수가 없었다. 감기 기운이 아니라도 잠자리가 바뀌면 누구라도 잠을 깊이 이루기 어려운 법이 아닌가. 더욱이 미얀마라는 미지의 나라를 방문한 것이었다. 미묘한 흥분감으로도 선잠으로 새벽을 맞았던 것이다.

두 사람은 이렇듯 가볍게 대화를 나누며 아침식사를 마쳤다. 귀국한 다음 서울에서 다시 만나자는 약속도 잡았다. 대통령 순방 일정을 모두 마무리하게 되면 편안하게 식사를 함께 하자는 약속이었다.

"그 말이야, 나중에 청와대 기자들 식사나 같이 하자우."

평양 출신인 이범석의 말투에는 이북 사투리가 배어 있었다. 이북 사투리가 대체로 억세고 투박하게 들릴 만도 했건만 그의 말투에서는 오히려 친근감이 가득 전해지고 있었다. 부리부리한 인상답게 소탈하고 호방한 성격이 말투에 그대로 담겨 있었다. 박창석 기자가 아웅산 참사 10년을 맞아 1993년에 써낸 〈아웅산 리포트〉에서 소개한 그날 아침식사 자리에서의 간단한 대화 내용이다.

이렇게 취재기자들을 제외한다면, 당시 순방 특별기가 미얀마에 착륙해 다음날 폭발 테러가 일어나기까지 이범석에게 가장 근접해 있던 사람 가운데 한 명이 현지 대사관에 근무하던 송영식 참사관이다. 전 대통령의 순방에 따른 세부적인 영접 계획을 미리부터 현지에서 일일이 준비하느라 애쓴 당사자다.

그날 아침, 이 장관이 아웅산 국립묘지로 가는 길에도 송 참사관이 수행했다. 이범석은 묘지로 가는 도중 미얀마의 생활상이 궁금했는지 승용차 앞자리에 앉아 있던 그에게 여러 가지를 물어 보았다. 송영식은 그때 승용차 안에서의 대화를 다음과 같이 소개하고 있다.

"이 장관께서 '미얀마에서는 무슨 고기를 먹느냐'고 물어서 '물소 고기를 먹는다'고 대답했더니 '고기가 질기지 않느냐'고 반문하면서 몇 가지 조리 방법을 알려 주셨다." (송영식, 〈나의 이야기〉)

이범석이 평소 요리에 관심이 많았다는 점에서 충분히 이해가 되는 장면이다. 바깥에서 별미를 맛보게 되면 집에 돌아와 비슷하게라도 만들어 식구들에게 맛을 보여야 직성이 풀리는 성격이었으니 말이다. 그러나 인야레이크 호텔에서 아웅산묘지까지는 기껏 10분 남짓한 거리였으므로 두 사람이 대화는 그런 정도로 마무리되고 말았다.

그 전날 저녁에도 송영식은 이범석과 같은 테이블에 앉아 식사를 했다. 수행원단 일행의 식사가 차려진 인야레이크 호텔 만찬장에서였다. 이범석 외무장관과 김동휘 상공장관, 이계철 대사가 둘러앉은 자리에 그가 대사관 차석으로서 합석했던 것이다.

식사 분위기는 화기애애했다. 대사관 직원들과 현대건설 등 현지에 주재하는 상사 직원 부인들이 정성들여 한식 뷔페로 차린 만찬 자리였다. 음식도 음식이었지만 우리 대통령이 처음으로 비동맹 중립국인 미얀마를 방문함에 따라 미국과 유럽 등 서방 일변도였던 외교의 지평이 새롭게 열리게 됐다고 자축하는 의미가 더 컸을 것이다. 더구나 인도까지 방문 일정에 잡혀 있었음에랴.

김동휘 장관도 원래 외무부 출신이었기에 식탁에 둘러앉은 네 명의 멤버들이 서로 각별한 관계였다. 그가 외무차관을 지내다가 상공장관으로 기용된 것이 그 전 해 5월의 개각에서다. 더구나 이범석이 1960년대 초반 외무부에 들어가 처음 국제기구과장을 맡았을 당시 그 소속 직원이기도 했다. 그동안 서울에서도 별로 만나지 못하다가 모처럼 회포를 푸는 기회가 되었던 셈이다.

그러나 결국 이범석과 김동휘 장관, 이계철 대사로서는 이승에서의 마지막 저녁식사 자리가 되고 말았다. 송 참사관으로서도 이들 세 사람과 동석으로서는 물론 각자와의 관계에서도 '최후의 만찬'이 되리라고는 상상조차 하지 못했을 것이다.

송영식과 이범석 사이에는 또 다른 개인적인 인연이 없지 않았다. 이범석이 외무장관으로 부임했을 때 그는 외무부에서 북미 담당관 자리를 맡고 있었다. 미얀마 대사관으로 발령받은 것이 바로 그해 4월의 정기 인사 때였다.

그는 이때의 인사에 대해 자신의 회고록에서 "이 장관이 '오이씨 사건'의 당사자였던 고등학교 1학년 때의 나를 기억하시려나, 좀 꺼림칙한 마음이 들었으나 곧 해외 발령이 나서 잘됐다 싶었다"고 밝히고 있다. 문제의 '오이씨' 사건이란 송영식이 고등학생이었고, 이범석은 대한적십자사에 근무하던 시절의 얘기다. 이에 대해서는 뒤에 다시 소개하기로 한다.

황장엽의 증언

따지고 보면, 당시 미얀마 정부의 입장도 그렇게 흔쾌한 것만은 아니었다. 정부 내에서 은밀한 협조나 방조가 있지 않고서야 어떻게 그런 사태가 일어날 수 있었겠느냐 하는 의문 부호는 여전히 남아 있다.

외국 대통령이 참배하도록 되어 있는 국립묘지의 보안을 허술하게 내버려 둔 자체가 의문점이다. 그러고도 우리 청와대 경호팀이 사전 점검을 위해 금속 탐지기를 사용하려 했으나 완강히 거부했다. 아웅산묘지가 성역이라는 이유였다.

그때 현장을 지켜보았던 송영식 참사관은 다른 각도에서 의구심을 제기한다. 묘지에 미얀마 정부의 고위 당국자들이 어떻게 코빼기도 비치지 않았느냐 하는 점이 그것이다. 전두환 대통령을 안내하도록 돼있던 우칫라잉 외무장관을 제외한다면 기껏 아웅쬬민트 문공장관 한 사람이 행사 주최자의 입장에서 현장에 모습을 드러냈지만 그의 태도도 어딘지 미심쩍어 보였다는 것이 송 참사관의 느낌이다.

"현장에 우리 대표들을 영접할 미얀마 고위급 인사가 아무도 보이지 않았다. ……. 그때 미얀마 문공부장관이 나타났다. 그런데 그가 단상 위 우리 대표들 쪽이 아닌 묘소 입구를 향해 걸어가는 것을 보고 의아하게 생각했다."

사건이 터지고 나서 그 문공장관이 혹시 사전에 무엇인가 알고 있었던 게 아닌가 의심이 들었던 것도 이 장면 때문이었다고 송 참사관은 자신의 책에서 밝히고 있다. 송영식의 눈에는 그가 무엇인가 확인하려는 듯한 눈치를 보였다는 뜻일 것이다. 물론 증거가 없으니, 어디까지나 추측일 뿐이다. 그리고 앞으로도 영구히 미해결의 과제로 묻히게 될 것이다.

설령 이러한 정황이 폭파사건과 직접 관련이 있었던 것은 아닐지라도 미얀마 측의 영접 태도가 정중하지 않았던 것만은 확실하다. 짜임새도 없었다. 미얀마 정부는 사건 며칠 뒤 두 명의 고위직을 해임함으로써 자국에 책임이 없지 않았음을 간접적으로 인정했을 뿐이다. 민나웅 내무종교부 차관과 킨마웅이 통상부 차관이 해임된 당사자들이다.

이와 관련해 일본 〈지지時事통신〉은 그해 11월 8일 의미있는 보도를 내보낸 것으로 라종일羅鍾—은 소개하고 있다. "북한 사람들이 밤중에 묘소 관리인의 집을 방문해 자신들이 남한의 보안요원이고, 현장을 방문해야 한다며 양해를 받았다"는 내용이다. 그 과정에서 관리인에게 현지 화폐로 1만 짜트를 주었고, 사다리를 빌리기도 했다는 것이다. 폭탄 설치에 필요한 사다리였다. 국가정보원 1차장과 주일대사를 지낸 라종일이 〈아웅산 테러리스트 강민철〉 저서에서 밝힌 내용이다. 앞서 송영식이 "묘지 관리자 등 몇몇 말단 공무원이 수뢰혐의로 처벌됐다는 이야기를 들었다"고 밝힌 것이 같은 얘기일 것이다.

테러범으로 검거된 북한 공작원 진모와 강민철에 대해서는 그해 11월 22일부터 곧바로 재판이 시작된 이래 12월 9일까지 열 차례의 공판이 집중 진행되었다. 문제의 동건호를 타고 미얀마에 잠입한 장본인들이다. 이들은 사형을 선고받은 끝에 미얀마 대법원에 상고했으나 이듬해 2월 상고 기각에 의해 사형이 최종 확정되기에 이른다. 미얀마 당국이 이처럼 재판을 신속하게 진행한 것은 사건 전모를 가급적 빨리 공개한다는 취지에서였을 것이다.

이때 테러범들에게 사형선고를 내린 미얀마 재판장의 딸이 이듬해 일본 유학 중 원인 불명으로 사망했는데, 배후에 북한 공작원이 개입했을 가능성이 제기되기도 했다. 현장에서 발견된 북한제 담배꽁초가 유력한 단서였다. 2017년 공개된 외무부 비밀문서에서 밝혀진 내용이다.

북한은 아웅산 테러사건 한 해 전에도 전두환 대통령의 아프리카 순방이 진행되던 가봉에서 우리 요인들에 대한 암살작전을 추진한 바 있다. 이때는 외무성이 직접 주도했다는 사실이 다른 점이다. 북한 외교관 출신 탈북민인 고영환이 〈연합뉴스〉와의 인터뷰(2017년 2월 27일)에서 공개한 얘기다. 더욱이 본인도 그 작전에 개입했으나 실행 직전 김일성의 지시로 보류됐다는 것이다.

한편, 우리 정부로서는 아웅산 테러사건으로 국정 기능에 잠시나마 공백사태가 초래됐고 안보 균형이 흔들리는 최대의 위기를 맞게 되었다. 하지만 전두환 대통령이 위기를 모면함으로써 북측의 음모는 '절반의 성공'으로만 그치고 말았다. 다시 말해서, '절반의 실패'였다. 그러나 북측이 당시 수행원 가운데서도 이범석의 목숨을 앗아간 데 대해 크게 자위하고 있었다는 사실을 돌이켜볼 필요가 있다.

북한에서 고위직을 지낸 황장엽黃長燁의 증언에서 확인되는 사실이다. 김일성대학 총장과 노동당 비서, 조국평화통일위원회 부위원장, 최고인민회의 외교위원장 등을 지내다 1997년 남한으로 망명에 성공한 주인공이다. 그가 아직 북한에서 활동할 당시 아웅산 폭파사건 계획에 직접 관여한 인민무력부 작전국장 임선태에게 들은 적이 있다며 털어놓은 얘기다. 〈월간조선〉 1998년 7월호 인터뷰를 통해서다.

"북한에서는 아웅산테러 당시 이범석 외무장관이 희생된 것을 가장 큰 성과라고 보았다"는 것이다. 이범석이 과거 몇 차례나 남북협상을 통해 뛰어난 전략가로서의 면모를 보였으므로 그의 존재를 껄끄럽게 받아들이고 있었다는 것이 그 이유다.

이범석이 북측과 협상 테이블에 마주앉은 것은 이미 대한적십자사에 근무할 때부터다. 적십자사 소속 신분으로 뉴델리와 제네바에서 북측 대표단을 상대했다. 외무부로 자리를 옮기고도 다시 대한 적십자사 부총재 직책을 받아 남북적십자회담 수석대표로 활약했던 것이 가장 큰 발자취에 속한다. 그 뒤 인도 대사 시절에도 공산 월맹에 억류됐던 우리 외교관들의 송환을 위해 북측과 협상에 나섰다. 그때마다 북한 대표들의 생떼에 곤욕을 치르면서도 뛰어난 협상 능력을 보여주었던 것이다. 그리고는 끝내 그들의 테러 공작에 의해 목숨을 잃고 말았다. 애석한 일이다.

이에 대해 인도네시아 출신으로 당시 서독 〈악셀 슈프링거Axel Springer〉 뉴스서비스 기자로 활동하던 싱후쿠오의 얘기를 들어보자. 그는 〈아웅산, 피의 일요일〉이라는 저서에서 "미얀마의 독립을 위해 싸운 아웅산 장군이 1947년 대영제국 첩보요원의 비굴한 살해 음모에 의해 희생당했으며, 그로부터 36년 후에 한국에서 온 손님들이 이같이 비열한 방법으로 살해됐다"고 지적한다.

싱후쿠오 본인이 공산당의 야비한 수법에 대해서는 진저리날 정도로 꿰뚫고 있었다. 인도네시아와 동독 간의 학생 교류 계획에 따라 일찍이 1959년 동독으로 건너갔다가 뜻하지 않게 봉변을 당했던 처지다. 저널리즘 연구를 하던 중 간첩 혐의로 체포된 것으로도 모자라 드레스덴 정치범 수용소에서 7년도 넘게 갇혀 있다가 1972년에야 자유세계로 돌아올 수 있었기 때문이다.

순방국 결정의 수수께끼

그렇다면, 그때 미얀마가 어떻게 해서 해외순방 계획에 포함됐던 것일까. 아웅산 폭발 테러를 떠나서도 미얀마 방문계획 자체가 하나의 수수께로 남아 있는 것이다. 이에 대해서는 아직도 추측만 난무할 뿐 확실한 답변이 제시되지 않고 있다. 결정적인 판단 착오로 나라의 유능한 인재들을 한꺼번에 잃는 사고가 발생했기에 계획 수립에 근접했던 당사자들이 극구 언급을 꺼리고 있기 때문이다.

확실한 것은 이범석 본인조차 미얀마가 순방국에 포함되는 마지막 순간까지 전혀 모르고 있었다는 사실이다. 명색이 외무장관이면서도 미얀마 순방에 있어서만큼은 상부의 지시를 받아 수동적으로 준비했다는 얘기다.

이범석이 주무 장관으로서 가장 초점을 둔 방문국은 인도였다. 유고, 인도네시아, 이집트 등과 함께 비동맹 그룹을 이끌어가는 인도를 우리 대통령이 직접 방문함으로써 최소한 북한과 동등한 위치를 확보한다는 의도였다. 아니, 북한보다 더 가까운 관계로 만든다는 게 그의 개인적인 생각이었다. 자신이 인도주재 대사를 지내면서 인디라 간디 총리를 비롯한 집권층과 밀접한 교분을 쌓은 데 대한 결실을 이룰 수 있는 기회이기도 했다.

"우리 대통령이 제3세계의 종주국인 인도를 방문한다는 것은 비동맹 외교에서 그동안의 대북 열세를 만회하고 앞으로 역전된다는 것을 의미하는 것이다."

그가 순방 출발 하루 전 외무부 출입기자들과 점심을 하면서 강조했던 얘기다. 종로 누상동의 어느 한정식 식당에서 있었던 오찬 모임에서다. 결국 외무부 기자들과 고별 식사가 되고 만 순방 송별 오찬이었다.

이범석은 외무장관에 오른 뒤 인도와의 관계 개선에 상당한 공을 들였다. 처음에는 간디 총리의 서울 방문을 추진했을 정도다. 그러나 전 대통령이 먼저 인도를 방문하고, 그 답방 형식으로 간디 총리가 서울을 방문하는 것이 좋겠다는 식으로 논의가 진행됐다. 인도가 비동맹의 종주국으로 남북한 등거리 외교를 유지해야 하는 미묘한 문제가 걸려 있었기에 간디 총리가 먼저 서울을 방문토록 한다는 것은 아무래도 부담으로 느껴졌을 법하다.

이러한 밑그림에 따라 전 대통령의 뉴델리 방문 계획은 일찌감치 기정사실로 굳어져 있었다. 이범석이 그해 1월 태국과 인도를 방문하는 길에 순방 논의를 공식적으로 매듭짓기에 이른다. 10월로 방문 시기가 정해진 것이 이미 그때의 일이다. 다만 발표를 미루고 있었을 뿐이다.

그 다음으로 추가된 것이 호주와 뉴질랜드다. 벌써 오래 전부터 우리 국가원수를 공식 초청하겠다는 의사를 비쳐 온 데 대한 답변이기도 했다. 이러한 과정을 거쳐 서남아시아 및 대양주 순방 일정의 기본 골격이 짜이게 된다. 스리랑카와 브루나이가 추가된 것은 그 다음이다. 스리랑카 방문 계획도 북한과의 상대적 관계 때문에 정해진 것이었다. 이미 1971년 북한이 스리랑카 반정부 게릴라에게 몰래 무기를 지원하다가 들통나는 바람에 대사관이 한때 폐쇄된 적이 있으므로 우리 대통령이 방문하게 된다면 더욱 확고한 관계가 맺어질 수 있다는 계산이 작용했다.

이른바 '국화 작전'이라는 암호명의 순방계획이 이렇게 수립된 것이다. 당시 이범석 장관의 보좌관으로, 뒤에 유엔 사무총장까지 오르게 되는 반기문潘基文이 붙인 암호명이다. 순방 시기가 가을철인 10월로 예정되어 있었기에, 이 무렵에는 국화꽃이 만개한다는 점을 감안한 암호였다.

하지만 이렇게 순방 대상국들이 차례차례 결정되고도 미얀마는 아직 거론조차 되지 않고 있었다. 결국 마지막 순간에 허겁지겁 추가된 것인데, 어떤 경로를 거쳐 의사 결정이 이뤄졌는지가 아직도 명쾌하지가 않다는 것이다.

이에 대해서는 당시 김병연 아주국장의 증언을 들어볼 필요가 있다.

"당초 방문 예정국은 인도, 호주, 뉴질랜드 3개국이었다. 그런데 준비 과정에서 스리랑카, 브루나이가 포함됐고 마지막에 미얀마까지 확대되는 일이 일어났으니 이 장관도 놀랄 수밖에 없었다. 외무부도 모르는 사이에 수수께끼 같은 일이 벌어진 것이었다."

그때 외무부 제1차관보로 재직하다가 브라질 대사로 발령받은 공로명孔魯明 전 외교통상부 장관의 증언도 대략 일치한다. "미얀마는 외무부 실무진에서는 검토된 바가 없었는데, 어느날 갑자기 김병연 아주국장이 '미얀마를 추가하라는 지시가 떨어졌다'며 법석을 떨었다"는 것이다. 결국 미얀마가 막판에 추가된 것은 외무부 차원을 넘어 바깥 채널을 통해 추진됐다는 결론에 이르게 된다.

〈코리아 타임즈〉 기자이던 박창석은 앞서 소개한 〈아웅산 리포트〉에서 또 다른 논의 과정을 거론하고 있다. 처음 작성된 국화 작전에 따르면 인도로 직접 가는 것으로 되어 있었으나 그럴 경우 전용기가 중국과 베트남 국경에 가까운 상공을 지나가야 한다는 것이 문제점으로 제기됐다는 게 그것이다. 그때만 해도 이 두 나라가 적성국이었으므로 이들 국경에 인접한 항로를 선택한다는 것은 위험천만한 모험일 수밖에 없었다.

따라서 안전한 항로를 찾아 우회하게 되었고, 결국 중간 기착점이 필요하게 되었다. 그런 연장선상에서 우선적으로 떠오른 도시가 말레이시아 페낭이었다. 그러나 말레이시아는 전 대통령이 이미 1981년 6월 아세안 5개국을 순방하면서 방문했었기에 대상에서 제외되고 말았다. "그러던 중 출국 한 달 전쯤 미얀마 이계철 대사에게 알아보라는 지시가 떨어졌다"는 게 박 기자가 인용한 최상덕崔尙德 당시 외무부 의전과장의 증언이다. 최 과장 역시 미얀마 순방에 수행했다가 아웅산묘지 현장에서 부상을 입은 당사자이기도 하다.

이처럼 갑작스런 과정을 거쳐 미얀마가 순방 계획에 포함되었으니 누구라도 의아하게 여겼을 법하다. 당시 외무부 내부에서도 서로 쉬쉬 하면서 못 마땅히 여기는 분위기였다. 논의 과정에서 외무부가 전적으로 제외됐기 때문이기도 하지만 미얀마 순방으로 얻을 것이라고는 별로 없었기 때문이다. 미얀마가 비동맹 그룹인 것은 틀림없지만 그 모임에서 영향력이 크지도 않았으며, 한국과는 당면한 현안 문제도 없었던 상황이다.

당시 외교적인 차원에서만이 아니라 미얀마의 경제 및 사회적 측면에서도 얻을 것이 없기는 마찬가지였다. 신봉길申鳳吉 인도 대사가 쓴 〈시간이 멈춘 땅 미얀마〉의 몇 페이지를 들여다보면 당시 사정을 충분히 짐작할 수 있다. 요르단 대사와 한중일협력사무국 사무총장, 국립외교원 외교안보연구소장 등을 역임한 그가 일찍이 미얀마 대사관 참사관으로 근무하던 1990년의 저술이다.

"2차대전 전까지만 해도 이 나라는 동남아 일대에서 최고 수준의 경제적 번영을 구가하던 지역이었다. 세계적인 곡창지대로서 쌀 수출이 연간 300만 톤을 웃돌아 세계 2위를 점하였으며, 양곤 국제공항은 국제 교통의 요지로서 지금의 방콕과 같은 역할을 하고 있었다. 그러나 1960년대 들어 추진되기 시작한 소위 '미얀마식 사회주의'의 철저한 고립·쇄국정책은 이 나라를 세계에서 가장 낙후한 국가의 하나로 전락시켰다. 지금도 아시아 지역 최빈국들인 방글라데시, 라오스, 캄보디아 등과 함께 국민소득 200달러 수준의 경제에 머물러 있다."

비로소 우리 기업들이 미얀마 진출을 꾀하던 무렵이다. 현대건설이 국내 건설업체로는 처음으로 1981년 야웅가트의 킨다 다목적댐 공사를 수주받아 공사를 진행하고 있었다. 미얀마의 제2 도시인 만달레이에서 동남쪽으로 110km 떨어진 위치다. 그밖에는 국제상사가 양곤에서 냉동 곡물창고를 세우고 있던 정도다. 특히 킨다댐 공사는 당시 미얀마 최대의 공사였으며, 지금도 미얀마에서는 가장 중요한 전력 공급원으로 역할을 담당하고 있다.

우리 기업체들의 미얀마 수출 실적이 1980년 593만 달러에서 1981년 1341만 달러, 1982년에는 2200만 달러로 급속히 늘어가던 것도 이러한 활동 덕분이었다. 이에 비해 미얀마에서의 수입 실적은 350만 달러 안팎에 머무르고 있었다. 주석과 티크 원목이 주요 수입 품목이었다.

당시 미얀마 정부도 한국의 급속한 경제발전에 관심을 보이고 있을 때였다. 이에 대해 우리 정부는 현지 대사관을 통해 미얀마와의 교류 사업을 시도하고 있었다. 이계철 대사가 1981년 3월 양곤에 부임하고 나서 미얀마의 기술 연수생들을 서울로 초청하거나 안과 병원 건립지원을 제의하는 등 교섭을 추진하던 중이었다.

이 부분에 있어 전임 장관이던 노신영의 얘기를 들어보자.

"나는 다음해 상반기 중 전두환 대통령의 방일訪日을 염두에 두고 여러 국가들에 대한 대통령의 1983년도 순방을 그해 하반기로 잡았다. 그리하여 인도, 호주, 뉴질랜드, 파푸아뉴기니 4개국을 선정하여 미리 전 대통령의 승인을 얻었다."

그가 2000년 자서전으로 펴낸 〈노신영 회고록〉에서 밝힌 내용이다. 약간 앞뒤가 엇갈리기는 하지만 대체적인 윤곽은 앞서의 증언들과 거의 일치한다. 다시 말해서, 인도와 호주, 뉴질랜드 방문 계획은 이미 노신영 장관 때부터 추진됐다는 것이다. 노신영도 이범석에 앞서 뉴델리 총영사와 대사를 지냈으므로 인도와의 관계 증진에 적극적인 입장이었다. 호주의 경우 전 해인 1982년 5월 프레이저 Malcolm Fraser 총리가 방한한 데 대한 답방이었고, 뉴질랜드 경우도 멀둔Robert Muldoon 총리가 1981년 서울을 방문한 데 대한 답방 의미를 띠고 있었다. 새로 독립한 파푸아뉴기니도 앞으로 자원외교의 대상이 될 수 있다는 판단이 작용했을 것이다.

하지만 노신영도 미얀마가 순방국에 추가로 포함된 과정에 대해서는 제3자적 관점을 보여준다. "내가 수립했던 4개국 순방 계획은 내가 외무부를 떠난 후 미얀마, 인도, 스리랑카, 호주, 뉴질랜드, 브루나이의 6개국 순방으로 크게 수정되었다"고 앞서의 회고록에서 밝히고 있다. 안기부장의 위치에서 순방 계획을 마련하는 과정에 관여하지 않았다는 뜻으로 비쳐진다. 관여할 입장도 아니었다. 그렇다면 미얀마를 막판에 포함시킨 주체는 청와대로 귀결될 수밖에 없다.

더욱이 미얀마의 경우 얻을 것이 없는 정도를 넘어 오히려 위험하게조차 여겨지고 있었다. 경호상의 문제가 제기됐던 것이다. 미얀마가 남북한과 동시에 국교를 맺은 지 8년이 지나가고 있었으나, 실제로는 북한에 더 기울어져 있었다. 북한이 또 무슨 꼼수를 부릴지 예측할 수 없었다. 동건호 행적과 관련한 의혹이 표면화되면서 이범석이 미얀마 일정에 대해 꺼림칙하게 여겼던 가장 큰 이유다.

이범석의 취중 욕설

이범석이 그 직전 뉴욕 유엔총회에 참석한 길에 김경원金瓊元 유엔대사와 김세진金世珍 뉴욕 총영사, 박수길朴銖吉 공사를 비롯한 현지 공관원들과 귀국 만찬을 하면서 나누었던 대화 속에서도 그런 감정이 노출되고 있었다. 단순한 걱정 차원에서 더 나아가 그는 개인적인 분노까지 드러냈다. 말투 자체가 격했다. 그로서는 좀처럼 없던 일이었다.

"개새끼들 때문에 미얀마까지 가게 됐어."

취중에 불쑥 내뱉은 한마디였지만 순방 결정 과정을 포함해 미얀마 방문에 대한 그의 기분이 어떠했는지를 여과없이 보여준다. 소련 전투기에 의한 KAL기 피격사건을 규탄하기 위해 유엔총회에 참석해서 일정을 모두 마친 뒤인 9월 30일 저녁, 맨해튼 식당의 회식 자리에서다. 전두환 대통령의 순방 출발을 불과 여드레 밖에 남겨놓고 있지 않던 시점이다.

그렇다면, 누가 왜 마지막에 미얀마를 순방국 리스트에 집어넣은 것일까. 이범석은 그 당사자가 누군지 분명히 알고 있었을 것이다. 술 한 잔에 욕설을 섞어 격렬히 감정을 표출했던 그 당사자를 말이다.

한편, 미얀마가 순방 계획에 포함되고 나서 안전기획부가 현지 치안문제를 우려하는 보고서를 올렸다는 얘기가 전해지고 있지만 이에 대해서는 좀더 사실 확인이 필요하다. 당시 안기부의 양곤 파견관이던 강종일姜鍾一 서기관이 "특히 아웅산묘소 방문은 재고할 필요가 있다"는 내용의 보고서를 올렸다는 것이다. 라종일이 〈아웅산 테러리스트 강민철〉에서 밝힌 내용이다. 강 서기관이 그해 5월 부임했으므로 현지 사정에 밝다고는 할 수 없었으나 나름대로는 대체적인 분위기를 파악하고 있었다는 것이 이런 내용의 배경이다.

따라서 전 대통령이 미얀마를 방문한다면 정부 지도자들과 회의만 하고 다른 행사는 생략해야 한다는 게 강 서기관이 본부에 건의한 결론이었다는 얘기다. 양곤의 관광명소인 쉐다곤 사원에 있어서도 북한 측 요원이 관광객들 틈에 섞여 있다가 불쑥 튀어나와 덤벼들 가능성을 우려했다는 것이다. 이런 위험을 피하려면 일반 관광객들의 출입을 통제해야 하지만 미얀마 정부가 이를 허용해 주지 않을 것이라는 점까지 강 서기관이 내다보고 있었다고 라종일은 소개한다.

이에 대해서는 현지 대사관에서 참사관으로 근무했던 송영식도 "안기부가 방문 취소를 건의했다는 이야기를 뒤늦게 들었다"고 밝히고 있다. 하지만 이미 양국이 방문 계획을 공개적으로 발표했고, 그에 따라 계획이 추진되던 중이어서 도중에 취소하기가 어려운 상황이었을 것이라는 게 송영식의 생각이다.

그러나 이 대목에 있어서는 한 가지 의문점이 남는다. 당시 안기부장이던 노신영이 이 부분에 대해 정작 아무런 언급이 없었다는 사실이 그것이다. 그가 우려한 것이 있다면 전 대통령이 탑승한 비행기가 미얀마까지 이르는 항로에 대한 것이었다. 항로가 중국 대륙이나 베트남에 너무 접근해 있었기 때문이다. 노신영은 이 문제와 관련해 미국 측과 협의했다고 회고록에서 밝히고 있으면서도 현지의 안전 및 위해 가능성에 대해서는 거의 언급하지 않고 있다. 만약 라종일의 지적대로 안전기획부 차원에서 정식으로 문제를 제기했다면 그 얘기를 구태여 회고록에서 누락할 필요가 없었을 것이다.

노신영의 얘기를 더 부연하자면, 탑승기의 안전을 고려해 미국이 중국이나 베트남 국경에서 떨어진 항로를 제시했고 결국 청와대가 이 항로를 택한 것뿐이었다. 당초 미얀마에 도착하자마자 아웅산묘소를 참배하도록 되어 있던 일정이 다음날인 10월 9일로 바뀐 것이 그 결과였다는 것이다. 항로가 길어짐으로써 양곤 도착 시간이 한 시간 이상 늦어지게 된 때문이었다.

안기부가 미얀마 방문에 대해 안전 문제를 걱정하는 보고서를 올린 게 사실이라면 노신영이 자신의 회고록에서 그토록 중요한 얘기를 언급하지 않았을 리가 없다. 따라서 미얀마가 전 대통령의 순방 대상에 포함되는 과정에 대해 안기부 차원에서 사전에 몰랐을 수는 있지만 방문 취소를 건의했다는 얘기는 뒤늦게 와전됐을 가능성이 다분하다. 혹시 안기부 내부적으로 미얀마의 치안 상황에 대한 문제점이 논의된 것이 사실이라고 하더라도 구체적인 단서에 의한 것이라기보다는 원론적 입장에서의 검토였을 것이다.

만약 라종일의 지적대로 안기부가 청와대에 방문 취소를 건의했던 게 사실이라면 북한 화물선에 대한 답변도 좀 더 강경해야만 했다. "특이점을 찾지 못했다"는 식의 답변이 대사관 채널을 통해 외무부로 전달됐지만 안기부 주재관의 판단이 반영된 답변이었을 것이기 때문이다. 전 대통령의 출국 이틀 전 스리랑카 대사관에서 날아온 전문에 대한 답변을 말하는 것이다. 동건호와 관련해 안기부 차원에서 내부적으로 북한의 테러 가능성을 걱정했다는 얘기는 아직 공식 전해진 바가 없다.

미얀마를 꼭 가야만 했는가

여기에 추가되는 것이 "왜 미얀마를 가야 했는가"라는 질문이다. 객관적으로 바라보면 방문할 수 있는 여건이 아니었는데도 굳이 가기로 했던 이유가 어디 있었는가 하는 게 문제의 핵심이다. 그 해답을 알아야만 미얀마를 순방 대상국으로 추진했던 과정도 자세히 이해할 수 있을 것이다.

이 질문에 대한 답변을 구하기에 앞서 당시 국내정치 상황에 대해 대략적으로나마 살펴볼 필요가 있다. 우선 눈에 띄는 것이 대학가나 산업 현장에서 거의 날마다 시위와 농성이 끊이지 않고 있었다는 사실이다. 박정희朴正熙 사거 이후 신군부가 12.12 쿠데타 및 5.18 무력진압 등 강압적인 수단으로 권력을 장악한 데다 각계의 민주화 욕구를 억누른 데 대한 반발이었다. 시기적으로 해외순방이 적절치 않다는 비판적 시각이 제기되고 있었던 게 이러한 사정 때문이었다. 더구나 KAL기 피격사건의 여파가 계속 이어지던 중이었다.

그러나 국내 여건이 어려울수록 전두환 대통령은 외교무대에서 자신의 위상을 찾으려는 의지를 내비치고 있었다. 1981년 1월 미국 레이건 행정부가 출범한 지 불과 1주일 만에 외국 국가원수로는 처음으로 미국을 방문해 정상회담을 가진 것이 그 출발점이다. 그해 6월 하순부터 7월 초까지는 인도네시아, 말레이시아, 싱가포르, 태국, 필리핀을 포함하는 아세안 5개국 방문이 이뤄졌으며, 이듬해 8월에는 케냐, 나이지리아, 가봉, 세네갈 등 아프리카 4개국에 캐나다까지 연결되는 순방 외교가 진행되었다. 더욱이 한국 대통령으로서 첫 아프리카 방문이라는 의미가 붙여진 순방이었다.

이러한 연장선에서 살펴본다면 이때 서남아와 대양주 5개국 및 브루나이 순방은 그의 대통령 취임 이후 네 번째 추진되는 계획이었다. 한국 외교의 최대 당면과제 중 하나였던 제3세계 및 비동맹 외교기반 확충에 목적을 두고 있었다. 그중에서도 인도와의 관계 개선이 우선 목표였다는 점은 전술한 바와 같다. 국내정치 상황이 어렵다고 해서 반드시 부정적인 시각에서만 바라볼 것은 아니었다는 얘기다.

외무장관인 이범석도 이때의 순방계획을 통해 우리의 외교 역량을 높일 수 있는 절호의 기회라고 간주하고 있었다. 비동맹 외교에 있어서는 북한이 국제무대에서 상대적으로 우세를 누리고 있을 때였다. 따라서 인도 순방을 기회로 비동맹 국가들에 대한 외교적 기반을 마련함으로써 북한을 따라잡는다는 구상이었다. 비동맹 외교를 명목으로 삼아 미얀마가 순방 일정에 포함된 것은 어디까지나

2014년 미얀마 아웅산 국립묘지에 세워진 '아웅산 순국사절 추모비'. 그해 6월 6일 현충일을 기해 당시 윤병세 외교부장관과 권철현 추모비 건립위원장, 그리고 유족들이 참가한 가운데 제막식이 열렸다.

곁가지였을 뿐이다.

이에 대해 몇 가지 가정에 대한 타당성을 검토하고 넘어갈 필요가 있다.

당시 적성국이던 중공과 베트남 영공에 근접해 비행을 해야 하는 상황을 피하려고 미얀마를 중간 기착지로 선택했다는 주장부터 살펴보자. 하지만 정치적인 손익계산 차원이 아니라 단순히 중간 기착지 문제를 해결하려고 방문국을 추가했다는 얘기는 아무래도 설득력이 부족하다. 설령 그것이 사실이라고 해도 미얀마를 방문국 리스트에 추가하자는 제의가 외무부나 안기부에서 먼저 나왔어야 했다. 청와대에서 미얀마를 추가하자는 얘기가 나온 것이라면 중간 기착지 목적으로 미얀마가 추가됐다는 주장은 핑계에 가까울 뿐이다.

가장 쉽게 생각할 수 있는 것은 경제협력을 염두에 둔 접근이다. 송영식도 "미얀마가 수산자원과 귀금속 등이 풍부했으므로 경제협력 필요성을 느꼈을 것"이라고 밝힌 바 있다. 하지만 이 경우에도 청와대가 굳이 외무부의 반발 기류를 무시하면서까지 막판에 미얀마를 갑작스럽게 끼워 넣어야 했는가 하는 점에 있어 납득하기 어렵기는 마찬가지다. 오히려 미얀마를 순방국 리스트에 포함시키기 위해 경제협력의 필요성을 거론했을 소지가 다분하다.

이처럼 의문 부호들이 열거되는 가운데 전두환 대통령이 자신의 퇴임 이후를 내다보고 그 해답을 찾으려는 의도에서 미얀마를 순방국에 포함시켰다는 관측이 유력하게 전해진다. 전 대통령의 임기는 당시 헌법에 따라 7년 단임으로 되어 있었고, 임기를 마치고는 깨끗이 물러나겠다고 거듭 공언해 왔던 터다. 그때로 친다면 임기 만료를 4년 남짓 남겨놓고 있었을 무렵이다.

자리에서 물러난 이후에도 권력을 유지하면서 영향력을 행사할 수 있는 방안에 대해 관심이 없지는 않았을 것이다. 과거 이승만이나 박정희 대통령처럼 무리하게 헌법 개정을 추진하는 방법으로 임기를 연장하는 방법이 아니라도 다른 방법이 있을 것이라는 데 관심이 쏠렸을 법하다.

그런 점에서는, 박정희가 영구 집권을 위해 장제스蔣介石가 장기독재를 이끌어가던 자유중국의 총통 체제에 관심을 기울였던 것과 비교할 만하다. 서울대학교 총장을 지내고 원로교수로 재직하던 형법학자 유기천劉基天의 폭로로 1971년 세간에 알려지게 된 사실이다. 이듬해 10월 유신이 선포됨으로써 국내 헌정사가 중대 기로에 놓이게 된 것이 그 연장선에서 일어난 일이었다. 유기천도 이때의 폭로와 관련해 학생운동 배후 및 내란선동 혐의로 수배 당하게 되면서 미국으로 망명길에 올라야 했다.

이런 상황에서 좀더 확실한 방법을 미얀마의 정치 지도자 네윈에게 찾으려 했다는 주장이 설득력을 지닌다. 권좌에서 물러난 뒤에도 집권당과 정부를 자신의 통솔 밑에 두면서 정치적 영향력을 행사하던 주인공이 바로 네윈이다. 당시 5공화국 헌법도 대통령이 자리에서 물러나면 국정자문회의 의장을 당연직으로 맡도록 하는 규정을 두고 있었다. 일종의 '상왕제上王制'로 간주될 만했다. 전 대통령이 이런 식으로 외교 및 국방 분야에서 자신의 위치를 유지할 수 있는 구상을 세웠다는 것이다.

당시 네윈은 일흔세 살의 나이였음에도 버마사회주의계획당의 지도자로서 미얀마의 실질적인 권력자였다. 1962년 쿠데타로 정권을 장악한 뒤 혁명평의회 의장을 거쳐 1974년부터 대통령을 지내고 두 해 전에야 우산유에게 자리를 넘겨주었다. 하지만 우산유는 명목상으로만 권한을 행사하고 있었을 뿐이다. 미얀마의 대통령 임기도 우연찮게 7년이었다.

전 대통령이 이런 사실에 솔깃했고, 결국 미얀마 방문을 통해 네윈과의 개인적 교류의 통로를 마련하려 했다는 것이다. 막후 통치의 기술을 배울 수 있을 것이라는 기대가 작용했을 법하다.

그러나 박정희 당시의 자유중국에 비해서도 당시 미얀마는 한국 측에서 아직 국무총리는 고사하고 외무장관의 방문조차 성사되지 않은 생소한 관계였다. 미얀마 우칫라잉 외무장관이 전해인 1982년 10월 이범석의 초청으로 서울을 방문해 전 대통령과 김상협 총리를 예방하고 현대조선과 포항제철 등 산업시설을 둘러본 게 전부다. 이런 처지에 미얀마가 불쑥 방문국 대상에 포함됐다는 사실을 감안하면 유별난 배경이 있었으리라는 것 만큼은 충분히 짐작이 가능하다.

공개된 외교문서의 암시

그렇다면 당시 외교문서에는 이 대목이 과연 어떻게 기록되어 있을까. 외무부 주변에 떠돌던 소문들과는 달리 직접적인 사실 관계를 보여주므로 미얀마가 방문국에 포함되는 과정을 어느 정도는 이해가 가능하도록 추리를 도와줄 수 있을 것이다.

다행스럽게도 현재 공개된 외교문서들 가운데는 미얀마 방문교섭 문서도 포함되어 있다. 외교부가 2014년 3월 공개한 자료다. 이와 더불어 당시 미얀마 대사관에서 근무하던 송영식도 그때 상황을 자서전인 〈나의 이야기〉에서 자세히 소개하고 있다. 이 두 개의 기록을 서로 짜맞춰가면서 수수께끼의 빈칸을 추적하기로 한다.

당시 미얀마 방문교섭 과정이 '대통령 각하 인도, 호주 및 뉴질랜드 방문' 문서에 기록되어 있다. 2급 비밀로 분류된 외무부 문서다. 그러나 계획 초기단계이던 1983년 2월 15일 전 대통령이 이 문서에 서명할 때까지도 미얀마는 아직 방문국 대상에 포함되지 않고 있었다. 문서에는 순방계획의 암호명이 '국화 계획'이라는 사실도 표시되어 있다.

이 문서에서 미얀마가 순방계획에 비로소 등장하는 것은 5월 20일에 이르러서다. 이범석 장관이 이계철 대사에게 미얀마의 치안상태를 포함해 일반 정황을 파악하도록 긴급지시를 내린 것으로 되어 있다. 순방 일정 4개월여를 앞둔 시점에서 상황이 갑자기 바뀌고 있었음을 보여준다.

이 부분에 있어서는 송영식의 증언도 거의 일치한다. 그는 미얀마 대사관이 처음 서울 본부로부터 지시를 받은 사실에 대해 다음과 같이 적고 있다. 그의 자서전 한 부분을 옮겨 적는다.

"5월 21일, 아침 나는 출근하자마자 대사실로 오라는 전갈을 받았다. 대사실에서는 이계철 대사가 긴장한 표정으로 기다리고 있다가 대통령의 미얀마 방문 여부를 결정하는데 필요하니 주재국의 치안상태, 영빈관 및 호텔 시설, B747기 이착륙 가능성 여부를 보고하라는 친전 전보의 지시 사항을 알려 주었다. 보통 친전 전보는 대사만 보고 처리하는 게 통례인데, 사안의 중대성을 감안하여 처음부터 나와 의논한 것으로 추측한다."

이에 대해 미얀마 대사관은 긍정적인 내용으로 본부에 회신하게 된다. 당시 회신에서 "지방에서는 반란군과 충돌이 있지만 수도권 치안은 양호하다고 보고했다"는 게 송영식의 얘기다. 그 직전 미얀마의 제2인자이던 틴우 정보부장이 숙청되었으나 네윈의 권력 장악력이 건재하다는 점에 초점이 맞춰진 보고였다.

이러한 현지 보고에 따라 외무부 본부에서는 전 대통령의 방문 가능 여부를 미얀마 정부에 타진하도록 추가 주문하기에 이른다. 그것이 5월 26일의 일이다. 공개된 외교문서나 송영식의 기록이 일치한다. 그것도 "10월 8일에 도착하여 11일 오전 떠나는 일정으로 미얀마 국빈 영접 가능성을 극비리에 타진하라"는 내용이다. 이처럼 방문 날짜까지 구체적으로 제시한 것으로 미루어 청와대 내부에서는 벌써 방문 계획이 잠정적으로 확정됐던 것으로 여겨진다.

이에 따라 이틀 후인 5월 28일에는 이계철 대사가 외무성의 틴툰 정무총국장을 긴급 면담하기에 이르렀고, 다시 사흘 뒤인 5월 31일에는 틴툰 총국장으로부터 "전두환 대통령의 방문을 진심으로 환영한다"는 통보를 받게 된다. 평소 업무 처리에서 질질 끌다시피하던 미얀마 외무성의 태도에 비춰 예외적일 만큼 신속한 처리였다. 미얀마 지도층으로서도 한국의 발전상에 관심을 갖고 있던 결과였을 것이다.

그러나 이 과정에서 양곤 대사관이 본부에 보낸 보고서에는 미얀마 정부 내에 친북 세력이 깊숙이 포진하고 있을 가능성이나 틴우의 숙청으로 미얀마 정보기관의 기능이 약화됐을 가능성에 대해서는 내용이 누락되었다. 물론 이러한 우려 사항은 아웅산 폭발사고가 터지고 나서의 사후 평가였지 그때까지는 그렇게 심각하게 고려되지 않았을 것이다. 송영식은 "아마 부정적인 요소를 보고에 포함시켰다 하더라도 정상외교 추진에 별다른 영향을 미치지 못했을 게 확실하다"며 그때의 분위기를 전하고 있다.

송영식의 걱정은 오히려 다른 데 있었다. 심지어 외무장관이나 외무차관급 인사도 방문하지 않았던 나라에 느닷없이 국가원수가 방문한다는 것이 무리가 아니냐는 생각이 바로 그것이다. 쇄국주의에 가까운 미얀마의 대외정책과 열악한 사회간접시설을 감안하면 더욱 그러했을 것이다. "국가원수를 해외에서 모시는 일은 외교관으로서 최고의 영광스런 일이지만 실제 준비에 예상되는 엄청난 어려움 때문에 마음이 어두워졌다"는 것이다.

전두환 전 대통령의 증언

그런 상황에서도 순방 계획은 차근차근 진행되고 있었다. 외무부가 미얀마를 포함하는 6개국 순방 일정을 마련해 최종 결재를 올림에 따라 전두환 대통령은 6월 8일 서류에 서명하게 된다. 이제 와서 누가 미루자고 한다고 해서 미뤄질 것도 아니었다. 이러한 절차를 거쳐 서남아와 대양주 6개국 순방 계획이 최종 확정된 것이 7월 20일의 일이다. 물론 전 대통령의 직접 서명으로 결재가 이뤄졌다.

이미 대사관에서는 6월 3일부터 본격 준비에 들어가 있었다. 방문 일정과 숙소, 경호 등의 문제에서부터 정상회담 및 공동성명 발표에 이르기까지 준비할 업무 목록을 작성하는 것이 그중에서도 먼저였다. 대사관에는 이계철 대사와 차석인 송영식 참사관 밑으로 사무관과 외신관이 주재하고 있었을 뿐이어서 일손이 달릴 수밖에 없었다. 국방부 무관과 안기부 직원이 별도로 파견되어 있었으나 부임한 지 얼마 지나지 않았기에 아직 현지 사정에 밝은 편은 아니었다. 경호 및 안전 문제가 그들의 소관이었다.

이러한 과정을 거쳐 청와대에서 황선필 대변인이 순방 계획을 공식 발표한 것이 8월 5일의 일이다. 공교롭게도 미얀마가 첫 번째 순방국이었다. 미얀마를 거쳐 인도와 스리랑카, 호주, 뉴질랜드를 방문하고 귀국하는 길에 브루나이를 경유하는 일정이었다.

미얀마 순방 계획이 확정되는 과정에서 외무부가 전 대통령과 네윈 사이의 회담을 적극 추진했다는 사실도 기억할 필요가 있다. 우칫라잉 외무장관을 통해 네윈에게 "전두환 대통령과 네윈 의장 두 사람이 국제정치나 경제문제에 관하여 유사한 철학을 공유하고 있다"는 취지의 의사를 전달했던 것으로 확인된다. 청와대가 네윈과의 회담 성사에 적극적이었음을 보여준다.

그러나 네윈은 건강상 이유를 들어 회담을 회피하게 된다. 결과적으로 아웅산 테러사건이 일어난 직후 그가 전 대통령을 위로하려고 숙소인 영빈관으로 찾아오면서 두 사람의 만남이 성사된 것은 필연이었는지도 모른다. 비록 서로 악수를 나누기는 했지만 어색하고도 어정쩡한 만남이었다.

공개된 외교문서에는 그해 9월 작성된 '버마(미얀마) 권력구조 분석'이라는 보고서도 포함되어 있다. 미얀마 권력의 중심인 사회주의계획당 중앙집행위원회에 대해 자세히 소개하고 있으며, 당과 정부의 요직이 대부분 군 출신에 의해 장악되고 있다는 점을 강조하는 내용이다. 다시 말해서, 최고 실권자인 네윈의 정치적 배경에 초점을 맞추고 있는 셈이다. 전 대통령이 네윈의 개인적 경험을 토대로 삼아 막후에서 실권자로 남으려 했다는 추측을 뒷받침한다.

하지만 당사자인 전 전 대통령은 이런 세간의 추측을 전면 부인한다. 물론 미얀마를 순방국 대상에 포함시킨 것이 자기 자신이라는 사실만큼은 솔직히 인정하고 있다. 다음은 그가 쓴 〈전두환 회고록〉의 관련 내용이다.

"당초 외무부가 준비한 서남아 순방 계획에는 포함되지 않았던 버마(미얀마)가 추가된 데 대해 훗날 억측이 제기되었다는 보고를 받았다. 버마의 집권당인 사회주의인민개혁당 의장 네윈 장군의 권력유지 노하우를 배우기 위해 버마 방문이 추가됐다는 것이 억측의 내용이라고 했다. 외무부의 당초 계획에 버마는 포함되지 않았는데 내가 추가하라고 지시한 것은 사실이다. 그러나 버마 방문을 추가하게 된 이유가 '네윈 운운…'이라는 추측은 그야말로 엉뚱한 상상력으로 지어낸 얘기일 뿐이다."

그는 미얀마가 자원이 풍부했기 때문에 경제적 차원에서 방문을 결정했다고 주장한다. 산림자원과 수산자원, 귀금속 등 자원 부국으로 개발 여지가 많은 데다 같은 인도차이나 반도에서는 월맹이나 라오스와 달리 우리와 대사급 외교관계를 맺고 있었다는 사실을 강조한다. 인접국가인 태국과 말레이시아를 그 전 해 방문했기 때문에 당시 미얀마를 순방국 대상에 포함시킨 것은 오히려 자연스러운 일이었다는 것이다.

그러나 경제적 측면에서 미얀마를 순방국 대상에 포함시킨 게 사실이라면 외무부의 건의나 의견에 따르는 것이 순리였다. 외무부의 반발 분위기를 무시하고 대통령이 직접 나서서 순방국을 결정했다는 점에 있어서는 납득하기 어려운 해명이다. 더구나 순방국 계획이 모두 짜인 상태에서 미얀마를 뒤늦게 추가했다는 점에서도 그러하다.

전두환 전 대통령의 이러한 설명은 역사에 남기는 양심선언으로서는 부족하다. 아웅산 테러사건 희생자들에 대한 원죄를 풀기도 어렵다. 결국 죽은 사람들만 억울하다 할 것인가. 대한민국 현대사에 기록된 커다란 멍에이자, 수수께끼다.

제2장
평양에서 보낸 청소년기

1925년 9월 14일, 이범석은 평양에서 태어났다.

평양이 당시 행정구역 체계에 따라 평안남도 평양부平壤府로 편제되어 있었을 때다. 평양에서도 신양리新陽里가 그의 출생지다. 본관은 서산瑞山. 아버지 이재순李載純과 어머니 황인성黃仁成이 슬하에 일곱 남매(5남2녀)를 두었는데, 그중 넷째로 태어났다. 큰형 정석貞錫과 누나 금석錦錫, 작은형 현석顯錫 다음이며, 그의 밑으로도 두 사내동생과 여동생이 있었다. 문석文錫, 중석重錫이 사내동생이고, 혜석惠錫이 누이다.

그에게도 태몽 꿈이 전해진다. 태어나기 바로 전날 아버지 이재순이 꿈속에서 커다란 호랑이를 품속에 안았다는 얘기가 그것이다. '범석'이라는 이름은 그렇게 해서 지어졌다. 호랑이를 뜻하는 '범' 자가 이름에 들어간 것이다. 생전에 그의 얼굴이 부리부리한 호랑이 상을 띠고 있다는 얘기를 들었던 것도 우연만은 아닌 듯하다. 태어나면서부터 몸집도 유달리 큰 편이었다.

그가 태어나던 무렵의 상황을 되돌려보면 계절적 여건이 급박하게 변해가고 있을 때였다. 한강 유역을 휩쓴 저기압 기후대가 다시 북쪽으로 움직이면서 평안도 일대의 들판을 온통 물바다로 쓸어넣던 무렵이었다. 평양을 가로지르는 대동강은 물론 청천강과 압록강에도 흙탕물의 소용돌이가 사나운 기세로 흘러가고 있었다. 뒷날 '을축년乙丑年 대홍수'라 불리게 되는 긴장된 와중이었다. 마치 그의 험난한 생애를 예고라도 하고 있었는지 모른다.

하지만 이 날짜는 그의 집안에서 실제 전해지는 것과는 약간 차이가 있다. 집안 식구들은 그가 첫 울음을 터트리며 태어난 날을 '음력 7월 17일'로 기억한다. 아직 양력보다는 음력을 훨씬 더 선호할 때였다. 날씨로도 장마철이기보다는 더울 때였다는 것이다. 지금 와서 정확히 따지기는 어렵겠으나 아마 태어나고 한 달쯤 지나서 출생신고를 했기 때문에 차이가 나타난 게 아닌가 여겨진다. 아이가 태어나더라도 보통 세이레, 즉 스무하루가 지나서야 정식 출생신고를 했던 것이 지난날의 일반적인 관행이기도 했다.

집안은 평양 일대에서도 소문났을 만큼 부유한 편이었다. 대대로 물려받은 재산이 많기도 했지만 할아버지 이창서李昌瑞 때부터 사업에 눈뜨기 시작한 것으로 전해진다. 아버지 이재순도 일찍감치 한약방과 정미소를 운영하다가 사업이 번창해지면서 고무공장과 운수사업에도 손대게 된다. 그의 큰아버지, 즉 이재순의 형도 양말 공장을 운영하고 있었다. 양말 공장도 당시로서는 신식 사업이었다. 이처럼 두 형제가 평양의 조선인 실업계를 앞서서 이끌어가고 있었으니, 일본인들도 그의 집안을 함부로 대할 수가 없었을 것이다.

그러나 어차피 일제의 식민 치하였다. 이범석이 태어났을 무렵에는 평양에서도 평양역 부근의 남쪽 신시가에는 일본 거류민들이 집단으로 몰려 살던 터였다. 구한말부터 시작된 일본인들의 평양 유입이 러일전쟁에서 저들의 승리로 마무리되면서 더욱 본격적으로 늘어나 있었다. 조선인들이 대를 물려 거주하는 지역은 그 북쪽의 구시가였다.

식민 치하라는 말 그대로 조선인들에게는 나라도 없었다. 멀리 현해탄 건너 들어온 온갖 부류의 족속들이 거들먹거리며 조선 땅의 임자로 행세하고 있었다. 경술庚戌 국치 이후 세상이 바뀌어 버렸다.

평양에서도 생활 양상이 전혀 딴판인 구시가와 신시가의 모습이 그것을 말해주는 듯했다. 아이들이 노는 모습부터가 달랐다. 겨울철에 대동강 강물이 얼어붙으면 구시가 쪽에는 썰매를 타는 아이들이 대부분이었던 반면 신시가 쪽 강변에는 스케이트를 타는 모습이 대조를 이루었다. 대동교를 경계로 상류 쪽이 조선 어린이들의 놀이터였다면 하류 쪽은 일본 어린이들 차지였다.

썰매나 스케이트를 타는 모습만이 아니라 서로의 언어와 생활이 달랐다. 기와집들이 그대로 유지되던 구시가와 달리 신시가에는 어느새 일본식 옷가게와 반찬가게, 목욕탕이 들어섰고 집안 구조도 대체로 다다미방으로 꾸며졌다. 간판도 일본 이름이 대부분이었다. 일본식 요정도 몇 군데 생겨났다.

거주지 행정구역 명칭에서도 차이가 있었다. 신시가 지역은 야마데山手, 다이와大和, 고가네黃金, 와카마쓰若松, 다케조노竹園, 고바이紅梅 등의 일본식 이름으로 개편되어 있었다. 평양에서만이 아니라 서울을 포함해 전국적으로 대체로 마찬가지였다. 반면 조선인들의 구시가 지역에서는 종래 지명이 그대로 사용되고 있었다. 신양리新陽里니 수옥리水玉里, 설암리薛岩里, 순영리巡營里, 장별리將別里, 경창리景昌里, 대찰리大察里니 하는 지명이었다.

이쪽은 나라를 빼앗긴 처지였고, 저쪽은 군림하는 위치였다. 군림한다는 것은 수탈 행위를 정당화하는 권리를 뜻하는 것이었다. 조선 백성들은 한숨과 아우성뿐이었다. 비록 어려서부터 넉넉한 집안 환경에서 귀여움을 받으며 부족할 것 없이 자라난 이범석이었건만 이러한 모습에서 우리 민족이 처해 있는 어려운 상황에 대해 나름대로 어렴풋이나마 느끼게 됐을 것이다.

더욱이 기미년己未年 3.1 만세운동과 그 몇 해 뒤에 일어난 광주학생운동으로 평양에도 일부 학교를 중심으로 소요 움직임이 끊이지 않고 있었다. 그가 네댓 살 때만 해도 평양 대로변 상점가에 민족혼을 고취시키는 격문이 나붙어 순사들이 범인을 색출하려고 대대적으로 탐문에 나선 일이 있었다. 지하에서는 좌익동맹 움직임도 서서히 태동하던 시절이다.

토산품 장려운동에 앞장선 조선물산장려회가 처음 조직된 곳도 평양이다. 만세운동이 일어난 이듬해 조만식曺晚植을 비롯해 오윤선吳胤善, 김동원金東元 등이 중심이 되어 조선물산장려회를 조직했던 것이다. 서울에서 조선물산장려 운동이 본격적으로 전개되기 시작한 것은 그보다 세 해쯤 지나서의 일이다. 그만큼 평양은 민족운동에 있어서도 한걸음 빨랐던 고장이다.

일본의 이간질로 조선인과 중국인들이 불화를 겪는 장면을 직접 목격한 것도 이범석이 아직 어려서다. 만주 지린성吉林省 만보산 지역으로 옮겨간 조선인들과 현지인들의 마찰이 꼬투리가 되었다. 이로 인해 조선 각지에서 중국인 배척운동이 일어났는데, 특히 평양에서는 중국인에 대한 집단 폭행이 벌어졌고 그들의 상점과 주택이 파괴되기도 했다. 이런 모습을 바라보며 영문도 모르면서 은근히 겁에 질렸을 법하다. 그가 여섯 살 때, 즉 1931년에 일어난 만보산萬寶山 사건이다.

장난꾸러기 도련님

이처럼 어려운 시대적 상황에서도 그는 집안에서는 개구쟁이였고, 응석받이였다. 어려서부터 어른들의 귀여움을 독차지했던 만큼 장난꾸러기 노릇이 작지 않았다. 나무 울타리의 개구멍으로 드나들면서 옷섶에 흙덩이를 끌어안고 들어오는 경우가 다반사였다. 이웃 꼬마들을 불러들여 뛰어놀다가 씨앗을 뿌려놓은 뒷마당 텃밭을 망쳐 놓거나 장독을 깨기도 했다.

그러고도 어머니가 역정을 내며 붙잡으려 들면 땅바닥에 냉큼 금을 긋고는 "여길 넘어오면 내 아들이요"라며 천연덕스러운 표정을 짓기 일쑤였다. 단단히 혼내려고 벼르던 어머니의 입장에서도 웃음을 터뜨리고 넘어갈 수밖에 없었을 것이다. 코흘리개에 불과한 꼬마 녀석이 팔짱을 낀 채 짐짓 거드름을 피우는 모습이 더 우스꽝스러울 법했다.

특히 할아버지의 귀여움은 은근했다. 할아버지는 명절 때마다 손주들을 불러놓고 용돈을 나눠주곤 했는데, 그 방법이 독특했다. 동전을 잔뜩 넣어둔 자루를 꺼내 보이며 저마다 알아서 집어가도록 했다. 그때마다 번번이 둘째형 현석과 어린 범석이 비교 대상이었다. 둘째는 은닢 동전만 골라간 반면 범석은 그냥 한 움큼 잡히는 대로 주머니에 집어넣었던 것이다. 그런 태도에 "저 아우 녀석이 장차 크게 될 놈"이라며 할아버지가 눈여겨봤다는 게 지금껏 집안 식구들 사이에 전해 내려오는 얘기다.

할아버지가 관찰한 대로 그의 형제 중에서는 범석이 가장 적극적이고 활달했다. 그보다 다섯 살 터울인 둘째형도 머리가 명석하기는 했으나 조금은 내성적인 편이었다. 큰형은 태어나면서부터 다리가 약간 불편한 처지였으므로 원체 집밖으로 나서려 들지를 않았다.

한 번은 이런 일도 있었다. 둘째형 현석이 자기 친구들과 함께 근처 극장에 몰려가면서도 칭얼대며 조르는 범석을 떼어놓고 감으로써 벌어진 일이다. 극장이라고 해야 아직 활동사진 수준의 필름을 돌리면서 변사가 열변을 토해내며 줄거리를 이끌어가고 있을 때였다. 하지만 형이 데려가지 않았다고 해서 쉽사리 포기할 그가 아니었다. 할아버지를 졸라 동전 몇 닢을 받아서는 기어코 극장에 뒤따라 들어가게 되었다. 거기까지는 그냥 있을 법한 일이었다.

상황은 그 다음에 벌어졌다. 극장에 쫓아 들어간 범석이 2층 객석에서 앞자리를 내려다보며 "형아, 나도 왔다"며 소리를 크게 질러댔다는 것이다. 변사의 해설에 귀를 기울이며 화면 속 장면에 심취해 있던 관객들 사이에 한바탕 소동이 일어난 상황을 충분히 떠올릴 수 있다. 평양에서도 꼽아주던 제일관 극장에서 일어난 소동이다. 어려서부터 그의 끈질긴 면모가 보통이 아니었음을 보여주는 사례다.

이범석은 이렇듯 부잣집 도련님으로서, 그러면서도 민족이 처한 불행한 현실에 직면한 채 유년시절을 보내게 된다. 집안에서 귀여움을 받는다고 해서 그것이 세상의 전부가 아니라는 사실을 희미하게나마 깨달아가고 있었다. 나이를 먹으면서 나름대로 철이 들어가는 과정이었다.

그가 평양 종로소학교에 들어가게 된 것은 일곱 살이 되면서다. 연륜이 오래됐을 뿐만 아니라 학교가 위치한 종로 거리가 평양에서도 가장 중심이었다. 포목점과 잡화점, 금은 세공점, 청과물 가게 등이 몰려 있는 구시가 거리였다. 중국인 상점도 적지는 않았다. 이범석이 종로소학교에 다니던 무렵에는 화신백화점도 들어서게 된다.

조선인들의 구시가에는 종로소학교 외에 상수上需, 숭덕崇德, 명륜明倫, 정진正進 등 몇 개의 소학교가 더 있었다. 일본인 거류지인 신시가에도 야마데山手, 와카마쓰若松 심상소학교 등이 공립으로 운영되고 있었다.

소학교에 들어가서도 그의 장난꾸러기 기질은 멈추지를 않았다. 골목대장 역할까지 겹쳐 학교와 동네를 더욱 들쑤시고 다니게 된다. 어려서부터 용모가 준수하고 덩치가 컸던 덕분에 또래들 중에서는 단연 엄지 노릇이었다. 그의 집안이 일대에서는 최대의 유지로 꼽히던 것도 그의 장난꾸러기 기질을 뒷받침했다. 웬만해선 일본인 선생들도 어린 범석을 내키는 대로 꾸짖을 수가 없었기 때문이다.

범석은 장난꾸러기였으면서도 거드름을 피우는 일본인 선생들을 골탕 먹이기 위한 꾀를 짜낼 때만큼은 진지했다. 일본인들에 빌붙어 행세하는 친일파 앞잡이의 자식들에 대해서도 마찬가지였다. 그를 우두머리로 하는 꼬마 친구들은 저마다 머리를 짜내면서 서로의 의기를 북돋우곤 했다.

상급반으로 올라갈수록 수법은 더욱 짓궂어졌다. 학생들이 며칠씩 합숙하면서 참여하는 근로보국대 기간이 꾸러기들의 실력을 발휘할 수 있는 기회가 되었다. 대체로 사나흘씩 농사일에 동원되기 때문에 마음만 먹으면 중간에 얼마든지 장난기를 피울 수가 있었다. 기껏 이불 속에 개구리를 집어넣는 식의 수준을 크게 벗어나지는 못했지만 그것만으로도 짓궂은 기질을 시험하기에는 충분했다. 만주사변이 일어나 이미 사회적인 동원령이 내려져 있을 때였다.

꾀병을 부리는 것도 그 가운데 하나였다. 근로보국대 활동에 불려나갔던 언젠가는 학교 선생님이 하루 만에 그를 집으로 데려왔다. 배가 아프다고 해서 근처 의원에 데려가 진료를 받았으나 끝내 정확한 원인을 찾지 못해 귀가 조치를 시키게 됐던 것이다. 식구들도 나중에야 꾀병임을 알게 되었다. "일본 사람들이 시키는 대로 땀 흘릴 필요가 어디 있나요"라는 게 꾀병의 이유였다. 어려서도 민족이 처했던 상황에 대한 인식이 싹트고 있었던 것이다.

학교에서도 이런 생각을 전혀 모르지야 않았겠으나 그를 말썽꾸러기로만 취급할 수는 없었다. 그를 따르는 친구들이 적지 않았던 까닭이다. 꼭 골목대장으로서만은 아니었다. 급우들의 어려움을 살펴 남몰래 돕는 일이 많았고, 학급 행사에도 늘 앞장서는 편이었다.

수업 시작에 앞서 연필과 공책을 책상에 꺼내놓고 가지런히 정리하는 습관도 남달랐다. 어른이 된 뒤의 정리·정돈 습관이 이때부터 길러졌을 것이다. 성적도 좋은 편이어서 종로소학교를 졸업할 때는 우등상을 받기도 했다.

그 시절, 대동강은 개구쟁이들의 놀이터였다. 여름에는 벌거벗은 채 강물에 뛰어들어 미역을 감았으며, 눈이 내리고 강물이 꽁꽁 얼어붙으면 썰매를 메고 쫓아다녔다. 꼬마 이범석도 예외는 아니었다. 강바람을 맞으며 추위도 모르고 썰매질을 하는 통에 콧물이 얼어붙고 가끔씩은 손등이 터지기도 했다. 형을 따라 모란봉 부벽루와 을밀대에 오르기도 했다.

그의 집이 있던 신양리에서는 보통강도 그리 멀지는 않았다. 보통강에서도 철따라 미역을 감고 썰매를 지쳤다. 상급 학년으로 올라가면서 썰매가 스케이트로 바뀐 것뿐이었다. 범석은 연날리기에도 일가견이 있었다. 잘게 쪼갠 대나무 살을 덧대가며 만든 가오리연이 길게 꼬리를 날리면서 보통문 쪽으로 날아가는 모습을 바라보며 어린 꿈을 키웠던 시절이다.

'평양 부자'였던 아버지

부유했던 그의 집안 환경에 대해서도 설명할 필요가 있다. 이범석의 성장 과정과 인격 형성에 중요한 영향을 미쳤을 것이기 때문이다. 부잣집 아들로서의 긍정적인 측면이 있었다면 부정적 측면도 없지는 않았을 것이다.

하지만 집안이 부유하다고 해서 친구들 사이에 드러내듯이 과시하거나 건방을 떨었던 흔적은 거의 발견되지 않는다. 성장한 뒤에도 그의 생활이 건실한 편이었고 가정적인 데서도 미루어 짐작할 수 있는 일이다. 오히려 주변의 어려운 사람들을 도우려고 애썼다는 게 친구들의 증언이다. 그렇다고 가정적 여건이 남들과 다르다는 우월감이 아주 없지는 않았으리라 여겨진다.

그의 부친 이재순은 재산가이자, 사업가였다. 특히 평양 외곽의 강서군江西郡에서는 사방팔방으로 10리 정도는 남의 땅을 밟지 않고도 돌아다닐 수 있을 만큼의 땅 부자였다. 안주군安州郡에도 소유 토지가 있었고, 멀리 만주까지도 사업에 필요한 토지를 확보하고 있었던 것으로 전해진다. 당시 그의 사업 활동이 신문에도 자주 보도된 것을 보면 터무니없는 얘기로 간주할 수만은 없다.

이재순은 일찍이 30대 초반이던 1924년부터 평양상업회의소 평의원으로 활동하고 있었다. 상업회의소라면 요즘 상공회의소에 해당하는 단체다. 특히 평양은 상업회의소 활동이 활발한 지역이었다. 이 평의원 직책은 1930년대 초반까지 유지되었는데, 그 전부터 정미소와 약방을 경영한 관록을 인정받은 것이었다. 제2 동양정미소와 화춘당 대약방이 그의 소유였던 데다 서경고무회사 주주로도 참여하고 있었다.

당시 신문 보도에 따르면 이범석의 집에는 그가 태어나기 전부터 전화도 가설되어 있었다. 평양우편국이 1921년 11월 시행한 전화 추첨에서 당첨된 결과다. 평양 관내 유지들을 대상으로 실시한 추첨에서 모두 200명이 전화를 놓을 수 있도록 당첨 받은 것으로 돼 있다. 그중 일본인이 160명, 조선인이 40명이었고 이재순도 거기에 포함되어 있었다. 눈길을 끄는 것은 조만식과 오윤선, 김동원의 이름도 함께 등장한다는 사실이다. 앞서 소개했듯이 조선물산장려회 운동을 이끌던 주인공들이다.

이재순은 더 나아가 1929년에는 서경西京 상공주식회사 경영까지 떠맡으면서 뛰어난 사업 수완을 발휘하게 된다. 서경상공회사의 경영 내분이 불거지면서 주주총회 결정에 의해 대표로 선임되기에 이른 것이었다. 원래 고무신 공장으로 시작한 회사였으나 이 무렵에는 양말 방직과 창고업, 무역업으로까지 활동 범위를 넓혀가던 중이었다.

사업이 더욱 번창해가면서 전라도 나주에도 지점을 설치했을 정도다. 당시 평양의 고무신 공장마다 남쪽에는 나주와 군산, 이리 등에 지점을 두고 있었다. 다른 지역에 비해서도 평양의 고무공장들이 크게 번창하고 있었기에 여기저기 상권을 확장하던 추세였다. 만주에도 마찬가지였다. 서경상공회사는 철도 교통의 요충지인 지린성吉林省 쓰핑지에四平街에 지점을 설치했다. 중국에도 고무신을 수출하고 있었던 것이다.

이재순이 운수업에 뛰어든 것도 서경회사 경영에 참여하던 비슷한 무렵의 일이다. 트럭 두 대와 마차 다섯 대로 총독부 철도국이 설립한 조선마루보시朝鮮丸星 운수 조직에 참여한 것이다. 이렇게 의욕적으로 사업을 키워가고 있었던 만큼 일찍부터 평양상업회의소 평의원으로 활약했던 모습이 충분히 짐작되고도 남는다. 그것도 회원들의 직접선거를 통해 평의원을 선출했는데, 1923년 말에 실시된 투표에서 조선인 가운데서는 그가 가장 많은 표를 얻어 당선된 것으로 당시 신문기사에 소개되어 있다.

이밖에도 이재순의 활약상을 소개하는 신문기사가 자주 등장한다. 〈동아일보〉 1924년 3월 12일자에 실린 동정 기사가 그중의 하나다. 지역 인사들의 소식을 전하는 지면에 "평양 제2 동양정미소 주인인 이재순 씨가 일본 시찰을 위해 지난 10일 출발했다"고 기록되어 있다. 평양 지역에서도 유력 인사였음을 말해준다.

그는 평양의 열악한 전력 사정을 해결해 달라며 지역 상공인들을 대표하는 교섭대표 자격으로 서울 총독부에 파견되기도 했다. 평양에 거주하던 일본 상공인 대표 모리오카森岡伍郎, 고바야시小林常一, 마쓰이松井民治郎 등과 함께 서울에 올라와 유아사湯浅倉平

정무총감과 마루야마丸山鶴吉 경무국장을 만났다는 보도가 전해진다. 범석이 태어나고 일곱 달 정도가 지난 1926년 4월의 얘기다.

이런 측면에서 살펴본다면, 이재순의 사업 배경에는 총독부의 지원이 어느 정도 작용하고 있었던 게 아닌가 여겨진다. 그가 한때 손을 댔던 조선마루보시 화물운수업이 그러한 사례다. 조선 민간업자들을 중심으로 활성화되던 화물 트럭업을 억누르기 위해 총독부 철도국이 전국적으로 '1역驛 1업자' 원칙에 따라 화물 수송체계를 담당토록 했던 영업 조직이 조선마루보시다. 이재순이 할당받은 담담 구역이 평양역이었음은 물론이다.

그렇다고 이재순을 전적으로 친일 성향의 사업가로 간주하는 것도 올바른 시각은 아니다. 그때의 시대적 한계로 파악해야 할 것이다. 나라를 송두리째 빼앗긴 상황에서 조선 상공인들이 선택할 수 있는 여지는 그렇게 넓지가 않았다. 바로 그것이 또한 이재순의 개인적인 고민이었을 것이라 생각된다.

그가 평양상업회의소 평의원으로 활동했던 것 말고도 조선인들의 친목단체인 평양상공협회 평의원으로 활동했던 데서도 그의 속마음을 어느 정도 짐작할 수 있다. 조선 상공인들의 권익을 높이기 위해 1928년 창립된 모임이 바로 평양상공협회다. 이 협회 결성에 주도적 역할을 했던 조만식과 오윤선은 물론 다른 참여자인 김병연金炳淵, 송석찬宋錫燦, 오학수吳學洙 등이 신간회 활동에 깊숙이 관여하고 있었다는 사실에서도 모임의 대체적인 성향이 드러난다.

평양상공협회는 총독부 주관으로 조선마루보시가 영업에 들어가자 독점노선 구축으로 조선인 상공업자들의 경제적 권익을 침해한다며 반대의 뜻을 표명하기도 했다. 일제 경찰이 평양상공협회를 민족주의 단체로 분류해 예의 주시했던 것이 그런 때문이다. 평양에서는 조선물산장려회 조직에 이어 수양동우회, 그리고 대성학우회 등이 민족주의 단체로 꼽히고 있었다. 대성학교 출신들로 결성된 모임이 대성학우회였다.

앞서의 평양상업회의소에 대한 평가도 마찬가지다. 일본 상공인들과 어울려 활동했다는 사실 하나만으로 친일 성향으로 평가하는 것은 설명이 부족하다. 1929년 10월 평양상업회의소 내부에서 조선인의 평의원 인원을 제한하자는 논의가 제기되자 이재순을 포함한 조선인 평의원들이 극구 반대하면서 일본인들끼리 조직을 좌지우지하려는 움직임에 맞섰던 사례를 돌이켜볼 필요가 있다. 이에 대해서는 평양상공협회도 격려문을 전달하면서 조선인 평의원들을 적극 지지하고 나서기도 했다. 결국 이 문제가 비화되어 당시 평양부 부윤이던 마쓰이松井信助가 책임을 지고 물러나야 했던 사실에서도 조선인 상공인들의 일체감을 확인하게 된다.

교육사업에 나섰던 이재순

이재순의 민족의식은 교육사업에 대한 관심에서도 드러난다. 당시 교육사업이 식민치하에서 젊은이들의 의식을 부추겨 민족의 미래를 설계하는 과정이었고, 때로는 독립운동과 직간접으로 연결돼 있었다는 점에서 그의 숨은 의지를 평가할 수 있다.

민족 독립의 그날이 과연 언제 올 것인지 장담할 수 없던 상황에서 독립을 확실하게 내다보고 있었다고 단언하기는 어려울지라도 민족 교육과 각성을 통해 독립의 그날을 준비해야 한다는 생각을 하고 있었다는 것이다. 그가 현실적인 필요에 의해 때로는 일본인들과 왕래해 가며 사업을 벌였을망정 그렇게 번 돈을 사용하는데 있어서만큼은 민족의 앞날을 먼저 생각했다는 뜻이다.

그중에서도 재단법인 설립을 목표로 기부금 모집활동을 벌이던 숭인崇仁 상업학교에 거액의 기부금을 내놓은 것이 대표적인 사례다. 당시 숭인상업학교는 조선인 독지가들이 자발적으로 성금을 거둬 실업학교로 새 출발을 기약하던 참이었다. 평양이 한반도 서북 지역의 상업 중심지라는 점에서도 실업학교의 출범은 의미가 작지 않았다.

숭인상업학교의 재단법인 설립 운동은 1930년 무렵부터 시작됐는데, 조만식과 길선주吉善宙 한원준韓元俊 손일경孫一卿 김응수金應洙 박재창朴在昌 박기봉朴基鳳 정인하鄭寅河 등 지역 유지들이 두루 참여하게 된다. 평양 갑부로 소문났던 백선행白善行이 기부에 동참했던 사실도 널리 알려져 있다. 이재순도 여기에 400원을 쾌척한 것으로 당시 신문 보도는 전하고 있다. 그때 모금활동의 목표액이 전체 5만원으로 책정돼 있었던 점에 비추어 결코 작은 금액이 아니었다.

당시 산정현교회 장로로서 민족운동에 앞장서고 있던 오윤선이 숭인상업학교의 산파 역할을 맡았으며, 조만식이 그 후원자였다는 점에서도 이재순과 이들의 관계를 미루어 짐작할 수 있을 것이다. 평양상공협회 활동이 그대로 이어졌던 셈이다. 이렇게 출범한 숭인상업학교는 민족교육과 실업교육의 요람으로 자리잡게 된다. 평안남도 평원 출신인 한경직韓景職 목사가 젊어서 미국 프린스턴 신학교 유학을 마치고 돌아와 이 학교에서 교목을 맡았던 것도 학교가 새로 걸음을 떼고 난 직후의 얘기다.

더불어 이재순이 평양 일신日新학교를 살리려고 앞장섰던 활약상도 기억할 필요가 있다. 일제의 강제 병탄 이후 학교 경영이 어려워지면서 평양부 당국에 기부 처리됐던 상태에서 평양부가 다시 학교를 공매 처분하기로 방침을 정하게 되면서 일어난 일이다. 평양의 조선인 유지들이 학교를 되찾기 위해 발 벗고 나섰던 것이다. 그것이 1923년 4월, 그러니까 숭인상업학교 모금에 훨씬 앞서 진행됐던 사안이다.

당시 보도에 따르면, 일신학교는 1903년 정식 개교한 것으로 되어 있으나 그 전부터 '일신재日新齋'라는 이름으로 학생들을 가르쳐 온 것으로 전해진다. 이처럼 유서가 깊은 학교인데도 재정 형편이 어려워진 것이 문제였다. 1917년에 이르러 당시 교장이던 김수철金壽哲이 학교 운영을 포기하고 평양부에 기부한 것이 발단이 되었다. 그것을 평양부가 다시 민간에 공매하기로 계획을 세우면서 의식 있는 독지가들이 학교를 되찾으려고 나선 것이었다.

사실은, 이재순 본인이 일신학교 졸업생이었다. 졸업생의 입장에서 출신 학교를 존속시켜야 한다는 개인적인 동기가 작용했겠으나, 그렇다고 반드시 개인적인 열정만으로 설명하기는 어렵다. 그는 같은 졸업생 대표로서 의사로 활동하던 손수경孫壽卿 등과 함께 학교를 졸업생들에게 돌려줄 것을 평양부에 청원하게 된다. 물론 이 청원이 끝내 무위로 돌아가고 말았으나 일신학교를 되찾으려는 이재순의 노력은 결코 작지 않았다.

특히 주목되는 것은 그가 일신학교를 되살리려고 옛 교사 건물까지 사들였는데, 그 교사가 한때 남산현교회 사택으로 이용되었다는 사실이다. 교회와 학교가 바로 옆에 붙어 있었기 때문이었을 것이다. 뒷날 대한민국 정부가 수립되면서 이승만 대통령에 의해 초대 국무총리로 지명됐으며 이범석과 장인-사위 관계로 맺어지는 이윤영李允榮이 남산현교회 목사로 시무하면서 거주했던 바로 그 집이다. 이윤영은 자신의 회고록에서 "남산현교회 목사관은 전에 일신학교 교사로 쓰이던 건물이었다"라고 밝히고 있다. 인연치고는 묘한 인연이었다. 이에 대해서는 다시 소개하기로 한다.

이재순은 북간도 용정의 대성중학교에도 긴밀히 도움의 손길을 뻗고 있었다. 대성중학교 관계자들이 재정적 도움을 요청하고자 몇 차례 평양을 방문했고, 그때마다 이재순을 포함한 상공인들이 선뜻 지원에 나섰던 것이다. 대성중학교가 저항시인 윤동주尹東柱를 비롯해 수많은 애국지사와 독립운동가를 배출해 낸 산실로 자리 잡은 배경에는 그의 도움도 어느 정도는 작용했다는 얘기다.

어머니 황인성 여사

항일 구국정신으로 따진다면 이범석의 모친 황인성 여사도 열성적인 편이었다. 이재순과 혼인하기 전부터 시작된 구국활동의 열렬한 역할은 혼인한 뒤에도 끊이지 않았다. 부녀자의 처지에서 어차피 남편의 동의나 지원이 없었다면 어려웠을 일이지만, 어떤 면에서는 남편보다 더 적극적인 면모를 보여주었다.

평양 진명여학교 출신인 황인성이 항일운동에 직접 뛰어들게 된 것은 3.1만세운동 직후의 일이다. 학교 은사인 조신성趙信聖 여사가 독립자금을 거둬 그녀에게 맡겨 두었다가 적당히 때를 보아 상하이 임시정부로 보내곤 했던 것이다. 이를테면, 황인성은 조신성 휘하의 중간책이었던 셈이다. 그녀는 단순히 자금을 맡아 두었던 데 그치지 않고 자신의 지참금을 자금에 보태기도 했다.

평양에서 부친 황병윤黃秉倫과 모친 오중인吳仲仁 사이에 장녀로 태어난 황인성은 3.1운동 당시 이미 스물한 살이 되어 있었다. 일찍이 일곱 살부터 한문을 익히다가 열두 살에 진명여학교에 들어갔고, 월반으로 건너뛰어 보통과를 마치고는 다시 고등과까지 졸업한 뒤였다. 이재순에게 출가한 것이 진명고녀 2학년 때였으니, 아마 3.1운동이 일어나기 서너 해 전의 일이었을 것이다.

황인성은 자신의 항일 활동에 대해 평소 기록으로 남겨놓고 있었다. 그 내용을 읽어보면 대략이나마 짐작이 가능하다. 다음은 본인이 남긴 기록의 일부다. 며느리인 이정숙이 아웅산 사태로 세상을 떠난 남편 이범석을 생각하며 쓴 〈슬픔을 가슴에 묻고〉에 인용된 부분이다.

> 3.1운동 후에 조신성 여사께서는 독립투사들을 돕기 위한 자금을 모집하시는 일에 나서게 되었다. 선생님께서 일부 모금한 자금을 나에게 맡겨 두시는 한편 일정한 목표액이 달성되면 그것을 상해 임시정부로 보내시고는 했다. 그러던 중에 선생님께서는 일경日警에 체포되시고 말았다.
>
> 선생님께서는 갖은 고문을 다 받았지만 끝내 그 배후에 대해서는 일체 함구를 하셨다. 만약 그때 고문에 못 이겨 전모를 밝히셨다면 나도 무사하지 못했을 것이다. 나는 재판이 시작되자 어린 아들을 등에 업고 재판정을 찾아가고는 했다. 결국 선생님께서는 4년 형을 언도 받으셨다.
>
> 나는 선생님께서 끝내 입을 열지 않으신 데 대해 존경을 금할 길이 없었다. 옥중에 계시는 동안 나름대로 성의를 다해 뒷바라지를 해드리는 한편 출감하실 때는 옷을 한 벌 지어갖고 가서 수의囚衣와 갈아입을 수 있도록 해 드렸다. 이때 애국자를 가까이 하면 왜놈 순사들에게 낙인이 찍힐 것을 우려한 나머지 다른 문하생들은 얼굴도 내밀지 않았다.

여기서 잠깐 황인성의 은사인 조신성에 대해 살펴볼 필요가 있다. 평안북도 의주에서 태어나 평양에 진명여학교를 세우고 교장을 맡아 민족교육에 앞장섰던 주인공이다. 그 자신 일찍이 이화학당에서 공부했고 일본에 유학까지 했던 신여성이었다. 그러나 3.1만세운동에 연루되어 학교를 그만두고는 본격적으로 독립운동에 나서게 된다. 동지들을 모아 대한독립청년단을 결성한 것이 그것이다.

대한독립청년단은 평안남도 일대에서 친일분자들을 괴롭히는 등 직접 무장투쟁을 펼치기도 했다. 이러한 과정에서 품속에 육혈

포를 숨기고 깊은 산길을 며칠씩 돌아다니는 등 남정네들 못지않게 투쟁 운동에 열성을 보였던 것으로 전해진다. 모교 제자인 황인성을 자금 보관책으로 끌어들인 것이 이 무렵의 일이었을 것이다.

황인성의 구국 활동이 도산 안창호安昌浩와 연결되는 것도 조신성을 통해서다. 조신성이 대한독립청년당 활동과 관련해 옥고를 치르고 풀려나자 황인성이 자기 집으로 모신 것이 새로운 인연의 출발점이다. 조신성이 형기를 마치고 풀려난 시점으로 따진다면 1923년께의 일로 추산된다. 1920년 11월 체포되어 공판 끝에 최종 징역 2년 6개월 형을 선고받았기 때문이다. 이범석의 집안에서는 큰형 정석과 누나 금석, 작은형 현석이 태어나 있었으나 범석은 아직 태어나지 않았을 때다.

이에 대한 황인성의 기록을 계속 인용해 본다.

"나는 선생님을 집으로 모시고 왔다. 한 해 여름을 났을 때 선생님께서 따로 계시기를 원하시는 것 같아 남편에게 대보산大寶山에 별장을 하나 지었으면 좋겠다는 청을 드렸다. 남편은 내 청을 기꺼이 받아들였다. 별장이 완성되자 선생님께서 그곳으로 거처를 옮겨 생활하셨다."

대보산에는 그 전부터 이재순의 한옥 별장이 세워져 있었고 평양 유지들을 초대해 자주 모임이 열리고 있었다. 황인성이 은사를 모시려고 여기에 거처를 새로 짓겠다는 생각이 떠오른 것이 아마 그런 연유에서였을 법하다. 대보산은 행정구역상으로 평안남도 대동군 대보면으로 되어 있었는데, 이 일대의 상당한 부분이 이재순의 소유였다.

그런데 조신성이 이 별장에서 기거하다가 서울로 떠나간 뒤에는 안창호가 잠깐 머물게 된다. 그가 근처에 새로운 거처로 '송태산장松苔山莊'을 짓게 되는 1935년 무렵까지다. 조신성이 진명여학교 교장을 맡은 것이 안창호의 권유에 따른 것이었을 만큼 서로 일찍부터 긴밀한 연락을 취하고 있었고, 결과적으로 황인성도 이러한 영향을 적잖이 받았던 것이다. 안창호는 1937년 수양동우회 사건으로 다시 체포되기까지 두 해 동안 송태산장에서 기거하게 된다.

한편, 조신성은 광복의 환희와 대한민국 정부 수립의 기쁨을 누리긴 했으나 6.25전란이 막바지로 접어들던 1953년 5월 피난지 부산에서 세상을 떠나고 말았다. 당시 황인성도 아들 이범석을 따라 부산에 피난해 있었는데, 애국투사인 스승의 묘지를 격식에 맞춰 제대로 쓰지 못한 것을 가슴 아파했다. 다행스럽게도 조신성의 구국 행적이 뒤늦게 인정받게 됨으로써 1991년 정부로부터 건국훈장 애국장을 수여받게 되었고, 이듬해에는 동작동 국립묘지에 모실 수 있게 됐다. 이렇게 되기까지 황인성의 노력이 적지 않았다.

이범석이 이러한 부모 밑에서 나고 자랐으니 구국의 의지가 남다를 수밖에 없었다. 어려서부터 민족과 조국에 대한 염원을 늘 가슴에 간직하고 있었던 것이다. 그럴수록 나라 잃은 설움이 커다란 아픔으로 다가오곤 했다. 민족의식이 싹트던 청소년기였다.

꿈을 키웠던 평양고보 시절

이범석은 1938년 평양고보에 입학하게 된다. 평양고보 31회. 그의 나이 열세 살 때였다. 한창 인생의 꿈을 키워갈 청소년기를 보내게 되는 무대가 바로 평양고보였던 것이다. 만수대萬壽臺 언덕 위에 우뚝 세워진 붉은 벽돌의 교사를 바라보며 자부심을 키웠고, 그 언덕 뒤로 추청각秋晴閣에서 오순정五詢亭에 이르는 소나무 오솔길을 걸으며 사춘기의 낭만을 만끽하던 시절이다.

만수대에서 내려다보면 시가지 저편으로 대동강이 흐르고 있었다. 그 등성이에 오르면 동쪽에서 남쪽으로 강물이 유유히 흘러가는 모습이 한눈에 들어왔고 서쪽으로는 보통벌이 드넓게 펼쳐져 있었다. 이범석은 그 광경을 바라보며 심호흡으로 호연지기를 키웠다. 가끔씩은 경의선 기차가 "뾰옥-"하고 기적소리를 울리며 벌판을 마구 달려가는 모습에 마음이 은근히 들뜨기도 했다.

관서關西 지방의 내로라하는 수재들이 모여들던 평양고보는 학생들의 차림에서부터 달랐다. 검은색 제복에 두 줄의 하얀 선이 둘러쳐진 모자가 멀리서도 평양고보 학생임을 알려 주었다. 소학교를 마치고 상급학교에 진학하려는 청소년기에 있어서는 동경의 대상이 될 수밖에 없었다. 또래들의 우상이나 마찬가지였다.

당시 모자에 하얀 줄을 두른 학교는 전국적으로 평양고보 말고도 또 있었다. 서울의 경기고보와 대구의 경북고보가 그러했다. 평양고보가 두 줄인데 비해 경기고보는 한 줄, 경북고보는 세 줄이었다. 교모의 하얀 줄이 말해주듯이 '제1고보', '제2고보', '제3고보'라는 별칭으로도 불리고 있었다. 공립학교로서 모두 일대 지역에서는 쟁쟁한 명문으로 꼽히던 학교들이다.

그중에서도 평양고보는 평안도 일대에서 단연 으뜸이었다. 당연히 평양 시민들에 있어 은근한 긍지이자 자랑이었다. 평양고보를 다닌다는 것만으로도 실력과 품성을 인정받을 정도였다.

특히 그가 입학하기 두 해 전 독일 카르미슈에서 열린 제4회 동계올림픽 스케이트 종목 1만m 시합에서 일본 신기록을 세우며 12위에 올랐던 김정연金正淵 선수가 20회 졸업 선배였다는 점에서도 평양고보가 전국적으로 명성을 떨칠 때였다. 베를린올림픽에서 손기정孫基禎 선수가 마라톤 금메달을 차지한 것도 같은 해의 일이다. 둘 다 조선인이면서 일본대표 자격으로 출전할 수밖에 없었던 것이 나라 잃은 설움이었건만 그래도 민족적 긍지만큼은 분명히 확인할 수 있었던 쾌거다. 더욱이 빙상 종목에서는 조선인이 처음으로 출전한 동계올림픽이었다.

빙상은 평양고보의 부분적인 자랑거리에 지나지 않았다. 각 분야에 걸쳐 사회의 기둥감 재목들을 길러낸다는 뿌듯한 자부심이 평양 시민들은 물론 학생들의 마음속 깊이 자리잡고 있었다. 교가에서도 그러한 긍지가 느껴진다. 당시 일본어로 되어 있던 교가를 우리말로 옮기면 다음과 같다.

유유히 흘러가는 길고 긴 대동강
높이 치솟은 모란대牡丹台
그 긴 흐름을 앞에 두르고
높은 봉우리 뒤로 짊어지고
백리 옥토가 이어진 만호萬戶의 도회지를
산기슭에서 내려다본다
강 건너 풍부한 무연탄 더미를 바라보면서
평남 경의京義 철도보다
기적소리 더 가까이 울려오는
천년을 자랑하는 만수대 노송老松의 바로 여기에
우리 학교가 있음이로세

여기서 '모란대'는 모란봉을 말하는 것임은 물론이다. 만수대 위에서 바라보면 대동강 흘러가는 모습이 한 폭의 그림처럼 눈에 들어오고 있음을 말해준다. '무연탄 더미'란 대동강 건너편 사동탄광에서 캐낸 석탄을 벌판에 쌓아 놓은 광경을 뜻하는 듯하다. 이 교가에서처럼 근처에서 석탄이 많이 채굴된다는 자체가 당시 평양 시민들의 자랑이기도 했다.

그러나 평양고보라는 명칭은 그가 학교에 들어가던 해부터 '평2중平二中', 즉 '평양 제2공립중학교'라는 이름으로 바뀌게 된다. 평양에서도 '평1중'이 일본인 자녀들이 다니던 학교였던 데 비해 '평2

중'은 조선인들이 다니던 학교였다. 일본인이나 조선인 자녀들이 섞여 다니던 '평3중'이 따로 있었다. 그가 평2중에 다닐 무렵에는 각 학년이 네 학급씩으로 이뤄져 있었다. 학제가 5학년으로 되어 있었으므로 모두 20학급이었다. 당시 학급 단위를 '반班'이 아니라 '조組'라고 부르던 때였다. 일본식 영향이었을 것이다.

이범석은 학교나 평양부에 큰 행사가 있을 때면 늘 앞에서 구령을 외치며 행진을 이끌었다. 학교에서 생도 대대장을 맡은 때문이었다. 평양 지역의 학생들이 연합으로 참가하는 행진 행사가 유난히도 많을 때였다. 평양고보를 비롯해 평양의전, 평양사범, 평양상업 등 공립학교들이 시가행진에 참여했다. 진남포상업도 대열에 포함되었다. 시가행진은 평천리平川里의 육군 연병장에서 시작해 을밀대 어귀의 기림리箕林里 공설운동장까지 이어지기 마련이었다.

그때 평양 시내에는 평양고보 말고도 숭실고보와 광성고보, 그리고 숭덕학교 고등과까지 합쳐서 남자 고보 세 학교가 더 있었으나 모두 기독교 계통의 사립학교였다. 평양상업도 명문이었다. 여학교로는 공립인 서문고녀와 사립인 정의고녀, 숭의고녀, 진명고녀 등이 있었다. 서문고녀는 공립이라는 점에서 평양고보와 서로 가까운 사이였고, 정의고녀는 같은 감리교재단에서 설립한 광성고보와 친숙한 관계를 유지하고 있었다.

이밖에 평안북도에는 신의주고보가 있었고, 민족학교로서 정주에 이승훈李昇薰이 설립한 오산학교가 있었다. 함경남도에는 함흥고보와 원산고보가 자랑거리였고, 황해도에도 해주고보가 있었다. 저마다 지역을 대표하는 명문 학교였다.

이범석은 평양고보에 다닐 무렵에는 신체적으로 이미 거구로 성장해 있었다. 키도 컸고, 덩치도 듬직했다. 종로보통학교에 다닐 때도 상급생들에 비해 그리 작지 않았건만 평양고보에 들어가서는 더욱 쑥쑥 자란 결과다. 3학년에 되면서는 학급에서도 맨 뒷줄에 앉게 되었다. 학생 행진 때는 앞줄에서도 가장 큰 키가 바로 이범석이었다.

평양고보가 인재의 산실이었다는 사실은 대한민국 정부에서 국무총리를 세 명이나 배출했다는 점에서도 여실히 증명된다. 총리로 재임한 순위는 서로 엇갈리지만 현승종玄勝鍾(26회)과 이영덕李榮德(33회), 노신영盧信永(36회)이 그 주인공이다. 학계나 문화계, 의학계 등에서도 적잖은 인물을 배출했다.

이러한 평양고보가 해방이 되고 6.25전란을 겪으면서 38회 졸업생을 마지막으로 배출하고 문을 닫았으니, 분단의 아쉬움이다. 폐교 당시 아직 재학 중이던 39회와 40회 학생들도 명단이 전해지고 있다.

친구들의 '호위꾼'

이범석의 사회적 리더십이 본격적으로 길러진 것이 이때부터다. 생도 대대장을 맡은 것 외에도 각 학급끼리 자주 열리던 터치볼 경기가 하나의 계기였다. 요즘의 피구와 비슷한 경기다. 시합이 열리면 규정 적용을 두고 서로 말다툼이 일어날 수밖에 없었고, 그때마다 그가 나서서 해결을 보았다.

시합에는 대체로 연필이나 찐빵이 걸리기 일쑤였고, 하다못해 학교 구역별로 맡도록 돼 있는 청소를 대신 떠맡도록 하는 내기가 걸리기도 했다. 그것은 단순히 이기고 지는 차원을 넘어 자존심 싸움이기도 했다. 경기장에서의 터치볼 시합과 경기장 바깥에서의 말싸움을 모두 이범석이 앞서서 처리하곤 했던 것이다.

다른 친구들에 대한 배려도 남달랐다. 근교 야외에서 진행되는 학생군사훈련 때는 친구들의 소총을 대신 짊어지는 경우가 잦았다. 멀리 주암산酒岩山까지 이르는 행군에서도 마찬가지였다. 그 자신은 생도 대대장이었던 만큼 총은 멜 필요가 없었고 지휘봉 하나만 들면 그만이었다. 하지만 친구들이 무거운 소총을 둘러메고 낑낑대며 행군하는 모습을 차마 볼 수가 없었다.

그 과정에서 저절로 조선말이 오가는 바람에 군사훈련 배속장교에게 적발되어 '바카야로'라는 욕설을 듣기 일쑤였다. 일본군 현역 대위가 학교에 파견되어 군사훈련 지도를 맡고 있을 때였다. 결과적으로 총을 대신 메준 사람이나 건네준 사람이나 예외없이 낙제 점수를 받았어도 이범석은 전혀 개의치 않았다. 이러한 배려심이 주변 사람들과의 인간관계에서 유감없이 발휘되었고, 나아가 리더십의 바탕을 이루고 있었다. 공부를 열심히 했다기보다는 의협심을 더 인정받았던 편이다.

그렇게 총을 건네주고 받았던 친구 가운데 한 명이 김광조金光祚다. 그가 "이러다가 들키면 또 낙제 점수를 받게 된다"며 총을 내주지 않겠다고 버티기라도 하면 이범석은 "쓸데없는 걱정 말구 총이나 달라, 새끼야. 너 휘청거리는 꼴 못 보갔어"라며 다투다시피 빼앗아가곤 했다. 말끝마다 '새끼' 소리가 따라붙었지만 그것은 허물없는 친근감의 표시였다. 종로보통학교 때부터 같이 다닌 사이로 뒷날 일본 유학까지 함께 동행하게 되는 친구가 바로 김광조다.

친구들끼리 야외로 놀러갈 때도 다르지 않았다. 어쩌다가 들판이나 냇가로 천렵이라도 나서게 되면 쌀이든, 찌갯거리든 먼저 알아서 챙기는 성격이었다. 특히 닭을 챙기는 것은 그에게 전담이다시피 맡겨진 몫이었다. 솥에 불을 지펴 닭죽을 끓이는 것이 그의 특기였기 때문이다. 닭을 잡는 것부터가 그의 일이었다.

이범석은 이때를 돌이키며 "설거지 당번을 면하려고 닭죽을 맡았다"고 말하곤 했다. 불을 피우거나 밥을 짓지 않으면 마지막에 설거지라도 해야 했다는 얘기다. 어려서부터 설거지나 할 성격은 아니었다.

한 번은 보통강 상류의 석암石巖 저수지에서 낚시를 하다가 한 친구가 발을 헛디뎌 그만 물에 빠진 일이 있었다. 겉보기와 달리 수심이 깊은 게 문제였다. 물에 빠진 친구가 허우적거리는 데도 서로 어쩔 줄 몰라 하며 바라만 볼 수밖에 없는 처지였다. 그 다급한 상황에서 이범석이 물속으로 뛰어들었고, 결국 무사히 친구를 구해냈다.

그 친구가 겨우 정신을 차리고는 고마워했다.

"다른 새끼들은 쳐다만 보고 있는데 역시 네가 제일이다."

그때 그의 대꾸가 걸작이었다.

"야, 네 송장을 메고 네 오마니한테 어케 가겠니."

여유와 기지가 넘치는 답변이었다.

지금껏 평양고보 선후배 사이에 전해오는 전설 같은 일화다.

평양에서 동쪽으로 떨어진 양덕군陽德郡 대탕관 근처의 별장에 대해서도 소개할 필요가 있다. 그의 아버지 이재순이 피서용으로 마련해 놓은 농막이었는데, 여름방학이 되면 아버지보다는 오히려 이범석의 활동 무대가 되었다. 별장이라고 해야 크게 대수로울 것은 없었다. 대탕관 온천 옆으로 흐르는 시원한 계곡물을 따라 상류 쪽에 지어진 허름한 초가집이었다.

이범석은 방학이 되면 친구들을 이 별장으로 불러 모았다. 혹시 미리 연락하는 것을 잊었다면 현지에서 전화를 걸어서라도 호출하곤 했다. 양덕 우편소에서 평양으로 전화한다는 게 그리 쉽지는 않았겠으나 그런 것은 문제도 아니었다. 그렇게 본다면, 그는 역시 부잣집 아들이었다. 여기서도 닭죽 요리는 빠지지 않았다.

그는 평소 검도를 익히고 아령을 하면서 체력 단련에도 신경을 썼다. 뒷마당에 나무 말뚝을 박아 새끼줄을 감아 놓고 비가 오나 눈이 오나 웃통을 벗어젖히고 주먹 단련을 했다. 일찌감치 주먹에 굳은살이 박였을 정도다. 검도 실력도 이미 유단자 수준에 이르고 있었다. 그렇지만 실제로 맞닥뜨려 싸울 일은 별로 없었다. 주먹이 근질거린다고 해서 아무에게나 싸움을 거는 껄렁패 성격이 아니었기 때문이다. 상대방이 괜스레 집적거리는 경우에도 "그래, 어디 한번 붙어 볼까"라고 눈길을 부라리면 저쪽에서 제풀에 꺾여 먼저 꼬리를 내리기 십상이었다.

그래도 싸울 일이 전혀 없지는 않았다. 그때마다 같은 학년인 김진광金鎭光, 김석준金錫俊, 전성원全聖元 등과 함께 앞에 나서곤 했다. 이른바 평양고보의 '사총사'였다. 저마다 '찐꼬', '시저', '영감'이라는 별명으로 불리던 친구들이다. 이범석의 별명은 '비계'였다. 덩치가 크다는 뜻에서 붙여진 별명이었다.

시절이 시절인지라 일본 학생들과의 패싸움도 가끔씩 벌어졌다. 다시 말해서, 평1중과 평2중의 대결이었다. 길에서 엇갈려 지나치다가 단순한 시비로 싸움이 벌어지더라도 늘 민족적 자존심이 걸리기 마련이었다. 언젠가는 서로 뒤섞여 싸우던 도중 상대방이 휘두른 쇠뭉치가 턱밑을 스쳐가면서 그가 피를 흘린 일이 있었다. 상처는 금방 아물었지만 어른이 되어서도 여전히 조그만 흉터로 남게 되었다. 일본 학생들과 한바탕 붙었다가 생긴 영광의 상처였다.

이범석은 이처럼 친구들 사이에서 늘 호위꾼을 자처하며 힘들거나 위험한 일을 도맡았다. 당시 유행하던 일본말로 '요진보用心棒'였던 셈이다. 친구들 사이에서 저절로 믿음이 쌓여가는 과정이었다. 아버지 이재순으로부터 물려받은 '평안도 사나이' 기질이었다. 이재순 또한 호탕하고 쾌활한 성격이었으며, 재담도 넘치는 편이었다. 이범석은 평소 대화에서 아버지 얘기를 자주 꺼내곤 했다고 친구들은 기억하고 있다.

중일전쟁의 와중에서

이범석이 평양고보에 들어간 것은 시기적으로 중일전쟁이 시작된 직후였다. 일제가 1937년 노구교盧構橋 사건을 빌미로 삼아 중국을 상대로 전쟁을 일으킨 것이었다. 만주사변에 이어 대륙 침략의 야욕을 드러내고 있었다. 만보산 사건은 전초전에 불과했다. 전쟁은 중국 대륙에서 펼쳐지고 있었건만 그 매캐한 화약 냄새는 조선 땅에도 풍겨왔다. 조선은 병참기지였다.

그 무렵, 일제는 조선인들에 대해 내선일체內鮮一體 의식을 강요하고 있었다. 대륙 침략을 강화하기 위한 전시 체제에의 협력을 이끌어내려는 강제 수단이었다. 그러나 차별은 노골적이었다. 아무리 말로는 일본과 조선이 한 몸이라고 주장하고 있었어도 일본이 '내지內地'였고, 조선은 '외지外地'였다. 변방에 지나지 않았다. 식민지 백성들에 대한 차별은 예외가 없었다. 학생들도 전시 동원령에 의해 근로봉사로 혹사당하기 일쑤였다. 어린 소학교 학생들까지 식량 증산이라는 명목 아래 농사일이나 송탄유松炭油 채취에 동원되었다.

신사참배가 실시된 것은 그보다 먼저였다. 1926년 서울 남산에 조선신사가 완공된 이래 관공서와 학교마다 신사가 설치되어 드나드는 모든 사람들에게 참배토록 강요가 이뤄졌다. 조선인들의 의식을 일본화하려는 것이 그 목적이었다. 시골 촌부들에게도 일본이 위치한 동쪽을 향해 절을 하도록 하는 동방요배東方遙拜가 강요됐고 '황국신민의 서사誓詞'를 외우도록 했다. 창씨개명과 한글 및 조선말 사용 금지조치가 뒤를 이었다.

평양에서는 서기산瑞氣山에서부터 이러한 움직임이 시작되었다. 일제는 1932년께 서기산 마루에 충혼탑을 지어놓고 봄철이면 황령제皇靈祭라는 이름으로 학생들의 참배를 유도했다. 그러나 기독교

계통의 학교들이 이를 거부하게 되면서 총독부의 갖은 으름장이 이어졌고, 전시 체제령이 내려지면서부터는 거부 학교에 대한 폐교 사태도 잇따르게 된다.

더욱이 평양은 대륙 침략을 위한 전쟁 수행에 있어 지리적으로 한반도의 요충이었다. 대륙 진출의 전초기지로 따진다면 서울보다는 오히려 평양이 제격이었다. 조선 땅에서 서울보다 평양을 더 중요시해야 한다는 주장이 대두된 것이 그런 때문이었다. 당시 일본 정계에서도 손꼽아주던 중의원 의원 다케코에 요사부로竹越與三郎는 조선의 중심도시를 평양으로 옮겨 중국 동북지방 진출의 전초기지로 삼아야 한다고까지 주장하고 있었다.

전선이 동남아로 확대되면서 전쟁의 위기감은 조선 땅에까지 직접 들이닥치게 된다. 특히 일본의 하와이 진주만 기습이 결정적인 전환점이었다. 평양 외곽의 역포驛浦에서는 공군 비행장 활주로 공사에 학생들과 부녀자, 노인들까지 동원되었고 시내에서도 고사포 진지를 구축하고 방공호를 파는 공사가 진행되었다. 서기산 충혼탑에서는 전사자들을 위한 위령제도 자주 열렸다.

이렇듯 이범석의 평양고보 졸업 무렵은 전쟁의 기억으로 얼룩지게 된다. 근로보국대에 동원되는 경우가 잦았고, 군사훈련 시간도 많아졌다. 교복 대신 아예 훈련복 차림으로 등교하기도 했다. 그보다 앞서 학교를 다녔던 선배들은 만주로 수학여행을 다녀오는 등 식민치하에서도 나름대로 견문의 폭을 넓힐 수 있었으나 그의 재학 시절은 거의 모든 것이 제한되어 있었다. 만수대 뒷산에 올라 대동강의 해 지는 경치를 바라보며 위로를 받곤 했다.

그래도 어린 시절 골목대장 때부터의 기질은 여전했다. 학교에서는 그를 우두머리 삼아 따르는 친구들이 적지 않았다. 학교 수업이나 근로보국대 활동이 일찍 끝나기라도 하면 서문 거리와 대동문 거리로, 그리고 집이 있는 신양리까지 평양 거리를 온통 휘젓고 다녔다.

한 가지 재미있는 것은 그때 평양고보 교사로 재직하던 이선교 李善教와의 일화다. 학생인 이범석이 친구들끼리의 대화에서 그를 '깍쟁이'라고 불렀던 데서 생겨난 일이다. 교사라는 직책상 학생들에게 자주 늘어놓았던 훈계가 그에게는 그렇게 내키지 않았던 모양이다. 이선교가 평양고보의 원로급 선배였음에도 불구하고 한창 때 청소년기의 막연한 반항심도 작용했을 법하다.

표적은 엉뚱하게도 그의 딸에게 돌려지게 되었다. 길거리에서 마주칠 때마다 이범석이 큰 소리로 "저기 깍쟁이 딸이 지나간다"고 놀려대곤 했던 것이다. 이선교의 딸이 마침 서문고녀를 다니고 있었는데, 서문고녀의 교문이 평양고보와 맞닿아 있었기에 자주 마주칠 수밖에 없었다. 교사에게 쏠린 감정을 그의 딸에게 쏟아 부은 셈이다.

이범석은 이선교의 딸에 대해서만이 아니라 여학생들에 대해서는 상당히 짓궂게 굴었다. 여학생들을 쫓아다니며 놀리거나 골탕을 먹였다는 얘기가 적잖이 전해진다. 아마 사춘기 시절 이성에 대한 관심이 좀 엉뚱한 방향으로 표출됐던 것이 아니었을까 여겨진다.

더욱 재미있는 것은 그 이선교의 딸이 뒤에 형수라는 인연으로 맺어지게 됐다는 사실이다. 둘째형인 현석의 부인으로 집안에 들어오게 된 것이다. 인간사란 이렇듯 돌고 돌기 마련이든가. 이범석 자신도 이런 경우를 미처 생각하지 못했을 것이 틀림없다.

그런데, 혼인 잔치를 벌이면서 놀란 것은 정작 새 형수 쪽이었다. 길거리에서 곧잘 자기를 놀려대던 키 큰 청년이 뒤쪽에서 잔칫상을 나르며 자꾸 얼쩡거리는 것이 아닌가. "저 총각이 왜 여기 와 있느냐"며 기겁할 수밖에 없었을 것이다. 이범석의 개구쟁이 기질을 보여주는 일화다. 이선교는 해방 직후 평양고보 교장을 지냈으며, 공산 치하를 벗어나 월남해서는 제헌국회 사무처에서 사무차장으로도 활동하게 된다.

이윤영의 딸 이정숙

이범석이 앞으로 인생의 반려가 될 이정숙李貞淑을 만나게 되는 것도 평양고보에 다니던 무렵의 일이다. 그것도 사는 집이 서로 대문을 마주하게 됨으로써 맺어지게 된 인연이다. 이범석이 거주하는 골목에 이정숙의 식구들이 새로 이사를 오게 됐던 것이다. 두 사람의 인생에서 가장 소중한 기억으로 남게 되는 인연임은 두말할 것도 없다.

이들 두 사람의 얘기를 꺼내기에 앞서 이정숙의 부친 백사白史 이윤영李允榮에 대해 먼저 알아볼 필요가 있다. 이승만 대통령 시절 제헌의원으로서 초대 국무총리 서리를 지내게 되는 주인공이다. 국무총리 지명을 받고도 인준에는 실패하고 말았다. 평북 영변 출신에 조선민주당 부당수를 역임했지만 국회 내에 지지 기반이 부족했던 때문이다. 그 뒤까지 합쳐서 '국무총리 서리'만 무려 세 차례나 지내게 되는 것도 우리 헌정사에 있어 하나의 기록이라면 기록이다.

원래 정치인이라기보다는 감리교 지도자로서 민족교육 활동에 앞장섰던 선각자였다. 정치에 관여하게 된 것은 항일운동에 가담했던 것이 하나의 실마리가 되었다. 옥중에서 조만식을 만나게 된 것이 계기였다. 평안남도 순천에서 신창교회 목사로 재직하던 중 3.1만세운동이 일어났고, 지역에서 만세운동에 참여했다는 이유로 일본 경찰에 체포되어 평양 형무소에서 1년 6개월 동안 옥고를 치르던 기간의 일이다.

그 뒤에도 개인적인 시련은 끊이지 않았다. 그가 평양 남산현교회 목사로 시무하다가 총독부의 압력으로 파면 처분을 받게 되는 것이 태평양전쟁이 일어나면서다. 이미 눈총을 받던 입장이었다. 1936년 일본 도쿄에서 열린 한일 기독교감리회 통합예비회의에 조선 측 대표로 참석한 자리에서 교회 통합에 반대한다는 의사를 표명한 것이 결정적인 이유였다. 총독부의 신사참배 방침에 거부한 것도 물론이다.

벌써부터 남산현교회가 평양에서는 교인들을 중심으로 민족운동의 본산으로 자리잡고 있었다. 기미년 독립선언 당시 33인 대표였던 신홍식申洪植이 남산현교회 목사로서 기독교 교파를 대표해 독립선언에 참가했다는 것은 이미 널리 알려진 사실이다. 그가 말년 들어 변절했다는 논란이 제기되는 것은 안타까운 일이지만 여기서 자세히 설명할 바는 아니다. 어쨌거나, 그가 1937년 타계하면서 후임으로 오기선吳基善 목사가 부임해 왔고, 또 그의 뒤를 이어 이윤영이 남산현교회 시무를 맡았던 것이다.

이윤영이 식솔을 거느리고 이범석이 살던 신양리로 이사 간 것이 남산현교회 목사직에서 파직되고 나서의 얘기다. 그 전까지 거주하던 교회 사택에서 밀려나게 된 결과였다. 그런데 새로 옮겨간 거처가 우연찮게도 같은 골목 안에서 이범석의 집과 대문이 서로 엇비슷하게 마주보는 집이었다. 반드시 우연만은 아닐 것이다. 운명이란 이처럼 누구에게나 우연을 가장하고 다가오기 마련이 아닌가. 세월이 한참 지나고 나서야 그것이 운명이었음을 뒤늦게 깨닫는 경우도 적지 않을 것이다.

이범석도 처음에는 미처 깨닫지 못했을 것이 틀림없다. 아직은 서로 어린 나이였다. 그 자신 까까머리 학생에 지나지 않았다. 그러나 세월이 흐르면서 앞집에 사는 여학생 이정숙이 인생길에서 자신과 공동 운명체로 맺어질 것임을 서서히 느끼게 된다. 사춘기로 접어들어 이성에 눈뜨기 시작하면서. 그에게 새로운 희망과 미래가 생긴 것이었다. 시대적 상황에서 얻은 마음의 위안이기도 했다.

이제 이정숙의 얘기로 다시 돌아가 보자. 이정숙은 아버지 이윤 영과 어머니 이마대李瑪大 사이에서 태어났다. 8남매(2남6녀) 가운 데 넷째 딸이었다. 아버지가 목회자였기 때문에도 그랬지만 식구들 모두가 기독교 정신으로 똘똘 뭉친 집안이었다.

어머니도 어려서부터 독실한 기독교인이었다. 이름을 예수의 열 두 제자 가운데 한 명인 '마태'에서 따온 것만 보아도 그것을 충분 히 짐작할 수 있다. 그러면서도 평양 숭의고녀를 2회로 졸업했고, 더욱이 소학교 교사까지 지낸 신여성이었다. 어려서는 서당에서 한 문을 배우기도 했는데, 여자라는 사실을 감추려고 사내아이 차림 으로 서당에 다녔다는 것이 집안에 전해지는 얘기다.

이정숙은 평안남도 진남포에서 태어났다. 어머니의 고향도 진남 포다. 아버지 이윤영이 진남포 신흥리 교회에서 시무하던 1929년 에 태어났기 때문이다. 소학교는 개성 호수돈 소학교를 다녔는데, 역시 부친이 개성교회로 목회처를 옮기면서 생긴 변화였다. 그러다 가 다시 평양 정진소학교로 전학하게 된다. 시기적으로 따진다면 부친이 남산현교회 시무를 시작했을 때의 얘기다. 이윤영은 평양으 로 목회처를 옮기면서 광성중학교와 정의고녀 이사장 직책을 맡아 학교 운영에도 깊숙이 관여했다.

이윤영이 남산현교회에서 파직되어 신양리 주택가 골목으로 이 사했을 때는 이정숙이 아직 정진소학교에 다닐 때였다. 이정숙은 정진소학교를 마친 뒤에는 정의고녀에 들어가게 된다. 이범석과 이 정숙 두 사람이 등하교 길에 골목길에서 곧잘 마주치면서 서로를 의식하게 된 것이 이 무렵부터의 얘기였을 것이다.

이정숙은 이에 대해 다음과 같이 기억을 더듬고 있다. 그녀가 쓴 〈슬픔을 가슴에 묻고〉라는 저서의 한 부분이다. 아웅산 사태로 먼 저 세상을 떠난 남편에 대한 생각이 절절하게 엿보이는 책이다.

"이사를 가서도 언제 그를 처음 보았는지에 대한 기억은 확실치 않다. 5년제 평2중의 교복을 입고 있던 키 큰 남학생은 바로 우리 집과 같은 골목에 있던 기와집에 살고 있는 학생이었다. 그의 이름이 이범석이라는 것을 알게 된 것은 그곳으로 이사 가서 꽤 많은 시간이 흐른 때라고 생각한다."

가끔씩은 맞은편 집에서 들려오는 풍금소리에 귀를 기울이기도 했다. 이범석이 혼자 흥얼대며 누르는 건반 소리였을 것이다. 개인 집에서 풍금을 갖고 있다는 사실만으로도 당연히 부자 소리를 들을 만했던 시절이다. 그렇다고 그의 연주 실력이 썩 좋았던 것은 아니다. 풍금으로 치던 곡목도 거의 몇 개의 노래로만 한정되어 있었다. 당시 이범석을 떠올리는 이정숙의 기억 속 한 토막이다.

이를테면, 같은 골목에 사는 '이웃사촌'이었던 셈이다. 그러나 서로 이성으로 생각하며 교제를 생각하기에는 아직 어린 나이였다. 간혹 마주치더라도 곁눈질로 슬그머니 얼굴을 익히는 정도였을 뿐이다. "스스럼없이 친해지기에는 나이가 들었고, 그렇다고 이성으로 서로를 바라보기에는 아직 어린 무렵이었다"는 게 이정숙의 회고담이다.

남산현교회 사택

여기서 한 가지 재미있는 사실을 짚고 넘어갈 필요가 있다. 우연하다고 할지 공교롭다고 해야 할지, 이범석의 부친 이재순이 남산현교회 사택의 직전 소유주였다는 점이다. 이윤영이 신양리로 옮겨오기까지 교회에 시무하면서 식구들과 함께 거주하던 바로 그 사택 얘기다.

이 점에 있어서는 이정숙도 또렷이 기억하고 있다. 남산현교회 사택으로 발부되던 전기요금 고지서가 이재순의 명의로 되어 있었기 때문이다. 이정숙이 아직 어린 나이였을 때인데도 점차 글을 깨우치게 되면서 글자 읽는 데 재미를 붙이고 있을 때였다. 인쇄물이라고는 신문이나 잡지 몇 가지에 불과할 때였으므로 주변에서 눈에 띄는 글자마다 관심이 컸을 법하다.

남산현교회 사택이 원래 일신학교 교사 건물이었기에 일어난 일이다. 이재순이 일찍이 일신학교를 졸업했으며, 학교를 관할하던 평양부 당국이 건물을 공매 처분하려는 상황에서 그가 다른 졸업생들과 함께 학교 되살리기 운동에 앞장섰다는 사실은 앞에서 설명한 바와 같다. 이 과정에서 그 자신이 아예 학교 자리를 사들였던 것이다. 결국 일신학교를 되살리지는 못했으나 학교 교사만큼은 그대로 보존할 수 있었다.

일신학교가 문을 닫게 되면서 이재순이 그 자리를 사들여 한동안 식구들이 거기서 거주하다가 다시 소유권이 남산현교회로 넘어가 목회자 사택으로 이용됐다는 얘기다. 교회 사택으로 사용되고 있었으면서도 전기요금 고지서가 직전 거주자인 이재순의 이름으로 발부된 것은 행정 처리의 착오나 시차 때문이었을 것이다. 어쨌거나, 이정숙이 부모님을 따라 신양리로 이사를 가게 되면서 골목 앞집에 붙어 있는 문패 글씨를 읽으며 곧바로 떠올린 게 바로 그 전기요금 고지서의 이름이었다. 이쯤이면 이미 보통 인연이 아니라고 할 수 있다.

그러면서도 여전히 한 가지 풀리지 않는 수수께끼가 남아 있다. 이재순과 이윤영이 평소 인사를 나누면서 지냈다는 흔적이 거의 발견되지 않는다는 사실이다. 이윤영도 회고록에서 남산현교회 사택을 일신학교 교사 건물이었다고 소개하고 있을 뿐 그 내력에 대해서는 아무런 언급이 없다. 더 나아가 이윤영이 이재순의 집과 마주한 골목으로 이사를 가고 나서도 두 사람이 잠깐이나마 마주쳤다는 얘기조차 전해지지 않는다.

넘겨짚기는 어렵지만, 이재순이 평양 일대에서도 부자로 소문나 있었던 반면 이윤영은 일제에 의해 핍박을 받고 있었으므로 사회를 바라보는 인식에서 적잖은 간격이 있었던 때문이 아닌가 여겨진다. 이재순이 일신학교 재건을 위해 노력한 것은 물론 숭인학교나 북간도 대성중학교에 지원을 아끼지 않는 등 민족적 활동에도 손을 내밀고 있었으나 이윤영의 입장에서는 그리 탐탁지 않았을 것이라는 얘기다.

그때 이범석이 아직 어린 중학생이었기에 크게 마음 쓸 것은 아니었다고 해도 그가 판단하기에 이범석도 친구들을 몰고 다니는 장난꾸러기 수준에 지나지 않았다. 학교가 끝나면 친구들이 우르르 몰려와 대문을 요란하게 두드리며 그의 이름을 부르는 소리를 들어야 했던 상황이 결코 유쾌하지 않았을 것이다. 일제 치하인데도 세상 돌아가는 흐름도 모르는 채 우르르 몰려다니는 학생들이 그의 눈에 곱게 비칠 리는 없었다.

더욱이 이윤영이 일제 당국에 밉보여 목사직에서 물러나 신양리로 쫓기다시피 옮겨간 이후 가급적 외출을 삼가고 집안에 틀어박혀 지내는 경우가 많을 때였다. 주로 책을 읽거나 글을 쓰면서 시간을 보내곤 했던 것이다. 이런 처지에서 골목길이 시끄러울 정도로 왁자지껄 몰려다니며 소란을 피우는 이범석과 그의 친구들이 눈에 찬다는 것이 오히려 이상한 일이다.

이윤영 자신이 어려서부터 '도반수'라는 별명으로 불릴 만큼 소문난 개구쟁이였다. 하지만 일찌감치 시대적 상황이 달라져 있었다. 이범석이 진작부터 그의 눈에서 벗어날 수밖에 없었던 이유다. 이처럼 시작 단계에서부터 뒤틀려진 인상은 그 뒤로도 오랫동안 이어지게 된다. 그가 이정숙과 본격 교제를 시작하면서도 이윤영의 허락을 쉽게 받아내지 못했던 결정적인 배경이기도 하다.

도쿄 유학을 다녀와서

그러다가 두 사람 사이에 약간의 공백이 생기게 된다. 이범석이 일본으로 유학을 떠나면서다. 평양고보 5년 과정을 모두 마친 직후의 얘기였으니, 1943년의 일이다.

이범석으로서도 식민통치로 조선을 억누르고 있는 일본으로 공부하러 간다는 것이 그렇게 내키지는 않았지만 좀더 넓은 세상을 배우고 경험하려면 그 방법밖에는 없었다. 당시의 시대적 조류가 그러했다. 혼자서 거부한다고 거부할 수 있는 여건이 아니었다. 그보다는 각자가 실력을 키워 앞날에 대비하는 것이 더 중요했다. 더욱이 바깥에서는 제2차 세계대전의 불길이 갈수록 거세지던 무렵이었다.

현해탄을 건너 유학길에 오른다는 생각을 하고서부터 그의 마음이 착잡할 수밖에 없었을 것이다. 유학을 간다고 해서 앞날이 보장되는 것도 아니었다. 설사 개인의 앞날이 보장될 수는 있다 치더라도 민족의 미래는 또 어떻게 만들어 나가야 할 것인가. 그가 민족 현실에 대해 구체적으로 눈 뜨기 시작한 것이 바로 이 무렵이다. 앞집 여학생 이정숙에 대한 생각은 일단 접어둔 생태였다.

일본으로 건너가면서 어려서부터 가깝게 지내던 동창생 김광조 金光祚와 동행한다는 것만이 커다란 위안이었다. 평양에서 서울을 거쳐 부산까지 기차도 옆자리에 같이 앉았고, 관부關釜 연락선에 승선해서도 서로 옆자리를 지켰다.

도쿄에서는 둘째형 현석이 기다리고 있었다. 결혼한 상태에서 먼저 유학을 떠나 나가노中野 구역의 주택촌에 거주하고 있었다. 그러나 이범석으로서는 부부가 같이 생활하는 집에 마냥 얹혀 살 수만은 없었다. 현지에 도착해 하숙방을 구하기까지 며칠 동안만 형의 집 신세를 졌을 뿐이다.

이범석은 형을 따라 호세이法政대학 예과에 등록했다. 예과를 마치면 경제학과에 들어가리라 했다. 식민지 백성이었기에 앞날이 불확실한 상태에서 우선은 돈을 벌어야 한다고 생각했기 때문이다. 세계 곳곳에서 장사꾼 실력을 발휘하던 유태인들을 머리에 떠올렸을 법하다. 아직 제 나라는 없었어도 막대한 재력을 밑받침 삼아 각국에서 두루 영향력을 행사하던 그들이다.

일단 유태인들처럼 재력을 키워야 한다는 생각에 미쳤던 것이다. 경제학은 그 수단이었다. 사업을 이끌어가면서도 민족운동 자금에서만큼은 인색하지 않은 아버지의 영향을 받은 결과였다. 민족의 답답한 현실 앞에서 캄캄한 미로에서나마 새로운 가능성을 모색해 가던 시절이다.

더욱이 일본이 하와이 진주만에 대한 공격을 감행한 이후 조선인들에 대한 수탈과 억압이 노골적으로 진행되던 무렵이었다. 일본에 체류하던 조선 유학생들에 대해서도 멸시의 눈총은 마찬가지였다. 그렇다고 상심할 때가 아니었다. 마음이 위축되지 않도록 스스로 지키는 수밖에 없었다.

그런 가운데서도 일찍이 고종 황제의 밀사로 헤이그에 파견됐던 이상설李相卨, 이준李儁, 이위종李瑋鍾을 떠올렸음직하다. 쓰러져 가는 나라를 지키려고 해외에서 온갖 수난과 모욕을 견디었던 주인공들이다. 자신도 이들처럼 기꺼이 고난을 감수하리라 했다. 어렴풋이나마 외교관이라는 직책을 꿈꾸게 됐던 것일까. 하지만 엄연한 식민 치하였다. 꿈도 꾸지 못할 일이었다.

이범석의 도쿄 유학생활을 통해 특별히 전해지는 기록은 없다. 흥미를 끌 만한 얘깃거리도 그다지 남아 있지 않다. 그냥 하숙집에서 강의실을 오가는 단조로운 생활이었을 것이다. 특히 전쟁 중이었기에 가급적 모든 처신이 남의 눈에 띄지 않도록 조심해야 하는 시기이기도 했다. 다만, 친구들끼리 함께 방을 쓰던 자취집 생활에

서만큼은 위로와 한숨을 같이 나눌 수 있었다. 김광조와 전성원全
聖元, 김영건金永健, 이광李光 등이 함께 지내던 시절이다. 이오기
소井荻莊라는 자취집의 이름도 전해진다.

그러나 유학생활은 그렇게 길게 이어지지 못했다. 전쟁이 정점으
로 치닫게 되면서 조선 유학생들에 대해 귀국령이 떨어졌기 때문이
다. 그것이 1943년 10월의 일이다. 결국 유학 생활은 불과 일곱 달
남짓에 그치고 말았다. 관부연락선 귀국길에 시모노세키에서 콘론
마루崑崙丸를 놓친 게 천우신조였을 뿐이다. 현해탄까지 잠입한 미
국 잠수함의 어뢰 공격에 격침당함으로써 500여 명의 탑승자가 몰
살당한 비극의 연락선이다. 이렇듯 전세는 이미 연합군 쪽으로 기
울어지고 있었다.

부친이 타계한 것도 이 무렵이었다. 아버지를 믿고 따르던 이범석
에게는 청천벽력이었다. 어떤 식으로든 일본 유학이 종지부를 찍을
수밖에 없었던 형편이다.

서기산 고갯길을 뛰어넘어

이범석이 일본에서 귀국했을 무렵에는 이정숙도 이미 정의고녀
를 졸업하고 근처 직장에 다니고 있었다. 조선무연탄주식회사라는
일본인 회사였다. 학교에서 정해 주는 대로 일자리를 얻었던 것이
다. 주임 밑에서 경리 업무를 보는 직책이었다. 월말이 되면 주판알
을 두드리며 직원들의 월급 계산을 맞추는 것이 가장 큰 일이었다.

이때는 이정숙 집안의 살림살이가 더욱 쪼그라들고 있었다. 그녀
가 나서서라도 식구들의 생계를 책임져야 했다. 아버지 이윤영도 회
고록에서 "정숙이가 일본인이 경영하는 석탄회사에 취직하여 받아
오는 돈을 생활비에 보태기도 했다"고 적고 있다. 이정숙의 나이 열

일곱 살 때였다.

두 사람 사이의 교제가 다시 시작된 것이 이 무렵이다. 아니, 서로 정감을 주고받는 교제라기보다는 이범석의 일방적인 구애작전에 지나지 않았다. 이정숙이 석탄회사에 출근하려고 대문을 나설 때면 그가 멀찌감치 골목 어귀에서 기다리고 있었다. 그러나 여전히 서로 인사도 없는 채였다. 그렇기에 이정숙으로서는 그가 자신을 기다리는 것이라고는 생각조차 할 수가 없었다. 따라서 그냥 고개를 숙인 채 그의 옆을 지나쳐갔을 뿐이다.

그렇지만 출근길 동행은 전차를 타고 종점인 평양역에 이르기까지 이어지곤 했다. 집에서 전차 정거장까지는 대략 20분 남짓 걸렸을까. 그런데 이정숙이 전차 정거장에 도착하게 되면 거기서도 이범석이 기다리고 있었던 것이다. 이정숙으로서는 그가 먼저 도착해 있는 것이 이상하긴 했지만 그 역시 다른 볼 일로 시내에 나가는 것이겠거니 했고, 남자니까 여자보다 빠른 걸음으로 와 있겠거니 생각할 수밖에 없었다. 그가 집 앞 골목에서 스쳐 헤어지면 서기산 고갯길을 뛰어넘어 지름길로 달음질쳐 먼저 정거장에 도착해 자신을 기다렸다는 사실을 알게 된 것은 한참 지난 뒤였다.

이범석으로부터 한 통의 편지를 전달받은 것은 그러던 어느 날이었다. 그의 친척 여학생인 이태인李泰仁을 통해 받은 편지다. 이태인은 이범석과는 친척 조카 사이로, 뒷날 한국은행 총재를 지낸 김성환金聖煥의 부인이 된 주인공이다. 친척 여학생까지 연애편지 배달에 동원했던 점으로 미루어 이범석의 조급했던 심정을 충분히 짐작할 수 있다.

편지 내용은 다음과 같다. 사연도 사연이지만 다듬어진 문장 자체가 돋보인다.

"나는 약 3년 전부터 밤마다 상상 속에 집을 짓기 시작했소. 날이 갈수록 그 집은 높아만 가므로 과연 기초가 튼튼한가, 아니면

모래 위에 짓고 있는가 하는 불안한 생각이 들어 그 기초를 알아보고 싶어졌소."

결론적으로는 시간과 장소를 정해주고 둘이 만나자는 내용이었다. 편지의 표현대로 '3년 전부터'라면 그가 일본 유학을 떠나기 전부터, 아니 평양고보 상급반에 올라가면서부터 이미 이정숙을 마음속에 품고 있었다는 얘기다.

그렇지만 이정숙이 편지 내용을 어머니에게 이실직고함으로써 밀회는 끝내 이뤄지지 못했다. 집안 식구들 몰래 남자를 만나러 나간다는 상황이 스스로도 허용되지 않았을 법하다. 어머니로서도 함부로 허락할 수 없는 일이었다. 젊은이들이 어른들 몰래 자기들끼리 연애편지를 주고받는다는 자체가 마음에 들지 않았을 터다. 한편으로는 불량스럽게조차 여겼을지 모른다.

더구나 그때는 이범석이 동네에서 말을 타고 다닐 때였다. 좁은 골목길이었으므로 말발굽 소리가 요란스럽게 들려올 수밖에 없었다. 그것만으로도 부잣집 티를 내며 거들먹거린다고 퇴짜를 맞을 만한 요인이었다.

하지만, 이범석의 집안도 자꾸 기울어져가던 형편이었다. 부친이 타계한 뒤로 서경고무나 조선마루보시 경영권도 다른 사람에게 넘어가 버렸다. 큰형은 몸이 불편한 데다 둘째형은 유학에서 돌아와 벌써 학병으로 끌려간 뒤였다. 그가 세 명의 동생들 학비를 대면서 집안 살림을 책임지고 있었다. 그 자신도 언제 전선으로 끌려갈지 모르는 처지였다.

시골에 있는 논밭을 돌보러 다니는 것도 전적으로 그의 몫이었다. 강서군이나 안주군까지 다녀야 했다. 말은 그런 용도에 필요했다. 교통수단이 마땅하지 않던 당시로서는 말이 가장 적절한 수단이었다. 그렇지 않다면 자전거가 고작이었으나, 그때의 도로 형편상 멀리까지 시골길을 왕래하기에는 어림도 없는 일이었다. 그나마 부잣집이어서 말을 탄다는 게 가능한 일이었겠으나 일부러 귀공자 티를 낸 것은 아니었다.

그러나 주변에서는 그런 사정도 모르고 그가 말 안장 위에 올라 으스대며 부잣집 아들 티를 낸다고 손가락질을 했을지도 모른다. 여기에 육중한 몸집까지 더해 오만하다는 인상을 주었을 법도 하다. 장차 장인이 될 이윤영에게도 그런 모습은 호감을 주지 못했고, 구애를 받는 이정숙에게도 오히려 낯설고 생소한 느낌을 주게 된다.

완곡하기는 이범석의 집안도 마찬가지였다. 그가 이정숙에게 전달하려고 편지를 써서 갖고 있다가 모친에게 들켜 꾸지람을 들은 것이 그런 사례다. 모친으로서는 그가 공연히 동네 처녀를 희롱하는 게 아니냐고 걱정했을지도 모른다. 아들에게 양덕군 별장에 내려가 며칠 동안 자숙하도록 금족령까지 내린 것이 그런 때문이다.

그 뒤에도 두 사람의 인연은 쉽게 이어지지 않았다. 모친이 아들의 마음을 이해하고는 중매쟁이를 통해 정식으로 청혼을 넣기까지 했으나 이정숙의 어머니가 청혼을 단연코 거절했던 것이다. 이제는 개인적인 호불호 문제가 아니었다. 전쟁이 막바지에 이르면서 이 땅의 젊은이들이 무차별로 전쟁터로 끌려가는 터에 이범석이라고 예외가 될 수는 없다고 생각했다. 그의 형이 이미 징집되었으니, 다음은 그의 차례였다.

조선주둔군 사령관인 이타가키 세이시로板垣征四郎가 징집을 독려하기 위해 평양에도 다녀갔다는 소문이 퍼져 있었다. 그만큼 갈수록 전황이 일본에 불리하게 돌아가던 무렵이었다. 일본 열도에도 연합군의 집중적인 폭격이 이뤄지고 있을 때였다.

조국 광복을 맞아

누구라도 전쟁터에 끌려가면 개죽음이기 십상이었다. 혼인식을 올리자마자 전쟁터로 끌려갈 게 뻔한 상황에서 집안의 귀한 딸을 쉽게 내줄 수는 없는 노릇이었다. 대문을 마주보는 양가의 어머니 끼리 서로 '형님', '아우님' 하며 지낼 정도로 가까운 사이였건만 정작 두 사람의 인연은 멀기만 한 듯이 보였다.

그래도 이범석의 마음은 식을 줄을 몰랐다. 댓돌 위에 놓인 이정숙 식구들의 고무신이 너덜너덜해진 것을 보고는 알아서 수선을 해 주기도 했다. 환심을 사려는 뜻이었다. 전쟁이 정점으로 치달으면서 물자난이 극심하던 무렵이었다. 행정부락 단위로 고무신을 일괄 배급하고 있었건만 유달리 바닥이 잘 떨어지던 때였다. 이범석으로서는 나름대로 최대의 정성을 보이고 있었다.

그가 이정숙의 사진을 품속에 넣고 다녀도 된다는 허락을 받은 것이 이러한 과정을 통해서다. 조만간 전쟁터에 끌려갈 것이 뻔한 상황에서 다시 청혼을 한 것이나 마찬가지였다. 그가 이미 이정숙의 사진을 갖고 있었으므로, 그런 사실을 알리려는 의도이기도 했다. 다른 집안과의 혼담 과정에서 오갔던 이정숙의 사진을 그가 어찌어찌 입수했을 것이다.

자기 사진을 갖고 있다는 데야 이정숙으로서는 그것을 억지로 내놓으라고 할 수도 없는 노릇이었다. 설사 내놓으란다고 내줄 이범석도 아니었다. 결국 이정숙은 자신의 사진을 전쟁터에 가져가도 좋다는 내용의 쪽지를 건네게 된다. 두 사람 사이에 가로놓여 있던 마음속 장벽이 서서히 무너지고 있었던 것이다.

그럴수록 이범석으로서는 이제나 저제나 징병 통지서가 날아오지 않을까 마음이 짓눌릴 수밖에 없었다. 마음에 둔 여인을 두고 떠나가야 하는 처지였다. 전쟁터로 끌려가면 살아 돌아올 것이라는 보장도 쉽지가 않았다.

드디어 1945년 8월 15일. 조국 광복의 기쁨을 맞게 된 것은 이렇게 노심초사 하루하루를 보내던 중이었다. 일본의 무조건 항복 선언으로 마침내 한국이 식민 지배의 질곡에서 벗어나게 됐던 것이다. 이범석의 인생에서 꿈과 열정을 바쳐 일해야 하는 새로운 미래가 기다리고 있었다. 그것은 이정숙에게도 마찬가지였다.

하지만 세상일은 두 사람이 바라는 대로 굴러가지는 않았다. 민족 앞에 닥쳐온 것은 광복의 환희만은 아니었다. 미군과 소련군이 삼팔선을 경계 삼아 차례로 진주함으로써 남북으로 갈라지기 시작한 국토의 분단이 또다시 어두운 그림자로 다가오고 있었던 것이다. 지금껏 70년이 넘는 세월 동안 실향민과 이산가족의 눈물로 얼룩지게 되는 역사의 쓰라린 운명이다. 이범석이라고 예외가 될 수는 없었다. 시련이 기다리고 있었다.

제3장
광복을 맞았으나

1945년 8월 15일, 꿈에도 그리던 민족의 독립이 드디어 찾아왔다. 일본이 연합군에게 무릎을 꿇은 것이었다. 모든 각오를 바쳐 내나라, 내 민족을 위해 일할 수 있는 시대를 비로소 맞고 있었다.

그러나 이범석의 나이 아직 스무 살에 불과했다. 혈기는 넘쳤어도 식견과 판단은 아직 미숙했다. 나름대로는 더 준비를 해야 했다. 나라가 일제 식민치하에서 풀려난 만큼 앞으로 어떤 식으로든 할 일이 많을 것이었고, 그 역할을 자신있게 떠맡으려면 실력을 더 키우는 것이 먼저였다.

그의 선택은 서울이었다. 선택에 있어 한 치의 망설임도 없었다. 공부를 더 하겠다는 뜻이었다. 평양의 명문학교인 평양고보를 마쳤고, 도쿄 유학까지 했지만 그것으로는 어림도 없다고 생각했다. 더군다나 호세이法政대학 예과를 제대로 마치지도 못한 상태였다.

꼭 공부만은 아니었다. "사람은 태어나면 서울로 보내라"는 옛말을 떠올릴 것도 없었다. 세상 물정을 넓히기 위해서도 일단은 서울이었다. 평양이 넓다고 해도 서울에는 미칠 수가 없었다. 바로 밑의 동생 문석文錫을 서울 길에 앞세운 것도 그런 뜻이었다. 서울에는 금석錦錫 누님이 일찌감치 출가해 있었기에 당장의 숙식은 걱정할 필요가 없었다. 어려서부터 동생들을 끔찍이 아끼던 누님이었다.

해방을 맞으면서 이미 평양 시내에도 날마다 태극기의 행진으로 물결을 이루고 있었다. 조만식曺晩植을 중심으로 평안남도 건국준비위원회가 구성되어 치안과 행정을 담당하며 사회 혼란을 수습하기 시작한 것이 바로 그때의 일이다. 오윤선을 포함해 김병연, 노진설, 김광진, 정기수, 최능진 등이 조만식을 도와 건국준비위원회에 가담하고 있었다. 이정숙의 부친 이윤영도 오랜 칩거에서 벗어나 건국준비위원회 부위원장 직책을 맡아 바쁘게 뛰어다니던 중이었다.

이범석도 태극기를 흔들고 만세를 부르며 시가행진에 참여하지 않은 것이 아니었다. 그 역시 잠시나마 건국준비위원회에서 기마대장직을 맡았었다. 평양고보 출신들이 대거 건국준비위원회 활동에 참여하고 있었다.

그러다가 결국 공부를 위해 서울로 떠나기로 결심한 것이었다. 평양에 남아 작은 힘이나마 함께 일을 거들어야 하는 게 올바른 선택이 아닐까 생각도 없지 않았다. 하지만 아직은 그가 나설 때가 아니었다. 계속해서 들려오는 이런저런 소식들을 뒤로 하고 서울행 기차에 오르는 그의 마음도 착잡할 수밖에 없었을 것이다. 광복을 맞고 한 달이 채 지나지 않아서의 일이다. 이미 소련군이 평양에 진주하기 시작할 때였다.

하지만 이범석으로서는 그런 식으로 서둘러 상경함으로써 평양으로 더 이상 돌아갈 수 없는 떠돌이 실향민 신세가 되리라고는 미처 생각하지 못했을 것이다. 부친이 타계하면서 형제들끼리 나누어 물려받았던 평양 일대의 적잖은 논밭 토지도 그것으로 끝이 되고 말았다. 소련군의 꼭두각시로 등장한 김일성金日成 공산당 체제에 의해 모조리 몰수되고 만 것이었다. 삼팔선을 경계로 하는 분단의 시작이다.

남북으로 국토가 갈라지기 시작했고, 이로 인해 체제와 이념의 분단까지 초래하게 됨으로써 민족의 비극을 예고하고 있었던 것이다. 조만간 드리울 어두운 그림자를 아직은 깊이 느끼지 못하고 있었을 뿐이다.

물론 그 뒤로도 이범석에게는 두 차례의 고향 방문 기회가 주어지게 된다. 6.25전란이 터지고 유엔군의 인천상륙작전으로 삼팔선 이북 지역 탈환이 시작되면서 국군을 따라 평양에 입성했던 것이 그 첫 번째이고, 1972년 남북 간에 적십자회담이 열리면서 남측 수석대표로 평양을 방문하게 되는 것이 그 두 번째다. 그러나 어디까지나 그에게만 허락됐던 예외적인 경우다.

환호와 감격으로 맞이했던 광복의 기쁨은 잠시였다. 그것이 또한 민족의 운명이었으며, 이범석이 온몸으로 헤쳐가야 하는 시련이기도 했다. 스무 살 나이 때 광복의 기쁨과 함께 닥쳐온 시련이다.

보성전문 편입생으로

서울로 올라온 이범석은 곧바로 보성전문에 등록하게 된다. 지금 고려대학교의 전신이다. 보성전문 경제과 2학년으로 편입해 새로운 환경에서 공부를 시작한 것이었다. 경제과를 선택한 것은 일본 호세이대학 예과의 연장이었다. 해방 정국의 어수선한 분위기에서 차분하게 공부가 될 리는 없었겠지만 당시 시대적 여건을 감안한다면 학교에 다닌다는 것만으로도 커다란 행운이었다.

당시 금석 누님의 집은 아현동에 있었다. 보성전문이 안암동에 위치하고 있었기에 학교에 다니려면 전차를 갈아타야만 했다. 전차를 타고 가면서도 그는 책을 펼쳐들곤 했다. 교재라고 변변할 리 없

었건만 그만큼 공부에
열성을 보였다. 그것이
스스로의 삶을 개척하
는 것이라 생각했다. 학
교에 등록만 하고 시험
때나 출석하면 크게 흠
잡지 않고 졸업장을 주
던 시절이다.

그러나 누님 집에 얹
혀 살면서도 주변의 어
려운 친구들을 먼저 보
살피던 어린 시절의 마
음 씀씀이는 여전했다.
평양 종로소학교에 다
닐 때 집에서 새로 사준

이범석(오른쪽)이 고려대학교 재학 시절 동급생과 함
께 서울 거리를 걷고 있는 모습. 그때는 대학생들도 대
부분 교모를 쓰고 다녔다.

고무신을 남에게 벗어주고 들어오거나 집안 형편이 어려운 친구들
을 불러들여 배불리 먹이는 경우가 종종 있었던 것이다. 하지만 그
때는 일대에서도 알아주는 부잣집이었을 때의 얘기다. 지금은 사회
적 혼란이 겹쳐 대부분 생활에 쪼들리던 때였다. 그나마 매형이 전
기상회를 운영하고 있었으므로 먹고사는 데는 큰 지장이 없었던
게 다행이었다.

하루는 이런 일이 있었다. 이범석이 학교에 간다며 아침에 나갈
때는 제대로 옷을 갖춰 입고 나갔으나 저녁이 되어 셔츠 차림으로
들어온 것이었다. 입고 나갔던 점퍼를 어디에 벗어 던졌는지 추위에
떠는 모습이었다. 그것도 누님이 모처럼 마음을 먹고 사준 겨울 점
퍼였다. 이상하게 생각해서 몇 차례 물어보자 그제서야 친구가 방
에 군불도 못 땔 만큼 처지가 어렵다는 소리를 듣고는 선뜻 벗어주

고 왔다며 털어놓더라는 것이다. 금석 누나가 2014년 타계하기까지 생각 날 때마다 다른 식구들에게 들려주던 일화다.

간혹 싸움이라도 나면 약자 편을 드는 의협심도 마찬가지였다. 학교에 들어가고 바로 그해 보성전문과 연희전문 사이에 축구시합이 열렸고, 길거리에서 이어진 뒤풀이가 학생들끼리의 패싸움으로 번질 기미를 보일 때도 어김없이 앞장을 섰다. 한때는 서북청년단 활동에 가담하기도 했다. 북한에 고향을 둔 반공청년들의 모임이 서북청년단이었다. 공산당 패거리에 모든 고향을 통째로 빼앗겼으니만큼 반공 의식이 투철할 수밖에 없었다.

이범석은 학교에 다니면서도 일주일에 며칠씩은 매부 박병준朴炳俊이 운영하는 전기 상회에서 잠을 자며 가게를 지켰다. 무교동 거리에 있던 2층 규모 상점으로, '동아전기'라는 간판을 내걸고 있었다. 가게 뒤편에는 나름대로 조명등 공장 설비도 갖추었을 만큼 비교적 큰 규모의 상점이었다. 주문이 들어오면 대형 샹델리어를 제작해 조달하기도 했다.

하지만 그냥 잠만 자려고 가게를 지켰던 것은 아니다. 저녁이 되어 점원들이 모두 퇴근하게 되면 그는 가게 응접실에서 영어수업 교실을 열었다. 원어민들과의 회화 수업이었다. 미국인들을 가게로 불러들인 것이었다. 처음에는 수업에 끌어들이기 위해 길가에 나가 지나가는 미군 아무에게나 말을 걸어야 했다. "나는 대학교 학생인데 친하게 지내고 싶다"거나 "시간이 있으면 대화나 나누자"라는 식이었을 것이다.

종로나 을지로, 명동 등 근처의 번듯한 건물에는 거의 미군들이 들어와 있을 때였다. '조지야丁子屋'라는 이름으로 불리던 옛 미도파백화점의 경우에도 일본인들이 두고 간 적산敵産으로 분류되어 미군 전용 매점PX으로 사용되던 중이었다. 저녁이면 시내 길거리에 미군들이 몰려나왔다.

그렇다고 상대방이 쉽게 대화에 응하지 않았겠으나 이런 식으로 한두 명씩 미군 친구가 늘어나면서 회화 모임이 그런 대로 진행될 수 있었다. 무교동의 동아전기 상점은 저녁이면 살아 있는 영어회화 교실로 탈바꿈하기 마련이었다. 학교 교실에서 책으로 배우는 이상의 실용 회화였다.

시작 단계에서는 이러한 방식으로 어렵게 미군에 접근해야 했지만 일단 말문을 튼 다음에는 그들이 기꺼이 또 다른 친구들을 데리고 왔기 때문에 회화교실은 갈수록 활기가 넘치게 되었다. 어려서부터 이범석과 가깝게 지냈고 일본 유학까지 같이 갔던 김광조도 영어교실에 함께 참여하고 있었다. 그야말로 국적과 인종의 장벽을 뛰어넘는 교류의 마당이었다. 이때의 영어공부 경험이 뒷날 이범석의 진로에 중요한 밑천으로 작용하게 되는 것은 말할 것도 없다.

더욱이 그는 사람을 가리지 않았다. 영어로 대화를 주고받을 수만 있다면 아무나 반겼다. 언젠가 이 회회교실에 유난히 말투가 험한 멕시코계 미군이 합류한 적이 있었으나 그에게는 전혀 거리낄 것이 없었다. 김광조를 비롯한 몇몇 동료들이 "저 친구 말투가 너무 험상궂은 것 같으니 쫓아버리자"고 걱정을 섞어 얘기했으나 그는 마음에 두지 않았다. "욕지거리 영어도 익혀둘 필요가 있다"며 오히려 신경을 써서 그의 말을 배웠다.

이때도 여유가 넘치는 그의 성품을 보여주는 일화가 하나 전해진다. 어느 흑인 미군이 "부대에서 자동차 타이어를 몰래 빼내올 테니 처분을 도와 달라"며 그에게 제의해 왔다. 그것도 타이어 몇 개 정도가 아니라 아예 트럭째 빼돌리자는 것이었다. 며칠 뒤 자기 부대의 보초와 짜고 GMC트럭에 타이어를 가득 실어내려고 한다며 그의 반응을 은근히 떠본 얘기였다.

이때 그의 답변이 너무 재미있다.

"헤이, 친구. 나를 감옥에 보내고 싶지 않으면 그런 큰 선물은 말고 위스키나 한 병 사들고 오라우."

당시 회화 모임에 참여하던 친구들로부터 전해지는 얘기다. 이처럼 에돌리고 눙치는 농담까지 척척 주고받을 만큼 그의 영어 실력이 쑥쑥 자라고 있었던 것이다. 실용 영어에 있어서는 이미 수준급에 올라 있었다.

조광호텔 지배인

그러는 사이 평양에 남아 있던 막내 남동생 중석重錫까지 서울 생활에 합류하게 된다. 소련군 세력을 등에 업은 공산당 떨거지들의 등쌀이 갈수록 심해지고 있었으므로 남정네들은 어른이고 젊은이고 할 것 없이 일단 피신할 필요가 있었다. 동생을 보살펴야 하는 이범석의 부담이 자꾸 늘어나고 있었던 것이다.

이때는 평양에서 조선민주당을 창당해 당수를 맡았던 조만식이 반탁운동을 주도하다가 소련군에 의해 연금당한 뒤였다. 조선민주당 부당수를 맡았던 이윤영도 일찌감치 월남했다는 소식이 소문으로 전해지고 있었다. 신탁통치를 반대하는 밀서를 서울로 보낸 사실이 드러나면서 서둘러 피신할 수밖에 없었던 것이다. 그의 가족들은 그냥 평양에 남겨둔 채라 했다. 이런 소식을 접하면서 이정숙 생각에 그의 마음이 편할 리가 없었다.

북한에서 들려오는 소식들은 이처럼 조바심만 더해주고 있었다. 그에 앞서 신의주에서는 소련군 진주에 반발해 학생들이 반공 시위를 일으켰다가 무차별 총격으로 50여 명이나 떼죽음 당했다는 소식도 전해진 터였다. 이범석의 집안만이 아니라 다른 집에서도 전답을 놓아둔 채 한두 명씩이나마 겨우 몸만 빠져나오다시피 남한으로 피신할 수밖에 없었던 사정이다. 지식인과 기독교인을 포함해 지주 집안은 우선의 숙청 대상이었다.

막내인 중석까지 서울 생활에 합류하게 되면서 아현동의 누님 집은 더욱 북적이게 되었다. 2층 집 구조였기에 공간적 여유가 있었던 게 그나마 다행이었을 것이다. 2층은 이들 3형제의 전용 공간이었다. 이범석이 아직 보성전문에 다니고 있을 때였다.

그러나 숙식 정도는 누님 덕분에 어떻게 해결한다고 해도 염치없이 학비까지 매달릴 처지는 아니었다. 그가 서울 살림의 가장으로서 동생들의 학비와 용돈을 책임져야 했다. 중석이 뒤늦게 내려오면서 모친이 챙겨준 몇 푼의 지참금과 패물이 서울 재산의 전부였다. 이제 그는 부유하던 과거의 처지와는 완전히 결별하고 있었다. 두고 온 재산을 떠올릴수록 신세만 처량해질 뿐이었다.

그가 학교를 다니면서 미군 호텔에 지배인으로 취직할 수 있었던 것이 큰 다행이었다. 회현동의 옛 제일은행 별관 자리에 들어 있던 조선관광호텔이 그의 밥벌이 직장이었다. 지금의 신세계백화점 옆 골목에 있던 호텔로, 미군위문협회USO가 운영하던 미군 숙소다. 미군에 소속된 민간인 군속들이 주로 이용하고 있었다.

말로는 지배인이라고 했지만 미군 지배인 밑에서 보조 역할을 하는 직책이었다. 그럴망정 아직 대학생 신분인 그에게 호텔 관리책임이 맡겨졌다는 자체가 파격적인 대우였다. 그 덕분에 동생들의 학비 걱정은 그럭저럭 면할 수가 있었다. 매형의 전기부품 가게에 저녁마다 미군들을 불러다 배운 영어 실력 덕택이었음은 물론이다. 학교에는 등록만 해놓고도 생계에 매달릴 수 있던 시절이었기에 가능했던 일이다.

이범석은 조광호텔에서 보조 지배인으로 근무하는 동안 평양고보 동창생들을 종업원이나 막일 노무자로 대거 채용했다. 사정이 딱한 그들에게 몇 푼씩이나마 돈벌이를 시켜 주려는 것이었다. 조광호텔은 미군 시설이라 급료가 후했고, 지불 날짜를 어기는 법도 거의 없었다. 일단 서울에 정착하긴 했더라도 평양에서 부쳐주는 돈줄이 진작 끊겨버린 상황에서 대부분 당장 입에 풀칠이 궁할 때였다. 서울에는 별로 기댈 데가 없는 '삼팔 따라지'들이 아니었던가.

이때는 둘째동생 문석도 세브란스 의대에 다니고 있었다. 그러나 그 역시 학교 수업보다는 극우 성향의 학생 활동에 더 적극적이었다. 서북청년단 활동에도 자주 참가했다. 형보다도 훨씬 열성이었다. 평양에 두고 온 재산이 고스란히 공산당에 몰수된 피해자의 입장에서 충분히 이해할 수 있는 일이다.

일제 치하의 질곡으로부터 조국의 해방은 이처럼 구성원 개개인들에게 새로운 시련을 강요하고 있었다. 희망과 열정만이 아니라 분노와 절망을 아울러 느껴야 했다. 비단 이범석과 그 동생들에게만 국한됐던 얘기가 아니다.

이정숙과의 재회

여기서 기억할 만한 사실은 이범석이 서울에서 이정숙과 운명적인 재회를 이루게 된 것이었다. 평양 신양리의 앞집에 살면서 마음을 주고받던 그 여학생 말이다. 그가 보성전문에 등록해 놓고는 수업이 없으면 매형의 전기상회 일을 거들어 줄 때의 일이다.

그때는 이정숙도 이미 서울에 들어와 있었다. 삼팔선 이북 전역에서 삼엄해지기 시작한 인민군의 감시망을 겨우 벗어날 수 있었던 도피 길이었다. 식구들과 함께 기차편으로 황해도 해주까지 내려온 다음 바다에 물이 빠지는 이른 새벽을 택해 용당포 갯벌에 넘어지고 빠지면서도 남쪽으로 넘어오는 데 성공한 것이었다. 멀리서 인민군들의 총질을 받고도 식구들 모두가 무사했던 것이 여간 다행이아니었다. 먼저 내려온 아버지 이윤영과도 뒤늦게 합류한 터였다.

이범석과 이정숙의 재회 자체가 극적이었다. 운명이라고 해야 했을까. 아니, 운명이라고 하기엔 너무 싱겁고도 우연스러웠다. 그녀의 막내 남동생 동원東元과 어쩌다가 길거리에서 마주쳤던 것이다. 이정숙의 식구들이 기거하던 고모님 댁이 거리상으로 동아전기상회와 그리 멀리 떨어져 있지 않았던 덕분이다. 같은 무교동 지역이었다.

그 이후 두 사람이 다시 자연스럽게 교제를 이어가게 됐음은 두말할 필요도 없다. 이정숙의 식구들이 필운동으로 이사하게 된 것도 비슷한 무렵이다. 미국인 선교사가 귀국하면서 자신이 사용하던 배화고녀 사택을 주선해 주었던 것이다.

이듬해에는 이정숙도 집안이 안정되면서 이화여대에 들어가게 된다. 원래는 의예과로 입학했으나 1학년 과정을 마치고는 다시 약학과로 옮겼다. 의예과에서는 실습 시간에 시체를 해부한다는 소리를 듣고는 지레 겁을 먹은 탓이었다.

어쨌거나, 이정숙이 이화여대에 다니게 되면서부터는 길거리 데이트가 시작되었다. 이범석이 아현동의 누님 집을 출발해 서대문 쪽으로 걸어가는 도중 이정숙과 저절로 마주치곤 했다. 이정숙이 학교를 가려면 반대로 서대문에서 아현동 고개를 넘어야 했기 때문이다. 마치 약속이라도 한 듯이 거의 비슷한 시간에, 비슷한 장소에서 마주쳤다. 그렇게 눈길을 마주치고 대화를 나누면서 서로 깊어가는 마음을 확인할 수 있었다.

이범석으로서는 이때가 생애를 통틀어 가장 행복한 시기였다. 평양에서 누리던 재산의 풍족함은 이미 까마득한 과거 얘기가 되고 말았지만 이제는 진정한 조국이 있었고, 마음속 연인인 이정숙도 자유롭게 만날 수가 있었다. 당장은 생활에 어려움이 있더라도 스스로 헤쳐 나가면서 미래를 개척하면 될 터였다. 이정숙도 그렇게 동의하고 있었다. 이미 그녀에게 사랑을 고백한 뒤였다.

두 사람은 함께 영화를 보러 극장도 갔고, 고궁을 거닐기도 했다. 전차를 타고 멀리 청량리 임업시험장으로 산책을 나선 일도 있었다. 그는 임업시험장 백양나무 껍질에 '애愛'라는 글자를 새겨놓기도 했다. 사랑을 비는 뜻이었다. 일본 메이지明治 시절 지적 표현을 구사했던 이시카와 다쿠보쿠石川啄木 시인의 '백양나무에 새겨놓은 사랑의 말들'이 떠올랐기 때문이다. "나무껍질에 새겨놓는 대로 소원이 이뤄진다"는 표현에 문득 끌린 것이었다. 아직 스무 살 초반 무렵, 나름대로는 문학적 감수성도 충분히 발휘되고 있을 때였다.

문학적 감수성이 아니라도 그의 편지는 열정적이었다. 생각날 때마다 두 사람이 함께 엮어갈 미래에 대한 생각을 편지로 적어 두었다가 이정숙의 손에 슬며시 쥐어주곤 했던 것이다. 다시 말해서, 연애편지였다. 그렇게 쓴 편지가 무려 500여 통에 이르렀다. 그때로부터 어느덧 70년이 지나가면서 벌써 오래 전부터 빛이 바랜 편지들을 이정숙은 지금껏 소중히 보관하고 있다.

그중의 하나를 읽어본다.

> 사랑하는 정숙 씨에게,
> 우리가 우리의 행복을 위하여 노력하는 데에는 어떤 사람의 원조도 필요없을 것이며 어떤 사람의 동의나 찬성도 문제가 안 될 것이오. 다만 우리 두 사람만 진실로 서로 사랑한다면. ……. (중략)
> 저는 당신의 얼굴을 사랑하는 것이 아니고 당신의 몸을 사랑하는 것도 아닙니다. 이 세상에 당신보다 더욱 예쁜 여자가 많이 존재한다는 것도 잘 압니다. 그러나 사람이 사람을 사랑할 때 그 표면을, 형체를 사랑하는 것이 아니라 그 사람의 인격, 교양, 사고 등 인간성 자체를 사랑하는 것입니다. 물론 당신도 그럴 줄 믿습니다.

저는 여러 면에서 당신에 비해 부족한 점을 절감하고 무한한 미안감을 느끼고 있습니다. 그러나 사랑하는 데 있어서는 내가 당신의 수십 배가 될 줄로 믿습니다. 당신의 사랑은 내 사랑에 비해서는 너무도 미약해요. 그리고 공부에 방해되지 않는 한 편지라도 써 보내 주세요.

이제부터 저는 당신한테 아무런 요구도 안 하겠어요. 떨어져 있어도 당신이 저를 사랑만 한다면 당신의 형편이 용서하는 날까지 기다리겠어요. 당신의 입장을 곤란하게 만드는 것은 사랑의 길이 아닐 테니까요.

오늘 밤 평안히 주무십시오. 당신의 몸은 나에게 소중한 보물입니다. 지금 저의 바람은 당신을 보고 싶은 것뿐입니다.

2 a. m. 20th Oct. 1947

당신의 범석

이정숙이 〈슬픔을 가슴에 묻고〉에서 소개한 편지 내용이다. 사회적 여건이 불확실한 가운데서도 자신의 굳은 의지를 사랑하는 여인에게 전달하려는 스물두 살 젊은이의 안타까운 심정이 그대로 엿보인다. 이정숙도 "그가 열정으로 나를 사랑했다는 것을 인정하지 않을 수 없다"고 밝히고 있다. 그의 마음을 눈길로, 그리고 가슴으로 느꼈다는 것이다.

이처럼 이정숙과 사랑을 키워가는 가운데 이범석은 무난히 학교를 마치게 된다. 1947년 6월 고려대학교를 제40회로 졸업했다. 고려대학교 졸업생 명부에 따르면 제2 전문부 경상과經商科 소속으로 되어 있다. 뒷날 모교의 경영학 교수가 된 조구연趙龜衍과 전북산업대(현 호원대학교) 총장을 지낸 유현기柳炫起, 심상순沈相舜 변호사, 최상택崔祥澤 변호사, 호진환扈鎭煥 공인회계사 등을 포함해 모두 서른한 명이 경상과 소속으로 기록되어 있다.

하지만 이범석의 수학 의지는 그것으로 끝나지 않았다. 다음 목표는 영어였다. 경상과를 졸업함과 동시에 다시 영문학과 2학년으로 편입하게 된다. 일본의 무조건 항복 선언에 맞추어 남한에는 미군이 진주해 들어옴으로써 해방 공간에서의 중요한 의사 결정이 대부분 영어로 이뤄지고 있을 때였다.

이러한 시대적 조류에 순응하기 위해서도 영어를 배워야 했다. 영어야말로 해방 직후의 한국 사회에서 가장 중요한 생활의 수단이었고, 무기였다. 이미 저녁마다 매형의 전기기구 상점에 미군들을 불러들여 세상 돌아가는 온갖 대화를 나누고 있었기에 회화 실력에 있어서만큼은 수준급에 올라 있을 무렵이었다.

그러나 고려대학교 학적부에는 영문학과와 관련한 기록이 전해지지 않는다. 영문학과의 졸업생 명부에도 그의 이름은 빠져 있다. 학점을 이수하다가 제대로 마치지 못한 채 중도 하차한 때문이다. 동생들 학업을 뒷바라지하느라 정작 자신의 학비를 댈 수가 없었다. 정식으로 졸업했다면 1949년이나 1950년 졸업생 명부에 이름이 올라 있었을 것이다.

이러한 사이에 이정숙의 부친 이윤영은 어느새 대한민국 정계의 거물로 우뚝 자리잡고 있었다. 평양에서 서울로 올라온 이후 정치 활동에 적극 참여한 결과였다. 제헌국회 선거에서 서울 종로 갑구에 출마해 당선됨으로써 스스로의 위치를 증명해 보였다. 1948년 5월 31일 열린 제헌국회 개원식에서 이승만 의장의 권유로 대표기도를 한 주인공이 바로 이윤영이었다. 지금껏 '국회 속기록 제1호'의 한 부분으로 기록되어 전해지는 것이 그때의 기도 내용이다.

대한민국 정부가 출범하면서 초대 대통령으로 선출된 이승만에 의해 첫 국무총리 지명을 받은 사람도 이윤영이다. 하지만 국회 인준을 받는 데는 실패하고 말았다. 그가 소속되어 있던 조선민주당이 북한에 기반을 둔 소수 정당이었기에 남한에서의 정치적 기반이

약한 때문이었다. 앞으로 남북통일에 대비하려면 북한 출신을 국무총리에 임명하는 것이 바람직하다는 명분이 내세워졌으나 한국민주당 소속 의원들의 집단적인 반대로 인준안이 부결됐던 것이다. 결국 대타로 지명된 임시정부 광복군 참모장 출신의 이범석李範奭이 국무총리 인준을 받게 되자 그는 초대내각 무임소장관으로 물러앉았다가 다시 사회부장관 직책을 맡게 된다. 전진한錢鎭漢에 이은 2대 사회부장관이었다.

사회부 말단 공무원으로

여기서 또 하나 눈길을 끄는 것은 이범석이 대학을 마친 뒤 공무원으로 취직하게 된다는 점이다. 그것도 사회부 소속 공무원이었다. 잠깐 동안이나마 이윤영의 밑에서 말단 공무원 생활을 하게 됐다는 것이 흥미롭다면 흥미롭다. 미군의 조선관광호텔 지배인 계약이 끝나고 나서의 일이다. 당시 사회부에서도 소속은 총무과였다.

그러나 부처의 최고 책임자인 이윤영이 이범석을 별로 마땅치 않게 여기고 있었던 점이 문제다. 딸 이정숙이 그와 사귀는 것도 달가워하지 않았다. 평양 신양리에서 같은 골목에 살 당시 떠들썩하게 몰려다니던 철부지 인상을 쉽게 지우지 못하고 있었을 것이다. 사회부 청사 건물이 아직 을지로 입구에 있었을 때의 얘기다.

더욱이 이범석이 다른 직원들과 자주 시비에 부딪쳤던 것이 이윤영의 눈밖에 나게 되었다. 그가 매사에 적극적인 자세로 일하는 것까지는 좋았으나 적당히 처리하지 않고 원칙과 규정을 앞세운 것이 발단이었다. 총무과 근무를 시작해 처음 맡은 출근부 관리 업무부터가 그러했다. 나름대로는 앞으로 장인으로 모실 이윤영에게 누를 끼치지 않기 위해서라도 적당히 일을 해서는 안 된다고 생각했던 것이다.

한 번은 어떤 직원이 지각을 하고도 출근부에 기어코 도장을 찍어야겠다며 우김으로써 문제가 빚어졌다. 이미 그 전에도 비슷한 경우가 없지 않았으므로 생긴 일이었겠지만 그의 성격으로 미루어 어림없는 부탁이었다. 결국 복도에서 옥신각신하다가 심한 말다툼으로 번지게 되었고, 이런 사실이 장관실에까지 알려지게 되었다. 이윤영은 두 사람을 불러 모두 꾸짖었다. 늦게 출근한 직원도 잘못이지만 공연히 시끄럽게 만든 이범석도 잘한 것은 아니라는 뜻이었다.

"자네는 평양 시절 그대로군."

일을 원만하게 처리하지 못하고 도리어 소란을 확대한 데 대해 못마땅해 한 것이었다. 원칙대로 처리하는 게 전부는 아니었다. 처음부터 상대방이 수긍하도록 이해시키지 못한 데 대한 질책이었을 것이다. 이범석으로서는 억울했을지도 모를 일이다.

억울한 일은 그것뿐이 아니었다. 이번에는 소속 상사인 총무과 과장의 괴팍한 성격이 문제였다. 일주일에 한 번씩 직원들의 책상 위치를 바꾸곤 했던 것이다. 다른 직원들은 꿀 먹은 벙어리처럼 잠자코 지시를 따랐으나 이범석이 고분고분할 리 없었다. 정식으로 과장에게 항의하고 나섰다. 비록 말단직원일망정 윗사람의 개인적인 성격 때문에 직원들이 주어진 업무에 지장을 받는 일은 고쳐져야 마땅했다.

하지만 이번에도 조용히 넘어가지를 못했다. 과장의 입장에서는 부하 직원이 자신의 지시에 따르지 않는 데 대해 자존심이 상했을 테고, 이범석 역시 쉽사리 굽히려 들지 않았다. 끝내 소란이 벌어지고야 말았다. 상식과 원칙보다는 위계가 더 앞세워지기 마련인 것이 조직사회이기 때문이다. 조직사회의 생리랄까, 병폐라는 게 바로 그런 것일 터다.

그가 직속 과장과 다퉜다는 사실이 장관실에 우선적으로 보고됐을 것이라는 점은 충분히 짐작되고도 남는다. 이윤영이 판단하기에 이번에도 잘못은 이범석 쪽이었다. 정황은 이해되지만 구태여 윗사람에게 대들어 언쟁을 벌여야만 했는가. 상관에게 대들었다는 자체가 그냥 넘길 일은 아니었다. 도무지 그에게 높은 점수를 주기는 어렵다고 생각했을 법하다.

이범석에 대한 이윤영의 생각은 쉽게 고쳐지지가 않았다. 일종의 고정관념이었다. 같은 동네에 살면서 그가 친구들과 어울려 시끄럽게 소란 떠는 걸 자주 목격했기 때문이다. 더구나 그 자신 일제에 의해 목사 직책을 강제 박탈당한 채 집안에 칩거해 독서로나 소일하던 처지였다. 세상 돌아가는 물정도 모르는 듯 골목을 쏘다니던 이범석의 모습이 그렇게 마음에 들지 않았을 것이 분명하다. 부잣집 아들이라는 점에서도 그러했다.

그중에서도 이윤영이 가장 마땅치 않게 생각한 것은 그에게 기독교 신앙이 없었다는 사실이다. 목사의 입장에서 교회에 다니지 않는 사람을 좋게 평가할 수는 없는 일이었다. 그때는 이범석이 이정숙의 권유로 교회에 다니기 시작한 때였건만 다른 사람이 바라보기에 아직 그 신앙의 깊이를 가늠하기는 어려웠을 것이다.

번민에 찬 연애편지

그러는 사이 이범석은 새로운 고뇌에 직면하게 된다. 이정숙과의 관계가 뜻하지 않은 걸림돌에 맞닥뜨린 것이었다. 그의 나이 이십대 중반 무렵에 이르렀을 때다.

이정숙이 대학 졸업을 앞두고 당시 김활란金活蘭 총장으로부터 미국 유학 권유를 받은 것이 직접적인 발단이다. 미국 대학에서 전액 장학금을 지원하는 것은 물론 공부를 마치고 돌아오면 모교에서 교수가 될 수 있도록 지원하겠다는 파격적인 제안이었다. 이화여대 학생 중에서 두 명을 유학 보내기로 했는데, 약학과를 졸업하게 되는 이정숙이 그 선발 대상에 뽑혔다는 것이 김활란 총장이 들려준 얘기였다.

이범석은 이정숙으로부터 이런 얘기를 전해듣고는 가슴이 철렁할 수밖에 없었다. 연인으로서 뿌듯한 일이지만 함께 기뻐할 수만은 없는 일이었다. 그것은 이정숙도 마찬가지였다. 어느덧 인생 동반자로서의 약속까지 주고받은 사이였건만 유학을 떠난다면 그 약속을 지키기 어려울 것이었다. 서울에서 재회를 이뤄 다시 만나는 동안 확인했던 서로의 사랑이 물거품으로 끝날지도 모른다는 안타까움이 앞섰다. 공부는 제대로 마칠 수 있을지, 언제 돌아올지 장담하기 어려운 것이 그때의 유학이었다.

두 사람이 결혼식을 올린 다음 함께 유학길에 오르는 것이 가장 좋은 방법이겠으나 이범석의 사정이 그렇지가 못했다. 동생들의 생계를 책임진 실질적인 가장이었기에 마음대로 움직일 수 있는 형편이 아니었다. 동생들의 생계를 떠나서도 자기 돈으로 유학을 떠난다는 자체가 언감생심이었다. 집안의 도움으로 도쿄에 유학할 수 있었던 여유로운 시절은 이미 과거로 지나가 버리고 말았다.

결국 이정숙을 떠나보내야 하는 입장이었다. 사랑한다고 해서 연인의 앞날을 무작정 막을 수는 없었다. 생각할수록 절망이었다. 그녀와 함께 했던 나날이 인생 최고의 청춘기였다면, 이제 그 시절이 급격한 내리막길에 직면해 있었던 것이다. 이정숙이 대학을 졸업하면서 마지막 결정을 내려야 했다.

그때 이범석의 막막한 심정이 이정숙에게 보낸 편지에 그대로 드러나 있다. 평소에도 편지를 통해 마음을 전하곤 했건만 이번에는 더욱 구구절절했다. 혼자만의 고뇌가 아니었다. 이정숙의 마음속 고민도 살피지 않을 수 없었을 것이다.

열아홉 살이라는 철부지 나이에 너무 가혹하고 비참한 청춘의 길을 걷게 한 나의 운명이 원망스럽습니다. 아버지가 돌아가시고 형이 학병에 나간 뒤에 가재家財의 유지와 가족의 부양이라는 짐이 청운의 꿈을 품었던 나로부터 모든 것을 빼앗아가기 시작했습니다. 해방을 맞아 웅지를 품고 서울로 배움의 길에 올랐을 때는 잠시 행복했습니다. 그러나 그 행복의 날도 내게는 길게 허락되지 않았습니다.

이러한 어려운 환경이 내게 닥칠 줄을 어찌 알았겠습니까. 그동안 저는 다만 당신의 사랑에 의지하고, 당신의 사랑에서 위안을 받으며 살아 왔습니다. 당신은 나의 유일한 희망이었습니다. 맨주먹으로 삼팔선을 넘어온 한 가련한 남자가 그래도 살아 보겠다고 허덕이는 동안 그 남자에게 따뜻한 애정도 없었고, 인간으로서 최소한의 행복을 누릴 수 있는 환경도 없었습니다.

아버님을 잃고 어머님 품속까지 떠난 그 남자는 그래도 험악한 사회에서 인간답게 살아 보겠다는 단 하나의 의지를 갖고 따뜻하고, 아름답고, 부드러운 사랑의 품을 찾아 헤매고 있었습니다. 집이라고 돌아와도 쓸쓸하고, 슬펐고, 외로웠습니다. 그러나 그는 자기를 사랑해 주는 단 한 사람이 이 세상에 존재하고 있다는 생각에 용기와 힘을 얻고 앞날의 꿈을 그리며 힘차게 살아 왔습니다.

하지만 그렇게도 그가 희망하고, 갈망하고, 바라던 그 사랑스럽고, 따뜻하고, 아름다운 사람은 그다지 쉽게 그에게 올 것 같지가 않습니다. 그녀는 불행과 역경이라는 것이 무엇인지 모르고 자랐으며, 형제의 따뜻한 사랑 속에서 순조롭게 살아 왔습니다. 그녀는 자신이 현재 갖고 있는 행복을 깨뜨리려는 사람을 무서워할 것입니다. 과거에도 그랬지만 현재의 내가 너무 행복해서, 그리고 이 행복이 깨지지나 않을까 해서 장래에 대해 일종의 공포심을 느끼는 것, 그것이 그대의 마음입니다.

멀리 떠나보내야 하는 연인을 눈앞에 두고 이루지 못할 사랑에 애달파하는 마음을 숨김없이 드러내는 내용이다. 자신의 어려운 형편에 대한 고뇌와 더 나아가 상대방을 원망하는 심정도 부분적으로 엿보인다. 유학과 결혼 사이에서 고민하는 그녀의 모습을 바라보며 스스로 떠나보내겠다고 하면서도 야속한 마음은 어쩔 수가 없었을 것이다. 무려 열네 장의 편지지에 빽빽하게 적힌 내용이다.
편지는 다시 다음과 같이 이어진다.

그러한 당신을 생각하며 나는 내 자신에게 묻고 있습니다. 내가 나의 사랑의 힘을 너무 과신한 것은 아닐까. 내가 그대를 행복하게 해 준다는 것이 도리어 그대를 불행하게 만드는 길은 아닐까. 아무래도 그녀는 유학을 가야 하며, 유학을 갔다가 그녀의 부모가 원하고 희망하는 사람을 찾아가는 것이 그녀에게 더 행복한 길이 되지는 않을까.
이러한 생각들이 나를 더욱 고통스럽고 고민스럽게 합니다. 그러나 아니다, 아니다, 사랑의 길이란 그런 것이 아니다. 어떤 인간이 반대하고, 어떤 사람이 방해를 한다고 하더라도 나는 나의 사랑을 위하여, 오직 하나뿐인 나의 연인을 위하여 최후까지 싸울 것이다. 나는 누구보다도 정숙이를 행복하게 해 줄 수 있다. 자신이 있다. 누가 우리의 사랑을 반대하는가. 그대의 사랑이 변치 않는 한 이 세상에서 우리 사랑을 빼앗아 갈 사람은 없다. 나는 싸운다. 온 힘을 다하여 싸울 것이다.
이렇게 하루에도 몇 번씩 외쳐 봅니다. 그러나 이것이 과연 정숙이의 행복을 위하는 길인가. 그녀가 나의 굳은 사랑을 마음속으로부터 원하고 있는가. 이 세상 끝까지 보조를 맞추어 나와 손을 잡고 싸워나갈 것을 원하고 있는가. 현재의 행복과 집안의 기대를 버리고라도 나와의 사랑을 위하여 일생을 바치기를 원하고 있는가. 나는 또 다시 대답할 용기가 없습니다.

과거에 당신이 막연히 저를 사랑할 때에, 다시 말하여 나의 청혼과 당신의 출가를 그리 깊이 생각하지 않았을 때에 당신의 얼굴은 희색이 만면하였고, 기쁨에 넘쳐 있었습니다. 그러나 근래에 이르러 저는 당신을 만날 때마다 당신의 얼굴에서 근심과 수심을 봅니다. 당신에게 결혼은 나와의 결합임과 동시에 당신이 현재 즐기고 있는 행복한 환경과의 이별이라는 것을 의미합니다. 그것이 당신으로 하여금 심각한 고민에 빠지게 하였을 것입니다. …….

내게 닥친 비참한 환경이 이러한 나의 마음을 동요시킨 때가 한두 번이 아니었지요. 그럴 때마다 저는 당신을 생각하고 당신의 사랑을 믿고 분기하고 악전고투하여 왔습니다. 옛날에 당신이 주셨던 편지를 다시 읽어보면 또 다시 힘이 나고 믿음이 생겼습니다. 그러나 이것은 저에게 너무 지나친 꿈이었고, 어리석은 마음의 장난이었던 것 같습니다.

내가 받은 시련은 나에게 부과된 것이요, 당신에게 부과된 것은 아닙니다. 내게 오는 모든 사련과 고민과 싸워나갈 길을 발견하고 개척해 나가야 하겠다는 마음으로 자신을 채찍질할 때마다 더 큰 고통이 닥쳐서 한층 더 암담한 비탄 속으로 나를 밀어넣는 것입니다. …….

1950년 6월 10일 밤에 쓰기 시작
한 편지가 11일 아침이 밝도록까지

이정숙의 이화여대 졸업식이 그해 5월 30일에 있었으니, 편지를 쓰기까지 열흘 동안이나 번민으로 지새운 심정이 드러난다. 그러나 이범석은 이 편지에서 "진정으로 그녀를 사랑한다면 그녀의 행복 외에는 아무것도 바라서는 안 된다"며 스스로 마지막 결론을 내리고 있었다. 연인의 떠나는 걸음을 차마 말리지 못하는 절박하고도 안타까운 심정이 읽혀진다.

하지만 예기치 못한 또 다른 운명이 기다리고 있었다. 불과 보름 뒤에 6.25전란이 터진 것이었다. 이로써 모든 고민이 한꺼번에 원점으로 되돌려지고 말았다. 전란이 터질 것을 내다보았다면 고민 자체가 필요 없었을지도 모른다. 그러면서도 그것은 더 큰 비극의 시작이었다. 또한 민족의 운명이기도 했다.

민족의 비극, 6.25 전란

1950년 6월 25일. 일요일.

이범석은 이날 오전 이정숙과 함께 교회에서 예배를 드리던 중이었다. 이 무렵에는 남산 회현동에 위치한 남산감리교회에 출석하고 있었다. 이윤영이 평양 남산현교회를 계승한다는 뜻에서 월남해 있던 남산현교회 교인들을 중심으로 세운 교회다. 이 교회는 이후 남산 3호터널이 뚫리면서 자리를 내주고 반포동으로 옮겨갔으나 지금도 남산교회라는 이름을 그대로 사용하고 있다.

이날 두 사람은 예배가 끝난 뒤 이정숙의 유학과 관련해 자신들의 장래에 대해 논의하기로 약속되어 있었다. 이미 유학은 되돌릴 수 없는 상황이었다. 관련 서류가 미국 쪽으로 전달되어 수속이 진행되던 중이었다. 하지만 두 사람은 이날 마무리 지으려던 얘기를 제대로 꺼내지도 못했다. 북한군의 침입으로 전쟁이 시작됐다는 긴박한 소식이 전해졌기 때문이다. 예배가 끝나고 바깥으로 나왔을 때는 이미 멀리서 포격소리가 들려오고 있었다.

두 사람은 서둘러 헤어졌다. 각자 가족이 있는 집으로 돌아가야 했기 때문이다. 전쟁이 난 게 사실이라면 이정숙의 미국 유학도 뒷전일 수밖에 없었다. 아니, 없었던 일이나 마찬가지였다. 우선은 각자의 생명과 안전을 지키는 것이 먼저였다. 설사 유학을 떠날 수 있었다 한들 다른 식구들의 생사를 걱정하면서 이정숙 혼자 외국으로 떠날 수는 없는 일이었다.

이렇게 전쟁이 터지고 사흘째 되던 날 두 사람은 다시 헤어지게 된다. 기약없는 이별이었다. 이정숙이 식구들을 따라 서울을 떠나야 했기 때문이다. 아버지 이윤영이 정부 각료였으므로 식구들도 우선 대피 대상이었다. 이범석이 남산교회 근처에 있던 이정숙의 집을 찾았을 때는 그녀의 식구들을 태운 지프차가 막 출발하려던 즈음이었다. 눈빛으로 서로 안타까움을 나눈 채 그대로 이별할 수밖에 없었다. 이정숙이 건네준 "부디 몸조심 하세요"라는 한 장의 쪽지만이 마음의 위안이었다.

이범석은 지방으로 피신하는 대신 아현동 누님 집에서 그대로 숨어 지냈다. 마당의 개집 밑에 구덩이를 파고 그 안에서 웅크리고 견딘 것이었다. 끼니때마다 누님이 먹을 것을 집어넣어 주었을 뿐이다. 겉으로는 개집으로 위장했기 때문에 의심을 사지는 않았지만 비좁은 구덩이 속에 숨어 지낸다는 자체가 고역이었다. 인민군 수색대가 언제 들이닥칠지 모르는 일이었다. 숨어 지내는 경우에는 덩치가 큰 것만으로도 불편했다.

이미 인민군이 서울에 들어오자마자 곧바로 들이닥쳐 동생 문석을 붙들어간 터였다. 그것도 머리에 총부리를 겨눈 채였다. 그 광경을 멀찌감치 목격하고는 공무원 신분인 그로서도 생명의 위협을 느끼지 않을 수 없었다. 문석이 서북청년단에 가담해 반공활동을 펼치고 있었으므로 우선적으로 체포 명단에 올랐을 것이다. 그 뒤로는 생사조차 확인할 길이 없었다. 연행되자마자 처형됐을 것이라는 소문도 전해지고 있었다. 그가 세브란스의대에 다니고 있을 때였다.

이범석 본인에게도 위기가 없었던 것은 아니다. 구덩이에 숨어 지내던 도중 한 번은 답답한 나머지 슬그머니 거적을 들추고 밖으로 나왔다가 인민군 끄나풀들에게 들키고 말았다. 인민군 진영으로 끌려가던 도중 요행으로 탈출해 다시 개집 구덩이 속으로 숨어 버렸다.

그렇게 해서 맥아더 장군의 인천상륙작전으로 국군이 서울을 탈환할 때까지 구덩이 생활이 이어지게 된다. 다시 잡히면 끝장이라고 생각했다. 9.28 수복으로 구덩이 바깥으로 나왔을 때는 체구가 거의 반쪽이 되어 있었다. 인민군 치하의 시련은 일제 식민지 시절보다 더 혹독하다는 사실을 그 자신 여실히 깨닫게 되었다.

서울이 수복되면서 정부 부처 중에서도 사회부가 가장 바빠졌다. 혼란 수습은 군인과 경찰이 책임질 문제였지만 인민군 점령 기간의 피해 상황을 점검하고 피해자들에 대한 구호대책을 수립하는 것은 전적으로 사회부의 몫이었다. 그때 임시수도 부산에서 사회부 선발대가 가장 먼저 서울로 입성한 것이 그런 때문이었다. 이범석은 사회부 소속 공무원이었고, 이윤영도 아직은 사회부 장관이었다. 이정숙도 선발대와 함께 서둘러 서울로 돌아옴으로써 재회의 기쁨을 나눌 수 있었다.

그러나 이범석은 곧바로 사회부에 사표를 제출하게 된다. 국군의 북진北進으로 남북통일 가능성이 엿보이게 되자 자기가 할 일이 따로 있다는 생각이 들었을 것이다. 일단은 평양으로 되돌아가야 했다. 국군과 유엔군이 서울을 되찾은 데 이어 평양까지 치고 올라가던 무렵이었다.

국민들 사이에 남북통일은 이미 기정사실로 받아들여지고 있었다. 국군의 승전 소식은 계속 이어졌다. 패주하는 인민군을 쫓아 압록강 근처까지 진격했다는 보도도 전해지던 터다. 이승만 대통령이 평양탈환 시민환영대회에 직접 참석해 "이제는 남북한 동포들이 다시는 흩어져서 살지 말자"고 연설하기도 했다.

사표를 제출한 이범석은 특무대 통역관을 자원했다. 평양으로 가는 방법이었다. 그동안 쌓아놓은 영어 실력 덕분이었다. 무엇보다 그때까지 평양에 남아 있던 어머니와 외할머니, 누이동생의 안부가 걱정스러웠다. 식구들을 서울로 모셔오는 것이 급선무였다. 아니, 다시 통일이 된다면 구태여 서울로 돌아올 필요도 없을 것이었다.

드디어 북진하는 육군 제2사단과 함께 그는 평양에 입성하게 된다. 다시는 돌아오지 못할 것이라고 여기던 고향이었다. 대동강을 건너 평양 땅을 밟으면서 자신도 모르게 뜨거운 눈물이 왈칵 쏟아지는 것을 느낄 수 있었다. 감격과 회한의 눈물이었다. 포격을 받아 건물 곳곳이 허물어지고 잿더미로 변한 모습이 안타까울 뿐이었다.

꿈에 그리던 가족들과 상봉의 기쁨도 누리게 되었다. 어머니의 얼굴은 생각보다 초췌했지만 눈빛만으로도 안도의 기쁨을 느낄 수 있었다. 여동생과 외할머니도 마찬가지였다. 다시 눈물이 흘렀다. 공산 치하의 온갖 닦달 속에서도 다시 만날 것이라는 기대로 하루하루를 버텨온 식구들이 아닌가. 아직 살아 있다는 것만으로도 서로의 행운이었다.

이범석은 평양에서 새로운 중책을 맡게 된다. 평양경찰학교 교장이라는 자리였다. 모자라는 현지의 치안대원을 서둘러 양성하기 위해 유엔군이 설립한 것이 당시 경찰학교다. 평양경찰서 소속으로 되어 있었다. 젊은이들을 모집해 경찰 병력으로 훈련시키는 것이 그의 임무였다. 그가 영어에 능숙했을 뿐 아니라 평양의 정황도 잘 알고 있었기에 적임자로 꼽혔을 것이다.

하지만 그것도 잠시였다. 조만간 통일의 만세소리가 울릴 것 같았던 전세는 중공군의 참전으로 다시 예측 불허의 형세로 바뀌고 말

앉다. 예기치 못한 결과였다. 두어 달 남짓한 이범석의 평양 체류도 그것으로 종지부를 찍게 된다. 지금도 이정숙이 보관하고 있는 평양경찰학교 교장 시절의 빛바랜 명함만이 그때의 상황을 말해주고 있다.

이제는 다시 피난길이었다. 이범석은 속살을 파고드는 겨울철 찬바람을 맞으며 평양을 떠날 수밖에 없었다. 남아 있던 식구들과 동행하게 됐다는 것이 그나마 위로가 되었다. 그리고 그 피난길은 결국 부산으로까지 이어지게 된다. 1951년 새해 벽두의 1.4후퇴였다. 눈물겹고 처절한 피난생활이 시작된 것이다. 하지만 이번에는 피난길일망정 식구들은 물론 이정숙도 곁에 있다는 사실이 커다란 위안이었다.

적십자 활동에 뛰어들다

부산에서는 또 다른 과제가 이범석을 기다리고 있었다. 적십자 업무였다. 그의 일생을 통해 가장 중요한 전환점이 되는 활동이다. 전란의 와중에서도 그는 차근차근 자신의 길을 찾아가고 있었다.

부산에 주재하던 미국적십자사ARC의 한국 연락관 직책을 맡은 것이었다. 미국적십자사 파견관이던 기포드 로스Gifford Ross의 통역을 겸한 보좌역이었다. 전란을 맞아 미국적십자사를 통해 도착한 구호물자를 한국 측에 전달하는 책임이 부여되어 있었다. 즉, 대한적십자사와 연결하는 창구 역할이었다. 그렇게 자리를 잡은 것이 1951년 여름철에 접어들어서의 일이다. 부산에 피난하고 몇 달의 공백 기간을 거쳐 잡은 자리였다.

대한적십자사로서는 아직 초창기 무렵이었다. 영국 에든버러 대학을 마치고 귀국해 서울시장과 상공부장관을 지낸 윤보선尹潽善

이 총재를 맡고 있을 때였다. 전란 초기에 납북된 양주삼梁柱三 초대 총재의 후임이었다.

전란으로 인해 대한적십자사도 심각한 시련에 부딪쳐 있었다. 윤보선이 새로 총재에 취임했고, 이화여대 총장이던 김활란을 위원장으로 하는 중앙연락위원회가 부산에 임시사무소를 설치했으나 밀고 밀리는 치열한 전시였기에 원활하게 업무를 수행하기에는 아무래도 어려운 상황이었다. 임시사무소도

부산 피난 시절 미국적십자사 연락관 당시 이범석의 모습. 상의 옷깃의 'A.R.C.'라는 표기가 미국적십자사(American Red Cross) 소속임을 말해주고 있다.

대청동 천주교 중앙교회에 자리를 잡았다가 신창동 불교회관으로 다시 옮겨 더부살이 신세를 면치 못하던 때였다.

이처럼 막막한 처지에 놓였을 때 대한적십자에 도움을 준 것이 미국적십자사였다. 피난민 구호와 부상병 치료에 중요한 역할을 수행하고 있었다. 국제적십자연맹의 도움이 없지 않았지만 대체로는 미국적십자사를 통해서였다. 이런 상황이었기에 미국적십자사와의 중간에서 일할 한국 사람이 필요하게 되었고, 이범석이 바로 그러한 역할을 떠맡게 됐던 것이다. 시대가 그를 요구하고 있었다 해도 과언이 아니다.

그때 한국에 파견된 미국적십자사 국제사업부 소속 직원이 기포드 로스였다. 대한적십자사 기록에 따르면 로스 파견관의 공식 직함은 '선임 고문'으로, 한국 근무기간은 1951년 8월부터 이듬해 10월까지로 기록되어 있다. 로스 외에 1946년부터 파견됐던 모티머 쿡Mortimer Cooke이 있었으나 이 무렵에는 가끔씩 서울을 방문하고 있었을 뿐 주로 미국 본부에 머무르고 있었다. 캐나다 적십자사에

서도 서울에 직원을 파견하기도 했지만 휴전협정이 이뤄진 다음의 일이다.

전쟁 기간을 전후해 미국적십자사 직원으로 한국에 파견됐던 사람들로는 로스 외에도 퍼디난드 믹클라우츠Ferdinand Micklautz, 허드슨 베이컨Hudson Bacon, 리처드 미터Richard V. Meter, 새무엘 크래코우Samuel Krakow 등을 들

미국적십자사 연락관 시절의 이범석(가운데)이 미국 파견관들과 기념사진을 찍었다.

수 있다. 해방 이후 전쟁이 터지기 전까지 모티머 쿡을 비롯해 대략 10여 명이 서울에 파견되어 활동한 바 있다.

이범석의 미국적십자사 한국 연락관으로서의 활약은 대단했다. 미국을 비롯해 세계 각국으로부터 들어오는 구호물품의 전달 업무는 모두 그의 소관이었다. 전달 현장에 직접 참석하는 것은 물론 감사 편지를 작성해 해당 기부단체에 보내기까지 거의 그의 손을 거쳐야 했다. 서울에 주재하던 국제적십자연맹 및 유엔 민간지원기구 담당자들과도 긴밀한 연락을 주고받았다.

이범석이 미국적십자사 연락관을 맡은 과정에 대해서는 몇 가지 다른 얘기가 전해진다. 그가 조선관광호텔에서 근무했을 당시의 책임자가 그를 추천했다는 얘기가 있는 반면 모집 공고를 보고 시험을 쳐서 합격했다는 얘기도 없지 않다. 시험을 치른 것도 부산이 아니라 제주도였다는 얘기도 있다. 전란통에 대한적십자사 의료시설

이 서귀포로 피신해 있었으므로 개연성은 충분하다. 그때 이범석이 잠깐 제주도에 다녀왔다는 사실도 가족들의 증언으로 확인된다. 당시 부산에 설립된 유엔민사원조처UNCAC에서 임시로 근무하던 중 적십자 책임자로부터 제의를 받았다는 얘기도 나름대로 근거를 지닌다.

이러한 여러 얘기들을 두고 그가 이끌었던 대한적십자사 청소년 조직의 초창기 대원들 사이에서도 기억들이 엇갈린다. 그러나 굳이 구별할 사항은 아닌 것 같다. 중요한 것은 그가 미국적십자사를 통해 한국 사회에 이바지할 수 있는 새로운 역할을 부여받았다는 사실이다. 그에게 새로운 기회가 열린 것이었다.

미군 함정에서의 결혼식

이 시기를 거치며 그가 이정숙과 혼인해서 어엿한 가정을 꾸리게 됐다는 점도 중요한 전환점으로 간주될 만하다. 우여곡절 끝에 두 사람이 결국 인생의 반려자로 맺어진 것이다. 이정숙이 아버지 이윤영으로부터 어렵게 허락을 받아낸 덕분이기도 했다.

두 사람은 부산항에 정박해 있던 미군 해군 함정에서 결혼식을 올렸다. 1952년 4월 2일의 얘기다. 주례는 대한적십자사 총재였던 윤보선이 맡았다. 윤보선은 〈이윤영 회고록〉 서문에서 "당시 청소년부장 이범석과 백사白史의 넷째딸 정숙 양의 결혼식 주례를 맡았는데, 결혼식은 LST해군 함정의 선상이었다"고 회고하고 있다.

거듭된 난관과 시련을 이겨낸 결혼이었다. 일제 치하에서 해방되면서 기약없이 서울로 올라온 이후 6.25 전란에 휩싸였고, 다시 서울 수복에 이어 평양까지 올라갔다가 1.4후퇴로 이어진 험난한 역정 끝에 얻은 결실이었다. 그때 이정숙에게 전달한 다음과 같은 편

이범석이 이정숙과 결혼식을 올린 뒤 미국적십자사 관계자들의 축하를 받으며 함께 기념사진을 찍었다. 1952년 4월 2일 부산항에 정박해 있던 미군 해군 함정에서 결혼식을 올렸다.

지글에서도 결혼에 이름으로써 비로소 안도할 수 있었던 그의 심정을 읽을 수 있다.

"우리들의 서곡序曲은 너무나 길었소. 팽팽하게 당겨 있는 악기의 줄이 너무 오래 두면 끊어지는 것 같이 나의 마음은 기다림에 지쳐 끊어질 뻔한 때가 한두 번이 아니었소."

하지만 결혼식을 올릴 때만 해도 이윤영으로서는 여전히 이범석을 탐탁지 않게 생각하고 있었다. 딸의 간절한 마음을 말릴 수 없었기에 결혼을 반대하지 못한 것뿐이었다. 그러나 결국은 뒤늦게나마 그를 사위로 받아들이게 된다. 자기 이름이 새겨진 금반지를 그에게 뽑아준 것이 마음의 표시였다. "늦었지만 결혼 선물로 알고 받아주게. 내 정표일세"라는 말도 잊지 않았다. 결혼식을 올리고도 한참 지나서의 얘기다.

신혼살림은 동래에 차렸다. 단출하지만 방 두 개에 부엌이 딸리고 뒤뜰까지 있는 집이었다. 지붕이 낮은 탓에 키가 큰 이범석으로서는 방문을 나가고 들어설 때마다 허리를 구부려야 했지만 그것은 문제도 아니었다. 그나마 얼마간의 빚을 내서 마련한 집이었다. 장롱도 두 개를 갖추었다. 이정숙도 별도로 고리짝 하나를 장만했다. 전란통의 신혼살림이란 게 대체로 그런 식이었다. 넉넉할 리 없는 생활이었다.

그래도 이범석으로서는 생애 최고의 시기였다. 자다가도 문득 깨어나 옆에 잠들어 있는 아내 얼굴을 바라보며 "이게 꿈인지 생시인지 모르겠다"며 행복해 했다. 퇴근길에는 서로 도중에 만나 저녁거리 시장을 보기도 했다. 외무부 시절까지 이어진 가정적인 습관이 이미 이때부터 길러졌던 것이다.

이범석은 가정을 꾸린 뒤에도 대인관계에 있어서는 여전히 대범했다. 이때의 일화가 하나 전해진다. 부산 남포동 거리에서 우연스럽게 대학 후배인 정성근鄭誠根과 마주쳤을 때의 얘기다. 그는 정성근에게 "야, 너 살아 있었구나"라고 기뻐하며 와락 껴안고는 뒷주머니에서 지갑을 꺼내들었다. 지니고 있던 얼마쯤의 돈을 나눠 주려는 것이었다.

그러나 액수를 세어서 준 게 아니었다. 지갑에서 돈을 모두 꺼내 눈대중으로 대략 두 부분으로 나눠서는 그중 한쪽을 내밀었다는 것이다. "이게 많으니 이걸 가져라"라며 이범석이 돈을 내밀던 장면을 정성근은 지금까지도 뚜렷이 기억하고 있다. 돈뿐만이 아니었다. 위로의 몇 마디가 더 컸다. "우리 꼭 살아야 된다. 너랑 우리랑 꼭 살아야 한다. 몸조심해서 꼭 서울에서 만나자"던 위로의 얘기를 여든 줄에 접어든 정성근이 아직 잊지 못하는 이유다.

뒷날 이범석이 통일원장관을 지낼 때 비서관으로 임명된 당사자가 바로 정성근이다. 육군정보학교 출신으로 당시 해병대 대원이던 그는 "이 장관은 그때 족두리 모자를 쓰고 있었는데, 모자에는 'ARC(Ameican Red Cross)'라는 영어 글자가 새겨져 있었다"고 기억

했다. 이범석을 평소 '왕초'로 불렀고, 자기들은 스스로 '이나카田舍 병정'으로 불렀다는 게 또한 정성근의 증언이다.

'이나카 병정'이란 일본말로 '시골 병정'이라는 뜻이니, 마치 사나이들의 주먹 세계에서 '왕초'와 '똘마니'의 관계를 연상시킨다. 한 핏줄을 나눈 친형제보다 더 돈독한 사이였다는 얘기다. 정성근 혼자만의 생각일지는 몰라도, 다른 때도 아닌 피난 시기에 돈을 둘로 나눠 그중 한몫을 선뜻 내밀 정도였다면 보통 의리가 아니었던 것만은 틀림없다.

릿지웨이 장군의 초청

이범석과 이정숙은 어렵게 결혼식을 올리고도 신혼여행은 가지를 못했다. 일부러 안 간 것이 아니라 가려고 계획까지 세웠다가 무산돼 버리고 말았다. 신혼여행을 반납한 셈이었다. 이범석에게 또 다른 과제가 맡겨졌기 때문이다. 그의 생애를 통해 한가하게 쉴 틈이 별로 없었던 것은 이미 젊은 시절부터다.

원래 두 사람은 경주로 신혼여행을 다녀오기로 계획을 잡아 놓았었다. 토함산 불국사를 둘러보고 해변 도로를 따라 내려오면서 탁 트인 동해바다를 구경하는 것만으로도 전란기로서는 최대 호사로 여겨질 만했다. 맞벌이 부부였기에 주말을 틈타 여행을 다녀오리라 마음먹고 있었던 것이다. 마침 이범석에게는 미국적십자사로부터 웨이건 승용차 한 대가 배정되어 있었기에 움직이기로 일단 마음을 먹는다면야 어려울 것도 없었다. 미국적십자사 연락관 사무실이 부산 시내 광복동의 미국 임시대사관 뒤편에 자리잡고 있을 때였다.

이범석은 그날도 아침부터 사무실에 출근해 밀린 업무를 정리하고 있었다. 결혼 준비 때문에 미처 처리하지 못한 일들이었다. 더욱이 주말 신혼여행을 가벼운 마음으로 다녀오기 위해서도 밀린 일들을 말끔히 처리해 놓아야 했다. 결혼식을 치르고 닷새 정도가 지났을 때의 얘기다.

그때 사무실로 한 통의 전화가 걸려왔다. 이범석이 수화기를 집어들자 교환양이 전화를 걸어온 상대방을 연결해 주었다. 도쿄 주재 미국적십자사에서 걸려온 전화였다. 전화로 연결된 저쪽 상대방은 이범석을 찾고 있었다. 그가 자신이 이범석임을 밝히자 상대방은 배경 설명도 없이 단도직입적으로 본론으로 들어갔다. 거의 지시나 마찬가지였다.

"지금 당신을 데리러 도쿄에서 부산으로 비행기가 이륙했으니 지체하지 말고 비행장으로 가시오. 비행기를 타면 도쿄로 모시고 올 겁니다."

당시 해운대 수영水營에 비행장이 있을 때였다. 비행기를 타려면 곧바로 사무실을 나서야 했다. 그러나 영문도 모른 채 수화기에서 흘러나오는 얘기를 그대로 따를 수는 없는 일이었다. 더군다나 그 주말에는 신혼여행을 가기로 아내와 약속이 잡혀 있지 않은가. 일생에 단 한 번뿐인 신혼여행이었다.

"그것은 곤란하다. 아내와 허니문을 떠나기로 되어 있다."

이범석은 자신이 며칠 전 결혼식을 올렸고, 주말에는 경주로 신혼여행을 다녀오기로 계획을 세워 놓았다며 곤란한 사정을 설명했다. 도쿄에 가지 못하겠다는 뜻이었다. 상대방이 누군지도 정확히 모르는 상황에서 일방적인 지시에 응할 필요도 없다고 생각했다.

하지만 저쪽의 목소리는 단호했다.

"미스터 리, 나도 결혼식 얘기는 전해 들었소. 그 점에 대해서는 참으로 미안하게 생각하오. 그러나 이곳에 오게 되면 이유를 알게 될 것이오."

저쪽 상대방은 이범석을 만나려는 사람이 릿지웨이Matthew Ridg-way 장군이라고만 밝히고 있었다. 중공군의 대공세 시기이던 1950년 12월 의정부 부근에서 불의의 자동차 사고로 타계한 워커Walton Walker 장군의 후임으로 미8군 사령관에 임명됐던 주인공. 유엔군이 중공군의 인해전술에 계속 밀리던 절체절명의 순간에 최전방을 돌며 장병들을 독려하면서 서울 탈환에 앞장섰던 한국전의 영웅이 바로 릿지웨이였다.

릿지웨이는 장군 중에서도 장군이었다. 미8군 사령관으로 부임한 직후 휘하 장병들에게 내려보낸 '우리는 왜 여기서, 무엇을 위해 싸우는가'란 제목의 글에도 그의 군인정신이 잘 나타나 있다. "우리는 우리의 동맹국인 한국의 자유뿐 아니라 우리의 자유, 우리의 자주독립과 생존을 위해 싸우는 것이다. 우리는 최대 위기에 직면해 있으나 동시에 최선의 기회를 부여받았다"라는 게 그 핵심 부분이다. 이범석도 그 내용을 기억하고 있었다.

릿지웨이는 당시 유엔군 총사령관으로서, 도쿄에 주재하던 중이었다. 맥아더 사령관 후임을 맡고 있었다. 트루먼Harry S. Truman 대통령의 결단에 의한 교체 인사였다.

그 이름만으로도 가히 날아가는 새를 떨어뜨릴 만큼 위압적이었다. 그런데 그가 자기를 만나려 한다는 것이었다. "릿지웨이 장군이 전용기를 보내서 당신을 모셔오도록 했다면 얼마나 중요한 일인지 짐작하지 못하겠느냐"고 상대방은 다그치고 있었다.

이범석도 한풀 꺾일 수밖에 없었다.

"그렇다면 집에 가서 여장을 꾸려 한 시간 안으로 비행장으로 가겠다."

나름대로의 타협안이었다. 집에 가서 이정숙에게 사정을 설명할 필요도 있었을 것이다. 신혼여행에 기대가 부풀어 있을 아내였다.

그러나 상대방은 굽히지 않았다.

"그럴 필요가 없다. 여기서 머무르는 동안 필요한 모든 것을 우리가 알아서 준비할 테니 지금 차림 그대로 공항으로 나서는 게 좋겠다."

결국 지시에 따르는 수밖에 없었다. 아내에게는 너무 미안한 일이었지만 연락도 못한 채 수영 비행장에서 릿지웨이 장군의 전용기를 타야만 했다. 당시 대신동의 이화여대 천막학교로 간단한 쪽지만 전달했을 뿐이다. 아내 이정숙이 대학원에 다니며 조교로 근무하고 있을 때였다. 결혼식을 올리고도 신혼여행을 가지 못하게 된 일련의 과정이다. 하나하나의 장면이 소설 이상이다. 그것이 이범석의 생애였다.

신혼여행을 가지 못한 대신 도쿄에서는 새로운 과제가 기다리고 있었다.

유엔군 적십자대표단

도대체 무슨 일로 릿지웨이 장군의 극동사령부에서 급하게 자신을 찾는다는 걸까. 수영 비행장 활주로를 이륙해 도쿄로 향하는 전용기 안에서 그는 갖은 추측을 동원했지만 마땅한 답변을 떠올릴 수가 없었다. 우려와 기대감이 머릿속에 교차하고 있었다.

전용기가 요코하마 기지에 착륙하자 미국적십자사 직원이 기다리고 있었다. 부산으로 전화를 걸었던 당사자였다. 이범석은 하루 저녁을 호텔에서 보낸 뒤 다음날 오전 곧바로 도쿄 시내의 극동사령부 사령관실로 안내되었다. 릿지웨이 장군이 주재하는 회의가 열리도록 되어 있었지만 여전히 의문점은 풀리지 않은 채였다.

한 가지 해답은 자기만이 아니라 각국 적십자사 대표들이 그 자리에 함께 참석하고 있다는 점이었다. 한국전쟁에 병력을 파견한 나라의 대표들이었다. 미국을 비롯해 영국, 캐나다, 호주, 필리핀,

네덜란드, 덴마크, 터키 대표들이 참석하고 있었다. 한국을 포함해 모두 9개국 대표가 회의에 초청 받았던 것이다.

안내 직원으로부터 미리 귀띔을 받기는 했지만 쉽게 믿을 수가 없는 얘기였다. 한국전쟁이 끝나게 되면 후속적으로 따라야 하는 포로교환 업무를 이들로 구성되는 공동적십자단에 맡기려 한다고 간단히 배경 설명을 들었던 것이다. 이범석이 미국적십자사 연락관 직책을 원활하게 수행하고 있었고, 영어에도 능숙했기 때문에 한국대표 적임자로 추천 받았던 것이다. 포로교환 협상이라면 어차피 적십자사가 나서는 것이 가장 바람직한 방법이었다. 북한과 중공에도 적십자사 조직이 형식적이나마 갖춰져 있을 때였다.

그렇다고 부산으로까지 급하게 사령관 전용기를 보내야만 되는 일이었을까. 그럴수록 그는 더욱 궁금해졌다. 더구나 릿지웨이 장군이 직접 나섰다면 간단한 일은 분명 아니었다.

결과적으로는 정전협상이 그만큼 앞당겨질 가능성을 바라보고 있었던 때문이다. 이미 1951년 7월 유엔군과 공산군 측 사이에 이를 논의하기 위한 비밀접촉이 한 차례 이뤄진 터였다. 중공군의 참전 이후 전선이 교착되어 어느 한쪽도 일방적인 승리를 장담할 수 없는 상황이기도 했다. 미국 정치권 내에서도 피차의 희생을 요구하는 무모한 전쟁을 하루 속히 끝내야 한다는 필요성이 제기되고 있었다. 남북 분단을 전제로 하는 정전협정이 강대국들 사이의 공통된 인식이었다. 이승만 대통령은 개인적으로 정전회담에 반대하고 있었지만 병력을 움직이는 것은 결국 미군 최고사령부였다.

이를테면, 릿지웨이 장군이 정전회담 타결을 미리 내다보고 그에 따른 포로교환 협상에 대비해 서둘러 작업을 추진하고 있었던 것이다. 트루먼 대통령이 맥아더를 해임하고 그를 후임 극동사령관에 임명할 때부터 내부적으로 가급적 전쟁을 조속히 결말 짓도록 지시해놓고 있었다. 정전협정이 그 방법이었고, 이범석을 포함한 각국

적십자사 대표들은 그 이후의 포로교환 작업을 추진하게 될 것이었다. 공산군 측에 잡혀간 국군 및 유엔군 병사와 아군에게 붙잡힌 인민군과 중공군 병사를 교환하는 작업이었다.

이런 과정을 거쳐 개성에서 정전회담 본회담이 시작된 것은 1952년 7월. 이범석이 도쿄에서 릿지웨이 장군으로부터 직접 임무를 받고 온 돌아온 석 달 뒤의 일이다. 전쟁은 진작부터 교착상태를 벗어나지 못하고 있었다. 전선에서의 공방전은 치열했지만 바깥에서 바라보기에는 삼팔선을 사이에 두고 서로 밀고 밀리는 양상에 지나지 않았다. 정전협정 타결이 가까워지고 있었음을 그 자신도 은연중 느낄 수가 있었다.

이에 앞서 각국 적십자사 대표들로 구성된 유엔군 공동적십자단의 전략회의도 개최되었다. 회의 기간은 그해 5월 12일부터 16일까지 닷새 동안. 부산의 미국 제3 병참기지 사령부에서다. 결혼식을 올리고 곧바로 일본에 호출됐던 그로서는 신혼여행도 반납한 채 계속 포로교환 협상 준비에 매달릴 수밖에 없었다. 이범석을 비롯한 적십자 대표들에게는 '유엔군 포로교환위원회 대표'라는 공식 직함이 부여되었다.

이범석이 나설 때가 서서히 다가오고 있었던 것이다. 그럴수록 마음이 바빠지기 마련이었다. 전쟁포로들에 대한 대우를 규정한 제네바협약과 제1차 대전 및 2차 대전 등 과거의 포로협상 사례를 들여다보면서 만반의 준비를 갖춰가고 있었다.

이에 대한 당시 이범석의 보고서 내용을 잠깐 들여다보자.

당시 국련군國聯軍 총사령관이던 릿지웨이 장군의 초청으로 일본 동경 국련군 총사령부 사령관실에서 제1회 회합을 가졌다. 이 회합에 소직小職이 참가하여 군사 당국으로부터 공동 적십자단의 목적과 사업의 개념을 청취한 후 귀국하여 당시 대한적십자사 총재였던 윤보선尹潽善 씨 및 대통령 각하의 재가를 얻음과 동시에 대한적십자사 대표 28명을 선출하여 타他 국련군 각국 적십자사 대표들과 제1회 공동 국련적십자단의 강습회를 개최하였다. (대한적십자사, 〈한국 적십자운동 100년〉)

대한적십자사 협상 대표진은 국방부와 내무부, 외무부, 문교부, 사회부, 보건부 각부에서 추천을 받아 꾸려졌다. 이런 식으로 추천된 실무자들은 각자마다 의무관醫務官이나 후생관厚生官이라는 직책을 부여받았다. 의무관으로는 당시 서울적십자병원장으로서 뒷날 대한의학협회 이사장을 지내게 되는 손금성孫金聲 등 다섯 명이 참여하게 된다. 이범석은 대한적십자사 수석대표로서 후생관 직책을 받았다.

그의 소속이 대한적십자사로 바뀌게 되는 것도 이때의 포로교환 협상을 앞두고서다. 미국적십자사 연락관 직책이라는 것이 대한적십자사와의 중간책 역할이었으므로 업무 자체가 바뀌는 것도 아니었다. 그것이 앞으로 협상 테이블에 마주앉을 공산군 측 대표들에게도 오해를 줄이는 방법이었다.

그러나 장소를 판문점으로 옮겨 진행되던 정전회담은 도중에 중단되고 말았다. 최대 쟁점은 역시 전쟁포로 처리 문제였다. 유엔군 측은 포로들 각자의 권리를 존중하자는 입장에서 '개별 자원송환'을 내세웠던 반면 공산군 측은 '전원 자동송환'을 주장했다. 이를테면, 유엔군 측은 포로 개인이 돌아가고 싶은 나라를 선택하도록 하자는 것이었고, 공산군 측은 개인 의사와 상관없이 본국으로 돌려보내야 한다는 입장이었다.

인생사에서 모든 일이 시작보다는 마무리하는 것이 훨씬 어려운 법이 아니던가. 하물며 전쟁에서는 더욱 그럴 수밖에 없을 것이다. 이처럼 협상이 겉도는 상황에서 거제도 포로수용소에서는 폭력 난동이 일어났고, 자기들끼리 살인도 서슴지 않았다. 이념이 서로 다르다는 것이 그 이유였다. 민족의 불행은 수용소에서도 예외가 없었다. 유엔군 수용소장이 공산측 포로들에게 납치되는 사태까지 벌어졌다.

정전회담이 중단되면서 유엔군 공동적십자단의 활동도 흐지부지되는 듯했다. 그러나 뚜렷한 변수가 없이 이어지던 공백 기간도 그해 말 치러진 미국 대통령 선거에서 아이젠하워Dwight Eisenhower 후보가 당선되면서 숨통이 뚫리고 있었다. 아이젠하워의 공약 가운데 하나가 '한국전쟁 종전'이었다. 여기에 1953년 3월에는 전쟁의 한 축이던 소련 서기장 스탈린Joseph Stalin까지 타계함으로써 종전협상을 압박하는 변수로 작용하게 된다.

정전협정 이후

이러한 분위기에서 1953년 5월께부터 정전회담이 급진전되었고, 유엔군 공동적십자단의 활동도 본격 재개되기에 이른다. 여름철 더위가 기승을 부리면서 정전회담이 막바지에 이르고 있었다. 이범석도 정전회담이 진행되는 동안 줄곧 판문점에 파견되었다.

물론 도중에 결정적인 돌발 변수도 없지는 않았다. 이승만 대통령이 미군 사령부와 유엔군의 동의 없이 2만7000여 명의 반공포로를 한꺼번에 석방한 것이 대표적인 사례다. 그해 6월 18일에 있었던 역사적 사건이다. 유엔군에 붙잡힌 인민군 포로 가운데 한국에 남기를 희망하는 포로들을 전격 풀어준 조치였다. 중공군 포로 중에서도 자유중국으로 돌아가기를 바라는 사람들이 석방 대상에 포함되었다.

이승만 대통령 특유의 어려운 결단이었지만 세계의 시선은 박수보다는 우려 쪽이었다. 더욱이 공산군 측이 가만히 있을 리가 없었다. 정전회담은 즉각 중단되고 말았다. 그러나 공산군 측으로서도 비슷한 사례를 막기 위해서도 서둘러 협정을 마무리 지을 필요가 있었다. 유엔군 측도 "이승만 대통령으로 하여금 정전회담을 준수하도록 보장하겠다"고 약속함으로써 회담이 재개되었던 것이다.

결국 밀고 밀리는 협상 끝에 정전협정이 최종 마무리되기에 이른다. 유엔군 총사령관인 클라크Mark W. Clark 장군과 북한군 사령관 김일성金日成, 중공인민지원군 사령관 펑더화이彭德懷 등 세 명이 협정문서에 서명했고, 그 후속 조치로 양측 적십자 사이에 포로교환 협상이 열리게 된다.

이범석이 직접 남긴 기록에 따르면 공동적십자단의 정식 활동기간은 그해 8월 3일부터 9월 7일까지로 나타나 있다. 7월 27일 정전협정이 체결되고 나서 막바로 포로교환 작업에 투입됐던 것이다. 정전협정에 따라 남북한 사이에는 군사분계선과 비무장지대가 설정되어 있었다. 미처 철책이 설치되지 않았을 뿐이다. 공산군 측도 북한 적십자회와 중공 홍십자회紅+字會가 한 팀을 구성하고 있었다.

유엔군 공동적십자단은 모두 70명의 인원으로 구성되었다. 이 가운데 서른 명은 북한 수용소 현장으로 직접 들어갔고, 또 다른 서른 명은 남한 수용소에서 저쪽 대표단을 상대하도록 되어 있었다. 포로교환에 앞서 현장에서 포로들에 대한 실태를 파악하는 작업이었다. 대표단 가운데 나머지 열 명은 중앙조정위원이라는 이름으로 판문점에서 최종 교환업무를 맡았다. 이범석은 판문점에 배치되었다. 대표단 명단에 포함된 'Lee, Bum Suk (Korean)'이 바로 그였음은 두말할 필요가 없다.

북한 지역 내에서는 평안북도 벽동碧潼과 함경북도 만포滿浦의 압록강 포로수용소에서 포로교환 실무작업이 진행되었다. 공동적십자단 대표들이 그곳까지 파견돼야 했다. 반면, 유엔군에 붙잡힌 공산군 포로들은 거제도와 제주도, 부산 지역에 분산 수용되어 있었다. 포로교환 책임을 맡은 공산측 적십자 대표들은 판문점에서 헬리콥터로 여의도 비행장에 도착한 다음 다시 항공편으로 부산을 거쳐 제주도나 거제도까지 교통편을 제공받았다.

드디어 양측 대표단 사이에 포로교환을 위한 실무작업이 시작된 것이었다. 판문점의 중앙조정위원끼리도 날마다 회의가 열렸다. 그러나 상황은 엄격했어도 회의 내용이 복잡할 수는 없었다. 다음날 교환될 포로들의 명단을 서로 확인하고 그에 필요한 절차를 수행하기 위한 준비만 하면 더 끌 것도 없었다. 아무리 길어야 한 시간, 더 잡는다고 해도 30분 정도만 추가하면 충분했다. 그렇지만 공산군 적십자 측의 회의진행 작전은 공연히 시간만 잡아먹는 식이었다.

회의에서 의제로 다뤄질 내용이 무엇이든 간에 그들은 두툼한 서류뭉치를 들고 와서는 회의에 앞서 '성명서'라는 이름을 붙여 시간 가는 줄도 모른 채 줄줄 읽어 내려가곤 했다. 포로교환과는 전혀 상관없는 공산당 선전 내용이기 십상이었다. 어떤 때는 성명서를 읽는 데만 무려 두 시간이나 걸렸다. 매사가 거의 마찬가지였다. 지루하고 넌덜머리나는 회의의 연속이었다.

이범석이 그리 길지 않은 생애를 통해 북한 대표들을 상대로 협상에 나선 것이 여러 차례였지만 이때가 비로 그 시작이었던 셈이다. 그들과 맞닥뜨려 비논리적인 억지 주장을 피부로 경험하게 되는 기회이기도 했다. 인도주의를 첫손가락으로 표방하는 적십자 업무도 그들에게는 하나의 선전 수단에 불과했을 뿐이다. 그가 대한적십자사 내부 보고서로 남긴 다음과 같은 기록에서도 그때의 상황이 여실히 드러난다.

"공산주의자들은 적십자 정신이라는 것은 전연 망각하여 시종일관 공산당의 상투 수단인 선전, 모략, 허위 및 신경전 등등으로서 우리 대표들을 괴롭혔다. 그들은 적십자 대표라고 하기보다는 공산

정권 앞에서 주구走狗하는, 다시 말하면 공산당 지령에 의하여 움직이는 일종의 기계에 불과하였다." (대한적십자사, 〈한국 적십자운동 100년〉)

그때 이범석이 아내 이정숙에게 보낸 편지에도 회의 진행과 관련해 비슷한 양상이 표현되고 있다. 부산에서 첫딸 소진이가 태어난 직후인데도 아내 옆을 지킬 수가 없던 안타까운 처지에서 그나마 편지를 쓰면서 스스로 위안을 받았던 것이다. 더구나 산후조리가 잘못됐던 탓인지 이정숙이 열이 오르고 기침을 자주 하던 끝에 급성 폐결핵 진단까지 받았을 때다. 공산 측의 회의 방해에 더욱 짜증을 느꼈을 법하다.

여기는 매우 분주합니다. 요즘은 공산당의 선전술에 휩쓸려 들어가 매일같이 지루한 선전 회의만 계속됩니다. 그들은 듣기도 싫은 상투적인 선전문을 매일같이 읽고 있습니다. 공산당이 이 지구상에서 말살되기 전에는 평화가 없다는 것을 또다시 분명히 확인하고 있습니다. 공산당에게는 개인적인 판단과 기능이 필요 없습니다. 오직 지령에 따라 말하고, 지령에 따라 읽으며, 지령에 따라 행동합니다. 그런데 그들이 무슨 흉계를 꾸미고 있는지 나에게만은 친절하기 한이 없습니다.

더욱 거추장스러웠던 것은 서로의 주장을 한국어와 중국어, 영어 등 3개 언어로 번갈아 통역하면서 회의를 진행해야 한다는 점이었다. 기껏 한두 시간이면 충분히 끝날 만한 회의도 반나절이 걸리는 것이 예사였다. 협상 대표자들의 구성상 영어와 중국어로 추가 통역하는 것은 불가피했더라도 공산군 측 대표단의 의도적인 방해 공작이 더욱 걸림돌이었다. '선언문' 낭독도 그 하나였다. 그들은 사사건건 트집을 잡고 나섰다.

남한 지역 수용소와 판문점에서는 유엔군 공동적십자 대표단이 주도적으로 협상을 이끌어갈 수 있었기에 그래도 나았다. 그들이 주도권을 행사하는 북한 지역 내에서는 영 딴판이었다.

심지어 한밤중에도 수시로 회의가 열렸다. "북한에 파견됐던 우리측 대표들의 보고에 따르면 야반 삼경에도 회의가 소집되었다"고 이범석은 소개하고 있다. '삼경三更'이라면 말 그대로 자정이 지난 무렵을 이른다. 공동적십자단 대표들이 제대로 잠을 못 자게 함으로써 심신의 피로를 부추기려는 속셈이었을 터다. 북측 대표들은 회의 때마다 미리 준비한 선전문을 장황하게 낭독하면서도 공동적십자단이 제안하는 문제에 있어서는 즉석 토의를 거부하고 반드시 다음 회의로 넘기는 전략도 함께 병행했다.

판문점 포로교환

공동적십자단 대표들에 대한 북측의 부당한 대우는 그뿐만이 아니었다. 통신망 지원을 하나의 사례로 들 수 있다. 유엔군 측에서는 북쪽에서 파견된 적십자 대표들에 대해 가급적 모든 수단을 동원하여 그들의 본부와 연락할 수 있도록 최대로 협력했으나 북한 측은 오히려 방해공작까지 동원하곤 했다. 터무니없는 이유를 들어 통신 요청을 고의적으로 묵살하는 것이 보통이었다.

만포에 파견됐던 공동대표단의 경우가 그러했다. 판문점의 이범석 수석대표에게 보내는 전보를 요청했으나 상부의 방침을 확인해야 한다는 구실을 들어 사흘 뒤에야 전보 승낙이 떨어졌다. 그렇다고 전보가 제대로 발송됐던 것도 아니다. 공동대표단이 만포에서 업무를 완수하고 귀환하면서 개성에 도착했을 때 그 전문 쪽지를 그대로 돌려받게 된다. "귀하가 지금 남한으로 귀환하니 이 전문은 전달할 필요가 없지 않은가"라는 이유까지 덧붙여졌다. 전보를 요청한 때로부터 엿새가 지났을 때의 일이다.

대표단에 대한 감시도 마찬가지다. 북한 측은 공동적십자 대표단에 특수훈련 군인들을 배치했다. 다발총으로 무장한 군인들이었다. 그들이 일거수일투족 그림자 같이 따라다녔다. 심지어 생리현상을 해결해야 하는 비좁은 화장실까지 따라 들어와 그 옆에 서 있기도 했다. 공동대표단이 여러 차례 항의했는데도 끝내 시정되지 않았다. 유엔군이 남한에 파견된 그들 대표들에게 신변보호를 위해 헌병을 배치했던 조치와도 비교가 된다.

통역 요원의 비협조도 철저했다. 공동적십자단 대표가 "오늘 아침식사는 몇 시에 먹느냐"고 물으면 "귀하의 의견을 군사 당국에 전달하겠습니다"라고 답변하는 식이었다. 그리고는 잠시 뒤에 돌아와 "나는 군사 당국의 위임을 받아 오늘 아침식사 시간이 행정 사정에 의하여 결정될 것임을 전달하는 바입니다"라는 추가 답변이 덧붙여지기도 했다. 답답하기는 매일반이었다.

심지어 시간을 묻는 대화에서조차 상부의 지시에 따라 답변이 이루어졌다. "귀하의 시계는 지금 몇 시입니까"라고 물으면 역시 "귀하의 의견을 군사 당국에 전달하겠습니다"라는 통역의 답변이 되돌아왔다. 정말로 상부에 보고를 하는 것인지, 어딘가 나갔다 들어와서는 "나는 군사 당국의 위임을 받아 귀하에게 지금 ○○시라는 것을 전달하는 바입니다"라고 다시 답변이 추가되곤 했다.

포로교환 작업을 위해 정식 파견된 대표단에 대한 대접이 이런 정도였으니 포로들 당사자에 대한 처우는 더 말할 것도 없었다. 공동적십자단 대표들은 유엔군 포로들을 자유로운 분위기에서 면담하기를 원했으나 애초부터 가능하지 않았다. 그들이 미리 선별해둔 몇 명만을, 그것도 그들의 입회 아래서만 면담이 허용되었다.

이런 상황에서도 포로교환은 매일 오전 아홉 시에 시작되었다.

지금 판문점의 '돌아오지 않는 다리'가 그 역사의 현장이다. 그러나 서로 교환되는 포로 숫자에 있어서도 유엔군 쪽이 상당히 손해를 보고 있었다. 공동적십자단이 날마다 넘겨받는 숫자는 국군 250명, 유엔군 150명 등 모두 400명으로 되어 있었던 반면 저쪽에 넘겨주는 숫자는 중공군만 해도 1800명이었다. 여기에 북한군 600명이 추가되고 있었으니, 하루 2400명씩 넘겨지고 있었다.

포로교환은 오후 두 시쯤이면 대략 끝나기 마련이었다. 점심식사를 마치고는 오후 세 시부터 다시 회의가 열렸다. 다음날 교환 작업에 대해 미리 논의하는 것이었다. 회의가 끝나면 오후 다섯 시쯤 판문점을 떠나 숙소로 향하는 것이 정해진 일과였다.

이범석을 비롯해 공동적십자단 대표들은 문산에서 출퇴근을 해야 했다. 문산이라고 해야 아직 허허벌판에 군용 천막을 둘러친 임시부락 정도에 지나지 않았다. 따라서 야전 생활이나 마찬가지였다. 민간인 출입이 전면 제한되어 있었으므로 양말이나 내의 등 세탁은 모두 각자가 알아서 처리해야 하는 형편이었다.

하루 일과는 아침 여섯 시 기상으로부터 시작되었다. 침상에서 일어나는 대로 세수를 하고 아침식사를 마쳐야 했다. 판문점으로 출발하는 시간은 오전 7시 10분. 판문점까지는 거의 한 시간 정도 걸리는 거리였다. 판문점 역시 산림이 우거진 들판에 회담장 용도로 집 두 채만이 달랑 세워져 있었을 때였다. 남북 분단의 상징인 판문점의 역사가 그런 식으로 시작되고 있었다. 이범석이 그 장면을 가까이 지켜보았던 것이다.

공산당의 끈질긴 생리

포로교환 작업이 단순히 머리수를 세어 주고받는 절차에 그칠 수는 없었다. 무엇보다 포로들의 건강 상태에 주의를 기울여야 했다. 수용 여건에 따라 건강에 심각한 문제가 있을 수도 있었기 때문이다. 전투 중에 부상을 입은 경우도 수두룩했을 것이다. 판문점 남한 구역에는 위급 환자에 대비해 앰뷸런스나 헬리콥터가 대기하고 있었다.

이범석이 목격한 장면은 참혹했다. 총격 부상을 입고 제대로 치료하지 못해 팔다리를 잘라낸 경우도 여러 명 있었다. 유엔군 포로 가운데 한 명은 판문점 인계 장소에 도착하자마자 안도의 숨을 몰아쉬며 눈을 감기도 했다. 수용소 생활에서의 영양부족으로 인해 실명한 경우도 있었고, 정신적 타격으로 실성한 경우도 없지 않았다. 차마 인정하기 어려운 현실이었다.

북한의 수용소 실태가 열악했기에 빚어진 결과였다. 끼니때마다 제공되는 식사라고 해야 약간의 쌀과 보리, 피를 넣고 끓인 죽이기 보통이었다. 곡물기가 멀개서 죽이라기보다 차라리 숭늉 정도였다. 반찬도 소금국에 지나지 않았다. 수용소에서 영양실조로 사망한 포로들이 적지 않았을 것이라는 추측을 가능케 한다.

그나마도 식사가 제때 제공된 적이 거의 없었다. 아침식사가 낮 열두 시에, 점심은 오후 다섯 시에, 저녁은 밤 열 시에 나오는 식이었다. 그때마다 여러 구실이 붙여지곤 했다. 심지어는 아침식사가 오후 네 시에 나왔고, 저녁식사가 다음날 새벽 네 시쯤 나온 경우도 있었다는 것이 이범석이 수집한 송환 포로들의 증언이다. 오죽하면 공동적십자단 대표가 저쪽 통역에게 아침식사가 몇 시에 나오느냐는 질문까지 던져야 했을까.

그러면서도 저들은 포로들에게 강제 노동을 시켰으며, 정치적 선전에 동조하지 않는다는 이유로 옷을 벗겨 바깥에 내세우기도 했다. 영하 30도의 혹한에도 이런 작태는 그대로였다. 송환된 포로 가운데 영양부족으로 인한 폐결핵 환자가 700명 정도에 이른 것도 이처럼 형편없는 처우 때문이었다. 이범석은 이에 대해서도 다음과 같이 정부 차원의 조치를 요구하고 있었다.

"자신이 현재 각혈을 하고 있다고 소직小職에게 말한 경우도 200명에 달하였다. 이들 폐결핵 환자들이 보건 사상이 극히 희박한 우리 농촌 부락으로 귀환하게 되면 그들의 가족 또는 친구를 통하여 전국적으로 만연될 것을 상상할 때 이것은 적십자사 차원이 아닌 국가적 대책이 긴급히 요구되며 소직은 이 기회를 통하여 이 문제에 관련된 관계 당국의 주의를 환기하는 바이다."

공산군 포로들에 있어서도 이범석으로서 이해하기 어려운 일들이 벌어지곤 했다. 그중의 하나가 공산군 포로들이 트럭에 실려 판문점으로 이송되는 과정에서 유엔군 측이 지급한 의복과 군화를 발기발기 찢어버리는 행태였다.

북쪽으로 송환되는 마당에 유엔군 측의 지급품을 인정하지 않겠다는 뜻이었을 것이다. 그들은 모포를 찢어서는 공산군 구호가 적힌 플래카드를 만들기도 했다. 그런 식으로 시종 흥분 상태에서 인민군 노래를 부르면서 판문점에 이르는 것이 보통이었다. 그 뒤 표류 어부들을 북측에 송환할 때 벌어진 비슷한 행태가 이미 이때부터 시작된 것이었다.

이 부분에 있어서도 이범석은 예리한 관찰을 남기고 있다. "그들의 표정을 자세히 관찰해 볼 때 겉으로는 아우성을 치기는 하나 마치 사지死地에 들어가는 죄인의 우울하고 절망적인 표정을 감출 수는 없는 것 같았다"는 기록이다. 인민군 포로들이 북측에 인계된 이후 내려질지도 모를 질책을 모면하려고 마음에도 없이 입고 있던 옷을 마구 찢었을 것이라는 얘기다. 그가 공산당의 생리를 꿰뚫어 보게 되는 과정이다.

공산군 포로들은 판문점에 도착해서도 어떤 꼬투리라도 잡아 공동적십자단 대표들에게 항의를 했다. 심지어 포로 예우에 관한 절차를 들먹이며 유엔군 총사령관인 클라크 장군에게 항의문을 전달해 줄 것을 요구하기도 했다. 역시 의도적인 제스처였다. 유엔군 측이 수용소에서 포로들에 대해 부당한 대우를 했다는 주장도 포함되었다.

그러나 이러한 주장도 인민군 측이 정작 포로를 인계받아 현장에서 처우하는 광경에 무색해지기 마련이었다. 포로 생활을 했다면 당연히 심신에 문제가 있었을 것이고, 따라서 서둘러 후송 조치가 필요했는데도 인민군 측은 오히려 태연했다. 포로를 인계받고는 여름철 뙤약볕 아래 나란히 뉘어 놓고 증거용 사진을 찍도록 한 것이 그들의 진짜 모습이다. 건강에 이상이 있는 경우라고 해서 별도의 대우를 받을 수는 없었다. 붕대를 팔다리에 싸맨 채 다른 포로들과 함께 트럭으로 실려가는 장면을 그는 똑똑히 목격했던 것이다.

이범석은 이렇게 유엔군 공동적십자단의 일원으로 포로교환 임무를 무사히 마치고 서울로 귀환하게 된다. 청소년 적십자단을 포함한 서울 시민들은 용산역 광장에서 자유의 품으로 돌아온 반공포로들을 위한 대대적인 환영식을 개최했고, 그 주역인 이범석에게도 큰 박수를 보냈다.

하지만 정전협정에 따라 포로교환 절차가 끝났다고 해서 모든 일이 끝난 것은 아니었다. 미처 조국으로 돌아오지 못한 포로들이 북녘 땅 어딘가에서 숨을 죽이며 살아가고 있을 것이었다. 포로들만이 아니었다. 날마다 한숨으로 지새는 이산가족들은 또 누구의 책임인가. 바로 그것이 자신이 할 일이라고 의지를 굳히고 있었다.

그로부터 몇 년이 지난 뒤 그가 대한적십자사 대표로 뉴델리 국제회의에 참석한 자리에서 6.25 당시 공산군에게 강제 납북된 인사들 가운데 337명의 생존자 명단을 입수하는 성과를 거둔 것도 그러한 의지의 결실이었다. 납북자들의 가족은 물론 이산가족들 모두에게 뜨거운 눈물과 위안을 준 쾌거였다. 다시 세월이 흘러 1972

년 남북적십자회담이 열리게 되자 남측 수석대표로 북한 땅을 밟게 된 것도 마찬가지다. 이 얘기는 뒤에 가서 다시 자세하게 소개하기로 하자.

이때의 포로교환 작업을 통해 대한적십자사가 각국 대표들로부터 높이 평가받게 되었던 것은 또 다른 수확이다. 이에 대해 그는 다음과 같이 기록하고 있다.

> 금번 사업에서 특기할 것은 전 사업 기간을 통하여 국련측 각국 적십자사 대표들의 끊임없는 상호 협조와 국제적 우의의 정신으로 시종 일관하였다는 것이며, 또한 우리 대한적십자사 대표들이 각국 대표들과 어깨를 겨누어 조금도 손색이 없이 담당한 임무를 완수했다는 사실이다. 적십자사 대표들은 이구동성으로 우리 대한적십자사의 장래를 축복해 주었다. 한 가지 첨언할 것은 금번 사업에 참가한 9개국 대표들은 32일 간의 공산 측 대표들과의 협상을 통해 또다시 공산주의 및 공산주의자라는 것을 인식함으로써 현재 대한민국의 입장을 재인식했다는 점이다.

이범석 개인의 노력에 힘입은 바가 컸던 성과다. 적십자사 활동을 통해 대한민국의 위치를 높여가고 있었던 것이다. 그 자신의 능력도 더욱 커지고 있었다.

대동운수 하역회사

이범석이 포로교환 작업을 통해 릿지웨이 장군과 개인적인 대화를 주고받게 되었던 뒷얘기도 소개할 필요가 있다. 정전협정 조인식에 참석했던 테일러Maxwell D. Taylor 미8군 사령관과의 일화도 마찬가지다.

먼저 릿지웨이 장군과의 얘기다. 릿지웨이는 도쿄 극동사령관실 회의에 참석했던 각국 적십자 대표들 가운데서도 이범석에게 특히 관심을 보였다. 영어 실력이 뛰어났을 뿐 아니라 키도 크고 체격이 멀쑥했기 때문에 저절로 눈에 들어왔을 법하다.

그는 도쿄 예비회의가 끝나고 참석자 각자에게 반갑게 악수를 청하며 중령 계급장을 직접 달아 주면서도 이범석에게만큼은 더 굳게 손목을 쥐어 주었다. 신임의 표시였다. 개인적인 신임을 떠나서도 미국 문관 중령으로 임명받은 것이었으니, 의미는 각별했다. 한국 군대도 아닌 미국 군대에서, 그것도 최고사령관으로부터 직접 부여받은 계급이었다. 중령이라면 미군부대 서열로 따져서도 함부로 넘볼 수 없는 계급이었다. 그로서는 미처 상상하지 못한 일이었다.

더 큰 혜택은 이범석이 회사를 차리고 부산 부두에서 운수업을 겸해 미군물자 하역 사업을 시작하게 됐다는 사실이다. 회사 이름은 '대동운수'라 붙였다. 릿지웨이 장군이 부산항만청 사령관에게 개인적인 소개장을 써준 덕분이었다. 그로서는 평양에서 사업을 하던 아버지 이재순의 가업을 다시 재개한다는 의미를 지닌 사업이었다. 대동운수라는 상호가 '대동강'에서 따온 것이었음은 물론이다.

그의 대동운수 하역작업 구역은 부산 3부두였다. 당시 다섯 개 부두가 만들어져 있을 때였다. 뒷날 한진그룹을 창업하게 되는 조중훈趙重勳 회장도 부산 부두에서 사업을 키워가고 있었다. 이범석은 평양고보 동창생 몇 명을 거느리고 회사를 끌어갔다.

정부가 전쟁으로 인한 인플레이션을 수습하려는 차원에서 화폐개혁을 전격 단행한 것이 바로 그때였다. 이런 조치가 그에게는 또다시 우연찮은 기회가 되었다. 다른 하역회사가 화폐개혁을 핑계로 노무자 임금을 제때 지불하지 않다가 미군 당국에 적발된 것이었다. 주머니에 있는 돈을 자기들이 필요한 대로 한 차례 돌린 다음 임금을 지급하게 되면 사나흘 만에라도 적잖은 차익을 얻을 수 있었기 때문에 벌어진 일이었을 것이다. ·

이런 폐해를 적발한 미군 당국은 그 하역장까지 거둬들여 이범석에게 맡기게 된다. 그로서는 단번에 사업이 불어나게 된 셈이다. 노무자들 임금을 줄 때면 돈을 포대 자루로 운반해야 할 만큼 규모가 커졌다.

그 자신도 결과적으로 상당한 돈을 벌게 되었다. 그해 가을, 근처에 새 집을 마련할 수 있게 된 것이 그런 결과다. 100평이 넘는 대지에 본채와 별채를 두고 하얀 담장에도 기와를 올린 집이었다. 담장에는 이듬해 봄철을 맞아 코스모스 씨앗을 잔뜩 뿌렸다. 동래에 있던 '우장춘禹長春 원예시험장'에서 개량 꽃씨들도 얻어왔다. 신혼여행을 가지 못한 대신에 아내에게 바친 꽃 선물이었다고나 할까.

이범석은 헛간을 헐어 아내를 위해 목욕탕을 만들기도 했다. 무쇠로 만든 목욕통에 장작불을 지펴서 물을 데우는 방식이었다. 목욕통에는 나무판자를 깔았다. 집안을 이리저리 뜯어고치고 꾸미는 데 취미도 있었고, 소질도 남달랐다. 이를테면, 피난생활에서도 나름대로 최대의 호강을 누리고 있었던 것이다. 대동운수 사업에 손 댄 덕분이었다.

하지만 그가 사업을 시작한 것은 개인적으로 돈을 벌려는 욕심 때문만은 아니었다. 아니, 돈도 벌어야 했다. 당시 적십자사로부터 받는 급여는 생계나 가능할 정도였다. 일단 집안 살림부터 챙겨야 했다. 장차 개인적으로 뜻을 펴기 위해서도 돈이 필요했다. 생활 안정을 꾀하는 동시에 자신의 꿈을 펼칠 기반을 마련하려는 뜻에서도 사업은 필요했다. 그의 나이 아직 이십대 후반일 뿐이던 때였다.

그러면서도 원칙은 분명했다. 자신의 개인 사업으로 인해 적십자사의 공적인 업무에 지장을 주어서는 곤란하다는 생각이 그것이다.

쓸데없는 오해를 불러일으키지 않기 위해서도 더 열심히 업무에 매달렸다. 지각을 하거나 결근하지 않았을 뿐더러 업무 시간에 자리를 이탈한 일도 없었다. 자신이 사회부 총무과 직원으로 출근부를 관리하던 당시의 마음가짐을 되살리고 있었다.

이범석은 날마다 새벽같이 일어났다. 촛불을 켜고 새벽밥을 먹고는 일단 대동운수 사무실로 직행했다. 그렇게 하루 업무를 간단히 처리한 다음 적십자사로 출근했다. 퇴근 후에는 다시 회사로 나가 밀린 업무에 매달리곤 했다. 차례로 두 사람의 일을 처리하고 있었던 셈이다. 새벽에 나가 밤이 늦어 귀가할 수밖에 없었던 사정이다.

청소년적십자의 발판

그러면서도 적십자 활동에도 소홀함이 없었다. 부산 피난 시절, 대한적십자사 청소년 활동의 기반을 닦은 공로자가 바로 이범석이다. 적십자의 여러 활동 중에서도 청소년적십자 설립에 결정적인 역할을 한 것이 그의 가장 중요한 공적으로 기억돼야 할 것이다. 그해 12월 겨울방학을 맞아 부산 아미동 해피마운틴 고아원에서 일주일 동안 매일 두 시간씩 적십자에 관한 지식을 보급하며 강습회를 개최한 것이 국내에서 청소년적십자 운동의 효시로 꼽힌다.

다음은 이때의 활약을 보여주는 대목이다.

당시 이 운동의 필요를 역설하며 처음부터 앞장을 서신 분이 미국적십자사의 한국 연락관이던 이범석 씨였으며, 4285년(단기 표기, 서기로는 1952년) 겨울 부산 행복산Happy Mountain 고아원에서 개최된 1주일 동안의 JRC(청소년적십자) 강습에서 수강한 중고교 대표들이 그후 JRC의 정신을 전파하고 이 운동의

기초를 닦는 데 많은 활약을 하였다. (대한적십자사, 〈한국적십자
사업의 10년〉)

또 다른 자료집인 〈한국청소년적십자 50년사〉에도 이 부분에 있
어 "당시 미국적십자사 직원으로 대한적십자사 고문실에 근무하면
서 청소년적십자 설립에 남다른 열정을 보였던 이범석의 주관으로
강습회가 개최되었다"고 기록되어 있다. 그가 미국적십자사 소속이
면서 대한적십자사 고문실 업무를 돌봐주던 사실을 엿볼 수 있다.
그때 대한적십자 보건국장이던 오봉렬吳鳳烈도 함께 강습에 나섰
을 만큼 본사 차원의 지원과 협력도 적지 않았다. 대한적십자사의
제1호 신분증 소지자가 오봉렬이었다.

미국과 영국, 프랑스를 비롯한 세계 각국의 청소년적십자에서 전
란으로 고통받던 한국 청소년들을 위해 적잖은 구호물품을 보내
왔으므로 이러한 움직임에 대응할 수 있는 조직 설립이 필요했던
것이다. 아직 한국에는 청소년적십자가 조직되어 있지 않았을 때다.

그때 이범석이 주관한 강습회에 참석한 부산지역 남녀 중고생들
이 15개 학교에 200여 명에 이른다. 이들이 청소년적십자 결성에
결정적인 기반이 되었음은 물론이다. 강습회가 개최됐던 해피마운
틴 고아원의 부설병원에서 이정숙이 약사로 근무하고 있었다는 사
실도 기억할 만하다. 아미동에 위치한 해피마운틴 고아원에는 전쟁
고아들이 수용되어 있었으며, 부설병원을 두고 의료봉사를 겸하고
있었다. 그녀가 모교인 이화여대 부산 임시교사에서 대학원 과정을
공부하게 되는 것은 또 그 이후의 일이다.

이범석은 학생들을 대상으로 강연회뿐만 아니라 모임을 만들어
병원을 방문해 위문품을 나눠주는 등 봉사활동도 실시했다. 미국
적십자사에서 보내온 구호물품이 아니었다면 애초부터 어려운 얘
기였을 것이다.

이 무렵 그가 이정숙에게 보낸 편지에는 적십자사 활동을 통해 어떠한 의지를 다지고 있었는지 잘 드러나고 있다. 그는 편지에 "적십자를 통해 내 스스로 큰 보람을 느끼고 있다"면서 "항상 베풀고 곤경에 처한 사람들을 도우며 인도적 차원에서 고통을 덜어주기 위해 노력하는 일에 사명감을 느낀다"고 적었다. 아무리 바빠도 이정숙에게 보내는 편지만은 빠뜨리지 않았다. 결혼해서 부부가 되어 한 집에 살면서도 편지는 그의 마음을 전달하는 중요한 방법이었다.

대동운수 사업도 계속 추진되었다. 전쟁이 끝나고 서울로 환도한 뒤에도 한동안 더 이어지게 된다. 그는 주말마다 기차를 타고 부산에 내려가 월요일 아침 시간에 맞춰 돌아오곤 했다. 당시 경부선을 운행하던 '해방호' 열차 출근자가 된 것이었다. 서울역에서 기차를 내려 그대로 남산 적십자사 사무실로 출근하는 식이었다. 주말 출근이 새벽 출근으로 이어진 것뿐이었다. 워낙 부지런하기도 했지만 타고난 건강 체질이어서 가능했던 일이다.

한편, 그때 미8군 사령관이던 테일러 장군과의 일화도 함께 소개할 필요가 있다. 대략 다음과 같은 얘기로, 정전협정 조인식이 끝나고 참모 가운데 한 명이 이범석을 테일러 장군에게 인사를 시키면서 생긴 일이다. "만약 미스터 리가 이 협정에서 실무를 도와주지 않았다면 정전협정은 성사되기 어려웠을지 모른다"며 그를 소개했던 것이다. 정전협정의 포로교환 분야에 그가 깊숙이 관여하고 있었기 때문이다. 공동적십자 대표로서만이 아니라 통역관으로서도 역할을 수행한 결과였다.

이에 테일러 장군은 그에게 "미국 시민으로서의 대우와 보수를 보장할 테니 유엔군 측 대표로 휴전회담 업무에 계속 참여해 달라"고 요청했다. 미국 시민권을 부여하겠다는 뜻이었다. 그러나 한국 국적까지 포기해가며 미국 시민권자가 될 수는 없었다. 그는 아내에게 "내가 조국을 버리고 미국 시민이 될 수는 없지 않겠소. 월급

이범석이 미국적십자사 연락관 시절이던 1955년 10월 27일 주한미군 제임스 퀼 준장으로부터 미국 정부가 수여하는 '자유의 메달(Medal of Freedom)'을 받은 뒤 최재유 보건사회부장관(사진 왼쪽)으로부터 축하의 악수를 받고 있다.

이 적더라도 대한민국 국민으로 당신과 함께 이 땅에서 사는 게 나는 좋소"라고 심경을 밝혔다. 릿지웨이 장군이 자신에게 베풀어준 호의도 있는데, 사람을 바꿔 테일러 장군을 위해 일하는 것도 사나이 세계의 의리상 허락될 리가 없었다.

이처럼 이범석은 안팎으로 자신의 역량을 넓혀가고 있었다. 스스로의 실력으로 개척한 길이었다. 국가와 사회를 위해 미래에 더 무거운 역할이 기다리고 있었음을 나름대로 깨닫고 있었을 것이다.

제4장
본격적인 적십자 활동

　이범석이 대한적십자사 근무를 통해 가장 괄목할 만한 업적을 보인 분야는 청소년적십자 활동이다. 부산 피난 시절 그가 해피마운틴 고아원에서 중고생 대표 200여 명을 대상으로 적십자사의 이념과 목적에 대해 강습회를 개최한 것이 청소년적십자 구성의 단초가 되었다는 사실은 앞에서 설명한 바와 같다. 아직 미국적십자사 연락대표 직책을 맡고 있던 1952년 12월의 일이다.

　대한적십자사 산하에 청소년적십자JRC, Junior Red Cross 조직이 정식 발족된 것이 바로 그 직후였다. 1953년 3월, 부산에서다. 당시 구영숙具永淑 총재가 캐나다의 적십자 활동을 시찰하고 돌아오면서 청소년 조직의 필요성을 절실하게 깨달은 것도 하나의 배경으로 작용했을 법하다. 처음 발족할 당시 사용되던 JRC라는 이름은 1973년부터 RCY(Red Cross Youth)라는 명칭으로 바뀌어 사용되고 있다.

　원래 세계적으로 청소년적십자 운동이 처음 시작된 것이 제1차 세계대전 직후부터다. 유럽 각국의 전쟁고아들을 위로하는 차원에서 미국과 캐나다, 호주 등에서 청소년들이 의연금 모금운동을 펼쳤던 것이 그 시발점이다. 그런 점에서, 한국에서 6.25전란을 계기로 비슷한 시도가 이뤄진 것이 우연의 일치만은 아니었다.

그때 국내에도 미국을 비롯한 자유진영 여러 나라에서 적십자 기관을 통해 적지 않은 구호품이 전달되었다. 피난민이나 전쟁고아들을 위한 물품이었다. 그중에는 각국의 청소년적십자 단원들이 보내온 학용품도 상당히 포함되어 있었다. 그것을 인수해 각 기관에 분배하는 역할이 이범석에게 맡겨져 있었고, 그 과정에서 전란으로 피폐해진 조국을 재건하려면 청소년들의 적극적인 봉사활동을 유도해야 한다는 필요성이 자연스럽게 대두됐던 것이다.

문제는 중고생들이 학도호국단 외에는 다른 활동 조직을 설립할 수 없도록 제한한 행정적 제약이었다. 아직 전란기였기에 불가피한 규제였다. 그러나 결국 이승만李承晩 대통령의 특별 재가를 얻게 됨으로써 관련 규제가 풀어지게 된다. 이승만 대통령이 대한적십자사 명예총재를 맡고 있었다는 배경도 십분 감안됐을 법하다.

대한적십자사가 펴낸 〈한국적십자 사업의 10년〉 책자에도 이때의 상황에 대해 설명되어 있다. 즉, "이승만 대통령 각하의 재가와 문교부의 협조를 얻어 당시 임시수도 부산에서 초·중·고등학교에 청소년적십자 조직을 위하여 적십자 직원들의 각 학교 방문과 취지 설명 활동이 전개되었다"는 내용이다. JRC 헌장과 규약이 바로 이때 제정되었다. 당시 서영훈徐英勳이 적십자 조직에 새로 합류하면서 청소년부장 서리로서 청소년국장을 맡았다. 뒷날 대한적십자사 총재까지 오르게 되는 주인공이다.

청소년적십자의 초창기 활동이라고 해야 고아원이나 군인병원 방문, 반공포로 위문 등에 지나지 않았지만 나름대로는 의미가 작지 않았다. 그중에서도 재봉틀 30대를 구입해 상이군인들의 환자복을 만들어 기증한 사례가 돋보인다. 광목 2000필을 떠다가 환자복 1만 벌을 만들었다는 기록이 남아 있다. 여학생 단원들이 자발적으로 재봉틀을 돌리며 봉사활동에 참여하지 않았다면 처음부터 어려운 얘기였다. 캐나다적십자사로부터 전달받은 2만 달러의 원조금이 기반이었다.

이범석은 당시 전쟁포로 교환협상 준비에 한창 바쁠 때였고, 대외적으로 미국적십자사 소속으로 되어 있었기에 깊이 관여할 입장도 아니었다. 그러나 유엔군 공동적십자단 대표로 포로교환 업무를 성공리에 수행하고는 다시 청소년적십자 활동을 적극 거들게 된다. 미국적십자사 연락대표 직책을 유지하면서도 대한적십자사에서 고문 직책을 수행하고 있었던 것이다. 서영훈도 자신의 자서전에서 이범석에 대해 "미국적십자 연락관으로 실제로는 총재 고문 역할을 하고 있었다"고 소개하고 있다.

이범석이 이 무렵 청소년단 회지에 기고한 글을 통해서도 적십자 활동에 대한 평소 소신과 철학을 엿볼 수 있다. 다음은 1954년 12월 회지가 처음 발간되면서 창간호에 실린 '내일의 세계평화를 위하여 국제친선의 사명은 크다'라는 제목의 글이다. 미국적십자사 연락대표라는 직함을 유지하면서도 활동의 무게중심이 대한적십자사로 옮겨지고 있을 때였다.

20세기는 인류 사상에 전례가 없는 대大동란의 세기입니다. 1차, 2차 대전을 통해서 수천만의 생령을 제단에 바치고도 평화를 얻지 못한 인류는 다시금 자체의 멸망을 초래할지도 모를 3차전을 예상케 하는 암담한 정세 하에 전율하고 있지 않으면 안 될 불안한 세계에 살고 있습니다. 이러한 역사의 단애斷崖에 직면한 듯 각박한 현실에서 우리는 마땅히 과거를 회고하며 반성하고, 현재를 인식하며 개선하고, 미래를 구상하며 건설하여 나가지 않으면 안 되겠습니다.

적십자는 전쟁 속에서 탄생하여 평화를 지향하며 성장하기 1세기간 인류의 소망을 달성하고 인간의 최고 이상을 실현하고 저 모든 평화운동의 중심세력이 되어 왔으며 고통과 환란 속에서 신음하는 불행한 사회 동포에게 지상의 일체 차별과 등별等別이 없는 사랑과 구원을 베푸는 범凡인류적 사업에 공헌한 봉사기관입니다. ……. (하략)

글의 제목대로 적십자사의 국제 봉사단체로서의 역할을 강조하는 내용이다. 청소년들이 적십자 활동에 적극 참여함으로써 세계 평화를 이뤄야 한다고 그는 내세우고 있었던 것이다. 국제무대에서 유엔과 함께 세계 평화를 위해 나란히 노력하던 단체가 적십자사였다.

그는 이듬해 8월에도 청소년단 회지에 '나아가는 자와 물러가는 자'라는 제목으로 글을 기고했다. 그해 여름철 강습을 끝낸 소감을 표현하는 내용이라는 점에서 그가 이때쯤에는 청소년적십자 활동에 더욱 적극적으로 관여하고 있었음을 보여준다. 물론 아직도 미국적십자사 소속으로 있을 때였다. 다음은 그 글의 한 부분이다.

"이번에 청소년적십자 강습회에 시종 참가하여 전국에서 모인 대표 학생들과 뜻있는 일주일의 캠핑 생활을 가졌습니다. 우리나라에서 청소년적십자 운동을 처음 시작할 때부터 미력을 바쳐 협조할 수 있었던 것을 무엇보다 큰 기쁨으로 생각해 온 나는 이번에 직접 책임을 지고 JRC 단원들과 침식을 같이 하며 우리나라에서 바야흐로 싹터 오르는 JRC 운동에 대한 연구를 할 수 있었던 기회를 참으로 기쁘게 생각합니다."

이 회지에는 그때 강습회에 참여했던 학생들의 이름도 기록되어 있다. 방을수方乙洙(경복고), 김건중金健仲(서울사범), 박상천朴相天(경기고), 배명덕裵明德(경복고), 최기석崔基錫(서울고상), 최정희崔貞熙(이화여고) 등이 그들이다. 이미 청소년적십자 과정을 마치고 대학교에 진학하거나 사회에 진출했던 OB 멤버로는 권오철權五哲(고려대), 홍성수洪性秀(연희대), 김만복金萬福(서울적십자병원), 김승교金昇敎(한남초등학교) 등의 이름이 나타난다. 이범석의 처남, 즉 이정숙의 막내동생인 이동원李東元도 청소년적십자를 거쳐간 OB 멤버였다. 그는 서울고등학교를 마치고 서울상대에 진학해 있었다.

이들 가운데는 1952년 이범석이 부산 해피마운틴 고아원에서 개최한 강습회 때부터 청소년 활동에 참가한 경우가 적지 않다. 앞서 소개된 고려대생 권오철이 대표적 사례에 속한다. 그때 그는 경기고등학교 재학 중이었다. 피난 시절이었기에 서울에 있던 학교들이 대부분 부산에 진을 치고 있을 때였다.

박병찬(경기고), 정호용, 봉두완, 이철(이상 경복고), 김연선, 이인호(이상 사대부고) 등이 부산 시절부터 청소년적십자 활동에 적극 참여한 학생들이다. 1953년 4월 부산 남천국민학교에서 열린 청소년적십자 리더십 강습회에 참석했던 학생들 중에서 전해지는 일부 이름이다. 이때는 이미 청소년적십자가 정식 발족됐을 때이므로 서영훈 국장의 주관으로 강습회가 진행되었다. 성우 구민具珉과 드라마 연출가로 명성을 날린 김재형金在衡도 초창기 단원이었다.

청소년부장 직책을 맡아

이처럼 청소년적십자 활동이 지금처럼 든든히 뿌리내리게 되기까지는 초창기 조직을 이끌었던 이범석과 서영훈의 역할이 컸다. 서로 앞서거니 뒤서거니 지도자 역할을 맡아 청소년적십자를 발전시킨 공동 주역이다.

먼저 당시 청소년적십자 활동을 관할했던 조직 체계에 대해 이해할 필요가 있다. 대한적십자사 본사에는 청소년부가 있었고, 각 시도 지사에는 청소년과를 두어 청소년적십자 활동을 관할하도록 했다. 청소년 부서는 원래 본사 직제에서 봉사부나 업무부에 '소년적십자국'이라는 명칭으로 소속되어 있었으나 1951년부터 청소년부로 승격되기에 이른다. '부部' 밑에 '국局'을 두고 있었던 것이다. 다시 말해서, '부장'이 '국장'의 상위 직책이었다.

이범석이 청소년부장 직책을 맡게 된 것은 1955년 9월의 얘기다. 이때 비로소 청소년적십자 활동을 정식으로 책임 맡게 되는 것이다. 미국적십자사 연락관이라는 임무를 벗은 것이 바로 이때다. 그 뒤에는 서울지사 사무국장 자리도 겸직하게 된다.

이러한 인사 발령은 그동안 대한적십자사가 정책적으로 청소년적십자 활동을 본사 차원에서 관리하다가 서울지사로 이관시켰다는 의미를 지닌다. 청소년적십자 활동에서도 서울 지역의 비중이 클 수밖에 없던 시절이다. 그 대신 본사의 역할은 청소년 조직을 전국적으로 확대하는 데 초점이 맞춰져 있었다. 이범석 부장의 서울지사와 서영훈 국장의 본사 조직이 이원적으로 운영되기에 이른 것이다. 이 부분에 대해 적십자사 내부 기록에 다음과 같이 정리되어 있다.

이범석 전 장관이 대한적십자사 서울지사장 당시 직원들과 함께 기념사진을 찍었다. 서울지사 사무실이 아직 종로구 관수동 공구상가 골목에 위치해 있을 때였다.

1955년 2월 대한적십자사는 그동안 본사가 관장해 오던 서울 지역의 청소년적십자 활동 지도에 관한 업무를 서울지사로 이관하고 본사는 전국적 차원에서 조직을 확대하며 그 활동을 지도하게 되었다. 당시만 해도 서울 외에는 청소년적십자가 별로 조직되지 못했으므로 본사 청소년부에서는 이 운동에 대한 이해와 준비가 부족했던 각 도의 지사를 순회하며 강습회를 개최하면서 조직 확산에 힘을 기울였다. 그 결과 각 지사별 청소년적십자의 조직도 순조롭게 진행되어 전국적인 조직체로 발돋움하게 되어 활동면에서도 괄목상대할 정도의 성과를 거두게 되었다. 이범석 당시 청소년부장은 그해 11월 서울지사 사무국장을 겸직하게 되었다. (대한적십자사, 〈한국 청소년적십자 50년사〉)

물론 이에 앞서서도 이범석의 청소년적십자 활동은 계속 이어지고 있었다. 그해 3월에는 학생 대표들을 이끌고 강원도의 인제, 화천, 양구 지역을 돌면서 지역 주민들을 위로하는 활동에 참여했다. 6.25 전란이 끝나면서 남한으로 편입된 수복지구 위문활동의 일환이었다. 서영훈 청소년국장과 김호진金浩鎭 공보부장이 연천과 포천, 철원, 인제, 화천, 양구 지역을 순회한 데 뒤따른 위문활동이었다.

그해 8월에는 JRC 여름철 지도자 강습회가 경기도 송파에서 개최되었으며, 이 강습회에서 그가 적극적인 역할을 맡았던 것은 앞서 소개한 청소년단 회지의 기고문 내용과 같다. 청소년적십자 활동이 서울지사로 옮겨지고 나서 처음으로 실시된 강습회였던 만큼 나름대로 의미가 작지 않았다.

하지만 아직 청소년적십자의 외부 활동은 그리 내세울 바가 없었다. 여름과 겨울방학을 맞아 농촌계몽 활동에 나서는 것이 거의 전부였다. 주민들에게 한글을 가르치고 기생충이나 뇌염모기 박멸운동을 벌이기도 했다. 그밖에는 JRC 멤버들이 친선의 표시로 수예품을 만들어 외국 청소년적십자에 전달했다는 정도의 단편적인 얘기들이 전해질 뿐이다.

그런 가운데서도 특히 주목할 만한 사실은 이범석이 청소년적십자 외에 청년봉사단 조직을 함께 키우려 노력했다는 점이다. 청소년 조직이 중고생 위주로 운영되는데 비해 청년봉사단은 대학생과 직장인들까지 두루 망라하는 조직이었다. 어렵게 키운 인재들이 고등학교를 졸업했다고 해서 그냥 방치되는 것은 청소년적십자로서도 커다란 손실이라고 생각했을 것이다.

이런 식으로 중고생 단원과 청년봉사단을 포함해 10만 명 정도의 회원을 확보하게 된다면 청소년적십자 활동이 지속적으로 원활하게

미국적십자사 연락관이던 이범석이 외국에서 들어온 구호품을 김신실 대한적십자사 사무총장 (왼쪽 두 번째)에게 전달하는 모습. 맨 왼쪽이 당시 이승만 대통령, 맨 오른쪽 손창환 대한적십자사 총재다.

굴러갈 수 있을 것이라는 게 그의 포부이기도 했다. 청소년적십자 활동이 막 걸음마를 떼기 시작한 시점이라는 점에서 너무 거창하다는 얘기를 들을 만한 계산이었다. 하지만 그가 서울지사 사무국장까지 겸직하게 되면서 이런 구상이 점차 구체화되기에 이른다.

한편, 이 무렵 이범석의 활동상을 보여주는 기록으로는 1955년 미국 청소년적십자에서 보내온 학교 구호품을 한국 JRC에 전달하는 사진이 대한적십자사 역사의 한 기록으로 남아 있다. 당시 김신실 사무총장에게 물품을 전달하는 행사에 이승만 대통령이 참석해 격려하는 장면이다. 대한민국 수립 이후 초대 보건부장관을 지낸 구영숙具永淑에 이어 손창환孫昌煥이 대한적십자사 제4대 총재를 맡고 있을 때였다.

이범석은 그 전 해인 1954년 10월에 거행된 대한적십자사 재창립 5주년 기념식에서도 표창장을 받았다. 대한적십자사 대표로서 포로석방 교섭에 참여한 공로였다. 서울적십자병원장인 손금성孫金聲과 내무장관 백한성白漢成, 국방장관 손원일孫元― 등이 나란히 표창장을 받았다는 점에서 적십자사 내부에서 그의 공로를 높이 평가하고 있었음을 짐작할 수 있다.

미국, 캐나다 적십자 방문

기억할 만한 사실이 하나 더 있다. 이범석이 1955년 11월부터 무려 7개월 동안에 걸쳐 미국과 캐나다 적십자사를 방문하게 됐다는 점이다. 그중에서도 미국 체류 일정이 6개월이었고, 그에 앞서 캐나다 일정이 한 달 기간으로 잡혀 있었다. 미국적십자사 초청으로 이루어진 여정이다.

그가 미국적십자사 연락관을 지냈으므로 자기들의 내부 활동을

이범석 청소년부장이 미국적십자사 초청으로 워싱턴D.C.를 방문했을 당시 공항에서 주미 대사관 무관으로 근무하던 장지량(왼쪽)의 영접을 받고 함께 사진을 찍었다. 장지량은 그 뒤 공군참모총장까지 지낸 주인공이다.

견학하고 한국에서도 직접 응용할 수 있도록 하려는 배려였다. 일반인들로서는 해외여행이라고는 꿈도 꾸지 못할 때였건만 외국 기관의 초청으로 장기간에 걸쳐 연수 여행을 떠나게 됐다는 점에서 개인적으로도 더없이 소중한 기회였다. 더욱이 한국이 전쟁의 후유증에서 헤어나지 못한 채 곳곳이 잿더미에 덮여 있을 때였다. 청소년 활동이 막 시작된 대한적십자사에 대해 국제사회의 관심이 쏟아지고 있었음을 보여준다.

그러나 태평양을 횡단하는 여행길 자체가 쉽지 않았다. 여의도 비행장을 이륙해 일본 도쿄 하네다羽田 공항에서 비행기를 갈아타고 미국 시애틀로 입국한 다음 다시 워싱턴 D.C.까지 국내선으로 갈아타야 했다. 그나마 워싱턴 D.C. 공항에 당시 주미 대사관에 무관으로 근무하던 장지량張志良이 마중 나온 것이 큰 위안이 되었다. 육군사관학교(5기) 출신인 장지량은 그 뒤 공군참모총장과 제10대

국회의원을 지내게 된다. 현 매일경제신문 장대환張大煥 회장의 부친이다. 그의 배웅을 받으며 다시 야간열차 편으로 토론토에 도착하게 된다.

현지 적십자 직원들의 대접이 극진했는데도 처음에는 모든 것이 생소하고 서투를 수밖에 없었다. 캐나다에 도착해서의 일화가 그것을 말해준다. 호텔에 짐을 풀고는 적십자 사무실을 방문했으나 실내 온도가 높아서 땀을 뻘뻘 흘려야 했던 것이 그 하나다. 캐나다 겨울 날씨가 코가 찡할 만큼 매섭다는 사실을 진작부터 들어서 알고 있었기에 내복을 잔뜩 껴입었던 탓이다. 하지만 실내 온도는 여직원들이 짧은 소매에 블라우스 차림으로 근무할 정도로 훈훈한 편이었다. 그는 아내 이정숙에게 보낸 편지에서 "여름철 만큼이나 땀을 흘렸다"고 적어 놓았다.

하지만 초반의 애교스런 몇몇 실수담을 제외한다면 이범석은 가는 곳마다 한국에 대한 인상을 심어놓는 데 톡톡히 성공을 거둔다. 적십자 조직 안팎에서 그에 대한 관심과 인기가 갈수록 높아졌음은 물론이다. 한 달 간의 캐나다 체류를 끝낸 다음 미국 일정을 시작하면서는 더욱 진가를 발휘하게 된다.

미국 일정은 워싱턴 D.C.에서 시작해 리치몬드, 뉴포트, 브리지포드, 보스턴, 센트루이스 등 각지로 이어졌다. 단순히 동양의 신생국인 한국 촌뜨기가 멋모르고 동냥질로 방문한 정도가 아니었다. 현지 사정을 익히면서도 나름대로는 한국의 입장을 충분히 전달하는 수준이었다. 그 기간 중 아내에게 보낸 편지에 그대로 나타나 있는 내용이다. 일곱 달에 걸친 캐나다 및 미국 방문 중 모두 180여 통의 편지를 보냈다니, 거의 날마다 거르지 않고 쓴 셈이다.

일단 그의 연설부터가 뛰어났다. 대학 시절부터 평소 열심히 갈고 닦은 영어 실력 덕분이었다. 워싱턴 D.C. 오찬 모임에서는 그의 연설이 당초 45분으로 잡혀 있었으나 끝내놓고 보니 한 시간도 넘겨 있었다. 원고도 없는 즉흥 연설이었다. 강연이 끝나고 참석자들이 기립박수를 보내준 데다 줄지어 악수를 청하는 바람에 30분 이상이나 인사를 받아야 했을 정도다. 어떤 사람은 "예전에 한국 대사의 연설을 듣고 감격했는데, 오늘 당신 연설이 더 훌륭했다"고까지 찬사를 늘어놓았다. 자기 동네에 와서 연설을 해 달라는 초청도 이어졌다.

오하이오주의 데이튼에서는 무려 1800명의 청중을 상대로 연설하기도 했다. 공항에 내리자마자 현지 신문기자들까지 동원되어 카메라 세례를 퍼부었을 정도다. 데이튼이 한창 신흥 공업도시로 자리를 잡아가던 무렵이었다. 이런 식으로 미국 일정을 시작한 지 두어 달쯤 지나가면서는 미국적십자사 본부를 통해 들어온 강연 초청만 해도 30여 건에 이르고 있었다. 본부 직원들을 위한 강연도 별도로 예정되어 있었음은 물론이다.

이런 상황이었던 만큼 대한적십자사에 대한 지원 문제도 술술

이범석이 미국을 방문 중이던 1956년 2월 오히이오주 데이튼에서 강연 행사를 마친 뒤 현지 적십자사 관계자들과 식사 도중 포즈를 취했다.

풀리기 마련이었다. 한국의 현실을 감안한다면 가장 시급하고도 중
요한 문제였다. 그의 미국 체류 일정을 한 달 남짓 넘겨놓고 있던 무
렵에는 여기저기서 약속받은 지원 액수가 이미 10만 달러를 넘어
서고 있었다. 그동안 미국적십자사로부터 지원을 따내기 위해 한국
대표들이 몇 번이나 워싱턴을 다녀갔으면서도 얻어내지 못한 성과
였다. 그는 "앞으로 남은 기간 중에도 10만 달러 정도는 더 받을 것
같다"며 아내에게 자랑 삼아 쓰고 있다.

이범석은 이때의 미국 체류 기간을 통해 적십자사가 시행하는 인
명 구조법에 대해서도 관심을 기울여 배우게 된다. 특히 물놀이 때
의 수상 안전법이 중심이었다. 팔이나 다리를 다친 장애인들에게
수영을 가르치는 방법도 익혔다. "귀국하게 되면 6.25 전란으로 팔
다리를 잃은 상이군인들에게 수영을 가르쳐 줄 수 있을 것"이라며
그는 의욕을 밝히고 있다. 더 나아가 상이군인들을 위한 물리치료
시설과 그들이 자립해서 생활할 수 있도록 지원하는 재활원 설립

이범석 청소년부장이 미국 방문 중이던 1956년 3월 미군 장교의 안내로 군인병원 실태를 둘러
보고 있다.

계획도 굳게 다짐한다.

　그러면서도 미국적십자사라는 거대한 조직을 지탱하고 이끌어가는 봉사정신에 대해 뚜렷이 인상을 새긴 것이 큰 수확이었다. 구성원들의 자발적인 참여가 없이는 불가능한 일이다. 엄연히 봉사단체임을 내세우면서도 월급쟁이 직장으로 전락한 적십자 조직에 대한 운영 방향을 제시한다. 강연차 리치몬드 지사를 방문해 사무실을 견학하면서 느낀 소감에 잘 드러나 있다.

　　오늘은 휴리코 지부에 가서 인사를 하고 직원들에게 1시간 정도 강연을 한 후 이곳저곳 사무실을 견학했습니다. 이곳 사무실에는 20여 명의 직원이 있는데 그들 중에 단 5명만 유급 직원이고 그외는 전부 자원봉사 직원이라고 합니다. 각 사업 부분의 책임자, 소위 부장은 전부 봉사직이고 유급 직원들은 그 밑의 비서라는 직분을 가진 사람들로서 책임자들의 연락사무, 서류정리, 통신업무 등에 그칠 뿐 모든 사업과 정책에 대한 실권은 봉사 직원들이 갖고 있습니다. 우리나라 사람들도 빨리 각성해서 자기를 위하는 것보다 불우한 타인을 위해 시간과 노력을 희생할 수 있는 봉사정신을 함양해야 할 것입니다.

　미국이라는 나라가 그리 길지 않은 역사를 통해 세계의 지도국으로 떠오른 것이 넓은 국토와 풍부한 천연자원 덕분만은 아니라는 사실을 깨달았던 것이다. 국민들의 우수한 기질도 그 배경으로 작용했음을 인식하게 된다. 미국적십자사를 지탱해 온 원천도 생활주변에 살아 숨쉬는 봉사정신이라는 얘기다.

　한편, 이범석은 미국 체류 기간 중 당시 롤랜드 해리먼Roland Harriman 미국적십자사 총재로부터 5년 근속 표창을 받았다. 표창장과 함께 기념 메달도 수여받게 된다. 그가 1951년부터 미국적십자사

이범석 청소년부장이 1956년 미국 방문을 마치고 귀국길에 하와이를 방문해 환영의 꽃다발을 목에 걸고 하와이 적십자사 관계자들과 기념사진 포즈를 취하고 있다.

주한 연락대표 직책을 맡았으므로 당연하다고 생각할 수도 있겠지만 미국적십자사 내부 관례로도 이례적인 일이었다. 외국인에게는 처음 있는 일이었기 때문이다. 아마 그에게만 특별히 마련된 표창 행사였는지도 모른다.

이처럼 이범석은 캐나다와 미국에서 연수를 하는 동안 대한적십자사를 위해 활발하게 움직였다. 돌아오면 또 다른 임무가 기다리고 있을 터였다. 이미 본부 청소년부장에 이어 서울지사 사무국장으로 정식 발령 받은 마당이지 않은가. 대한적십자사가 내부적으로 도약을 준비하던 시절이었다.

서울적십자 사무국장

이범석은 미국과 캐나다 연수 방문을 마치고 귀국해 다시 청소년 부장 직책으로 복귀하게 된다. 그러나 서울지사 사무국장을 겸하고 있었으므로 근무처는 서울지사로 배정되었다. 그때 주소로는 서울 종로구 관수동 125번지. 관수동에서도 공구상가 골목에 서울지사 사무실이 위치해 있을 때였다. 서울지사가 1974년 지금의 마장동 사옥으로 옮겨가기까지의 기억이 서려 있는 곳이다.

당시 서울지사는 평범한 2층짜리 주택을 고쳐 사무실로 사용하던 중이었다. 입구에 들어서면 바로 넓은 마당이었고, 마당 한쪽에는 창고가 있었다. 사무국장실은 2층 계단 오른쪽에 있었고, 국장실 앞으로는 강당이 마련되어 있었다. 특이했던 것은 1층 가운데 통로를 통해 뒤쪽으로 한옥집 구조의 별도 사무실과 연결되어 있었다는 점이다. 부녀봉사단 본부로 이용되던 사무실이다.

그때 청소년 활동을 제외한다면 서울지사의 가장 중요한 임무는 수재민 구호활동이었다. 여름철 장마가 질 때마다 뚝섬이나 이촌동, 마포 등 한강 주변의 주택 지역 여기저기 물살에 잠기곤 했던 시절이다. 홍수가 지면 긴급 동원된 부녀대원들이 밤새워 주먹밥을 만들어 수재민들에게 나눠주곤 했다. 청소년 활동도 이러한 구호활동과 떼어서 생각하기 어렵다. 청소년이나 부녀자 조직을 막론하고 대원들이 스스로 알아서 모든 문제를 해결한다는 자조自助 정신을 발휘하고 있었다.

이범석이 이런 활동을 모두 앞서서 이끌어가야 했다. 그의 직위가 사무국장이었으므로 조직 체계상 서울지사장의 지시를 받아야 했지만 실무적인 행정 업무와 활동은 전적으로 그의 책임 하에 꾸려지고 있었다. 지사장 직책은 덕망과 인품을 갖춘 외부 인사들에게 명예직으로 위촉하고 있었던 때문이다. 당시 농협중앙회 회장이던 공진항孔鎭恒에 이어 이재간李載侃이 서울지사장으로 위촉되어 있었다.

이범석은 업무와 관련해 어떤 문제에 부딪치면 혼자 골똘히 생각하다가 불쑥 결정을 내리는 스타일이었다. 검토 과정이 오래 걸리는 경우도 없지 않았으나 일단 방향이 정해지면 즉각 현장으로 출동했다. 수재물자 보급 현장

이범석 서울지사장(트럭 위 왼쪽)이 청소년단원들과 서울 답십리 수재현장에 출동해 이재민들에게 밀가루를 나눠주고 있다. 당시 홍수 때마다 한강에 물이 넘쳐 곳곳에서 이재민이 발생하던 무렵이었다.

에서도 늘 앞장을 서기 마련이었다. 그는 어디를 가더라도 지프차를 직접 몰았다. 트럭 한 대와 함께 서울지사 소속으로 할당됐던 업무 차량이다.

그의 집은 신당동 개천가에 자리잡고 있었다. 원래 일본인들이 버려두고 간 적산 가옥이었으나 부산 피난에서 올라와 허물고 새로 집을 지었다. 당시 주소로 서울 중구 신당동 381-2번지다. 새로 지었다고는 하지만 골목 자체가 비좁은 동네였다. 지프차를 타고 들어가면 돌아나갈 만한 공간이 없어 그대로 뒤로 빼야 하는 정도였으니 말이다.

이때는 서울지사뿐만 아니라 이미 전국 지사에서 청소년적십자 조직을 의욕적으로 확장해 나가고 있었다. 주요 도시의 학교마다 JRC가 조직되어 농촌계몽과 위문활동, 봉사활동을 펼쳐나가던 참이었다. 그러나 서울 지역의 역할이 가장 클 수밖에 없었다.

수상안전 교육도 청소년 활동의 중요한 과정이었다. 여름방학을 맞아 경기도 송파 백사장에서 열리던 지도자 강습회에서는 수상안전 교육이 빠지는 법이 없었다. 미국적십자사 극동지역 안전담당관인 폰브록Ernst Vonbrock이 초청되어 물놀이 때 필요한 응급처치 강습을 실시했는가 하면 이범석이 직접 안전교육에 나서기도 했다. 그가 미국 연수기간 중 관심을 갖고 배웠던 분야다. 당시 응급구호 자격증이 국내에서는 청소년적십자 단원들에게 처음으로 발급됐던 배경이다.

그때 청소년적십자 활동에서 가장 기억될 만한 것 가운데 하나가 해외활동 참가였다. 미국적십자사 주최로 극동지구 국제청소년적십자 리더십 강습회가 일본에서 격년으로 열리고 있었다. 1958년 7월 일본 기후岐阜 미군 공군기지에서 강습회가 개최됐는데, 이범석이 청소년부장 자격으로 열 명의 학생 대표단을 인솔하고 이 강습회에 다녀왔다.

이에 앞서 1956년의 강습회 때는 서영훈 국장이 대표단을 인솔했다. 광복 이후 일본에서 열린 행사에 한국 청소년적십자 대표들이 처음으로 참가했던 방문이다. 이범석이 본사 청소년부장을 겸임하고는 있었지만 서울지사 사무국장 직책에 더 전념해야 했으므로 그 공백을 서영훈 국장이 채우고 있었다.

이때 강습회의 참석자 명단이 다음과 같이 전해진다. 일찍이 국제무대에서 청소년 외교사절의 역할을 수행했던 주인공들이다.

◇1956년(서영훈 국장 인솔)= 곽정수(경복고), 오택섭(경기고), 박한식(경북고), 김창수(제물포고), 김동호(인천고), 신미자(이화여고), 김승자(서울사대부고), 성숙자(성신여고), 길신자(창덕여고), 한용순(경기여고)

◇1958년(이범석 부장 인솔)= 유영애(대전서여고), 최신자(경북여고), 박명자(창덕여고), 이리라(경기여고), 하영희(전주여고), 박동환(서울고), 방계성(경기고), 민훈식(경남고), 박순영(청주 세광고), 전갑성(광주고)

유엔 사무총장을 지낸 반기문潘基文도 청소년적십자단의 일원으로 미국에서 개최된 강습회에 참가한 적이 있었다. 1962년 7월의 일로, 국제학생방문계획VISTA이라는 이름으로 열린 행사였다. 참가자들이 케네디John F. Kennedy 대통령을 만나는 영광도 누리게 된다. 이범석이 이미 적십자사를 떠나 외무부에 합류해 있었을 무렵이다. 반기문은 당시 충주고등학교 재학 중이었다. 뒷날 이범석이 외무장관에 올랐을 때 그가 보좌관으로 임명되어 가까이 활동했던 데도 청소년적십자를 매개로 한 인연이 어느 만큼은 작용했을지 모르겠다.

한편, 이때의 학생 대표단 선발과 관련해 외교관 출신인 송영식宋永植은 재미있는 일화를 하나 소개하고 있다. 1983년 아웅산 폭파사건이 일어났을 당시 미얀마 대사관에서 참사관으로 근무했으며, 뒷날 네덜란드와 호주 대사를 지낸 주인공이다. 그가 고등학교 재학 중 대표단 선발 인터뷰에 응했다가 겪었던 체험담이다. 이범석이 그 인터뷰 담당자였기에 소개되는 이야기다.

1958년 7월 미국적십자사 주최로 일본 닛코에서 열린 극동지구 국제청소년적십자 리더십 강습회 참가자들. 이범석(맨 뒷줄 왼쪽 4번째) 청소년부장이 한국 대표팀을 인솔해 참가했다.

일본에서 열리는 국제적십자사 청소년대회에 참가할 대표 선발시험에 학교 대표로 나갔다. 구두시험 중 당시 적십자사에 계시던 고故 이범석 외무장관께서 'O.E.C.'가 무엇의 약자냐고 물어보시는데 내가 그만 농담으로 대답을 해서 괘씸죄로 탈락하고 말았다. …….

나는 답을 알고 있었지만 자신감이 넘쳐 시험관을 한 번 웃기겠다는 뜻으로 'You mean a kind of seed?'라고 반문했다. 이를테면 채소인 '오이씨'를 물어보시느냐는 농담이었는데 시험관인 이 장관은 오히려 불쾌한 표정을 지었다. 나는 황급히 정답을 말했지만 이미 때는 늦어 버렸다. 대표 선발에 탈락한 것은 물론 학교 측에 내 면접 태도가 불손했다는 불평까지 전달되는 바람에 나는 이튿날 전체 조회에서 교장 선생님께 질타를 받았다. (송영식, 〈나의 이야기〉)

송영식이 경기고교 1학년 재학 중에 있었던 일이었다니, 햇수로는 1956년의 얘기다. 앞서 소개했듯이 서영훈 국장의 인솔로 참가하는 대표단 선발과정에서 벌어졌던 일일 것이다. 문제의 인터뷰 과정에서 질문으로 제시됐던 'O.E.C.'는 '경제조정관실Office of Economic Coordinator'의 약자임은 물론이다. 6.25 전란 이후 주한 미국 대사관에 설치되어 한국 원조업무를 관장하던 기구다. 그 질문을 '오이 씨앗'으로 대꾸한 송영식의 순간적인 기지를 이범석이 용납하지 못했던 것이다. 대범했던 한편으로 고지식했던 성격의 일면을 짐작하게 된다.

양수리 청소년 수련장

이범석이 대한적십자사 청소년부장 겸 서울지사 사무국장을 지내면서 남긴 업적 가운데 하나가 남한강 유역에 청소년 수련장을 건립한 것이다. 청년봉사회 대원들의 적극적인 협력을 이끌어낸 덕분이었다. 고교 시절 청소년적십자를 거쳐 대학에 진학하거나 사회에 진출한 초창기 세대들로 구성된 모임이 바로 청년봉사회다.

현재 경기도 광주시 남종면 검천리에 위치한 수련장에 그가 청년봉사회 단원들과 함께 땀방울을 흘려가며 터를 닦았던 흔적이 남아 있다. 땀보다도 열정이 먼저였다. 남한강의 양수리 건너편 지역이다. 지금은 '검천 적십자연수원'이라는 공식 이름으로 불리고 있다.

청소년 수련장 건립작업이 시작된 것은 1957년에 들어와서다. 청소년적십자 단원들이 점차 늘어가면서 서로 친목을 도모하며 심신을 연마할 수 있는 연수원의 필요성이 제기됐던 것이다. 단순히 강당 시설만 갖춘 연수원이 아니라 낭만과 젊음을 발산할 수 있는 캠프장을 갖춰야 한다는 게 그의 생각이었다. 전란이 끝나고 부산에서 환도한 이후 벌써 두어 차례에 걸쳐 송파에서 강습회가 실시된 뒤끝이었다.

이범석은 일단 이곳에 1,560평 규모의 부지를 확보함으로써 수련장 신축 작업에 시동을 걸었다. 적당한 터를 찾기 위해 지프차를 몰아 몇 번이나 이 일대를 답사한 끝에 선택한 장소다. 아직 간선도로에서 연결되는 다리가 놓이기 전이었기에 강을 건너가려면 나룻배 밖에는 달리 수단이 없었을 때다.

일단 부지가 확보된 다음에는 터를 다지는 단계에서부터 청년봉사단 대원들의 노력봉사가 동원되었다. 이범석과 청년단원들은 함께 팔을 걷어붙인 채 삼태기로 흙과 모래를 퍼 날랐다. 강변에는 자갈도 널려 있었다. 벽돌도 자체적으로 찍어냈음은 물론이다. 아직 건축자재 채취에 대한 규제가 이뤄지지 않고 있을 때였으므로 가능했던 얘기다. 시멘트와 목재도 나룻배로 직접 날랐으며, 문틀을 만들고 벽돌을 쌓아 올리는 작업까지 모두 자체적으로 해결했다.

수련장을 짓는 과정에서 애쓴 것도 애쓴 것이었지만 청년단원들과의 신뢰와 우의를 다진 것이 무엇보다 성과였다. 공사 도중 짬이 날 때는 함께 물놀이를 즐겼고 틈틈이 수상안전 시범을 선보였다. 백사장에서 소프트볼 경기나 장기자랑이 벌어진 것은 곁가지였다. 그런 가운데 청년단원들끼리는 물론 이범석과의 일체감이 저절로 무르익어갔다.

현장에서 식사를 해결하면서 반찬거리를 조달하는 방법도 기억에 남을 만했다. 바로 앞에 강물이 흐르고 있었으므로 강에서 피라미를 잡는 것은 당연했지만, 그 방법이 특이했다. 강을 다 건너갈 만큼의 길다란 투망을 만들어 강변 양쪽에서 훑고 올라가는 방법이 동원되었다. 고기를 많이 잡기 위해서라기보다는 단원들 간의 일체감을 확인하는 방법이었다. 일을 시키기만 한 것이 아니라 같이 즐겼다는 사실이 중요하다.

밤중이면 모닥불을 피워놓고 인생살이에 대한 그의 강론이 펼쳐졌다. 먹고 사는 데 있어 남에게 해만 끼치지 않는다면 전혀 부끄러울 게 없다는 것이 그의 지론이었다. 시기적으로 대학을 졸업해도 변변한 일자리 구하기가 무척 어려울 때였다. 끼니를 해결할 수만 있다면 하다못해 시장바닥에 나가 깡통을 내걸고 장타령이라

이범석 서울지사장이 청소년적십자 단원들에게 안전훈련 요령을 지도하고 있다. 양수리 수련원에서의 장면이다.

도 불러야 한다고 그는 강조했다. 그가 내세웠던 이른바 '인생대책 10개 조항'에 포함되는 내용이다.

이처럼 서로 힘을 합쳐 노력한 덕분에 1959년 수련장 본관이 마무리됐고, 이듬해에는 남녀 단원들의 숙소도 세워졌다. 드디어 국내 최초의 청소년 수련장이 완공을 본 것이었다. 이범석은 수련장 울타리에 나무를 갖춰 심는 등 조경에도 남다른 신경을 썼다. 그런 면에서는 또한 세심한 성격이었다.

그러나 수련장 강당이 완공된 시점에서 뜻하지 않은 문제가 하나 불거지게 된다. 수련원에 들어가려면 양수리 쪽에서 나룻배를 타고 건너가야 했는데 청소년 단원이 수십 명씩 참가하는 행사를 진행하려면 나룻배로는 한계가 있었다. 결국 서울지사 자체적으로 모터보트를 만들기로 했고, 그래서 생겨났던 문제다. 공사가 모두 끝나기 전에도 옆에 천막을 쳐놓고 강습회 행사를 진행했던 것이다.

당시 배를 만들려면 한강 밤섬의 배목수들에게 작업을 맡겨야 했다. 여의도와 마포 사이에 있었던 섬으로, 여의도가 지금처럼 개발되면서 주민들이 고향을 등지고 떠나야 했던 곳이 바로 밤섬이다. 배목수들이 이 섬에 대를 이어 살고 있었다. 이범석도 이곳 배목수에게 부탁해 30인승 모터보트를 한 척 만들었다. 나무로 만든 배에 모터를 부착한 정도에 지나지 않았지만 그 정도로도 보통 나룻배보다는 수송력이 훨씬 뛰어났다.

이 모터보트를 완성하고도 수련원이 위치한 양수리까지 운반하는 것이 문제가 되었다. 여러 방법이 가능했겠으나 직접 보트를 몰아 한강을 거슬러 올라가는 게 가장 수월한 방법이었다. 아직 팔당 댐은 물론 한강 구간별로 물막이 수중보가 만들어지기 훨씬 전이었기에 물리적인 제약이 없을 때였다. 안전하게 거슬러 올라가기만 하면 그뿐이었다. 결국 청년단원 여남은 명이 자원해서 나섰다.

하지만 청년단원들이 보트를 몰아 목적지 부근인 팔당까지 거의 이른 상황에서 갑작스레 바람이 몰아치기 시작한 것이 문제였다. 진작에 날씨가 꾸물대던 참이었다. 결국 물살이 회돌이치는 위치에 이르러 엔진에 물이 들어가는 바람에 시동이 꺼지고 말았다. 청년 단원들은 몇 번이나 시도하다가 끝내 보트 시동을 포기한 채 마침 강변 근처에 있던 어느 대원의 친구 집 마굿간에서 하룻밤 신세를 질 수밖에 없었다.

그런데, 아침녘에 이르러 깨어나 보니 어떻게 알았는지 이범석이 찾아와 있었다. 날씨가 험해졌는데도 청년단원들이 도착하지 않기에 걱정이 된 나머지 전날 밤 늦게부터 직접 찾아 나선 것이었다. 지프차를 몰아 서울과 양수리 사이를 몇 번이나 오간 데다 경찰 당국에 수색 의뢰까지 했던 상황이다. 이범석도 밤새 속이 타들어갔을 것이다. 1959년 9월에 불어닥친 사라호 태풍으로 인해 생긴 일화다.

이러한 과정을 거쳐 완공된 수련원은 세월이 흘러가면서 청소년 적십자 단원이라면 누구나 거쳐가는 요람으로 자리 잡았다. 그러나 1987년 들면서 기존 건물이 헐리고 이듬해에는 새 건물이 들어섰다. 이범석이 아웅산 사태로 목숨을 거둔 지 다섯 해가 지난 뒤의 얘기다. 다음은 건물이 신축되면서 세워진 팻말 내용이다.

> 양수리 청소년적십자 수련장은 적십자 청년봉사회원들의 근로봉사에 의하여 1959년에 본관이, 1960년에 남녀 숙소 2동이 각각 완공되어 30년 가까이 청소년적십자사 단원, 직원, 봉사원을 위한 심신수련의 도장으로 사용되어 왔다. 그러나 세월의 흐름에 따른 시설의 노후로 1987년 이를 헐고 그 터에 새 건물을 지으면서 옛 건물의 벽돌 한 장 한 장에 스며 있는 그 당시 청년봉사회원들의 뜻을 이 판에 새겨 기린다.
> 1988년 6월 대한적십자사 서울특별지사

지금은 팻말의 문구에서도 이범석의 이름을 찾을 수가 없다. 세 글자에 불과한 이름조차 허용하지 않는 세태가 서글플 뿐이다. 그래도 청소년적십자 발전에 기여했던 그의 열정만큼은 길이 기억될 것이다.

청년대원들의 '왕초'

이범석은 이처럼 청년봉사회 대원들과 개인적으로 가까워지면서 대원들을 자신의 신당동 집으로 자주 초대하곤 했다. 수련원 운영이나 구호활동과 관련해 중요한 문제가 생길 때는 물론이고 하루 일과가 늦게 끝날 때도 함께 집으로 장소를 옮겨 밤늦게까지 의견을 나누는 경우가 적지 않았다.

이런 식으로 자꾸 드나들다 보니 대원들의 입장에서도 나중에는 자기 집처럼 허물없이 드나들 정도가 되었다. 자고 가는 경우도 잦았다. 특히 지방 출신일수록 단골로 드나들게 된다.

그가 청년단원들에게 공식적인 사무국장 직함으로서가 아니라 '형님'으로 곧잘 불린 것이 그런 결과다. 단원들 사이에서는 '왕초'라는 호칭이 통용되기도 했다. 무엇보다 그의 솔직 담백한 성격 덕분이었다. 사석에서는 단원들에게 "이 새끼들 말야"라며 흉허물 없는 평안도 말투가 튀어나오기 일쑤였다. 기분이 나빠서 내뱉는 욕설이 아니었다. 기분이 좋을수록 격의가 없었다.

이범석 자체가 여유를 즐길 때는 주변 사람들을 한없이 풀어주는 성격이었다. 점잔을 빼기보다는 함께 어울리며 사귀기를 좋아했다. 짓궂은 농담을 가리지 않았던 데서도 그것을 알 수 있다. "놀 때는 위아래 구분도 없이, 정신도 없이 놀았다"는 게 그때 그의 밑에서 활동했던 청년봉사회 대원들의 증언이다.

청년단원들은 그때로는 드물게 유니폼까지 맞춰 입었다. 미국에서 구호물자가 많이 들어온 덕분이었다. 그중에서도 학군단ROTC 제복을 이용했다. 원래의 황갈색 제복을 검은색으로 물들여 단원복으로 입었던 것이다. 단원들의 유대감이 한결 높아질 수밖에 없었다.

하지만 단순히 의리만을 앞세운 건달패들의 '왕초'와 '똘마니' 관계는 아니었다. 업무를 추진하는데 있어서만큼은 원칙이 분명했다. 이범석 본인이 약속한 것은 이유 여하를 불문하고 반드시 지켰던 반면 단원들에게도 원칙적이고 신뢰 받을 수 있는 처신을 요구했다. 적십자 활동에 참여한 입장에서 기본적인 수칙이었다. 서로의 유대가 인격적인 관계로 발전할 수 있었던 비결이다.

다음의 사례가 그런 경우다. 수련원을 짓는 과정에서 밤중에 대원들 몇 명이 근처 참외밭에서 몰래 서리를 해 온 것이었다. 그때로는 재미 삼아 늘상 있는 일이기도 했다. 하지만 이범석은 용납하지 않았다. 얼굴을 찡그리면서 "앞으로는 그런 일이 없었으면 좋겠다"는 한 마디뿐이었지만 그것으로 충분했다. 더 이상 서리 장난은 일어나지 않았다. 한 번 아니라면 안 된다는 것을 대원들도 분명히 알아차리고 있었던 것이다.

이러한 유대 관계의 밑바탕에는 그에 대한 신뢰감이 깔려 있었다. 아무리 긴급한 상황에 부딪치더라도 당황하지 않고 차분한 자세로 일을 처리하는 지도력이 그 하나였다. 언젠가 청년대원들과 함께 수련원으로 향하던 도중 다른 시외버스가 논두렁에 굴러 처박힌 현장을 목격했을 때가 그러했다. 즉각 차에서 뛰어내려 대원들에게 승객들의 구조를 지시하면서도 상황을 정확히 파악하고 대처하던 그의 모습을 기억하는 대원들이 적지 않다. 워낙 키가 크고 몸집도 듬직했지만 그보다는 흔들리지 않는 모습에 더 위압감을 느끼기 마련이었다.

이 무렵 함께 청년봉사회 활동에 참여했던 단원들의 면모를 기억할 필요가 있다. 뒷날 장애인재활협회 회장과 국제기능올림픽 조직위원회 사무총장을 지내게 되는 조일묵趙一默을 비롯해 고창근高昌根, 김시관金是寬, 백정범白正範, 오백진吳柏陳 등이 그들이다. 백정범은 명지전문대 교수를 지냈고, 오백진은 대한적십자사 백령사업소장과 대한적십자봉사회 중앙협의회 사무처장을 지내게 된다.

특히 당시 한양대학교 건축학과 재학생이던 신형균은 수련원을 지을 당시 기초적인 설계를 맡기도 했다. 남북적십자회담 당시 수석대표로 임명됐던 이범석의 수행비서를 맡게 되는 이기영李基英과 대한적십자봉사회 중앙협의회 의장을 역임하게 되는 정호용鄭鎬湧도 청년봉사회 단원이었다. 청년봉사회는 1956년 처음 발족하면서 이범석의 처남인 이동원이 초대 회장을 맡았다.

청년단원이던 엄선종嚴善鍾과의 일화도 눈길을 끈다. 엄선종은 그때 서울 돈암동 덤바위산에 '사랑의 토굴학교'를 세워 오백진과 함께 어렵게 이끌어가고 있었다. 전란통에 부모를 잃은 떠돌이 소년 예닐곱 명을 모아 낮에는 구두닦이 일을 하면서 밤이면 글을 가르쳐 주는 식이었다. 그들이 기거하던 장소가 토굴이었기에 '토굴학교'라는 이름이 붙었을 것이다.

하지만 구두닦이 일도 쉽지는 않았다. 근처 불량배들이 텃세를 부리는 바람에 토굴학교 소년들은 그들의 눈치를 보면서 피해 다니기 일쑤였다. 구두닦이가 시원찮아 돈을 벌지 못하는 날이면 깡통을 들고 집집마다 돌아다니며 구걸해야 했지만 그 또한 보통 일은 아니었다. 엄선종은 자기가 먼저 장타령을 불러대면서까지 토굴학교 소년들에게 용기를 불어넣어야 했다.

엄선종이 서울지사에 할당된 배급품 중에서 옥수수 가루 세 포대만 도와 달라고 이범석에게 손을 내민 것이 이런 연유에서다. 어차피 어려운 처지의 사람들을 도와주려는 목적의 배급품이기도 했다. 하지만 그가 수련원 건립에도 함께 참여했으므로 딱한 사정을 잘 알고 있었으련만 이범석은 한 마디로 거절하고 말았다. "내 것이 아닌데 내 마음대로 줄 수는 없지 않느냐"는 것이었다. 그 대신 적십자사 일을 도와 달라며 부탁하게 된다.

결국 엄선종과 오백진은 적십자회비 수납 포스터를 길거리에 붙인 다음에야 옥수수 가루를 지원받을 수가 있었다. 그만큼 이범석은 공사가 분명했다. 그가 공직생활을 하면서 지켰던 가장 중요한 원칙이 그것이다. 일을 할 수 있는 사람에 대해서는 그만큼의 역할을 요구했던 것이다.

자신의 신당동집 골목에서 설탕과자를 만들어 팔던 행상꾼을 치료해준 얘기는 앞서와 비교가 된다. 대구에서 상경한 사람인데 용접 일을 하다가 눈을 다쳐 거의 실명 상태에서 어렵게 설탕과자를 만들어 팔고 있었다. 그를 적십자병원에 입원시켜 눈 수술을 할 수 있도록 주선해 준 것은 물론 동네 목욕탕에서 심부름하던 소년의 뒤를 봐주기도 했다. 주민등록조차 없던 반공포로 출신을 도와 임대아파트까지 받을 수 있도록 하는 등 이런 식으로 전해지는 일화가 한둘이 아니다. 이범석은 기본적으로 정에 약한 성격이었다.

천재화가 이중섭李仲燮도 죽고 나서 그에게 신세를 져야 했다. 아무 것도 가진 것 없이 세상을 떠난 상태에서 병원비가 문제가 되었던 것이다. 소설가인 김이석金利錫을 비롯해 구상具常, 박고석朴古石, 차근호車根鎬 등 가까운 친구들이 조의금을 거뒀고, 사업에 손대고 있던 김광균金光均이 나름대로 목돈을 냈다. 그러나 밀린 병원비에는 턱없이 모자랐다. 이중섭이 영양실조와 간장염으로 적십자병원에 입원했다가 마흔 살 아까운 나이에 눈을 감은 1956년 9월의 얘기다.

이범석은 사촌형인 이광석李光錫 변호사로부터 이런 사연을 전해듣게 된다. 이광석은 이중섭에게는 이종사촌 관계였다. 결국 이범석이 나섬으로써 부족한 비용은 적십자병원이 자체적으로 떠맡는 것으로 처리되기에 이른다. 병원비 문제가 이렇게 해결되고서야 이중섭의 영구차가 홍제동 화장터로 향할 수가 있었던 것이다. 이범석이 대한적십자사 서울지사 사무국장을 맡고 있을 때였다.

뉴델리 첫 국제회의 참석

한국이 국제적십자회의ICRC에 정식으로 대표단을 파견한 것은 1957년 10월 인도 뉴델리에서 열린 제19차 회의가 처음이다. 1952년 캐나다 토론토에서 열린 제18차 회의에도 대표단을 파견하긴 했으나, 그때는 옵저버 자격이었다. 대한적십자사가 국제적십자위원회의 승인을 받아 적십자연맹에 정규 회원으로 가입하게 된 것이 1955년 9월에 이르러서였기 때문이다.

그때 보름 동안 일정으로 열린 뉴델리 회의에는 옵저버 9개국을 포함해 세계 83개국에서 모두 400명 이상의 대표들이 참석하고 있었다. 그동안 열렸던 역대 적십자회의 가운데 가장 성대한 규모였다. 국제적십자회의는 4년마다 열리도록 되어 있었으나 시대적 상황의 변동에 따라 약간씩 유동적으로 개최돼 왔다.

이범석도 이 회의에 한국 대표단의 일원으로 파견되었다. 대한적십자사를 대표하는 김신실金信實 사무총장을 수행하는 형식이었지만 개인적인 능력을 유감없이 보여주게 된다. 외무부 소속인 김훈金勳 주필리핀 공사가 한국 대표단의 수석대표를 맡았다. 최규하崔圭夏 주일본대표부 참사관도 대표단의 일원으로 합류했다. 이때 출국하면서 코트 차림에 중절모를 쓴 훤칠한 이범석의 모습이 대한적십자사 내부의 사진 기록으로 남아 있다.

이때의 회의 진행에 대해 다음과 같은 기록이 전해진다.

첫날인 10월 24일의 개회식에 이어 11월 5일까지는 인도법, 의료사회, 총무, 초안草案 등의 4개 위원회가 동시에 열린 다음 6~7일 이틀 동안 전체회의가 열려 각 위원회의 토의 보고안을 최종 심의 채택하였다. 대한적십자사 대표단에서는 김훈 공사가 인도법위원회, 김신실 사무총장이 총무위원회, 이범석 부장이 의료사회위원회를 나누어 맡아 참석했으며, 최규하 참사관은 각 위원회에 수시로 참석하여 한국 대표의 활동을 지원하였다. (대한적십자사, 〈한국 적십자운동 100년〉)

그중에서도 가장 신경을 써야 했던 것은 당시 회의에 북한도 대표단을 파견하고 있었다는 점이다. 북한도 남한에 이어 1956년 적십자연맹 가입이 이뤄졌기 때문이다. 적십자사가 인도적 구호 목적의 국제기구라는 점에서 가입 절차가 배타적이거나 까다로울 수는 없었다. 그러나 유엔은 달랐다. 지금은 남북한이 둘 다 유엔 회원국으로 가입되어 있지만, 아직은 남한만이 한반도에서 유일한 합법 정부로 인정받고 있었을 때다.

더욱이 6.25 전란이 끝나고 몇 해 지나지 않은 시점이었으므로 한국 대표단으로서는 더욱 예민한 상황이었다. 따라서 국제적십자회의가 북한과의 정치적 각축장으로 변하는 사태만큼은 피해야 했다. 그때 한국 대표단이 뉴델리 회의에 참석하면서 미리 천명했던 입장 발표문에서도 그런 분위기가 엿보인다.

"우리는 적십자사의 원칙에 따르고 적십자의 박애 사업을 찬동하는 이유로 이 회의에 참석한 것이지, 결코 괴뢰傀儡를 같은 대표의 자격으로 인정한다든가 또는 그들의 참석을 합법적인 것으로 무언중에 승인한다는 것으로 해석되어서는 절대로 아니 된다. 대한민국 정부와 대한적십자사는 어디까지나 남북을 통한 대한민국에 있어서의 유일한 합법적 정부이며 적십자사이다."

이범석(맨 오른쪽)이 1957년 10월 인도 뉴델리에서 열린 국제적십자회의에 한국 대표단의 일원으로 참가했을 때의 모습. 그 옆으로 김신실 대한적십자사 사무총장, 최규하 주일본대표부 참사관, 김훈 주필리핀 공사가 나란히 앉아 있다.

그런 점에서는, 자유진영을 대표하는 미국의 입장도 다르지 않았다. 북한은 물론 중공도 인정하지 않겠다는 의사를 미리부터 표명하고 있었다. 자유중국이 마오쩌둥毛澤東의 공산 세력에 의해 타이완臺灣 섬으로 쫓겨갔을 망정 아직 공식적인 외교관계가 유지되고 있었다. 더구나 자유중국이 유엔 안전보장이사회 상임이사국 자리를 지키고 있을 때였다. 이밖에 동독과 월맹, 외몽고도 대화 상대에서 제외되어 있었다. 그것이 자유진영 국가에서 파견된 대표들의 거의 일치된 입장이었다.

이를테면, 공산국가 대표들이 회의 테이블 위에 꺼내놓을 정치적 문제에 대해서는 일체 응하지 않겠다는 뜻이었다. 특히 내부적으로 분규 상태에 처한 공산국의 경우 정치 공세가 드셀 것이라는 사실을 명확히 인식하고 있었던 것이다. 한 번 입씨름을 시작하기라도 하면 허무맹랑한 정치 선전이 밑도 끝도 없이 제기될 것이었다. 적십자의 보편적인 원칙에 근거한 문제들을 논의하기에도 일정이 촉박했다.

하지만 세계 국가들이 동서 진영으로 양분된 상황에서 적십자 회의석상이라고 해서 박애정신만 논할 수는 없는 일이었다. 회의 의제로 상정된 결의안 치고 어느 하나 정치성을 띠지 않는 것이 없었다. 한국 대표단이 뉴델리 회의에 참석했던 중요한 목적 자체가 6.25 당시 납북된 인사들의 생사 확인과 송환을 관철하기 위한 것이었다. 의제를 제대로 다루려면 간접적으로나마 북한 대표단과의 신경전을 피할 수 없었던 상황이다.

그때 일본 나가사키의 오무라大村 수용소에 억류돼 있던 한국인 밀입국자들의 귀국 문제를 논의하는 것도 대표단에 부여된 임무였다. 일본에 밀항하다가 적발되거나 범죄를 저지른 한국인들이 오무라 수용소에 억류되어 있었다. 반대로 평화선平和線을 침범했다가 붙들린 일본 어부들은 한국 정부에 의해 동래수용소에 억류되어 있던 상황이다. 일본과의 관계에 있어서는 재일在日 한국인들에 대한 여행서류 발급 문제도 중요한 현안이었다.

이밖에 6.25전란 포로송환 과정에서 인도로 보내진 포로들이 그 뒤에 어떻게 지내고 있는지도 한국 정부로서는 관심 사항이었다. 가급적이면 당시 중립국으로 보내진 반공포로들을 귀국시킨다는 것이 한국의 입장이었다.

6.25 당시 납북인사 문제

이러한 모든 안건들이 이범석에게 국제적 안목을 넓히는 기회가 되었음은 물론이다. 그 자체로 외교 무대에 첫발을 들여놓은 셈이었다.

그중에서도 가장 시급히 해결해야 하는 것이 6.25 당시의 납북 인사 문제였다. 한국 정부는 이미 국제적십자위원회를 통해 북한에 대해 7000여 명에 이르는 납북 인사들의 행방을 조사해 주도록 의뢰했으나 1년이 지나도록 아무런 답변을 듣지 못하고 있었다.

납북자들이 그 정도에 불과했다는 얘기가 아니다. 그중의 일부였다. 대한적십자사가 피해 가족들을 상대로 납북자 명단을 신고해 주도록 고지했으나 당시 상황에서 조사가 충분히 이뤄졌다고 보기는 어렵다. 그런데도 납치된 사람은 단 한 사람도 없으며, 이 문제를 토의하려면 국제적십자사를 통하는 대신 남북 간 직접 회담으로 풀어야 한다는 게 북한 측의 주장이었다.

남북한끼리 양자 회담을 하자는 북한 측 주장에는 다분히 정치적 의도가 깔려 있었다. 국제무대에서 남한과 동등한 자격을 인정받겠다는 뜻이었다. 국제적십자사를 통한 요청에 전혀 응답하지 않았으면서 양자 회담을 하자는 데서도 의도가 뻔히 드러나 보이고 있었다. 따라서 국제회의를 계기로 납북 인사들의 문제와 관련해 정확한 상황을 각국에 널리 알려야 한다는 게 한국 대표단의 의중이었다.

다음은 당시 김신실 수석대표의 명의로 제출된 한국 측 결의안의 내용이다.

"제19차 국제적십자회의는 한국전쟁 중 남한에서 북한으로 강제 연행된 한국 민간인 문제 해결의 긴박성과 관련된 대한적십자사 대표단의 성명을 유의하며, 이들 납북 인사의 가족들이 당연히 그들의 안부와 행방에 관한 소식을 알고자 열망하고 또 그들의 조기 송환이 실현되기를 희구하고 있음을 인식한다."

이 결의안은 북한 적십자회에 대해서도 적십자 원칙에 입각하여 납북 인사들의 행방 확인과 송환에 관련한 인도적 봉사를 제공할 것을 촉구하고 있었다. 납북 인사들이 조속히 사랑하는 가족의 품으로 돌아와야 한다는 호소였다. 이 결의안은 미국과 영국, 호주, 네덜란드, 뉴질랜드 등 5개국 적십자사 대표단의 추천을 받아 정식으로 접수되었다.

이때 캐나다 대표단도 '이산가족의 재회'라는 제목으로 비슷한 내용의 결의안을 제출해 놓고 있었다. "전쟁과 내란 및 다른 사태로 인하여 헤어진 가족들은 각자의 희망에 따라 다시 결합돼야 하며 각국 정부 및 적십자사는 이러한 사람들의 결합을 위해 최선의 노력을 기울여야 한다"는 게 그 요지다. 제2차 대전과 그 이후 일어난 여러 내분사태 과정에서 가족들과 헤어져야 했던 사람들의 슬픔과 고통을 치유해 줘야 한다는 뜻이었다. 이미 앞서의 토론토 회의에서도 이런 내용의 결의안이 채택됐으므로 이를 다시금 강조하려는 것이 캐나다 대표단의 취지였다.

헝가리 대표단도 이와 관련한 결의안을 제시하고 있었지만 의도부터가 달랐다. 공산 세력에 의해 강제로 억류되거나 납치된 사람들을 풀어줘야 한다는 것이 아니라 자유를 찾아 민주 진영으로 탈출한 반공 피난민들을 소속 국가로 송환해 줄 것을 요구하고 있었다. "모험을 탐구하여 자기 집을 떠나 해외로 간 아들들을 각자의 집으로 돌아오도록 추진해야 한다"는 것이었다.

이 결의안은 그보다 1년 전 부다페스트에서 민주화의 기치를 내걸고 일어났던 대규모 반소反蘇 운동에 기인한다. 결과적으로 소련군이 전면 투입되어 시위대를 무자비하게 진압하는 과정에서 무려 15만 명에 이르는 피난민 행렬이 유럽 각국으로 빠져나갔는데, 이들을 헝가리로 돌려보내라는 의미를 담고 있었다.

이처럼 적십자 회의에서도 사상과 이념에 따라 서로 상반된 정치적 문제들이 토의석상에 올라오고 있었다. 회피할 수도 없었다. 인류 공존의 평화와 행복을 추구하기 위해서는 반드시 넘어야 하는 과정이었다. 이범석이 적십자 회의에 참석한 자리에서 절실히 깨달았던 국제사회의 엄연한 현실이다.

일본 대표단이 제출한 별도 결의안도 주목의 대상이었다. "외국에 거주하는 사람이 고국으로 돌아가는 것은 기본적인 인권에 속하며, 그들의 귀국이나 송환을 제3국이 반대해서는 안 된다"고 내세우고 있었다. 겉으로는 인도주의적 관점에서 전혀 문제가 없는 듯했으나 일본 나름대로 복선을 깔고 있던 결의안이다. 재일동포 북한 송환을 진작부터 염두에 두고 있었다는 증거다. 아직은 누구도 그 실체를 제대로 파악하지 못하고 있었을 뿐이다. 이 얘기는 뒤에 가서 다시 거론하기로 하자. 역시 이범석이 깊이 관여해야 했던 문제다.

이러한 결의안들이 제출되자 표결에 붙여진 끝에 캐나다 안은 만장일치로 통과한 반면 헝가리 안은 33대 75로 폐기되고 말았다. 한국 결의안은 캐나다 방안에 포괄되어 있었으므로 김신실 사무총장이 그 의도를 충분히 설명하는 선에서 자진 철회되었다. 일본은 제안 설명도 없이 결의안을 철회함으로써 복잡한 속내를 드러냈다.

우리 대표단이 결의안을 철회하게 되자 북한은 다시 양자 회담을 요청해 왔다. 한국 측이 자신들이 주장하는 양자 회담에 동의하는 뜻에서 결의안을 철회한 것으로 간주했는지도 모를 일이다. 그러나 남한 대표단이 이런 요청을 일축함으로써 그들의 집요한 접촉 공세가 벌어지게 된다.

회담장에서 마주칠 때는 물론 호텔 방으로 밤늦게 전화를 걸어오기도 했다. 그때마다 신경전이 오갔고, 말싸움이 벌어지곤 했다. 이 과정에서 대표단 중에서는 가장 젊으면서도 체구가 큰 이범석이 주로 앞에 나설 수밖에 없었다. 그 자신 실향민의 입장에서 이산가족의 쓰라림을 자신의 아픔으로 느끼고 있었기 때문이다.

그러나 회의 일정이 막바지에 이르면서 예상 밖의 일이 벌어지게 된다. 북한 대표단이 납북 인사들 가운데 337명의 생존자 명단을 국제적십자사에 제출했고, 국제적십자사가 이 명단을 그대로 한국 대표단에 전달했던 것이다.

이에 대해 이범석은 다음과 같이 기록을 남겼다.

"괴뢰 대표들은 납치 인사의 회담을 정치적 상품으로 삼아 우리와 양자 회담을 꾀함으로써 동등한 자격을 암암리에 얻어 보려고 노력하였으나 우리가 그들의 복선을 간파한 것을 시인하고 결국은 그들의 야망을 포기함과 동시에 결과적으로 국제위원회의 압력에 이기지 못하여 부득이 회의가 끝나고 우리 대표단이 뉴델리를 출발하기 바로 전날 국제적십자위원회를 통해 우리에게 수교手交되었다."

한국 대표단으로서는 크나큰 소득이었지만 북한이 그냥 넘겨준 것은 아니었다. 당시 돌아가던 사정으로 미루어 그들의 속셈을 넘겨짚기에 충분했다. 이미 납북 인사들의 이름으로 남한 가족들에게 소식을 전하는 편지들이 은밀히 전달되고 있었는가 하면 그들의 목소리로 직접 평화를 호소하는 듯한 지하방송이 전파를 타던 때였다. 그러한 선전과 이용 가치를 따져서 명단이 작성되었을 것이다. 아무튼, 북한이 국제적십자위원회를 통해서나마 강제 납북자들의 명단을 통보한 것은 이때가 처음이자 마지막이었다.

이 명단에는 민족 지도자였던 조소앙趙素昂과 안재홍安在鴻이 포함되어 있어 눈길을 끌었다. 두 사람이 각각 고희古稀가 지났거나 앞둔 때였다. 하지만 이처럼 명단만 전달되고는 몸은 끝내 돌아오지 못한 채 북녘에서 눈을 감고 말았다. 이범석이 뉴델리에서 관여했던 비극적인 우리 현대사의 한 페이지다.

한편, 이때 뉴델리 회의에 있어서는 이범석의 편지 기록이 전해지지 않는다. 그는 외국을 방문할 때마다 바쁜 가운데서도 아내에게 꼬박꼬박 편지를 썼으나 이때는 편지를 남기지 못했다. 한국과 인도가 서로 만국우편연합에 가입하고는 있었으나 아직 정식으로 국교 수립이 이뤄지기 전이어서 서신 왕래가 어려웠던 때문이었을 것이다.

일본의 재일교포 북송 흉계

대한적십자사 소속으로서 이범석의 국제무대 활약은 더 이어진다. 이번에는 재일교포를 북한으로 넘겨주려는 일본 정부의 흉계를 저지하는 임무였다. 외교관 신분은 아니었지만 벌써부터 외교관 이상의 역할을 수행하고 있었던 셈이다.

1959년 2월 13일. 일본 정부가 재일교포 북송 방침을 정식으로 결정한 날이다. 이날 기시 노부스케岸信介 총리 주재로 열린 각의에서 '재일 조선인 중 북조선 귀환 희망자의 취급에 관한 건'이 전격 통과되었다. 당시 후지야마 아이이치로藤山愛一郎 외무상이 중심이 되어 막후에서 꾸며 왔던 작업이다. 조총련을 뒤에서 움직여가며 북송 계획을 추진했던 것이다.

일본의 이러한 방침은 전적으로 북한의 의중을 따르는 것이기도 했다. 북한 김일성 주석은 이미 1956년 열린 조선노동당 제3차 대회에서 일본에 거주하는 조선인들의 의식주와 학비를 책임지겠다는 약속을 내세운 바 있었다. 재일 조선인들의 북한 이주를 촉구한 것이었다. 조총련도 이에 적극적인 동조 움직임을 나타내고 있었다. 1955년 조총련이 결성된 이래 가장 중요한 현안이기도 했다.

한국 정부로서는 뒤통수를 맞은 것이나 다름없었다. 서서히 트여 가던 일본과의 국교 정상화 논의가 여지없이 짓밟힌 것이었다. 재일교포들의 법적 지위를 높이는 문제도 대한민국 정부 수립 이후 꾸준히 노력을 기울여 오던 중요 관심사였다. 전후 일본을 점령하고 있던 미국 극동군사령부 시절부터의 과제다.

그러나 일본은 북송 문제와 국교 정상화 회담은 별개라는 논리를 내세우고 있었다. 즉, 일본적십자사가 국제적십자위원회의 협조를 받아 객관적인 기준으로 송환 희망자를 조사토록 할 것이며, 송환 관련 업무에 대해서만 일본 후생성이 담당한다는 입장이었다.

일본 정부는 슬쩍 뒤로 빠진 채 일본적십자사를 앞세우고 있었던 것이다. 한국 정부 이상으로 대한적십자사가 충격을 받을 수밖에 없었던 이유다. 모든 것을 떠나 남쪽의 동족을 향해 서슴없이 총부리를 겨누었던 북한 정권에 교포들을 넘겨준다는 자체가 인간적 도의에 명백히 어긋나는 일이었다. 전란의 상처가 아직 아물지 않았을 때다. 적십자 본연의 인도주의 목적에 비교해서는 더 말할 것도 없었다.

대한적십자사가 이런 계획에 대한 부당성을 거론하며 일본 정부와 일본적십자사에 항의하는 성명을 발표한 것이 그래서다. "일본 당국이 재일교포를 북한괴뢰 집단의 노예로 넘겨주려 한다"는 강경한 어조가 성명에 표명되어 있었다. 대한민국이 민주주의 수호를 위해 공산 집단과 싸워 오면서 수많은 생명을 희생해 왔는데도 일본이 이런 배경을 무시하고 공산 집단과 타협하고 있다는 질타였다.

다음은 대한적십자사가 발표한 성명문 내용의 일부다.

이번 재일교포의 북송이야말로 자발적인 자유 의사의 행동이 아니고 인간을 억압과 속박의 구덩이에 쓸어 넣어 노예로 만들게 됨으로써 다시금 도피하지 못하도록 하는 의도인 것이다. 일본이 내세우는 소위 '인도적 동기'라는 것은 완전한 허위이고 일본적십자가 이에 협조 책동함은 적십자 정신과 근본 원리에 위배되는 행위임을 알아야 한다. 선량한 자유민을 노예의 구덩이에 몰아넣는 것이 인도주의라 할 수 있겠는가. 그것은 정반대의 인도주의가 아니고 무엇인가. 이는 문명국 사람으로서는 도저히 묵과치 못할 일이다.

이 문제는 마치 1956년 자유 헝가리 국민들이 공산 괴뢰의 탄압에 쓰러지던 사정과 비유할 수 있는 사실이다. 그 당시 세계의 자유진영은 이에 대한 규탄과 원한이 높았던 사실을 알고 있을 것이다. 만일 일본이 공산 괴뢰와 협동하여 이런 음모를 책동 강행한다면 일본도 그 당시와 마찬가지의 비난과 규탄을 면치 못할 것이라고 확신하는 바이다. 재일교포들은 엄연히 대한민국의 국민이고 대한민국 정부의 보호 관리하에 있는 것이다. 일본적십자사나 국제적십자위원회도 이들에 대해 간섭할 권리가 없고 한일 양국의 정치회담에서도 하등 간섭할 권한이 없다.

그러나 일본 정부는 각의에서 공식 결정을 내리기에 앞서 북송에 필요한 사전 준비를 거의 끝내가던 참이었다. 후지야마 외무상의 사전 발언으로 애드벌룬을 띄운 상태에서 일찌감치 국제적십자위원회까지 개입시킨 단계였다. 국제적으로 정당성을 인정받겠다는 뜻이었을 것이다.

일본 정부는 그보다 세 해 앞선 1956년에도 마흔여덟 명의 재일교포를 북한으로 보냈다가 국제사회로부터 비인도적 처사라는 비난을 받은 바 있었다. 이번에는 그런 비난을 피해 가겠다는 속셈이었다.

제네바에 파견된 이범석

이에 대한적십자사는 이범석을 제네바에 파견하기로 결정을 내린다. 직접 국제적십자위원회를 상대로 하여 일본 측의 계획을 막는다는 의도였다. 국제적십자위원회가 북송 계획에 반대한다는 공식 입장을 발표하도록 여론을 이끌어낸다면 일본 정부와 일본적십자사도 주춤할 수밖에 없을 터였다. 이범석이 청소년부장으로서 여러 역할을 동시에 수행하고 있었던 것이다.

이때도 주일 대표부의 최규하 참사관과 동행하게 된다. 그가 서울을 출발해 도쿄에서 비행기를 갈아타면서 최규하와 한 팀을 이루게 되었다. 뉴델리 국제적십자 회의에 이어 서로 밀고 밀어주는 관계가 형성됐던 것이다. 유럽에서는 이미 김용식金溶植 주불 공사가 한국 정부 대표단의 단장 자격으로 제네바에 도착해 있었다. 이 밖에 민간사절로서도 국무총리를 지낸 장택상張澤相을 필두로 최규남崔奎南 전 문교부장관, 유진오兪鎭午 고려대 총장 등 세 명이 며칠 뒤 제네바에 합류하게 된다. 대한노총에서도 이기주李周基 총무와 조규갑曹圭甲 고문을 대표로 파견했다.

일본도 마찬가지였다. 일본적십자사는 외사부장인 이노우에井上益太郎를 파견한 데 이어 다시 카사이葛西嘉資 부사장까지 제네바에 추가 파견했다. 일본적십자사에서 '부사장' 직함은 우리의 부총재에 해당한다. 총재 직함은 당연히 '사장'으로 불린다. 그러는 사이 정치권에서는 사회당까지 가세하고 나섰다. 아사누마浅沼稲次郎 당수는 다나카田中稔男, 오카다岡田宗司 등 두 의원을 평양에 사절단으로 보내 북한적십자회와 회담을 하겠다는 의사를 드러내고 있었다.

이처럼 일본 측은 미리부터 방침을 굳힌 단계였다. 명분을 쌓는 작업만 남아 있었다. 대화가 통할 수가 없었던 이유다. 이범석을 비롯한 우리 대표단이 서울을 출발하면서부터 일본적십자사 대표들과는 만나지 않고 국제적십자위원회 측에 대해서만 집중 공략하겠다는 작전을 세워놓고 있었던 것이 그런 때문이다. 당사자들끼리의 협상으로 해결되기에는 격차가 벌어질 대로 벌어진 뒤였다.

일본 정부가 북송 계획을 발표하면서부터 이미 사태는 외교전으로 확대되던 참이었다. 인도적인 견지에서는 한국 측에 대한 호응이 컸다. 영국과 레바논, 온두라스 등의 적십자사에서 한국의 입장을 이해한다는 편지를 대한적십자사에 보내왔으며, 미국 국무부도 일본 북송 계획의 부당성을 지적하며 한국 측 주장을 옹호하고 나섰다. 반면 소련적십자사는 게오르기 니코네프 총재 명의로 일본과 북한 측을 두둔하는 성명을 발표했다. 냉전시대의 동서 대립이 적십자 활동에서도 뚜렷이 나타나고 있었다.

일본 내에서도 재일교포 북송 계획에 반대하는 여론이 없었던 것은 아니다. 우익단체인 대일본애국당大日本愛國黨 당수 아카오赤尾敏가 대표적인 경우다. 그는 "일본 정부의 재일 한인 북송방침은 국제공산당의 흉모兇謀에 의한 것으로, 눈앞의 이해만을 앞세운 것이므로 자유진영의 일원으로 이 결정에 단호히 반대한다"고 밝히고 있었다. 일본 〈마이니치신문〉도 "일본에 거주하는 60만 한국인 가운데 95%가 남한 출신"이라며 북송 계획의 허구성을 지적했다.

그러나 처음부터 한국 측이 불리한 싸움이었다. 최규하와 이범석 등 서울에서 출발한 대표단이 현지에 도착했을 때는 국제적십자위원회가 일본의 요청을 수락할 듯한 분위기로 움직이고 있었다. 국제적십자위원회로부터 "재일 한국인들이 자발적 자유의사에 따라 결정한다면 송환이 가능하지 않겠느냐"라는 요지의 견해도 들려오던 터였다. 그 구체적인 절차가 인도, 스웨덴, 스위스, 네덜란드, 체코로 구성된 5개국 중립국 특별위원회에 의해 처리될 것이라는 잠정 방침도 거론되고 있었다.

그렇다고 지레 포기할 수는 없는 일이었다. 한국 대표단도 나름대로 입장을 이해시키려는 활동에 돌입했다. 대표단은 국제적십자 레오폴드 보아시에Leopold Boissier 위원장을 예방하고 조정환曹正煥 외무장관과 손창환孫昌煥 대한적십자사 총재의 서한을 전달했다. "만일 일본 측의 요청을 받아들인다면 엄정 중립과 인도주의를 지킨다는 적십자 본연의 원칙에 위배되는 것"이라는 항의도 함께 전달되었다.

일본적십자사의 이노우에 대표는 한국 대표단과 대화를 통해 우호적으로 해결하기를 희망한다고 말하면서도 북한과의 회담을 정식 제안해 놓은 상태였다. 도쿄에서도 일본적십자사 시마즈 타다쯔구島津忠承 사장이 북한적십자회 박기호朴基浩 위원장에게 "북한 대표를 제네바로 파견해 국제적십자위원회와 공동으로 송환 문제를 협의하자"며 양쪽에서 밀어붙이고 있었다. 만약 북한이 제네바에 대표단을 파견하지 않는다면 북송 문제는 이뤄질 수 없다는 게 일본 측의 입장이었다. 대외적인 명분이 필요했던 것이다. 이범석이 일본과 북한의 협상에 대해 "중세기 노예시장에서의 흥정이나 마찬가지"라고 비유했던 이유다.

일본이 재일교포 북송 방침을 추진하던 배경에는 재일교포들을 쓸모없이 여기는 인식이 깔려 있었다. 더 나아가 일본 사회에 귀찮은 존재로까지 인식되던 게 당시의 풍조다. 자기들의 침략전쟁을 수행하기 위한 소모품으로 끌어갔음에도 불구하고 이제는 용도가 끝남으로써 폐기 절차에 들어간 것이었다고 해도 과언이 아니다. 말이 북송이지, 실제로는 추방이나 다름없었다.

앞서 지적했듯이, 일본이 1957년 10월 뉴델리에서 열린 국제적십자 회의에 제출했던 결의안이 그런 의도를 포함하고 있었다. "외국에 거주하는 사람이 고국으로 돌아가는 것은 기본적인 인권에 속하며, 그들의 귀국이나 송환을 제3국이 반대해서는 안 된다"는 것이 그러한 암시였다. 더 나아가 "이 문제에 원조를 베푸는 적십자에 대하여 어떤 국가도 부당한 해석을 해서는 안 된다"고까지 주장하고 있었으니, 바로 이때의 상황을 미리 염두에 두었던 것이라고밖에 달리 해석하기가 어렵다.

한편, 그 무렵 재일교포는 대략 60만 명 정도에 이르고 있었다. 1945년 종전 당시만 해도 200만 명 정도까지 늘어나 있었으나 전쟁이 끝나고 한 해 동안 대략 140만 명 이상 귀국한 것으로 추산되고 있었다. 종전 이듬해인 1946년 일본 정부가 등록을 받은 결과에 따르면 재일교포 수는 64만7000명 수준인 것으로 나타나 있다.

오무라 수용소 인권문제

그때 한국 대표단 중에서도 마음으로나 몸으로나 제일 바빴던 것이 이범석이었다. 재일교포 북송이라는 과제가 정부 차원을 떠나 적십자사로 떠넘겨진 상황이었기 때문이다. 더구나 스위스 수도 베른에도 공관이 설치되지 않았을 때다. 프랑스 경우만 해도 일찍이 정부 수립 직후인 1949년 외교관계가 맺어졌으나 1958년에서야 대사관으로 승격됐고, 바로 이 무렵에 정일권丁—權 초대 대사가 부임하기에 이르렀던 형편이다.

이범석 자신이 적십자 직원이었으므로 국제적십자위원회 사무실을 출입하거나 관계자들을 접촉하기에도 유리한 입장이었다. 일본 적십자사 대표로 현지에 파견됐던 카사이 부사장과 이노우에 외사부장을 직접 만난 것도 이범석이었다. 이노우에는 2년 전 뉴델리 국제적십자위원회 회의 때도 서로 마주친 사이였다.

국제적십자위원회에서 재일교포 북송과 관련한 전체회의가 수시로 열리기도 했지만 보통은 소관별로 따로따로 열리고 있었다. 정부 대표는 정부 대표끼리, 민간 대표는 민간 대표끼리 회의를 진행했다. 적십자 대표도 마찬가지였다. 전체회의가 열리는 경우에는 김용식이 대표단 단장으로 앞에 나섰고, 최규하와 이범석이 보좌하는 식이었다.

그가 국제적십자사 사무실을 들락거리며 관계자들을 얼마나 집요하게 물고 늘어졌는지는 당시 국제적십자위원회 공보관과의 대화에서도 넌지시 확인된다. 공보관 직책을 맡아 바깥 창구 역할을 하던 파스퀴에는 이범석에게 "한국과 일본의 적십자 대표들이 제네바에서 물러가기 전에는 아무런 결정도 내리지 않을 것"이라고까지 말하고 있었다. 일본보다는 다분히 한국 대표단을 의식한 언급이었다. 당시 돌아가던 분위기대로 일을 처리했다가는 한국 대표단이 가만히 있을 태세가 아니었기 때문이다.

한국 대표단이 제네바에 도착하고 보름 정도가 지나면서 국제적십자위원회의 움직임이 일단 관망 상태로 접어들게 된 것이 그런 배경에 기인한다. 일본 입장만을 두둔할 것이 아니라는 내부 판단에 이른 것이었다. 한국 대표단으로서도 약간의 짬을 얻었던 셈이다. 하지만 이범석은 그런 가운데서도 새로운 문제를 제기하게 된다. 재일교포 북송 문제가 불거짐으로 인해 민간인 보호에 관한 조약의 필요성이 절실해졌다는 생각이 들었을 것이다.

이와 관련해 "6.25 전란 때 공산군이 남한에서 물러가면서 민간인을 마구잡이로 학살했던 것은 인적자원을 남겨놓지 않겠다는 의도였다"는 이범석의 언급이 전해진다. 자기 자신이 직접 경험했던 사실이기도 하다. 동생 문석이 그들에게 끌려가 끝내 돌아오지 못한 사실을 잊을 수가 없었다. 공산정권의 그런 흉계를 국제적십자에도 충분히 설명했을 법하다.

> 이범석 부장은 "일본이나 북한 괴뢰가 취할 다음 행동을 기다리고 있는 동안 나는 지난 이틀간 국제적십자위원회에서 한국 측 입장의 정당성을 증명하고자 개인적으로 노력하는데 전적으로 바칠 수 있었다"고 말했다. ……. 이 부장은 "나는 이번에 이러한 공산 측 전술 전략에 관하여 내 자신과 나의 가족들이 직접 체험한 바를 국적國赤에 알려줄 수 있는 기회를 갖게 되었다. 이는 우리가 한 사람의 한국인이라도 '죽의 장막' 배후에 노예로 보내는데 그토록 맹렬하게 반대하는 이유를 간접적으

로나마 설명해 줄 것"이라고 말했다. 지난 19일부터 국적 본부 1층의 사무실을 얻고 있는 이 대표는 국적 당국자들을 상대로 한 그의 설득 공작을 더욱 맹렬히 전개시키고 있다. (경향신문, 1959년 3월 22일)

이범석은 더 나아가 재일교포들의 생활을 돕기 위해 물질적으로 지원하는 방안에 대해서도 의견을 내놓았다. 한국에서 적극 지원함으로써 재일교포들 생활에 여유가 생긴다면 북한 정권이 아무리 유혹한다 해도 쉽게 넘어가지 않을 것이라는 판단에 이르렀기 때문이다. 그가 "제네바 협상을 마치고 서울로 돌아가게 되면 재일교포 지원을 위한 전국적인 운동을 벌이도록 건의하겠다"고 언급한 내용이 역시 당시 신문 지면에 소개되어 있다.

또 하나의 다른 문제는 일본에 억류돼 있는 밀항자들과 관련된 것이었다. 일본 정부가 한국인 밀항자들을 수용하고 있던 나가사키 오무라 수용소의 인권침해 상황이 자꾸 불거지던 무렵이다. 따라서 이범석은 제네바에 머무르던 기간을 틈타 이 수용소에 대한 실태조사를 국제적십자위원회에 정식 요청하기도 했다.

그것은 일본적십자사 대표들도 마찬가지였다. 이승만 정부가 현해탄에 설정한 평화선平和線을 침범했다가 억류된 일본 어부들의 송환을 촉구하는 요청서를 휴대하고 있었다. 그때 153명의 일본인 어부가 부산에 붙들려 있었다. 하지만 송환문제와 관련해 제네바까지 몰려간 상황에서는 어디까지나 지엽적인 문제에 지나지 않았다.

이처럼 재일교포 북송을 둘러싼 공방전이 잠시 잠복기로 접어드는 듯했으나 북한적십자회가 제네바에 대표를 파견하게 되면서 다시 긴장된 분위기로 돌변하게 된다. 북한적십자회 대표단은 중앙위원회 부위원장인 이일경李一敬을 비롯해 김궁림, 허김신 등 세 명으로 이뤄져 있었다. 일본 대표단도 지원 인원을 추가 파견함으로써 협상에 대비한 전열을 갖춰가던 중이었다.

과로로 입원하다

이때 이범석에게 결정적인 문제가 생기게 된다. 갑자기 복부에 염증을 일으켜 현지 병원 응급실로 실려가게 되었다. 과로에 신경성 증세까지 겹친 탓이었다.

담당 의사인 패트리오스키 박사는 적어도 열흘 이상 충분한 휴식을 취해야 한다는 소견을 내리고 있었다. 이범석이 워낙 건강한 체질이었는데도 제네바에 도착한 이래 긴장 상태에서 한 달 이상 여기저기 쫓아다니느라 건강을 돌볼 여유가 없었던 것이다.

다음은 그때 국내 신문에 보도된 이범석의 와병설이다.

"대한적십자사 대표 이범석 씨는 장부腸部에 염증炎症을 일으켜 앓고 있으며 몇 주일 동안 충분한 휴식을 취하라는 의사의 지시를 받았다. 이 대표는 지난 14일부터 의사의 치료를 받아 왔으나 회복 징후를 보이지 않고 있다." (동아일보, 1959년 4월 18일)

"이범석 씨는 강제 북송문제 투쟁에서 야기된 정신적인 긴장으로부터 회복하기 위하여 적어도 5일 간의 휴식을 취해야 한다는 지시를 의사들로부터 받고 있다." (조선일보, 1959년 4월 19일)

그런 가운데서도 한때는 한국 대표단에 유리한 소식이 전해지기도 했다. 각국 적십자사 연합체인 적십자연맹이 국제적십자위원회에 "북송 문제에 관여하지 않는 게 좋겠다"고 건의했다는 얘기가 그것이다. 적십자연맹이 이범석으로부터 국제적십자위원회에 압력을 가해야 한다는 설득을 받고도 망설이다가 그가 병원에 입원했다는 소식에 모처럼 응원차 힘을 냈던 것이다.

이처럼 논란이 오가는 과정에서도 일본 정부는 재일교포 북송을 위한 구체적인 방안을 단계별로 마련해가고 있었다. 물론, 개인들의 자발적인 선택이 전제 조건이었지만 북한 실상에 대한 정보가 정확하게 전달되지 않고 있었다는 게 문제다. 북한이 마치 지상낙원인 것처럼 소문이 떠돌기도 했다. 북송 대상자들을 개별적으로 심사한다는 원래 방침도 송환 신청서를 집단으로 승인한다는 방침으로 바뀐 뒤였다.

송환에 이용되는 기점으로 니이가타新潟 항이 지정된 것도 바로 이때다. 송환 대상은 재일 한국인과 그들의 일본 부인 및 자녀들까지 포함시키기로 했으며, 제2차 대전이 끝난 시점을 기준으로 그 이전 일본에 체류하던 경우에 대해서만 북송을 허용키로 했다. 일본적십자사로서도 무차별로 북송을 허용했다는 비난을 받고 싶지는 않았을 것이다.

여기에 덧붙여 제네바에서 협의를 진행하던 일본적십자사 카사이 부사장과 북한 대표 이일경은 교포 북송에 소련 선박을 이용하겠다는 방안을 확정짓게 된다. 일본 정부가 니이가타 항구에 소련 선박의 입항을 허용하면서까지 재일교포 북송 작업을 서두르고 있었다는 뜻이다.

이렇게 일본과 북한 대표들이 분주하게 움직이는 가운데 이범석도 귀국 명령을 받게 된다. 무한정 제네바에 머무를 여건도 아니었고, 건강 회복을 위해서도 조속히 서울로 돌아와야 했다. 다행스러웠던 것은 국제적십자위원회도 북송 문제에서 손을 떼려는 기미를 보여주고 있었던 점이다. 귀국길에 오르는 그를 대표단장인 김용식과 보아시에 국제적십자 위원장이 공항에서 환송했다. 그 무렵, 김용식은 정일권이 주불 대사관 초대 대사로 임명되면서 외무부로 대기발령을 받은 상태였지만 제네바에서 열리는 세계보건기구WHO 총회를 앞두고 한국 수석대표로 임명됨으로써 계속 현지에 머무르던 중이었다.

이범석이 손창환 총재를 비롯한 적십자 간부들의 열렬한 환영을 받으며 여의도 비행장 트랩을 내려선 것은 그해 5월 6일, 어둠이 깔려가던 저녁 무렵이었다. 파리와 홍콩을 거쳐 KNA편으로 귀국한 것이었다. 제네바 출장길에 오른 지 2개월 만이었다. 몸은 극도로 지쳐 있었을망정 마음만큼은 홀가분했다. 공항으로 몰려든 보도진 앞에서 자신감을 내비쳤던 데서도 그런 마음을 엿보기에 충분했다.

국제적십자위원회가 일본의 송환 움직임을 막지는 못할지라도 적어도 이에 동조하지 않을 것이라는 점에 있어 그는 낙관적이었다. "북송 문제가 진정으로 인도주의에 입각한 것이라면 우리가 지금까지 이를 방관해 왔겠는가. 일본과 북한적십자회 간의 흥정이 합의에 이르더라도 우리는 결코 이에 개입하지 않겠다"는 보아시에 총재의 언급도 소개했다. 그러면서도 "아직 우리는 승리를 거뒀다고 확신하지 말고 모두 합심해서 우리 주장을 끝까지 관철시켜야 한다"며 국민들의 일체감 호소를 잊지 않았다.

그는 이처럼 한 번 일을 맡으면 소홀히 처리하는 법이 없었다. 몸을 돌보지 않았다. 결국 이때도 귀국해서 한동안 병원 입원실 신세를 져야 했다. 더구나 양수리 수련원 건설작업도 마무리 단계에 이르렀던 시점이어서 안팎으로 바쁠 때였다.

제네바의 '꺽다리 3인방'

이범석이 재일교포 북송 저지를 위해 제네바에 파견될 수 있었던 가장 큰 배경은 영어 실력에 있었다. 서울지사 사무국장으로 활약하던 당시 사무실로 취재 나온 영자신문 기자들이 오히려 그에게 영어 표현에 대해 종종 조언을 구하곤 했다는 얘기가 전해진다. 역시 외교 무대에 있어서는 영어가 우선이기 마련이다. 다른 실력이 아무리 출중하더라도 대화가 통하지 않는다면 꾸어다 놓은 보릿자루 신세일 수밖에 없기 때문이다.

아무튼, 이범석은 제네바에 파견됐던 2개월 동안 현지에서 맹활약을 펼쳤다. 외무부에서 파견된 김용식, 최규하와 함께 국제적십자사의 관련 부서들을 드나들곤 했다. 재미있는 사실은 이들 세 명이 모두 키가 훤칠했다는 점이다. 그때 이들을 접했던 외국인들 사이에선 한국 사람들이 유전적으로 원래 키가 큰 종족일 것으로 생각했다는 얘기들이 나돌았을 정도다.

그가 외교관으로서의 변신을 본격적으로 꿈꾸게 된 것이 이때부터다. 아니, 일찍이 젊은 시절부터 품고 있던 외교관의 희망을 되살리게 됐다는 표현이 더 정확할지 모르겠다. 어디 내놔도 뒤지지 않을 만큼 협상력이 뛰어난 그가 외무부로 옮겨온다면 충분히 제 역할을 할 수 있을 것이라는 기대감을 김용식이나 최규하가 지나가는 식으로나마 드러냈을 법하다. 아내에게 보낸 이범석의 편지를 통해 그러한 정황을 어느 정도 짐작할 수 있다.

어제는 최 공사가 외무부 전체를 놓고 찾아보아도 미스터 리만큼 국제회의를 감당할 사람이 없다며, 자기가 추천할 터이니 외무부로 들어오라고 했습니다. 내가 "진절머리가 나서 다시는 국제회의에 따라다니지 않겠다"고 했더니 옆에 있던 김 공사가 대통령에게 얘기해서 적십자사 사무총장을 시키겠다고 했습니다. 그런 감투가 무슨 소용이 있습니까? 나는 당신과 애들만 있으면 됩니다.
그러나 한편 생각해 보면 감투에는 연연해 할 생각이 없으나 기회가 되면 나라의 심부름꾼이 되어 내 모든 역량을 쏟아부어 보고 싶은 것도 솔직한 바람이기는 합니다. 귀국하게 되면 이 문제를 놓고 당신과 진지하게 상의하겠습니다.

대표단 가운데서도 최규하는 뉴델리에서 열렸던 국제적십자 제19차 회의에 이어 두 번째로 이범석을 접하는 기회였다. 특히 두 사람은 이때 제네바 시내에 아파트를 얻어 장기 투숙 체제에 돌입하게 된다. 마침 최규하가 제네바에 파견된 직후 일본대표부 참사관에서 공사로 승진 발령받은 무렵이었다.

두 사람이 같이 방을 쓰게 되면서 밥도 손수 해 먹었다. 고추장이나 된장이 없어 식성을 맞추기는 어려웠지만 "호텔에서 고약한 치즈 냄새를 맡지 않아서 좋았다"는 것이 편지에 소개된 내용이다. 빨래도 직접 해야 했다. 스스로 '제네바의 식모食母'가 되었다고 생각하기도 했다. 이범석은 밤늦게 아내에게 편지를 쓰려고 불을 켜 놓는 게 최규하에게 미안할 정도였다.

특히 이범석은 대한적십자사 소속이었으므로 국제적십자사 사무실에 들러 온갖 정보를 접하기에 유리한 입장이었다. 외무부에서 파견된 대표들보다는 훨씬 유리할 수밖에 없었다. 김용식이나 최규하에 뒤지지 않을 만큼 활약이 돋보였을 것이라는 점을 떠올리기가 그렇게 어렵지 않다. 특히 민간 대표들의 칭찬이 컸다. 다음도 역시 편지의 내용이다.

우리 민간 대표들은 이구동성으로 "미스터 리는 적십자에 있기가 아깝다. 이런 인재가 우리나라에 있는 줄 몰랐다"고 칭찬해 주고 있습니다. 어제는 내 문제를 놓고 대표단들이 두 패로 갈라져 입씨름을 하였습니다. 장택상 씨는 서울에 돌아가면 상부에 이야기를 해서 외무부로 전직시켜야 한다고 하고, 최 공사와 유진오 박사는 적십자도 중요한 기관이라면서 적십자에 꼭 필요한 사람이라고 말입니다. 특히 유진오 박사는 내가 자기 제자라고 하면서 학교 자랑까지 했지요. 나야 옆에서 듣기만 했지만 싫지는 않은 이야기들이었습니다.

유진오가 그를 자기 제자라고 하면서 학교 자랑을 했다는 것은 고려대를 말하고 있음은 물론이다. 그가 1947년 6월 고려대학교 제2 전문부 경상과를 제40회로 졸업했음은 앞에서 설명한 바와 같다. 더욱이 유진오는 이범석이 광복 직후 평양에서 월남해 보성 전문에 편입할 당시 개인적으로 편의를 봐주었던 관계다. 이범석이 평양고보와 일본 호세이대학 예과 재학 서류를 갖출 수 없었던 난 처한 상황에서 편입학 업무를 책임 맡고 있던 그가 몇 마디 면접으 로 선뜻 도장을 찍어 주었던 것이다.

이와 관련해서는 김용식도 자신의 자서전에서 제네바 북송저지 활동에 대해 설명하면서 "이범석은 대한적십자사 대표로서 제네바 에 와서 나를 도왔다. 그는 외국어에 능통했고 기민한 사람이었다" 고 소개하고 있다. 그는 실제로 귀국 후에 이범석을 외무부로 끌어 들이는 데 결정적인 역할을 하게 된다.

이범석도 당시 긴박하게 돌아가는 국제 외교무대에서 한국이 뒤 처진 데 대해서는 상당한 우려를 표시하고 있었다. 즉, 북한적십자 회 대표단의 제네바 도착을 앞둔 상황에서 그들이 일본적십자사 대표단과 회담하는 자체를 막을 수는 없지만 그 결과를 놓고 국제 적십자위원회와 협상하는 것만큼은 막아야 한다는 게 우리 대표단 의 공통된 인식이었다. 하지만 정작 그것을 저지할 수 있을지에 대 해서는 그 자신도 장담할 수가 없었다. 오히려 매우 불리한 입장이 라고까지 생각하고 있었다.

그는 이에 대해 "정부수립 이래 잘못된 것을 이제 와서 우리보고 막으라 하니 사실은 무리한 요구입니다. 이 나라가 이대로 가다가 는 큰일 나겠습니다"라고 걱정을 표시하고 있다. 타협이나 해결점을 탐색하는 게 아니라 무조건 국제적십자가 개입하지 못하도록 하라 는 점에 있어서 스스로 '훼방꾼'에 지나지 않는다는 한심한 생각이 들었을지도 모른다. 그는 "서울로 돌아가면 대통령에게 직언을 할 작정"이라고까지 말하고 있었다. 국제무대에서 우리 외교의 한계에 대한 걱정이었다.

한편, 이범석이 제네바에서 귀국하고 나서 미국적십자사의 알프레드 그루엔서Alfred Gruenther 총재가 한국을 방문하게 된다. 극동지구 순방 중 일본을 거쳐 특별기편으로 내한한 그는 이승만 대통령 예방에 이어 남산의 대한적십자사 본사를 방문했다. 이때 이범석이 그를 안내하는 사진이 기록으로 남아 있다. 더 나아가 한 시간 정도 진행된 손창환 총재와의 비공개 회담에도 참석해 재일교포 북송과 관련해 의견을 나누게 된다. 그루엔서 총재가 북대서양동맹군NATO 총사령관을 지낸 거물이었던만큼 여의도 공항에 도착하면서부터 육해공군 3군 의장대의 사열을 받는 등 의전에 소홀함이 있을 수 없었던 방문이다.

그해 9월에는 국제적십자위원회 부위원장인 쥬노 박사가 방한하게 된다. 재일교포 북송문제에 대한 현지 분위기를 파악하고 한국의 입장을 타진하기 위한 방문이었다. 이때도 대한적십자사 총재실

1959년 미국적십자사 알프레드 그루엔서 총재(오른쪽)가 방한했을 때 선물 전달식에 이범석 청소년부장이 참석했다. 사진 가운데는 당시 손창환 대한적십자사 총재.

에서 손창환 총재와 김신실 사무총장, 김호진 공보부장 및 이범석 청소년부장 등과 비공개 회담을 가진 것으로 기록이 전해진다.

니이가타 항구의 비극

일본과 북한의 적십자 당국은 이런 과정을 거쳐 끝내 재일교포 북송 문제에 최종 합의를 보게 된다. 그해 8월 13일, 일본적십자사 카사이葛西 부사장과 북한적십자회 이일경李一敬 부위원장 사이에 북송에 관한 '캘커타 협정'이 정식으로 체결된 것이었다. 협상 무대가 제네바에서 다시 인도 캘커타로 옮겨가 있었다.

공산사회인 북한이야 그렇다 치더라도 일본적십자사가 정부의 그릇된 정책 도구로 전락한 것은 중대한 실책이었다. "적십자가 이런 모의의 온상으로 이용되었다는 자체가 적십자의 숭고한 정신에 대한 중대 모독"이라는 대한적십자사의 비난 성명도 이들에겐 아까울 뿐이었다. 캘커타 협정이 체결되기 바로 전날 일본 외무성에서 9개월여 만에 한일회담이 재개됐지만 북송 문제에 있어서는 아무런 결실도 거두지 못했던 것이다.

결국 이러한 협상 내용에 따라 그보다 4개월이 지난 12월 14일 소련 선박 크리리온호와 토보르스크호가 일본 니이가타 항구를 떠나 북한으로 향하게 된다. 이들 두 척의 수송선에 1진으로 선발된 재일교포 975명이 승선하고 있었음은 물론이다. 그 뒤로 1971년 10월까지 12년 동안 모두 162 차례에 걸쳐 8만9702명의 재일교포가 북송의 운명을 맞게 된다. 기대와 희망에 부풀었던 선택이었건만 스스로의 운명이 엄청난 시련에 직면하게 됐음을 깨달았을 때는 이미 늦어버린 뒤였다.

더구나 그때가 시기적으로 적십자 운동의 기원이 마련됐던 솔페

리노 전쟁 발발 100년째가 되던 해였다. 따라서 재일교포 북송 강행은 적십자 정신을 심각하게 훼손했다는 우려를 제기하기에 충분했다. 앙리 뒤낭이 적십자 운동을 처음 부르짖게 된 것이 1859년 이탈리아 북부에서 일어난 솔페리노 전쟁의 참혹성을 목격하게 된 것이 직접적인 계기가 되었음은 널리 알려진 사실이다.

한편, 일본이 북송 작업을 추진해가는 과정에서 한국 정부가 은밀히 개입했던 방해공작에 대해서도 기억할 필요가 있다. 당시 이승만 정부가 특무대의 치밀한 계획에 따라 공작팀을 일본에 잠입시켰던 것이다. 이 공작팀은 북송 작업을 책임 맡은 일본 측 요인을 암살하고 일본적십자사의 니이가타 지사 건물과 북송교포 운송 철도를 폭파한다는 임무를 맡았으나 도중에 일본 경찰에 들통나고 말았다.

사건 음모가 적발되자 당시 주일대표부 유태하柳泰夏 대표는 한국 정부와의 관련성을 전면 부인하고 나섰고, 뒤이어 일어난 4.19 혁명으로 사건의 진상이 흐지부지 묻혀 버리는 듯했다. 그러나 2009년에 이르러 공작활동 중 사망한 공작원 열두 명이 '재일동포 북송국가임무수행 순직자'로 정식 인정받아 국립묘지에 안장됨으로써 사실 관계가 명확하게 드러나게 된다. 우여곡절로 점철된 우리 현대사의 한 장면이다.

이범석도 재일교포 북송 저지 노력을 끝으로 적십자사 활동을 마감하게 된다. 나라를 위한 더 큰 심부름꾼이 되기 위해 정식 외교무대로 옮겨가게 됐던 것이다. 미국적십자사 연락대표를 지냈으며, 대한적십자사 대표로 뉴델리와 제네바의 국제무대에 파견되어 외교 현안을 처리했던 솜씨를 정식 외교관의 입장에서 발휘하는 시기가 열리고 있었다. 대한민국 전체가 전쟁의 폐허에서 딛고 일어나 새로운 역사를 쌓아가는 시기였다.

그러나 그가 외교관으로 활동 무대를 바꿔 눈부신 기록을 남겼다고 해도 대한적십자사 근무 기간의 활약상에 대해서도 정확히 평가할 필요가 있다. 국제무대에서의 활약도 눈부셨지만 청소년 분야의 활동에서도 공적은 결코 작지 않았다. 청소년적십자가 결성됐던 1953년 말에 1만2700명 수준이던 청소년 단원이 1950년대 말엽에 이르러 18만 명 규모로 늘어난 것이 하나의 증거다. 청소년적십자의 발전이 전적으로 그 혼자의 노력에 힘입은 것만은 아닐지라도 그의 역할이 상당히 작용했을 것은 틀림없다. 하지만 대한적십자사 초창기 기록에 남아 있는 그의 실제 역할에 비해 그 이후의 기록은 오히려 인색한 편이다.

제5장

외무부 시절

　이범석이 외교관으로 정식 첫발을 내디딘 것은 4.19혁명으로 장
면張勉 총리의 제2공화국 정부가 출범했을 때의 일이다. 대한적십
자사에 근무하다가 외무부 직원으로 임용됨으로써 드디어 외교 무
대에서 실력 발휘할 기회를 맞은 것이다. 대한민국의 총체적인 외교
역량이 초라했던 만큼 유능한 외교관의 등장을 기다리던 시기였다.

　그의 나이 이미 서른 중반을 넘어선 때였다는 점에서 출발이 한
참 지체된 늦깎이 외교관이었다. 하지만, 새로운 인생 항로를 개척
한다는 면에서는 나이가 많고 적다는 것이 하등 문제될 것이 없었
다. 외무부에 보관된 인사기록 카드에는 그의 외무부 임용 날짜가
'1961년 1월 28일'로 기록되어 있다. 외무부 청사가 지금 광화문의
서울파이낸스센터 자리에 위치해 있었을 무렵이다. 그 뒤 외무부가
중앙청으로 옮겨가면서 한때 국회 제3별관으로 사용된 건물을 이
른다.

　한 가지 분명한 것은 이범석이 특채에 의해 외무부에 들어갔다
는 사실이다. 정상적인 방법으로는 고등고시를 거쳐야 했지만 그가

고등고시를 치른 것은 아니다. 고등고시가 행정과와 사법과로 나뉘어 있었고, 행정과도 제1부(일반행정), 제2부(재정), 제3부(외무)로 구분 시행되고 있었을 때다. 그의 주변에서는 그가 정식으로 총무처 시험을 치르고 외무부에 들어갔다는 얘기가 전해지지만, 시험을 치렀다고 해도 정규 시험이 아니었을 가능성이 크다.

그렇다고 외교관으로 임용되는 방법이 반드시 고등고시만 있었던 것은 아니다. 부산 피난 시절 한때는 경찰관들을 대상으로 구두 시험만 치르고 특채한 경우도 없지 않다. 치안국이나 도경의 외사 담당 직원들이 주요 대상이었다. 5.16 직후에는 군 통역장교 출신들이 외교관으로 대거 기용되기도 했다. 어떤 식으로든 실력을 인정받았기에 특채로 임명됐을 것이다.

이범석의 외무부 특채와 관련해서도 여러 얘기들이 전해지고 있다. 대체로 부분적인 사실을 포함한다고 여겨진다. 그중의 하나가 제2공화국 당시 대통령을 지낸 윤보선尹潽善이 그를 개인적으로 끌어주었을 것이라는 추측이다. 윤보선이 한때 대한적십자사 총재를 맡은 바 있었으므로 그를 개인적으로 추천했을 가능성을 염두에 둔 얘기다. 더욱이 윤보선은 이범석의 결혼식 주례를 맡기도 했다.

이와 관련해서 기록으로 전해지는 증언의 하나는 당시 외무장관을 맡고 있던 정일형鄭一亨이 그를 외무부에서 근무할 수 있도록 추천해 주었다는 것이다. 정일형의 아내로서 가정법률상담소 소장을 지낸 이태영李兌榮이 자신의 자서전에서 증언하고 있는 내용이다. 이에 대한 얘기를 들어본다.

"남편이 제2공화국 장면 내각에서 외무부장관으로 있을 때의 일이다. 이 목사가 남편을 찾아와 넷째사위 이범석이 신언이 좋고, 학력도 좋으며 어학 실력도 있는데 외교관이 되기를 바라니 돌보아 달라는 간절한 청을 해왔다. 이 말을 들은 남편은 이범석 씨의 경력과 인품에 관한 자세한 말을 그대로 신뢰했기 때문에 지체없이 그를 면접한 뒤 외무부로 발령내어 유엔본부 외교관으로 내보냈다."
(이태영, 〈나의 만남, 나의 인생〉)

　여기서 '이 목사'는 이범석의 장인인 이윤영李允榮을 말하고 있다. 그가 사위인 이범석의 인사를 정일형에게 부탁했고, 정일형이 그 부탁을 들어주었다는 얘기다. 이윤영이 목회자로 시무할 때 정일형, 이태영 부부의 약혼식과 결혼식 주례를 맡았을 만큼 양가 집안끼리 가까이 지낸 사이였기에 충분히 가능한 얘기다. 이들이 모두 평안도 출신이었고, 이윤영이 이태영의 외조부가 세운 평북 운산의 북진교회에서 목회를 처음 시작했다는 사실도 남다른 교류관계를 받쳐준다.

　더욱이 정일형은 집안으로 따져 이윤영에게 처조카뻘 관계가 된다. 좀 더 정확히 말하자면, 이윤영의 부인 이마대李瑪大가 정일형 모친에게 이종육촌 언니가 되는 사이였다. 따라서 정일형의 모친이 이마대를 평양 신양리 집으로 가끔씩 찾아왔고, 서로 대화를 나누는 중에 며느리인 이태영에 대해 자랑을 늘어놓기도 했다는 것이다. 정일형 부부가 결혼기념일이 되면 주례 목사인 이윤영을 찾아 인사를 드렸던 것도 물론이다.

늦깎이 외교관으로

　그러나 이러한 이태영의 주장에는 사실과 약간 다른 대목이 있다. "외무부로 발령내어 유엔본부로 내보냈다"는 부분이 바로 그것이다. 이범석이 뉴욕 유엔대표부에서 근무했던 것은 틀림없는 사실이지만 5.16 군사정변으로 다시 정권이 바뀐 뒤의 일이기 때문이다. 정일형과는 관계가 없는 일이라는 얘기다.

　〈한국일보〉 기자로서 외무부를 출입했던 노진환盧繽煥도 〈외교가의 사람들〉이라는 저서를 통해 이태영의 기록을 지적하며 몇 가지 의문을 제기하고 있는데, 그 가운데 하나가 바로 이 대목이다. 이범석이 유엔에 정식 파견된 것이 장면 정권이 무너지고 1년쯤 지나서의 일이었고, 이 무렵에는 정일형의 신변에도 중대한 변화가 있었으니 말이다. 사실 관계가 맞아 떨어지지 않는다.

이와 관련해 다시 이태영의 회고를 들어본다.

얼마 후 5.16이 터졌다. 이범석 씨가 유엔대표부 직원으로 미국에 있는 동안 남편이 쿠데타 주동자들에 의해 구속되어 형무소에 있었고, 다시 연금 상태에 있다는 소식을 들은 스티븐슨 미국 유엔대사가 유엔주재 우리 대사에게 강경한 항의를 하면서 "정일형 씨에게 무슨 죄가 있는 것인지 밝히라"고 요구했다. 그리고 "정일형 씨는 구속될 하등의 이유가 없는 청렴결백한 사람으로 알고 있다"는 편지를 이범석 씨를 통해 박정희 대통령에게 직접 전달하게 했다는 얘기를 후일 필리핀 대사로부터 들었다.

그때 필리핀 대사가 박정희 최고회의 의장을 만나고 있던 자리에서 스티븐슨 대사의 편지를 갖고 온 이범석과 마주치게 됐다는 게 이태영의 주장이다. 필리핀 대사도 한국 주재 외교사절 단장으로서 정일형에 대해 전혀 잘못이 없다는 점을 박정희에게 강조하던 참이었다고 한다. 그러나 필리핀 대사가 박정희를 만난 것이 혹시 사실이라 하더라도 이범석이 스티븐슨 유엔대사의 청원 서신을 지니고 왔다는 부분은 분명한 착오다. 한국이 유엔에 가입하지 못했으므로 유엔에 파견된 '옵저버 대표'를 '대사'로 잘못 호칭했다는 점을 감안한다 해도 사실 관계가 전혀 맞지 않다.

따라서 이태영이 나름대로 근거를 갖고 쓰기는 했겠으나 주변 애기 가운데 사실과 다른 부분이 적지 않다는 점에서 이범석이 정일형의 추천으로 외무부에 들어갔다는 내용을 그대로 받아들이기에는 한계를 지닌다. 더구나 이 내용은 이범석의 임용에 초점이 맞춰져 있기보다 그의 남편 정일형에게 정치적 과오가 없었다는 점에 초점이 맞춰져 있는 기록이다.

이와 관련해 이범석의 집안에서는 그가 정일형의 추천으로 외무부에 들어갔을 것이라는 가능성 자체를 부인한다. 그의 장인인 이윤영이 정일형과 가까운 사이인 것만은 틀림없으나 이윤영이 개인적인 집안 문제를 부탁할 만한 성격이 아니었다는 근거를 내세운다. 더구나 그 무렵에는 양쪽 집안 사이에 정치적 노선 차이가 드러나면서 서로 서먹서먹한 관계로 변해 있을 무렵이었다.

그런 점에서는, 다음 얘기에 주목할 필요가 있다. 즉, 앞에서 거론했듯이 재일교포 북송 저지를 위해 제네바에 파견됐을 당시 활약상을 옆에서 지켜봤던 김용식金溶植이 그를 추천했다는 내용이다. 최규하崔圭夏의 천거설도 여기에 포함될 수 있을 것이다, 김용식이나 최규하가 이미 그를 외교관으로 추천하겠다는 얘기를 했었다는 점에서 상당한 설득력을 지닌다. 김용식은 자신의 회고록에 다음과 같은 기록을 남겼다.

> 내가 1960년 민주당 내각의 외무부 사무차관으로 서울에 들어와 있을 때 이범석 씨를 설득하여 방교국의 과장으로 기용했다. 당시 외무부는 유능한 인재를 필요로 했기 때문에 그를 설득했던 것이다. 그는 외국어에 능통했고 기민한 사람이었다.
> (김용식, 〈희망과 도전〉)

이러한 얘기들을 뭉뚱그려 보면 이범석에 대한 추천이 여러 경로를 통해 상부에 올라간 것으로 여겨진다. 그중에서도 김용식을 거쳐 정일형 장관에게 추천된 과정이 가장 직접적으로 영향력을 미쳤을 것이라고 짐작할 수 있다. 정일형 장관과 김용식의 사무차관 재직 기간은 1960년 8월부터 5.16 군사정변 직후까지로 거의 일치한다. 대통령이던 윤보선의 암묵적인 지원도 전혀 없지는 않았을 것이다.

그렇다면 이태영이 기록한 것처럼 이윤영이 정일형에게 자신의 사위인 이범석에 대한 인사 청탁을 직접 넣었다고 보기에는 약간 어색하다. 그보다는 추천이 성사되어 가는 도중에 고맙다는 인사를 전달했던 것으로 간주하는 게 더 자연스럽다. 이에 대한 정확한 기록이 남아 있지 않아 아쉬울 뿐이다.

이와 관련한 외무부의 공식적인 인사 기록도 살펴볼 필요가 있다. 기록에 따르면 이범석은 외무부에 들어가 아주과亞洲課에 잠시 근무하다가 그해 6월 방교국邦交局 국제기구과장을 맡은 것으로 나타나 있다. 5.16 군사정변 직후의 인사에서다. '유엔총회 협조관' 직책을 맡은 것은 그해 9월부터 11월까지다. 그러다가 이듬해 6월 주駐유엔대표부 2등 서기관으로 발령받아 세 해 동안 미국 근무를 한 것으로 되어 있다.

외무부 직제상 아직 정무국, 방교국, 통상국, 의전국 등 4국局 체제로 유지되고 있을 때였다. 이중 정무국은 지금의 지역국에 해당하며, 방교국은 국제기구국에 해당하는 조직이다. 방교국에는 그가 과장을 맡았던 국제기구과 외에 조약과도 소속되어 있었다. 방교국에 들어 있던 전례과가 의전과라는 이름으로 바뀌면서 의전국으로 옮겨진 뒤였다. 재외공관이 유엔과 미국을 포함해 기껏 20여 개 나라에 설치되어 있었을 뿐이라는 점에서도 당시 우리 외교의 빈약했던 현실을 충분히 짐작할 수 있을 것이다.

'아웃사이더'로서의 눈총

이범석이 늦깎이로 외무부 생활을 시작했다고 했지만 나름대로
는 이미 국제무대에서의 외교 감각을 충분히 터득하고 있었다. 적
십자 활동을 통한 국제회의 경험이 더없이 중요한 밑천이었다. 대한
적십자사 대표로 뉴델리 회의에 참석했고, 일본의 재일교포 북송
공작 저지를 위해 제네바에 파견된 바도 있었다. 일찍이 유엔군 공
동적십자단 대표로 판문점에서 포로교환 업무를 진행하기도 했다.

아마 그 자신도 국제회의에 자주 참석하는 과정에서 외교관으로
서의 직책을 은근히 동경하게 되었을 것이다. 이미 1956년 대한적
십자사 청소년부장 자격으로 미국 곳곳을 둘러보며 강연 활동으로
한창 성가를 높이던 무렵의 심경이 그러했다. 그가 당시 아내 이정
숙에게 쓴 편지의 내용을 다시 들춰본다.

> 요즘은 어디를 가나 만나는 미국인마다 나를 좋아한다고 하며
> 이구동성으로 적십자사를 그만두고 외교관으로 전직하라는 충
> 고들을 합니다. 그들 말이 "전에도 외국인을 많이 만나보고 교
> 제도 해 보았지만 미스터 리 같이 자신들에게 호감을 느끼게 하
> 며 한국인의 입장과 고민을 잘 설명하는 사람은 본 적이 없었다"
> 고 합니다. 특히 내가 체격도 좋고 얼굴도 핸섬해서 인품뿐만 아
> 니라 외모상으로도 한국인을 대표하는데 최적이라고 생각한다
> 며 진지하게 전직을 권유하는 것입니다. 내 개인뿐 아니라 한국
> 을 잘 모르는 이곳 사람들에게 내 조국을 좋게 인식시킬 수 있
> 는 것은 확실히 보람있는 일입니다.

어느 정도는 자화자찬이라고 여겨지지만 꼭 그렇게 볼 만한 것
도 아니다. 그의 외교관으로서 자질을 들자면 출중한 영어 실력 외

에도 우선 용모가 훤칠했다. 육척 장신에 듬직한 체구가 어디 내놓아도 모자라지 않을 만했다. 외교관의 자격으로 체격이 우선순위에 꼽힐 수야 없지만 같은 조건이라면 체격에서 더 점수를 받을 수 있을 터였다. 성격도 소탈하고 사교적이었다. 밀고 나가는 추진력이 거침이 없으면서도 세심한 부분에서는 꼼꼼하기도 했다. 어디 한군데 부족한 구석이 없었다.

그러나 외무부의 풍토가 다른 어느 정부 부처보다 배타적이었다는 점에서 나이가 들어 도중에 조직에 합류한 그로서는 끊임없이 텃세에 시달려야 했다. 그 자신 정부 출범 초기 한때나마 사회부 소속 공무원을 지냈지만 분위기가 전혀 달랐다. 김용식 차관이나 정일형 장관의 추천이 있었다고 해도 정권이 금방 바뀌었기 때문에 바람막이가 될 수는 없었다.

그때의 외무장관 자리 자체가 그리 안정적이지 않았다. 정일형 다음으로 김홍일金弘壹이 임명됐고, 또 그 후임으로 송요찬宋堯讚 내각수반이 외무장관을 겸임했으나 각각 두어 달 만에 교체되고 말았다. 그 다음의 최덕신崔德新 때에 이르러서부터 그나마 외무부 골격이 안정적으로 짜이기 시작했던 것이다. 하지만 최덕신도 끝내는 박정희 대통령과 불화를 빚고 외국으로 도피하기에 이른다. 국제무대에서의 한국 외교 수준이 딱 그 정도였다.

이 과정에서 외무부 직원들 간에 정통파와 비정통파라는 미묘한 구분이 생겨나기 시작했다. 고등고시를 거쳐 임용된 사람들이 정통파였고, 바깥에서 다른 경로를 통해 들어온 사람들은 비정통파였다. 말 그대로 아웃사이더였다는 뜻이다. 외교관이라는 직책상 엘리트 의식이 남달랐기 때문에 이러한 차별 의식이 뚜렷할 수밖에 없었다. 직원들의 업무를 배정하는데 있어서는 물론 자리 이동이나 승진 인사 때마다 이들 사이에 미묘한 긴장감이 감돌기 마련이었다.

이범석의 경우에도 처음에는 아웃사이더로서의 서러움을 톡톡히 겪어야 했다. 그만큼 견제의 눈초리가 작지 않았다. 〈한국일보〉 소속으로 외무부를 오랫동안 출입했던 이성춘李成春 기자는 "내가 외무부를 취재하면서 이범석 장관만큼 적敵이 많은 사람을 본 적이 없다"고 증언했을 정도다. 출입기자들이 바라보기에도 그가 은 근히 따돌림 당하는 모습이 안쓰러울 정도였다는 얘기다.

사실은, 정통파 간에도 미묘한 알력 다툼이 없지 않았다. 뒤에 외무장관까지 오르는 김동조金東祚가 부산 피난 시절 정무국장을 지내면서 고등고시 출신자들을 중심으로 휘하에 'DJ사단' 인맥을 형성하기 시작한 이래 김용식, 최규하, 박동진朴東鎮, 이원경李源京 등도 나름대로 인맥을 구축하고 있었다. 늦깎이 이범석에게는 어디에도 끼어들 여지가 없었다.

그 당시 외무부 각 부서의 업무 분위기가 엄숙한 편이었다는 사실에서도 이러한 기류의 한 단면을 엿볼 수 있다. 어쩌다가 실수로 책상 위에 연필이 구르는 소리만으로도 옆 사람에게 업무 방해를 했다는 미안한 마음을 느껴야 했을 정도다. 구성원들 사이의 이해나 친근한 감정보다는 경계심이나 절제감이 더 요구되는 분위기였다. 마치 규율이 엄격한 수도원이나 다름없었다.

이범석은 이러한 배타적인 분위기를 특유의 친화력으로 헤쳐 나갔다. 서로 자기가 최고라고 자부하며 쉽게 접근을 허용하지 않는 경쟁구도 속에서 제한적이나마 인간적인 유대를 쌓아갔던 것이다. 성실하면서도 호방한 성격이 밑천이었다. 점심시간에 청사 근처 식당에 몇 명씩 몰려가는 경우에도 유쾌한 말솜씨로 좌중의 분위기를 휘어잡는 중심 인물은 대체로 그였다.

무엇보다 맡은 업무에 최선을 다함으로써 자신의 역할과 위상을 다져나가게 된다. 외교관 신분으로 국가를 위해 일하게 됐다는 사실이 그에게는 뿌듯한 자부심이었다. 다른 사람보다 늦게 외무부에 합류한 만큼 더 열심히 노력해야 한다는 다짐도 없지 않았을 것이다. 일종의 의무감이었다.

이런 상황에서도 외무부에 포진해 있던 평양고보 후배들이 마음으로 뒷받침이 돼 주었다. 윤영교尹永敎와 신기흠申基欽, 김영섭金泳燮, 최필립崔弼立, 강승구姜勝求 등이 그들이다. 평양고보 출신으로 송찬호宋贊鎬와 박찬극朴贊極이 군 장성을 거쳐 대사까지 지내게 되지만 그것은 훨씬 뒤의 일이다.

특히 최필립은 그의 동생 문석과 동기로서 절친한 친구 관계였다. 6.25 당시 문석이 인민군에 끌려가 소식을 알 수 없게 되자 이범석이 그에게 "이제부터는 네가 내 동생이다"라며 마치 친동생을 대하듯 관계가 맺어져 외무부까지 이어진 것이었다. 광복 직후 평양에서 조만식의 건국준비위원회 일을 거들었으며, 월남한 뒤 제헌국회 선거에서 동대문 갑구에 출마해 이승만과 겨루었던 최능진崔能鎭이 그의 부친이다.

국제기구과장을 맡아

이범석은 외무부에 들어가 얼마 지나지 않아 국제기구과장을 맡게 된다. 그는 과장으로 발령받자마자 담당 직원들을 독려해가며 다가오는 유엔총회에 대비해 철저한 준비에 들어갔다. 유엔 대책과 국제경제 등의 업무가 국제기구과 소관으로 되어 있었다. '유엔UN'이라는 이름보다 '국제연합'이라는 이름으로 통용되던 때였다.

일과 중의 업무가 미진하다 싶으면 담당 직원들을 자기 집으로 불러 함께 밤을 새우면서까지 대책 마련에 매달리기도 했다. 대한적십자 서울지사 사무국장을 지내며 청년봉사단원들을 불러 업무를 논의했던 때나 비슷했다. 당시 소속 직원 중에 포함되어 있던 인물이 김동휘金東輝다. 뒷날 외무차관을 지내고 상공장관에 올라 전두환 대통령의 미얀마 순방에 수행했다가 아웅산 참사 때 목숨을 잃은 동료 희생자다.

이러한 노력 끝에 유엔대책 방안이 작성되었다. 그 해 유엔총회에서 취해야 하는 우리 입장과 대책을 일목요연하게 정리한 지침이었다. 휴전이 성립되고 이듬해인 1954년 제네바 회담이 열린 이후 유엔총회에서 한반도 문제가 빠진 적이 거의 없었기에 이에 대비한 대책이 필요했다. 국제기구라고 해야 유엔만큼 중요한 대상이 별로 없을 때였다. 그 무렵 한국에 파견되어 있던 한국통일부흥위원단 UNCURK이나 한국재건단UNKRA, 아동기금UNICEF 등이 모두 유엔관련 단체들이다.

특히 유엔이 대한민국 정부를 한반도 내의 유일한 합법정부로 인정했으며, 한국전쟁이 터지자 북한을 '침략자'로 규정하는 한편 한국을 지키기 위해 유엔군을 파견했다는 점에서 유엔은 미국과 함께 가장 중요한 외교 대상이었다. 북한이 소련과 중공에 기대어 군사 및 경제적 지원을 받으며 국제무대에서 활동 기반을 넓혀가고 있었던 반면 한국은 미국의 협조를 바탕으로 유엔에서 외교 기반을 다져가고 있었다. 유엔 대책에 허점을 보여서는 안 되었고, 따라서 이범석의 역할이 중요할 수밖에 없었다. 해마다 10월 24일을 '국제연합의 날UN Day'로 정해 기념하고 있었을 정도다.

특히 1961년의 제16차 유엔총회는 과거에 비해 한국에 있어 결코 유리한 상황이 아니었다. 그동안의 결의안들이 한국의 입장을 전적으로 지지하는 분위기였으나 점차 상황이 달라지기 시작했다. 1960년대를 전후해 아시아 및 아프리카 신생국들이 유엔 회원국으로 대거 가입하면서 생긴 변화다. 이들 신생국들이 그동안 대부분 서구 제국주의의 식민지배를 받았다는 반감으로 인해 유럽이나 미국 쪽과는 거리를 두려고 했기 때문이다.

더구나 한국 정부로서는 5.16 군사정변으로 정권이 교체되어 있었다는 사실이 커다란 약점이었다. 한국의 최대 지원국인 미국 정부도 박정희朴正熙 최고회의 의장의 쿠데타 세력에 대해 탐탁지 않은 내색을 감추지 않고 있었다. 케네디John F. Kennedy 대통령의 개인적인 생각부터가 그러했다. 유엔이라고 해서 사정이 다를 것은 없었다. 유엔총회 분위기도 결코 쉽지만은 않을 것으로 우려되고 있었다.

북한에는 상대적으로 유리한 기회였고, 북한을 지원하는 공산국가들로서도 더 없이 좋은 공격 소재였다. 소련은 한국 정부에 대해 "미국과 유엔의 지지를 받고 있는 군사독재정부"라며 강력 비난하고 있었다. 북한이 1950년대 중반 이후 국제무대 진출을 모색하는 등 나름대로 '다변 외교'로 정책을 바꾸고 있던 무렵이다. 이러한 국제적 환경을 헤쳐 나가야 하는 임무가 1차적으로 이범석에게 맡겨져 있었던 셈이다. 그리고 그 결과로 마련된 것이 유엔대책 방안이었다.

그때 외교적으로 가장 중요한 관심사는 국제무대에서 북한을 어떻게 저지하느냐 하는 것이었다. 북한이 명칭에서부터 '북한 괴뢰', 또는 '북괴'로 불릴 만큼 철저한 반목의 대상일 수밖에 없었다. 그러나 소련을 주축으로 하는 공산권 국가들은 북한이 한국과 동등한 자격의 이해 당사자이므로 한반도 문제 토의석상에 참석하도록 허용해야 한다는 주장을 내놓고 있었다. 한국이 유엔총회에 옵저버로 참가하듯이 북한에도 같은 자격을 부여해야 한다는 주장이었다. 이른바 '동시 초청론'이다.

한국의 입장에서는 그다지 유쾌한 제안이 아니었다. 동족의 가슴에 서슴없이 총구를 겨누었던 그들이 아니던가. 밀고 당기는 협상 끝에 겨우 휴전이 이뤄졌을 뿐 여전히 엄연한 교전 당사국이었다. 미국을 비롯한 자유진영 국가들로서도 이러한 제안이 결코 탐탁스러울 수는 없었다. 북한이 유엔에 모습을 드러내도록 허용되는 상황만큼은 막아야 했다.

동시 초청론 주장의 배후에는 소련이 자리잡고 있었다. 제2차 대전이 끝나고 유엔이 창설될 때까지만 해도 미국과 소련은 동맹관계였으므로 세계 평화를 위해 서로 협력할 것이라는 가대감이 높았으나 한국전쟁을 기점으로 삼아 반목 기류가 형성되고 있었던 것이다. 유엔이 미국과 소련 두 강대국의 각축장으로 변해가던 중이었다. 한국 입장에 동조하는 결의안 통과가 쉽지 않은 상황이었다.

유엔대책 방안이 보고서로 꾸며지자 이범석이 직접 최고회의에서 브리핑을 하게 된다. 송요찬宋堯讚 내각수반 겸 외무장관이 옆에서 지켜보는 가운데 박정희 의장에게 보고가 시작되었다. 보고하는 솜씨도 일품이었다. 이때 보고가 끝나고 박정희가 "국장, 수고하셨다"고 칭찬하자 "의장 각하, 저는 국장이 아니고 과장입니다"라고 답변했다는 일화가 전해진다. 본인 나름으로는 어서 빨리 국장으로 승진시켜 달라는 내심이었을지도 모른다. 아마 이때부터 박정희의 머릿속에 그가 뚜렷한 기억으로 남게 됐을 법하다.

또 하나 기억해야 할 것은 그가 브리핑을 하는 동안 옆에서 차트를 넘긴 직원이 최필립이었다는 사실이다. 앞서 소개한 대로, 이범석에게 평양고보 5년 후배이며 바로 아랫동생 문석과는 친구 사이인 그가 당시 국제기구과 소속 직원이었다. 최필립은 뒤에 바레인을 시작으로 아랍에미리트, 뉴질랜드, 스웨덴, 리비아 등 무려 5개국에서 대사를 지냈으며, 공직에서 물러난 다음에는 정수장학회 이사장을 지내기도 했다.

어찌 됐든지, 이범석은 이처럼 업무에 열성으로 매달리면서 주변으로부터 서서히 능력을 인정받게 된다. 그해 가을, 그가 '협조관'이라는 직함으로 유엔총회에 파견된 데서도 그런 사실이 확인된다. 해마다 9월 셋째 화요일에 시작되어 연말까지 지속되는 유엔총회를 지원하는 역할이었다. 유엔에 파견돼서도 발군의 실력을 발휘했

1961년 최덕신 외무장관(앞줄 왼쪽)과 이수영 유엔대표부 대표(앞줄 오른쪽)를 비롯한 한국 대표단이 유엔 정치위원회 방청석에서 남북문제 진행 과정을 지켜보는 모습. 두 번째 줄 맨 오른쪽이 '협조관' 직책으로 파견됐던 이범석.

음은 물론이다.

특히 다행이었던 것은 공산권 국가들의 '동시 초청론'을 여지없이 물리치게 됐다는 점이다. 미국 유엔대사인 아들라이 스티븐슨 Adlai E. Stevenson의 '조건부 초청론'이 주효했다. 북한이 한반도 문제와 관련해 유엔의 권위를 확실히 인정한다는 의사를 미리 발표하는 조건에서 초청해야 한다는 주장이다. 유엔의 권위를 인정하지 않겠다면 굳이 초청할 필요도 없을 터였다. 이른바 '스티븐슨 수정안'이다. 민주당의 대통령 후보로 두 번이나 아이젠하워와 겨루었던 주인공답게 책략도 뛰어났다.

결국 이러한 결의안이 유엔 정치위원회를 통해 공식 발표됐고, 표결에 붙여진 끝에 압도적인 찬성으로 통과되었다. 소련을 비롯해 쿠바, 아프가니스탄, 인도네시아, 말리, 이라크, 유고슬라비아 등 공산권 및 비동맹 국가들만이 반대했을 뿐이다. 이범석은 총회에 앞서 정치위원회에서 결의안의 논의될 때부터 동향 파악을 위해 분주하게 쫓아다녔다. 정치위원회 회의는 유엔빌딩 지하 1층의 제4 회의실에서 주로 열리곤 했다.

이제 선택은 북한에 달린 문제였다. 유엔에 참석하려면 결의안 내용대로 유엔 권위를 인정한다는 입장을 먼저 발표해야만 했다. 그러나 북한은 이를 거부하고 말았다. 아니, 거부할 수밖에 없었을 것이다. 6.25전란 발발에 따라 자신을 '침략자'로 규정하고 유엔군까지 파병했던 유엔의 권위를 인정한다는 것은 자가당착이었다. 조건부 초청론이 제대로 먹혀든 셈이다. 북한이 그 뒤로도 줄곧 유엔에 초청 받지 못한 것은 이런 방안에 가로막혔던 때문이다.

자유진영의 승리였고, 우리 유엔 파견팀에 최종 공로가 돌려지게 되었다. 그때 이수영李壽榮 대표부 대사를 포함해 기껏 너댓 명의 인원으로 어렵게 일궈낸 결실이다. 협조관 직책으로 뉴욕에 파견됐던 이범석도 뿌듯한 성취감을 만끽하게 된다. 그때 그가 아내에게 보낸 편지에도 당시 상황이 묘사되어 있다.

"드디어 제1차 전쟁은 끝났습니다. 전과는 우리가 예측했던 것보다 더 좋았습니다. 본부로부터 노고를 치하한다는 전보도 받았습니다. 그리고 오늘 저녁 장관께서 연설을 하시면서 '이번 승리의 제일 공로자는 이범석 과장'이라고 말씀해 주셔서 더욱 좋았습니다. 사실은 나의 공로가 아니라 우리들 모두의 공로입니다."

유엔에서의 성취감을 아내와 함께 나누고 싶었을 것이다. 더구나 유엔 무대에 첫 데뷔한 신참자의 입장에서 장관으로부터 칭찬까지 들었으니 더욱 기쁨이 컸으리라 짐작된다. 다시 장관이 바뀌어 최덕신崔德新이 외무장관을 맡고 있었다. 하지만 그럴수록 그가 더욱 주변의 따가운 눈총을 받았던 측면을 무시할 수 없다.

유엔대표부 참사관으로

이범석이 정식으로 주駐유엔대표부에 파견된 것은 1962년 6월의 일이다. 아직 2등 서기관 때였다. 앞으로 3년 동안 이어지게 되는 미국 근무의 출발점이다. 세계 외교무대의 최전방에 배치된 것이었다. 그가 외무부 내에서 나름대로 위치를 찾아가고 있었다. 뉴욕 1번가 크라이슬러 빌딩에 우리 유엔 대표부가 들어 있을 때였다.

여기서 당시 국내외 시대적 상황을 먼저 이해할 필요가 있다. 4.19 혁명에 이어 5.16 군사정변이 일어나면서 정치, 경제, 사회 등 모든 분야에서 변혁이 이뤄지던 격동기였다. 그러나 북한 정책만큼은 큰 변화가 없었다. 박정희 장군의 군사혁명위원회도 혁명공약을 통해 "민족의 숙원인 국토통일을 위해 공산주의와 대결할 수 있는 실력 배양에 전력을 집중한다"고 밝히고 있었다. 이승만 대통령 시절의 북진통일 정책이 민주당 정권을 거치면서 유엔 감시하 총선에 의한 통일정책으로 방식이 전환됐을 뿐이다. 유엔 관계를 포함하는 외교정책에서도 북한과의 대결 상황을 가장 먼저 염두에 두어야 했다.

국제무대에서는 아시아와 아프리카 신생 독립국들이 한창 새로운 세력을 형성해가고 있었다. 1955년의 반둥회의 이후 자기들끼리 유대관계를 넓혀가던 비동맹이라는 중간그룹이 바로 그것이다. 냉전冷戰의 양대 세력인 민주진영이나 공산진영에 휘둘리지 않고 독자 노선을 내세우는 세력이었다. 1961년에는 유고 베오그라드에서 제1회 비동맹회의가 열리기도 했다.

유엔에서도 이들 신생국들의 목소리가 커지던 중이었다. 따라서 자유진영의 우방국들만이 아니라 신생국들과도 긴밀한 관계를 유지하는 것이 우선의 숙제였다. 이를테면, 북한과의 경쟁만이 아니었다. 선진국과 신생국들, 자유진영 국가와 공산진영 국가들 사이에 치열한 외교전이 펼쳐지는 무대가 바로 유엔이었다.

그러나 한국은 아직 옵저버 자격에 불과했다. 유엔 산하 전문기구 활동에 참가할 수는 있어도 의결권은 허락되지 않았다. 1948년 대한민국 정부가 수립되고 유엔으로부터 한반도 유일의 합법정부로 승인 받았음에도 불구하고 이듬해 제출한 유엔가입 신청안이 소련의 거부권 행사로 부결된 이래 여러 차례의 가입 시도가 번번이 좌절된 때문이었다. 역시 그 배경에는 북한과의 형평성 논란이 작용하고 있었다. 남북한을 유엔에 함께 참여시켜야 한다는 '동시 초청론'도 마찬가지다.

문제는 유엔총회에서 공산권의 '동시 초청론'을 물리친 뒤에도 상황이 그렇게 호전되지 않고 있었다는 점이다. 한국이 아직 군정 체제를 벗어나지 못하고 있었기 때문에 대외적인 이미지가 좋을 리 없었다. 해마다 유엔총회에 한국 결의안을 상정할 필요가 있느냐는 문제가 제기된 것이 그런 이유에서다. 이범석이 유엔대표부에 파견되어 있으면서 준비했던 17차(1962년), 18차(1963년) 유엔총회를 앞두고 일부 분위기가 그러했다.

그런 가운데서도 소련을 비롯한 공산권은 공세를 멈추려는 기색이 아니었다. 공세는 언커크UNCURK, 즉 유엔한국통일부흥위원단으로까지 확대되고 있었다. "한국의 통일 문제는 외부 간섭 없이 한국민들 자신에 의하여 해결돼야 하는 국내 문제이며, 언커크는 불법으로 설치된 기관"이라는 논리였다. 쿠바 미사일 위기를 넘기면서 미국이 소련에 대해 우위를 점했던 상황이라고 해도 신생 회원국들을 중심으로 움직임이 긍정적이지 않다는 사실이 문제였다. 비동맹 국가들이 중립을 표방한다고 하면서도 은근히 공산권에 기울어지고 있었다.

다행스럽게도, 제18차 총회를 앞두고는 군부의 민정이양 절차가 진행됨으로써 유엔에서 공산 진영의 공격을 그런 대로 막아낼 수 있었다. 관건은 국제사회에서 한국의 입장을 편들어 줄 만한 지원국을 한 나라라도 더 확보하는 작업이었다. 북한보다는 한국이 정통성도 있고 정치 및 사회 체제도 우월하다는 평가를 받는 노력이었다. 그것은 전쟁이나 마찬가지였다. 총소리만 들리지 않았을 뿐이다. '외교전外交戰'이라는 표현 그대로다.

유엔결의안 표결 과정에서 더 많은 지지표를 확보하기 위해서도 늘 신경을 써야만 했다. 지도상에서 위치조차 찾기 어려울 정도의 작은 나라라 해도 이범석에게는 우호적으로 지내야 하는 소중한 대상이었다. 유엔 회원국이라는 단 한 가지 사실만으로도 그럴 만한 이유가 충분했다.

그러나 쉬운 일이 아니었다. 외국 의교관들과 가깝게 지내려면 아무래도 금전적인 뒷받침이 필요했다. 값비싼 선물을 마련한대서가 아니라 식사를 나누고 커피 한 잔을 마시는 데도 몇 푼이나마 비용이 들어갔다. 그런 노력을 평소 꾸준히 기울여야 하는 것이었다. 상대방을 대하면서 마음의 정성이 중요한 것은 사실이지만 마음만으로는 한계가 있었다.

더구나 국제무대에서는 한국도 신생국가에 불과했다. 유엔본부에 파견 나온 각국 외교관들 중에서도 '코리아Korea'라는 이름을 잘 모르는 경우가 적지 않았다. 혹시 이름을 들어보았다고 해도 위치까지 제대로 파악하고 있는 경우는 드물었다. 남한이냐, 북한이냐의 구분까지 할 수 있다면 대단한 관심을 가진 외교관이었다.

"당신은 어느 쪽 소속이냐"

이범석이 실제로 그런 사례를 겪어야 했다. 한 번은 유엔에 주재하는 아프리카 어느 신생국 외교관을 집으로 초대해 융숭하게 저녁을 대접하면서 우리 입장을 열심히 설명한 적이 있었다. 저녁식사는 무척 화기애애한 분위기에서 진행됐고, 저쪽 외교관의 흡족한 표정에서도 저녁식사 대접에 대한 감사의 뜻을 읽을 수가 있었다. 이제 유엔에서 지지 세력을 한 명 더 확보한 셈이었다. 상대방도 식사를 마치고 현관을 나서면서 그런 뜻을 내비치고 있었다.

"정말로 멋진 저녁식사를 대접받게 되어 고맙습니다. 즐거운 시간이었습니다. 이제부터 서로 가까운 친구로 지내십시다."

하지만 그 다음이 문제였다.

"그런데 한 가지 확실히 알고 싶은 게 있습니다. 당신은 사우스 코리아 소속입니까, 아니면 노스 코리아 소속입니까."

이범석으로서는 아연 실색하지 않을 수 없는 노릇이었다. 나름대로 극진히 음식을 대접하면서 자세히 입장을 설명했는데도 자신을 초청한 당사자가 남한 외교관인지, 북한 외교관인지조차 모르고 있었다니, 너무 굴욕적인 상황이었다. 초상집에 가서 실컷 울고 나서는 "그런데 누가 죽은 거요"라고 묻는다더니, 그런 뚱딴지같은 일이 눈앞에 벌어졌던 셈이다.

하지만 그런 경우가 비일비재했다. 국제무대에서 아직 한국의 존재가 미약했기 때문에 빚어진 일이다. 해외주재 공관에서 서울로 보내는 우편물이 도중에 증발되는 경우가 적지 않았던 것이 그런 때문이다. '대한민국Republic of Korea'과 '조선민주주의인민공화국 Democratic People's Republic of Korea'을 제대로 구분하지 못했을 것이다. 서울로 배달되지 못한 우편물 가운데 상당수가 평양으로 배달됐을 것으로 추측되는 이유다.

아마 그때도 상대방 외교관은 이범석이 어느 쪽 소속이든지 크게 관심이 없었을지 모른다. 당시 국제사회에서 한국에 대한 일반적인 인식이 그런 수준이었다. 분단 신생국의 비애라고나 했을까. 더욱이 전란을 치른 직후라 아직 빈곤국 대열에서도 벗어나지 못하고 있을 때였다. 한국의 1인당 국민소득GNP이 100달러에도 미치지 못할 때였으니 말이다.

이범석이 남북한 상황에 대해 서글픔을 느껴야 했던 것이 이런 일을 몇 차렌가 겪게 되면서다. 엄연히 같은 민족인데도 서로 지지 않겠다며 바깥에 나와서조차 경쟁을 벌여야 하는 모습이 안타까웠다. 외국인들의 눈으로 바라보기에는 더욱 우스꽝스러울 것이라고 생각했다. 서로 이끌고 밀어주지는 못할망정 당겨진 활시위처럼 팽팽한 긴장감을 이루며 피를 말리듯 경쟁을 벌여야 하는 분단 현실이 야속하기만 했다. 북한 체제가 자유와 평화를 무시하는 한에서는 어쩔 수가 없는 일이었다.

당시 우리 정부가 아프리카 북서부의 아랍국가인 모리타니와 단교를 결행한 것도 같은 이유였다. 1963년 수교를 이룬 모리타니가 이듬해 북한과도 외교관계를 수립함으로써 더 이상 친분관계를 유지하기 어렵다고 판단한 결과다. 북한과 수교한 나라와는 수교하지 않는다는 '할슈타인 원칙Hallstein Doctrine'에 따른 조치였다. 유엔대표부에 근무하던 이범석이 주미 대사관으로 옮겨간 직후의 일이다.

이처럼 하루하루가 치열한 업무의 연속이었건만 이범석은 집안에서는 늘 다정한 남편이자 자상한 아버지였다. 휴일이면 아이들을 데리고 메릴랜드 바닷가로 꽃게잡이에 나서기도 했다. 주먹 만한 대합조개도 잡았다. 소진이와 소영이, 진영이 등 위로 세 딸에 이어 막내로 태어난 아들 명호까지 일가족 여섯 명이 모두 뉴욕 생활에 합류해 있었다. 그때는 더 막내가 되는 진주가 아직 태어나기 전이었다. 늦둥이 딸인 진주는 서울로 돌아와서 얻게 된다.

그 정도로도 많은 식구였으므로 브롱크스 리버데일에 방 세 개짜리 아파트를 얻었다. 베란다와 응접실까지 딸렸을 정도로 뉴욕에서도 주거 환경이 그렇게 뒤지지 않는 중산층 지역이다. 근처에는 뉴욕 총영사관 영사로 파견된 한병기韓丙起가 살고 있었다. 당시 최고회의 박정희 의장의 맏사위였다.

부지런하면서도 적극적인 생활 태도는 워싱턴 대사관으로 옮겨 가서도 달라지지 않았다. 경제담당관으로서 미국 PL480(농업수출 진흥 및 원조법)에 의한 보리쌀 원조 업무를 처리하는 것이 그의 주 요 임무였다. 이때 중요한 것은 보리쌀을 동부해안 창고로부터 받느 냐, 아니면 서부해안 창고로부터 받느냐 하는 것이었다. 운송비 차 이가 나기 때문에 우리로서는 서부해안에서 받는 게 훨씬 유리했기 때문이다. 그는 이 문제를 원활하게 해결하기 위해 실무 담당자를 부지런히 쫓아다녀야 했다.

이범석은 워싱턴에서 근무하는 동안에도 밤에는 조지워싱턴 대 학 대학원에 등록해서 국제정치학 강의를 들었다. 그야말로 주경야 독이었다. 미국은 물론 세계 각국에서 몰려온 수재급 학생들과 어 울려 석학 교수들의 강의를 듣는 것만으로도 가슴이 벅찼다. 그러 면서 포부가 더욱 커지고 있음을 스스로도 느끼게 되었다. 학구열 은 이미 서울에 있을 때부터 발휘되고 있었다. 외무부에 들어가자 마자 가장 먼저 한 일이 메릴랜드 대학 과정에 등록한 것이었다. 미 8군 영내에 개설돼 있던 메릴랜드 대학 분교였다.

이범석은 이런 과정을 거치며 차근차근 승진 계단을 밟게 된다. 유엔대표부에 파견되고 이듬해인 1963년 1등 서기관으로 승진했 으며, 이듬해 워싱턴 대사관으로 옮겨가서는 다시 참사관으로 승진 하게 된다. 비교적 빠른 승진이었다. 대사관 근무에 최선을 다하면 서도 자기 개발에도 소홀함이 없었던 것이다.

주미 대사관 시절 홍성철洪性澈, 김운용金雲龍 등과 같이 근무 했던 것도 하나의 인연이다. 뒷날 홍성철은 내무장관과 통일원장관 을 지냈고, 김운용은 세계태권도연맹 총재 및 국제올림픽위원회IOC 위원을 지내게 된다.

번역 아르바이트까지

이범석이 유엔대표부에 근무할 당시 아내 이정숙이 갑자기 건강이 악화되어 뉴욕 병원에 입원한 적이 있었다. 6.25 전란기 중 피난지 부산에서 큰딸 소진이를 낳았을 때도 산후 조리가 소홀했던 탓에 급성 폐결핵을 앓아야 했을 만큼 삼십대 중반을 지나기까지 건강이 들쭉날쭉하던 처지였다.

그렇다고 여기서 이정숙의 건강 문제를 얘기하려는 것은 아니다. 누구나 살아가면서 한두 번씩은 건강의 고비를 넘기는 것이 보통이기 때문이다. 아내에 대한 이범석의 정성을 말하려는 것이다. 아내가 병원에 입원해 있는 동안 같은 병실에 입원해 있던 환자들이 감탄할 정도로 극진한 정성을 보여주게 된다.

면회시간을 거의 거르지 않았다는 것부터가 달랐다. 점심이나 저녁 면회시간이 마찬가지였다. 아예 뉴욕대표부 근처 병원에 아내를 입원시켰다. 아내를 보살펴줄 다른 가족이나 간병인이 마땅치 않았기에 천상 남편인 그 자신이 면회시간만이라도 아내를 돌봐야 했던 것이다. 아이들이 엄마의 병간호를 하기에는 아직 어렸고, 집도 너무 멀었다.

이범석은 대표부 업무가 바쁠 텐데도 병원으로 아내를 면회할 때만큼은 최대한 시간을 할애했다. 아내가 조금이라도 더 위안을 느끼도록 하기 위해서였다. 이정숙은 "남편은 병실 면회시간이 되면 제일 먼저 들어와서 면회시간이 끝났음을 알릴 때에야 돌아갔다"고 돌이킨다. 같은 병실에 모두 네 명이 입원해 있었는데, 다른 환자들이 이범석의 정성에 감탄을 아끼지 않았을 정도다. 매일 점심, 저녁으로 두 차례나 면회를 온다는 것이 누가 보아도 결코 쉬운 일은 아니었을 것이다.

"한국 남편들은 모두 당신 남편처럼 아내에게 잘 해주나 보지요."

궁금한 나머지 다른 환자들이 이정숙에게 넌지시 물어보기까지 했다. 미국 남편들이 아내에게 잘해 준다고 소문나 있었지만 그들의 눈에도 이범석의 정성스런 병간호가 부러웠던 모양이다. 다른 세 명의 환자들이 모두 미국 아녀자였다. 그들이 아내에 대한 이범석의 정성스런 모습을 보면서 한국에 대한 인식을 새롭게 했을 것이 틀림없다. 병실에서 이뤄진 현장 외교였다.

이정숙이 병원에 입원해 있는 동안 한 번은 이런 일도 있었다. 눈보라가 마구 휘몰아치던 어느 겨울날이었다. 눈이 얼마나 많이 쏟아지고 있었는지 평소 창문 바깥으로 뻔히 바라보이던 성당 건물의 시계탑이 흐릿하게 보일 정도였다. 라디오에서는 뉴욕을 비롯한 북동부 지역 일대에 폭설주의보가 내려졌다는 긴급 뉴스가 계속 흘러나오고 있었다.

이범석으로서도 귀가를 서두르지 않으면 눈길에 갇혀 낭패를 보기 십상이었다. 유엔대표부 사무실에서 아파트가 있는 브롱크스 리버데일까지는 평소에도 한 시간 안팎 걸리는 거리였다. 이정숙은 이날만큼은 남편이 업무를 끝낸 뒤 병원에 들르지 말고 곧장 집으로 갔으면 하고 마음속으로 원했다. 집에서 기다릴 아이들을 위해서도 그렇게 하는 것이 마음 편한 일이었다.

하지만 그날도 이범석은 퇴근길에 어김없이 병원에 들렀다. 그리고 다른 날처럼 면회시간이 끝날 무렵에야 병실을 나섰다. 그날 그가 집으로 돌아가는 길이 수월치 않았겠으나 더욱 안절부절 못한 것은 아내였다. 병원 공중전화로 몇 번이나 집으로 연락을 취했어도 남편은 아직 도착하지 않은 채 아이들이 전화를 받았기 때문이다. 이범석이 눈길을 헤치고 집에 도착한 것은 세 시간이나 지나서였다. 결국 이정숙은 그런 염려 끝에 긴장이 풀어지면서 고열이 엄습했고, 결국 병세가 다시 악화되어 퇴원 날짜를 늦춰야만 했다. 뉴욕 시절의 에피소드다.

뉴욕 시절이 아니라도 아내에 대한 그의 사랑은 한결같았다. 그 이전이나 이후가 마찬가지였다. 그가 대한적십자사에 근무할 당시 미국 출장길에 아내에게 보낸 편지의 몇 구절을 다시 들춰볼 필요가 있다. 마침 출장 기간 중 결혼기념일을 맞았기에 내용이 더욱 애틋했을 것이다.

> 내가 세상에서 가장 사랑하는 아내에게,
> 오늘이 4월 2일입니다. 언제까지나 잊을 수 없는 4년 전 오늘, 내가 당신을 평생의 반려자로서, 주님이 주신 영원한 배우자로서 맞이했던 감개무량한 날입니다. 당신도 지금 집에서 나와 같은 감상에 잠겨 있을 것입니다. ……. 지난 4년은 정말 행복한 세월이었고, 우리는 행복한 부부였습니다. 또한 영원히 그리 될 것을 믿으며 주님의 은혜에, 당신의 사랑과 헌신에 다시 한 번 감사합니다. 당연히 당신과 함께 축하해야 할 결혼기념일에 멀리 외국 땅에서 혼자 옛 생각에 잠기려니 더욱 당신이 그립고 소진이가 보고 싶습니다. 오늘 밤 꿈속에서나마 만나기를 기원합니다.

이범석이 이런 상황에서 아내 병원비를 조달하기 위해 틈틈이 번역 아르바이트에 손대야 했다는 것은 또 다른 일화다. 식구들이 많았기에 뉴욕에서 넓은 아파트를 구했던 만큼 이미 임대료에서부터 지출이 클 수밖에 없었던 사정이다. 살림은 빠듯할 수밖에 없었다. 외교관들에 대한 처우가 아직 크게 모자랄 때였다. 뉴욕이 물가가 비쌌지만 외무부 본부 차원에서 그런 문제까지 일일이 배려할 수 있는 여건이 아니었다.

그런 가운데서도 이범석은 아내가 시장을 보러 갈 때도 늘 옆에 동행했다. 이미 부산 신혼생활에서부터 습관으로 굳어진 취미였다. 미국 근무를 끝내고 서울로 돌아와서도 이러한 태도는 계속 이어진다.

의전실장의 중책

이범석은 '국제정치 1번지'인 유엔대표부와 주미 대사관 근무를 마치고 1965년 7월 서울로 돌아왔다. 2~3년마다 보직이 바뀌는 순환 원칙에 따른 인사였다.

서울에서는 새로운 중책이 기다리고 있었다. 외무부 의전실장 직책이었다. 뉴욕과 워싱턴을 거치며 3년 동안 키운 외교 감각을 발휘할 수 있는 기회였다. 미국에서 서울로 돌아와 외교연구원 상임연구위원 직책을 맡고 여덟 달만인 1966년 4월에 이뤄진 인사에서다. 이동원李東元 외무장관 당시의 일이다.

의전실장은 외무부 내에서도 요직으로 꼽히는 자리다. 그 자리에 발탁됐다는 사실만으로도 그의 능력이 출중했음을 인정받고 있었다는 증거다. 업무처리 능력이 뛰어났고, 대인관계에서도 나름대로 최선을 다했던 결과다. 적십자 시절부터 쌓아온 실력으로 서서히 두각을 드러내고 있었다. 승진이 빨랐다는 자체가 그것을 말해준다. 워싱턴에서 서울로 복귀하면서는 이미 이사관으로 승진하게 된다. 그의 인사기록 카드에 적힌 내용이다.

이에 대해 노진환은 다음과 같이 평가하고 있다.

"호랑이 담배 피우던 시절의 얘기라고는 하나 외무부 입부 4년 반도 채 되지 않아 이사관이 된 경우는 외무부 내에서 불멸의 기록으로 아직도 지속돼 오고 있다. ……. 예나 지금이나 정부 내 어느 기관보다도 텃세가 심한 곳으로 소문난 외무부에서 이같은 승승장구가 곱게만 인식될 리가 만무한 일이다. 자신을 이해하는 사람들보다는 질시하는 인사들이 많을 수밖에 없었다." (노진환, 〈외교가의

사람들》)

더구나 그 여세를 몰아 의전실장 자리에까지 오른 것이었으니, 주변의 견제심리가 더욱 날카로워졌던 것이다. 그때는 의전실장 역할이 지금보다 더했으면 더했지, 결코 덜하지 않았다. 우리 대통령이 외국을 방문할 때는 물론 반대로 외국 원수가 한국을 방문할 경우에도 행사 진행에 따른 만반의 준비를 갖춰야 하는 것이 의전실장의 가장 중요한 임무다.

의전이 중요한 것은 그것이 국가 체면이나 마찬가지이기 때문이다. 어느 나라에서나 외교 실력이 의전 절차에서 여실히 확인되기 마련이다. 한국이 후진국 티를 벗어내기 위해서도 의전에 흠을 잡혀서는 안 된다는 게 그의 생각이었다. 그럴수록 의전실 부하 직원들은 고충이 더할 수밖에 없었다.

하지만 그때까지만 해도 우리 외무부에는 외국 정상을 맞이하거나 우리 국가원수가 외국을 방문할 때 어떤 격식으로, 어떤 절차를 거쳐야 하는지에 대한 의전 관행이 제대로 정립되어 있지 않았다. 의전 절차에서 사소한 실수가 잦을 수밖에 없었던 이유다. 외교 활동이 의전에서 시작되어 의전에서 끝난다고 할 만큼 중요했지만, 아직은 의전의 황무지나 다름없었다. 우리 외교의 수준을 말해주는 것이었다.

사소한 실수는 즉흥적인 대처로도 충분히 넘어갈 수 있지만 그 이상의 실수는 용납될 수 없는 게 외교무대에서의 의전 관행이다. 역사적으로 외국 귀빈들에 대한 예우나 접대에 있어 뜻밖의 실수로 국가 간의 관계가 난처한 상황에 빠지는 경우가 없지 않았던 게 그런 까닭이다. 그런 만큼 의전실장이라는 자리는 의전 실수에 대한 책임을 지고 언제라도 사표를 낸다는 각오가 필요한 자리이기도 했다. 의전실장으로서의 업무가 그에게는 또 다른 전쟁일 수밖에 없었다.

실제로도 그러했다. 당시 외무부 의전과가 외국 손님을 맞을 때의 실수로 걸핏하면 문책 인사의 대상이 되던 시절이다. 아직 의전 절차가 체계적으로 잡혀 있지 않았기에 일어난 일이다. 외무부 직원들에게 의전과가 기피 대상이 될 수밖에 없었다.

아직 이승만李承晩 대통령 당시이던 1957년 응오 딘디엠 월남 대통령이 방한했을 때 국빈 만찬에 장면張勉 부통령과 김병로金炳魯 대법원장을 초청 대상에서 빼먹은 것이 대표적인 사례다. 뿐만 아니라 창덕궁 인정전에서 이기붕李起鵬 민의원 의장 주재로 환영 오찬회가 열렸는데, 준비도 없이 외교사절을 초대했다가 그대로 돌려보내는 사태가 빚어지기도 했다. 이러한 실수로 당시 의전과의 실무자 두 명이 해임됐고 의전국장이던 박동진朴東鎭과 의전과장 이민용李玟容에 대해서는 대기발령 인사가 내려졌다.

이에 앞서서도 1955년 미국 레이시William S. Lacy 대사가 서울에 부임하기 위해 여의도 비행장에 내렸으나 외무부 간부들은 아무도 코빼기를 내비치지 않아 물의를 빚은 일이 있었다. 김태선金泰善 서울시장과 이익흥李益興 경기지사만 영접을 나갔을 뿐이다. 외무부 간부들이 일부러 나가지 않은 게 아니라 미국 본토의 서머타임과 미8군이 기준으로 삼는 서울 표준시가 서로 달랐기에 일어났던 착오다. 이로 인해 당시 손병식孫秉植 의전과장이 인책 사직해야 했다.

최소한 이러한 불상사만큼은 막아야 했다. 이범석은 의전실장으로 발령받게 되자 외국의 다양한 의전 사례를 수집하는 한편 그것을 참고로 삼아 우리의 의전 관행을 세워나갔다. 외무부에 지금껏 전해 내려오는 의전규범과 매뉴얼의 골격이 대체로 그의 의전실장 시절에 만들어졌다 해도 과언이 아니다. 그 전에는 의전편람이니 하는 체계를 갖춘 지침서가 거의 없었고, 상황에 따라 적당히 처리하는 식이었다.

그러나 의전 절차를 새로 마련한다는 게 쉬운 일은 아니었다. 그는 김포공항에서 시내까지 들어오는 주요 경로에 대한 점검에서부터 작업에 착수했다. 외국 원수가 방한할 경우 공항에 도착해서 시내까지 들어오는데 시간이 얼마나 걸리는지 대략의 조사 자료조차 마련되지 않았기 때문이다. 국빈급 손님이 공항으로 입국하면 일반 차량을 통제하면서 논스톱으로 청와대까지 안내하기만 하면 된다는 정도의 생각들 뿐이었다. 공항로와 제2한강교(양화대교)를 거쳐 신촌, 서소문을 지나 시내로 들어오는 것이 그때 외국 정상을 맞이하는 코스였다. 마침 제2한강교가 완공된 직후였다.

이를 위해 의전과 직원들은 물론 외빈차 운전기사들까지 모두 동원되어 김포공항에서 예행연습을 해야 했다. 경찰 모터사이클을 동원한 것은 물론이었다. 귀빈 차량이 움직일 때마다 선도 역할을 맡아야 하기 때문이다. 그것도 통행금지가 내려진 자정 이후의 시간을 이용하는 것이 최선의 방법이었다. 어차피 다른 차량들의 통행이 통제돼야 했으므로 통행금지 상황이나 거의 비슷했기 때문이다. 자정부터 새벽 4시까지 일반인의 도보 이동은 물론 자동차 통행이 일괄 금지되던 시절이다.

그 결과 공항에서 청와대나 중앙청까지는 몇 분이 걸리고, 그 시간에 맞춰 누가 현관에 나가서 손님을 영접하며, 대통령이나 국무총리는 어느 위치에서 손님을 맞게 되는지에 대한 세부 절차가 짜여지게 된다. 마치 손바닥을 들여다보듯이 치밀한 계획이어야 했다. 외국 귀빈들의 숙소로 이용되던 조선호텔이나 반도호텔, 뉴코리아 호텔 등에 대해서도 마찬가지였다. 워커힐 호텔도 1963년 개관 이래 귀빈들의 숙소로 자주 이용되던 터였다.

각 부처별로 흩어져 있던 정부 의전행사가 모두 외무부 의전실로 창구가 단일화된 것도 그의 의전실장 재임 기간 중의 공적이다. 외국 손님들이 참석하는 지방 행사도 의전 절차에 있어서만큼은 의전실의 자문을 거치도록 했다. 이런 노력이 차근차근 쌓이면서 의전

이범석이 외무부 의전실장 당시 한 칵테일 파티에서 당시 최규하(오른쪽) 외무장관과 대화를 나누고 있다.

규범이 틀을 잡아가게 됐던 것이다.

그 자신이 직접 이러한 작업을 진두지휘했다. 한 번 매달리면 어떤 식으로든 기어코 끝장을 보고야 마는 성미였다. 아무리 귀찮거나 사소한 업무에 부딪쳐서도 적극적인 자세로 대처했다. "하도 바빠 죽으려 해도 죽을 시간조차 없다"는 게 단순히 엄살만은 아니었다. 원래 평안도 기질이 그러했다. 업무를 맡고도 하는 둥 마는 둥 데데한 사람을 싫어했던 이유다.

그가 일을 열심히 하다가 당시 장관인 최규하의 심사를 건드린 적도 없지 않다. 외국 손님들이 방한할 경우 태우고 다닐 외빈용 승용차 구입 문제를 둘러싸고 생긴 일화다. 그때로서는 그조차도 청와대 결재를 받아야 했는데 이미 최규하가 나섰다가 무산됐기 때문에 사태가 벌어졌다. 이범석이 다시 시도한 끝에 성사시킨 것까지는 좋았으나 최 장관과 사전 상의 없이 움직인 것이 문제였다. 은근히 자존심을 상한 최 장관이 결재서류를 내던지며 노발대발했다는 얘기가 전해진다.

존슨 대통령의 방한

의전실 임무 중에서 가장 중요한 것이 정상회담을 준비하는 작업이다. 그때나 지금이나 마찬가지다. 외국 정상이 방한해서 우리 대통령과 회담을 갖고 서울을 떠나기까지의 모든 일정을 한 치의 차질없이 짜야 하기 때문이다. 우리 대통령이 외국을 방문하는 경우에도 다르지 않다.

이범석 의전실장에게도 똑같은 과제가 부여되어 있었다. 그중에서도 가장 비중이 컸던 행사로는 역시 미국 존슨Lyndon B. Johnson 대통령의 서울 방문 행사를 들어야 할 것이다. 그가 의전실장을 맡고 여섯 달 정도 지난 1966년 10월의 일이다. 청와대에도 의전비서관이 임명되어 있었지만 행사 진행보다는 통역이 주 임무였다. 박정희 대통령의 최고회의 의장 시절부터 통역을 맡았던 조상호曺相鎬가 청와대 의전비서관을 맡고 있었다.

존슨의 방한은 미국 현역 대통령 신분으로는 두 번째로 기록된다. 아이젠하워Dwight D. Eisenhower가 자신의 임기 말인 1960년 6월 서울을 방문했던 것이 첫 번째다. 그러나 그 이듬해 군사 쿠데타가 일어나 정권이 바뀐 뒤였으므로 쿠데타의 주역인 박정희 정부로서는 존슨 대통령 영접에 그만큼 더 신경을 기울여야 했다.

물론 박정희 대통령과 존슨 대통령은 구면이었다. 케네디 대통령이 1963년 11월 암살되고 장례식이 열렸을 때 박정희가 조문차 워싱턴을 방문했고, 당시 부통령이던 존슨이 그대로 대통령직을 이어

받게 되면서 한 차례 대면이 이뤄졌던 것이다. 이범석이 유엔대표부에 근무할 때였다. 그보다 한 해 전인 1965년 5월에도 존슨 대통령이 박정희를 워싱턴으로 초청해 정상회담을 가진 적이 있었다.

미국 정부로서는 한국에 환심을 사려는 노력이 필요한 무렵이었다. 그 무렵 갈수록 확대되던 월남전에 한국군의 추가 파병을 요청해야 했기 때문이다. 당시 존슨 대통령의 방한도 월남전에 한국군의 증파를 얻어내는 데 주요 목적을 두고 있었다. 비둘기부대와 청룡부대, 맹호부대 파병에 이어 존슨의 방한 직전 백마부대가 파병된 터였다.

당시 존슨의 방한 자체가 월남전을 독려하는 목적에서 관련국들을 순방하는 일환으로 마련된 것이었다. 필리핀 마닐라에서 개최된 월남전 참전 7개국 정상회담에 참석한 뒤 동남아 순방을 마치고 마지막 순방국인 말레이시아에서 공군 1호기 전용기편으로 입국하기로 되어 있었다.

그때 박정희 대통령도 마닐라 정상회담에 참석하고 돌아왔으므로 불과 1주일 만에 두 정상이 서울에서 재회하는 셈이었다. 당시 마르코스Ferdinand Marcos 대통령 주재로 열린 마닐라 정상회담에는 전쟁 당사국인 월남 외에도 미국과 한국, 태국 호주, 뉴질랜드 정상들이 참석했다. 월남전에 파병했던 나라들이다. 박 대통령은 마닐라 회의 참석에 앞서 월남을 방문해 직접 맹호사단을 시찰하기도 했다.

이를테면, 마닐라 정상회담에 이어 다시 서울에서 미국과 한국 사이에 월남전과 관련한 논의가 이뤄지도록 되어 있었던 것이다. 그만큼 미국에 있어 월남전은 발등의 불이었다. 파병을 대가로 한국에 대한 경제지원 약속이 이뤄지고 있었던 사실에서도 확인되는 일이다. 그해 2월 양국 공동협정 체결에 따라 미국의 지원으로 한국과학기술연구소KIST가 설립된 것이 그 덕분이었다. 한 해 전에 존슨

이 박정희를 워싱턴으로 초청해 정상회담을 하며 환대한 데도 그런 뜻이 깔려 있었다.

그렇다 치더라도 한국 정부 나름대로 존슨 대통령에 대한 대접과 예우에 소홀할 수 없는 문제였다. 오히려 이런 기회를 통해 우호적인 인식을 확실히 새겨놓을 필요가 있었다. 존슨 대통령을 설득해 주한미군을 그대로 유지시키는 것이 급선무였다. 미국 정치권에서 간헐적으로 터져나오던 주한미군 철수론을 가라앉혀야 했다. 만약 미군이 철수한다면 한국의 국방력만으로는 북한의 군사 도발을 감당하기가 어려운 상황이었다. 뿐만 아니라 그 이듬해인 1967년부터 시작되는 제2차 경제개발 5개년계획에 대한 경제적 지원도 절실했다. 그러한 포석이 영접 의전에서 시작되는 것이었다.

이범석으로서는 의전실장 직책을 맡은 이래 준비했던 의전 훈련을 총동원할 필요가 있었다. 김포공항 환영식에서부터 세심한 준비가 이뤄졌다. 존슨 대통령 일행이 탑승한 보잉707기가 활주로에 착륙하자 영접위원장인 장기영張基榮 부총리 겸 경제기획원장관과 브라운Winthrop G. Brown 주한 대사, 그리고 이범석 등 세 사람이 기내에 올라 존슨 대통령을 맞았다. 존슨이 트랩을 내려 박정희 대통령과 재회의 악수를 나눈 다음에는 스물한 발의 예포가 발사되는 가운데 의장대 사열이 진행되었다.

공항에서 시내에 들어오기까지 연도에 몰려든 환영 인파도 물결을 이루었다. 동원된 인원도 많았지만 자발적으로 몰려든 사람들도 적지 않았다. 당시에는 모터사이클 호위대의 장엄한 행렬 자체가 하나의 구경거리였다. 연도에 늘어선 학생들은 태극기와 성조기에 존슨의 캐리커처까지 흔들면서 열렬한 환영의 뜻을 표시했다. 시청 앞 광장에서는 국화 꽃잎과 오색 종이가 뿌려지는 가운데 대대적인 환영대회도 펼쳐졌다. 가로수에는 청사초롱이 장식되고 무지개 색깔의 고무풍선도 하늘을 수놓았다.

정상회담은 물론 오찬이나 만찬에 있어서도 소요 시간을 미리 예상해가며 세부 일정을 만들어야 했다. 마치 연출가가 등장인물들을 생각하며 대본을 쓰는 식이었다. 시청앞 광장에서 카퍼레이드가 펼쳐지는 동안 울려 퍼진 '텍사스의 눈The Eyes of Texas'이나 그날 저녁 중앙청 환영 만찬에서 연주된 '앵무새 우는 언덕Mockin' Bird Hill'도 존슨이 개인적으로 좋아하는 노래들을 고른 것이었다. 만찬이 진행되는 동안에는 불꽃놀이로 남산이 환하게 수를 놓은 듯했다.

이처럼 영접 계획을 짜기 위해 사전에 적지 않은 준비가 필요했음은 물론이다. 존슨이 케네디 밑에서 부통령을 지내며 각국을 순방했을 때의 영접 사례를 귀동냥하기도 했다. 특히 그가 자유중국과 파키스탄을 방문했을 당시의 의전에 흡족해 했다는 것이다. 의전이라고 음식상만 뻑적지근하게 차리면 되는 것이 아니었다.

텍사스 농장에 초청받았으나

하지만 기본적으로 문제가 없지 않았다. 외무부 의전실이라고 해야 직원이 고작 여덟 명 정도에 불과했다. 이만한 인원으로 존슨 대통령의 방한 일정을 차질없이 진행한다는 것은 애초부터 무리였다. 그나마 이범석이 의전실장을 맡으면서 충원된 인원이 그러했다.

이에 비해 존슨 대통령을 수행해 방한한 미국 측 인사들은 공식수행원만 해도 러스크David D. Rusk 국무장관을 비롯해 번디William P. Bundy 극동담당 국무차관보 등 80명 가까이 이르렀다. 저명한 경제학자로서 백악관 특별보좌관을 맡고 있던 로스토우Walt W. Rostow 교수도 방한단에 합류하고 있었다. 거기에 일반 수행원과 경호원, 백악관 출입기자단을 감안하면 무려 350여 명에 이르는 대규모였다. 영부인 버드 여사에 큰딸 린다까지 동행하고 있었다. 백악관은 아예 존슨 대통령의 방탄 승용차를 별도 비행기로 수송해 왔을 만큼 수행원단 규모에서부터 위용을 과시하고 있었다.

그중에서도 가장 큰 문제가 경호원들을 다루기 쉽지 않았다는 점이다. 그들이 보안 규정을 들어 까다롭게 굴기도 했지만 대체로는 성격적으로도 거친 편이었다. 의전실 차원에서는 가급적 보안에 미흡하다는 꼬투리를 잡히지 않으려고 최대한 신경을 기울였다. 그래도 사사건건 부딪치기 마련이었다. 백악관 경호팀이 청와대 경호실이나 외무부 의전실의 보안 대책을 그렇게 신뢰하지 않았던 때문일 것이다.

일례를 들자면, 백악관 경호 책임자는 회의실 옆에 놓여 있던 국화꽃 장식에 대해서조차 문제를 삼았다. 경호에 차질을 빚을 수 있으니까 치워 버리라고 요구해 왔다. 만약의 사태가 발생하는 경우 이동 경로 확보에 지장을 줄 수 있다는 이유에서다. 중앙청에서 열리도록 돼있는 양국 정상회담을 준비하면서 최종 점검에 들어갔을 때의 얘기다.

하지만 결국 이범석이 나섬으로써 문제가 간단히 해결되고 말았다. 백악관 경호팀 책임자를 만나 몇 마디로 해결을 보았던 것이다. 당시 의전과장이던 이복형李福衡 전 멕시코 대사가 기억하는 일화다.

정작 심각한 보안 문제는 존슨 대통령이 묵고 있던 워커힐에서 발생했다. 존슨과 버드 여사 부부가 워커힐호텔 코스모스홀에서 만찬을 마련하고 박정희 대통령과 육영수陸英修 여사 부부를 비롯해 한국 정치 지도자들을 두루 초대한 자리였다. 하지만 만찬이 시작되고 얼마 지나지 않았을 때 갑자기 전기가 꺼져 버린 것이었다.

대략 1분 남짓 어둠 속에서 긴장된 숨소리들이 이어지는 동안 이범석은 가슴이 철렁할 수밖에 없었다. 혹시 계획적인 공작 음모에 따른 단전 사태가 아닌가 걱정이 들었던 것이다. 전기가 다시 들어와 실내에 불이 밝혀졌을 때는 이미 존슨 대통령은 경호원들에 의해 피신한 뒤였다. 그만큼 여러 경우에 대비해 철저하게 경호가 이뤄지고 있었으니, 중앙청 회의실의 국화꽃 장식에 대해서도 시비를 걸었을 만도 했다.

이런 해프닝을 겪으면서도 존슨의 방한 결과는 만족스러운 편이었다. 그가 박정희 대통령과 두 차례에 걸쳐 정상회담을 갖고 공동성명 발표를 통해 제2차 경제개발 5개년계획에 대한 지원과 주한미군 유지, 군사적 지지 등을 약속한 것이 그 성과다. 두 정상은 서울역에서 특별 기동차를 타고 의정부역을 거쳐 육군 전방부대를 방문하면서도 계속 대화를 나누었다. 이러한 동선을 바로 옆에서 그림자처럼 쫓아가며 행사 진행에 차질이 없도록 지휘한 막후 인물이바로 이범석이다.

특히 이범석은 존슨 대통령만큼이나 키가 컸기에 행사장에서 마주칠 때마다 주목을 받았을 만하다. 한국인 중에서는 육척 장신이별로 없을 때였다. 그때 1군 사령관이던 서종철徐鐘喆이 큰 키로 인해 관심을 끌었다는 점에서도 그런 정황이 짐작된다. 두 정상이 전방 시찰에 나섰을 때 박 대통령이 서종철 사령관을 슬쩍 밀어 일부러 존슨 대통령 옆에 서게 했으며, 이에 존슨도 발돋움을 하면서자신이 더 크다는 시늉을 해 보임으로써 일행의 폭소가 터져 나왔다는 얘기가 전해진다. 아마 서종철이 군화를 신고 있었기에 존슨보다 더 커 보였을 것이다.

존슨 대통령이 의전 책임자로서 이범석의 활동상을 높이 평가했다는 사실도 기억할 필요가 있다. 그가 모든 일정을 마치고 서울을떠나면서 박 대통령에게 남긴 개인적인 칭찬이 그것이다. "한국에서가져가고 싶은 게 있다면 쾌청한 날씨와 가을 하늘이다. 이범석 의전실장까지 합쳐 세 가지다. 허락하신다면 그를 워싱턴으로 데려가 백악관에서 일하게 하고 싶다"며 극구 칭찬을 늘어놓았다. "내 생애 가장 행복한 국빈 방문"이라는 소감도 남겼다. 그만큼 존슨 대통령의 기억에 이범석이라는 인물이 뚜렷이 각인돼 있었다는 얘기다.

시일이 약간 지나서긴 했지만 이듬해 7월 그가 박정희 대통령으로부터 표창장을 받았다는 사실에서도 증명되는 일이다. 존슨 대통령의 방한 때 빈틈없는 의전으로 미국과의 관계개선에 기여했다는 공적을 인정하는 표시였다. 그해 3월 한국을 방문한 서독 뤼브케Karl Heinrich Lübke 대통령에 대한 의전까지 감안한 표창이었다.

이범석은 그 뒤에도 한 차례 더 존슨 대통령을 만나게 된다. 1968년 4월 하와이에서 열린 박정희와 존슨의 정상회담 때였다. 이범석은 윤하정尹河珽 구미국장과 함께 사전 준비팀으로 호놀룰루를 방문한 것은 물론 공식 수행원으로도 재차 방문하게 된다. 이 때도 양국 간 회담 테이블에 오른 주요 의제는 월남전이었다.

존슨 대통령은 임기를 마친 뒤 백악관에서 물러나오면서 이범석에게 "미국을 방문하게 되면 텍사스 목장에 한 번 들러 달라"는

이범석 의전실장이 1966년 공식 방한한 휴버트 험프리 미국 부통령을 김포공항에서 영접하고 있다.

내용의 개인 편지를 보내오기도 했다. 그의 이름을 딴 존슨시티의 LBJ 목장을 이르는 것이었다. 이처럼 이범석을 마음에 두고 있었으니만큼 박 대통령에게 그를 칭찬한 것이 단순히 공치사만은 아니었던 모양이다.

하지만 이범석은 존슨이 타계할 때까지 그의 농장을 방문할 만한 시간적 여유를 내지 못했다. 그가 세상을 떠난 1973년 1월께만 해도 남북적십자회담 수석대표로서 눈코 뜰 새 없이 바쁠 때였으니 말이다. 짧은 만남으로 그쳤기에 더욱 아쉬운 존슨 대통령과의 인연이다.

한편, 이범석이 의전실장을 맡았던 동안 한국을 방문한 외국 원수들은 존슨 대통령 외에도 열 명 가까이 이른다. 서독 뤼브케 대통령과 태국 타놈 총리, 일본의 사토 에이사쿠佐藤榮作 총리, 에티오피아 하일레 셀라시에 황제, 호주 해롤드 홀트 총리, 뉴질랜드 홀리오크 총리, 말레이시아 이스마일 나시루딘 국왕, 월남 응우옌 반 티우 대통령, 니제르의 하마니 디오리 대통령이 그들이다. 한국 외교에 있어 새로운 지평을 열었던 역동의 시기다.

'월남전 외교'의 와중에서

이범석이 의전실장 재임 중 박정희 대통령을 수행해 호주를 방문했던 일에 대해서도 건너뛸 수 없다. 홀트 총리가 갑자기 타계하는 바람에 조문 사절로 멜버른에 박 대통령을 수행했던 것이다. 홀트 총리가 타계했다고 했지만 사실은 바다에서 수영을 하다가 실종된 사건이었기에 국제적으로도 충격이 작지가 않았다.

그가 수영 도중 파도에 휩쓸린 직후 호주 해안경찰이 대대적인 수색에 나섰으나 사체도 찾을 수가 없었다. 결과적으로 익사했을 것으로만 추정되고 있었을 뿐이다. 1967년 12월, 호주 남동부의 빅토리아주 포트시 근처 체비어트 해안가에서 일어난 사건이다.

이때 박 대통령의 호주 방문은 조문 목적이었으면서도 역시 당사국들끼리 월남전 동향에 대해 논의하는 자리였다. 월남전 파병국 정상들이 모두 모일 것이었으므로 자연스럽게 월남전 수행에 대한 논의가 이뤄질 것으로 여겨지고 있었다. 호주도 파병국의 일원이었음은 물론이다. 한 해 전인 1966년 10월 마닐라 정상회담에 이어진 회동이다.

그러나 어차피 장례식이었다. 박 대통령이 존슨 대통령을 비롯해 각국 대통령과 개별적으로 만나 대화를 주고받기는 했지만 마음이 착잡할 수밖에 없었을 것이다. 더구나 홀트 수상이 서울을 방문해 박 대통령과 정상회담 테이블에서 마주 앉았던 것이 불과 여덟 달 전인 그해 4월의 일이다. 감상적인 기분이 들었기 십상이다.

박 대통령이 멜버른에서 하루를 묵으며 호텔 방에서 술로 마음을 달랜 데서도 그런 기분을 느끼게 된다. 수행원들을 몇 명 번갈아 불러들이며 술친구를 삼았다. 수행원이라고 해야 최규하崔圭夏 외무장관과 이후락李厚洛 비서실장, 박종규朴鐘圭 경호실장, 신범식申範植 공보비서관, 조상호曺相鎬 의전비서관 정도였다.

이범석도 자리에 불려가 술자리를 거들게 된다. 이때 박 대통령이 그에게 술을 따라주며 개인적으로 신임을 표시했다는 얘기가 전해진다. "수고 많았네. 다음부터는 장관, 국회의원 다 필요 없고 자네하고만 다니면 되겠군"이라고 두둔했다는 것이다. 그가 모든 진행을 앞장서서 척척 해결해 준 데 대한 격려였다. 이범석이 생전에 주변 사람들에게 얘깃거리로 들려주던 내용이다. 술 실력으로 따져도 박정희가 센 편이었다. 이범석도 술을 마다하는 성격은 아니었지만 대통령 앞에서 마음대로 마실 형편은 아니었다.

그때 장례식을 마치고 귀국길에 올랐을 때도 재미있는 일화가 남아 있다. 박 대통령이 시가지 귀환행사를 준비하지 말도록 갑자기 지시를 내린 데 따른 일이었다. 대통령이 해외 순방길에 오를 때는 물론 귀국할 때도 김포공항에서 서울시청에 이르는 길가에 시민들이 줄지어 태극기를 흔들고 색종이를 뿌리는 것이 하나의 관례였다. 주로 학생들을 동원해야 했는데, 그런 행사를 하지 않았으면 하는 것이 박 대통령의 뜻이었다. 장례식에 참석하고 돌아가는 마당에 요란하게 환영식을 한다는 자체가 자연스럽게 여겨지지 않았을 법하다.

하지만 비행기의 통신 상태가 원활하지 못한 것이 문제였다. 기상 상태가 고르지 않은 탓이었다. 천둥과 번개까지 수시로 몰아치는 상황에서는 꼼짝할 수가 없었던 것이다. 박 대통령의 지시를 전달하기 위해 몇 차례나 서울 본부에 연락을 취하려 했지만 통신망이 터지지를 않았다.

이범석은 안절부절할 수밖에 없었다. 그나마 전용기가 별탈없이 순항하고 있었다는 것이 다행이었다. 이런 모습을 보고는 박 대통령이 그를 옆으로 불러 앉혔다. 그리고는 "날씨 탓이니 자네 잘못이 아니다. 술이나 한 잔 하라"면서 술잔을 권했다.

박 대통령으로서는 그냥 술친구가 필요했던 것이 아니다. 달리 할 말이 있었던 것이다. 불과 이틀에 걸친 짧은 체류였지만 현지에서 목격한 호주의 경제 상황과 우리 처지가 너무 비교가 되었고, 그래서 답답한 마음이 들었을 것이다. 이범석은 박정희가 따라주는 술잔을 받으며 하소연에 가까운 그의 걱정을 들어야 했다.

박정희는 국내의 정치적 파벌 다툼과 부정부패를 걱정하고 있었다. "국민들이 병 주고, 약 주고 하는데 언제 고칠지 생각하고 있다"고 했다. 하다못해 민원서류 한 통을 뗄 때도 담뱃값이라도 급행료로 찔러줘야 한다는 사실을 정확히 꿰고 있었던 것이다. 호주가 영국 식민지를 거쳤으면서도 유럽 국가들 못지않게 잘 사는 모습을 살펴보고 귀국하면서 나라 살림을 이끌어나갈 걱정이 한꺼번에 미쳤을 것으로 짐작된다.

박 대통령이 홀트 총리의 장례식에 참석해야 했듯이 그때 한국 외교에서 가장 중요하게 다뤄졌던 쟁점은 월남전 문제였다. 앞서 살펴본 것처럼 박 대통령과 존슨 대통령이 워싱턴과 서울, 하와이를 오가며 개최한 세 차례의 정상회담에서 주요 의제가 모두 월남전 파병 문제였다는 점에서도 확인되는 사실이다. 미국과의 외교도 중요했지만 그 현안을 풀어가는 열쇠가 월남전에 포함되어 있었다.

그런 점을 감안한다면, 응우옌 반 티우 월남 대통령의 방한은 결코 이른 편이 아니었다. 1969년 5월에야 성사되기에 이른다. 월남 대통령으로는 응오 딘 디엠이 이승만 대통령 시절이던 1957년 서울을 방문한 적이 있으나 아직은 월남전이 일어나기 전이었다. 그러나 정상회담 여부와 관계없이 분단국으로서 공산 세력과 대치하고 있다는 공통점만으로도 유대감을 느끼는 사이였다.

티우 대통령의 방한과 관련해서는 그때 외무부 초년병이던 이재춘李在春이 다음과 같이 의전실 분위기를 부분적으로 전하고 있다.

티우 월남 대통령의 방한 때 있었던 일이다. 이런 행사 때는 적어도 시작 이틀 전까지는 일정을 포함한 행사계획 책자가 준비되어야 한다. 우리 대통령을 위시하여 방한 기간 동안 치러지는 행사에 참석하거나 동원되는 모든 인원은 이 계획서대로 움직여야 하기 때문에 글자 하나의 오차도 있어서는 안 된다. 이범석 실장이 의전과 전 직원을 소집하고 영접계획 책자의 내용을 마지막으로 점검하면서 오탈자誤脫字를 발견하는 직원에게는 포상을 약속했다. 모두가 몇 시간 동안 달라붙어서 한 자, 한 자 훑어보았어도 오자를 발견하는 사람이 없었는데 내가 행사 시간이 잘못 인쇄된 한 곳을 짚어냈다. 이범석

실장은 약속대로 만원권 수표 한 장을 내게 포상했다. (이재춘, 〈외교관으로 산다는 것〉)

티우 대통령은 이때 방한 기간을 통해 서울대학교에서 명예법학박사 학위를 받고 울산공업단지를 시찰하는 등 바쁜 일정을 소화하게 된다. 이범석이 의전실장으로서 모든 일정을 사전에 꼼꼼히 준비해야 했음은 두말할 것도 없다. 그리고 이를 위해 의전실 직원들이 모두 매달려야 했던 것이다.

이재춘은 당시 이범석에 대해 "선이 굵고 친화력이 돋보이는 지휘관이었다"고 소개하고 있다. 대범하면서도 일은 꼼꼼히 챙기고 아랫사람의 잘못은 꾸짖기도 하지만 업무를 소신껏 처리하려다 저지른 실수에 대해서는 관대했다는 것이다. 이복형과 노영찬에 이어 최필립이 의전과장을 맡고 있을 때였다. 우리 외교사의 한 페이지에서 중요한 역할을 수행했던 인물들이다.

이재춘은 그 전 해인 1968년 의전과에서 외교관 업무를 시작하면서 이범석을 상관으로 모신 관계였다. 이범석의 의전실장 수행 기간으로 따진다면 후반기에 해당하는 기간이다. 그가 외무고시의 마지막 관문인 면접시험을 볼 때도 이범석이 면접위원이었다. "그때 5~6명의 면접위원 중 풍채가 당당한 사람이 장시간 영어로 질문했는데, 나중에 보니 이범석 의전실장이었다"는 게 이재춘의 회고담이다.

워커 대사와의 인연

이범석은 이처럼 각국 정상들이 서울을 방문할 때마다 최대의 준비로 상대방이 우리의 환대를 충분히 느끼도록 노력했다. 정상들만큼 크게 신경을 쓰지 않아도 되는 각료급 인사들의 경우에도 웬 만하면 본인이 직접 공항 영접에 나서곤 했다. 전임자들과는 상당히 다른 모습이었다.

그때마다 그는 마음속으로 유엔대표부 시절의 기억을 떠올리곤 했다. 아프리카 국가의 젊은 외교관을 집으로 초대해 저녁을 대접하고도 "당신은 남한 외교관이냐, 북한 외교관이냐"라고 엉뚱한 질문을 받았던 기억 말이다. 국제무대에서 우리 외교관들이 그런 황당한 경우를 당하는 일이 다시는 없어야 한다고 스스로 다짐했다.

미국 워커Richard L. Walker 대사와의 관계가 그런 식으로 시작되었다. 두 사람이 처음 만났을 때 워커는 아직 외교관 신분도 아니었다. 아시아 전문가로서, 예일대학교와 사우스캐롤라이나대학 등을 거쳐 워싱턴 국방대학 교수로 재직하고 있었다. 그런데도 이범석은 그를 친절하게 대함으로써 깊은 인상을 남겼다. 워커가 한국을 방문해 이범석을 처음 만났을 때의 회고담을 들어 본다.

> 나는 이범석 씨를 1966년 처음 만났다. 그는 첫 만남 때부터 강한 신뢰감을 느낄 수 있었던 몇 안 되는 사람 중 한 명이었다. 당시 그의 직함은 외무부 의전실장이었다. 그때 외무부를 방문한 나는 그와 만날 기회를 갖게 됐고 자연스럽게 시간을 함께했다. ……
>
> 우리는 서로 죽이 맞았다. 나는 이내 그가 재기 넘치는 인물이라는 점을 깨달았다. 그는 과장됨 없이 직설적으로 말하는 능력을 타고났다. 영어에도 능통했으며, 이글거리는 눈빛에는 지성이 번득였다. 나같이 오랜 세월 강단에서 학생을 가르쳐 본 사람들은 흔히 강의 도중 학생들을 죽 훑어보는 버릇이 있다. 그리고 학생들의 눈빛만 봐도 누가 비범한 학생인지를 쉽게 가려낼 수 있다고 생각한다. 내가 보기에도 그는 확실히 보통

이 아니었다. (한국일보, 1998년 3월 2일)

두 사람이 얼마나 가까운 사이였는지는 서로 별명이나 애칭으로 부른 데서도 잘 알 수 있다. 워커 대사는 애칭인 '딕시Dixie'로 통했다. 이범석뿐만 아니라 그 자녀들도 '엉클 딕시'라고 부를 정도였다. 이에 비해 워커는 이범석을 '범Bum'이라 불렀다. 이름 글자를 딴 호칭이었다. 영어로 'Bum'은 게으름뱅이나 건달 등을 뜻하는 부정적인 뜻을 포함하고 있었으나 이범석은 별로 개의치 않았다. 오히려 이러한 의미를 내세우면서 상대방의 얼굴 표정을 즐기는 편이었다. 그런 소탈한 성격이 상대방에게 더 매력적으로 비쳤을지도 모른다.

워커의 평가가 바로 그러했다. 한 마디로 '국제 신사'라고 평가한 것이다. 무엇보다 재기가 넘치는 말솜씨에 매료됐을 법하다. 이런 사이였으니만큼 뒤에 외무장관과 주한 대사의 관계로 다시 만나게 됐을 때 남다른 친분관계를 이어갈 수 있었을 것이다. 간혹 상대방이 약속 시간에 늦기라도 하면 "그래서야 되겠느냐"며 은근히 핀잔 겸 흥허물을 섞어 농담을 주고받을 정도였다. 언젠가 부산 유엔묘지 추모행사에 참석한 길에 해운대 구경까지 했는가 하면 별도로 제주도 여행을 다녀오기도 했다. 모두 부부 동반이었음은 물론이다.

워커 대사 본인이 6.25 전란에 참전했던 역전의 용사였다. 따라서 지한파 중의 지한파였다. 레이건 대통령이 그에게 대사 직책을 제의하면서 한국과 호주, 중공, 자유중국 가운데 어느 나라에 가겠느냐고 의향을 물었을 때 망설임 없이 '코리아'를 택했을 정도다. 여기에 이범석이 친절하고 믿음이 가도록 대했기에 서로의 친분관계가 가능했을 것이다. 워커에게 뿐만 아니라 다른 사람에게도 마찬가지였다.

그의 의전실장 당시 서울에 부임해 있던 포터William J. Porter 미국 대사에게는 더 말할 필요도 없다. 역시 서로 가족 동반으로 만났을 정도로 친분이 깊었다. 포터 대사는 이범석의 식구들을 정동 대사관저로 곧잘 초청했다. 저녁식사를 마친 뒤에는 응접실에서 직접 필름을 돌리며 영화 감상을 즐기는 게 하나의 코스였다. 여름철 무더위 날씨가 시작되고 대사관 수영장이 가동되면 초청 행사가 더욱 잦아졌다.

이범석과 포터는 시내 호텔의 사우나에 같이 드나들 정도로 인간적 유대가 가까웠다. 포터 대사가 그의 권유로 종업원에게 때밀이 서비스를 받은 뒤 "매우 개운하다"며 흡족해 했다는 얘기가 남아 있다. 포터가 박정희 대통령이나 최규하 외무장관을 수시로 대면하면서도 이범석과는 거의 친구 관계나 마찬가지였던 셈이다.

본스틸 사령관 '계란 배달'

그때 미8군 사령관이던 본스틸Charles H. Bonesteel 장군과의 관계도 거의 비슷했다. 역시 이범석이 친절하게 대했던 결과다. 그때 이범석은 자신의 잠실 농장에 포터 대사와 본스틸 장군을 몇 번인가 초청했다. 그가 대한적십자사를 그만두면서 받은 퇴직금으로 운영하던 개인 농장이다. 광나루 다리를 건너 천호동 쪽에 위치해 있었다.

그때의 일화가 하나 전해진다. 이들 두 사람을 농장에 초대해 저녁식사를 즐기던 어느 휴일날의 얘기다. 닭장에서 닭들이 꼬꼬댁하는 소리에 본스틸이 "여기서는 날마다 신선한 계란을 먹을 수 있어서 좋겠다"고 말한 것이 발단이 되었다. 마침 식탁에 계란 요리가 등장한 참이었다.

미군부대 구내식당에서 소비되는 대부분 식자재가 미국 본토를 포함해 해외 지정업체에서 수송되어 오던 시절이다. 나름대로는 영양과 위생을 감안한 조치였다. 신선도를 유지할 필요가 있는 상치

나 오이, 토마토 등 일부 채소에 있어서만 제한적으로 우리 농촌에서 조달되고 있었다. 계란도 해외에서 저온 처리된 상태로 공수되고 있었음은 물론이다. 본스틸 사령관이 이범석의 농장에서 생산되는 계란에 대해 부러움을 표시한 것이 그런 때문이었을 것이다.

이에 이범석은 즉석에서 사령관 관사에나마 신선한 계란을 대주겠다고 약속했다. 그리고 바로 다음날 아침부터 계란이 배달되기 시작했다. 대사관저에도 함께 배달됐다. 얼마 안 지나서는 사령관실 부관이 직접 농장에 와서 계란을 받아가는 식으로 바뀌었다. 좀 이상하게 들릴지 몰라도, 중령 계급인 부관이 '계란 배달부'가 됐던 셈이다. 얘기가 좀 빗나간 감이 없지 않지만 모두 이범석과의 개인적인 친분관계에서 일어난 일이다.

이 농장과 관련해서는 여러 얘깃거리가 남아 있다. 양돈을 시작해 한때 어미돼지가 800마리에 이를 만큼 대규모로 커진 적도 있었다. 그 뒤 일대 지역이 아파트촌으로 탈바꿈하면서 개발 구역에 포함되었다. 지금은 올림픽공원에 편입됨으로써 자취가 사라져 버렸다. 농장에 대해서는 다시 자세히 소개하기로 한다.

이범석이 서울에 찾아오는 외국 방문객들을 친절하게 대우했던 사례는 그밖에도 수두룩하다. 그중에서 하나의 사례를 더 들자면 1967년 11월 케냐 니얌웨이야 외무장관의 방한 때다. 이범석은 그가 한국에 체류하는 동안 최대의 성의로 접대했다. 그런데 마지막 날 영빈관 만찬에서 문제가 빚어졌다. 너무 피로한 나머지 이범석이 잠시 정신을 잃을 정도로 골아 떨어졌던 것이다. 당시 일부 언론 보도에는 '졸도했다'고까지 표현되어 있다.

그러면서도 만찬이 끝나갈 무렵에는 그가 다시 정신을 차리고 니얌웨이야 장관에게 "땡큐, 굿바이"라고 작별인사를 건넸다는 것이다. 니얌웨이야 장관이 나흘 동안의 체류 일정을 모두 마치고 떠나가면서 "한국에서 가장 인상 깊었던 것은 외교관의 남다른 책임감

이범석 의전실장이 1967년 2월 청와대에서 열린 박정희 대통령의 탕종(唐縱) 자유중국 대사의 신임장 제정식에 배석한 모습.

이었다"는 소감을 남긴 것이 그런 때문이었다. 이범석 개인에 대한 얘기였음은 물론이다.

이범석이 의전실장 시절 몇 번인가 부상을 입은 적이 있다는 점도 짚고 넘어갈 필요가 있다. 언젠가는 퇴근길에 타고 가던 지프차가 급정거하는 바람에 앞자리에 이마를 부딪쳐 뇌출혈 증상을 보이기도 했다. 비록 증세가 가볍기는 했어도 후유증이 없지는 않았다. 일종의 뇌진탕 증세였다. 그가 과로할 때면 가끔씩 어지럼증을 호소했던 것이 이때의 상처와 무관할 수 없었을 것이다. 아마 니얌웨이야 장관과의 만찬 때도 이러한 어지럼증이 나타났던 게 아닌가 싶다.

꿈을 키웠던 대동농장

앞에서 얘기가 나온 김에 대동농장에 대해서도 마저 소개하고 넘어가는 가는 게 좋을 것 같다. 천호동 근처에 있었던 이 농장은 이범석이 외무부로 자리를 옮기면서 그동안 근무했던 대한적십자사 퇴직금으로 구입한 것이다. 전체 규모로는 1만5800평에 이르렀지만 워낙 땅값이 쌀 때였다.

이범석이 이곳에 울타리를 두르고 농장을 조성한 것은 미국 근무를 끝내고 돌아와서다. 이름은 '대동농장'이라고 붙였다. 6.25 전란이 끝나갈 즈음 부산 부두에서 하역작업 회사를 운영하면서 '대동운수'라는 간판을 내걸었듯이 두고 온 고향을 그리워하는 이름이다. 자나 깨나 평양의 대동강을 생각하고 있었다는 얘기다. 부친이 운영하던 농장을 떠올렸을 법도 하다.

그의 아호가 '초강初岡'이라는 점에서도 나이가 들어서도 변함없이 간직했던 고향에 대한 애틋한 그리움이 드러난다. '강岡'이 언덕배기나 산등성이를 뜻한다는 점에서 '처음의 언덕'이란 평양 산천을 의미한다. 그가 어려서 뛰놀던 서기산이나 만수대를 포함해 대동강 모란봉이나 능라도까지 두루 포함하는 의미일 것이다.

'대동농장'이라는 이름에서도 어린 시절 평양에 대한 기억과 관심에서 출발하는 이범석의 개인적 향수를 짐작할 수 있다. 실향민이라면 누구라도 고향을 향한 생각에 몸부림치기 마련이지만 그는 더욱 유별난 편이었다. 두고 온 산하에 대한 미련이었다. '수구초심首丘初心'이라는 표현 그대로다.

이범석은 그때만 해도 주변이 허허벌판이던 이곳에 농장을 조성하면서 은행나무와 잣나무, 향나무 묘목을 심었다. 수원 임업시험장에서 각각 1000그루씩 사다가 심은 것이었다. 그 옆으로는 포도나무를 배치했다. 의전실장으로서 한창 바쁜 가운데서도 휴일이면

틈나는 대로 농장에 들러 손수 팔을 걷어붙이고 일꾼들과 함께 어울렸다. 가끔씩은 임인학, 조태용 등 사위들도 농장에 동원되었다. 막내 사위인 서동욱은 아직 집안의 일원으로 들어오기 전이었다. 그의 노력이 나무를 심는 데 그친 것은 아니다. 이듬해에는 이 묘목들을 서로 위치를 바꿔 옮겨 심을 만큼 정성을 기울였다. 나무뿌리를 튼튼하게 만드는 방법이었다.

아내가 "이 나무들이 언제 자라도록 기다리겠느냐"며 은근히 핀잔을 주었어도 그는 아랑곳하지 않았다. 오히려 "앞으로 10년만 지나면 우리 아이들 학자금 밑천이 될 것"이라며 스스로 대견스러워하곤 했다. 빠듯한 공무원 월급으로는 자녀들 대학 보내기가 어렵다고 생각해 미리 준비한 것이었다. 농장 일에 재미를 붙일 수밖에 없었을 것이다.

그는 특이하거나 예쁜 나무 종자가 눈에 띄면 대동농장으로 옮겨가 재배할 수는 없을까를 생각하기도 했다. 청와대 경내의 홍단풍이 하나의 사례다. 의전실장으로 청와대를 드나들면서 빨간 단풍의 자태가 사시사철 정원의 정취를 더해주는 모습에 마음이 끌렸던 것이다. 어느 가을철인가, 청와대 정원사에게 부탁해 땅바닥에 떨어진 씨앗을 낙엽과 함께 쓸어 모아 비닐봉지에 담아 와서는 대동농장에 뿌렸다. 극성스런 모습은 이런 정도에서 그치지 않았다. 휴가철 바닷가로 피서를 떠날 때는 절벽에 자라는 해송을 채취해 분재로 키우기도 했다.

이범석은 이렇게 여러 식물 종자를 키우면서도 대충 지나치는 법이 없었다. 대체로는 서적을 보면서 방법을 연구했다. 아직 국내에 전문서적이 나오기 전이었기에 주로 일본책을 구해서 읽었다. 은행나무나 잣나무 묘목을 돌려심는 것도 교본에 나와 있는 대로였다. 부산 신혼집 담장에 개량종 코스모스를 가득 심었듯이 워낙 식물 재배와 감상에 관심이 많은 터였다.

그는 닭을 치면서 닭똥으로 나무뿌리에 뿌려 줄 비료도 직접 만들었다. 좀더 정확히 말하자면, 비료를 만들려고 닭을 키우기 시작한 것이나 다름없었다. 그렇게 본다면 앞서 포터 대사와 본스틸 장군에게 제공했던 신선한 달걀은 그 부수입이었던 셈이다. 일단 양계에 손댄 상황에서 돼지까지 키우게 되는 것은 하나의 따라가는 과정이었다. 하지만 그냥 된 것은 아니다. 역시 틈날 때마다 축산 관련 책들을 들여다보며 이것저것 꼼꼼한 궁리를 거쳐서다.

이범석은 쉬는 날이면 거의 농장에 들렀다. 그만큼 애착을 보였던 것이다. 경기도 이천에 과수원으로 새로 마련한 농장도 마찬가지였다. 일요일이면 식구들과 함께 농장에서 지내는 게 보통이었다. 물론 아침 일찍 교회에 출석하는 것이 먼저였다. 그만큼 신앙이 돈독했고, 또 유별나게 가정적이었다. 그것이 그가 살아가는 즐거움이기도 했다.

그는 농장에서 식구들을 위해 자주 음식을 만들었다. 바깥에서 독특한 음식을 맛본 경우에는 집이나 농장에서 직접 만들어보는 것이 취미였다. 성격만큼 음식 솜씨도 소탈했다. 그중에서도 젊어서부터 솜씨를 보이던 닭죽이 주요 메뉴였다. 이천 농장에는 아예 닭죽을 쑤는 화덕을 만들어 놓았을 정도다. 일요일이면 식구들의 아침식사용으로 팬케이크를 만들기도 했다. 물론 새로운 메뉴를 선보이느라 실수로 양념을 너무 많이 치는 바람에 식구들이 기겁하며 숟가락을 내려놓는 경우도 없지 않았지만 그럴수록 농장 일은 재미를 더해갔다.

의전실 직원들도 가끔씩 농장에 초대되곤 했다. 그때마다 푸짐한 불고기 파티가 열렸으며, 우래옥 요리사들이 농장에 출동해 냉면을 만들어 내놓기도 했다. 요즘 얘기로, '케어터링 서비스'였다고나 할까. 북한에 고향을 둔 실향민으로서 냉면을 좋아하지 않는 사람 없으련만 그는 우래옥 단골손님으로 꼽힐 정도로 냉면을 좋아

했다. 우래옥 대표인 장진건張振建과는 평양고보 동창 관계이기도
했다.

한편, 이범석은 장을 보는 데 있어서도 꼭 아내를 따라나서곤 했
다. 따라나섰을 뿐만 아니라 장바구니도 자기가 들었다. 어물전 좌
판을 들여다보며 직접 생선을 고르고 닭죽을 쑬 생닭을 고르기도
했다. 아내가 다른 사람들의 눈치를 살피며 아무리 만류했어도 아
랑곳하지 않았다. 남북적십자회담 수석대표 때도 장을 보는 습관
이 이어지다가 뉴델리 주재를 마치고 돌아와 통일원장관이 되고 대
통령 비서실장이 되고서야 시장 보기가 중단됐다. 업무가 바빴기
때문이다.

"이재에 밝았다"는 평가

이범석이 이처럼 농장 사업에 손대기에 앞서 셰퍼트 훈련장을 만
들었다는 사실은 거의 알려져 있지 않다. 간판은 '대한경비견 훈련
소'라고 붙였다. 서대문과 홍제동 고개를 넘어 응암동에서였다. 아
직 대한적십자사에 근무하던 때의 얘기다.

더욱이 어려서부터 개를 무척 좋아한 이범석이었다. 평양 시절에
도 집에서 개를 키웠다. 그 종자가 셰퍼트였고, 그 셰퍼트와 어울려
장난치는 것도 여러 형제들 중에서도 그의 몫이었다. 밥을 줄 때도
식구들 몰래 계란까지 얹어 주기도 했다. 웬만한 집안에서는 밥상
에서 계란 구경하기가 어려울 때였다.

이범석은 미국 대사관 근무를 마치고 돌아올 때도 셰퍼트를 한
마리 사 갖고 들어왔다. 그 이름을 '베타'라고 지었는데, 어렸을 때
키우던 셰퍼트의 이름을 그대로 붙인 것이었다. 귀국해서는 암놈
을 들여 쌍을 이뤄 주었다. 그가 직접 목욕도 시키고, 산보도 데리

고 다녔는데 어이없게도 어느날인가 개도둑이 들어 훔쳐가고 말았다. 개집 앞에 떨어져 있던 오징어 쪼가리로 미뤄 약을 묻힌 오징어로 유인했을 것이라며 애석해했을 뿐이다.

따라서 개 훈련소를 차린 것은 사업보다는 취미였다. 셰퍼트의 훈련과 증식을 염두에 두고 있었다. 개 훈련과 함께 땅 투자에 일찍부터 눈뜨기 시작했다는 사실을 기억할 만하다. 아직 재산증식 방법으로 땅 투자에 대한 개념들이 별로 없었을 무렵이다. 그로서는 땅에 투자해 돈을 벌겠다는 생각보다는 지주의 아들로 성장한 어린 시절의 기억으로 땅에 대한 애착이 컸을 법하다.

한동안은 이 땅이 이재민을 수용하는 용도로 이용되기도 했다. 한강에 물난리가 나자 서울시 당국이 이곳에 이재민을 수용했던 것이다. 여름철마다 홍수가 질 때면 한강 물이 넘쳐 이재민이 발생하는 것이 연례행사나 마찬가지일 때였다.

결국 응암동 땅은 이재민이 옮겨오고 사람들의 왕래가 빈번해지면서 토지 가운데로 도로가 뚫린 끝에 서울시에 의해 수용되고 말았다. 대동농장 터가 된 천호동 토지를 구매한 것은 이러한 과정을 거친 뒤의 얘기다. 서울시로부터 받은 수용 보상금으로 인왕산 근처의 땅을 알아보았으나 보상금으로는 어림도 없었다. 그래서 멀리 강남으로 눈길을 돌린 것이다. 강남 지역이 본격 개발되기 시작한 1970년대 이전에는 강북보다 땅값이 훨씬 헐했기 때문이다. 계약이 이뤄진 직후 화폐개혁이 단행됨으로써 잔금을 치르는 데 애로를 겪기도 했다. 이범석이 외무부에 합류해 들어간 직후의 일이다.

이처럼 농장을 시작하기까지 여러 어려움이 따랐으나 시일이 흐름에 따라 농장은 그에게 든든한 돈줄이 되어 주었다. 그가 기대한 대로였다. 어린 묘목들이 관상수로 늘씬하게 자라면서 몇 배씩 받고 되팔 수가 있었다. 그는 그 돈으로 농장을 더 늘렸고, 결과적으로 상당한 재산을 만들게 되었다. 부업치고는 제대로 된 부업이었다. 그가 이재에 밝다는 소리를 듣게 된 과정이다.

실제로, 이범석이 남보다 이재에 관심이 많았던 것은 부인할 수 없는 사실이다. 대동농장이 아니라도 이미 부산에서의 대동운수 사업 덕분에 주변의 다른 사람들보다는 생활에 여유가 있었다. 외교관의 제한된 월급에도 뉴욕에서 넓은 아파트에 거주할 수 있었던 배경이다.

그렇다고 사업적 수완 때문만은 아니었다. 무엇보다 돈에 대해서는 철두철미했다. 한푼의 소중함을 깨닫고 있었다. 해방 직후 평양에서 서울로 올라와 대학에 다니면서는 물론 사회부 공무원 시절 뼈저리게 느꼈던 돈 없는 서러움을 자식들에게는 물려주지 않으리라 했다. 부친이 일궈놓은 재산을 고스란히 빼앗긴 채 쫓기듯 맨몸으로 떠나왔다는 점에서 보상심리가 발동하기도 했을 것이다.

하지만 대동농장은 뒤에 서울올림픽을 준비하는 단계에서 올림픽 부지로 수용되고 말았다. 농장이 제법 큰 규모로 확대되어 있을 때였다. 그렇게 되기까지 20여 년 동안 집안 생활비와 자녀들 학비 충당에 큰 도움이 되었음은 말할 것도 없다.

이범석은 대동농장이 수용당한 뒤에는 다시 경기도 이천에 농장을 조성했다. 서울시에 의해 근처 토지를 대토로 받았으나 그것도 처분하고 아예 더 멀리 농장을 옮긴 것이었다. 그는 임야를 개간해 만든 이 농장에 회양목과 사과나무, 은행나무 묘목을 심었다. 지금은 해마다 은행이 열릴 정도로 아름드리로 성장했다.

그는 이렇듯 농장을 꾸려가면서 한편으로는 교육사업에도 뜻을 두고 있었다. 공직에서 물러난 다음에는 교육사업에 전념하겠다는 얘기를 하곤 했다. 농장 부지를 늘리든지, 아니면 농장에서 나오는 소득을 활용하든지 방법은 여러 가지가 있을 터였다. 농장 경영은 그 자체가 즐거움이었을 뿐만 아니라 더 큰 꿈을 이루는 수단이었다.

'갈비짝 선물' 사건

이범석이 사업 수완이 있었고 이재에 밝았던 것은 틀림없지만 그렇다고 남의 것을 함부로 탐한 것은 아니었다. 생활태도 자체가 성실하고 근면했다.

특히 공직 업무와 관련해서는 매사에 철두철미했다. 원칙이 분명했다. 외무부에서 승승장구했던 만큼 청탁과 함께 선물도 상당히 들어왔지만 출처가 분명하지 않은 선물은 단호히 뿌리쳤다. 그리고 그 역할은 아내가 맡을 수밖에 없었다. 선물 꾸러미가 주로 집으로 배달되어 왔기 때문이다.

선물 공세는 의전실장으로 발령받고부터 시작됐다. 주문하지도 않은 장롱이 신당동 집으로 배달되어 왔다. 아내 이정숙은 잘못 배달된 거라고 생각했으나 배달원은 주소와 문패를 확인하고는 틀림없다며 현관에 놓고 가 버렸다. 포장되어 있어서 모양을 살필 수는 없었지만 중간 크기의 장롱이었다.

저녁에 귀가한 이범석은 아내에게 이런 얘기를 듣고는 "내일 그대로 돌려주라"며 역정을 냈다. 그리고 앞으로는 어떤 선물이든지 받지 말고, 누가 찾아오더라도 만나지 말라는 엄명을 내렸다. 아예 문을 열어주지 말라고도 했다. 그때 집에서 일하던 가정부에게도 엄한 지시가 떨어졌음은 물론이다.

의전실장이 여권발급 업무를 관할하고 있었으므로, 그 청탁으로 선물이 들어온 것이었다. 선물이라고 해야 대부분 카스테라 상자이거나 과일 바구니 정도였다. 그래도 이범석은 운전기사를 시켜 그날 밤으로 되돌려 보내도록 했다. 요즘처럼 빵이나 과자에 방부제를 쓰지 않던 시절이어서 빨리 돌려보내지 않으면 곰팡이가 필 수도 있었기 때문이다. 의전실장 운전기사가 선물을 보낸 사람의 주소를 들고 되돌려주러 찾아다니느라 고생할 수밖에 없었다.

그러나 사람이 찾아오더라도 아예 만나 주지 않게 되면서 아내 이정숙에게 험담이 쏟아지기 시작했다. "젊은 여자가 너무 건방지다"느니, "언제부터 그렇게 도도해졌느냐"는 소리가 들려오게 된 것이 그런 식으로 두어 달이 지나가면서부터다. 사촌 시누이가 찾아왔는데도 가정부가 막무가내로 돌려보냈으니, 헛발질한 입장에서는 당연한 반응이었을 것이다. 더구나 전화가 많이 보급되지 않아 방문에 앞서 미리 약속하기가 어려웠던 때였을 만큼 문전박대를 당한 입장에서는 야속하기 마련이었다.

한 번은 이런 일도 있었다. 누군가 집 앞에 시멘트 포장지에 새끼줄로 묶은 묵직한 꾸러미를 놓고 갔는데, 열어 보니 갈비짝이 들어 있었다. 선물을 받지 않을 것 같으니까 문간에 놓아두고 간 것이었다. 그러나 누가 보냈는지도 모르는 물건을 처분하기가 마음에 걸렸다. 일단 보낸 사람이 나타나기까지 장독대에 놓고 기다려 볼 심산이었으나 사나흘이 기다려도 임자가 나타나지 않았다. 그러다간 고기가 상할 판이었다.

이범석은 아내를 시켜 그 갈비를 동네 정육점에서 무게를 달아 보도록 했다. 정확하게 스물두 근으로 계량되었고, 당시 시세로 8000원 가격이었다. 그는 이 금액을 봉투에 넣어 놓고는 아내에게 고기를 요리하도록 했다. 식구들이 뜻하지 않게 갈비 한 짝을 한꺼번에 처리하게 됐던 것이다. 고기가 상한 뒤에는 놓고 간 임자가 나타나더라도 서로 입장이 난처할 것이었다.

이렇게 갈비짝을 처리하고 며칠이 지나서야 장본인이 집으로 찾아왔다. "고기가 맛이 있었느냐"고 달문을 여는 그에게 이정숙은 "그렇지 않아도 기다리고 있었다"며 미리 준비해 둔 돈봉투를 내놓았다. 상대방이 봉투를 받아들고는 얼굴이 붉어지며 아무 말도 못하고 가버렸을 것이라는 정황이 쉽게 짐작되고도 남는다. 어디에 사는 누구라는 얘기조차 꺼내지 못한 채였다.

이범석의 평소 소신이 그런 식이었다. 아내에게 "높은 자리에 있으면 욕을 먹기 마련이다. 이래도 욕을 먹고 저래도 욕을 먹을 바에는 마음이라도 편한 게 좋지 않으냐"고 했다. 하지만 개인적인 관계에서의 계산은 분명했다. 돈을 빌렸으면 갚아야 했고, 빌려주었다면 받아야 했다. 그러면서도 도와줘야 한다고 생각이 들 때는 화끈하게 도와주곤 했다.

기본적으로 정에 약한 사람이었다. 처지가 딱한 사람을 보고는 동정심을 감추지 못했다. 의전실장 당시 자전거에 짐을 가득 싣고 가던 사람이 승용차에 부딪쳐 넘어지는 모습을 목격한 적이 있었다. 그는 번거로움을 무릅쓰고 일부러 증언을 자처함으로써 경찰서에 출두해 참고인 진술까지 했다. 자전거 탄 사람이 피해자인데도 사회적인 신분상 자칫 불리하게 처리될 것을 염려한 것이었다. 승용차를 운전한다는 것만으로도 가해자가 보통 신분이 아니었을 것이다.

그는 우리 사회에서 부자가 가난한 사람을 업신여기고, 배운 사람이 배우지 못한 사람을 깔보는 세태를 안타깝게 여기고 있었다. 돈이 없다거나 배우지 못했다고 해도 개인적인 인격은 존중받아야 한다고 생각했다. 그가 그 뒤에 쓴 글에도 이런 생각이 드러나 있다. 다음은 통일원장관 시절 '대석학과 뱃사공'이라는 제목으로 신문에 기고한 내용이다.

대석학이 나룻배를 타고 호수를 건너면서 뱃사공에게 "철학을 아느냐"고 물었다. 뱃사공은 모른다고 대답했다. 천문학이나 수학에 대해서도 물었지만 역시 "아는 바 없다"는 대답뿐이었다. "그렇다면 무슨 학문을 하시오." "저는 학문은 아무것도 모릅니다. 아는 것이라고는 배를 젓는 것뿐입니다." 학자는 "배운 것이 없으니 인생을 살기는 하나 그 생명의 반은 죽은 것이나 다름없소"라고 경멸했다. 갑자기 청명하던 하늘에 비바람이 몰아치자 이번에는 사공이 물었다. "학자 선생께서는 헤엄을 칠 줄 아십니까." "내가 모르는 학문이 없으나 수영만은 할 줄 모르다네." "선생님은 이제 생명 전부 죽은 목숨이나 마찬가지입니다." ……. (경향신문, 1981년 4월 2일)

이범석은 이 글을 마무리 지으면서 "나는 오늘 우리 사회에 이런 학자와 같은 사람들이 좀 있는 것을 느낀다"고 적었다. 힘이 있다고 강자가 약자를 무시해서는 안 된다는 게 그의 결론이었다. 그의 평소 사고방식이 그러했다.

태권도 사범들에게 여권 발급

앞서 여러 차례의 선물 소동에서 확인됐듯이 그때 의전실의 소관 업무 가운데서 여권발급 업무를 빼놓을 수 없다. 지금이야 해외 여행 자유화가 이뤄진 덕분에 누구라도 마음대로 여권을 발급받을 수 있으나 그때는 여간해선 여권을 발급받기가 어려웠다. 여권을 발급받는다는 자체가 사회적 신분을 인정받는 것이나 마찬가지였다. 특권층으로 간주됐을 정도다.

그 여권발급 결재권을 이범석이 관장하고 있었던 것이다. 업무를 관장하는 정도를 지나 의전실장이 여권을 발급하면서 직접 서명을 해야 하던 때였다. 그만큼 책임이 따를 수밖에 없었다. 의전실장 밑에 의전과 말고도 영사과와 여권과가 소속되어 있었다.

여권을 발급하는 업무라고 했지만 오히려 여권 발급을 제한하는 쪽이었다고 할 만큼 여권 발급 기준이 까다로웠다. 불요불급한 경우에는 발급하지 않으며, 외국에 거주하는 부모 형제가 초청하는 경우에도 초청자 쪽에서 체류 비용을 모두 부담하는 경우에만 발급이 이뤄졌다. 기업인의 경우에도 수출 실적이 일정 기준 이상이 되어야만 여권을 발급하도록 되어 있었다. 그것도 대체로 복수여권이 아니라 단수여권에 지나지 않았다.

심지어 손창환孫昌煥 전 적십자사 총재 부인이 여권 청탁을 넣으려다 공연히 오해가 빚어진 적이 있었다. 미국에 거주하는 아들의 초청으로 미국을 방문하려 했으나 작고한 남편이 보건사회부 장관과 대한적십자사 총재를 지낸 입장에서도 여권 수속이 까다로웠던 것이다. 더욱이 손 전 총재의 부인이 케이크를 들고 이범석의 신당동 집을 방문했다가 가정부와 실랑이를 벌이다 발걸음을 돌려야 함으로써 자존심을 다치는 사태까지 벌어지게 된다.

선물을 뿌리친다는 뜻에서 아예 손님을 받지 않으려 했기 때문이다. 손 전 총재의 부인에 대해서까지 그럴 일은 아니었으나 가정부도 이범석이 시킨 대로 움직였을 뿐이다. 뒤늦게 얘기를 전해들은 이범석의 아내 이정숙이 이튿날 손 전 총재 집으로 찾아가 백배사죄를 했음은 물론이다. 이범석의 적십자사 근무 시절을 감안하면 이유 여하를 막론하고 손 전 총재 부인에게 결례를 저지른 것이었기 때문이다. 여권 발급이 어려웠기에 일어난 사건이다.

이처럼 정부가 여권 발급에 신중을 기한 것은 해외여행 범람에 따른 외화 유출을 막는다는 뜻이었다. 한때 여성에 대해서는 가급적 여권 발급을 보류한다는 내부 방침이 내려지기도 했을 정도다. 여성단체들의 항의를 받고서야 겨우 이런 방침이 시정되었다. 공직자에 있어서도 일부 고위직에 국한해서만 여권이 발급됐을 뿐이다. 당시 박정희 대통령의 의지가 반영된 조치였다.

그렇다고 무조건 여권 발급을 제한했던 것만은 아니다. 필요성이 인정될 때는 과감하게 여권을 내주었다. 여권 발급 책임자로서 이범석의 판단이 가장 중요했다. 그만큼 책임이 막중했던 것이다.

이때의 여권 업무와 관련한 단면을 국회의원과 건설교통부장관을 지낸 김용채金鏞采의 증언을 통해 살펴본다. 그가 국회의원으로 재직하면서 1967년부터 대한태권도협회장을 겸직하던 당시 태권도 사범들을 해외에 파견하게 되면서 있었던 얘기다.

협회에서 정식으로 단증을 발급해 4단 이상에게 사범 자격을 주던 때였다. 사범들 중에 해외에 나가고 싶어하는 이들이 생겨났는데, 1960년대만 해도 여권이 나오려면 해당 국가의 말을 할 줄 알아야 했고, 재정보증인이 있어야 했던 상황이다. 믿을 만한 사람의 신원보증서가 필요했다.

이들이 해외로 나가겠다고 여권을 승인해 달라는 요구가 협회로 빗발쳤다. 당시 내가 대한태권도협회장 겸 제7대 국회의원을 하고 있었기 때문에 외무부 장관에게 사정 이야기를 했다. 그랬더니 여권 업무를 관할하는 의전실장에게 말을 해보라는 것이었다. 당시 의전실장은 1983년 아웅산 사건으로 사망한 이범석 씨였다. 이범석 씨는 후에 국토통일원 장관과 외무부 장관까지 지냈다.

나는 이범석 씨에게 "태권도인은 해외에 적수공권으로 나가서 돈을 벌어 고국에 송금을 하고 또 태권도를 우리말로 가르치고 태극기까지 걸어놓고 경례까지 시키는 민간 외교관 역할을 하고 있다. 외무부 직원들이나 대사들도 못하는 것을 태권도 사범들이 하고 있지 않느냐"고 설득했다. 이범석 씨가 그런 선례가 있느냐고 물어왔다. 그때가 이준구 사범이 미국 워싱턴 소재 대학에서 공부를 하며 미국 사람들을 대상으로 무도를 가르칠 때였다.

그래서 이준구 씨가 20여 명의 상원, 하원 의원들도 가르치며 그렇게 하고 있다고 말했다. 그가 즉시 미국 대사관에 전화를 걸어 확인했다. 늦은 시간이어서 다 퇴근하고 안 받을 수도 있었는데 마침 한 사람이 전화를 받았다. 그 사람이 마침 이준구 시범을 잘 아는 사람이어서 내가 했던 말과 똑같이 말을 했던 모양이다. 이를 확인한 이범석 씨가 "내일부터 회장님이 서명만 하면 무조건 내보내겠다"고 약속했다.

우리 태권도 사범들이 이준구李俊九에 이어 정식으로 해외에 진출하기 시작한 것이 이런 절차를 거쳐서다. 많게는 한 달에 열 명 가까이 김포공항을 통해 출국하기도 했다. 몇 해 지나서는 외교관계가 없는 동구권 국가들에까지 태권도 사범이 진출하기에 이른다. 이 과정에 이범석의 공로도 기억되는 게 마땅하다.

여권의 위조 방지를 위해 체계적인 틀을 잡아간 것도 그가 의전실장으로 재직하던 당시의 얘기다. 그동안 이름과 생년월일 등 개개인의 인적 사항을 여권에 펜으로 기록하던 방식에서 특수 활자체 타이프라이터로 기재하기 시작했으며, 사진도 딱풀로 붙이다가 여권 용지에 직접 인화하는 방식으로 바뀌게 되었다. 스탬프 도장으로 숫자를 찍어 넣던 여권 일련번호도 철인鐵印으로 용지에 새겨 넣게 된다. 1969년 8월부터의 일이다.

'정인숙 여인' 사건의 유탄

이처럼 여권 발급에 제한을 두고 있었어도 발급 신청은 계속 증가하는 추세였다. 신청 건수가 하루에 대략 40~50건씩에 이르렀다. 그것을 처리하는 것도 보통 일은 아니었다. 일단 여권과장이 관련 서류를 면밀히 조사해 결재를 올리기 마련이었으나 여권 발급에 따른 부작용과 특혜 소지를 남기지 않으려면 이범석이 마지막까지 꼼꼼히 살펴야 했다.

일과 중에 여권서류를 제대로 검토하지 못하게 되면 집에까지 싸 갖고 갔다. 외국 주요 인사들의 방한 일정이 겹칠 때가 그러했다. 퇴근하면서 서류 보따리를 들고 들어가는 경우가 적지 않았다. 집에서는 여권서류 검토가 대체로 아내 이정숙의 몫이었다. 남편이 이러저러한 체크 사항을 알려주고 의심나는 서류는 걸러내도록 부탁하는 것을 거절할 수는 없었다. 이범석은 또 다른 업무를 처리해야 했기 때문이다.

여권 발급에 특히 신경을 써야 했던 것은 각계 요로를 통해 여기저기서 마구 청탁이 들어오고 있었기 때문이다. 그것을 적당히 통제하는 것이 또한 이범석의 역할이었다. 심지어 중간 브로커들도 없지 않았다. 고위층을 빙자해 여권을 발급받아 주겠다는 조건을 내걸고 금품을 받아 챙기는 사람들이었다. 여권을 발급받는 것이 그만큼 어려웠기 때문에 생겨난 현상이다.

이범석 자신에게도 청탁이 들어오지 않았을 리 없다. 웬만큼 아는 사람들로부터는 물론이고 한두 다리를 건너뛰어서도 청탁이 들어오곤 했다. 청탁을 들어줘야 한다고 여겨지는 경우 그는 딱 한 번에 한해서만 청탁을 들어주었다. 두 번은 없었다. 그것이 그가 정해 놓은 나름대로의 처리 방침이었다. 그래도 정부 고위층으로부터의 청탁은 물리치기가 어려웠다. 청탁이라기보다는 일종의 압력이었기 때문이다.

결국 의전실장으로서 그 자신의 발목을 잡은 것도 여권 청탁으로 인한 사단이 빌미가 되었다. 1969년 후반에 접어들면서 사회적으로 표면화되기 전까지는 설마 그런 식으로까지 번질 것이라고는 미처 생각할 수 없었던 사건이다. 사건이란 늘 그런 식으로 일어나고 확대되기 마련이 아니던가. 끝내 의전실장 자리에서도 물러나게 된다.

이른바 '정인숙鄭仁淑 사건'이 그것이다. 비밀요정 접대부이던 정 여인이 여권을 발급받아 일본과 미국에 다녀온 사실이 드러나면서 책임 문제가 불거지게 된다. 더구나 2~3년간 계속 사용할 수 있는 복수여권을 소지하고 있었던 것이다. 고위 공직자나 수출 실적이 인정되는 극소수 기업인들만이 발급받을 수 있었던 여권이다. 일반인들로서는 단수여권조차 발급 받기도 어림없을 때였다. 그 배후에 정권 실세가 영향력을 발휘한 게 아니냐는 의혹을 받기에 충분했다.

더구나 정 여인이 결혼도 하지 않은 상태에서 아들을 낳았다는 사실이 확인된 뒤였다. 내연 관계였던 어느 정권 실세의 아이라는 소문이 퍼져가고 있었다. 그런 눈총을 피하기 위해 정 여인을 잠시나마 해외에 내보내려 여권을 발급받도록 수속했던 것이고, 그 중간에 이범석에게 청탁이 들어왔던 것이다. 외국 여행에 따른 달러를 절약하려고 해외가족 방문에 대해서도 여권 발급을 허용하지 않을 만큼 규제하던 터에 이런 사례가 드러남으로써 여권 발급 책임자인 이범석이 유탄을 맞을 수밖에 없었다.

더욱이 정 여인 사건이 정치적 관심사로 비화하면서 여야 국회의원들의 추궁을 피하기가 어려웠다. 이범석이 사건의 희생양이 되어 하루아침에 보직을 잃게 된 배경이다. 일종의 문책 인사였던 셈이다. 1970년 새해 들어 며칠 지나지 않아서의 일이다.

결국 1969년 8월 샌프란시스코에서 열린 닉슨 대통령과의 정상회담에 박 대통령을 수행한 것이 의전실장으로서 마지막 해외출장이 되고 말았다. '닉슨 독트린'이 발표된 직후였다. 외국 원수를 영접했던 청와대 행사로는 그해 10월 디오리 하마니 니제르공화국 대통령의 방한 행사가 마지막이었다. 그로서는 공직에 발을 들여놓은 이래 최대의 시련이었다.

개인적으로도 불명예를 감수해야 했다. 모든 게 자기 자신의 불찰이라고 후회했어도 이미 늦어 버린 뒤였다. 그래도 최장수 의전실장이라는 기록이 하나의 위안이었다. 재직 기간이 무려 3년 9개월에 이르렀고, 그동안 외무장관도 이동원에서 정일권을 거쳐 최규하로 바뀌어 있었다. 1961년 정부조직법 개정에 따라 외무부에서 종래 의전국이 폐지되고 장관 직속의 의전실장 직책이 신설된 이래 전임자들의 근무 기간이 대체로 6개월 안팎에서 끝난 것과도 비교가 된다. 그러나 문책은 문책이었다.

당시 인사 조치에 대한 신문 보도를 살펴본다.

"정부는 13일자로 이범석 외무부 의전실장 직무대리를 해임, 대기대사로 발령하는 한편 의전실장이 맡아 오던 여권 업무를 송광정宋光禎 기획관리실장이 당분간 맡도록 했다." (동아일보, 1970년 1월 14일)

단 한 줄의 기사였지만 그 내면에는 당시 정인숙 여인과 고위 실세와 관련된 복잡한 사정이 함축돼 있었던 것이다. 여기서 그를 '의전실장 직무대리'라고 지칭한 것은 이미 1967년 1월 대외직명 공사公使로 승진 발령을 받으면서 직무대리로 겸직 발령을 받았기 때문이다. 종래 의전실장 직책을 이사관으로 임명하다가 외무관外務官으로 임명하도록 직제가 개정된 것도 이범석 때문이었다. 1969년 10월에는 다시 대기대사待機大使로 승진하게 된다.

여기에도 뒷얘기가 따른다. 이범석이 의전실장 자리에 오래 붙들려 있게 되자 이제는 의전실장을 그만둘 때가 되지 않았느냐는 뜻을 비치면서 생긴 일이다. 개인적으로 외국에 대사로 나갔으면 했기 때문이다. 그런 얘기가 박정희 대통령에게까지 보고됐을 것이다. 이에 박 대통령이 그 이유를 궁금해 했고, 외교관들의 경우 해외 공관에 배치되는 과정을 통해 승진하게 된다는 배경을 이해하게 된다. 결국 "그렇다면 의전실장 자리에 있는 동안 승진을 시키면 되지 않느냐"는 지시가 떨어져 직급 승진을 하게 됐던 것이다. 그만큼 박정희의 두터운 신임을 받고 있었다는 증거다.

이범석 의전실장이 1969년 9월 청와대에서 예후다 하렘(왼쪽 두 번째) 이스라엘 대사 신임장 제정식이 끝난 뒤 박정희 대통령과 함께 나란히 기념사진을 찍었다. 오른쪽 두 번째는 당시 최규하 외무장관.

실제로, 그는 의전실장으로 근무하면서 한때 해외파견 대사 후보로 거명되기도 했다. "외무부가 손질하고 있는 인사 이동안에 따르면 네덜란드 초대 대사에 이범석 외무부 의전실장이 유력하게 검토되고 있다"는 신문기사(경향신문 1969년 5월 6일)가 그것을 말해준다.

네덜란드와는 일찌감치 1961년 국교가 수립되고도 아직 대사 교환은 성사되지 못하고 있었다. 대사 교환 합의가 이뤄짐에 따라 서울에 네덜란드 대사관이 설치된 것이 1968년 12월의 일이었고, 우리 정부도 네덜란드에 대사를 파견하려던 참이었다. 하지만 이범석은 네덜란드 대사로 거명되다가 최종 명단에서 빠지게 된다. 역시 정인숙 사건으로 인한 뒤탈이었을 것이다.

한편, 이 사건은 1970년 3월의 어느 늦은 밤중 서울 마포구 절두산 근처 도로에서 일어난 의문의 피살사건으로 최대 절정을 맞게

된다. 승용차 안에서 발사된 총탄에 의해 정 여인이 목숨을 잃고
말았다. 정 여인이 살해됐다는 사실만 빼고는 온통 의문투성이로
간직됐던 사건이다. 승용차를 운전하던 정 여인의 오빠가 범인으로
지목된 사실부터가 그러했다. 이범석으로서는 이미 여권 발급에 대
한 책임을 지고 의전실장 자리에서 물러나 있을 때였다.

튀니지 대사로

　여권 발급과 관련한 논란에 휘말려 의전실장에서 물러났을망정
그에 대한 평가 자체가 무뎌진 것은 아니었다. 그는 잠깐의 휴식기
를 거쳐 튀니지 대사로 임명된다. 보직 박탈의 위기를 겪으면서도
마침내 '외교관의 꽃'이라는 대사 발령을 받은 것이다. 1970년 6월
에 이뤄진 인사에서다. 그의 나이 마흔다섯 살 때, 외무부 내에서도
전례가 드문 초고속 대사 발령이었다.

　지도상으로 아프리카 대륙 최북단에 위치한 나라가 튀니지다. 특
히 수도 튀니스는 지중해에 접해 있기 때문에 마치 바다에 떠 있는
듯한 아름다운 풍광을 자랑한다. 푸른 하늘과 맞닿은 비취빛 바다
를 배경으로 언덕 위에는 하얀 집들이 나란히 늘어서 있고 바다에
는 요트가 떠다니는 이국적 풍경이 일상적이다. 날마다 마주치는
풍경이 한 폭의 그림이라고 해도 모자람이 없을 정도다.

　프랑스의 식민지였기 때문에 프랑스와의 관계가 밀접한 것은 물
론 지리적으로 가까운 이탈리아의 영향도 많이 받는 편이다. 부유
층들이 파리나 로마로 곧잘 주말여행 겸 쇼핑을 다니는 데서도 그
런 점이 엿보인다. 물가가 싸고 생활비가 적게 드는 편이어서 유럽
인들 가운데서도 이곳에서 은퇴 이후를 즐기는 경우가 적지 않다.
튀니스를 '북아프리카의 파리'라고 부를 만큼 외국 여행객들의 발

이범석이 튀니지 대사로 발령받은 뒤 당시 정일권 총리로부터 축하를 받는 모습. 정 총리는 이 사진을 전달하면서 사진에 "친애하는 이 대사 귀하, 애국 충성 정직 근면으로 중책을 완수하시기 바랍니다"라고 친필 서명했다.

걸음이 끊이지 않는 나라이기도 하다. 이슬람 국가이면서도 유럽의 개방적인 분위기를 지니는 것도 튀니지 사회의 장점이다.

흥미로운 사실은 그가 튀니지 대사로 발령받을 당시 국무총리이던 정일권丁一權이 개인적으로 뒤를 봐줬다는 얘기가 유력하게 전해진다는 점이다. 이범석이 의전실장으로 발령받은 뒤에 정일권이 외무장관으로 다시 기용됨으로써 직속상관으로 모셨던 관계다. 외무장관으로 다시 기용됐다는 것은 그 전에 이미 한 차례 외무장관을 지냈다는 뜻이다.

하지만 한때의 직속상관이었다는 관계보다 정일권이 앞서 정인숙 사건에 관련된 주요 당사자 가운데 한 명이었다는 사실이 더 직접적으로 작용했을 듯싶다. 정 여인에 대한 여권 발급을 정일권이 부탁했고, 그 청탁을 들어 주었다가 이범석이 덤터기를 썼던 것이다. 정일권이 친필 쪽지를 써서 정인숙에 대한 여권 발급을 그에게 부탁했었다는 사실은 가까운 주변에서도 거의 알려지지 않은 얘기다. 이범석이 끝까지 함구했기 때문이다.

따라서 그가 튀니지 대사로 기용되는데 있어 정일권이 나름대로 도움을 주려고 애썼으리라는 점을 짐작할 수 있다. 일종의 책임 의식이었을 것이다. 그러나 튀니지 대사로 발령받으면서 그에게 정인숙 사건은 어차피 희미한 과거의 그림자일 뿐이었다. 새로운 임지를 무대로 외교활동에 전념하는 것이 그에게 맡겨진 임무였다.

여기서 당시 튀니지를 둘러싼 외교적 환경을 살펴볼 필요가 있다. 아프리카 신생국들이 대거 유엔 회원국으로 참여하면서 제3의 영향력을 확대하고 있었다는 사실이 무엇보다 중요하다. 비동맹 중립국들과의 외교 접촉을 확대하는 차원에서 튀니지와의 관계를 생각해야 했다는 것이다.

한국과의 외교관계 자체가 짧은 편이었다. 대사급 외교관계가 수립된 것이 1969년의 일이다. 기존 설치됐던 총영사관이 승격되어 상주 대사관 간판을 달면서 안광호安光鎬 초대 대사가 부임했고, 그의 뒤를 이어 한 해 남짓 지나서 이범석이 2대 대사로 발령받은 것이었다. 대사관 직원이라고 해야 차석인 참사관과 2등 서기관, 공보관 등 단출한 규모였다. 무역진흥공사로부터 파견된 무역담당 직원도 대사관 식구에 포함되어 있었다.

그런 가운데서도 튀니지를 사이에 두고 북한과 외교 경쟁을 벌여야 한다는 점이 더욱 긴장감을 높여 주었다. 당시 우리 정부가 '할슈타인 원칙'을 수정해가던 무렵이다. 북한과 외교관계를 맺고 있는 국가들과는 접촉하지 않겠다는 방침에서 벗어나 적극적인 외교로 전환하고 있었다. 한국이 먼저 외교관계를 이룬 나라에서 북한이 뒤늦게 추격해오는 경우에도 마찬가지였다. 튀니지에 있어서도 아직 북한이 정식 외교관계를 맺지는 않았으나 우호관계 형성을 위해 다각적으로 접촉하던 때였다.

비단 튀니지와의 관계에서만이 아니었다. 이집트와 인도네시아, 인도, 파키스탄 등이 마찬가지였다. 뒤에 아웅산 참사가 일어나게 되는 미얀마와도 남한과 북한이 서로 앞서거니 뒤서거니 외교관계를 성사시킨 뒤였다.

이범석이 1970년 6월 튀니지에 신임 대사로 파견되어 불기바 대통령에게 신임장을 제정하고 있는 모습.

원래 할슈타인 원칙이란 서독이 '독일의 유일한 합법국가'임을 내세우던 입장에서 동독을 승인한 나라와는 외교관계를 거부한다는 정책이지만, 서독 정부도 이러한 원칙에 종지부를 찍어가고 있었다.

하지만 튀니스에 부임한 뒤 북한을 경쟁자로 의식해야 하는 사태가 예상보다 빨리 닥쳐왔다. 현지 신문에 튀니지 외무장관과 북한에서 파견된 친선사절단장이 면담했다는 기사가 큼지막한 활자로 보도된 것이었다. 기사 내용은 거기서 그치지 않았다. 북한 사절단장이 외무장관과의 면담에 이어 대통령을 만나기 위해 대기 중이라는 내용까지 자세히 소개되어 있었다. 이범석은 가슴이 덜컥 내려앉을 수밖에 없었다.

더욱이 이범석이 현지에 도착하고 며칠 만에 벌어진 일로, 그가 아직 신임장을 제정하기도 전이었다. 그런데 튀니지와 수교하지도 않은 북한 친선사절단장이 외무장관을 만난데 이어 대통령까지 면담을 앞두고 있다니…. 그의 입장에서 보통 일은 아니었다. 주재국 대통령을 면담하는 데 있어서부터 자칫 선수를 빼앗길 판이었다. 튀니스가 아름다운 도시라는 첫 인상도 외교전쟁에 있어서는 한낱 겉모습 장식에 불과할 뿐이었다.

북한 친선사절단장 김태희

이범석이 팔짱만 끼고 있을 수는 없었다. 어떤 식으로든 북한 친선사절단장의 대통령궁 방문만은 막아야 했다. 한국 대사로서의 자존심이 걸린 문제였다.

그는 결국 미국을 비롯한 우방국 대사들의 협조를 얻어 북한 사절단장을 따돌리는데 성공하게 된다. 튀니지 대통령을 만나지 못하고 떠나도록 만든 것이었다. 대사로 부임하더라도 주재국 국가원수에게 신임장을 제정하기 전에는 아무런 공식 활동을 할 수 없는 것이 외교 관례지만, 그로서는 불가피한 선택이었다. 그렇게 뛰어다닌 일주일 기간이 그로서는 평생 잊을 수 없는 기억으로 남게 된다.

이범석이 기록한 그때 상황을 잠깐 들여다보는 것도 의미가 있을 것이다.

> 부임지에서 대사가 해야 할 임무는 여러 가지였지만 우리의 특성상 가장 중차대한 임무는 주재국에 침투하는 북한 세력을 저지하는 일이었다. 그때만 해도 북한이 침투하면 우리 외교관사는 철수하는 것이 원칙으로 되어 있었을 때다. 임지에 도착한 지 나흘 만에 아직 주재국의 동서남북도 가릴 줄 모르는 나에게 청천벽력이 아닐 수 없었다. 선임자를 원망해 보았자 되는 일도 아니고, 팔자소관으로 돌리기에는 너무나도 억울함을 금할 수 없었다.

지나간 나의 반생半生이, 특히 공산주의자들과 생사를 걸고 싸우던 대목들이 주마등처럼 내 머리를 스쳐갔다. 단지 조상 때부터 땅을 이어받은 지주라고 해서 대역죄인 같이 내쫓아 버리고 수많은 친우들의 생명마저 빼앗아간 그놈들이 그것으로도 부족해서 아프리카 대륙에까지 따라와 속을 태운다고 생각하니 참으로 기가 막히는 일이었다. 더욱이 내가 신임장을 제정하기 전에 북한의 친선사절단장이 나보다 먼저 주재국 대통령을 만나보게 된다면 이것은 보통 일이 아니었다.

특히 그때 북한 친선사절단장으로 튀니지에 파견됐던 김태희金泰熙라는 인물에 주목할 필요가 있다. 뒷날 이범석이 남북적십자회담 남측 수석대표를 맡았을 때 북측 수석대표를 맡아 회담 테이블에 마주앉게 되는 당사자다. 숙명적 재회를 이루게 되는 셈이다. 이런 기연奇緣도 별로 없을 것이다. 김태희에 대해서는 남북적십자회담 부분에서 다시 설명하기로 한다.

근무 여건도 처음부터 열악한 편이었다. 이처럼 북한 사절단 문제로 고군분투하는 중에도 정작 대사관저도 마련돼 있지 않은 상태였다. 공교롭게도 기존 대사관저가 그의 부임 직전 임대 기간이 끝나 버렸던 때문이다. 이범석은 대사 발령을 받아 현지에 도착해서 대사관저부터 물색에 나서야 했다. 북한 사절단 문제가 아니었더라도 심기가 불편할 수밖에 없었을 것이다.

그래도 이리저리 알아본 끝에 튀니스 시내 앨만자 지역에 널찍한 저택을 임대할 수 있었던 게 다행이었다. 지금은 근처에 올림픽 스타디움까지 들어선 고급 주택가다. 몇 달 지나지 않아서는 지중해 바닷가에 인접한 감마르드 지역으로 관저를 옮겼다가 다시 앨만자로 들어왔다. 이삿짐을 싸고 푸는 게 번거롭기는 했지만 이때는 어느 정도 현지 생활에 적응된 뒤였다.

이범석 튀니지 대사(맨 오른쪽)가 리셉션 행사에서 부인과 함께 손님을 맞고 있다. 사진 왼쪽은 당시 튀니지 주재 존 칼하운 미국대사.

특히 앨만자의 새 관저는 현지에 주재하는 다른 나라 외교관들을 초청하기에도 손색이 없었다. 2층 응접실에서 손님 식당으로 내려가는 계단을 따라 한 쪽 벽면이 전부 초록색 대리석으로 꾸며져 호사스런 느낌을 준 데다 실외 수영장까지 갖춰져 있었다. 응접실에는 피아노까지 구비되어 있었다. 식구들끼리 둘러앉았을 때 그가 서투른 솜씨로나마 직접 피아노 선율을 들려주기도 했다. 이화여고에 재학 중이던 큰딸 소진이만을 외갓집에 맡긴 채 생소한 튀니스 생활을 시작한 식구들에게는 이런 분위기가 커다란 위안이며 즐거움이 되었다.

그런 중에도 가장 불편했던 것은 교회가 한 군데도 없어 교회에 다닐 수 없었다는 점이다. 프랑스 식민지였다는 연유로 서양 문화의 영향을 받고 있긴 했지만 어디까지나 이슬람 국가였다. 일요일이면 관저에서 식구들끼리 둘러앉아 예배를 드리곤 했다. 서로 돌아가면서 성경을 읽고, 기도를 했다. 아내 이정숙과 결혼하면서 교회에 출석하기 시작한 이범석이 어느새 독실한 신자가 되어 있었던 것이다.

이범석은 튀니지에서도 각국 대사들과의 교류를 통해 외교 활동을 펼쳐갔다. 의전실장을 지내며 각국 지도자들의 방한 의전을 수행했던 경험이 상당한 도움이 되었다. 그는 현지 주재 대사들 중에서도 가장 젊은 편이었다. 마흔다섯 살이라는 나이가 아직 창창할 때이기도 했지만 다른 나라 대사들에 비해서도 비교가 될 수밖에 없었다. 다른 나라의 경우 대체로 고참 외교관들이 튀니지 대사로 파견되어 있었다. 은퇴하기에 앞서 잠시 휴식 분위기를 즐기라는 배려였을 법하다.

그에게는 대사로서 아직 젊다는 게 마음에 차지 않았다. 잊고 있다가도 대사들과 모임이 있게 되면 혼잣말처럼 불만이 터져나오곤 했다.

"나도 빨리 흰머리가 좀 섞여야 할 텐데."

거울에 비친 얼굴이 다른 대사들이 보기에 애송이처럼 비쳐질 수 있다는 생각 때문이었을 것이다. 하지만 나이가 채 들지도 않아 일부러 영감 티를 내고 싶다는 게 공연한 일이었다. 그럴 때마다 부인 이정숙이 옆에서 웃음 삼아 참견하곤 했다.

"빨리 늙기를 바라는 사람은 세상에서 당신밖에 없을 거예요."

"대사의 나이가 젊다는 것은 그 나라가 신생국가임을 뜻하는 것이오. 나라의 관록과 대사의 관록은 비례하는 것이라오."

대사로서의 역할과 책임감이 얼마나 중요한지 잘 깨닫고 있었던 것이다. 다른 대사들에게 어느 한끝이라도 허술한 틈새를 보이고 싶지 않았던 때문이다. 그가 튀니지 대사로 부임해서 밤새워 프랑스어 공부에 매달렸던 것도 같은 뜻이었다. 영어로도 충분히 소통이 가능했지만 그보다는 현지 공용어를 사용하는 게 훨씬 돋보일 것이라고 생각했다.

하지만 프랑스어 실력은 노력만큼 늘지는 않았다. 같이 공부를 시작한 아내에 비해 늘 뒤지기 마련이었다. 낮에는 공관 업무를 수행하면서 저녁에만 잠깐씩 책장을 넘기는 공부가 효과를 내기는 어려웠을 것이다. 이에 대해 그가 아내에게 우스갯소리로 한 말이 있다. "사람의 머리에는 세 등급이 있는데, 첫째가 외우는 것이요, 둘째가 이해하는 것이며, 셋째가 창작하는 것"이라는 얘기가 그것이다. 다른 업무에 늘 신경 써야 하는 입장에서 기본적인 단어를 외울 만한 여유조차 없었다는 변명이자 하소연이었다.

그때 튀니지 주재 대사로서 중요한 과제 가운데 하나가 수출 실적을 올리는 것이었다. 정부 차원에서 '100억 달러 수출' 목표 달성을 위해 기업들을 독려하던 무렵이다. 대사도 '장사꾼'이 돼야만 했다. 이른바 '경제 외교'에 눈뜨던 시절이다. 하지만 튀니지에는 한국 기업은커녕 교민들도 겨우 손가락에 꼽을 정도였다. 수출 실적을 올리기 위해 잡을 만한 지푸라기가 거의 없었다. 이범석이 나름대로 콩을 현지에 수출한다는 계획을 세우고 추진하기도 했으나 별다른 소득도 없이 끝난 이유다.

그러한 튀니지 대사로서의 임무도 불과 2년 정도로 끝나고 만다. 서울에서 중요한 임무가 그를 기다리고 있었다. 그의 생애를 통해서도 가장 기억에 남을 만한 임무였다.

제6장

평양으로 가는 길

튀니지 대사 직책을 수행하던 그에게 새로이 맡겨진 것은 남북적십자회담 수석대표 역할이었다. 다시 말해서, 북한을 상대로 하는 외교였다. 남북관계의 특성상 적십자사를 창구로 삼아 협상이 이뤄진다는 점만이 달랐을 뿐이다. 남북으로 갈라진 5000만 민족의 설움을 풀어줄 중대한 임무였다.

이범석이 대한적십자사 중앙위원회에서 부총재로 정식 선출된 것은 1972년 7월의 일이다. 남북 적십자 협상팀 간에 거듭된 예비회담과 실무회담을 거쳐 평양에서 개최되는 제1차 본회담을 한 달 남짓 앞두고 있던 무렵이다. 소속부터 아예 외무부에서 대한적십자사로 변경된 것이었다. 적십자사의 김용우金用雨 부총재가 총재로 임명되면서 공석이 된 자리를 이어받았다.

그러나 내부적으로는 그가 튀니지 대사를 마치고 들어올 때부터 진작부터 내정된 자리였다. 바깥에 드러나지 않도록 외무부에서 본부대사 직책을 유지하고 있었을 따름이다. 북측과의 예비회담이 마무리되기만을 기다리고 있었던 것이다. 아마 남북 간의 협상이 순조롭게 진행됐다면 이러한 인사 구도가 훨씬 앞당겨 발표됐을 것이라는 얘기다.

이 과정에서도 숨겨진 이야기가 전해진다. 정부 핵심부 차원에서 이와 관련한 인사 방침이 일찍 결정되면서 이범석에게 직접 의향을 타진한 사람이 김용식 당시 유엔대사였다. 그가 이범석을 뉴욕으로 불러 남북적십자회담의 추진 상황을 설명하고 수석대표 임명 방침을 전달하면서 본인의 생각을 물었던 것이다. 생각을 물었다기보다는 사실상 통보였다. 튀니스에 주재하던 이범석이 도중에 갑자기 뉴욕으로 호출됐던 까닭이다.

이범석이 남북적십자회담 수석대표로 발탁된 데는 이후락李厚洛 중앙정보부장의 의사가 크게 작용했음은 물론이다. 그가 외무부 의전실장을 지낼 당시 이후락이 대통령 비서실장을 지내며 그의 업무추진 스타일과 성격을 눈여겨봤을 터다. 대한적십자사가 앞에 나서서 남북대화 업무를 추진하는 것이지만 중앙정보부와의 긴밀한 협력관계가 요구된다는 점에서 적십자회담 수석대표 자리가 이후락의 입김에 좌우될 수밖에 없었다.

그렇다고 전적으로 이후락의 의사에 따른 것만은 아니었다. 김정렴金正濂 청와대 비서실장과 최규하 외무장관, 김용식 유엔대사 등이 함께 참석한 최고위층 회의 결과 이범석이 가장 적격이라는 결론에 이르렀고, 그러한 인사 방침이 뉴욕을 거쳐 미리 본인에게 전달됐던 것이다. 서울로 부르기에는 주변에 지켜보는 눈길이 너무 많았음을 우려한 조치였다.

당시 남한과 북한은 휴전선을 사이에 두고 극심한 갈등을 빚고 있었다. 특수훈련을 받은 일단의 북한 무장공비가 청와대를 노리고 침투한 1.21사태와 미해군 첩보함 푸에블로호 나포사건, 울진과 삼척에 무장공비 침투 도발이 일어난 게 그 직전인 1968년의 일이다. 이듬해에는 강릉을 떠나 서울로 향하던 대한항공 소속 YS-11A여객기가 북한으로 공중 납치되기도 했다.

이런 상황에서 남북으로 흩어져 있는 1000만 명 이산가족의 상봉 가능성은 처음부터 희박했다. 다만, 당국자들끼리라도 서로 얼굴을 맞대고 대화를 나누는 동안만큼은 북한이 군사적 도발을 자제할 것이라는 일말의 기대가 작용했던 것이다.

그 전에도 이산가족 재회를 위한 정부 차원의 노력이 없지 않았다. 6.25전란이 휴전협정으로 일단락된 직후 북한으로 돌아가기를 원하는 주민들을 넘겨준 것도 분단의 아픔을 해소하려는 노력이었다. 그러나 북한은 일부 외국인만을 넘겨주었을 뿐 납치해간 남한 주민들에 대해서는 한 명도 내려 보내지 않았다. 이후에도 납북자 송환교섭이 계속 추진됐으나 337명의 생존자 명단 확인에 그칠 수밖에 없었다. 이 명단 확인도 이범석이 대한적십자사 대표의 일원으로 뉴델리 적십자사국제위원회 회의에 참석했을 때의 소득이다.

이범석은 대한적십자사 부총재로 선출된 데 이어 본회담이 임박해 오면서 남북적십자회담 수석대표로 공식 지명된다. 그의 나이 마흔일곱 살 때다. 남북대화의 주역을 맡게 된 것이었다. 대표에는 김연주金鍊珠 교체수석을 포함해 김달술金達述, 박선규朴善圭, 정희경鄭喜卿, 정주년鄭炷年, 서영훈徐英勳 등이 임명되었다.

자문위원 일곱 명도 위촉되었다. 김준엽金俊燁 고려대 교수와 양흥모梁興模 중앙일보 논설위원, 박준규朴俊圭 서울대 교수, 김희종金喜鍾 이북5도 중앙연합회장, 송건호宋建鎬 동아일보 논설위원, 이상렬李相烈 남북적십자회담 후원회 간사 등이 그들이다.

분단의 세월을 뛰어넘어 남북 화해를 이루고 이산가족의 설움을 씻어줄 임무가 그를 포함한 대표단의 어깨에 지워졌던 것이다. 그러나 막중한 임무를 맡고도 이범석의 마음은 오히려 담백했다. 당시 언론 인터뷰를 통해 밝힌 회담 구상에서도 그런 심정이 읽혀진다.

남북으로 흩어진 이산가족을 하나로 뭉쳐주기 위한 적십자회담에 얄팍한 전략 같은 것은 있을 수 없다. 상대방이 무슨 수를 쓰든 우리는 회의에 정도正道를 걷겠다. 이것이 우리 대표단의 신념이다. 일시적으로 회담의 주도권을 잡는다거나 유리한 고지를 점령하기 위해 순간적인 술법을 쓰는 짓은 결코 안할 작정이다. (동아일보, 1972년 8월 18일)

그 뒤 일련의 회담 과정에서 그대로 유지되는 우리 대표단의 기본 태도다. 상대방을 제압하기 위한 술수나 전략보다는 민족의 결합을 위한 큰 그림을 그리고 있었던 것이다. 국가와 민족을 위한다는 원칙뿐이었다.

적십자회담, 그 시대적 배경

남북적십자회담에서 이범석과 대표단의 활약상을 살펴보기에 앞서 회담이 성사되기까지의 과정을 잠깐이나마 들여다볼 필요가 있다. 어려운 시대적 여건에서 만들어낸 결실이기 때문이다.

적십자회담의 직접적인 계기는 그보다 한 해 전인 1971년 8월 대한적십자사 최두선崔斗善 총재의 특별성명에서 비롯된다. 성명을 통해 이산가족의 실태 파악과 상호 소식 전달, 재회 알선 등을 포함하는 이산가족찾기 운동 전개를 북측에 제의했던 것이다. 이에 북한적십자회가 평양방송을 통해 선뜻 수락의 뜻을 밝히게 되면서 판문점에서 예비접촉이 시작되기에 이르렀다. 최두선이 국무총리에서 물러나 대한적십자사 총재를 맡고 있었을 때다.

이에 앞서 박정희 대통령이 1970년 광복절 25주년 경축사를 통해 천명한 '평화통일 방안'도 남북대화 분위기 조성에 한몫 거들고 있었다. 남북이 서로 군사적 대결을 지양하고 인도적 문제 해결과 통일기반 조성에 기여하자는 내용의 제의이며, 동시에 선언이었다. "어느 체제가 국민을 더 잘 살게 하느냐 하는 선의의 경쟁을 하는 게 바람직하다"는 내용도 이 제의에 포함되어 있었다.

국제적인 배경으로는 '닉슨 독트린'을 거론하지 않을 수 없다. 미국 닉슨 대통령이 1969년 7월 발표한 새로운 아시아 정책이다. 미국이 앞으로 베트남전쟁과 같은 군사 개입을 회피할 것이며, 따라서 아시아 각국은 유사시에 스스로 대처해야 한다는 것이 주요 메시지다. 이러한 정책 방향은 중공과의 '핑퐁 외교'로 이어졌고, 1972년 2월에는 닉슨과 저우언라이周恩來 사이에 상해공동성명이 발표되기도 했다. 한국에서는 주한미군 철수 움직임으로 나타나게 된다.

서독에서도 빌리 브란트 총리가 1969년 동방정책을 선언하고 동독과의 관계정상화를 모색하고 있었다. 그 전부터 이뤄지던 동서 베를린 주민들의 간헐적 방문 교류에 이어 1971년 9월부터는 동서독 사이에 민간인 및 화물 통행이 전면 허용되기 시작했다. 다른 한편으로는 국제적십자사 주선으로 이뤄진 캐나다와 헝가리 사이의 이산가족 재결합 협상을 들 수 있다. 1958년 헝가리 폭동 당시 해외로 탈출해 캐나다에 이주했던 사람들이 본국 가족들과 서로 만날 수 있게 됐던 것이다.

최두선 총재가 이산가족찾기 운동을 북측에 제의한 것이 이러한 시대적 흐름에 따른 것이었다. 박 대통령의 8.15 선언 1년을 맞으면서다. 남북 간에도 화해의 물꼬를 터야 한다는 민족 공존의 필요성이 대두되고 있었던 것이다.

이러한 분위기는 북한도 마찬가지였다. 김일성 주석은 1972년 신년사에서 "남북 조선 전체 인민들 속에는 평화적 조국통일의 기운이 어느 때보다도 높아가고 있다"며 관심을 나타냈다. 한창 예비협상이 진행되던 남북적십자회담과 관련해서도 아전인수일망정 "판문점에서는 해방 후 26년 만에 처음으로 남북 조선 적십자단체 대표들이 한자리에 모여 앉아 남북으로 갈라진 동포들의 불행을 덜어주는 데 대한 중대한 문제를 토의하고 있다"며 긍정적으로 평가했다.

하지만 예비회담 자체가 수월하지 않았다. 본회담의 절차와 의제를 정하는 협상에서부터 양측의 기선 다툼과 견제가 치열했다. 본회담을 서울과 평양에서 번갈아 개최한다는 부분에 있어서는 일찌감치 합의를 이루고도 그 의제에 대해서는 좀처럼 의견이 좁혀지지 않고 있었다.

회담의 주도권을 노린 북측의 선전 공세 때문이었다. 북측은 이산가족은 물론 친척과 친구들도 찾아줘야 한다면서 그들의 자유 왕래까지 요구해 왔다. 현실적으로 어려운 얘기였다. 이산가족만 해도 1000만 명이 넘는 것으로 추정되는 상황에서 그들끼리도 서로 만나게 해주기에도 벅찬 상황이었다. 단계적으로 충분히 가능한 일인데도 친척, 친구 상봉까지 한꺼번에 추진해야 한다며 극구 주장을 굽히지 않았던 태도에서 진정성을 의심받을 수밖에 없었다.

북측이 남측에 대해 회담의 전제 조건으로 내세운 반공법 및 보안법 폐지 문제도 걸림돌로 작용하고 있었다. 예비회담이 1년 가까이 끌어진 이유가 거기에 있다. 최두선 총재의 성명과 북측의 화답으로 1971년 9월 판문점 중립국감독위원회 회의실에서 시작된 예비회담이 마냥 겉돌고 있었다.

이렇듯 교착상태에 빠져 있던 예비회담에 막판 돌파구가 열린 것은 1972년의 7.4 공동성명 발표에 의해서다. 비밀리에 성사된 이후락 정보부장의 평양 방문과 북측 박성철朴成哲 제2 부수상의 서울 교환방문을 통해 합의된 막후 공동성명이다. 결국 예비회담은 그해 8월까지 모두 스물여섯 차례나 열리고서야 타결되었다. 실무회담도

열여섯 차례 열렸다

이범석이 대한적십자사 부총재로 선임된 데 이어 남측 수석대표로 발표된 것이 이렇게 예비회담이 마무리되고 본회담을 눈앞에 둔 상황에서다. 1차 본회담은 평양에서 열리도록 합의되어 있었다. 서울 회담은 그 다음이었다. 이에 따라 서울과 평양 사이에 직통전화 라인이 가설됐고, 판문점 시험 통화도 끝난 단계였다.

이때쯤에는 북측 대표진 명단도 발표되어 있었다. 북한적십자 중앙위원회 부위원장인 김태희金泰熙를 단장으로 주창준, 조명일, 홍상호, 이청일, 한시혁, 김수철 등으로 구성되어 있었다. 자문위원은 윤기복, 김성률, 강장수, 김길현, 백남준, 오광택, 김병식 등이었다. 북측 단장인 김태희가 튀니지에서 이범석과 대결했던 사이였음은 앞에서 설명한 바와 같다.

생이별을 각오한 유서遺書

이젠 회담을 성공적으로 이끌어야 하는 과제만 남아 있었다. 반드시 가시적인 결과를 내야만 했다. 하지만 평양을 방문한다는 자체가 크나큰 부담이었다. 이범석으로서는 20여 년 만에 다시 찾는 고향이었다. 더구나 북한이라는 존재가 결코 호락호락한 상대가 아님을 그동안의 경험으로 충분히 깨닫고 있었다.

이범석은 남북회담을 준비하면서 먼저 우리 역사에 대해 다시 탐독하기 시작했다. 도서관 서가에서 〈한국의 역사〉 전집을 찾아 읽었다. 회담을 제대로 이끌어 가려면 무엇보다 역사의식이 중요하다는 판단에서였다. 민족사의 한 페이지를 기록한다는 사명감이 없을 수 없었다.

한국 역사만이 아니었다. 외국의 분단 현상에 대해서도 관심을 기울였다. 그가 스크랩으로 남긴 방대한 자료에서도 확인되는 일이다. 적십자회담이 진행되던 무렵 신문에 연재되던 '메콩강은 증언한다'라는 제목의 시리즈 기사를 빼놓지 않고 오려붙여 놓고 탐독한 데서도 그것을 알 수 있다. 자유진영과 공산진영으로 갈라진 월남의 분단 문제를 다루는 기획 연재물이었다. 그밖에도 그가 참고 자료로 만들어 놓은 스크랩북이 지금도 30여 권이나 전해진다.

그는 수석대표로서 자신이 연설할 문안까지 거의 일일이 직접 작성했다. 실무 직원들에게 기본 초안을 작성하게 하고 자기가 말하고 싶은 대목을 부분적으로 추가하면 됐을 텐데도 그런 방식을 택하지 않았다. 성격상 용납되지 않았던 것이다. 연설문 초고나 메모지에 적힌 그의 글씨가 가지런히 정돈되어 있는 데서도 빈틈없는 그의 성격을 짐작하게 된다. 글씨를 흘려 썼을망정 날려 쓰는 법은 없었다.

이범석은 적십자회담 수석대표로 내정되고도 평양고보 후배인 최필립에게 같이 일하자며 적십자회담 사무국으로 끌어왔다. 서독 주재 대사관에 참사관으로 부임해 있던 최필립은 적십자회담 사무국으로 옮겨와 두 해 동안 근무하게 된다. 그때 중앙정보부 북한정보국장으로서 적십자회담 사무국장을 맡았던 강인덕康仁德도 평양고보 7년 후배가 된다.

적십자회담에 참여할 대표들 명단이 발표되고 나서 준비해야 했던 업무 가운데 소홀히 할 수 없었던 것이 북측에 전달할 선물을 준비하는 일이었다. 탁상시계와 디지털 라디오, 화장품 세트 등을 준비했다. 정종 소주도 선물 목록에서 빠질 수 없었다. 북측 대표단과 자문단에게는 물론 기자단, 운전원, 그리고 호텔 종업원들까지 두루 감안해 마련한 선물이다. 어린이들에게 나눠줄 학용품과 과자, 캔디도 별도로 준비했다.

그러나 회담에 참석하기 위해 평양을 방문한다고 생각하니 한편으로 걱정이 없을 수 없었다. 남한에서 첫 총선거가 실시되기 직전 김일성과 회담을 한다고 평양을 방문했다가 따돌림 당한 김구金九, 김규식金奎植의 전례가 떠올랐기 때문이다. 여차하면 돌아오지 못할 수도 있을 것이었다. 본인들이 정치적 망명을 요청했다는 엉뚱한 핑계를 붙여 북한에 잡아둘 가능성은 얼마든지 있었다.

이범석이 평양 방문을 며칠 앞두고 남 몰래 유서를 썼던 까닭이다. 유서는 평양고보 동기생으로 외환은행 충무로 지점장으로 근무하던 김창권金昌權에게 맡겼다. 은행 금고 속에 보관됐던 것이다. 만약 자신이 평양에서 돌아오지 못하게 되면 아내에게 전달해 달라고 부탁했다. 초연하고도 비장한 심정이었을 것이다.

이범석이 평양으로 출발하기 바로 전날 신문에 기고한 글에서도 그의 심정이 잘 나타나 있다. 회담 성공에 대한 의지도 엿보인다. 다음은 '평양으로 떠나면서'라는 제목의 기고문 일부다.

> 평양은 개인적으로는 나를 낳아주고 젊은 날을 길러준 바로 내 고향입니다. 그러나 길을 떠나는 마음에 이미 내 개인적인 감회가 사라진 지 오래입니다. 고향의 감회에 젖기에는 나에게 너무나 무거운 짐이 지워져 실상 고향에 가도 감회에 젖을 틈이 없을 것 같습니다. …… 이번 회담의 성패는 쌍방이 역사와 민족 앞에 얼마나 충실하냐에 그 열쇠가 있다고 봅니다. 두 손뼉이 맞아야 소리가 난다는 말이 있듯이 이번 회담도 어느 일방의 손뼉만으로는 소리를 낼 수 없습니다. 불행히도 남북한은 다 같이 한쪽 손뼉밖에 갖지 못한 만큼 최대공약수를 찾아내는 노력을 기울여야 할 것으로 생각합니다. (동아일보, 1972년 8월 28일)

그날 영락교회로 한경직韓景職 목사를 찾아가기도 했다. 한 목사가 그를 예배실로 데리고 들어가 손을 붙잡고 기도해 주자 한결 마음이 가라앉았다. 그도 마음속으로 기도했다. "저를 주님의 힘으로 인도하여 주시옵소서. 1000만 이산가족과 5000만 동포가 저희 대표단을 지켜보고 있습니다"라고. 만일의 경우 죽음이나 생이별을 각오하면서도 오로지 민족만을 생각하고 있었던 것이다.

"기어코 가야만 하는 길"

1972년 8월 29일. 이범석을 비롯한 남한 대표단 54명이 판문점을 거쳐 평양에 들어간 날이다. 휴전회담으로 남북 사이에 철조망이 설치된 이후 19년 만에 처음으로 민간 차원의 왕래가 이뤄진 것이었다. 그 직전 이후락 중앙정보부장의 비밀 방북이 있긴 했으나 기자단을 포함해 공식 대표단이 평양을 방문한 것은 이때가 처음이다.

이날 아침 신문들이 대표단의 평양 출발에 관심을 표명한 것만 봐도 우리 내부의 뜨거운 열기를 확인할 수 있다. 〈한국일보〉는 사설에서 "대표단 일행은 겨레의 당부를 어깨에 지닌 '벽타파壁打破의 선구자'라는 사명감을 명기銘記하기 바란다"라고 격려했는가 하면 〈조선일보〉는 "이런 현실에서 누구보다 뼈저린 고통을 겪어야 했던 동포는 남북으로 뿔뿔이 흩어져 서로 생사조차 모르는 이산가족들"이라며 대표단의 막중한 임무를 환기시키기도 했다. 그날 오후 발행된 〈중앙일보〉와 〈경향신문〉, 〈동아일보〉 등 다른 신문들도 마찬가지였다.

이범석은 이날 아침 일찍 가족예배를 보는 것으로 식구들에게 출발 인사를 대신했다. 20년 동안 살아온 신당동 집이었건만 이날만큼은 더없이 차분한 분위기였다. 노모도 연로한 탓에 거동이 불편했으련만 가족예배 자리에 둘러앉았다. 기도를 드리는 식구들의 목소리는 숙연했다. 그는 예배를 드린 뒤 평소 읽던 성경 한 권을 출장 가방에 집어넣었다.

대표단은 남산 대한적십자사에서 출발하도록 되어 있었다. 그가 개인 여장을 꾸려 적십자사 청사에 도착했을 때는 이미 수많은 시민들로 일대가 붐비고 있었다. 장도의 행운을 비는 환송객들이었다. 눈물이 날 정도로 고마웠다. 그는 출발하기 직전 기자회견 마이크를 잡았다. 대표단의 각오와 다짐을 알리는 출발 인사를 하려는 것이었다.

우리 대표단과 기자단 일행은 남북적십자회담에 참가하기 위해 이제 평양을 향해 출발하려 합니다. 같은 조국 땅이면서도 4반세기 동안 드나들지 못했던 북녘땅에 첫발을 내딛는 저희 일행은 실로 형언할 수 없는 감회를 느낍니다. 1000만 이산가족과 온 겨레가 부여한 사명을 성취하기 위해서는 저희들이 오고가는 이 길이 아무리 멀고 험난하다 해도 기어코 가야만 하는 길이기에 우리 대표단은 굳은 결의와 각오를 가지고 떠나는 바입니다.

그렇지만 이 사업은 대표단의 힘만으로는 이룩될 수 없는 일입니다. 국민들께서 부디 우리와 뜻을 같이 하고 성원해 주시기 바랍니다. 회담을 해 나가는 동안 혹시 우리 대표단의 생각이 미치지 않는 곳이 있으면 지혜를 주시고, 우리의 의기意氣가 떨어지면 용기를 주시고, 참음이 필요할 때는 인내할 수 있는 능력을 주십시오. 그리고 우리의 참된 뜻이 상대방에게 미치지 아니할 때는 그들이 우리의 뜻에 감화·감동할 수 있도록 기도해 주시기 바랍니다.

이제 우리 대표단은 옷깃을 여미고 작별인사를 드립니다. 저희 일행은 지금 한반도에 쏠리는 전 세계의 이목과 온 국민의 뜨거운 성원을 명심하면서 성심과 인내, 뜨거운 동포애로써 회담에 임하겠습니다. 아울러 우리의 슬기롭고 꿋꿋한 대한민국의 참된 모습을 북녘 땅 동포들의 가슴에 심어주고 돌아오겠습니다. 안녕히 계십시오.

출발 시각은 정각 오전 일곱 시. 이범석이 인사를 마친 뒤 대표단이 차례로 승용차에 올라타고 출발하려 하자 주위에 몰려 있던 시민들은 뜨거운 박수로 대표단을 환송했다. 남북대화 역사의 한 페이지를 장식하는 장면이다. 대표단을 태운 승용차 행렬이 남산 순환도로를 돌아 내려오면서 숭례문을 지날 때는 남대문시장 상인들이 몰려나와 열띤 만세소리로 행운을 빌어 주었다. 가로마다 적십자 깃발로 물결을 이루고 있었다.

시청앞 광장에 이르러서는 시내버스와 승용차에서 승객들이 창밖으로 얼굴을 내민 채 손을 흔들었다. 길거리 시민들도 환호성으로 배웅했다. 대표단의 차량 행렬로 아침 출근길이 지체되고 있었으나 불편한 기색들은 없었다. 독립문을 지나 무악재를 넘어서도 연도에서 박수를 치는 사람들이 적지 않았다. 아침 설거지를 하다 말고 뛰쳐나온 행주치마 차림의 아낙네들까지 손을 흔들어댔다.

일행을 태운 차량 행렬이 통일로를 거쳐 달리는 동안 교외에서도 뜨거운 환송 열기를 확인할 수 있었다. 통일로 입구에서는 주민들이 몰려나와 태극기를 흔들어 주었고, 멀리 논두렁에서는 소를 몰고가던 농부가 손을 높이 치켜들기도 했다. 논밭에서 일하던 여인들도 머리에 둘렀던 수건을 벗어 흔들어 주었다. 철로를 건널 때는 기차까지 멈추었고, 승객들은 창문 밖으로 얼굴을 내밀고 대표단 행렬을 향해 팔을 흔들어 주었다. 그만큼 민족의 염원은 깊고도 높았다.

이처럼 주민들의 환송을 받으며 출발한 차량 행렬은 어느덧 임진각 '자유의 다리'를 넘어서고 있었다. '신의주 456km, 평양 221km, 개성 23.5km.' 다리 입구에 세워진 이정표의 거리 표시가 새롭게 느껴질 수밖에 없었다. 민족의 염원이 새겨진 이정표였다. 그러한 숙제를 이범석을 비롯한 대표단이 앞서서 풀어야 하는 것이었다. 차량 행렬은 점차 판문점에 가까워지고 있었다.

이범석에게는 모두 잊을 수 없는 소중한 장면이었다. 그는 제4차 회담에 이르기까지 이러한 기억을 모두 육필 기록으로 남겼다. 원고지로 모두 1300장에 이르는 방대한 분량이다. 스쳐 지나가는 그 때그때의 상황을 매우 자세하게 묘사했다는 게 이 기록의 장점이다. 아마 나름대로 회고록 출간을 미리 염두에 두고 남긴 기록이었는지도 모른다. 하지만 결국 〈미완성 회고록〉이 되어 버린 것이 안타깝다. 남북적십자 회담에 있어서는 그가 남긴 기록에 의존해 얘기를 전개하기로 한다.

'돌아오지 않는 다리'를 건너

판문점 북측 지역에는 북한 대표단과 함께 어린이들이 환영객으로 마중나와 있었다. 곧바로 간단한 환영식이 열렸고, 이범석은 어린 여학생으로부터 환영의 꽃다발을 받았다. 여학생은 짧은 분홍색 치마에 색동저고리를 입었고, 얼굴에는 분칠에 연지까지 찍고 있었다. 목에는 붉은색 수건을 두르고 있었다. 아마 여학생 소년단 소속인 듯했다.

이범석이 꽃다발을 건네준 학생에게 물었다.

"참 예쁘구나. 어느 학교에 다니지?"

"만월여중 일학년 장경순! 반갑습네다, 어서 오십시요!"

우렁찬 대답이었다. 이범석은 그 여학생에게 미리 준비한 컬러 볼펜 한 세트를 선물로 주었다. 여학생은 선물을 받기 전에 잠시 머뭇거리는 듯했다. 아마 남한 대표단이 주는 선물을 받아도 되는지 잠깐이나마 판단이 필요했을 것이다. 이범석은 이처럼 환영나온 어린 여학생의 이름과 태도까지도 일일이 기록으로 남겼다. 꼼꼼한 성격의 일면을 보여준다.

이범석 수석대표가 남긴 육필 원고. '평양을 가다'라는 제목의 이 원고에서 남측 적십자 대표단이 판문점 '돌아오지않는다리'를 넘은 것이 1972년 8월 29일 오전 10시 31분이었음을 기록하고 있다.

대표단은 판문점에서 북측이 준비한 승용차로 바꿔타야 했다. 그것만으로도 이미 북한 관할지역으로 진입했음을 느낄 수 있었다. 이범석에게는 소련제 챠이카 승용차가 배정되었다. 리무진 스타일의 육중한 대형 승용차다. 수석대표에 대한 특별 예우였을 것이다.

대표단과 자문위원, 수행원 및 기자단에는 벤츠 승용차가 배정됐다. 그때 동시에 진행되던 남북조절위 회담과 적십자회담을 위해 서독에서 긴급 수입해 들여온 승용차였다. 그렇게 대표단을 태운 서른두 대의 차량 행렬이 판문점 경내를 벗어나 서서히 널문다리를 넘어서고 있었다. 이제는 정말 북한 땅이었다.

그때의 정확한 시각이 오전 10시 31분. 이범석이 널문다리를 넘으면서 자신의 손목시계로 확인한 시각이다. "초침은 46초, 47초,

48초, 49초를 향해 달려가고 있었다. 역사적인 순간이었다"고 그는 기록했다. 한 번 넘으면 돌아올 수 없다던 '돌아오지 않는 다리'를 넘은 것이었다. 그러나 '가야만 하는 길'이었다.

"문득 뒤를 돌아보니 판문점 남쪽 산언덕에는 방금 헤어진 사람들이 우리를 향해 손을 흔들고 있었다. 제2차 세계대전이 끝나고 동서 진영의 냉전이 태동되어 첫 산물로 태어난 것이 삼팔선이다. 그로부터 무려 강산이 세 번이나 변하는 세월이 흐르도록 굳게 닫혔던 북녘땅을 공식적으로는 내가 맨 처음 밟고 있었던 것이다. 감개무량을 넘어 일종의 전율마저 느끼지 않을 수 없었다." (《미완성 회고록》)

그러했다. 6.25 전란 도중 북진하는 국군을 따라 올라가 평양경찰학교 교장을 지내다 1.4후퇴 때 떠나온 뒤로 무려 20여 년 만에 다시 고향땅을 밟게 되는 기회였다. 감회가 없을 수 없었다.

차량 행렬은 2차선 도로를 80km 속력으로 달리고 있었다. 시멘트 콘크리트로 포장된 도로에는 대표단을 태운 행렬 외에 다른 차량은 거의 눈에 띄지 않았다. 대표단이 탑승한 승용차에는 북측 요원이 한 명씩 동승하고 있었다. 아침 일찍 판문각에 마중나와 있던 안내원들이다. 이범석의 챠이카 승용차에도 북한적십자회 대표단장인 김태희와 평양 적십자위원회 부위원장이 동승했다.

이범석이 김태희와 공식 대면한 것은 이날이 처음이었다. 하지만 두 사람 사이에는 남모르는 사연이 숨어 있었다. 앞서 소개한 대로, 이범석이 튀니지 대사로 임명되어 현지에 도착했을 때 북한 친선사절단장으로 그곳에 파견돼 왔던 인물이 바로 김태희다.

끝내 한판 승부를 내야 할 숙명적인 사이였던가. 이범석이 북측 대표단 명단에서 그의 이름을 확인하면서 소름이 끼쳤던 까닭이다. 그는 예비회담 때부터 북측 대표를 맡고 있었다. 튀니지 때는 이범석의 완전한 승리였지만, 이번에는 섣불리 장담하기가 어려웠다.

이범석으로서도 긴장감을 느낄 수밖에 없었다.

　김태희 역시 외교관으로서 노련함을 자랑하는 인물이었다. 합경
북도 출신으로, 모스크바 유학을 마친 뒤 외무성 부국장과 노동당
자강도 부위원장을 지낸 것으로 알려지고 있었다. 1965년 김일성
특사로 탄자니아를 방문했으며 루마니아 주재 대사와 동남아 순회
대사로 활약하기도 했다. 튀니지에 파견됐던 것은 그 다음이다. 관
록으로 따지자면 이범석보다 못할 게 없었다. 이번에는 이산가족의
미래를 놓고 승부를 벌어야 할 운명이었다.

　이범석이 혼자 생각을 다지고 있는 사이 김태희가 차창 밖을 내
다보면서 먼저 말문을 열었다. 그의 생각을 아는지 모르는지 알 수
가 없었다.

　"남조선에 비가 많이 와서 피해가 크지 않습네까?"

　그해 따라 남한에 장마가 이어지는 바람에 지역적으로 수해가
적지 않았던 터다. 서울 지역에도 피해가 컸다. 언론에서는 '60년
만의 대홍수'라고 표현하기도 했다. 마침 대표단 차량 행렬이 널문
다리를 조금 지나면서 빗방울이 떨어지기 시작했다. 서울을 떠나면
서부터 찌뿌둥하던 날씨였다. 차창에 흘러내리는 빗줄기를 바라보
며 김태희가 말을 걸어온 것이었다.

　"국민들이 힘을 합쳐 수재의연금을 많이 냈기 때문에 쉽게 복구
되었습니다."

　사실 그대로의 답변이었다. 홍수 피해가 연례적인 행사가 되고
있었던 만큼 복구작업도 신속하게 진행되던 시절이다. 이범석은 이
렇게 대답한 다음 북쪽 사정을 물었다. 질문을 받은 만큼 비슷한
질문으로 응수하는 것은 신사들 세계에서 하나의 예의였다. 특별
한 답변을 요구하고 질문한 것은 아니었다. 특별한 답변이 나올 만
한 상황도 아니었다.

　그러나 돌아온 답변은 특별했다.

"우린 영명하신 김일성 수령께서 관개사업을 철저히 해 주셔서 홍수나 가뭄 피해는 전혀 없습네다."

이범석은 귀를 의심했다. 남한에는 곳곳에서 물난리가 났지만 휴전선만 넘으면 바로 북한 땅인데도 전혀 피해가 없다니…. 그것도 '영명하신 김일성 수령' 덕분이라니…. 그의 답변에 의구심이 들 수밖에 없었다. 그렇다고 반박할 필요까지는 없다고 생각했다. 반박했다가는 쓸데없는 말싸움이 벌어질 것이 분명했다.

이범석은 "산에 나무가 많은 것 같다"는 말로 화제를 돌렸다. 그러자 김태희는 또 기회를 놓치지 않고 김일성 수령을 들먹였다. "영명하신 김일성 수령께서 산에 나무를 심고 기르는 법을 가르쳐 주셔서 나무가 많다"는 것이었다. 이범석으로서도 미처 생각하지 못했던 희한한 답변이었다. 나무를 심고 기르는 법까지 지도자의 가르침을 받아서 행하는 사회가 바로 북한이었으니 말이다.

이번에는 "금년 농사는 어떠했느냐"고 질문을 던졌다. 미리 답변을 예상한 질문이었다. 아니나 다를까, 다시 '영명하신 김일성'으로 시작되는 답변이 돌아왔다. 어떠한 질문에도 답변은 천편일률적이었을 것이다. 답변도 답변이지만 김태희에 대한 실망감이 앞섰다.

마치 판에 박은 듯한 공산주의자들의 체질을 모르는 바가 아니었으나 그래도 여러 나라를 돌아다니며 문물을 체험한 외교관 신분이 아닌가. 적어도 김태희에게는 일말의 세련된 구석이 있을 것이라고 기대했던 것이다. "하지만 그런 희망은 이슬처럼 사라졌다. 입맛이 썼다"고 이범석은 느낌을 기록했다. 대화를 중단한 채 눈길을 창밖으로 돌렸다. 얘기를 나눌 흥미가 사라져 버렸기 때문이다.

북한적십자 대표 김태희

어느덧 차량 행렬은 개성 시내로 들어서고 있었다. 그런데 한 가지 이상한 것이 있었다. 길거리에 그런대로 사람들이 오가고 있었건만 누구 하나 손을 흔들어 환영하는 사람이 없었다는 점이다. 알아보는 체조차 하지를 않았다. 그렇다고 줄지어 지나가는 세단 승용차의 행렬이 자주 볼 수 있는 흔한 광경도 아닐 것이었다.

바로 두어 시간 전 떠나온 서울에서의 환송 분위기와는 딴판이었다. 연도에 몰려나온 시민들이 손을 흔들고 박수를 치면서 잘 다녀오라는 뜻을 표시했던 것이다. 회담 결과에 대한 기대였고, 대표단에 대한 성원이었다. 누가 시키지 않았는데도 자발적으로 몰려나온 사람들이었다.

거기에 비하면 북녘 사람들은 너무 비교가 되었다. 차에 탄 사람들이 남쪽 대표단인 것을 알고 일부러 그러는 것인지, 모르고 그냥 지나치는 것인지는 알 도리가 없었다. 그래도 실망감을 감출 수가 없었다. 주민들의 옷차림조차 하나같이 흰 윗옷에, 아래는 검정색으로 무슨 제복을 입혀 놓은 것 같은 느낌이었다. 그는 "이곳은 오직 무관심과 무신경, 무표정, 무반응, 무감각의 오무천지五無天地일 뿐"이라고 썼다.

어린이들이라고 다르지 않았다. 시내 도로에서 줄지어 행진하는 인민학교 어린이들과 마주쳤으나 그들은 차량 행렬을 거들떠보지 않았다. 행진곡을 부르며 보폭을 맞추는 데만 열중하는 듯했다. 마치 귀도 없고, 눈도 없는 듯했다. 혹시 상부 지시에 의한 일률적인 반응일까. 이런 생각에 미치자 배신감과 함께 그에 따른 공포감을 느끼지 않을 수 없었다. 등골이 오싹해졌다. 그는 눈을 감았다. 그리고 마음속으로 기도를 올렸다. "주여, 이 땅에도 주님의 은총이 함께 하소서"라고.

그래도 산천은 여전했다. 멀리 바라보이는 송악산松嶽山은 옛 모습대로 우뚝 솟아 있고, 개성 초입의 '야다리(만부교)'도 '통일다리'로 이름이 바뀌었을망정 모습은 그대로였다. 고려 말의 성리학자인 야은冶隱 길재吉再가 "오백년 도읍지를 필마로 돌아드니 산천은 의구하되 인걸은 간 데 없네"라고 읊었던 곳이 바로 개성이 아니던가. 이범석의 마음이 퇴락한 도읍지를 바라보던 옛 시인의 격세지감 바로 그것이었다. 더구나 눈에 띄는 길가의 간판도 '리발', '종합 편의', '공업상점' 등 어휘가 생소했다.

개성을 지나 얼마만큼 갔을 때 김태희가 다시 말을 꺼냈다.

"내일 회의는 어떻게 했으면 좋겠습네까"

"글쎄요. 나는 손님이고 당신이 주인이니 주인께서 먼저 계획을 말씀해 보시지요."

이범석은 느긋하게 대답했다. 별다른 복선을 예상하지 못하고 있었다. 기껏 '영명하신 김일성'을 들먹이는 정도일 것이라 생각했다. 그러나 답변은 뜻밖이었다.

"저희로서는 여덟 개의 정당·사회단체 대표들이 나와 연설할 작정입니다."

그의 답변을 들으면서 이범석의 뇌리에는 '아차' 하는 생각이 스쳐갔다. 예비회담 마무리 단계에서 정당·사회단체의 참가 허용을 끈질기게 요구했던 북측의 속셈이 바로 이것이었구나 했다. 결국 제1차 평양 본회담과 제2차 서울 본회담에 한하여 정당·사회단체를 참여시키되 축하연설로 끝내는 것으로 합의한 것도 틀림없는 사실이다. 그러나 관련단체가 여덟 개나 나와서 연설을 하리라고는 미처 생각하지 못했던 것이다.

이범석의 머릿속에는 북한 공산주의자들과 마주쳤던 지난 일들이 스쳐갔다. 6.25 직후 포로교환 때가 첫 번째였고, 뉴델리 국제적십자위원회가 두 번째였으며, 제네바에서 재일교포 북송반대 활동을 벌이던 때가 세 번째였다. 이러한 접촉을 통해 그들이 얼마나 지독하고 지긋지긋한 족속인지를 잘 알고 있었던 것이다. 김태희의 답변에 "드디어 올 것이 왔다"는 생각이 들었다. 대결의 순간이 예상외로 빨리 다가온 셈이었다.

"아니, 여보. 김 단장. 여덟 개의 단체가 나온다면 회의는 언제 하려는 것이오. 여덟 명씩이나 연설을 하다가는 하루가 다 걸려도 모자라지 않겠소. 정당·사회단체 사람들의 연설이라는 게 내용이 뻔한 것 아닙니까. 그걸 여덟 명씩이나 되풀이할 필요가 있는 겁니까?"

그는 흥분을 한껏 누그러뜨리고 있었건만 목소리가 저절로 높아지는 것을 스스로도 느낄 수 있었다. 김태희는 "그 문제는 염려 말라"면서 오히려 태연한 표정이었다. 한 사람이 6분씩 한도에서 연설하게 될 것이며, 따라서 모두 48분밖에 안 걸릴 거라는 얘기였다. 20분으로 잡혀 있는 자기 연설에 남측 대표인 이범석의 연설까지 감안하더라도 대략 한 시간 반이면 회의는 모두 끝날 것이라고 했다.

"좋습니다. 정당·사회단체 대표가 각각 6분씩 모두 48분으로 못 박아 주신다면…. 구체적인 얘기는 평양에 도착해서 하십시다."

이범석은 그의 말을 도중에 끊어 버렸다. 그의 머릿속에는 정당·사회단체의 연설보다 더 골치 아픈 문제가 떠오르고 있었다. '조선민주주의인민공화국'에 대한 정치적인 판단이었다. 남북 간에 정식 회담이 열리는 만큼 어떤 식으로든 대한민국과 동등한 자격을 요구해 올 것이었다. 아직 유엔에 의해 대한민국만이 한반도 내의 유일한 합법정부로 인정받고 있을 때였다.

이렇게 김태희와 서로 속마음을 떠보면서 신경전을 벌이는 동안 대표단을 태운 차량 행렬은 점차 평양에 가까워지고 있었다. 봉산을 지나고 사리원과 황주도 훌쩍 지나쳤다. 이윽고 평안남도 경계를 지나면서 도로는 아스팔트로 포장되어 있었고, 차선도 4차선으로 넓혀져 있었다. 한달음에 평양에 닿은 것이었다. 꿈에 그리던 고향땅, 가깝고도 먼 700리 길이었다.

을밀대야, 모란봉아

대표단 행렬이 숙소인 동평양 문수리紋繡里 초대소에 도착한 것은 오후 2시 25분. 판문점을 떠난 지 불과 네 시간여 만이었다.

이범석이 첫눈에 보기에도 평양 시가는 개발 바람이 한창이었다. 도심에 5~6층짜리 아파트가 펼쳐졌고, 그 옆으로도 아파트 신축 공사가 여러 곳에서 진행되고 있었다. 동평양 자체가 신시가지나 마찬가지였다. 개발작업이 이뤄지는 모습은 서울에서도 익숙한 풍경이었건만 전체적인 분위기는 어딘지 서툴렀다.

북동쪽에서 남서쪽으로 흘러가는 대동강을 사이에 두고 서쪽이 원래부터의 구도심인 반면 동쪽은 새로 편입된 지역이다. 대표단이 도착한 지역은 동평양 '청년의 거리'에 속해 있었다. 문수리 초대소는 이 거리에서도 좁은 2차선 아스팔트길을 따라 더 들어가 외진 자리에 위치해 있었다.

초대소 숙소의 모습을 잠깐 살펴보자. 역시 이범석이 남긴 기록의 내용이다.

"초대소에 이르러 각자 방에 들어가 짐을 풀었다. 내가 묵을 방은 30평쯤 되어 보이는 넓은 방이었다. 응접실은 넓으나 의자와 침대가 딱딱해서 그대로 앉아 있기가 거북했고, 양복장의 문은 잘 열리지 않았다. 아직 여름인데도 창문에는 방충망이 없었다. 자본주의 사회에 비해 10년, 20년은 뒤떨어진 호텔이었다."

남한 대표단에 제공된 숙소라면 그래도 일류급에 속할 텐데 시설은 보잘 것이 없었다. 창문틀부터가 비교가 되었다. 대패질이 소홀했는지 거칠거칠한 나뭇결 그대로 창문틀로 사용되고 있었다. 열쇠도 나눠주지 않은 데다 안에서 잠글 수도 없었다.

대표단과 수행원들의 숙소가 따로 떨어져 배치된 것은 또 다른 문제였다. 대표단과 자문위원들은 2호동에, 수행원들은 3호동에 숙소가 배정되었다. 기자들도 3호동이었다. 2호동과 3호동이 직선 거리로는 300m 밖에 떨어져 있지 않았으나 보행도로가 연결되지 않아 초대소로 들어오는 자동차 도로로 거의 1km를 돌아가야 했다. 서로 볼 일이 있어도 자동차가 없으면 오가기가 어려웠다. 미리부터 대표단 일행이 모두 같은 숙소에서 묵을 수 있도록 해달라고 요청했으나 그런 요청이 받아들여지지 않은 것이었다.

그는 잠시 숨을 돌릴 겸 베란다에 나가 바깥 풍경을 바라보았다. 멀리 대동강 건너 평양 시가가 보였다. 눈대중으로 알 수 있는 것은 모란봉 을밀대와 최승대最勝臺 뿐이었다. 건물로는 고층의 김일성 대학과 평양방송 송신탑이 눈에 들어왔지만 그밖에는 어디가 어딘지 도무지 분간할 수 없었다. 까까머리 친구들과 한달음에 뛰어오르던 서기산도 긴가민가했다.

하지만 어려서부터 잔뼈를 키운 곳이었다. 철 따라 만수대와 을밀대로 오르내리던 시절이 떠올랐다. 해방을 맞아 태극기를 흔들며 거리를 행진하던 생각도 났다. "가슴 속에서 무엇인지 뜨거운 게 치밀어 오르며 나도 모르게 호흡이 뻐근해졌다. 나는 심호흡을 했다"고 그는 기록했다.

그날 오후에는 평양 시내에 위치한 북한적십자회 중앙위원회로 손성필孫成弼 위원장을 예방했다. 이범석은 대한적십자사 김용우金用雨 총재의 인사를 전하고 1000만 이산가족 재회를 위해 회담의 성공을 기원하는 덕담을 나누었다. 그리고 준비해 온 〈동국정운東國正韻〉 영인본 한 질을 선물로 전달했다.

첫날 저녁의 만찬 모임은 초대소 식당에서 열렸다. 대동강에서 잡았다는 송어회가 식탁에 올랐는데, 그에 대한 장황한 설명으로 약간의 실랑이가 벌어졌을 정도다. "위대하신 김일성 수령님께서 그물을 만들어 고기를 잡는 법을 교시해 주셨고, 이렇게 회를 쳐서 먹으면 맛이 좋다는 것도 가르쳐 주셨다"는 식의 설명이었다. '김일성 수령'을 찾는 것은 김태희 분만은 아니었다. 그것이 북한 사회였다.

저녁식사가 끝나고 평양 밤거리를 한 바퀴 돌아보자는 수행기자들의 제의가 있었고, 이런 뜻을 북측에 전달했으나 받아들여지지 않았다. 밤이 깊었다는 이유였다. 이범석은 자기 방에서 창문 밖으로 거리를 한참이나 내다보았다. 거리에는 빗속에도 가끔씩 차가 질주하고 있었으며, 자정이 가까운 시간인데도 서너 명씩 지나가는 남녀들의 모습을 볼 수 있었다.

이범석에게는 아직 북측과의 실무회담이 남아 있었다. 밤이 깊어가는 데도 계속 밀고 당기다가 새벽녘이 되어서야 겨우 자리에 누웠으나 잠을 이룰 수가 없었다. 침대가 불편한 탓만은 아니었다. 다음날 본회담 때문에도 잠시라도 눈을 붙여야 한다는 초조감이 굴뚝같았으나 온갖 감회와 상념들이 뒤범벅되면서 이리 뒤척이고 저리 뒤척였다. 강 건너편 도심에는 혁명박물관 건물에 유난히 불빛이 환하게 켜져 있었다. 김일성대학도 마찬가지였다.

그렇게 평양의 첫날밤이 깊어가고 있었다.

대동강문화회관 본회담

드디어 8월 30일, 아침이 밝았다. 역사적인 남북적십자회담 제1차 본회담이 오전 열 시에 열리도록 되어 있었다. 회담 장소인 대동강문화회관은 대동강을 서쪽으로 끼고 남향으로 들아앉은 인조석의 하얀색 2층 건물이었다. 그 무렵 국제회의용으로 새로 지어진 건물로, 동시통역 시설까지 갖추고 있었다.

남북적십자회담 1차 본회담이 1972년 8월 30일 평양 대동강문화회관에서 열렸다. 회담 참석을 위해 분단 이래 처음으로 북한을 공식 방문한 남측 대표들이 북측 대표들과 나란히 앉아 기념사진을 찍었다. 앞줄 중앙에 이범석과 김태희가 앉아 있다.

그러나 본회담에 앞서 열린 실무회담부터가 난관이었다. 합의서에 남북이 공동으로 서명을 하자는 북측의 주장 때문이었다. 겉으로는 당연한 것 같았지만 노림수가 있었다. 공동서명을 한다면 '대한적십자사 대표단 수석대표 이범석', '조선민주주의인민공화국 적십자회 대표단 단장 김태희'라고 적은 뒤 나란히 서명하게 될 터인데, 이는 남한이 북한을 동등한 자격으로 인정해 주는 결과가 되는 것이었다.

이범석이 평양에 도착하기 전부터 마음에 걸려 있던 문제였다. 그동안 예비회담에서는 서로 별도로 서명한 다음 '평양', '서울'로 표기하는 수준에서 처리해 왔다. 그것을 본회담에서는 기어코 공동서명으로 바꾸겠다며 북측이 실무회의에서부터 물고 늘어진 것이었다. 아침 일곱 시에 시작된 실무회담이 본회담 개회 시간이 다가오도록 결말을 보지 못하고 있었다. 전날 심야 실무회의가 새벽 두 시가 지나서야 겨우 끝난 것도 이 문제로 옥신각신했기 때문이

평양 대동강문화회관에서 열린 남북적십자회담 1차 본회담에서의 이범석 수석대표(오른쪽 두 번째)의 모습. 박선규, 김연주, 김달술 대표(왼쪽부터)가 이 수석대표를 중심으로 앉아 있다.

다. 이범석이 김태희에게 "이런 까다로운 문제는 선례를 남기지 않는 것이 좋겠다"고 설득했으나 북측은 고집을 꺾지 않았다.

결국 결론을 내지도 못한 채 본회담 시간이 임박해서야 겨우 회의장에 입장할 수 있었다. 입장할 때만큼은 유치원생들처럼 함께 어울려 회의장에 들어갔다. 어느 쪽이 먼저 들어가고 나중에 들어갔느냐 하는 불필요한 구설수를 피하기 위한 방안이었다. 사방에서 쏟아지는 카메라맨들의 플래시가 본회담에 대한 국내외의 관심을 나타내고 있었다. 수행원들과 참관인들은 미리 입장해 자리를 잡고 있었다.

드디어 오전 10시. 김태희 북적단장이 단상에 올라 연설을 시작했다. "이번 남북적십자회담은 쌍방의 오해와 불신을 해소하고 평화적인 자주통일 촉진에 기여한다는 중요한 사명을 지닌다"는 요지였다. 겉으로 내세우는 명분에서는 전혀 문제될 것이 없었다.

길게 놓인 회담 테이블에는 텔레비전 카메라와 마이크가 설치되어 있어 회담장 모습이 남한에도 동시 생중계되고 있었다. 전혀 가

감이 없이 현장에서 벌어지는 그대로의 내용이 전달되고 있었던 것이다. 분단 이래 최초의 남북 공식회담이었기에 서울을 비롯한 남한 전역은 온통 흥분과 감격의 도가니였다.

이어 이범석이 연단에 올랐다. 연설문을 읽어나가는 그의 목소리는 차분했다.

대표단장 김태희 선생, 대표 여러분, 그리고 여기에 자리를 같이 하신 여러분,

27년이라는 긴 세월을 두고 그토록 만나고 싶었던 동포 형제가 한자리에 마주 앉게 된 이 감격과 기쁨을 우리는 조상 영전에 자랑스럽게 고하면서 기어코 열리고야 만 이 첫 회담의 역사적 순간을 지금 우리는 5000만 겨레와 온 인류 앞에 떳떳하게 전하게 되었습니다.

국토가 양단되고 민족이 갈라져 살기를 어느덧 4반세기. 분단된 조국은 기어코 통일돼야 한다는 엄숙한 민족의 소명 앞에 우리는 마다할 것이 없고, 또한 흩어진 부모형제가 한시 바삐 만나보고 싶어하는 애절한 소원을 성취시킬 수 있는 일이라면, 그곳이 어디이든 단숨에 달려가고 싶은 심경으로 우리 일행은 유서 깊은 평양에 와서 오늘 여기에 자리를 함께 한 것입니다. …….

오늘 우리는 이 순간 유구한 민족사에 새로운 장을 기록하기 시작했습니다. 그 누가 기록시키는 것이 아니라 바로 우리들이 기록하는 것입니다. 그러기에 우리들은 이 자리에 각기 갈라져 앉은 남과 북의 대표이기보다는 민족과 역사 앞에 민족적 과업을 수행할 역군으로서 영예로운 화담에 임하는 것이라 하겠습니다. 바야흐로 세계의 관심과 인류의 주시 속에서 우리 민족의 슬기로운 전통을 과시하며 굳건한 자주성을 실증시

켜 민족사의 영광스러운 한 페이지를 기록해야 하는 성스럽고도 무거운 사명을 지고 있는 것입니다.

이데올로기와 체제는 시대에 따라 변할 수 있지만 민족은 영원한 것이기에 먼 후대에 오늘의 남북적십자 회담은 과연 적십자인들로서 슬기롭게 진행되었고, 그 성과가 끝내는 조국통일을 위한 보람찬 초석이 되었다고 길이길이 새겨지도록 우리는 다 같이 경건한 사명의식과 민족적 자각으로 이 회담을 진행해야 할 줄 압니다. ……

우리는 비록 오랫동안 남북으로 갈라져 살아 왔지만 같은 말, 같은 역사, 그리고 같은 피로 이어져 온 동포인 것입니다. 추석과 세시歲時 때마다 혈육을 잃은 무덤만이 쓸쓸하게 늘어가고 고향을 잃은 젊은이들, 이제는 인생의 황혼길에 서서 부모와 형제를 생각하며 울부짖습니다. 이 슬픈 사연과 괴로움을 지닌 안타까운 심정에 우리들은 귀를 기울여야 하겠습니다.

적십자 정신과 인도주의에 입각한 우리의 회담이야말로 그 결과로서 우리 동포들의 괴로움을 꼭 덜어주고야 말 것입니다. 오늘 우리들이 시작한 성스러운 과업은 조상들의 넋이 길이 지켜보며 보살펴 주실 것입니다. 우리는 용기와 인내와 지혜와 호양互讓으로써 이제 이산가족들의 슬픔을 기어코 지워줄 것을 다시 한 번 다짐합시다. 본인은 다음과 같이 제청하면서 본인의 연설을 끝맺으려고 합니다. 남북적십자회담에는 승리와 패배, 득과 실이 없으며 단지 역사와 민족 앞에 서로가 얼마나 충실한가, 그것만이 있을 뿐입니다. 감사합니다.

이범석의 연설은 16분 만에 끝났다. 25분 동안 이어진 김태희의 연설보다 간결하면서도 설득력이 있었다. 김태희의 연설이 대목마다 다분히 정치성을 띠고 있었던 반면 이범석은 민족 감정에 호소하고 있었기 때문이다. 물론 어느 연설에서도 박수는 없었다. 긴장감만 감돌고 있었을 뿐이다.

연이어 정당·사회단체들의 '축하 연설'이 시작됐다. 노동당 중앙위원회 과학교육부장인 윤기복尹基福을 비롯해 여덟 명의 대표들이 연설을 이어갔다. 윤기복은 북측 대표단 자문위원이기도 했다. 연설 내용은 '위대한 김일성 수령', '혁명적 노동당' 따위의 일방적인 표현뿐이었다. 이범석은 이에 대해 "축하의 냄새는 약에 쓸래도 없는 상투적인 연설로 일관되어 있었다"고 기록했다. 예상하던 그대로였다.

마지막으로 본회담에서 가장 중요한 합의서 낭독 차례가 되었다. 합의문 내용 자체에는 문제가 거의 없었다. 7.4공동성명과 함께 분단 조국의 통일을 위해 회담이 열렸고, 회담에서 이산가족과 친척들의 주소와 생사를 알아내고 알리는 문제, 자유로운 상봉과 서신 왕래를 실천하는 의제가 논의됐음을 확인하는 내용이었다.

문제는 공동성명 방식이었다. 논란 끝에 결국 묘안 아닌 묘안이 채택되었다. 합의서 내용을 다 읽은 다음 북측은 '조선민주주의인민공화국 적십자회 대표단장 김태희'까지만 읽도록 하는 반면 남측도 똑같은 내용을 읽고는 '대한적십자사 대표단 수석대표 이범석'만 읽는 방식이었다. 속으로 웃지 않을 수 없는 절충안이었다. 합의서 내용보다 공동성명 방법을 놓고 더 날카로운 신경전을 벌였던 셈이다.

이런 식으로 회담이 진행된 끝에 역사적인 제1차 평양 본회담이 막을 내렸다. 회의가 끝나자 수행기자들이 몰려와 이범석에게 여러 질문을 퍼부었다. "상대방인 김태희를 어떻게 생각하느냐"는 질문도 들어 있었다. 이범석은 "매우 세련되고 훌륭한 외교관"이라고 칭찬 투로 답변해 주었다. 회담이 무사히 끝났다는 자체가 중요한 소득이었다.

옥류관 만찬의 인사말

사실, 연설문으로만 따진다면 그날 저녁 대동강변 옥류관玉流館에서의 만찬 연설이 최대 압권이었다. 굳이 연설문이랄 것도 없었다. 몇 마디에 지나지 않는 단순한 인사말 정도였다. 북한적십자회 중앙위원장 손성필의 초대로 만찬이 베풀어졌던 것이다.

본회담을 마친 뒤 평양극장에서 혁명가극인 '피바다'를 단체 관람한 다음 장소를 옮겨 연달아 진행된 저녁 자리였다. 북한의 체제 선전을 위해 제작된 피바다 공연이 무려 세 시간에 걸쳐 이어졌던 만큼 진이 빠지고 지칠 만도 했건만 이범석으로서는 오히려 두둑한 뱃심을 유감없이 발휘하게 된다.

평양 옥류관은 과거 국일관國一館과 명월관明月館이 있던 자리에 옛 건물을 헐고 다시 세운 고급 요정이다. 연회는 2층 대연회장에서 베풀어졌다. 줄잡아 마흔 개가 넘는 테이블에 350여 명이 초대되어 다소 흥청거리는 분위기였다. 북한 지도자급 요인들이 두루 참석한 가운데 칠면조구이와 전복냉찜, 신선로, 갈비찜 등의 식사가 연이어 나오고 있었다.

먼저 손성필의 연설이 끝나고 이범석이 뒤를 이어받았다. 그러나 첫마디에서부터 참석자들의 허를 찌르는 얘기로 시작했다. 그는 마이크를 잡고 "사실 이 자리에서 멋진 연설을 하려고 원고를 준비해 두었는데 갖고 오지를 못했다"며 좌중의 기색을 살폈다. 평양극장에서의 가극 공연이 끝나면 숙소로 다시 돌아갈 것으로 생각하고 있었는데 만찬장으로 곧바로 오게 되면서 갖고 오지 못했다고 이유를 댔다.

식사 자리에서의 인사말이었던 만큼 내용이 그리 장황할 리가 없었고, 따라서 연설 문안을 외우다시피 준비하고 있었으면서도 짐짓 시치미를 뗐던 것이다. 이에 참석자들 사이에 웃음이 터져 나오

평양 옥류관에서 열린 만찬 장면. 평양 본회담의 성공적인 개최를 축하하는 뜻에서 북한적십자회 중앙위원장 손성필의 초대로 이루어진 만찬이었다.

면서 저절로 눈길이 집중될 수밖에 없었다. 그가 원고도 없이 무슨 얘기를 할 것인지 호기심을 불러일으키기에 충분했다. 손성필의 의례적인 인사말에 비해 상황이 흥미롭게 흘러가고 있었다. 그가 바라던 바였다.

이범석의 이야기가 계속 이어졌다.

"그래서 나는 지금 약간 당황한 입장입니다. 더욱이 손 위원장께서 명연설을 하셨으니 지금 테이블 밑에서는 다리가 떨리고 있습니다."

좌중에서 웃음이 또 터져 나왔다. 폭소에 가까웠다. 이 정도로 분위기가 잡혔다고 생각한 그는 "그냥 몇 마디만 느낀 대로 말씀 드리겠다"면서 마음속으로 준비된 연설을 시작했다. 비록 식사 자리에서의 짧은 인사말이었지만 지금껏 남북관계의 핵심을 찌른 최고의 작품으로 전해지는 연설이다.

서울에서 판문점으로 올 때까지 남쪽의 통일로에는 코스모스가 피어 있었습니다. 판문점을 넘어 평양에 이르는 동안 북쪽 도로에도 코스모스가 피어 있었습니다. 코스모스는 아무런 구속도 받지 않고 남에서 북으로 쭉 피어 있었습니다. 뿐만 아니라 우리 민족의 원천이 되는 대동강 물과 한강 물은 서해로 흘러들어가 아무런 구속없이 만나 한 몸이 됩니다. 그런데 왜 우리 인간만은 그렇게 하지 못하는 것입니까.

민족의 동질성과 양심에 호소하는 연설이었다. 그는 북한 지도층이 번드르르 내세우고 있는 계급이념이나 체제, 사상이 이산가족의 애타는 울부짖음에 비해서는 너무도 하찮다는 사실을 깨우쳐주고 싶었던 것이다. 북측 참석자들도 그의 연설에 귀를 기울이는 기색이 역력했다. 그것만으로도 연설은 이미 성공적이었다.

그는 다시 심호흡을 몰아쉰 다음 결말 부분으로 몰아갔다. "우리들만 여기서 이렇게 만나 식사할 게 아니라 1000만 이산가족 모두가, 부모형제들이 같이 만나 식사하는 날이 하루 속히 오기를 간절히 빌고 있다"는 게 마지막 결론이었다. 연설이 끝나자 좌중에서는 박수가 터져 나왔고, 북측 참석자들도 서로 눈치를 보면서도 같이 박수를 쳐 주었다. 그는 당시의 분위기에 대해 "좌중의 분위기는 어떤 설레임까지 있었다"고 적어 놓았다.

남한에서는 회담 성과에 거는 성원이 더욱 빗발치고 있었다. 그날 만찬이 밤 열 시가 넘어서야 끝났고, 옥류교를 넘어 초대소로 돌아와 펼쳐 든 신문들이 본회담 소식을 한결같이 대서특필로 다루고 있었다. 평양에 체류하는 며칠 동안 서울에서 발간된 신문들이 판문점을 통해 파우치 편으로 배달되도록 되어 있었다.

정작 북쪽 언론들은 애써 무덤덤한 논조였다. 신문과 라디오, 텔레비전이 모두 비슷했다. 남측 대표단이 평양에 도착한 사실이나 활동 상황이 별로 보도되지 않고 있었다. 관심이 없다는 투였다. 대표단이 차를 타고 평양에 들어오면서 마주친 시민들의 표정이나 마찬가지였다. 남북 분단 이후 최초의 공식 방문인데도 도무지 거들떠보지를 않고 있었던 것이다. 이범석으로서는 쉽게 이해할 수 없는 일이었다.

그래도 그날만큼은 깊이 잠들 수 있었다. 그동안 본회담을 준비하느라 긴장을 풀지 못하다가 회담이 끝나게 되자 피로가 한꺼번에 몰려온 것이었다. 이제 남은 것은 시찰 행사뿐이었다. 사람들은 애써 외면하고 있을지라도 모처럼 고향에 온 기분이었다.

만경대에서 발휘된 장난기

이범석을 비롯한 남한 대표단은 본회담 다음날 오전 만경대萬景臺로 안내되었다. 김일성 생가가 보존되고 있음으로써 북한 사회에서는 '혁명의 요람'으로 떠받드는 곳이다.

김일성 생가는 흙벽으로 지어진 보통 초가집이었다. 둘러쳐진 담장도 나지막했다. 마당으로 들어서는 입구의 철제 대문이 오히려 어색한 모습이라 했을까. 이범석이 보기에는 모두 마땅치가 않았다. "김일성 생가로도 모자랐는지 2년 전에 새로 지었다는 건물까지 있었다. 방마다 벽마다 김일성 일가의 유품과 벽화 사진, 그리고 석상石像 같은 것이 있었다"고 그는 현장 모습을 적어 놓았다.

이처럼 마음이 불편하던 터에 안내원의 설명도 천편일률적이었다. 앞마당 들메나무를 가리키며 "영명하신 김일성 수령님께서 어렸을 때 무지개를 잡으러 올라간 나무"라고 했고, "어린 원수님은 다시 만경봉에 비낀 무지개를 잡으시려고 만경봉 소나무로 달려가시곤 하셨다"고도 했다. 그 옆에 모래를 깔아 놓은 곳은 김일성이 어렸을 때 씨름을 하던 곳이라거나, 바위를 가리키면서는 병정놀이를 하며 조국 해방을 꿈꾸던 자리라는 설명도 이어졌다.

이렇게 설명을 들으며 쌓인 이범석의 불만이 결국 은근한 장난기로 표출되고 말았다. 김일성이 일찍이 여섯 살 때 동네 꼬마들을 불러 모아 놓고 대장 노릇을 했다는 안내원 설명에 토를 단 것이다.

"안내양, 지금 몇 살 때라고 했지요?"

"여섯 살 때라고 했습네다."

"그래요? 나는 다섯 살 때라고 들었는데."

김일성이 어려서부터 또래들 사이에 두각을 나타냈다는 설명에 비위가 뒤틀렸던 것이다. 그래도 시비를 거는 방법이 교묘했다. 안내원의 설명보다 나이를 낮추는 방법으로 한술 더 뜬 것이었다. 그렇게 일방적으로 꾸며대지 말라는 뜻이었다. 비꼬는 수법치고는 고단수였다. 이로 인해 잠시나마 안내원이 말문이 막힐 수밖에 없었다. 옆에서 같이 설명을 듣던 손성필도 짐짓 딴청을 부리며 외면하는 눈치였다. 분위기가 그만큼 애매했다는 얘기다.

하지만 마당의 나무들만이 아니라 주변 지형지물이 모두 성역화에 동원되어 있었다. 생가 뒤쪽 정자로 올라가는 곳에는 김일성이 그네를 탔다는 '그네 나무'가 있었고, 김일성이 대동강을 내려다보며 공부했다는 '학습처'도 있었다. 이렇게 김일성 우상화를 위해 성역화한 면적이 30만 평에 이르렀다. 대동강 하류, 평양 도심에서 서쪽으로 10km 남짓밖에 떨어져 있지 않은 경승지가 체제 선전용으로 탈바꿈해 버렸다. 이범석의 심사가 뒤틀릴 수밖에 없었을 것이다.

이날 남한 대표단이 만경대를 방문했을 때의 모습에 대한 외신 기사를 참고할 만하다. 현장을 취재했던 AFP통신 소속 장 레클레르 뒤 샤블롱 기자는 "남한 대표들은 김일성이 무지개를 잡으러 올라갔다는 나무, 그가 책을 탐독했다는 축대, 전투 기술을 연마했다는 언덕, 그리고 일본인들을 격퇴시키는 전쟁놀이를 했다는 바위 등의 명소를 안내원들의 뒤를 따라 참을성 있게 돌아보았다"(경향신문, 1972년 9월 2일)고 기록했다. 남북적십자회담의 전 과정을 취재하던 입장에서 남북의 이질적인 취향에 흥미를 느꼈을 법하다.

이범석이 이날 안내원의 설명에 대해 시비를 건 방법은 그나마 완곡한 편이었지만, 노골적으로 면박을 준 경우도 없지 않다. 첫날 판문점을 거쳐 평양으로 가던 도중 황주를 지날 때가 그러했다. 북한에서

이범석을 비롯한 남측 대표단이 제1차 평양 본회담을 마친 뒤 북한 측 안내를 받아 평양 거리를 둘러보는 모습. 당시 공보처가 발행하던 '코리아 뉴스리뷰'의 표지 사진이다.

사과 산지로 널리 알려진 곳이 황주다. 그 자신 학창 시절 기차를 타고 와서 사과를 사 갔던 기억도 새롭게 떠오르고 있었다. 그런데, 잠시 차에서 내려 휴식을 취하던 도중 안내원의 설명이 귀에 거슬렸던 것이다.

"김일성 수령님의 교시로 야산을 대대적으로 개발해 사과밭을 만들었으며, 지금은 모든 인민들이 사과를 먹을 수 있게 됐습네다."

"그렇다면 김일성 수령의 교시가 있기 전에는 사과를 먹지 못한 인민들이 있었단 말입니까?"

즉각적인 면박이었다. 이렇게 쏘아 주었더니 안내원이 깜짝 놀란 표정으로 "더 먹을 수 있게 되었다는 뜻"이라고 슬그머니 꼬리를 내리고 말았다. 미처 예상하지 못했던 반응이었을 것이다.

대동강 낚시에 대한 얘기도 빠트릴 수 없다. 대표단이 평양에 도

착한 첫날 북한적십자회 사무실을 방문하기 위해 차를 타고 강을 건너면서 낚시꾼들이 전혀 보이지 않는 게 이상했다. 그의 어린 시절 기억으로는 대동강 곳곳에 낚시꾼들이 적지 않았기 때문이다. 그런데, 그 다음날에는 낚시꾼들이 갑자기 많이 눈에 띄었다. 그가 동행하던 안내원에게 "왜 낚시하는 사람이 없느냐"고 물은 데 대한 반응이었을 것이다. 이범석은 혼자서 쓴웃음을 짓고 말았다.

그날 만경대를 둘러보고 돌아온 오후에는 초대소에서 '꽃파는 처녀' 영화가 상영되었다. 김일성이 자신의 환갑을 기념하는 뜻에서 직접 만들었다는 혁명 영화다. 바로 그 해로 김일성이 환갑을 맞고 있었다. '피바다'처럼 가극이 위주지만 내용이 각색되어 영화로 제작됐을 것이다. 만경대는 말할 것도 없었고, 영화나 가극에 이르기까지 모두 혁명 선전에 동원되고 있었다. 그것이 체제 유지를 위한 북한의 현실이었다.

박성철과의 술자리 언쟁

드디어 그날 저녁 이범석의 불만이 불쑥 터져 나왔다. 북한 집권층의 일방적 체제 선전에 대한 불만이었다. 남북조절위원회 북측 김영주金英柱 위원장이 베푸는 만찬 자리에서다. 만찬은 승리거리에 있는 내각 청사에서 베풀어졌다. 해방 이후 한때 '스탈린 거리'로 불리던 지역이다.

이날 연회는 남북적십자회담 1차 본회담이 성공적으로 끝난 것을 축하하는 자리였다. 그러나 정작 주최자인 김영주는 나오지 않았고, 박성철朴成哲 내각 제2 부수상이 요인들을 대동하고 만찬을 주재했다. 김일성의 동생으로 중앙위 조직지도부장 직책을 맡고 있던 김영주는 건강상 몸이 불편한 상태라고 했다. 남북조절위원회

이범석 수석대표가 북한 박성철 제2 부수상과 건배하는 모습. 사진 왼쪽이 윤기복, 오른쪽이 김준엽 전 고려대 총장이다. 이때의 연회는 박성철 부수상 주최로 내각 청사에서 열렸다.

접촉에서 남측 위원장인 이후락이 직접 평양을 방문했는데도 북측에서는 계속 박성철을 내세웠던 것도 같은 이유에서였을 것이다.

남북 참석자들 사이에 서로 격의없이 술잔을 돌리면서 만찬장 분위기가 한창 무르익어가고 있었다. 어떤 대표들은 술병을 들고 다니며 서로 따라주기도 했다. 그야말로 화기애애한 분위기였다. 이범석도 가급적 이러한 분위기를 받아들이려고 애썼다. 자리를 주재하는 박성철과 김중린金仲麟 사이에 앉아 술잔을 들면서 이런저런 얘기를 나누고 있었다. 노동당 중앙위원 겸 당비서인 김중린도 핵심 실력자 가운데 한 사람이었다.

그때 박성철이 이범석에게 불쑥 질문을 던졌다. 술이 어느 정도 오른 듯했다.

"이렇게 물 맑고 산 좋은 고향을 버리고 왜 남으로 가서 삽네까?"

이범석은 기가 막혔다. 아무리 술자리일지언정 경우가 지나친 질문이었다.

"내가 가고 싶어서 갔소? 고향이 싫어서 버리고 가는 사람이 누가 있겠소? 악질 지주다, 반동이다 뭐다 해가지고 집에서 쫓아내서 알몸으로 쫓겨났소이다."

말투가 고분고분할 리 없었다. 쌓였던 앙금이 한꺼번에 분출되고 있었다.

박성철도 이러한 답변에 깜짝 놀라는 표정이었다. 뜻밖이었을 것이다. 남들이 들을 새라 얼른 손으로 자신의 입을 가리면서 "쉬-" 소리를 냈다. 다른 사람들 앞에서는 그런 식으로 말하지 말라는 뜻이었다.

그러나 가만히 있을 이범석이 아니었다. 한마디를 더 던졌다. 여기서 멈춘다면 지고 마는 것이라는 생각이 들었다. 이미 내친걸음이었다.

"왜요? 내가 없는 말을 했소? 내가 당한 것을 그대로 말하는 겁니다. 그때 그런 일을 겪었기 때문에 나는 공산독재를 싫어하니 어쩔 도리가 없습니다. 박 부수상께서는 앞으로 통일이 되면 우리가 있는 데로 오셔서 국회의원으로 출마하십시오."

이범석이 한술 더 떠 강경한 태도를 보이자 박성철도 의도적인 이야기로 말꼬리를 돌렸다. 목소리도 다소 높아졌다. 다른 사람들도 들으라는 의도였을 것이다.

"그건 우리 체제를 몰라서 하는 소리요. 우리가 숭배하는 김일성 수령은 1세기에 한 번 나올까 말까 한 위대한 지도자로서…."

또 '위대하신 김일성' 타령이었다. 이범석은 더 이상 들을 필요가 없다고 생각했다. 아무리 얘기가 길어진들 평행선을 달리기 마련이었다. "정치 이야기는 하지 말자"며 말을 끊고 말았다.

그래도 이미 좌중에는 술기운이 가득했다. 북측 대표 김태희가 그의 옆자리로 옮겨와 술을 따라주었다. 박성철과의 대화가 끝나기를 기다렸던 모양이다. 이범석이 술잔을 받고는 그에게 다시 술을 따라 주자 김태희가 일어나서 노래를 부르기 시작했다. 그 무렵 남한에서 유행하던 '사랑해 당신을'이었다. 입만 열면 '위대한 김일성'만 되뇌는 그에게 그런 일면이 있었을까 싶었다. 이범석도 우렁찬 목소리로 노래에 가세했다.

그날 만찬이 이렇듯 겉으로는 화기애애한 듯 끝났지만 이범석은 마음속으로 앙금이 가라앉지를 않았다. 그가 남긴 기록에 김태희와 노래를 같이 불렀다는 대목이 전혀 포함돼 있지 않다는 사실이 하나의 증거다. 그들의 근본 체제가 변하지 않는 한 어차피 흘러가는 하나의 노래에 불과했을 뿐이다.

이범석은 만찬을 끝내고 초대소로 돌아와 자리에 누웠으나 박성철과의 대화 내용이 도무지 잊히질 않았다. 해방 직후 남쪽으로 넘어가지 않고 그대로 평양에 머물러 있었다면 지금쯤 처지가 어떻게 달라졌을까 하는 생각이 멈추지를 않았다. 박성철의 질문이 바로 그것이었다. 그는 이에 대해 다음과 같이 기록하고 있다.

"내가 스물한 살 때까지 살던 평양이 이렇게까지 변할 줄은 꿈에도 생각지 못했다. 거리에서 본 사람들은 어찌 그렇게 생기가 없고 풀이 죽어 있는지, 옆 사람과 담소하는 사람도 보지를 못했다. 공산 사회란 집단사회다. 집단사회란 본디 타의에 의해 사는 생활이다. 아무리 그렇다고 하더라도 평양 천지가 이렇게 변할 수가 있을까."

4박5일 동안 진행된 평양 회담은 이처럼 동족으로서의 이질감을 확인하는 정도로 막을 내리고 말았다. 이미 박정희 대통령이 대표단의 평양 출발에 앞서 몇 가지를 지시하면서 지적했던 그대로 확인된 것이다. 북한 지도층이 우리와 핏줄이 같다고 생각하는 것은 오산이며, 따라서 술을 마실 때도 상대방이 공산당이란 사실을 잊지 말라는 것이 박 대통령의 강조 사항이었다.

실제로 북측은 이범석의 마음을 떠보려고 평양에 거주하던 그의 친척을 동원하려고도 했다. 어떻게 조사를 했는지, "평양에 고

모가 생존해 계시는데 만나볼 생각이 있느냐"며 접근해 온 것이다. 하지만 명색이 수석대표였다. 이범석은 자기만 친척을 만날 수 없다는 생각에 그들의 제의를 뿌리쳤다. 한편으로는 그의 처신으로 자칫 친척들의 신상에 위해가 미칠 수도 있다는 하나의 압력으로 간주될 만했다. 그는 이에 대해 "북측이 나에게 겁을 주려고 친척들을 끌어들인 수법에 정나미가 떨어졌다"고 말하곤 했다.

이범석의 마음속으로 안타까운 탄식이 흘러나올 수밖에 없었다. 평소 자신도 모르게 '꿈에 본 대동강' 노래를 읊조리며 그리던 평양 분위기는 이토록 달라져 있었다. 더 이상 쓸데없는 감상에 젖어서는 안 된다고 다짐하고 있었건만 그럴수록 노래 가사가 머릿속으로 스쳐가고 있었다.

"능라도 가물가물 굽이치는 대동강물/ 모란봉이 어드메냐 말 물어 가며/ 풀피리 불어 보던 그 시절이 그리워……."

그가 대동강변에 나뒹구는 흙돌 몇 덩어리를 주워 갖고 온 일화에서도 고향에 대한 애착심을 살펴보게 된다. 가까운 사람들에게 전달할 고향 선물로 그만한 기념품도 없었을 것이다. 그 흙돌 덩어리를 받아들고 냄새를 맡으며 감정에 복받쳐 눈시울이 뜨거워진 상대방을 위로하면서 "마음 같아선 고향 땅을 몽땅 가져오고 싶었다"고 말하던 그였다. 신양리 자신의 생가는 들르지 못했으면서도 짬을 내 강변을 거닐었던 것이다.

만수대도 잠깐 방문할 수 있었으나 평양고보의 옛 자취는 찾을 수가 없었다. 만수대의 높은 언덕배기는 흙이 깎인 채 대부분 평지로 변했고, 그 자리에는 거대한 김일성 동상과 최고인민회의 의사당이 들어서 있었다. 붉은 벽돌로 세워졌던 평양고보 교사는 이미 6.25 전란을 겪으면서 무너져 없어졌다. 그는 속으로 눈물을 흘려야 했다.

서울, 제2차 본회담

서울의 제2차 본회담은 그해 9월 13일로 예정되어 있었다. 남한 대표단이 평양에서 돌아온 지 열흘 뒤로 정해졌다. 북측 대표단 54 명은 회담 참석을 위해 하루 전날 판문점을 넘어 서울에 도착하도록 돼 있었다. 평양을 방문했던 남한 대표단 숫자 그대로였다. 서울 체류 기간도 4박5일로 똑같이 정해졌다.

그러나 북한 대표단을 맞이하는 이범석의 입장에서는 그리 간단한 문제가 아니었다. 행사 절차를 마련하되 남한 대표단이 평양을 방문했을 때 접대 받은 이상으로 대접해야 한다는 것이 기본 방침이었다. 그렇다고 너무 지나치게 후대해서는 과공비례過恭非禮가 될 터였다. 이범석은 평양 회담을 끝내고 서울로 귀환해 곧바로 회담 준비에 들어갔지만 그 적정선을 맞춘다는 게 쉽지가 않았다. 발전된 대한민국의 모습을 그대로 보여줄 필요가 있었으면서도 안보 차원의 대비도 따라야 했다.

일단 북측 대표단 일행이 묵을 숙소는 남산 기슭의 타워호텔로 결정되었다. 타워호텔이 다른 시설들과는 떨어져 있어 경비 업무가 수월하다는 것이 가장 큰 장점이었다. 6.25 희생자나 납북자 가족들이 혹시라도 시위에 나설 수 있는 가능성을 염두에 둬야 했다. 더구나 도심에 바로 인접해 있어 교통 접근이 편리한데다 호텔의 내부 시설도 그만하면 손색이 없었다. 이러한 계획에 따라 북측 대표단의 서울 도착에 앞서 숙식과 통신에 불편함이 없도록 보완 조치가 이뤄졌다.

회담 장소는 조선호텔 그랜드볼룸으로 정해졌다. 당초 대한적십자사 본부 옆에 세워진 남북회담사무국 회의실을 염두에 두었다가 장소를 바꾼 것이었다. 장소도 비좁고 교통도 그렇게 수월한 편은 아니었다. 조선호텔이라면 여러 면에서 안심할 만했다.

북측 대표 일행에게 나눠 줄 신분증도 마련되어 있었다. 대한적십자사 총재 명의의 신분증으로, 그들이 남한을 방문하는 기간 중 야기될지도 모르는 만일의 사태에 대비한 것이었다. "이 사람은 남북적십자회담에 참가 중인 북한적십자회 대표단의 한 분임을 증명한다. 이 분에게 필요한 모든 편의를 제공하여 주기 바란다"는 내용이 인쇄되어 있었다.

드디어 사전 준비가 모두 끝나면서 본회담을 하루 앞두고 북측 대표단이 중립국 감시위원단 회의실을 통해 판문점을 넘었다. 이범석은 김태희를 비롯한 북측 대표들과 다시 만나는 재회의 기쁨으로 인사를 나누었다. '자유의 집' 앞에서 이화여고 학생들이 환영의 뜻으로 북측 대표단에게 꽃다발을 증정했다.

김태희가 꽃다발을 받으면서 입을 열었다.

"어느 학교 학생이지?"

"이화여고 학생입니다."

"아, 정희경 대표가 교장 선생으로 있는 학교로군. 정말 반갑소."

그리고 무엇인가 하얀 종이로 포장한 선물 꾸러미를 건네주었다. 이범석이 평양에 갈 때 환영나온 여학생에게 선물을 전달한 것과 같은 방식이었다.

이 자리에서 김태희는 도착 성명문을 낭독했다. "지척이 천리라고, 한 발짝이면 넘어설 수 있는 이 장벽을 넘어설 수 없었던 분단의 비극을 적십자인들이 극복하여 통일 사업을 촉진하자"는 내용이었다. 이범석도 "3500만 대한민국 국민과 대한적십자사의 이름으로 환영을 표한다. 이산가족의 고통을 덜어주는 인도주의 사업을 완수하고 나아가 조국 통일을 이뤄야 할 것이다"는 요지로 화답했다.

북측 대표단은 환영식을 마치고 캐딜락과 크라운 승용차에 분승해 판문점을 출발했다. 수행원과 기자단은 두 대의 고속버스에 분승했다. 차량 행렬은 '자유의 다리'를 건너 4차선으로 포장된 통일로를 시속 70km로 달려 서울로 향했다. 통일로 연변에는 코스모스가 초가을의 산들바람에 하늘거리고 있었다. 이범석은 김태희가 탑승한 선두차에 동승했다.

문산에서 통일로를 경유해 서울로 들어오기까지 모든 장면이 국민들의 관심을 끌었다. 길가 동네마다 주민들이 몰려나와 호기심 어린 눈으로 차량 행렬이 지나가는 것을 기다리다가 손을 흔들어 환영해 주었다. 김태희도 연신 싱글벙글거리며 창문 밖으로 손을 흔들었다.

기자들의 취재 경쟁은 더욱 치열했다. 북측 대표단이 서울에 이르기까지 취재에 나선 남한 언론사 기자만 해도 200여 명에 이르렀다. 차량 행렬 앞에는 남북 텔레비전 카메라맨이 세 명씩 탄 두 대의 오픈카가 계속 촬영하면서 앞서가고 있었다. 미국 〈뉴욕타임즈〉와 〈워싱턴포스트〉, 서독 〈DPA통신〉과 〈프랑크푸르트 알게마이너〉, 일본 유력지들과 영국, 스위스, 이집트, 호주, 말레이시아 등 세계

이범석 수석대표가 판문점 자유의집에서 기자들의 질문에 답변하고 있다. 서울에서 2차 본회담이 열리기 하루 전날 북한 대표단을 맞을 때의 모습이다. 사진 배경의 팔각정은 1998년 자유의집이 새로 지어지면서 옆으로 옮겨졌다.

30여 나라에서 신문, 통신, 방송사 기자들이 대거 몰려들었다.

이범석은 이런 모습에 내심 흡족해하면서도 김태희에 대해서는 이중적 인격에 대해 개인적인 실망감을 감출 수 없었다. 그가 남긴 글의 한 구절을 읽어보도록 하자.

"나는 그런 김태희의 모습을 보면서 너무나 뻔뻔스러운 사람이라고 생각했다. 우리가 평양에 들어갈 때는 어떻게 대접하였는가. 평양 시민 그 누가 우리를 저렇게 환영해 주었단 말인가."

사실은, 이미 북측 대표단이 판문점을 넘어와 '자유의 집'에서 잠시 환담을 하면서부터 실랑이가 벌어졌던 터다. 숙소로 정해진 타워호텔을 놓고 김태희가 시비를 걸어온 때문이었다. 타워호텔이 반공단체가 들어 있는 곳이라며 "길거리에서 자는 한이 있더라도 그곳에는 가지 않겠다"고 트집을 잡았다. 직접 가서 보면 반공단체가 들어 있는지 아닌지 확인할 수 있을 것 아니냐며 설득을 했는데도 이범석에게 확인 성명을 발표토록 요구하면서까지 고집을 피웠다. 김태희를 바라보는 이범석의 눈길이 고울 리 없었다.

그런데도 시민들의 열렬한 환영으로 김태희의 입이 자꾸 벌어지고 있었다. 차량 행렬이 박석고개와 무악재를 넘어 독립문을 지날 때는 거리가 온통 환영 인파로 물결을 이루고 있었으니 말이다. 시민들이 차도로까지 몰려나왔을 정도다. 세종로와 태평로에서는 박수소리와 환성도 터져 나왔다. 북측 대표단으로서는 서울 시민들이 남북적십자회담 차원을 떠나 공산주의자들을 환영하는 것으로 착각했을지도 모를 일이다.

이범석이 참다못해 한마디를 했다.

"보시오. 얼마나 열광적으로 환영해 줍니까. 하지만 시민들의 환영을 오해해서는 안 됩니다."

환영 분위기에 도취된 김태희가 이 말을 알아 들었는지는 다른 문제다. 차량 행렬의 마지막 통과 지점인 장충단공원 일대에도 환영 인파는 여전했다. 북측 대표단이 타워호텔에 도착해 현관에 들어서자 기자들이 달려들어 소감을 물었으나 홍일점인·이청일李淸日만이 "동포의 환영에 감사한다"고 답했을 뿐이다. 윤기복은 머뭇거리다가 "복잡한 것 같다. 연변에 많은 사람들이 나와 환영해 주어서 감사하다"고 소감을 밝혔다. 하지만 대표단장인 김태희는 끝내 한마디도 답변하지 않고 그대로 엘리베이터를 타고 객실로 올라가 버렸다.

한편, 판문점 환영식에서 김태희로부터 선물을 받은 이화여고 학생들은 학교에 가서 꾸러미를 열어보고는 아연실색했다. 그 안에는 과자와 함께 김일성 초상화가 그려져 있는 선전 책자가 들어 있었다. 이범석이 평양에 갈 때 환영나온 여학생에게 학용품을 전달했던 것과는 상당한 차이다.

경회루 환영연

북측 대표단이 서울에 도착한 그날 오후 김용우 대한적십자사 총재가 주최하는 환영연이 경회루에서 열렸다. 하얀 국화와 빨간 카네이션으로 장식된 중앙 테이블에는 대형 케이크가 놓였고, 그 위에는 적십자 깃발을 꽂아 놓았다. 광화문에서 경회루에 이르는 산책로에도 청사초롱이 줄을 지었다. 대한적십자사로서도 창립 이래 최대 행사였다.

최두선 전임 총재를 비롯해 각계에서 1000여 명의 주요 인사들이 두루 참석했다는 사실부터가 그러했다. 정계에서는 신민당 당수인 김홍일金弘壹, 국회 부의장인 장경순張坰淳과 정해영鄭海永, 공화당 원내총무 현오봉玄梧鳳 등이 참석했고, 종교계에서는 김수환金壽煥 추기경과 조계종 강석주姜昔珠 총무원장 등이 참석했다. 학계에서도 한심석韓沁錫 서울대 총장, 김상협金相浹 고려대 총장, 김옥길金玉吉 이화여대 총장이 얼굴을 비쳤다.

전래의 악공 의상을 차려입은 국립국악원생들의 청아한 아악과 서울시립관현악단의 실내악이 번갈아 연주되는 가운데 참석자들은 서로 어울려 이야기꽃을 피웠다. 그중에서도 이범석은 신민당 김수한金守漢 대변인과 북적 대변인 서성철徐成哲의 대화에 귀를 기울였다.

김수한이 자신이 야당 대변인임을 들어 "북한에도 정부가 잘못하면 공격하는 야당이 있는가"라고 물은 데 대해 서성철이 "우리도 조민당朝民黨이 있지만 모두 인민을 위하는 정당이라 이견이 없다"고 대꾸하는 내용이다. 이에 김수한이 "그래서 그런지 대변인은 목사와 같이 양순해 보인다"고 은근히 꼬집었고, 서성철은 "그래도 외유내강이다"라며 응수했다. 말솜씨에 뛰어난 이범석이 듣기에도 두 사람의 공방은 가히 창과 방패였다. 주변에 몰려 있던 사람들도 모두 웃음을 터뜨리고 말았다.

다른 하나는 강석주 총무원장과 북측 대표들과의 문답이다. 강 총무원장이 "북에도 절이 있는가"라고 묻자 "있기는 한데 6.25때 미군 폭격으로 많이 없어졌다"는 답변이 돌아왔다. 강 총무원장이 "절이 있다면 우리처럼 수행하는 사람도 있는가"라고 재차 묻자 북측 인사들은 "없다"고 답변했다. 만약 "있다"고 대답했다간 계속 이어지는 질문에 거짓이 들통날 것을 염려한 답변이었을 것이다.

공화당 대변인 신형식申洞植은 북측 대표단 자문위원인 윤기복과 경기고교 동창(40회) 관계였다. 처음에는 긴가민가하다가 몇 마디를 나누더니 금방 동창임이 확인되었다. 당시 윤기복의 집이 계동 막바지에 있었고, 신형식이 가끔 그의 집에서 자고 오기도 했다는 것이다. 윤기복은 자기 누이동생이 김일성대학을 나와 차관급 위치에 있다고도 소개했다.

김준엽 자문위원도 북측 김성률金成律 자문위원과 신의주고보 선후배 사이였다. 마침 환영연에 참석했던 중앙일보 신상초申相楚 논설위원과 신민당 김준섭金俊燮 원내부총무, 최창봉崔彰鳳 중앙방송국장 등이 모두 동창이었다. 이들은 한자리에 둘러서서 옛 얘기를 나누다가 함께 기념촬영을 했다.

이날 북측 대표단 인사들이 남측 참석자들에게 통일이 곧 될 것처럼 말한 것도 이런 분위기에 자극받은 때문인지도 모른다. 김태희는 "통일을 지체할 이유가 없다"며 호언장담했고, 다른 북측 인사는 "사상과 체제를 초월해야 한다"고 말하기도 했다. 이에 옆에 있던 남측 인사가 "그럼 공산주의도 포기할 생각이 있느냐"고 물었으나 "그건 인민들이 결정할 문제"라며 답변을 얼버무리고 말았다.

그러나 정작 이범석이 안타깝게 생각한 것은 우리 정치인들의 무분별한 모습이었다. 북측 대표들과 대화를 나누고 사진을 찍으려고 서로 경쟁적으로 나서는 모습이 마땅치 않았다. 경솔하다는 생각이 들었던 것이다. 다음은 그가 남긴 기록이다.

"이날 내가 가장 실망한 것은 우리 정치인들의 태도였다. 그들은 연신 북측 인사들과 사진을 찍기 위해 포즈를 취하고 있었다. 만에 하나라도 우리 정계 인사들이 사상적으로 연약하다는 인상을 주지 않을까 하는 생각이 들어 몹시 우려되었다. 김태희나 윤기복과 사진을 찍는 것이 다음 선거에서 표를 얻는데 도움이 되는지는 알 수 없으나 주체성이 없는 것처럼 비쳐 보기 민망했다."

경회루 환영연이 끝난 다음에는 타워호텔에서 이범석 주최의 비공식 만찬회가 열렸고, 만찬회가 끝나고는 다시 양측 대표들 사이에 실무회담이 열렸다. 남측은 앞으로 실질적인 문제를 진행시킨다는 취지에서 실무 소위원회를 구성하고 판문점에 적십자 공동사무국을 설치하자고 제의했다. 반면 북측은 남북 당국의 모든 세력과 애국 인사를 포함한 온 겨레에게 협조를 호소하고 민족적 대단결과 자주 평화통일을 위해 노력하자는 주장을 폈다. 적십자회담을 정치적 목적에 이용하려는 의도를 드러내고 있었다.

더구나 북측은 다음날 본회담에서 자기들 자문위원 전원이 축하 연설을 하겠다고 요구해 왔다. 밀고 당기는 끝에 윤기복과 김병식 두 사람으로 줄이는 데까지는 겨우 합의를 보았다. 남측에서 김용우 총재의 연설은 주최 측이므로 당연한 것이었고, 김옥길 총장과 다른 자문위원 한 명 등 두 사람이 추가로 연설하기로 합의가 이뤄졌다.

이날 밤 정회를 거듭하면서 무려 네 차례의 실무회의가 열렸던 이유다. 하지만 쟁점 부분에 있어서는 마지막까지 타결을 보지 못했다. 이범석은 "내일 아침 대표들끼리 만나 개별적으로 해결하겠다"는 선에서 회의를 마무리 짓고 말았다. 그렇게 정리하고 귀가한 것이 새벽 5시 30분께. 서울에서도 회의 과정은 평양에서와 마찬가지로 피를 말리는 일이었다.

본회담 막전막후

그러나 쟁점사항에 대해서는 다음날 조선호텔 본회의 시간이 임박해서도 이견이 한 치도 좁혀지지 않았다. 아니, 논의할 시간조차도 없었다. 회담이 시작되기 5분 전에야 도착한 북측 대표단은 합의서 문제는 젖혀놓은 채 시비부터 걸어왔다.

호텔 앞에 게양되어 있는 만국기를 철거하라는 것이었다. 북한과 소련을 포함한 공산국 국기는 하나도 없고, 미국과 일본을 비롯한 자본주의 국가들 국기만 걸려 있다는 점을 문제 삼았다. 자본주의 국가들을 '인민의 적'이라며 흥분하고 있었으니, 참으로 짓궂은 트집이라고 이범석은 생각했다. 하지만 결국 북측의 요구를 받아들여 만국기를 내릴 수밖에 없었다.

이어서 합의서 문제를 논의하기 시작했건만 지난 밤 수준에서 한 걸음도 나가지를 못하고 있었다. 북측은 남측이 제의한 "제3차 회의부터는 의제를 토의한다"는 문구를 삭제토록 요구하고 나섰고, 남측은 북측이 내세운 '모든 세력' 표현을 거부하고 있었다. 더구나 개회를 앞둔 긴박한 시점이었다. 이범석이 잠을 자는 둥 마는 둥, 아침밥을 먹는 둥 마는 둥하고 일찍 회담 사무국에 나가 김태희에게 타워호텔로 전화를 걸어 합의서 문제를 처리하자고 했으나 조선호텔에서 직접 만나 얘기하자고 할 때부터 우려되던 상황이 벌어진 것이었다.

회의장 안팎에 진을 치고 돌아가는 모든 상황을 중계하던 보도 진들이 차츰 술렁이기 시작했다. 도대체 무슨 일로 회의가 지연되고 있는 것일까. 영문을 알지 못하는 전국의 시청자들도 이상하게 여겼을 것이다. 이미 시계바늘은 개회 시간인 열 시를 넘어서고 있었다. 이범석의 마음도 다급할 수밖에 없었다.

"초침은 계속 똑딱거렸다. 분침은 10시에서 5분, 6분을 지나 다시 9분, 10분을 넘어가고 있었다. 그래도 합의는 볼 수 없었다. 나는 초조했다. 북측의 태도로 보아서는 의도적으로 회의를 지연시키는 것 같기도 하고, 뉴욕에서 열릴 유엔총회에서 한국의 입장을 곤란한 지경으로 몰고 가려는 어떤 음모가 진행되고 있는 것이 아닌가 하는 생각도 들었다."

그 순간, 이범석의 뇌리에는 서울 본회담을 며칠 앞두고 유엔총회 참석차 방미 길에 오른 김용식 외무장관의 신신당부가 떠올랐다. 김용식은 "북에서 온 사람들이 어떤 짓을 하더라도 결코 회의를 깨서는 안 된다"고 그에게 언질을 주었다. 만일 회의가 결렬되면 북한은 한국이 회담을 깼다며 책임을 뒤집어씌울 것이고, 그렇게 되면 한국이 유엔에서 곤란한 입장에 처하게 될 것이라는 점을 염려한 주문이었다.

이제는 이범석의 결단만 남은 순간이었다. 개회를 마냥 지연시킬 수는 없었다. 합의서가 도출되지 않았더라도 일단 회의는 열어야 했다. 그는 양측 대표들에게 모두 회의장으로 들어갈 것을 권유한 다음 여러 사람에게 들리도록 마지막으로 김태희에게 말했다.

"김 단장, 최종적으로 한마디 하겠소. 우리가 실무소위원회와 공동사무국 설치 문제를 일단 보류하는 대신 당신들도 '모든 세력' 운운하는 조항을 양보할 수 없겠소?"

이에 김태희가 동의를 구하듯 자기네 자문위원인 한시혁韓始革을 쳐다보았다. 내심 제의를 받아들일 수 있다는 표정이었다. 그러나 한시혁은 고개를 가로저었다. 제의를 수락해선 안 된다는 뜻이었다. 이범석은 속으로 욱하는 것이 치밀어 올랐다. 그런 문제조차 주도적으로 결정하지 못한다면 무슨 단장이란 말인가. 그는 더 듣지도 않고 "회의장에 들어가자"며 김태희의 팔을 거칠게 잡아 끌었다. 이미 개회 시각에서 15분이 넘은 시점이었다.

1972년 9월 13일 서울 조선호텔에서 열린 남북적십자회담 2차 본회담의 모습. 북측의 노골적인 정치 선동으로 합의문도 채택하지 못한 채 마무리됐다.

이범석은 참담한 심정으로 회의장에 들어섰다. 하지만 회의장에 들어서면서 오히려 송구한 마음이 앞섰다. 예정시간 30분 전부터 자리를 잡고 있던 이산가족 대표들 등 참관인들의 진지한 얼굴을 외면할 수가 없었다. 국민들도 이 장면을 집중적으로 지켜보고 있을 터였다. 회의실 뒤쪽에서는 남북 보도진들의 텔레비전과 라디오가 생방송으로 모든 장면을 내보내고 있었다.

그는 양측 대표들이 자리에 앉은 것을 확인하고는 개회를 선언했다. 좌중에서 박수가 터져 나왔다. 개회 시간은 10시 17분. 예정보다 17분이나 지체된 것이었다.

이범석은 개회연설을 시작했다.

> 이 세상에서 주소를 적고 우표를 붙여도 배달되지 않는 단 한 곳이 있다면 이 나라의 남북입니다. 우리는 이 장벽을 넘어 지난번에 애절한 사연을 갖고 평양에 갔었고, 이번에는 북에서 왔습니다. 그러나 여러분을 환영하던 수많은 인파를 오해해서는 안 됩니다. 그들은 이산가족의 고통을 덜어주려는 우리 남북적십자회담을 환영하는 것입니다.

앞으로 열리는 회의는 실질적인 것이 되어야 한다는 점도 연설 내용에서 강조되었다. "이제 남북 적십자인들에게는 분단의 장벽이 존재하지 않는 만큼 적십자 정신과 인도주의 정신에 입각해 회의를 진행하자"고 했다. 그는 회담의 기본 원칙으로 이산가족과 친척들의 자유의사를 보장하고, 적십자 정신에 입각해 신속하고 정확하게 실행돼야 할 것이라는 점도 천명했다.

그러나 김태희의 연설은 첫마디에서부터 정치적 색채를 드러내고 있었다.

"오늘 이 회담은 남북적십자 단체들의 모임일 뿐 아니라 갈라선 남북 동포들의 역사적인 상봉이며, 자주적인 통일을 향한 모임이다. 평양 회의에서는 남측 대표들이 적십자회담 외에 북한의 제諸 정당 사회단체들과 만나 상호 이해를 촉진했다."

그는 남한에서도 각 정당을 비롯한 각계각층의 협조가 필요하다고 주장했다. 그리고는 민주공화당과 신민당, 대중당, 통일사회당, 민주당, 국민당 등 각 정당과 한국종교인협회를 비롯한 한국노총, 한국농민회, 한국부인회, 전국청년단체연합회 등 사회단체들의 이름을 두루 열거했다. 적십자회담을 정치회담과 연계하자는 의도가 배어 있었다.

그 뒤에 이어진 윤기복의 연설은 한술 더 나아가고 있었다.

"남조선 노동자 농민들과 청년학생, 그리고 지식인들과 전체 인민들에게 열렬한 형제적 인사를 드린다. 우리는 외세 의존과 사대주의가 가져온 피눈물 나는 민족의 역사를 후대에 넘기지 않기 위하여 이 회담을 하고 있다. 우리 인민은 경애하는 수령 김일성 동지의 지도하는 바에 의하여 주체사상과 공산주의로 무장하여 먹는 문제, 입는 문제, 아이들 공부시키는 문제, 병을 치료하는 문제들을 해결하고 누구나 잘사는 자주독립 국가를 이루었다."

이범석은 이 연설을 들으며 심각하게 생각했다. 적십자회담을 공산주의 선전장으로 이용하고 있는 연설을 계속하게 내버려 두어야 할 것인가 하는 판단이 필요했던 것이다. 당장이라도 연설을 중단시키고 싶었을 것이다. 그러나 그렇게 되면 회담은 깨지는 것이었다. "나는 용케도 적십자회담을 모독하는 이 연설을 다 들으며 참고 있었다"고 그는 비분강개한 소감을 남겼다.

김병식의 연설 또한 마찬가지였다. 거슬리는 표현이 계속 등장했다. '위대한 김일성 수령님', '영생불멸의 주체사상', '휘황한 등대', '자주적 민족통일', '미·일 침략세력과 반민족적 세력' 등등. 이러한 연설이 모두 텔레비전으로 생중계되고 있었다. 안방 시청자들의 항의가 빗발칠 수밖에 없었다. 방송국에 전화를 걸어 당장 중계방송을 중단하라는 요구가 이어졌고, 112 범죄신고 다이얼을 돌린 사람도 적지 않았다.

이로써 일단 모든 연설이 끝나게 되면서 이범석이 폐회를 선언했다. 그러나 합의문도 성사되지 못했고, 심지어 다음 3차 본회담 일정조차 잡히지 않은 채였다. 다만 순서에 따라 평양에서 열린다는 정도만 합의되어 있었을 뿐이다.

폐회가 선언되고 양측 대표들이 자리에서 일어나 서로 악수를 나눴지만 어딘가 허전한 분위기가 감돌고 있었다. 당연히 오가야 할 가벼운 인사말조차도 엄두가 나지 않는 분위기였다. 기념촬영도 없었고, 평양에서와 같은 기자회견도 없었다. 북측 대표들의 얼굴에는 비로소 당황한 기색이 역력했다.

회담이 끝나고 양측 대표들이 호텔 밖으로 나왔을 때는 이미 시민들의 분위기가 싸늘하게 식어 있었다. 그날 아침까지도 열광적으로 북측 대표단을 환영해 주던 서울 시민들이었다. 그러나 회담 중계방송을 듣고는 울분을 삭일 수가 없었던 것이다. 라디오에서는 남북회담과 관련한 각계의 부정적인 반응이 계속 흘러나오고 있었다.

조선호텔 본회담이 끝나고는 도큐호텔에서 연이어 양탁식梁鐸植 서울시장 주최의 오찬이 예정되어 있었다. 도큐호텔로 가는 차 안에서 이범석이 김태희에게 한마디 했다. 회담을 마치고 거의 입을 다물고 있던 그였다.

"보시오. 지금 라디오에서는 국민들의 반발이 대단합니다. 당신네들, 일을 참 잘도 저질러 놓았소. 희의를 이 꼴로 만들어 가지고 평양으로 돌아가면 일신 출세하는 데는 도움이 될지 모르나 남북 적십자회담에는 찬물을 끼얹은 것이오. 우리 국민들이 그렇게 몽매하지 않다는 것을 똑똑히 알아 두시오."

그러나 도큐호텔 식사 자리에서도 김태희의 체제 선전은 다시 이어졌다. 양탁식 시장의 건배사에 이어 답사를 하면서 "남북적십자 회담은 작년 김일성 수령님의 연설에서 비롯된 것"이라며 또 다시 '위대한 주체사상'과 '자주적 평화통일'을 들먹였다. "북측 대표들 이 서울에 와서 과거의 서울과 너무 달라진 점이 많아 놀랐을 것이 나 단 한 가지 변하지 않은 것은 통일을 향한 일편단심"이라는 양 시장의 건배사에 비해서도 격이 한층 떨어지는 내용이었다.

오찬이 끝나고 시내 관광을 하면서도 북측 대표들의 태도에 진 지한 모습은 엿보이지 않았다. 비원과 북악스카이, 중앙박물관을 둘러보도록 되어 있었다. 차량 행렬이 첫 번째 코스인 비원에 도착 해 문화재관리국 안내원이 궁중유물 전시관과 인정전을 안내하며 설명을 하는데도 그들은 별로 관심이 없다는 표정이었다. 그러던 중 윤기복이 자기가 하는 말을 그대로 쓸 수 있느냐고 다짐을 받은 다음 입을 열었다.

"창덕궁은 우리 인민의 고혈을 빨아서 부귀영화를 누린 조상의

남북적십자회담 서울 본회담을 마친 뒤 북측 대표단이 우리 측의 안내로 창경궁과 비원을 둘러보 는 모습.

잔재를 보는 것 같다. 그러나 인민의 창조적인 재능과 우수하고 우아한 건축술을 볼 수 있어서 다행이다."

한마디로 공산주의적인 관점의 평가였다. 이범석은 그가 머리에 쓰고 있는 레닌모부터가 마음에 들지 않았다. 러시아에서 프롤레타리아 혁명을 일으킨 레닌이 즐겨 썼다는 우글쭈글한 형태의 바로 그 빵떡모자다. 당시 김일성도 레닌모를 즐겨 썼던 것으로 전해질 만큼 인민복과 함께 북한 지도층의 정장이었다. 윤기복이 레닌모를 통해 자신의 성향을 과시하고 있었던 것이다.

북악스카이에 올라가 팔각정에서 서울 시내를 한눈에 내려다보며 대화를 나눌 때도 마찬가지였다. 조총련 부의장인 김병식은 곳곳에 보이는 시민아파트를 가리키며 "저 높은 곳에 물이 나오겠느냐. 불이 나면 소방차도 접근하지 못하겠다"며 의구심을 드러냈다. 옆에서 얘기를 듣고 있던 남한 기자가 "자동펌프가 설치되어 꼭대기 층까지 물이 나오고 자동 방화시설도 되어 있다"고 설명해 주자 그는 슬그머니 눈길을 돌렸다.

북측 일행 중에서는 지붕마다 다닥다닥 솟아 있는 텔레비전 안테나를 가리키며 "가짜가 아니냐"고 물었는가 하면 스님들이 입은 옷차림을 보고는 "여름에 웬 두루마기냐"라고 의아심을 표시하기도 했다. 그러나 말은 자기들 마음대로 내뱉었을망정 표정만큼은 멍하니 질린 듯했다. 평양과 비교해도 전혀 풍경이 달랐으니 기가 죽을 만도 했을 것이다.

중앙박물관을 관람할 때도 얘기가 전해진다. 정희경 대표가 "박물관에서 미술사 분야의 정양모鄭良謨 학예연구관이 6.25 때 납치된 위당爲堂 정인보鄭寅普 선생의 넷째아들"이라고 윤기복에게 귀띔했으나 그는 아무런 대꾸가 없었다. 정인보 선생의 생사 여부만이라도 알려 주었다면 좋았으련만…. 옆에서 대화를 엿듣던 이범석은 비정하기 그지없다는 생각이 들었다.

그러나 소득도 없지는 않았다. 시내 관광 도중 김태희가 이범석의 손을 꼭 잡으면서 귀엣말로 "이 수석대표는 평안도 내기라서 그런지 욱하는 데가 있습네다"라며 말을 걸어온 것이었다. 그날 오전 조선호텔 회담에 앞서 합의문을 놓고 실랑이를 벌였던 장면을 얘기하고 있었다. 조금만 더 이야기를 했다면 합의를 볼 수 있었는데, 이범석이 그만 욱하고 잡아끄는 바람에 합의를 보지 못했다는 핑계를 대고 있었던 것이다.

"나더러 어떻게 더 양보하란 것이오. 난 그런 참을성은 없습니다. 그럴 생각이 있었다면 그때 말할 것이지 왜 지금에 와서 말을 합니까?"

"이제라도 늦지 않았으나 합의를 보도록 합시다."

이범석이 아직 화가 풀리지 않았다는 듯이 퉁명스런 말투로 대꾸했는데도 김태희는 오히려 고분고분한 말투였다. 무슨 이유인지는 몰라도 확실히 태도가 바뀌어 있었다. 아마 그 문제를 놓고 자기들끼리 한바탕 논란을 벌였는지도 모를 일이라고 이범석은 생각했다.

"그렇다면 우리가 주장한 대로 따르겠소?"

"여하간 다시 합의를 보도록 합시다."

그렇게 해서 중앙박물관 관람까지 마친 뒤 곧바로 타워호텔로 돌아와 합의서 내용을 놓고 조정 작업에 착수하게 되었다. 제3차 회의는 다음달인 10월 24일 평양에서 열기로 하되, 실질적인 의제 토의를 진행키로 합의를 보았다. 의제 해결에 민주주의와 자유로운 원칙, 그리고 남북공동성명 정신과 동포애 및 적십자 인도주의 정신을 철저히 구현한다는 문구에도 합의가 이루어졌다. 아울러 서울에서 열리는 4차 회담 날짜도 11월 22일로 정해졌다.

워커힐 '캉캉쇼 만찬'

그날 북측 대표단을 위한 만찬이 워커힐에서 열렸다. 공연 관람을 겸한 만찬이었다. 은은한 조명이 무대를 비추는 가운데 이범석이 즉흥 연설을 했다.

"오늘 우리 민족의 대동맥인 한강을 굽어보면서 다정한 한때를 보내게 된 것을 기쁘게 생각합니다. 이제부터 우리는 외형에서 내실로, 말보다는 행동을 앞세워야 하며, 흥분에 들뜬 분위기를 가라앉히고 구체적으로 전 민족 앞에 청사진을 제시해야 합니다. 우리가 다정해진 것은 한 겨레이기 때문이며, 대립이 없는 것은 적십자 깃발 아래 만났기 때문이며, 대화가 진지했던 것은 남북 분단이라는 긴 공백을 넘어 공통의 목표라는 광장으로 나가려는 실마리가 풀렸기 때문입니다. 우리에게는 이제 이 목표를 실현하기 위한 노력의 행동화가 요청되고 있습니다."

이어서 김태희가 답사를 했다.

"환대에 감사합네다. 우리는 동포의 얼굴에서 분단의 고통과 슬픔을 읽으며 그들의 심장에서 통일에 대한 절규를 들을 수 있었습네다. 회담을 빨리 결말 짓고 가족, 친척, 친우들의 고통을 덜어줄 뿐만 아니라 자주적 평화통일을 촉진하는 새로운 결의를 가다듬어야 합네다."

이범석의 환영사와 김태희의 답사가 끝나고 샴페인 건배와 함께 식사가 시작됐다. 무대에도 휘황한 조명이 켜지면서 공연이 진행되었다. 아악 연주와 가야금 타령이 끝나고 민속무용이 시작될 즈음 김태희가 이범석에게 불쑥 한마디를 내뱉었다. 불만이 넘치는 말투였다.

"왜 하필이면 우리들을 이런 곳에서 저녁을 먹게 했소?"

처음에는 무슨 뜻인지 알 수가 없었다. 다음 말이 이어지고서야

이범석 수석대표가 북측 김태희 수석대표와 나란히 앉아 대화를 나누고 있다. 워커힐에서 열린 만찬장에서의 모습이다.

이범석은 비로소 김태희가 왜 흥분했는지 이해할 수 있었다.

"여길 워커힐이라고 한다면서요. 워커힐이란 알고 보니 6.25동란 때 우리 조선 사람을 살육한 도살자인 미제국주의자 워커 장군의 이름을 따서 만든 호텔이라는데 이건 너무하지 않소?"

이범석은 이 말을 들으면서 어이가 없었다.

"마음을 좀 넓게 가지시오. 우리 대표단 일행은 평양을 갔을 때 '스탈린 거리'라는 곳에 갔었습니다. 스탈린이라는 사람은 적은 수의 사람을 죽였소? 김 단장은 왜 그리 옹졸하시오? 우리는 당신들이 안내하는 스탈린 거리를 다니면서도 이러쿵저러쿵 한마디도 안 했잖소."

한마디를 쏘아주자 김태희도 슬며시 움츠러들고 말았다. 그러는 사이 무대에서는 민속무용에 이어 이은관의 배뱅이굿과 후리이보이 곽규석의 팬터마임이 진행되었다. 가수들도 연달아 등장했다.

이미자는 '동백 아가씨'를 불렀고, 패티김과 김정구는 '서울의 찬가'
와 '눈물 젖은 두만강'을 불렀다. '황성 옛터'도 공연에서 빠질 수 없
는 노래였다. 무대 사이사이에 박수소리가 터져 나왔다. 북측 대표
들은 스테이지가 밑에서 솟아오르고 내려가면서 화려한 쇼가 펼쳐
지는 무대에 정신이 쏠려 있는 분위기였다. 김태희도 마찬가지였다.

그러나 반라半裸의 댄싱걸들이 등장해 경쾌한 캉캉춤을 추기 시
작하면서 김태희의 얼굴이 묘하게 반응하기 시작했다. 반쯤은 흥미
에, 반쯤은 당황한 기색이 교차하는 듯했다. 그러한 잠깐 뒤 이범석
에게 불쑥 말을 던졌다.

"이것은 부패요. 내 취미와 맞지 않소. 무엇 때문에 밥 먹는 자리
에서 저런 춤을 추게 했는지 모르겠소."

마땅치 않다는 얘기였다. 설사 마음속으로 흥미가 당긴다고 해도
드러내놓고 반색할 만한 입장은 아니었을 것이다. 그래도 노골적으
로 불만을 표시할 것은 아니었다. 이범석이 핀잔하듯 한마디를 덧
붙였다.

"잘 생각해 보시오. 이런 것은 다 생활의 여유가 생긴 때문이지
요. 여유가 생기면 낚시를 하고 등산 가는 것을 탓할 수 없듯이 경
제적으로 부흥하다 보면 민주사회에서는 인간의 본능 역시 무시할
수 없게 되어 있습니다. 김 단장께서 저런 춤이 불쾌하시다면 보시
지 말고 음식이나 드시오."

하지만 김태희는 이러한 훈계조에도 불구하고 무대에서 눈길을
거두지 않았다. 북녘에서 온 이방인이라고 해서 캉캉춤의 유혹을
뿌리치기는 어려웠을 것이다. 그들도 남녘 사람들과 마찬가지로 똑
같은 인간이었기 때문이라는 게 이범석의 결론이다.

다음날에도 북측 대표단을 위한 관광 스케줄이 이어졌다. 이순
신 장군의 사당인 충남 아산 현충사 방문 코스였다. 전날 중앙박물
관에 이어 이순신 사당을 보면서 자기들이 선전하고 있는 역사가

사실史實과 얼마나 다른지 깨달을 수 있을 것이라고 여겨 선정한 코스였다. 고속도로로 아산에 가는 도중 자연스럽게 농촌 모습을 구경하면서 남한의 발전상을 직접 관찰할 수도 있을 것이라는 생각에서였다.

그러나 서울 방문을 마치고 평양으로 돌아간 북한 기자들이 르포 형식으로 보도한 서울의 모습은 부정적 일색이었다. "서울 거리는 숨 막힐 지경이며, 자동차의 혼잡으로 온통 뒤범벅이 되어 있다. 시민들은 대부분 변두리 아니면 산마루에 살고 있으며 산꼭대기까지 주택이 늘어져 있어 마치 성냥갑을 무질서하게 쌓아놓은 것 같다"는 식이었다. 사진에 등장한 장면은 아리랑고개 입구와 정릉 언덕배기 동네였다. 북악스카이에 올라가면서 북한 기자들이 집중적으로 셔터를 눌렀던 것이다.

처음부터 상대방의 약점을 들추려고 신경이 곤두서 있었으니, 회담이 제대로 진행될 리 없었다. 북측은 정치적 목적에 이용하려는 것이 먼저였다. 협상 테이블에 마주 앉았어도 속셈은 달리 있었다는 얘기다. 아무리 달래고 으른다고 해서 해결될 문제가 아니었다.

이범석의 전략 메모

회담이 어렵게 진행된 만큼 협상에 임하는 이범석의 준비도 철저했다. 카드식 메모지에 가지런히 정돈되어 적혀 있는 메모의 내용이 그것을 말해 준다. 회담을 앞두고 대표팀의 기본 전략에서부터 예상되는 갖가지 상황에 대한 대처 방안을 마련해 두었던 것이다.

이를테면, 다음과 같은 내용이다. '회담에 임하는 우리의 기본 전략은?'이라는 제목으로 쓰여진 메모다. 이러한 물음에 대해 적십자 원칙과 규약, 결의문의 준수 의무라는 답변을 유도하는 내용이다.

귀측이 밝힌 원칙 첫 항에서 "주체적 입장을 견지하자"는 설명 가운데

1. 기존 실례나 남의 경험으로는 풀 수 없다.

2. 우리의 새로운 규범과 경험을 창조해야 하며, 그에 의거해야 할 것이다.

– 이렇게 말했는데

Question: 그렇다면

1. 국제적으로 공인된 적십자 원칙이나 또는 적십자국제회의가 채택한 결의문도 무시 내지는 배제하자는 뜻인가?

2. 새로운 규범을 새로이 따로 만들자는 뜻인가?

구상을 말해 달라

북측이 주체적 관점에서 남북 문제를 풀어가자는 주장을 내세운 데 대해 적십자 정신이나 원칙까지 무시하면서 주체적 입장을 견지해야 하느냐 하는 질문이다. 아니, 단순한 질문 차원을 넘어 그런 주장의 허구성을 지적하는 공세적 자세를 취하고 있었다. 내용으로 미뤄 예비회담 과정에서 거론된 얘기들을 중심으로 대응 논리를 마련한 것으로 추측된다.

이 메모는 다시 다음과 같이 이어진다.

국제적십자가 공인한 적십자 원칙과 적십자국제회의가 채택한 결의문, 그리고 제네바조약 등을 준수하지 않는다면, 우리 남북적십자회담은 근본적으로 그 성격을 재검토해야 한다.

– 환언하면, 적십자회담이라는 명칭 사용 불가능하다.

그 이유는,

1. 쌍방 적십자사가 공히 ICRC의 승인을 받았고, LRCS에 정식으로 가입했다.

2, 우리는 1. 국제적십자의 일원으로

    2. 적십자 원칙과 결의문을, 그리고

    3. 제네바 조약, 기타 규정을 준수할 의무

이어서 국제적십자란 무엇인가? (#1 문서 1조 2항)

 결의문은 왜 준수해야 하나? (1조 2항)

3. 국제적십자의 일원이 되려면? 승인 조건을 충족해야 한다.

 승인 조건은 #2 Document

4. 신설 적십자사 승인 조건 제5항에 있는 규약준수 서약을 북적도 했다.

 (See Docu. No.3, No.4)— 북적 헌장에서도 규정했다

5. 불이행의 경우 – 적십자는 제명된다. (연맹헌장 9조, See No.5)

– 국제적십자 규약 (국적 편람 p273 이하)

제1조 1. 국제적십자는 본 규약 제5조에 의하여 승인된 제국 諸國 적십자사, 적십자국제위원회 및 적십자사연맹을 포함한다.

  2. 국제적십자의 최고 의결기관은 국제회의이다. 적십자 국제회의는 정당히 승인된 각국 적십자사(赤新月社 및 赤獅子太陽社)의 대표이자 제네바 諸협약 가맹 諸國 의————

– 여기에 덧붙여 북한적십자사 창립 및 국적 가입 연혁

 1946년 10월 18일 '북조선적십자회'로 창립

 1948년 10월 29일 조선민주주의인민공화국적십자회 개칭

 1956년 2월 2일 적십자국제위원회 승인받음

 1956년 9월 적십자사연맹 회원으로 가맹

 1957년 8월 27일 북한 정권, 현행 제네바 4개 협약에 가맹

이범석은 이처럼 철저한 사전 조사를 통해 북측이 적십자 규약에서 빠져나갈 수 없도록 논리적인 배경과 주장을 최대한 동원하고 있었다. 북측이 국제적십자에 가입 승인을 받으면서 규약을 준수하겠다고 약속한 사항까지 그의 메모에 모두 망라되었다. 남북 간의 주체적 해결 방안을 끝까지 고집할 경우 반격 카드로 준비하고 있었던 것이다.

특히 메모의 각 문구에 있어 글자의 색깔을 기본 검정색에 빨강색과 파랑색을 섞어 작성한 모습이 눈에 띈다. 본인이 메모를 쓰면서 좀더 강조할 내용에 따라 별도 색깔을 넣어 표기한 것으로 여겨진다. 그만큼 사전 준비에 한 틈의 소홀함이 없도록 노력했다는 표시다.

그의 전략 메모는 3차 회담과 관련해서도 작성되었다. 실무회의에서 논의될 안건에 대한 구체적인 대응 방안을 제시하고 있다. '제3차 회담 전략'이라는 제목으로, 날짜는 그해 '9월 30일'로 적혀 있는 것으로 보아 아마 그날 3차 회담을 열자는 것이 남측의 원래 구상이었

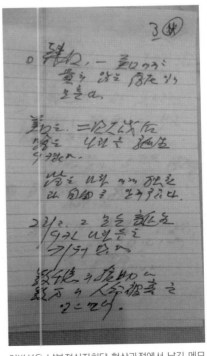

이범석은 남북적십자회담 협상과정에서 남긴 메모를 통해 "미국은 2차대전 후 많은 나라에게 독립과 자유를 안겨주었다"고 생각을 밝혔다.

던 것으로 여겨진다. 북측이 3차 회담 날짜를 10월 24일로 제시하기 전에, 즉 2차 서울 본회담에 앞서 열린 대책회의 내용이었을 것이다.

- 체류 일정 문제를 두고 제1안 3박4일(회의 3회), 제2안 4박5일(회의 3회)
- 북한은 4박5일 주장 가능성 있음. 그러나 관광, 연회 등의 행사는 최소한으로 함
- 회의 방식에 있어서도, 회의는 비공개로 하고 자문위원의 발언은 봉쇄함. (북적은 '원칙적으로 비공개로 하며 쌍방 합의하에 공개할 수 있다'는 합의에도 불구하고 선전을 위해 첫날 첫 회담의 공개를 주장할 가능성 있음)
- 그러면서도 실무회담은 필요에 따라 수시로 가짐

북적의 예상 태도
- 예상되는 북적의 기본 태도. 적십자 인도주의를 통일 및 민족문제의 범주에 종속시켜야 한다는 종래 주장의 정당성을 더욱 강조할 것임
- 의제의 성실한 토의보다 민족 및 통일문제에 대한 적극적 입장을 대내외에 과시해 선전하는 데 중점을 둘 것임
- 적십자 회담을 남북조절위원회의 진전 상황과 결부시키는 태도를 보일 가능성
- 적십자의 주장과 책임을 외면하고 남북 정당, 사회단체 및 대중의 참여를 주장하고 나설 것임

우리측의 기본 방침은
- 적십자 원칙에 입각한 인도주의와 정치성 배제 주장 고수

– 북적의 부당한 정치적 발언에 대하여 강한 반론으로 대처하고 인도적 입장의 정당성을 강조하면서 적극적 자세로 전환함
– 남북공동성명 정신과 통일정책 기조에 부합토록 회담을 추진하되 적십자 회담과 조절위원회는 차원이 다른 별개의 성격이란 입장을 견지함

의제 토의 방침에서의 북적의 예상 태도
– 북적 측은 회의 및 발언에서 의제 5개항에 걸친 자기 측 기본 입장과 견해를 밝히는 충분히 정치선전적 내용의 장문 연설을 할 것임
– 제1항 토의에 들어가기 전에 의제 제5항 기타 항목에 관하여 정치적 성격을 포함하는 내용의 의제들을 설정하고 추가 의제로 채택하자고 주장할 가능성이 있음
– 북적 측은 형식적으로는 회의 순서대로의 토의에 응할 것이나 내용면에서는 그들이 기도하는 '자유로운 방문'에 우선을 둔 토의로 유도함으로써 회담에 난관을 조성하고 이의 해결을 위한 정치적 협상으로 유도하려고 꾀할 것임

　메모 내용을 다시 간단히 정리하자면 이런 것이다. 평양 체류 일정이 3박4일이 되든, 4박5일이 되든 가급적 시찰과 연회를 줄이도록 하고, 협상 과정에서 북측이 민족 문제를 앞세워 정치 공세를 취할 경우 적십자 원칙에 입각해 인도주의 정신을 강조하는 방법으로 대응한다는 등이다. 상호 토의 문제를 놓고도 예상되는 북측의 공세를 면밀히 분석하고 있었다.
　그의 메모에는 남측의 복안에 대해서도 구체적인 방안이 기록되어 있다. 이산가족의 주소와 생사 여부를 확인하는 절차에 관련된

것이다.

- 대상자 범위는 먼저 거론하지 않고 적절한 시기를 택한다.
- 이산離散 당시를 기준으로 하여 '전통적 관습에 따른 가족·친척 개념'으로 한다.
- 범위는 굳이 좁히지 않되 당사자 간의 관계 확인주의로 한다.
- 주소·생사 확인 방법은 쌍방 적십자사가 자기 지역 내의 당사자로부터 의뢰를 받아 소정 양식의 문서로 상대방에 조사를 요청하고, 접수측은 그 조사 결과를 소정 양식의 문서로 의뢰측 적십자에 회보한다.

여기서 이산가족 확인 방법을 당사자 간의 확인에 맡기도록 한 것은 현실적으로 다른 방법이 마땅치 않았기 때문이었을 것이다. 이산가족의 주소와 생사를 확인하면서 남북 간에 주고받는 서식도 국제적십자사에서 사용하는 서식에 준하여 공동으로 사용토록 한다는 게 이범석의 구상이었다. 이러한 내용들이 그의 메모에 깨알같이 적혀 있었다. 그가 '얼굴 마담' 차원을 넘어 실무협상에도 깊숙이 관여되어 있었음을 보여준다.

"빌딩들을 옮겨오느라 무척 힘들었소"

남북적십자 3차 본회담은 그해 10월 24일 평양에서 열렸다. 서울에서 열렸던 2차 화담에서 합의된 대로다. 회담을 하루 앞두고 남측 대표단이 평양으로 출발하는 모습은 1차 본회담 이상으로 세계의 이목을 끌고 있었다. 동구권에서 날아온 헝가리와 루마니아 기자들까지 판문점 취재진 대열에 합류했을 정도다.

이때의 본회담이 더욱 관심을 끌었던 것은 이에 앞서 판문점에서 개최된 남북조절위원장 회담 때문이기도 했다. 남북조절위원장 회담은 10월 12일 열렸는데, 7.4공동성명 발표 이후 처음 열린 회의답게 결실도 작지는 않았다. 양측 대표인 이후락과 박성철이 마주앉아 상호 비방 방송을 중단키로 합의를 본 것만으로도 역사적인 의미를 부여할 만했다. 남북 관계가 급속한 해빙 무드를 타고 있었다.

하지만 정작 3차 적십자회담은 순조롭지가 않았다. 정치 투쟁을 본격화하려는 북측 의도에 가로막혀 진전을 보지 못했다. 당초 3차 본회담에서는 이산가족과 친척들의 주소 및 생사를 파악하고 통보하는 실질적인 문제부터 논의한다고 합의가 이뤄져 있었건만 북측은 이에 대해서는 관심조차 두지 않는 투였다. 그보다는 남측의 사회적 여건부터 먼저 바뀌어야 한다며 이른바 '선결 조건'의 이행을 주장하기 시작했다.

선결 조건이란 남한의 반공법과 국가보안법의 철폐를 의미하는 것이었다. 북한과의 교류를 규제함으로써 회담 진행에 걸림돌이 된다는 이유를 들고 있었다. 정부 산하의 반공기관과 반공단체들을 해산할 것과 초·중·고교에서의 반공교육을 전면 중단할 것을 요구하기도 했다. 적십자회담을 빌미로 남한 전역을 마음대로 활보할 수 있는 해방구로 만들겠다는 의중을 여지없이 드러내고 있었다.

회담 분위기를 긴장시키게 만들었던 또 하나의 요인은 박정희 대통령의 특별선언이었다. 이른바 '10월 유신維新'으로 기억되는 비상조치다. 회담이 열리기 일주일 전인 10월 17일 발표되면서, 그날 오후 일곱 시를 기해 국회를 전격 해산하고 정당 및 정치활동의 중지 등 헌법 일부 조항의 효력을 정지시킨 조치였다. 이로써 국무회의는 비상국무회의로 전환됐고, 10월 27일까지 평화통일을 지향하는 헌법 개정안을 공고하는 한편 공고한 날로부터 1개월 안에 국민투표에 붙여 확정한다는 내용도 특별선언에 포함되어 있었다.

민족의 염원인 평화통일을 구현하기 위해서라는 것이 비상조치의 배경이었다. "이를 뒷받침할 수 있는 민족주체세력을 형성하기 위한 전기를 마련해야 한다"고 박 대통령은 특별선언에서 강조하고 있었다. 불과 열흘 안에 새 헌법 개정안을 공고하겠다는 내용으로 미루어 이미 상당 기간 사전 작업을 했던 것으로 보이지만 철저한 보안 속에 감춰져 있었던 것이다. 한편으로는 정권의 연장수단이었다. 군부독재 비극의 시작이다.

북한으로서도 이에 대한 대응책이 없을 수 없었다. 비슷한 방식의 개헌작업이 이뤄지게 된다. 공교롭게도 평양에서 3차 본회담이 진행되던 바로 그날 북한 매체들이 일제히 개헌 작업을 보도하고 나섰다. 다분히 의도적이었다. 그동안의 사회주의 성과를 법적으로 고착시키는 한편 정치·경제·문화·생활·군사 등 여러 분야의 원칙들을 사회주의 제도에 따라 규제토록 하는 차원에서 개헌작업을 추진하는 것이라고 했다. 3차 본회담이 뒤숭숭한 분위기에서 끝날 수밖에 없었다.

이러한 분위기는 다음 달인 11월 22일 서울에서 열린 4차 본회담 때도 마찬가지였다. 북측 대표단이 회담에 하루 앞서 서울에 도착한다는 원래 예정과 달리 당일 오전 7시 판문점을 통과해 서울에 들어온 자체에서 일종의 긴장감이 느껴지고 있었다. 북측 대표단이 두터운 외투에 레닌모 차림으로 서울로 들어올 때부터 분위기는 차갑게 얼어붙은 상태였다.

이때의 회담에서도 이산가족의 생사 및 주소확인 방법에 대해서는 거의 진전이 없었다. 다만 이러한 문제를 실질적으로 토의하기 위한 공동위원회를 설치한다는 합의 정도가 수확이었다. 공동사무소는 판문점에 두기로 했다. 그렇다고 논의가 완전히 이뤄진 것은 아니었다. 그 구성과 기능은 추후 논의키로 했으니, 형식적인 절차와 방법론을 놓고 계속 겉돌던 모양새다.

여기에도 기억할 만한 얘기가 전해진다. 북측 단장인 김태희는 당초 "남북 상호간에 연락부를 두자"고 제안했다. 상대방 지역의 리里, 동洞 단위까지 4만5000여 마을에 연락요원을 파견토록 하자는 것이었다. 요원들에게는 외교 면책특권을 부여하자고도 했다. 이산가족 문제를 해결하기보다 남한에 공작원들을 파견하겠다는 의도에 지나지 않았다.

이범석은 이에 대해 "그럴 바엔 아예 남북 각 가정에 한 명씩 요원을 두는 게 어떠냐"며 정색하고 한술을 더 떴다. 하도 어이가 없었던 탓이다. 현실적으로 실현이 어려운 방안을 들고 나온 북측에 대한 일침이었다. 그렇게 밀고 당긴 끝에 이뤄진 타협이 공동위원회 방안이다.

이때 회담에서 지금까지도 여러 사람의 입에 오르내리는 일화가 하나 남아 있다. 북측 대표단이 서울 거리에 줄지어 달리는 자동차 행렬을 바라보면서도 사실로 인정하려 들지 않았기에 생긴 일이다. 그들 눈에는 남한 정부가 발전된 모습을 자랑하려고 전국에서 한꺼번에 자동차들을 끌어 모은 것으로 여겨졌던 모양이다.

대화 도중 북한 대표단 가운데 어느 한 명이 참다못해 말문을 열었다.

"대단들 하십네다. 저토록 많은 차량을 동원하느라 얼마나 힘 드셨겠소."

노골적으로 빈정대는 투였다.

그러자 이범석이 바로 말을 받았다.

"예, 무척 힘들었습니다. 그렇지만 저 빌딩들을 옮겨오는 게 훨씬 더 힘들었지요."

빌딩을 옮길 수 없듯이 자동차도 일부러 동원한 것이 아니라는 뜻이었다. 순식간에 발휘된 기지였다. 이 한마디에 북측 대표단의 분위기는 싹 가라앉았고, 옆에 있던 수행원과 기자들은 터져나오는 웃음을 참지 못했다. 이범석의 뛰어난 언변과 관련해 가장 널리 알려진 일화에 속한다.

이때는 이미 남한이 경제적으로 북한을 따라잡고 있을 때였다. 해방 직후는 물론 6.25 전란이 끝난 뒤까지도 한동안 우월한 입장을 유지하던 북한이 한계를 드러내고 있었다. 체제의 한계였다. 더욱이 적십자회담이 이뤄지던 무렵에는 남한이 경제개발 계획을 수행하며 '한강의 기적'을 향해 치닫던 중이었다. 북한 대표단이 그런 사실을 미처 깨닫지 못하고 있었을 뿐이다.

한편, 남북 당국은 적십자회담을 통해 이산가족 상봉을 위한 방안을 모색하면서도 서로 상대방 대표단에 대해 체제의 우수성을 과시하려는 노력도 보여 주었다. 남북조절위원회 회담이 겹치면서 이런 움직임은 거의 노골적이다시피 했다. 경쟁의식의 당연한 발로였다.

적십자회담을 평양과 서울에서 번갈아 열기로 합의가 이뤄지면서 도로를 놓는 작업에서부터 경쟁이 시작됐다. 남한의 경우 서울에서 판문점까지 비가 오면 질척대던 비포장 도로를 석 달 간의 초고속 공사로 포장도로로 바꿔 놓았다. 지금의 통일로가 그것이다. 북측이 제1차 본회담 당시 남한 대표단을 맞으며 비가 내리는 날인데도 평양까지 이르는 도로변의 채소밭 스프링클러를 굳이 가동시킨 이유도 바로 거기에 있었다. 이범석이 〈미완성 회고록〉에서 기록한 그대로다.

회담을 준비하면서 상대방 대표단이 이용하도록 외제차를 긴급 수입한 것은 남북이 똑같았다. 남한은 캐딜락 승용차를 들여왔고, 북한 당국은 벤츠200 승용차를 수입했다. 북한이 이때 서독에서 들여온 벤츠 승용차가 100대에 이른다.

전력 사정에 있어서도 남북은 서로 여유를 과시했다. 북한은 남한 대표단이 평양을 방문하는 기간 중 김일성대학이나 혁명기념관 같은 대형 건물에 밤새 불을 밝혀 놓았다. 실제로는 빠듯한 전력 사정에도 불구하고 일단 남한 대표단의 기를 꺾고 보자는 속셈이 었다. 우리 측에서도 북한 대표단 숙소인 타워호텔에서 바로 내려다보이는 서울운동장의 라이트를 밤늦게까지 켜 놓기도 했다.

그 이후의 회담

그 이후에도 남북적십자 양측 대표단이 평양과 서울을 오가면서 회담을 몇 차례 더 열었으나 회담이 열린 것뿐이었다. 기대는 컸지만 성과는 거의 없었다. 남북 대표단이 서로 왕래했다는 자체가 소득이라면 소득이었을까.

제5차 본회담은 해가 바뀌어 1973년 3월 21일 평양 대동강회관에서 열렸다. 남북이 피차간에 헌법을 개정하는 등 내부 체제를 정비하고 열린 첫 번째 회담이다. 4차 회담이 끝난 지 넉 달 만에 다시 회담이 열린 것이었다. 남북적십자회담에 대한 세계의 관심이 아직도 여전한 편이었다.

이범석도 하루 전날 대표단을 이끌고 평양으로 떠나면서 기대에 찬 인사말을 남겼다. "삼라만상이 다시 봄을 맞이해 활기를 띠듯이 저희 회담도 화창한 봄과 더불어 새 국면이 이뤄지기를 기대하는 바입니다"라고 했다. 마치 겨울잠에서 깨어난 들짐승들이 기지개를 펴는 듯한 기분이었을까.

그보다 열흘 전에는 적십자회담 대표진의 대폭적인 개편으로 새로운 의지를 다지는 계기가 마련되기도 했다. 대표단 중에서 박선규, 정희경, 서영훈 등 세 명이 물러나는 대신 적십자회담 운영위원인 김유갑金裕甲과 이병호李炳豪, 그리고 대한적십자 청소년 자문위원인 최문현崔文鉉이 새로 대표진에 가담했다. 자문위원 중에서도 김준엽, 양흥모, 구범모, 송건호, 박준규 등 다섯 명이 물러난 대신 박봉식朴奉植·고영복高永復·손제석孫製錫 서울대 교수와, 김진복金鎭福 서울신문 논설위원, 이종하李宗夏 연세대 교수 등으로 채워졌다.

북한 측도 자문위원 교체가 있었다. 회담에 앞서 김병식金炳植이 조총련 제1 부의장 후임자인 박재로朴在魯로 교체됐고, 회의 당일에는 김길현이 김주철 조국통일민주주의전선 중앙위 서기국 부국장으로 바뀌었다. 이미 제4차 본회담 때는 서성철徐成哲 자문위원이 조명일趙明日로 교체되어 있었다.

이 가운데 특히 주목을 받은 것이 김병식의 행적이다. 조총련 제1 부의장이던 그가 전년 12월 한덕수韓德銖 의장과 불화를 빚은 문제와 관련해 조사를 받은 뒤 자택 근신령이 내려진 가운데 스스로 혀를 깨물고 자살한 것으로 뒤늦게 알려졌기 때문이다. 서울에서 열린 제4차 회담 때도 그는 이름만 걸어둔 채 참석하지는 않았다. 몸이 아파 불참했다는 게 당시 북한 측의 통고다. 그의 공석으로 박재로가 조총련 제1 부의장 직책을 맡으면서 적십자회담 자문위원까지 물려받았던 셈이다.

더군다나 북한 수송선인 만경호가 재일교포 250명을 북송하기 위해 일본 니이가타 항구에 입항했다는 소식이 전해진 것이 평양에서 제5차 본회담이 열린 바로 그날의 얘기다. 앞서 거론된 김병식의 미망인 한금주韓錦珠를 포함해 조총련 간부의 식구들도 함께 북송될 것으로 전해짐으로써 그 배경이 더욱 궁금증을 불러일으키고 있었다. 이범석으로서는 대한적십자사 근무 당시 북송 저지를 위해 제네바에 파견됐던 기억이 새삼 떠올랐을 것이다.

회담 분위기를 경색되게 만든 또 하나의 요인은 백악관이 주한 미군 철수 가능성을 공식 배제한 것이었다. 민주당 소속 맨스필드

Michael Mansfield 상원 원내총무가 "중공 주변 국가들에 주둔하고 있는 미군을 철수하라"고 주장한 데 대해 백악관이 이러한 가능성을 부인하고 나섰다. 로널드 지글러Ronald Ziegler 대변인을 통한 발표였다.

이런 분위기에서 회담 성과를 내기는 어려운 일이었다. 대화를 통해 합의점에 도달하기에는 남북 간 거리가 너무 멀다는 사실이 이미 확인됐던 마당이기도 하다. 〈노동·신문〉이 "남한이 미국과 합작하여 6.25를 도발했다"는 내용의 논설을 싣고 주한미군으로 인해 남북대화가 제대로 이뤄지지 않는다고 내세운 것은 핑계에 불과했다. 이산가족과 친척들의 주소 및 생사확인 문제에 대해 계속 토의키로 한다는 내용이 회담의 전부였다. 회담이 끝나면서도 합의문조차 없었다.

이범석이 회담을 마치고 귀환하면서 판문점 기자회견에서 밝힌 소감에서도 이때의 분위기를 미루어 짐작할 수 있다. "이번 회담에서 기대했던 만큼의 성과를 거두지 못해 마음이 무겁다"며 회담 분위기에 대해서도 "결코 우호적이라고 말할 수 없다"고 토로했다. 오죽하면 "적합한 표현 방법이 없으니 여러분께서 짐작해 주기 바란다"는 언급으로 답답한 심정을 드러냈을까.

그해 5월 9일 서울에서 열린 제6차 본회담도 그 연장선상에 있었음은 물론이다. 이범석은 회의를 통해 "비현실적 논쟁보다 실천이 중요하다"고 거듭 강조했지만 북측은 "좋은 성과를 위해 계속 노력하고 있다"는 답변뿐이었다. 그는 "애초부터 배짱이 검은 그들이 정치적 선전만 되풀이하는 바람에 다소의 진전도 없었다"고 아쉬워했다.

이때 회담이 끝나고 이후락 남북조절위원회 남측 위원장이 삼청각에서 주최한 만찬 분위기는 더욱 신랄했다. 이후락 자신이 북한 기자들과 대화하면서 북측의 태도를 노골적으로 비난했다. "지금도 좌경 맹동분자들이 이루 말할 수 없는 흉악한 지령들을 내려보내고 있다"며 "계속 폭력 지령을 하면서 말로만 평화협정 하자는 얘기는 받아들일 수 없다"고 했다. 작심하지 않고는 쉽게 나올 수 없는 발언이었다. "평양으로 돌아가면 김중린金仲麟 부장에게 내가 그렇게 말하더라고 얘기하고 진상을 물어보라"고까지 언급했다.

그 직전인 1973년 3월 제주도 우도에 무장간첩 세 명이 침투하는 등 북측의 도발이 끊이지 않는데 대한 불만을 그대로 털어놓은 것이었다. 이에 대해 서울 평양 간 남북조절위 직통전화를 통해 북측에 항의가 전달된 것도 사실이다. 회담은 이미 파장 분위기였다. 서로 형식적으로 만나서 테이블에 마주 앉았을 뿐이다. 이제 적당히 상대방을 비난할 구실을 찾기만 하면 되는 것이었다.

이처럼 아슬아슬한 분위기 속에서도 제7차 회담이 열렸다. 1973년 7월 11일, 평양에서다. 결과적으로 마지막이 되었던 회담이다.

이범석은 이때 회담에서도 이산가족 방문을 북측에 시범사업으로 제의하게 된다. 그해 추석을 계기로 이산가족들로 하여금 서로 휴전선 넘어 고향에 있는 조상 묘소에 성묘할 수 있도록 허용하자는 제안이다. 별다른 성과도 없이 교착상태로 치닫는 회담의 돌파구를 마련하자는 취지도 없지 않았다. 나름대로 회담에 미련을 갖고 있었다는 얘기다. 그러나 애초부터 실현되기 어려운 제의였다. 갖은 구실로 회피하던 북측이 이를 받아들일 리가 없었다.

적십자회담도 그것으로 일단 종지부를 찍게 된다. 그해 8월 28일, 북한의 일방적인 대화중단 선언과 함께 회담이 기약없이 중단되고 말았다. 그 직전 일본 도쿄에서 발생한 '김대중 납치사건'이 빌미가 되었다. 북한은 남북조절위원회 평양측 공동위원장인 김영주의 성명을 통해 "중앙정보부가 김대중 납치사건을 주모했고, 박정희는 6.23 외교선언으로 두 개의 한국을 획책했다"고 비난을 퍼부었다.

여기서 '6.23 선언'이란 박정희 대통령이 남북한의 유엔 동시가입 제안과 다른 공산국가들에 대한 문호개방 의지를 표방한 선언이다. 시기적으로 북한이 1973년 7월 유엔 옵저버 자격을 획득하기 직전의 일이다. 그러나 이 선언이 발표된 뒤에도 제7차 회담이 무난히 열렸으나 북측이 뒤늦게 문제를 삼은 것이었다.

그렇게 중단된 적십자회담이 다시 성사되기까지는 무려 12년을 더 기다려야 했다. 이산가족 상봉도 그때서야 비로소 성사되기에 이른다. 1985년 5월의 일이다. 남북대화 초창기의 선봉장 역을 맡았던 이범석이 다른 각료들과 함께 북한 공작원에 의한 테러사건으로 아웅산에서 목숨을 잃은 직후였다는 사실부터가 역사의 아이러니다.

수석대표 자리에서 물러나다

남북적십자회담이 북측에 의해 일방적으로 중단되자 이범석은 해외로 눈길을 돌리게 된다. 적십자회담의 재개를 위해 국제적으로 북측을 압박하는 여론전에 나선 것이었다.

회담 중단이 선언되고 두 달 뒤인 그해 10월 이란의 수도 테헤란에서 열린 제22차 적십자 국제회의에 한국 대표단의 일원으로 참석한 것이 하나의 시발점이다. 김용우 총재를 단장으로 하는 한국 대표단은 북측이 인도주의에 입각한 적십자정신을 살리려면 조속히 회담에 복귀해야 한다고 촉구했다. 이산가족의 눈물을 씻어줘야 한다는 것이었다.

북측이라고 회담 재개의 뜻을 밝히지 않은 것은 아니었다. 대신 몇 가지 전제조건이 붙어 있었다. 장소를 서울과 평양을 돌아가면서 개최하는 대신 판문점으로 하자는 것이 그 하나였다. 당초 대규모 방문단이 양쪽 지역을 왕래하게 되면 자기들에게 유리한 여건이 조성될 것으로 은근히 기대했으나 결과적으로 불리한 분위기로 바뀌면서 더 이상 교환 개최에 미련을 둘 필요가 없다는 판단이 내려졌을 법하다.

회담 장소만이 아니었다. 북측은 아예 반공법 위반자를 석방해야 한다는 요구를 내걸고 있었다. 회담 재개 의사가 없다는 것이나 마찬가지였다. 남측이 받아들이지 못할 무리한 요구를 내세워 자신들의 정당성을 주장하려는 의도였다. 북측은 남측 대표단의 개편도 요구했다. 계속 이범석을 상대하기에는 껄끄럽다고 판단했기 때문일 것이다.

그러나 이듬해 들어서도 어선 납치사건이 일어나는 등 북측의 도발이 계속 이어지고 있었다. 1974년 2월, 북측이 서해 공해상에서 조업하던 '수원 32호'롤 격침시키고 '수원 33호'를 끌고 간 것이 그것이다. 판문점에서 남북적십자 실무대표 접촉에 이어 남북조절위회의가 열려 인도적인 조치를 요구했으나 북측은 막무가내였다.

이에 이범석은 윤여훈尹汝訓 해외부장과 함께 제네바 적십자국제위원회를 방문하고 납북어부의 조속한 송환 협조를 요청하게 된다. 납북어부 가족들을 대동한 채였다. 터키에서 열린 적신월사赤新月社 총회에 참석하는 길이었다. 적십자의 붉은 십자가 표장 대신 붉은 초승달 모양을 사용하는 것이 이슬람 국가들의 적신월사 조직이다.

그해 6월에도 이범석은 이탈리아 플로렌스에서 개최된 이산가족 재결합에 관한 적십자사 전문가 회의에 참석했다. 이때 회의에서는 한국 측 결의안이 만장일치로 채택되기도 했다. 남북 이산가족 문제 해결을 위해서는 조속히 회담을 재개해야 한다고 촉구하는 내용이다. 그러는 사이에도 비무장지대 남방지역인 경기도 연천군 고

랑포에서 북측이 구축한 땅굴이 발견되는 등 남북 사이의 긴장이 오히려 고조되고 있었다.

최두선 적십자사 전 총재가 마지막 눈을 감은 것이 비슷한 무렵인 1974년 9월의 일이다. 이범석은 추모사를 통해 남북적십자회담이 공전되고 있는데 대한 안타까움을 표시했다.

"선생님께서 말씀하셨듯이 북한 공산주의자들과의 대화는 미리부터 각오했던 일이기는 합니다만 해가 거듭될수록 더욱더 어려워지고 있습니다. 그러나 인도적 남북적십자 회담의 시공자施工者로서의 소임을 위임받은 저는 계속적인 인내와 성실로써 선생님의 유지를 쉬지 않고 펴나갈 것을 새롭게 다짐합니다." (적십자신문, 1974년 10월)

이듬해 들어서도 이범석은 바쁘게 쫓아다녔다. 6월에는 유고 적십자사 100주년 기념행사의 일환으로 베오그라드에서 열린 국제적십자 평화회의에 참석했으며, 10월에는 제네바의 적십자연맹 이사회에 참석했다. 제네바 회의는 그 직전 대한적십자사 총재를 맡은 이호李澔를 수행한 출장이었다.

하지만 남북대화가 막혀 있다는 점에서 대화 책임자인 그로서는 가슴이 답답할 수밖에 없었다. 이산가족들의 입장도 마찬가지였을 것이다. 이범석의 장인인 이윤영이 그 무렵 잡지에 기고한 글에서도 그런 심정이 엿보인다. 다음은 '나는 남북 문제를 이렇게 생각한다'는 제목의 기고문 가운데 일부다.

"어서 통일이 되었으면 좋겠다. 그리운 산천도 산천이지만 단군의 한 혈족으로 내려오다 이 민족이 두 갈래로 갈라져 백해무익하게 적대하며 남북의 통일 염원이 이룩되지 못하고 있으니 두고 온 산하만큼이나 더 짙게 안타깝고 비통할 뿐이다." (포토남북, 1975년 4월호)

이처럼 적십자회담이 계속 겉도는 상황에서 이범석은 자신의 역할이 끝났다는 사실을 현실로 받아들이게 된다. 자기가 자리를 지키는 것과 관계없이 꽉 막힌 출구가 당분간은 열리지 않을 것이라는 분위기를 깨닫고 있었던 것이다. 대한적십자사 부총재 겸 남북적십자회담 수석대표 자리를 내놓은 게 그런 결과다.

이범석의 사표는 곧바로 수리되고 후임에는 지연태池蓮泰 외무부 의전실장이 임명되었다. 1976년 3월의 일이다. 1972년 7월부터 3년 8개월 동안 남북 대화의 주역을 맡았다가 홀연히 물러난 것이다. 적십자회담이 남긴 미완의 과제를 가슴 깊이 안은 채였다.

이범석의 퇴임 소감에서도 별다른 성과를 내지 못한 데 대한 아쉬움이 엿보인다. "회담의 수레바퀴를 잘 돌아가게 하려고 노력했지만 시기가 아니어서 그랬는지 잘 안됐다"고 그는 유감을 표명했다. 한 쪽이 아무리 잘 돌아가더라도 다른 한 쪽이 돌지 않으면 제자리에서 맴돌기 마련인 수레바퀴에 적십자회담을 비유한 것이다.

신문들도 보도를 통해 그의 사퇴를 아쉬워했다. 그중에서 〈조선일보〉의 사설을 대표적으로 소개한다. '한적韓赤 수석대표 교체-위로와 격려를 함께 보낸다'라는 제목의 사설이다.

남북 적십자회담이 중단되고 판문점에서 실무회의로 겨우 명맥을 잇고 있는 현실에서 수석대표의 교체를 보는 우리의 느낌은 착잡하다. 가령 그렇게 뜨거운 겨레의 여망이 걸린 적십자회담이 계속적인 진전을 보아 어떤 결실을 맺어가는 과정에서 회담 책임자가 교체되었더라면 국민적인, 아니 모든 동포의 관심이 모아지는 송영送迎의 분위기가 마련되었을 텐데 하는 아쉬움 같은 것이 없지 않은 데서 그런 것이다. …….

이 전임 수석대표는 1972년 7월 이래 만 3년 8개월 동안 그 소임을 수행해 왔다. 그해 8월 29일 한적 대표단을 이끌고 제1차 본회담을 갖기 위해 평양으로 떠나면서 당시 이 수석대표는 "오늘 가는 이 길이 그 아무리 멀고 험난하다 해도 기어코 가야만 하는 길이기에 지금 우리 대한적십자 대표단은 굳은 결의와 각오로써 떠난다"고 국민에게 출발 인사를 했다.

그러나 그 길은 그로부터 1년을 채 못 넘기고 다시 멀고 험난한 길이 돼가고 있다. 이 수석대표는 1973년 7월까지 서울과 평양을 왕래하면서 7차례 본회담을 주도했다. 제1차 회담에서부터 그 본색을 드러낸 북적의 비非적십자적 정치회담 기도의 농간 때문에 진전이 저지된 회담을 이끌던 이 수석대표를 비롯한 우리 대표단이 겪어야 했던 답답함과 고충은 모든 국민이 잘 알고 있다. ……

떠나는 전임 이 대표의 감회는 착잡할 것이다. 특히 그의 고향이 평양이며, 그 자신이 이산가족의 한 사람이라는 데서 그것은 한층 더 하리라고 여겨진다. …… 남북 적십자회담 수석대표 교체의 소식을 듣고 중임을 다한 전임자에게는 위로를, 막중한 소임을 담당할 신임자에게는 격려를 보내고자 한다. (조선일보, 1976년 3월 9일)

안타까운 것은 이 무렵 이범석의 집안에도 우환이 겹쳐 일어났다는 사실이다. 장인 이윤영이 1975년 10월 타계한 데 이어 장모 이마대 여사도 그가 적십자회담 수석대표에서 물러난 지 한 달여 뒤에 세상을 하직하게 된다. 북녘에 고향을 둔 이산가족으로서 한 많은 생애였다.

이범석이 수석대표직을 그만둔 뒤에도 남북 적십자회담은 열리지 못했다. 남측이 지연태 수석대표의 임명을 계기로 삼아 쌍방 수석대표 면담을 제의했으나 북측은 이를 거부했다. 더욱이 북측은 남북조절위원회에서 약속된 합의를 깨고 그해 5월 휴전선 확성기 방송을 재개했으며, 8월에는 판문점 도끼만행사건까지 저지르게 된다. 회담 책임을 벗은 입장이었건만 그의 마음이 편할 리 없었다.

제7장

인도 대사에서 대통령 비서실장까지

1976년 6월, 이범석은 주駐인도 대사로 발령받게 된다. 외교관으로서 튀니지에 이은 두 번째 대사 직책이다. 남북적십자회담 수석대표에서 물러난 지 석 달 뒤의 얘기다. 적십자회담 임무를 무난히 수행하고 다시 외교 무대로 복귀한 것이었다.

인도가 일찍이 인더스문명의 발상지로서 오랜 역사와 문화를 자랑하는 만큼 비록 신생국의 입장이었을망정 이미 국제무대에서도 만만치 않은 위상을 인정받고 있을 때였다. 그때 인구로만 해도 무려 6억 명 이상에 이르는 대국이었다. 면적에 있어서도 소련과 캐나다, 미국, 중공, 브라질, 호주 다음으로 세계 일곱 번째를 차지하고 있었다. 경제적 측면에서 약간 낙후되어 있었을 뿐이다.

정치적으로 제3세계 국가들 사이의 외교관계에서 주도적 역할을 맡고 있었다는 사실이 무엇보다 주목의 대상이었다. 이른바 비동맹 노선이 그것이다. 인도가 영국 식민지배에서 독립한 1947년 이래 민주주의나 공산주의 양대 진영과의 군사동맹을 거부하는 한편으로 반反식민주의 노선을 추구하고 있었던 것이다. 한국과의 관계에서 6.25 전란 당시 전투부대가 아닌 의료지원 부대를 파견했으며, 1953년 정전협정에 따라 '중립국 위원회' 의장국을 맡은 것도 비동맹 노선에 따른 결과였다.

비동맹이라고는 했지만 실제로는 친親사회주의 경향을 드러내고 있었다. 남북한과의 관계에 있어서도 1973년 동시에 대사급 외교관계를 수립했으면서도 내부적으로는 북한과 좀더 밀착된 관계를 유지하던 중이었다. 북한은 6.25가 끝난 직후부터 인도 정부에 꾸준히 접촉하면서 소련 후원에 의지해 단독 수교를 노려 왔던 것이다.

한국 정부도 1962년 인도와 총영사관 관계를 수립한 이래 나름대로는 의욕적인 교류 활동을 펼쳐 왔다. 특히 양국 관계가 급진전을 본 것은 전임 노신영盧信永 대사 때였다. 아직 총영사관 교류 단계이던 1972년 8월 김용식金溶植 외무장관의 공식초청 방문이 이뤄졌으며, 이듬해 8월에는 대통령 안보담당특보인 최규하崔圭夏 특사의 인도 방문도 성사되었다. 그해 12월 대사급 수교가 이뤄질 수 있었던 배경이다.

1976년 인도주재 대사로 부임한 이범석이 신임장 제정에 앞서 대통령궁 의장대를 사열하는 모습.

외교관계가 대사급으로 격상된 이후에는 더욱 폭넓은 협력관계를 이뤄가고 있었다. 1974년 무역협정에 이어 1976년 과학기술협정이 체결된 것이 대표적인 사례다. 국제무대에서 인도 자체가 차지하는 비중이 결코 작지 않기도 했지만 인도 정부를 움직여 북한이 영향력을 미치던 비동맹국들과의 관계를 새로이 정립해야 하는 필요성이 대두되고 있었다.

이 과정에서 한국 정부가 한때 비동맹 가입을 적극 추진했었다는 사실도 참고할 만하다. 페루 리마에서 열린 1975년 8월의 비동맹 외무장관 회의에 북한 허담許錟 외교부장이 참석한다는 사전 정보에 따라 당시 김동조金東祚 외무장관을 단장으로 삼아 대표단을 파견했던 것이다. 하지만 북한은 가입이 허용된 반면 한국은 거절되고 말았다. "미국 앞잡이로 베트남전에서 수많은 양민을 살해한 나라이므로 절대 받아들여서는 안 된다"는 월맹 측의 주장에 밀려 좌절됐던 것이다. 베트남이 공산월맹에 의해 통일된 직후의 일이다.

이범석이 인도 대사로 발령 받으면서 가장 신경을 써야 했던 것이 바로 그 점이다. 즉, 북한과의 외교 경쟁이었다. 그가 남북적십자회담 대표로서 북측과 접촉하면서 그들의 생리를 꿰뚫고 있었다는 것이 커다란 장점일 터였다. 다른 한편으로는 소련을 포함해 인도와 우호관계에 있던 사회주의 국가들과의 접촉을 모색하는 역할도 떠맡고 있었다. 한국 정부가 인도와의 관계 개선에 공을 들인 이유 가운데 하나가 그것이다.

이때의 대사 전보 인사가 김동조에 이어 박동진朴東鎭이 외무장관을 맡으면서 실시된 것이라는 점에도 주목할 만하다. 김동조가 비동맹 외교에서 실패한데다 유엔에서도 남북한 결의안이 동시 상정된 데 대한 책임을 지고 물러난 뒤였다. 이렇게 박동진 체제가 가동하고 외무부 핵심 포스트에 있어서는 먼저 인사 이동이 이뤄졌던 터다. 외무차관을 맡았던 노신영이 제네바 대사로, 문덕주文德周 제네바 대사가 유엔대사로, 외무차관에 윤하정尹河珽 주일공사가 임명된 것이 그해 3월의 일이다. 이범석이 인도 대사로 발령받은 것은 그보다 석 달 뒤, 박찬현朴瓚鉉의 후임이었다.

한편, 이범석은 남북적십자회담 수석대표에서 물러난 뒤 한때 정계진출 권유를 받기도 했다. 시기상으로 제9대 국회에서 유정회維政會 1기 의원들의 임기 만료를 앞두고 2기 후보 명단을 짜고 있었을 때다. 당시 지역구 의원들의 임기가 6년이었던 반면 대통령의 추천을 받아 통일주체국민회의에서 별도로 선출하는 전국구 의원들은 임기가 3년으로 되어 있었다. 그 전국구 의원들이 별도로 구성한 원내교섭단체가 유정회였다.

이범석의 경우 일단 유정회로 국회에 진출한 다음 제10대 총선에서는 공화당 소속으로 종로·중구에 출마한다는 구상이 유력했다. 당시 유신헌법 체제에서 한 선거구에서 두 명의 의원을 선출하는 중선거구제가 시행되던 시절이다. 이범석 본인도 한동안은 정계진출에 관심이 없지 않았다. 위풍당당한 풍채는 일단 제쳐놓더라도 공직을 거치며 명성을 날린 데다 상대방을 설득하는 언변에 자신이 있었기에 정치 무대에서도 충분히 실력을 발휘할 수 있으리라 스스로 생각했을 법하다.

그는 이미 1973년에 치러진 제9대 총선 때도 공화당 후보로 물망에 오르기도 했다. 아직 남북적십자회담 수석대표를 맡고 있던 당시의 얘기다. "공화당은 이번 국회의원 선거에서 서대문구에 이범석 남북적십자회담 수석대표를 내세울 것을 검토 중인 것으로 전해졌다"(동아일보, 1973년 2월 5일)는 신문기사에서도 그런 사실이 확인된다. 공화당이 특히 서울 선거구에 역점을 두고 본인의 의사와 관계없이 거물급 인사들을 내세운다는 방침의 일환이었다는 것이다.

그러나 이러한 정치권 입성 시도는 오히려 박정희 대통령에 의해 유보되고 말았다. 박 대통령은 "내가 생각이 있으니까 조금만 기다리라"라며 그를 공천하려는 공화당 수뇌부를 만류했던 것으로 전해진다. 국회 쪽보다는 정부 쪽에서 더 중요하게 쓰려고 했던 것이 아닌가 여겨진다.

사실은, 국회의원 출마에 대한 아내 이정숙의 반대도 만만치는 않았다. 친정아버지 이윤영李允榮의 전례를 따를까 봐 남편의 정계 진출을 만류한 것이었다. 1948년 대한민국 정부 수립 당시 이승만 대통령에 의해 초대 국무총리 지명을 받았으나 국회 인준이 부결되는 등 모두 세 차례에 걸쳐 '국무총리 서리'로만 끝난 비운의 당사자가 바로 이윤영이다.

"아버님 때문에 선거에 넌더리를 느꼈다. 떨어지면 온 집안이 상갓집처럼 쥐 죽은 듯이 싸늘해지는 분위기를 견디기 어려웠다"는 게 이정숙이 남편의 정계진출을 만류한 이유다. 이윤영이 제헌국회 총선에서 종로 갑구에 출마해 당선됐으나 이후 1952년 제3대 부통령 선거와 1956년 제4대 부통령 선거에서 잇따라 낙선했다는 점에서 집안 식구들이 감당하기 어려웠던 후유증을 미루어 짐작할 수 있다.

한국-인도 친선협회

이범석은 뉴델리에 부임하자마자 양국 민간 차원의 교류 확대에 중점을 두고 노력을 기울이게 된다. 민간인 교류를 통해 우호관계를 확립하고 그것을 바탕으로 다시 정부 사이의 경제 및 외교 협력을 강화해 나갈 수 있다고 생각했다. 그중에서도 여론 형성층을 파고드는 것이 먼저였다.

국가 사이에 있어 친선교류는 결코 외교관들만이 담당하는 역할은 아니다. 오히려 민간인들 사이에 우호관계가 뿌리내리는 것이 중요하다. 외교관들끼리 아무리 가깝게 지내더라도 민간인 교류가 뒷받침되지 않는다면 속빈 강정이나 다름없을 것이다. 하지만 그때 뉴델리에 거주하는 한국인 교포라고는 기껏 스무 명 안팎이었다. 튀니지에 주재하던 때와 큰 차이가 없었다.

결국 대사인 본인이 직접 팔을 걷어붙이고 나설 수밖에 없었다. 이범석은 한국의 역사와 문화를 소개하는 홍보영화 필름통을 들고 파키스탄과 네팔 국경지대에 이르기까지 드넓은 인도 대륙 곳곳을 누비고 다녔다. 필름을 돌리려면 영사기까지 갖추고 다녀야 했다. 휴대해야 하는 짐이 보통이 아니었다. 그러나 도로라고 해야 포장도 제대로 되지 않은 곳이 태반이었다. 비행기를 이용한다고 해도 이착륙 시간에 스케줄을 맞추기가 쉽지 않았다.

이에 대해서는 그가 뒷날 통일원장관으로 재직할 당시 신문에 기고한 내용에서도 대략적인 사정이 드러난다. 인도 사람들의 느긋한 태도를 배워야 한다는 것이지만 그만큼 여건이 좋지 않다는 것을 에둘러 표현하고 있었던 것이다. 다음은 그가 〈경향신문〉 '편편상片片想' 난의 고정 필진으로, '인도 사람'이라는 제목으로 기고한 글의 일부다.

> 인도에 있는 동안 뉴델리에서 비행기로 2시간 걸리는 도시 방갈로르에 들렀을 때, 일을 끝내고 뉴델리로 오는 비행기를 타기 위해 수속을 마치고 탑승권을 받은 뒤 안전검사까지 마친 후 대합실에서 비행기 출발을 기다리고 있었다. 잠시 후, 1시간 연발한다고 했다. 곧이어 비행기가 고장 났으므로 2시간 있어야 고칠 수 있다고 하였다. 3시간이 지났다. 비행기가 영 못 떠나게 되었으므로 짐을 가지고 호텔로 돌아갔다가 다음날 다

시 나오라고 연락이 왔다. 방갈로르와 뉴델리 간에는 항공편이 하루에 1편밖에 없으니 부득이한 일이라 생각하고 짐을 찾아 호텔로 돌아갔다.

다음날은 아예 출발하기 전에 항공사에 단단히 다짐을 받은 뒤 틀림없이 떠난다는 말을 믿고 공항으로 나갔다. 그런데 전날과 똑같이 이날도 4시간이 지났지만 "비행기가 안 떠나니까 돌아가라"고 했다. 화가 머리끝까지 났지만 별다른 도리가 없었다. 그런데 나와 똑같은 모습으로 호텔과 비행장을 왕복했던 사람으로 당시 인도 외무장관이 있었다. 그는 항공사 직원에게 아무 불평도 없이 "아, 그런가"라고만 말하고 나와 같이 호텔로 돌아오는 차 안에서 나에게 "미안하다"고 하면서 "화를 내서 될 일이 아니니 별 수 없지 않느냐"고 웃으면서 얘기했다.

또 한 번은 인도의 어느 시골 비행장에서 몇 시간을 기다리고 있었다. 방갈로르에서는 1시간에 한 번쯤 방송이라도 해주었으나 여기서는 일언반구도 없어서 1시간에 한 번쯤 귀빈실에서 나와서 카운터로 직접 가서 확인을 해야 했다. 그런데 세 번째 물어보러 가자 직원이 "그건 자꾸 물어보아서 무엇 하자는 겁니까? 당신이 물어본다고 안 올 비행기가 올 리 만무하고 물어보지 않아도 비행기가 오면 으레 알리지 않겠느냐"라고 탐탁지 않은 표정을 지었다. 다른 승객들도 방갈로르에서와 마찬가지로 담담한 표정으로 기다리는 분위기였다. 아마 김포공항에서 이런 일이 일어났다면 항공사 직원 멱살을 잡는 사태가 벌어졌을 것이다. (경향신문, 1981년 4월 9일)

더구나 그때까지만 해도 인도의 전반적인 위생 환경이 열악한 편이었다. 주민들의 살림살이가 궁색한 처지에 위생을 따질 수 있는 여건이 아니었다. 지방으로 갈수록 형편은 더했다. 출장 중에 물 한 모금만 잘못 마셔도 설사병에 걸리기 십상이었다. 한낮의 기온이 섭씨 50도 가까이 올라간다는 점에서도 그러했다. 실제로 고생도 여러 차례나 겪었다. 그러면서도 그는 지방 출장을 멈추지 않았다. 대사관 직원으로서 그를 수행하던 박상진朴相震 공보관의 수고가 컸다.

이러한 지방순회 노력을 좀더 구체화시킨 것이 바로 '한국-인도 친선협회'다. 친선협회 조직을 결성한다면 한국의 역사와 문화를 전달하는 작업이 한결 수월하리라 여겼다. 외교활동에도 밑받침이 될 것이었다.

이러한 의도에 따라 한국-인도 친선협회가 처음 발족된 곳이 인도 서부 최대의 해안도시인 봄베이다. 친선협회 회장에는 마힌드라 그룹의 하리시 마힌드라 회장이 위촉되었다. 처음 자동차 조립업체로 출발한 마힌드라 그룹의 본거지가 바로 봄베이다. 봄베이가 아직 '뭄바이'라는 이름으로 바뀌기 전의 일이다.

지역 경제를 대표하는 마힌드라가 양국 친선협회 회장 자리를 수락했다는 것만으로도 대단한 성공이었다. 마힌드라 그룹이 인도 재벌 순위에서도 열 손가락 안에 꼽히는 규모를 자랑하고 있었기 때문이다. 마힌드라는 이범석으로부터 대한민국 명예영사직을 위촉받을 만큼 개인적으로 가깝게 지내게 된다. 그러나 명예영사 위촉은 북한과의 형평성을 고려한 인도 정부의 만류로 끝내 이뤄지진 못했다.

그밖에도 챤다이, 매코니, 루파니 등 현지 기업인들이 친선협회 회원으로 두루 참여했다. 인도 사회에서도 나름대로 능력을 인정받는 청년 기업인들이었다. 그 결과 봄베이 일대에서 외국과의 친선을 도모하는 민간단체 가운데서는 한국-인도 친선협회가 가장 대표적인 모임으로 자리잡게 되었다. 봄베이의 뒤를 이어 시차를 두고 마드라스, 캘커타 등의 대도시에서도 친선협회가 발족됐다. 좀 늦어지긴 했지만 1979년에는 방갈로르에서도 친선협회 조직이 출범하게 된다.

전임자인 노신영이 아직 총영사로 활동할 당시인 1973년에도 비슷한 목적의 협회가 결성된 바 있었다. 당시 수도 뉴델리에서 열린 협회 발족식에는 구르디알 싱 딜론 국회의장이 참석하는 등 성황을 이룬 것도 사실이다. 그러나 뉴델리에서는 북한이 오래 전부터 기반을 다져놓고 있었으므로 협회 활동이 북한의 방해 공작에 가로막혀 큰 진전을 보기 어려웠다.

이범석이 봄베이에서부터 친선협회 활동을 시작한 것이 그런 연유에서다. 지방 거점도시에서부터 발판을 마련해 서서히 중앙무대로 확산할 필요가 있다고 생각했다. 인도가 지역적으로 드넓기 때문에 북한이 아직 지방도시까지 세력을 넓히지는 못하고 있었다. 이처럼 봄베이를 시작으로 출범을 본 양국 친선협회는 주요 도시들을 거쳐 마지막에는 뉴델리에서도 발족식을 갖게 된다. 특유의 사교성과 근면성을 앞세운 이범석의 계획이 맞아떨어진 결과였다.

이범석은 명색으로만이 아니라 실질적으로도 친선협회를 충실하게 운영하려고 노력했다. 한 해에 적어도 서너 차례씩은 친선 행사를 열었다. 경제계를 비롯한 각계의 현지 인사들을 초청해 리셉션과 만찬을 주최했고, 한국 영화를 소개하기도 했다. 이범석이 개인적으로 로타리클럽 회원이었으므로 현지 클럽 회원들과도 자주 만나게 되었다. 그때마다 그는 유창한 연설로 박수갈채를 받곤 했다. 한국에 대한 인식을 새롭게 깨우쳐 주고 있었던 것이다.

1978년을 보내며 인도 외무성이 한 해를 결산하면서 각국 대사들의 역량을 비교해 점수를 매겼을 때 이범석이 단연 1등을 차지할 수 있었던 비결이기도 하다. 뉴델리에 주재하는 130여 명의 대사들 가운데 그가 '가장 성공적인 대사'로 꼽혔던 것이다. 물론 비공식 평가였지만, 인도 외무성 관계자들이 바라보기에도 그만큼 활동적이고 일을 잘하는 인물을 찾기가 어려웠을 듯하다.

그의 대사 재임 시절 뉴델리 네루대학에 한국어과가 개설된 것이 하나의 사례다. 인도 대학에 한국어과가 설치된 것은 그때가 처음이다. 대사관의 측면 지원이 없었다면 애초에 어려운 일이었다. 대사관 신축 공사도 마찬가지였다. 이에 대해서는 다시 소개하기로 한다.

그렇다고 이범석이 인도 정부에 듣기 좋은 얘기만 하고 있었던 것은 아니다. 필요할 때는 따가운 소리도 마다지 않았다. 국내 업체들이 당시 인도에서 250만 달러어치의 고추를 수입했는데, 그 가운데 상당 부분이 물기에 젖은 탓에 곰팡이가 피었던 경우가 그러했다. 그는 이 문제에 대해 당연히 인도 정부에 항의했고, 다시는 그런 일이 없을 것이라는 다짐을 받게 된다. 해당 업체에 대해서는 수출허가가 취소되기도 했다.

그는 이처럼 맡겨진 일에 결코 망설이는 법이 없었다. 오히려 나서서 일을 벌이는 취향이었다. 부하 직원들에게도 "먼저 업무를 처리하고 남는 시간에 쉬도록 하라"는 말이 입버릇이었을 만큼 여러 일을 한꺼번에 벌여 놓고도 태연할 수 있었던 게 또한 그였다. 인도 대사관 시절의 업무가 그러했다.

신변 위협을 무릅쓰고

한국-인도 친선협회 활동을 비롯해 양국 관계가 빠르게 자리를 잡아나가게 되면서 북한 대사관의 노골적인 방해 공세가 시작되었다. 이범석이 자기들의 예상을 앞질러 인도 요로에 발판을 마련한 데 대한 위기감이 작용했을 것이다.

북한의 방해 공세는 끔찍한 사건으로 연달아 표출되었다. 그중에서도 남부 중심도시 마드라스에서 현지 친선협회 책임자 부인이 흉기에 찔려 살해된 사건이 충격적이었다. 그러나 북한 공작원들이 꾸민 사건일 것이라는 심증만 남긴 채 수사가 미궁에 빠지고 말았다. 친선협회 관계자들은 물론 인도에 파견된 한국 외교관과 주재원들에게 공포심을 불러일으킬 수밖에 없었다.

사건이 그것으로 그친 것도 아니다. 몇 달 뒤에는 마드라스 친선협회 관계자가 영국을 방문하던 중 심장마비로 돌연 숨을 거두었다. 역시 의문점이 적지 않았다. 봄베이에서도 친선협회 행사 도중 현지 책임자의 아들이 갑자기 목숨을 잃는 사건이 일어남으로써 특정 세력의 소행이라는 심증을 굳히게 했다. 협회 회원이 몰던 승용차가 추돌당해 자칫 치명적인 사고로 이어질 뻔한 일도 벌어졌다. 이에 대해 이범석의 아내 이정숙은 "그러는 사이 '협회에서 손을 떼지 않으면 목숨이 위태로워질 것'이라는 협박전화가 일부 회원들에게 걸려옴으로써 배후가 더욱 확실해졌다"고 자신의 책에 적어 놓았다.

이범석도 마음을 놓을 수 없기는 마찬가지였다. 북한의 위해공작 위협을 가장 심각하게 느껴야 하는 당사자였기 때문이다. 가족들도 비슷했다. 언제, 무슨 일을 당할지 모르는 처지였다. 전국적으로 온갖 강력사건이 끊이지 않는데도 치안이 취약한 현지 여건에서는 더욱 그러했다. 막연한 불안감 정도가 아니라 눈앞에 놓인 현실이었다.

그런 가운데서도 이범석은 외교활동을 잠시도 게을리 하지 않았다. 특히 언론인 출신인 메논과 교분이 맺어진 것이 큰 도움이 되었다. 인도의 민족운동 지도자로서 영국으로부터 독립을 이룬 뒤 초대 총리를 지낸 자와할랄 네루의 개인 비서를 지냈으며, 이후 뉴델리에서 발행되는 영문 일간지 〈힌두스탄 타임즈〉의 사장을 역임한 인물이다. 그는 인도에서 정치계를 포함해 각계에 폭넓은 관계를 유지하고 있었다.

메논은 이범석이 대사관저에서 각계 외빈들을 초청해 파티를 열

이범석 인도대사가 인디라 간디 인도 총리와 대화를 나누는 모습. 이 대사는 간디 총리와 친밀한 관계를 유지했다.

때면 단골손님으로 참석하곤 했다. 개인적으로 흉허물 없이 가까워진 뒤였다. 그가 이범석에게 보낸 편지 봉투에 '꼭 본인이 열어볼 것 strictly personal'이라고 표기된 경우도 있는 것으로 미뤄 서로 은밀히 얘기를 주고받던 사이였음을 짐작하게 된다. 그만큼 여러 가지 조언을 해 주고 있었다. 그중에서도 인도의 양대 명문가인 간디 및 네루 집안에 대한 귀띔이 큰 도움이 되었다.

이범석이 인디라 간디 총리와 두터운 유대를 맺게 된 것이 바로 메논 덕분이었다. 네루의 외동딸로서 1966년부터 총리를 맡은 인물이 바로 간디다. 인도 최초의 여성 총리이기도 했다. 미국이나 소련 등 몇몇 강대국 대사들을 제외하고는 총리 면담이 어려웠던 시절이다.

이범석은 간디 총리의 아들 산자이 간디와도 수시로 연락을 주고받았다. 간디의 장남인 라지브 간디가 민간 항공기 조종사로 활약하고 있었던 반면 차남인 산자이는 일찌감치 정계에 뛰어들고 있었다. 산자이가 뒷날 하원 의원을 지내던 1980년 항공기 추락사고로 숨지자 라지브가 동생의 지역구를 이어받아 뒤늦게 정계에 투신함으로써 결국 총리까지 오르게 되는 행보가 또한 운명의 섭리였을 것이다.

이범석이 현지에 부임하고 이듬해인 1977년 총선에서 간디를 물리치고 정권을 잡은 데사이 총리 때도 다르지 않았다. 새로 외무장관을 맡은 비자파이와 돈독한 관계를 유지했으며, 당시 정부에서 실세로 꼽히던 자가드 메타 차관과의 관계는 특히 각별했다. 부부끼리 서로 어울려 자주 만났을 정도다. 메타는 이범석의 식구들을 북부 카슈미르 지역에 있는 부인 라마 여사의 고향 집으로 초대하기도 했다. 라마 여사도 자주 대사관저를 찾아 한국 음식을 즐기거나 이정숙과 같이 나들이에 나서곤 했다. 소설가로서도 재능을 인정받고 있던 라마 여사가 아직 젊은 나이에 갑자기 타계하게 됨으로써 더욱 애틋한 감정을 주고받았던 사이다.

이범석은 총선에 패배해 정권을 내놓은 간디 총리와도 이전과 거의 다름없이 친교를 유지했다. 그것이 그의 장점이자, 변함없는 인간적인 면모였다. 간디가 1980년 재집권하게 되자 그 전보다 훨씬 가깝게 지낼 수 있었던 비결이다. 한국이 인도 정부와 외교적 기반을 원활히 다질 수 있었던 것은 이처럼 신뢰와 우정을 앞세운 개인적인 인간관계가 작용한 덕분이었다. 인도의 친親북한 노선도 서서히 바뀌어가고 있었다.

그는 현지에 주재하는 외국 대사들과도 돈독한 관계를 유지하려고 노력했다. 일주일에 두어 번씩은 인도 고위 관계자나 외국 대사들을 관저로 초대해 식사를 접대하곤 했다. 비록 처음 만나는 사람이라도 식사 자리에서 몇 마디 담소를 나누다 보면 서로 웃음을 터뜨릴 만큼 가까워지기 마련이었다. 이범석이 상대방의 마음을 열도

록 하는 방법을 깨우치
고 있었던 것이다.

특히 미국 고힌Robert
F. Goheen 대사와의 관계
가 각별했다. 선교사였
던 부모님 때문에 인도
에서 태어났으면서도 일
찍이 서른일곱 살에 프
린스턴대학 총장을 지냈
으며, 카터 대통령에 의
해 인도 대사로 지명 받
은 주인공이다. 이범석
부부는 고힌 대사와 그
의 부인 마가레트 여사

이범석은 인도대사 시절 간디 총리에 이어 정권을 잡
은 데사이 총리와도 가깝게 지냈다. 사진은 이 대사가
1979년 대사관을 방문한 데사이 총리를 맞아 환담하
는 모습. 뒷 배경은 한글 병풍이다.

와 부부동반으로 골프를 즐기기도 했다. 뉴델리 시내에서 골프장이
그리 멀리 떨어져 있지 않았으므로 가끔씩 골프를 치면서 외교 현
안을 타진하기에 제격이었다.

가나자와 마사오金澤正雄 일본 대사와도 친하게 지냈다. 뉴델리
를 떠난 뒤에도 크리스마스 때는 서로 카드를 교환하곤 했다. 핀란
드 리타Ritta Oro 대사와도 가까이 지냈다. 여자로서 독신이던 리타
대사는 성격도 무척 활달한 편이었다.

뉴델리의 반공포로들

인도는 여러 가지 면에서 독특한 나라로 분류된다. 무엇보다 언
어와 풍습, 종교가 다양하다. 면적이 넓고 종족이 여러 갈래이기 때

문에 초래되는 현상이다. 이범석이 대사로 근무하던 시절에는 더 말할 것도 없었다.

일단 언어에서부터 살펴볼 필요가 있다. 무려 스무 개가 넘는 주요 언어 외에도 800여 개에 이르는 방언이 존재하는 나라가 바로 인도다. 힌두어와 영어가 공용어로 정해져 있으면서도 문맹률이 높을 수밖에 없었던 이유다. 그중에서도 힌두어는 인구의 절반 가까이 사용하고 있지만 영어의 경우 부유층이나 지식층을 중심으로 사용되기 마련이다. 심지어 힌두어 글자조차 모르는 사람들도 수두룩했다.

종교에 있어서도 사정이 크게 다르지 않다. 국민들 대부분이 힌두교나 이슬람교를 신봉하는 것이 사실이라고 해도 다른 종교들도 틈새를 노려 포교 활동을 벌여 나가는 모습이다. 시크교나 불교, 기독교 등의 활동이 펼쳐지고 있다. 전통에 따라 한쪽으로 편중된 듯하면서도 나름대로는 다양성을 유지하고 있는 것이다.

그중에서도 가장 특징적인 것이 카스트 제도다. 승려계급인 브라만을 정점으로 삼아 그 밑으로 크샤트리아, 바이샤, 수드라 등으로 나뉘어지는 전근대적인 신분 제도다. 크샤트리아는 통치계급이고, 바이샤는 상인계급이며, 수드라는 천민계급을 말한다. 지금은 법적으로 금지되고 있으나 일상생활에서 완전히 배제되지는 않고 있다. 전통의 우세가 꺾이지 않고 있다는 증거다.

이범석이 뉴델리에 부임해 있던 시절 대사관에 고용됐던 정원사나 운전사들이 그러했다. 공관 3층에서 기거하던 그들이 하인을 별도로 고용해 화장실을 청소하도록 시킨 것이 하나의 사례다. 청소를 제대로 하지 않는 바람에 대사관 건물에 고약한 냄새가 퍼지게 되자 "번갈아라도 청소를 하라"고 지시했으나 자기들끼리 돈을 거둬 아예 청소부를 고용한 것이었다. 자기들은 비록 정원사 일을 할망정 화장실 청소까지 하려고 태어난 사람들이 아니라는 이유였다.

원활한 외교활동은 이러한 문화적 차이를 이해하는 데서부터 시작하는 것이다.

이범석은 현지 교민인 최인철崔寅喆을 대사관의 하인 관리장으로 고용했다. 6.25 종전 당시 중립국을 선택해 인도로 보내졌던 반공포로 출신이다. 원래 북한 인민군 5사단 소속 사진부원으로 전선을 쫓아다니다가 포로가 되었다. 뉴델리에 송환되고도 한때 인도 육군 공보실에서 사진 작업을 도와주게 된다.

6.25 반공포로 출신으로 뉴델리에 정착해 있던 사람으로는 최인철 외에도 지기철池基哲, 현동화玄東和 등이 있었다. 이범석이 대한적십자 대표로 판문점 포로석방 때 관여했다는 점에서 묘한 인연이라 할 만했다. 당시 제3국행을 택한 90여 명의 반공포로가 인도를 거쳐 브라질과 아르헨티나, 멕시코 등으로 뿔뿔이 흩어졌으나 이들은 계속 인도에 거주하던 중이었다. 그때 몇 명 되지 않는 교민들 가운데서도 그나마 이들이 활발한 사회활동을 보여주고 있었다.

이를테면, 지기철은 가발사업으로 기반을 닦았던 주인공이다. 한국에서 가발사업 붐이 일던 1960년대 후반 인도에서 머리카락을 수거해 수출하는 방법으로 재미를 보았다. 그 무렵에는 가발사업에서 손을 떼고 인력수출 분야로 눈길을 돌리던 참이었다. 한창 분위기를 타던 중동 건설 현장에 인도 근로자들을 파견하는 것이 비중 있는 사업이었다. 현동화는 한때 아프가니스탄까지 진출해 방적회사를 운영하기도 했다.

이범석은 그런 가운데서도 틈틈이 개인적인 여유를 즐겼다. 낚시질이 그중 하나였다. 카슈미르 지역의 굴막 계곡까지 찾아가 송어 낚시를 즐기기도 했다. 튀니지 시절에도 지중해를 바라보며 해안 뚝방에서 낚싯대를 드리웠던 그다. 개인적으로 낚시질에 취미를 붙인 때문이기도 했지만 그보다는 식구들끼리 함께 어울리는 방법이었다.

관저에는 전자 오르간이 갖춰져 있었다. 실력이 그리 뛰어난 편은 아니었더라도 그는 가끔씩 오르간을 연주하면서 심신의 피로를 풀었다. '고향의 봄' 같은 가벼운 동요들이 그의 애창곡이자 연주곡이었다. 이러한 노래들을 건반으로 짚어가면서 집안에 풍금이 있었던 평양에서의 어린 시절을 떠올렸을 법도 하다.

인도 대사 시절, 비디오 테이프로 영화도 자주 감상할 수 있었다. 다른 오락수단이 변변치 않았기에 가능했던 일이다. 그중에서도 서부 영화를 즐겨 보았다. "마지막에는 의인이 이기니까 좋다"고 했다. 원래 마음이 여린 편이었다. 젊었던 당시 연애 시절에도 아내와 데이트를 하면서 '로마의 휴일'이나 '마음의 행로' 등의 영화를 보면서 슬그머니 눈물을 훔치던 그였다.

일상생활에서 가장 큰 애로 사항은 교회를 다니기 어려웠던 것이다. 회교국인 튀니지 때와 사정이 비슷했다. 일요일이면 식구들끼리 둘러앉아 서울에서 준비해 간 설교 테이프를 들어가며 예배를 드리곤 했다. 테이프로 듣는 것이긴 했지만 조용기 목사의 설교는 그와 식구들에게 큰 힘이 되었다.

'붉은 요새' 신축공사

이범석이 인도 대사로 주재하면서 이룩한 가장 큰 업적 가운데 하나가 대사관을 신축한 것이다. 대사관을 멋들어지게 지어놓은 덕분에 지금도 뉴델리 한국 대사관에는 관저를 구경하려는 방문객들의 발길이 끊이지 않는다.

당시 셋방살이로 들어 있던 대사관 자체가 지은 지 오래된 건물이었다. 비가 오면 빗물이 벽 틈을 타고 스며드는 탓에 구석구석에서 퀴퀴한 냄새가 가시지 않았다. 곰팡이 냄새였다. 경쟁 관계인 북한 대사관보다 초라한 편이었으니, 인도 외교가에서 한국의 국가적

체면이 말이 아니었다. 열악한 건물 형편으로 따진다면 아프리카의 후진국들 대사관이나 거의 마찬가지였다.

이범석은 1978년 11월 말로 다가오는 대사관의 임대기간 만료를 앞두고 재계약을 하기보다는 새 관저를 짓기로 결론을 내리게 된다. 재계약이 안 되면 다른 건물을 알아봐야 하는 입장이었다. 아예 그 기회에 떠돌이 셋방살이 신세를 벗어나고자 했던 것이다.

하지만 아내 이정숙은 대사관 신축 계획에 대해 은근히 반대하는 입장이었다. "앞으로 재임 기간이 길어야 한두 해 정도일 텐데 굳이 사서 고생할 필요가 있느냐"는 뜻이었다. 가뜩이나 업무에 쫓기는 남편이 대사관을 짓겠다며 이리저리 뛰어다니는 모습을 미리 떠올리는 것만으로도 안쓰러웠을 것이다.

그래도 이범석의 의지는 확고했다. "대사관을 짓는다는 것은 나라를 위한 일이니까 누구라도 시작해야 하지 않겠소. 모두가 당신처럼 생각한다면 끝내 번듯한 공관 하나 갖지 못할 것이오"라는 게 그의 대꾸였다. 대사관을 짓다가 도중에 발령을 받아 떠나가게 되더라도 후회할 것은 없었다. 후임자가 나머지 작업을 끝내면 될 것이었다. 따라서 시작하는 것이 중요했다.

문제는 예산이었다. 이범석은 곧바로 서울 본부에 예산을 요청했지만 외무부라고 돈이 금방 하늘에서 떨어질 리는 만무했다. 이에 그는 대사관 신축의 필요성을 구구절절 강조하는 편지를 써서 직접 청와대에 보내게 된다. 편지만으로는 안심을 하지 못했는지 자신의 목소리를 담은 녹음 테이프와 함께였다. 의전실장을 지내면서 가까이 모셨던 만큼 박정희 대통령이 최소한 이런 정도는 재가해 줄 것이라 믿었던 것이다.

의전실장 때도 그랬지만 남북적십자회담 수석대표 시절이나 인도 대사로 파견되고도 박정희의 신임은 여전했다. 공관장 회의에 참석차 서울에 들어온 그를 청와대로 불러 격려하기도 했다. 그 자리에서 이범석이 "왜 요즘은 외국 방문이 뜸하시냐"고 물었고, 이에 대해 박정희가 "앞으로 우리가 외국에 원조를 줄 수 있을 때까지는 나가지 않겠다. 그동안 내가 외국을 방문한 것이 식량이나 돈, 안보를 도와달라는 것이 아니었느냐"고 답변했다는 얘기도 남아 있다. 박정희가 이미 마닐라에서 열렸던 월남전 파병국 정상회담 당시 회담 주최자였던 마르코스 대통령으로부터 홀대를 받은 처지이기도 했다. 이처럼 단 둘이 마주앉아 막걸리잔을 놓고 '구걸 외교'의 비애를 털어놓을 정도였다면 신임의 정도를 충분히 짐작할 수 있다.

이러한 배경처럼 기대는 그대로 맞아떨어졌다. 박 대통령으로부터 "정부 예산이 없다면 은행에서 빌려서라도 지원토록 하라"는 지시가 떨어지게 된다. 아무리 대통령이라고 해도 쉽지 않은 지시였다. 뉴델리 대사관의 신축 필요성을 느꼈기 때문이기도 하지만 그보다는 이범석에 대한 개인적인 신뢰를 보여준 것이라고 간주하는 것이 옳다.

이 과정에서 당시 신형식申洞植 건설부장관이 이범석을 뒤에서 거들었다는 얘기도 전해진다. 신형식이 이범석에게 인도 대사관 신축계획 얘기를 듣고는 박정희에게 그 필요성을 별도로 보고했다는 것이다. 그때 이범석과 친분을 유지하던 안병훈安秉勳 기자를 비롯해 조병필趙炳弼, 이형균李炯均, 이성춘李成春, 김영일金榮— 등 몇 명의 기자들이 그를 신형식에게 소개했다는 것은 또 다른 뒷얘기다.

그러나 어렵사리 예산이 확보되고도 대사관 부지를 확보하는 과정이 또한 만만치 않았다. 인도 정부가 조성해 놓은 뉴델리 시내 챠나캬푸리 지역의 외교단지는 이미 포화 상태였다. 인도 외무부로부터 "외교단지가 추가 조성되면 부지를 제공하겠다"는 답변을 들었으나 그대로 물러설 그가 아니었다. 결국 방글라데시가 할당을 받고도 대금 지불을 늦추고 있던 부지를 겨우 인수할 수 있었다. 방글라데시 대사관이 뒤늦게 대금을 마련하고 부지 반환을 요구했지만 그때는 이미 한국 대사관 건물 공사가 시작된 참이었다.

특기할 만한 사항은 대사관 건물의 설계를 천재 건축가 김수근 金壽根이 맡았다는 점이다. 한국을 대표하는 건축가로서, 세계적으로 이름을 날리기 시작하던 무렵이었다. 그는 두어 달 동안 현지 곳곳을 여행하며 건축 방향을 구상할 만큼 열의를 보였다. 무굴제국의 전통 양식에 한국 고유의 건축미를 곁들인 설계 작품이 완성된 게 그 결과다. 16세기부터 3세기 동안에 걸쳐 인도 대륙을 지배했던 이슬람 왕조가 무굴제국이다.

건축가 김수근의 작품으로

드디어 첫 삽이 떠지고 본격적으로 공사가 시작되자 이범석은 거의 하루도 거르지 않고 현장에 나가 공사를 진두지휘했다. 현장 감독이나 마찬가지였다. 단순히 공사 과정에 참견하거나 지시를 내리는 차원을 넘어 작업복 차림으로 직접 일손을 거들었다. 스스로 인부 역할을 자처한 것이다. 그 모습에 현지인 인부들이 게으름을 피울 수가 없었다.

일반적으로 건축공사 과정에서 가장 까다로운 문제 가운데 하나가 벽돌의 물기를 맞추는 작업이다. 마른 벽돌을 쌓게 되면 벽돌 사이에 발라 놓은 모르타르가 접착력을 잃고 금방 갈라지기 마련이다. 벽돌이 시멘트로 배합한 모르타르의 물기를 빨아들이게 됨으로써 생기는 결과다. 이범석은 이런 현상을 막기 위해 공사장 옆에 물 웅덩이를 파고 거기에 벽돌을 담가 두도록 했다. 벽돌이 물기를 적당히 흡수하기를 기다려 사용되는지를 감독하는 것도 그의 역할이었음은 물론이다.

또 다른 하나는 공사장 옆에 임시학교를 만든 일이다. 현지 인부의 자녀들이 아버지를 따라 공사장까지 따라오는 경우가 보통이었으므로 공사 진행에 방해가 되기 일쑤였다. 따라서 임시학교를 만들어 아이들에게 덤으로 영어를 가르치도록 했다. 인부들 가운데서는 숫자도 모르는 경우가 적지 않았으므로, 자식들이 임시학교에서나마 공부를 한다는 데 만족해했다. 결과적으로 작업 능률을 높이는 효과도 얻게 되었다.

이 과정에서 현지 시공업자가 이범석에게 리베이트를 전달하겠다는 의사를 내비치고 있었다는 사실도 기억할 필요가 있다. 공사판에서 통용되는 관행이다. 그 액수가 전체 공사대금의 10 퍼센트에 이르는 액수였으니, 결코 작은 돈이 아니었다. 그러나 이범석은 공사비를 결제하면서 그만큼 깎도록 조치를 내렸다. 시공업자로서는 리베이트를 전달하고 적당히 공사를 진행하려다가 공연히 공사비만 깎이고 만 셈이다. 그래도 자기가 먼저 빌미를 제공했으니만큼 항의할 도리가 없었다.

완공된 건물은 중세기풍의 장중한 성채 같은 느낌을 준다는 평가를 받고 있다. 쉽게 접근할 수 없을 정도의 위압감마저 불러일으킨다는 것이다. '붉은 요새Red Fortress'라는 별칭이 붙여진 게 그런 이유다. 무굴제국 건축 양식의 특징이기도 하지만 인도 현지 특산인 자연석으로 꾸며졌기 때문이기도 하다. 자연석을 사용했으므로 세월이 흐르면서도 크게 변색되지 않는 게 장점이다. 그러면서도 실내 디자인은 밝고 친밀한 분위기를 풍기도록 신경을 썼다.

이런 식으로 공사가 진행된 끝에 드디어 1979년 5월 대사관 건물이 완공을 보게 되었다. 5400평 대지에 건평 800평 규모로 지어졌다. 전 해 4월 공사가 시작된 지 1년 남짓 지나서다. 건물이 완공되고 이듬해 4월 박동진朴東鎭 외무장관의 뉴델리 방문을 기회로 준공 테이프를 끊은 것은 공사 결과에 대한 자신감의 표출이었다.

한국 건축미에 인도의 양식을 더한 새 대사관은 완공되자마자 뉴델리의 명물로 꼽히게 되었다. 현지 중고등 학생들을 대상으로 하는 대사관 방문 프로그램에 빠지지 않는 코스가 된 것이다. 인도에서 한국의 위상을 보여주는 하나의 척도라고도 할 수 있다.

이 무렵 〈동아일보〉 최규철崔圭徹 기자가 쓴 다음과 같은 기사에서도 새 대사관 준공을 계기로 현지에서 한국의 이미지가 높아진 상황을 살펴보게 된다. 전적으로 이범석 혼자의 공로 때문만은 아니라고 하더라도 전반적인 분위기 향상에 기여한 것만은 부인하기 어려울 것이다.

> 인도 뉴델리시의 외교가 챠나카푸리에 자리 잡고 있는 한국 대사관은 그 웅장한 모습으로 지나가는 사람들의 눈을 끈다. 인도 서부 라자스탄주 특산의 적석赤石을 사용, 한국의 건축미에 인도의 풍미를 가미하여 세워진 연건평 800여평(관저 포함)의 이 건물은 뉴델리 시내 관광버스가 그 앞을 지날 때면 안내방송으로 소개될 정도로 명소로 돼있다. 인도 속의 한국이 성장하는 눈에 보이는 한 실례라고 할 수 있을 것 같다.
> 더욱이 이 건물은 착공 1년 반 만에 완공되자, 착공한 지 4년이 지나도록 완성을 보지 못하고 있는 프랑스 대사관과 비교돼 이곳 외교가에선 한국인의 박진력이 화제가 되고 있다. 이 대사관 건물은 지난해 준공됐지만 지난 1일 박동진 외무장관의 인도 방문을 맞아 테이프커팅을 했는데 이를 계기로 대사관 당국은 더욱 활기를 돋우고 있다. (동아일보, 1980년 4월 3일)

이처럼 대사관이 제대로 지어졌다는 소문이 퍼지게 되자 가장 이득을 본 것은 시공업자인 싱 나그였다. 공사를 잘 한다는 평가를 받게 된 것이었다. 그 뒤 진행된 오스트리아 대사관을 비롯해 뉴델리의 여러 공관 공사가 나그에게 맡겨지게 된 것이 그 결과다. 무엇보다 뒷돈 봉투를 뿌리친 이범석 덕분이었다.

현지 인부들의 일솜씨도 덩달아 칭찬을 받게 되었다. 중동 건설 현장에 인도 인부들이 대거 동원될 수 있었던 계기다. 완공 직후 대사관 건물을 구경하려고 뉴델리에 들렀던 사우디아라비아 주재 현대건설 고위 책임자의 결정에 따른 것이었다. 그때 인력송출 회사를 운영하던 반공포로 출신 지기철의 집 앞에 중동 건설현장 취업을 원하던 인부들이 아침부터 줄을 섰던 이유이기도 하다.

'희망 학교'와 '굿모닝 마담'

이범석이 뉴델리에서 대사 직책을 수행하는 동안 그의 아내 이정숙도 활약이 적지 않았다. 대사관 신축공사가 진행되는 과정에서 공사장 옆에 마련된 임시학교를 실질적으로 이끌어간 당사자가 바로 이정숙이다.

그러나 처음부터 교실을 마련해 놓고 학생들을 가르치려 했던 것은 아니다. 이범석이 공사장에서 일하는 인부들과 가깝게 지내려고 애쓰는 과정에서 자연스럽게 만들어진 하나의 성과물이었다. 생활 형편이 어려운 탓에 학교에 갈 기회도 갖지 못한 그 자녀들에게 놀이터 겸 학교가 됐던 것이다.

그때 인부들 가운데 상당수가 공사장 옆에 임시 천막을 치고 생활하고 있었다. 거주지가 고정됐다기보다는 건축 현장을 따라다니며 지내는 것이 보통이었다. 아이들도 같이 떠돌이 생활을 해야 했으므로 학교 교육을 제대로 받기가 어려웠다. 결과적으로 자식들이 문맹과 가난을 이어받아야 하는 처지였다.

인부들 자체가 대체로 문맹이었다. 글자는 고사하고 숫자를 구분하지 못하는 경우도 적지 않았다. 그들을 격려하는 차원에서 행운권 추첨을 해도 자기가 당첨됐는지도 모르는 정도였다. 서울에서 준비해 간 기념품을 나눠주기 위해 그들에게 가끔씩 저녁을 대접하면서 대사관에서 추첨 행사를 진행했을 때의 얘기다.

그래서 만들어진 게 초등학교 과정의 임시학교다. 공사장 주변의 안전을 위해서라도 배움터를 만들 필요가 있었다. 아이들이 공사장 옆에서 제멋대로 뛰어 놀도록 놓아두어서는 안전 유지에 문제가 생길 소지가 적지 않았다. 문제가 벌어진다면 공사 일정에도 차질을 빚을 게 뻔했다.

이정숙은 대사관 시공업자인 나그의 도움을 받아 공사장 옆 빈터에 가건물을 하나 세웠다. 그리고 '희망 학교'라는 간판을 내걸었다. 인도 공용어인 힌두어와 영어, 그리고 기초 산수를 가르치기 시작한 것이다. 이를 위해 여교사도 한 명 별도로 채용했다. 공사장 인부들의 자녀를 포함해 일대에서 모두 50여 명의 아이들이 공부 시간에 몰려들었다.

임시학교라고 해서 단순히 교과 지도에만 그쳤던 것이 아니다. 날마다 간식을 나눠 주었는가 하면 교복도 만들어 입혔다. 변변히 옷도 챙겨 입지 못한 채 지내던 아이들에게는 더없는 선물이었다. 더 나아가 의사 선생님을 모셔다가 건강 상태를 진단해 주고 이상 증상이 나타나는 경우에는 치료도 해 주었다. 유달리 안질이나 피부병을 앓는 아이들이 많을 때였다. 따라서 인간적인 유대감은 오히려 정규 학교 이상이었다. 그야말로 희망을 나눠주는 학교로서 손색이 없었다. 이범석이 '대사관 외교'에 주력하고 있을 때 아내 이정숙은 민간외교를 펼치고 있었던 셈이다.

이정숙은 '희망 학교' 아이들에게 '굿모닝 마담'이라는 애칭으로 불렸다. 아침에 마주쳤을 때 나누던 인사가 애칭으로 굳어져 버린 것이었다. 학생들은 아침뿐만 아니라 점심때나 저녁때도 '굿모닝 마담'이라고 인사를 건넸다. 이정숙의 진심 어린 관심과 정성이 아이들에게 그대로 전달된 때문이었을 것이다. 한국 대사관의 임시학교 얘기는 현지 외교가에 상당한 화제를 불러일으켰다.

그 임시학교가 불과 1년여 만에 문을 닫게 된 것은 아이들에게나 이정숙에게나 아쉬운 일이었다. 대사관 신축공사가 모두 마무리되면서다. 대사관으로서는 공사가 빨리 끝나게 되면서 그만큼 공사비를 줄일 수 있게 됐지만 학생들에게는 서운한 이별이 기다리고 있었다. 공사장 노동으로 생계를 해결해야 하는 부모를 따라 뿔뿔이 흩어져야 했기 때문이다.

이정숙은 임시학교를 마감하면서 아이들에게 졸업장을 나누어 주었다. 이별의 의식이었다. 그러나 배움이 그것으로 끝난 것은 아니다. 임시학교에서 배운 아이들 가운데 열 명 남짓 근처 학교에 들어가 공부를 계속하게 된 게 그것이다. '희망 학교'를 통해 배움의 필요성을 깨달았기 때문일 것이다. 이정숙으로서도 가슴 뿌듯한 일이었다.

한편 이범석이 인도에 주재하는 동안 그의 아들 명호는 뉴델리에 있는 외국인 학교를 다녔다. 외교관을 포함해 현지에 파견된 외국인 자녀들이 다니는 명문학교였다. 더욱이 학교를 마칠 때는 수석 졸업자로서 졸업생 대표 연설을 하는 영예까지 안게 된다. 인도에서의 생활이 그의 가족 모두에게 기억에 남는 기간이었다.

월맹 억류 외교관들 석방교섭

이범석이 인도 대사를 지내는 기간 중 맞닥뜨린 가장 중요한 문제가 공산월맹에 억류됐던 우리 외교관들을 석방하는 작업이었다. 현지에 주재하는 월맹 외교관들을 상대로 협상 테이블에 마주앉아야 했지만 실제로는 북한과의 교섭이었다. 이 협상에 북한이 끼어

들었던 것이다.

자유월남이 1975년 4월 30일 패망하면서 수도 사이공(현재 호치민 시티)에 주재하던 세 명의 우리 공관원이 미처 탈출하지 못한 채 체포됨으로써 벌어진 사태다. 이대용李大鎔 공사와 안희완安熙完 2등서기관, 서병호徐丙鎬 총경이 그들이다. 이들은 월맹 군사당국으로부터 공산주의자로 전향하라는 강요를 받으며 온갖 고초를 겪고 있었다. 그 자체가 외교관은 포로로 취급하지 않도록 규정한 비엔나협정 위반이었다.

우리 정부가 국제인권위원회와 국제적십자사 등에 이들의 석방을 위해 협조를 요청했으나 별로 소용이 없었다. 박정희 대통령이 주한 스웨덴 대사를 직접 청와대로 불러 스웨덴 정부의 중재 역할을 부탁하기도 했으나 실망스럽기는 마찬가지였다. 월맹 당국은 이들이 정보기관 출신으로서 인민을 학살했다는 근거도 없는 트집을 잡아 닦달하고 있었다. 이 세 사람은 서로 분리 수용되어 있다가 호치민 형무소에 같이 수감되기에 이른다.

그중에서도 육군 장교 출신인 이대용은 6.25 당시 북진하는 부대원을 이끌고 압록강까지 가장 먼저 진격한 공훈자였다. 국토 탈환의 의지로 압록강 물을 수통에 담아 이승만 대통령에게 올린 주인공으로도 알려진다. 1973년부터 현지 대사관에 부임해 있다가 월남 패망과 함께 공산 당국에 의해 억류됐던 것이다. 억류된 세 사람 중에서도 그가 우선적인 포섭 대상이 될 수밖에 없었다.

더욱이 그는 원래 이북 태생으로, 고향이 황해도 금천군 우봉면으로 되어 있었다. 그가 월맹에 억류되면서 북한에 사는 그의 누나가 국제적십자사를 통해 신병을 요청했다는 게 북측의 주장이었다. 기어코 평양으로 끌어가겠다는 속셈이었을 것이다. 월맹 정부의 의지를 넘어 이미 북한이 깊이 개입하고 있었음을 보여준다. 우리 정부의 석방 교섭이 겉돌 수밖에 없었던 까닭이다.

지지부진하던 석방 노력이 한 가닥 희미한 가능성의 빛을 보여 준 것은 1977년 4월에 이르러서다. 당시 남덕우南悳祐 부총리가 프랑스를 방문했을 때 레이몽 바르Raymond Barre 총리에게 중재를 요청한 데 대한 답변을 전달받은 것이었다. 때마침 남덕우에 이어 팜반둥 월맹 총리의 파리 방문이 예정되어 있을 때였다.

남덕우 부총리가 귀국한 뒤 윤석헌尹錫憲 주파리 대사를 통해 전달된 월맹 측의 답변은 뜻밖이었다. 자기들은 한국 외교관들을 석방하는데 있어 오히려 아무런 이의가 없다고 했다. 다만 북한이 완강하게 반대하고 있어서 곤란하다는 입장을 전해왔다. 상황이 바뀌어 이제는 북한이 문제였던 것이다. 그 무렵 미국과 월맹의 관계정상화 움직임이 엿보이고 있었으므로 월맹으로서는 이 문제에 대해 굳이 강경한 입장을 지킬 필요가 없었을 법하다.

이러한 분위기에 힘입어 이 공사를 포함한 억류 공관원 세 명에 대한 석방 교섭이 1978년 7월부터 시작되기에 이른다. 그 회담 장소가 우연찮게도 이범석이 주재하는 뉴델리로 낙착되었다. 중립국인 인도를 택해 회담 장소가 결정된 것이었다. 그것도 뉴델리주재 월맹 대사관의 부속가옥에서 비공개 회담이 열리게 되었다. 월맹과 북한을 상대로 하는 3자회담이었다.

한국으로서는 공산월맹 측과 외교협상 테이블에 처음 마주앉는 자리였다. 그러나 여차하면 억류자들을 평양으로 끌고 가겠다는 북한이 월맹보다 더 어려운 상대였다. 북측은 이들을 남한에 수감돼 있는 '혁명가'들과 교환하자는 의사를 밝히고 있었다. 남파되어 간첩활동을 하다가 적발된 사람들을 대신 넘겨 달라는 것이 북측의 요구 조건이었다. 회담이 결렬될 경우 세 사람에 대해 곧바로 사형을 집행토록 할 것이라는 협박도 서슴지 않았다.

이범석은 이 회담에서 한국 측 수석대표를 맡게 된다. 처음 회담 시작 단계에서 윤하정尹河玎 스웨덴 대사가 수석대표를 맡았다가

네 차례 회담이 진행되고는 이범석으로 바뀌었다. 하태준河泰俊 중앙정보부 국제담당 차관보와 공로명孔魯明 외무부 아주국장, 송한호宋漢虎 중앙정보부 이사관이 참여하던 대표 진용에 하유식河有植 외무부 심의관이 이때 새로 합류하게 된다.

북측은 조명일趙明日 조평통 부위원장이 수석대표로 나섰다. 당시 대남비서 김중린 밑에서 사실상 남북대화를 총괄해 온 책임자로, 남북적십자회담 때는 대표단의 일원으로 나선 일도 있었다. 이범석과는 당연히 구면이었다. 다른 대표로는 노동당 통일전선부 소속 박영수朴英洙와 김완수 등이 참여하고 있었다. 박영수는 당시 수용소에 갇혀 있던 이대용 공사를 직접 심문했던 당사자로, 뒷날 "서울을 불바다로 만들겠다"는 발언으로 주목을 받았던 장본인이다.

월맹 측은 항 루옹 외무차관이 수석대표로 나섰으나 시작 단계에서부터 제3자로서 국외자의 입장을 취했다. 남북한 대표들이 타결하는 대로 따라가겠다는 입장이었다. 우리 측에서 바라본다면 오히려 호의적인 편이라고 할 수 있었다. 회담이 남북한 사이의 신경전으로 이어질 수밖에 없었다. 북측은 이때의 회담에서도 억지와 생떼로 일관했다. 때로는 교묘하기도 했다.

북측이 교환 대상자 협상을 하면서 자기들이 원하는 인물을 받겠다며 그 명단을 넘겨준 것부터가 그러했다. 북측이 주도권을 쥐고 있기도 했지만 남한 교도소에 수감돼 있는 간첩들의 실태를 알아보려는 속셈이었다. 명단에 적힌 인물이 이미 사형을 당해 생존하지 않는다고 통보하면 북측은 다른 대상자의 명단을 제시했다. 그런 과정을 거쳐 수감 중인 남파간첩들의 생존 여부를 확인하려는 의도였다.

그렇다고 북측이 남파간첩을 받겠다는 입장을 끝까지 유지한 것도 아니다. 주로 조총련 출신들이 간첩으로 암약하다가 검거됐으나, 북측은 이들을 돌려받겠다는 요구 조건을 도중에 철회하게 된다. 간첩보다는 '남조선 혁명가'들과 교환하자는 쪽으로 바뀌었다. 당시 박정희 유신정권에 반대하던 반체제 인사들에 대한 관심을 보여주고 있었다.

'1대 70'의 교환 비율

이 회담에서 기억할 필요가 있는 것 가운데 하나가 교환 비율이 정해지기까지의 과정이다. 월맹에 억류된 외교원들을 돌려받으려면 북측이 요구하는 남파간첩이나 반체제 인사들을 과연 몇 명이나 풀어줘야 하는가 하는 문제였다.

북측은 처음에는 1대 70이라는 요구 조건을 내세웠다. 즉, 억류 외교관 한 명당 70명을 풀어달라는 것이었다. 1970년 무렵 브라질에 횡행하던 도시 게릴라의 경우를 들면서 이 비율이 정당한 국제 관례라고 주장했다. 당시 브라질 정부가 게릴라 단체에 납치됐던 외국 외교관들의 석방교섭에서 맞교환했던 게릴라 포로의 숫자를 말하는 것이다. 처음 스웨덴 공사가 납치됐을 때의 교환 비율이 1대 70이었다.

그러나 그 뒤 서독 대사나 미국 대사가 납치됐을 때는 이 교환 비율이 자꾸 낮춰지게 된다. 1대 40으로 낮아졌다가 다시 1대 15로 조정되었다. 막판에는 1대 4의 비율로까지 낮아지기에 이르렀다. 비슷한 무렵 브라질뿐만 아니라 멕시코, 콜롬비아, 볼리비아, 페루 등 남미 국가들에서 게릴라 활동이 벌어지면서 걸핏하면 외국 외교 관들을 인질로 삼아 석방 교섭이 이뤄졌던 것이다.

결국 이범석은 브라질의 석방 교섭 사례를 두루 검토한 끝에 이 교환 비율을 1대 7로 최종 합의하게 되었다. 회담이 무려 아홉 차례나 이뤄지기까지 흔들림 없이 1대 1의 맞교환을 주장하게 되자 북측이 먼저 손을 들고 요구 조건을 완화하기에 이른다.

물론 단번에 합의를 이룬 것은 아니다. 북측은 1대 40으로 조건을 낮추었고, 남측이 다시 1대 2의 비율로 역제의한 상태에서 교착 상태가 이어지기도 했다. 북측이 협상에서 철수하겠다는 엄포 단계까지 이르렀다가 최종 합의에 이른 교환 비율이 1대 7이다. 그러나 이 조건도 만만치는 않았다. 억류 외교관 세 명을 돌려받으려면 간첩이나 반체제 인사 스물한 명을 보내줘야 할 판이었다. 처음 북측이 1대 150의 교환 비율을 주장한 것으로 알려지기도 했으나, 잘못 알려진 사실이다.

그러나 교환 비율에 대해 최종 합의를 이루고도 교환 대상자를 정하는 단계에서 협상이 다시 벽에 가로막히게 된다. 북측은 남측이 제시한 간첩 명단에 대해서는 자신들이 보낸 사람이 아니라며 남한 당국의 조작임을 주장하고 있었다. 남측이 명단을 통보하는 사형수에 대해서는 받지 않겠다고 했다. 석방 대상자를 자기들이 선택하겠다는 것이었다.

하지만 이러한 태도는 분명히 억지였다. 남측이 넘겨줄 수 있는 대상자 명단을 제시하는 것이 북측의 권한일 수는 없었다. 이범석은 "대한민국에 있는 사람은 우리 권한에 속하는 것이고 우리의 내정 문제"임을 확실해 내세웠다. 권한 문제를 떠나서도 북측이 일방적으로 자기 주장만 하는 것은 쌍방회담의 성격에도 어긋날 뿐이었다.

이범석이 이렇게 버틸 수 있었던 것은 나름대로 세워둔 원칙 때문이었다. 월맹에 억류된 세 사람을 당연히 구출해야 한다고 여기면서도 너무 무리한 댓가를 치를 수는 없다는 생각이 그것이다. 객관적으로 원칙과 대의명분에 어긋나서는 안 된다는 것이었다. 북측의 요구를 그대로 받아들였다면 금방 타결됐으련만 결국 석방 대상자를 어느 쪽이 결정해야 하느냐의 문제에 부딪쳐 협상이 끊어진 채 두 달 정도 흘러가게 된다.

　이렇게 대립하던 끝에 먼저 수그리고 나온 것은 역시 북측이었다. 북한 대표단은 짐짓 외면하는 척하면서도 결국 월맹 대사가 보관하고 있던 석방 대상 명단을 슬며시 받아가기에 이른다. 중재자의 입장이던 월맹 측이 협상이 무난히 풀릴 것으로 간주하고 있었던 것이 그래서다. 남북간 협상이 조만간 타결될 것으로 보고 억류 공관원들의 교환 장소와 시기까지 내부적으로 논의했던 것으로 알려진다. 그해 4월 이범석이 뉴델리 주재 영국 대사관에서 열린 리셉션에서 월맹 쉰 대사를 만났을 때 귀띔 받은 얘기였다. 뭔가 매듭이 풀려가는 듯했다.

중앙정보부와의 갈등

　그러나 이러한 협상 과정에서 이범석은 마음고생이 작지 않았다. 북측의 터무니없는 주장에 일일이 대응하기도 벅찼거니와 우리 대표팀 내부에서도 대응 방안이 서로 엇갈렸다. 무엇보다 중앙정보부와의 갈등이 심각했다. 이범석이 명색으로는 수석대표였지만, 협상의 실질적인 주도권은 중앙정보부가 틀어쥐고 있었던 까닭이다.

　월맹에 억류된 세 명의 우리 외교관을 돌려받는 대신 북측에 넘겨줄 대상을 어느 쪽이 정하느냐 하는 문제에서부터 내부 의견 대립이 노출됐다. 사실, 의견 대립이라고 하기엔 중앙정보부의 주장이 수석대표인 이범석의 주장보다 압도적인 위치에 있었다. 북한을 상대로 하는 협상이라는 점에서 어쩔 수 없는 상황이었다. 이범석으로서는 오히려 중앙정보부 내부에서 돌아가는 분위기를 살펴야 하는 처지였다.

　이범석이 그때 서울 본부의 공로명 국장에게 보낸 편지에도 그러한 사실이 드러난다. 이범석은 편지에서 "이 편지를 쓰는 이유는 본 회담에 관련한 본국 분위기를 알기 위해서"라고 솔직히 털어놓고 있다. 북한과 협상이 진행되던 도중 석방 대상을 놓고 옥신각신하다가 회담이 중단되면서 답답했던 그의 심경을 엿볼 수 있다. 이범석이 남긴 기록으로는 편지를 보낸 날짜가 1979년 4월 28일로 되어 있다.

편지 내용에 따르면 중앙정보부는 북측이 원하는 사람을 두 명쯤이라도 포함시켜 협상을 조속히 마무리하는 게 좋겠다는 쪽이었다. 남한 대표단이 석방 대상자 스물한 명의 명단을 작성해 전달하려 하자 북측이 수령을 거부하고 협상을 중단하면서 생긴 일이다. 북측이 처음부터 자기들이 제시한 명단에 따라 교환 대상을 정하도록 요구하고 있었다는 것은 앞에서 설명한 바와 같다.

그러면서도 북측은 미묘한 입장 변화를 보여주고 있었다. 남측이 스물한 명의 명단을 작성하되 거기에 몇 명만이라도 자기들이 원하는 대상을 포함시켜 준다면 남측이 작성한 명단을 수용할 수 있다는 입장으로 돌아선 것이었다. 남측이 제시한 명단 가운데 몇 명에 대해서는 출생지와 생년월일을 확인해 주도록 요청해 오기도 했다. 중앙정보부가 협상을 조속히 마무리하려고 했던 것이 그런 배경에서 연유한다. 김재규金載圭 중정부장을 포함한 지도부의 의중이었을 것이다.

하지만 이범석은 그러한 타협에 반대하고 있었다. 남한 대표단이 북측의 주장을 받아들여 어느 정도 양보할 의사가 있다는 사실을 알게 되면 정작 또 다른 조건을 덧붙일 것으로 내다보았기 때문이다. 과거 몇 차례 북측과의 직접 협상을 통해 그들의 속성을 꿰뚫고 있던 입장에서 나름대로의 진단이었다.

문제는 이러한 의견 대립으로 심각한 마찰이 빚어지고 있었다는 점이다. 그의 편지 내용에서도 정황을 충분히 짐작하게 된다. 이범석은 "솔직히 얘기해서 그 당시 며칠 동안은 송한호 공사로부터 내가 본부 지시대로 움직이지 않는다고 상당한 압력을 받았습니다"라고 쓰고 있다. 중앙정보부가 송 공사를 통해 협상을 빨리 끝내도록 이범석을 다그치고 있었던 것이다. 중앙정보부 소속으로 뉴델리 대사관에 파견돼 있던 송한호도 중간에서 입장이 난처했을 법하다.

그런 상황에서도 이범석은 자신의 뜻을 굽히려 들지 않았다. 편지 내용에 따르면 이미 박동진 외무장관에게 별도 편지를 보내 "혹시라도 중정 측에서 양보하자는 의견이 있을 때는 일단 보류해 주시고 다음에 만나서 자세한 말씀을 드리겠다"고 요청한 것으로 되어 있다. 이미 그해 3월 싱가포르에서 열린 아주亞洲 공관장회의 때도 박 장관에게 억류 외교원 협상과 관련한 정황을 직접 보고하면서 자신의 생각을 밝힌 바 있었다.

더욱이 이범석이 공로명에게 이 편지를 보냈을 때는 끊어졌던 대화가 다시 재개되어 이미 북측과 두어 차례 얼굴을 마주 댔던 즈음이다. 북측의 태도 변화도 뚜렷했다. 북측 수석대표인 조명일은 완강했던 종래의 주장을 포기한 채 "양측이 서로 절반씩 명단을 내자"는 타협안까지 내놓고 있었다. 열 명까지는 남측의 석방자 명단을 받아들이겠다는 뜻이었다. 이쯤이면 상당한 후퇴였다. 끝까지 버틸수록 유리하다는 이범석의 생각이 맞아떨어진 셈이다.

문제는 이런 상황에서 중앙정보부가 갑작스럽게 입장 변화를 드러냈다는 점이다. 북측이 요구하는 남한의 반체제 인사를 두 명쯤 보내주자고 했다가 "한 명도 내줄 수 없다"는 입장으로 바뀌어 있었다. "송 공사가 오늘 다시 중정으로부터 온 전보를 한 장 갖고 와서 '남한 출신은 절대로 줄 수 없다는 것이 부장님의 뜻이니 그렇게 알라'는 것"이라고 이범석은 편지에 적어 놓았다. 당혹스러울 수밖에 없었을 것이다. 따라서 중앙정보부의 정확한 의중이 무엇인지 알려 달라는 것이 공로명에 대한 개인적인 부탁이었다.

이범석의 불만은 그것만이 아니었다. 자신이 엄연히 수석대표인데도 정작 본국의 지시가 직접 전달되지 않고 중앙정보부 파견 간부를 통해 우회적으로 전달되는 데 대해 마음이 편할 수가 없었다. "본직本職은 본부의 훈령을 받아 그 명령을 충실히 이행하는 것이 외교관의 의무인 것으로 알고 있다. 공식 채널을 통해 정식으로 지시가 내려지기를 바란다"며 직설적으로 불만을 표시하고 있다.

이런 문제는 이범석 개인의 문제라기보다 외무부와 중앙정보부 사이의 갈등이기도 했다. 형식적으로는 외무부가 앞에 나선 것처럼 보이면서도 실제로는 중앙정보부가 뒤에서 협상의 방향을 좌지우지하고 있었기 때문이다. 중앙정보부가 북한 문제는 물론 외교에도 깊이 관여하고 있을 때였다. 당시 "나는 새도 떨어뜨린다"는 중앙정보부의 위세를 감안할 때 이범석으로서는 불이익을 각오한 불만 표출이었다.

협상이 진전되는 듯했으나

그 사이에도 북한과의 협상은 상당히 진전되는 듯했다.

전례에 없이 북측 수석대표인 조명일이 이범석에게 만나자는 연락을 먼저 취해 오기도 했다. 막후 교섭을 벌이자는 뜻이었다. 뉴델리 시내 오베로이 호텔에서 만나 점심을 같이 먹으며 남측의 의중을 떠보려던 것이 하나의 사례다. 북한 측의 초조했던 입장을 엿볼 수 있다. 그 회동 날짜가 공로명 국장에게 앞서의 편지를 보낸 이후인 5월 6일로 되어 있다.

이미 이때쯤에는 남북한 협상 대표들의 접촉이 오베로이 호텔에서 자주 이뤄지던 터였다. 대화에 특별히 보안이 필요할 경우에는 호텔 회의실을 빌려 회담을 진행했지만 대체로는 카페에서 만나 커

피잔을 앞에 놓고 서로 분위기를 탐색하는 식이었다. 공개 장소에서도 스스럼없이 만나고 있었던 것이다. 회담 자체는 겉돌고 있었을지라도 협상의 방법은 상당히 진전돼 있었다고 해도 과언이 아니다.

그때 두 사람의 대화 내용에서도 당시의 상황을 짐작하게 된다.

> 이범석= "평양으로부터 새로운 지시가 없는 한 만나지 말자"고 했는데 이렇게 연락한 것을 보니 새로운 지시가 있는 모양이다.
>
> 조명일= 우리가 석방 대상자 절반씩을 제안한 만큼 우리가 원하는 열 명의 명단을 주겠으며, 그와 동시에 남한이 줄 수 있다고 생각하는 새로운 열다섯 명의 명단을 낼 테니 답해주면 좋겠다.
>
> 이범석= 아직 평양에 우리의 뜻을 제대로 전달하지 못한 것 같은데 다시 청훈해 주기 바란다. 지금 이 마당에 열 명이냐, 몇 명이냐 하는 식의 흥정은 할 수 없다는 우리 입장의 확고함을 이해해야 할 것이다. 지금 조 단장의 얘기는 새로운 내용도 없고, 아직도 '재고 조사'의 목적과 흥정하려는 의사를 버리지 못한 것 같으니 이에 응할 수 없다.

결국 두 시간에 걸쳐 식사를 하면서 옥신각신하다가 그대로 헤어지고 말았지만 북측의 입장 변화가 뚜렷하다는 점을 감지한 것만으로도 소득이었다. 남한으로부터 돌려받는 교환 대상자를 자기들이 제시하는 명단에 의해서만 결정하겠다는 그동안의 주장에서 후퇴한 것만은 틀림없었다. 불과 얼마 전까지만 해도 남측이 제시한 명단 중에서는 한 사람도 받을 수 없다던 완강한 입장이었다. 그런데 남한이 작성한 명단을 접수했을 뿐 아니라 그중에서 절반 정도는 받을 수 있다는 식으로 바뀐 것이었다.

결과적으로는 북측이 흥정을 앞세운 데 비해 이범석이 주장했던 원칙론이 효과를 발휘하고 있었던 셈이다. 북측이 교환 비율을 처음 1대 70으로 하자고 제시했으나 계속 줄어들어 1대 7로 낙착을 본 것도 마찬가지다.

더욱이 북측은 남한 석방자를 선택하는 문제에 있어서도 남측의 우려를 십분 감안하려는 기색이었다. 남한의 반체제 인사를 북한으로 보낼 경우 가족들과 생이별하게 됨으로써 또다시 이산가족이 만들어지게 되기 때문이다. 그 또한 불행이었다. 이러한 남측의 우려 표명에 따라 북측은 남한의 반체제 인사를 받는 문제에 있어 원칙적으로 북한 출신자를 원했고, 남한 출신자 중에서도 북한에 아내와 자식들이 있는 경우나 아예 독신자인 경우를 원했다. 양측의 견해 차이가 상당히 좁혀져 있었던 것이다.

한편, 협상이 이어지는 중에도 대사관 신축공사는 차질없이 진행됐다. 이범석이 회담 전략을 세우느라, 공사 현장을 돌보느라 분주할 수밖에 없는 처지였다. 더구나 석방자를 어떻게 결정할 것인가 하는 문제에 대해 견해가 좁혀져 협상이 타결 분위기로 치닫던 무렵에는 한국-인도 방갈로르 친선협회의 결성 움직임도 추진되고 있었다. 어느 하나 소홀히 할 수 없는 업무였다.

외교관 석방 협상에 대한 인도 외무성의 관심과 도움도 작지 않았다. 특히 메타 외무차관은 수시로 필요한 정보를 알려주곤 했다. 월맹 정부의 고위 관계자들이 뉴델리를 방문할 경우 미리 그 계획이나 일정을 이범석에게 귀띔해 주는 식이었다. 개인적인 친분 덕분이었다. 이범석은 뒤에 외무장관이 된 다음 메타 차관을 서울로 초청해 경주, 포항 등 공단과 관광단지 등을 시찰할 수 있도록 주선하기도 했다.

회담 결렬 선언

그러나 억류 외교관들을 돌려받기 위한 북측과의 협상은 막판에 이르러 결렬되고 말았다. 더구나 남측의 일방적인 결렬 선언에 의해서였다.

물론 이러한 과정에서 변수가 없지는 않았다. 그중에서도 월맹이 소련 지원을 등에 업고 캄보디아를 침공한 것이 가장 큰 전환점이었다. 1978년 12월 25일 국경을 넘어 공격을 시작한 월맹군 대병력이 보름 만인 이듬해 1월 9일 프놈펜까지 진격해 캄보디아를 함락한 것이었다. 크메르루즈를 이끌던 폴 포트 정권의 몰락이다.

문제는 캄보디아가 중공과 가까운 사이였다는 점이다. 폴 포트가 마오쩌둥毛澤東을 신봉하는 관계였다. 중공이 즉각 월맹에 대해 보복전을 펼치게 되는 배경이다. 이 싸움에서 북한은 중공 편을 들고 있었다. 월맹이 캄보디아를 함락한 직후 〈노동신문〉 사설을 통해 월맹을 공개 비난하면서 침략 행위를 중지하도록 촉구한 것이 그래서다. 중공이 그 직후 월맹 국경을 넘어 보복 침공을 시작하게 되자 중공 입장을 적극 두둔하기도 했다.

물론 그런 가운데서도 협상은 계속 진행되던 참이었다. 석방 대상에 있어 오히려 북측이 양보하겠다는 기색까지 보여주고 있었다. 돌아가는 여건이 점차 불리해지던 상황임을 깨닫고 있었을 것이다. 외무부 본부로부터 이범석에게 특별 훈령이 하달된 것이 이런 상황에서다. 박동진 장관 명의의 훈령이었다. 협상을 당시 상황에서 그냥 끝내라는 것이었다.

다음은 훈령의 내용이다.

1. 현재 진행 중인 회담을 적절한 명분을 내세워 모양 좋게 즉시 결렬시킬 것. 억류 중인 우리 외교관에 대한 구제책을 다

른 방법으로 강구할 수 있는 전망이 있기 때문임.

2. 향후 북괴 측에서 회담 계속을 종용하는 태도로 나오더라
도 북괴에 책임을 전가할 수 있는 명분을 내세워 회담을 결
렬시키고 이를 정식으로 북괴 측에 최후 통첩할 것.

3. 회담 결렬 직후 북괴 측의 무성의한 태도 및 비인도적 처사
로 인하여 회담 지속은 무의미하며 시간 낭비이므로 부득
이 회담이 결렬되었음을 정식으로 통고할 것.

4. 회담 결렬 사실을 인도 정부 측에도 적절히 통보하되, 결렬
책임은 북괴 측에 있다는 점을 아울러 설명해 둘 것.

이러한 지시에 따라 이범석은 북측에 대해 회담 종결을 공식 선
언하게 된다. 석방자 문제에 대한 양측의 이견이 좁혀지던 단계였
다는 점에서 이범석으로서는 자세한 영문도 모른 채 내심 아쉬웠을
법하다. 1979년 5월 23일 개최된 제14차 비공식 회담에서였다. 회
의가 시작되자마자 이범석이 북측 수석대표인 조명일에게 "할 말이
있느냐"고 물었고, 조명일이 "없다"고 대답하자 "그러면 내가 하겠
다"며 준비된 발언을 낭독한 것이다.

외무부 기록에 남겨진 그의 공식 발언문은 다음과 같다.

우리 대표단은 1978년 7월 7일 최초로 귀측과 접촉한 이래
100여 회에 걸친 공식, 비공식 회담을 통해 최대의 성의와 노
력을 경주했으나 11개월이 지난 오늘에 이르기까지 별다른 성
과를 거두지 못하고 시간만 낭비하는 결과를 초래하였음. 당
초 아측我側은 순수한 인도주의적 견지에서 출발하였기 때문
에 인원 교환 비율에 있어 1대1의 원칙이 고수돼야 함에도 불
구하고 회담을 성숙시키려는 희망에서 21명의 명단을 통고하
는 아량을 베풀었고 북한적 수감자 및 사형수 등 중형자를 우

선적으로 명단에 포함시키도록 배려했던 것임.

그러나 귀측은 아측이 제시한 교환 대상자 명단의 접수조차 거부함으로써 상당 기간 회담의 개최조차 못하게 한 바 있으며, 급기야 대한민국에 적籍을 둔 자를 요구하거나 이미 사망한 자를 요구하는 등 불성실한 태도로 일관해 왔음. 귀측의 이러한 불성실한 태도로 미뤄보아 회담을 성사시키려는 것보다는 남파간첩 명단 조사 목적에 악용하고 있는 것이며, 아측 억류 외교관의 교환 석방 교섭을 구실삼아 다른 정치적 목적에 이용코자 하고 있음으로써 본 회담을 진정으로 성립시킬 의사가 없음을 뚜렷이 나타냈음.

대한민국 국적 보유자의 인도를 요구한다는 것은 이 땅 위에 새로운 이산가족을 낳게 하는 것 이외에 아무런 해결책이 되지 못함. 따라서 아측은 이 회담을 더 이상 지속한다는 것은 무의미한 것으로 생각지 않을 수 없으며 이와 같은 무의미한 회담에서는 어떠한 해결책도 얻을 수 없다는 결론에 이르렀으므로 고귀한 인도적 견지에서 시작된 이 회담의 기본 정신과 어긋나는 회담의 결렬을 귀측에게 정식으로 통고하는 바임. 또한 이 회담의 결렬 책임은 어디까지나 시종 무성의한 태도로 일관해 온 귀측에 있다는 점을 분명히 해 두는 바임.

여기서 기억해야 하는 점은 남측이 일방적으로 협상 결렬을 선언했다는 사실이다. 박동진 장관의 훈령에 나타나 있듯이 북한과의 담판을 통하지 않더라도 억류 외교관들을 구출할 수 있는 또 다른 협상 창구를 찾았기 때문이다.

북한이 월맹의 캄보디아 침공을 노골적으로 비난하는 상황에서 월맹이 굳이 북한 편을 들면서까지 남한의 억류 외교관들을 풀어줄 이유가 없을 것이라는 판단도 작용했을 것이다. 월맹이 일찌감

치 뉴델리 협상에서 스스로 빠지는 바람에 남북한 사이의 양자회
담으로 좁혀져 있을 때였다.

이 단계에서 새로 등장하는 인물이 독일 태생 유태계 미국인인
아이젠버그Shaul Eisenberg다. 일찍이 1960년대 초반 한국에 진출해
서독 정부와의 차관 교섭을 중개했으며, 이후 한국의 경제발전 단
계에서 화공약품에서부터 항공기, 열차, 원자로에 이르기까지 각종
이권사업에 끼어들었던 인물이다. 그가 월맹 억류 외교관들의 석방
문제를 해결하겠다며 김재규 중앙정보부장에게 접근한 것이었다.

공산진영 국가를 포함해 이미 세계 40여 나라에서 사업 영역을
넓히던 아이젠버그는 월맹 군부의 고위 지도층과도 친분관계를 유
지하고 있었다. 하노이에 진출해 월맹에 대한 외국의 경제협력 문제
에 관여하고 있었던 때문이다. 그가 한국에서 외국 기업들과 다리
를 놓으면서 거액의 알선료를 챙기고 있었으므로 개인적인 평가는
좋지 않았으나 그런 것을 가릴 때가 아니었다. 보고를 받은 박정희
대통령도 반색할 수밖에 없었다.

김재규 중정부장의 지시로 김갑수金甲洙 비서실장과 이종찬李鍾
贊 국제정보국 과장이 이 업무에 새로 매달리게 되는 과정이다. 교
섭은 극비리에 진행되었다. 이범석에게 특별지시를 내려 뉴델리 회
담에 돌연 종지부를 찍도록 했던 배경이기도 하다. 중앙정보부가
우리의 반체제 인사를 두 명 정도는 북측에 넘겨줄 수 있다고 했다
가 다시 번복하게 된 것도 그런 때문이었을 것이다.

이 비밀 협상은 박정희 대통령이 피살된 10.26사건 직후 한때 중
단되었으나 뒤를 이은 최규하崔圭夏 대통령의 지시로 결말을 보게
된다. 이대용 공사를 포함한 월맹 억류 외교관 세 명이 1980년 4월
12일 무사히 석방된 게 그 결과다. 사이공이 함락된 1975년 4월
이래 무려 5년 만의 성과다. 뉴델리 회담을 어렵게 이끌었던 이범석
에게도 안도의 한숨을 내쉴 만한 소식이었다.

겉으로는 스위스 정부가 나선 것으로 되어 있었으나 실질적으로는 아이젠버그의 공이 컸다. 아이젠버그는 그 공로로 우리 정부로부터 금탑산업훈장을 받게 된다. 월맹 억류 외교관 석방 교섭에 얽힌 비화다.

월맹과의 관계개선 노력

월맹 억류 외교관들의 석방을 위한 뉴델리 협상이 도중에 중단된 것은 어쩔 수 없는 일이었다고 해도 이범석 나름대로는 소득이 없지 않았다. 자유월남이 무너진 이후 적성국인 공산월맹과 새로운 접촉이 이뤄지는 중요한 계기였기 때문이다. 외교무대에서는 영원한 친구도, 영원한 적도 없는 법이라 했던가.

더구나 협상이 중단된 마당에 우리 정부로서는 억류 외교관들의 신변 문제가 다시 중요한 관심사가 되었다. 원래 월맹과 한국의 양자 문제에 북한이 끼어들었다가 떨어져나간 것뿐이었다. 아이젠버그의 비밀 협상이 아니었다면 월맹과 다시 협상을 시작해야 하는 상황이었다.

이범석이 북측과의 회담 결렬을 선언한 그날로 월맹의 쉰 대사를 만나 자초지종을 설명하고 그동안 월맹 정부의 협조에 대해 감사의 뜻을 표명한 것이 그런 때문이었다. 이범석은 이때의 대화에서 "억류 외교관들에 대한 석방 문제에 있어 월맹 정부가 인도주의적 처리 방침을 유지한 데 대해 한국 정부를 대표해 고맙게 생각한다"고 밝혔고, 쉰 대사도 "하노이에 그 뜻을 보고하겠다"고 응답했다.

이범석은 협상이 무산된 이후에도 쉰 대사와 자주 마주치게 된다. 뉴델리에 주재하는 외국 대사관들의 각종 행사가 서로 자연스럽게 접촉할 수 있는 기회였다. 그동안 협상 과정에서 닦아놓은 친분관계가 큰 도움이 되었다. 그는 월맹의 캄보디아 침공 당시 이를 비난하는 〈노동신문〉 사설의 UPI, AFP 영문 기사를 쉬인 대사에게 전달한 적도 있었다. 이미 "협상은 소득 없이 끝났을망정 쉬인 대사와 친구가 되었다는 것이 하나의 소득"이라는 우호적인 감정을 표시한 뒤였다.

그러면서도 이범석은 처신에 신경을 쓰지 않을 수 없었다. 개인적으로는 월맹 대사와 계속 접촉하는 것이 좋겠다고 생각되면서도 월맹과 정식 외교관계가 없는 처지였으므로 개인적으로 자꾸 접촉하다가는 공연히 불필요한 오해를 불러일으킬 소지가 다분했다.

하지만 정부 차원에서도 기왕에 마련된 기회를 그냥 날려 버리는 것은 애석한 일이었다. 더욱이 미국이 월맹과 적극적인 관계개선 움직임을 보이고 있었다는 점에서 우리 정부도 월맹과 가급적 친밀한 관계를 유지할 필요가 있었다. 앞으로 언젠가는 수교가 이뤄질 가능성도 배제할 수 없었기 때문이다. 박동진 외무장관도 이범석에게 공문을 내려 보내 월맹 측과 가급적 가깝게 지내도록 시달하게 된다.

한국과 접촉하려는 움직임에 있어서는 월맹 측도 마찬가지였다. 그해 10월 인도 미쉬라 외무장관 주최의 외교단 리셉션에서 쉬인 대사와 마주쳤을 때의 경우가 그러했다. 그가 먼저 "하노이에 수감돼 있는 한국 외교관 세 명의 건강이 양호한 상태"라고 알려 주었던 것이다. 친근감의 표시였다. 이범석으로서도 의아한 나머지 "그런 말을 전하는 게 본국의 뜻이냐, 대사 개인의 뜻이냐"고 묻지 않을 수 없었다. 이에 쉬인 대사는 "그런 얘기 자체가 좋은 것 아니냐"며 웃으면서 넘어갔지만 이미 월맹 측에서도 한국 정부와의 관계개선 필요성을 느끼고 있었음을 보여준다. 외교관 석방 협상이 하나의 탐색 과정이었던 셈이다. 물론 한국과 월맹이 정식 수교에 이른 것은 1992년의 일로, 아직은 한참 뒤의 얘기다.

억류 외교관 협상 과정에서 신영복申榮福의 이름이 등장한다는 사실도 흥미롭다. 막판에 이르러 북측이 교환을 원하던 명단에 그의 이름이 포함되어 있었다. 진보적 경제학자로서 석방 이후 성공회대 석좌교수를 지낸 그가 일찍이 1968년 통일혁명당 사건과 관련해 무기징역형을 받고 아직 수감 생활을 하고 있을 때였다. 수감 당시 지인들에게 보낸 편지를 엮은 〈감옥으로부터의 사색〉이라는 수상록의 저자이기도 하다.

앞서 지적했듯이, 북측은 처음 남파간첩들의 석방을 원하다가 남한의 반체제 인사들과 교환하자며 요구 조건을 바꾸게 된다. 여기에 포함된 이름이 신영복이다. 자신의 의사와 관계없이 단순히 독신자였기 때문에 명단에 포함된 것이었다. 남한 출신들을 북쪽으로 보낼 경우 또 다른 이산가족이 발생하게 된다는 우려에서 비롯된 마지막 선택이었다. 공연히 신영복이 엉뚱한 피해자가 될 뻔했다. 결과적으로는 이러한 교환 자체가 무산된 것이 이범석으로서도 크나큰 다행이었다.

굿바이, 뉴델리

1979년 후반기에 접어들면서 한국의 국내 정세는 급격한 혼란으로 치닫고 있었다. 그해 10월 26일, 예기치 못했던 박정희 대통령의 서거가 그 시발점이다. 최측근으로 간주되던 김재규 중앙정보부장에게 피살됐다는 것부터가 충격적이었다. 곧바로 계엄령이 선포된 가운데 전두환全斗煥 보안사령관이 이끄는 신군부 세력이 12.12 친위 쿠데타로 정권을 잡게 된다. 전 사령관은 박정희 시해사건의 합동수사본부장을 맡고 있었다.

그 직전인 12월 6일 보궐선거가 실시되어 최규하가 제10대 대통령에 당선되긴 했지만 어차피 한시적인 역할에 그칠 수밖에 없었다. 국무총리로서 박정희의 유고 사태에 따라 '대통령 권한대행'을 맡았다가 통일주체국민회의가 선출하는 간선제 보궐선거에 출마했던 것이다. 대통령 취임식은 12월 21일에 거행되었다. 그렇게 일사천리로 진행된 정치 일정 자체가 신군부 세력의 각본에 의한 것이었다.

뉴델리까지 들려온 박정희 타계 소식은 이범석에게 그야말로 마른하늘에 날벼락이었다. 외무부 의전실장을 지내며 가까이 모시던 사이였다. 박정희 역시 그를 아꼈다는 점은 앞에서 설명한 바와 같다. 3년 9개월 동안에 걸쳐 역대 최장수 의전실장을 지낸 배경이 그것이다.

이범석은 이제 자기도 공직에서 물러날 때가 왔다고 생각했다. 박 대통령이 비명에 목숨을 잃은 마당에 다시 다른 대통령 밑에서 계속 일한다는 것은 있을 수 없는 일이었다. 그것이 대통령을 측근에서 보필했던 공직자로서의 도리였고, 더 나아가 사나이의 의리였다. 인도 대사가 마지막 직책이 될 터였다.

그러나 최규하 국무총리가 '대통령 권한대행'을 맡은 데 이어 다음 대통령에 취임하면서 사표를 제출하기가 어려웠다. 대한적십자사에 근무하던 시절 현직 외교관이던 최규하와 여러 차례 특별한 인연으로 맺어졌고 의전실장 때도 장관으로 모신 관계였다. 나라가 온통 어수선한 상황에서 그를 적극 돕지는 못할망정 꽁무니를 빼는 모습을 보여줄 수는 없었다. 사표 제출은 일단 보류되고 말았다.

이런 상황에서도 국내의 사회적 여건은 계속 악화되고 있었다. 해가 바뀌어 1980년으로 접어들면서 곳곳에서 민주화를 요구하는 대학생 가두시위가 이어졌다. 사북탄광 파업 사태가 그 시발점이었다. 결국 5월 17일 비상계엄령이 전국으로 확대되면서 김영삼, 김대중, 김종필 등 3김씨를 포함한 정치 지도자들이 당국에 전격 연행되었고, 바로 다음날에는 이에 반발해 광주민주화 시위가 터져 나왔다. 한국으로서는 6.25 종전 이후 최대의 격동기였다.

보안사령관 겸 중앙정보부장 서리로서 국가보위비상대책위원회(국보위) 상임위원장을 맡고 있던 전두환이 제11대 대통령에 취임한 것은 이러한 과정을 거쳐서다. 장충체육관에서 실시된 통일주체국민회의 선거에서 당선된 것이었다. 소장 계급에서 불과 몇 달 사이 중장을 거쳐 대장으로 진급한 뒤 전역한 터였다. 1980년 9월 1일의 일이다. 최규하 대통령은 그 직전인 8월 16일 사임했다.

전두환은 대통령에 취임하고 나서 바로 다음날 새 내각의 명단을 발표하게 된다. 국무총리에 남덕우南悳祐가 기용됐고 부총리에는 신병현申秉鉉, 감사원장에는 이한기李漢基가 발탁되었다. 외무장관에 노신영盧信永이 임명되는 등 내무 서정화徐廷和, 상공 서석준徐錫俊, 동자 박봉환朴鳳煥, 건설 김주남金周南, 보사 천명기千命基, 교통 고건高建, 체신 김기철金基喆, 과기처 이정오李正五 등이 새로 내각에 합류했다. 이승윤李承潤 재무, 오탁근吳鐸根 법무, 주영복周永福 국방, 이규호李奎浩 문교, 정종택鄭宗澤 농수산, 이광표李光杓 문공, 김용휴金容休 총무처, 이용훈李龍薰 법제처, 이종호李種浩 원호처장 등은 유임되었다. 제5공화국 초대 내각의 진용이다.

이범석은 이때의 개각에서 통일원장관으로 합류하게 된다. 제9대 통일원장관이다. 서울에서 그날 오전 10시 개각 발표가 이뤄진 직후 국제전화로 입각 통보를 받았다. 김경원金瓊元 청와대 비서실장이 입각 사실을 전해온 것이었다. 뉴델리 시간으로는 새벽 6시 30분이 조금 지났을 무렵이었다. 시차가 3시간 30분에 이르기 때문이다.

이범석 본인으로서도 뜻밖이었다. 자신은 신군부 세력과 아무런 연관이 없는 처지였다. 그러나 언론들은 그의 통일원장관 발탁에 대해 "외교와 남북대화를 잘 알고 있다는 점에서 적절한 인선"이라며 대체적으로 긍정적인 평가를 내리고 있었다. 적십자 활동을 통해서나 외교관으로서 이범석만큼 북한을 상대로 테이블에 마주 앉았던 사람이 없었던 것이다. 무엇보다 유연하면서도 신중한 판단이 장점으로 꼽히고 있었다.

다음은 이에 대한 〈조선일보〉의 촌평이다.

"외교관으로서도 유명하지만 지난 1972년의 남북적십자회담 수석대표로서 그 거구와 달변이 잘 알려진 국제신사. 외교관으로서의 출발은 4.19 이후로 늦었지만 담력 있고 추진력 강한 그의 능력은 그동안 2계급 특진을 두 차례나 기록케 하는 등 화려한 경력을 쌓게 했다. 대한적십자사 일을 보다가 외무부에 발탁된 그의 진가는 60년대 중반 의전실장 때 확연히 드러나 당시 박정희 대통령의 특명으로 직제가 고쳐져 이사관이던 의전실장이 1급으로 높아진 일화는 유명한 얘기다." (1980년 9월 3일)

〈경향신문〉은 그가 뉴델리에 주재하면서 공산월맹에 억류됐던 외교관들이 구출될 수 있도록 막후 교섭을 벌였던 사실을 지적하며 "공산권 외교에 수완을 발휘한 사교적 인물"이라고 평가했다. '사교적社交的'이라는 표현이 다른 사람에게는 혹시 부정적으로 사용된다 하더라도 그에게는 딱 어울리는 칭찬의 표현이었다. 〈한국일보〉도 이범석을 "훤칠한 키에 서글서글한 성품으로 남북대화에서 노골적인 접근으로 북한 대표들을 당혹케 했던 협상 솜씨가 높이 평가되고 있다"고 칭찬을 섞어 소개했다.

이제 칭찬을 받으며 뉴델리와 작별할 시간이 다가온 것이다. 4년 2개월 동안에 걸친 인도 대사 업무는 성공적이었다. 해외주재 대사에서 곧바로 장관으로 기용된 데서도 확인되는 사실이다. 서울이 그를 기다리고 있었다.

통일원장관으로 기용되다

이범석은 통일원장관 임명 통보를 받고는 서둘러 김포공항을 통해 귀국하게 된다. 본인은 서두른다고 했지만 현지 잔무를 처리하는데 며칠이 걸린 뒤였다. 인디라 간디 총리를 비롯해 인도 주요 인사들과도 작별 인사를 소홀히 할 수는 없었다. 그나마 식구들은 이삿짐을 챙겨야 했으므로 혼자서만 먼저 귀국 비행기에 올라야 했다.

공항에는 기자들이 카메라를 받쳐놓고 대기하고 있었다. 통일원장관에 임명된 소감을 들으려고 몰려든 것이었다. 그가 일찌감치 남북적십자회담 수석대표를 지냈기에 국민들의 관심이 작지 않았던 터다. 이범석은 "한 번 해 보고 싶었던 자리였으므로 천직으로 알고 일하겠다"며 포부를 밝혔다. 그 자신 고향을 이북에 둔 실향민 신세였다. 통일의 필요성을 누구보다 절감하고 있었을 것이다.

"정부 정책이란 변화에 대처하는 것입니다. 그중에서도 특히 통일 문제는 항상 변동하는 상황 속에서 대두되는 것입니다. 그러기에 통일 방안에 대한 연구에 있어서는 변화하는 여건을 지속적으로 파악해야 합니다. 또한 전 국민이 통일문제에 대해 무엇을 원하고 있는지도 정확히 파악해야 할 줄 압니다."

그의 말처럼 통일 정책의 여건은 계속 바뀌기 마련이다. 더구나 북한이라는 상대방을 염두에 두어야만 했다. 서로 협력하기보다는 체제의 우월성을 입증하려고 적대적인 입장에서 경쟁하는 관계라는 것이 불행한 현실이었다. 남북통일이 민족의 미래를 위해 중요하면서도 어려운 과제일 수밖에 없는 까닭이다.

이범석 직전의 통일원 장관들이 거의 단명으로 끝난 데서도 통일 정책 추진이 어렵다는 사실이 드러난다. 전임자인 최완복崔完福 장관이 그해 5월부터 9월까지 불과 4개월의 단명에 그쳤으며, 또 그 전임자인 이규호李奎浩 장관도 1979년 12월부터 6개월 간 재임하고는 문교부 장관으로 자리를 옮겨갔다. 그렇게 되어서는 정책의 일관성을 유지하기도 어렵기 마련이었다.

그는 장관으로 부임하자마자 그동안 추진됐던 통일 방안을 재검토하고 한걸음 더 진전된 새로운 방안들을 체계적으로 구상하기 시작했다. 이른바 '무궁화 계획'이라는 작업이 그것이다. 이미 취임사를 통해서도 "민족사적 측면에서 가장 어렵고도 보람된 일을 맡고 있다는 자부심을 가져야 할 것"이라고 직원들에게 강조했던 터다. 통일원 청사가 남산 기슭의 중구 예장동 옛 KBS 건물에 들어 있을 때였다.

이념이나 체제의 장벽을 넘어 쉽고 가능한 것부터 시작해 점차 범위를 넓혀가자는 게 이범석이 내세운 통일방안의 요지다. 먼저 한반도에 평화를 정착시켜야 한다는 취지였다. 남북 간의 오해와 불신을 제거하지 못한다면 통일이라는 목표는 한낱 신기루에 불과할 뿐이었다. 과거 남북적십자회담을 진행하면서 뼈저리게 느낀 사안이기도 했다.

이범석에게 기존 통일정책 외에 남북대화 업무까지 추가로 맡겨진 것이 이런 상황에서다. 남북적십자 예비회담이 시작되면서 1971년 대한적십자사 조직으로 출범한 남북대화사무국이 남북조절위 사무국과 통합됐다가 다시 통일원 산하로 흡수된 것이었다. 이범석이 과거 적십자회담 수석대표를 맡았었다는 점에서 정부 차원의 적절한 결정이었다. 통일원 장관에 임명되고 불과 두 달 뒤인 1980년 11월의 일이다.

통일원이 남북대화 업무까지 맡게 된 것은 직제개편 이상의 의미를 지니고 있었다. 적어도 통일정책과 남북대화 문제가 안보관리 위주의 소극적인 접근방식에서 벗어났음을 선언하는 것이었다. 체제 우위에 바탕을 둔 그동안의 개념 논쟁에서 탈피해 실천력을 필요로 하는 현실적인 정책 목표로 진입했음을 뜻하는 것이기도 했다.

이범석 스스로 이념과 체제 논쟁보다는 실제 협상을 통해 화해와 대화를 추구하리라 다짐하고 있었다.

북한이 여전히 이론 공세에 치중하고 있었던 것이 문제다. 이 무렵, 김일성 주석이 내놓은 고려민주연방공화국 창설 방안도 그런 틀에서 벗어나지 못하고 있었다. 1980년 10월 10일 조선노동당 제6차 대회에서 제시한 통일 방안이다. 연방제로 통일을 이루자는 것이었지만 전제조건에 있어서는 종래 주장의 반복에 지나지 않았다. 자주, 평화, 민족 대단결을 위해 남한 정부가 반공정책을 철폐하고 주한미군도 철수해야 한다는 상투적인 내용이었다.

통일정책 수행이 어려울 수밖에 없는 것은 이처럼 북한이라는 상대방이 존재하기 때문이다. 아무리 현실적이고 바람직한 방안을 제시하더라도 상대방이 트집을 잡거나 거부하면 한낱 물거품으로 끝나기 마련이다. 그동안의 통일 논의 공방이 대체로 그런 식이었다. 더욱이 북한은 그때 노동당대회에서 김일성의 장남 김정일金正日을 사실상 후계자로 떠받들고 있었다. 통일 공세는 체제 유지용에 지나지 않았다.

한편, 이때는 한국 정부도 상당한 체제 변화를 보여주는 중이었다. 전두환이 그해 9월 1일 제11대 대통령으로 취임한 데 이어 10월 27일에는 제5공화국 헌법이 공포되기에 이른다. 그리고 새 헌법에 따라 대통령선거인단에 의한 투표 결과 전두환이 다시 제12대 대통령에 당선됐고, 1981년 3월 3일 취임과 함께 제5공화국이 정식 출범하게 된다. 혼돈과 격동의 시기였다.

간부회의 기록

한반도를 둘러싼 안팎의 여건이 급격히 바뀌고 있었던 만큼 통일정책도 당연히 변화를 겪을 수밖에 없었다. 정책만이 아니라 정책 당국자의 기본 사고방식이 먼저 바뀌어야만 했다. 1980년대 초반의 시대적 요구였다.

이범석이 통일원 장관으로 재직할 당시 부처 업무를 추진하던 방식과 그 내용은 당시 간부회의 기록에 구체적으로 남겨져 전해진다. 간접화법이 아니라 직접화법으로 기록됐기에 더욱 생생한 느낌을 주고 있다.

다음은 1981년 새해 들어 이범석이 주재한 첫 간부회의 기록이다. 1월 6일(화요일), 오전 한 시간 동안에 걸쳐 장관실에서 회의가 열린 것으로 되어 있다. 참석자는 이병룡李秉龍 차관, 노계현盧啓鉉 기획관리실장, 정종식鄭宗植 정책기획실장, 서극성徐極性 조사연구실장, 정석홍鄭錫弘 교육홍보 기획담당관, 최봉기崔鳳基 통일연수소 제1연수부장, 이호경李鎬經 자료관리국장, 강보대姜普戴 총무과장, 정성근鄭誠根 비서관 등이다.

> 이범석= 북한의 〈노동신문〉은 며칠 만에 입수됩니까.
> 서극성= 빠른 것은 5일 정도입니다.
> 이호경= 보통 15일 정도 걸립니다.
> 이범석= 어떤 경로로 구입합니까.
> 이호경= 북한의 모든 출판물은 평양에 있는 '조선출판물수출입상사'라는 창구가 유일한 루트인데, 통일원은 일본 '나우카' 서적상을 통해 1주일 단위씩 들여오고 있으며, 저희 수중에 들어오는 것 중에 간혹 빠른 경우에는 5일 전 것까지도 들어오고 있습니다. 과거 국내에서 북한 문서를 취급하는 유일한 서적상인 '아카데미'를 통해 들여오는 것보다는 1개월 내지 1개월 반 정도가 빨라졌습니다. 저희는 직접 일본 상사하고 교류를 하기 때문에 단축된 것입니다.

이범석= 그것을 매일 입수하는 방안은 없을까요.

이호경= 매일매일 들여오려면 항공료가 그만큼 더 부담이 됩니다. 그리고 일본에서 입수하는 것이 매일매일 하는지도 모르겠습니다.

이범석= 나우카 서적상과 협의해서 좋은 의견과 방안을 강구하도록 해 보십시오.

정종식= 우리가 일본으로 출장을 가는 것이 어떠합니까.

이범석= 그것이 좋겠군요.

노계현= 재작년 8월 일본에 갔을 때 전 주한 일본대사였던 가네야마金山政英 씨가 소장으로 있는 국제관계공동연구소에 들렀더니 거기서는 북한의 조선출판물수출입상사와 직접 거래하는 것을 보았습니다.

이호경= 저희가 국제관계공동연구소와도 교류하고 있는데, 거기서 나오는 〈북조선 연구〉라는 월간지가 있습니다. 지금 나우카가 약 90% 취급하고 있고, 다른 곳과도 거래하고 있는데 그중 나우카가 제일 잘해주고 있습니다.

평양에서 발간되는 〈노동신문〉을 빨리 입수하려면 어떤 방법을 동원해야 하는지에 대한 논의가 벌어진 것이었다. 북한 정책을 수립하는 통일원으로서는 무엇보다 중요한 문제였다. 상대방이 무슨 생각을 하고 있으며, 어떤 계획을 추진 중이라는 것을 알아야 제대로 대응책을 마련할 수 있을 것이었다. 간부회의 분위기에서 확인되는 통일정책의 변화다.

여기서 등장하는 나우카 서적상은 러시아 최대 출판사로, 일본에 둔 지점을 의미한다. '나우카 재팬Hayκa Japan'이 도쿄 칸다神田 고서점 거리에 자리잡고 있었다. 러시아 서적상이므로 공산권 책자들을 두루 취급하고 있었음은 물론이다. 이범석은 이 나우카 서적상을 포함해 홍콩에서도 북한이나 중공과 관련한 자료를 신속하게 구할 수 있을 것이라고 견해를 밝히고 있었다.

이날 회의에서는 통일원 직원들의 자체 연수교육 실시 방안도 논의되었다. 논의보다는 지시였다. 이범석은 내부 연수를 실시하되 오후 4시 30분에서 6시까지로 시간을 잡아 업무 처리에 지장이 없도록 하고 전 직원이 빠짐없이 참가하도록 하라며 구체적으로 지침을 내리고 있었다. 그뿐만이 아니었다. 연수 내용에 있어서까지 다음과 같이 깊은 관심을 나타냈다.

- '북한의 실정' 시간은 늘려서 정치·경제·사회·문화 등 분야별로 나누어 각 45분씩 진행토록 하고 연수기간은 사흘에 국한하지 말고 늘려서라도 할 것.
- 각 국실에서 실국장이 30분씩 각 실국 업무를 설명해서 전 직원이 실국별로 어떠한 일을 하고 있는지 주지시킬 것.
- 통일연수소 교수들은 각자가 맡은 과목을 원고로 작성하고 이를 각 부처에 돌려 통일원의 업무를 알릴 것. 강의한 원고는 앞으로 1주일 이내에 작성·제출토록 하고 이를 공판으로 찍어 직원들에게 배부하여 먼저 읽고 교육에 임하도록 할 것.
- 연수는 1월 19일부터 시작해서 월, 수, 목, 토요일에 하도록 하며, 토요일은 12시부터 1시 30분까지 하도록 할 것.

한마디로 형식적인 연수교육을 해서는 안 된다는 것이었다. 연수교육을 받은 사람들이 자기 지역에 내려가서 강사 역할을 해야 하는데 교육이 시원찮게 이뤄져서는 예산과 인력의 낭비일 뿐이었다. 이범석은 교재의 원고를 읽어보고는 "내가 보기에 이 사람, 저 사람이 쓴 것을 가위로 오려 붙인 거나 다름없다. 교재를 이렇게 만들어서는 안 된다. 다시 원고를 검토하라"며 따끔하게 지적하기도 했다.

연수교육에서만이 아니라 통일원의 모든 업무가 이런 식으로 꼼꼼하게 진행됐다. 업무에 있어서는 숨 쉴 틈조차 허용하지 않고 밀어붙이는 게 그의 평소 스타일이었다. 부하 직원들의 불평을 살 것이라는 점을 뻔히 알면서도 그는 자기 방식대로 밀고 나갔다. 비단 통일원 시절만이 아니었다. 그 전에도, 그 이후에도 마찬가지였다.

"'북괴'라는 용어 쓰지 말라"

다음은 그해 1월 13일에 열린 두 번째 간부회의 내용이다. 화요일마다 간부회의가 열리고 있을 때였다. 이때는 앞서의 간부들 외에 송영대宋榮大 교육홍보실장과 이동복李東馥 남북대화사무국장도 참석한 것으로 나타나 있다.

이범석은 이날 회의를 통해 통일원 문서에서 '승공勝共 통일'이라는 용어를 사용하지 말도록 정식 지침을 내린다. "내가 통일원 장관으로 있는 한 앞으로 공산주의에 대한 비판을 '승공통일로 나가는 길' 같은 식으로 해서는 안 된다"는 지시였다. 통일정책에 있어 중요한 변화라 할 수 있었다. 종래의 대결 지향주의에서 벗어나자는 선언이나 다름없었다.

그렇다고 통일원 내부적으로 '승공'이라는 용어 사용이 하루아침에 중단된 것은 아니겠으나 최소한 외골수적인 분위기가 바뀌는 계기가 되었던 것만은 틀림없다. 남북이 과거 30년 동안 상호 비방으로 일관했던 결과 얻은 것은 별로 없고 오히려 상황이 악화됐다는 인식에서 나온 생각이었다. 아울러 '북괴北傀'라는 용어에 대해서도 쓰지 말도록 지침이 내려졌다.

그보다는 북한과의 대화를 이끌어내기 위해 분위기를 어떻게 조성해야 하는지에 대한 연구가 먼저 이뤄져야 한다는 것이 이범석의 판단이었다. 북한이 어떤 경우에 남북대화에 임했고, 어떤 때 나오지 않았는가 하는 이론 정립이 필요하다고 생각했다. 이를테면, 북한이 1970년 초반 남북대화에 나섰다가 왜 도중에 대화를 포기했는지를 알아야 한다고 했다. 북한이 추구하던 목적이 무엇이었느냐 하는 문제일 것이다.

이범석은 더 나아가 남북대화가 중단된 이후의 결과에 대해서도 면밀한 분석을 주문했다. 남북적십자회담이 진행되다가 1973년 8월에 이르러 북한이 일방적으로 회담을 끊었는데, 그 결과 남북관계가 어떻게 변했으며 우리에게는 어떠한 득실이 있었는지를 가리자는 것이었다. 이런 작업을 통해 북한의 전략도 도출해낼 수 있을 터였다.

그가 통일된 이후 공산월맹의 실태에 관한 연구를 지시한 것도 마찬가지 맥락이었다. 좋은 점은 좋은 점대로, 나쁜 점은 나쁜 대로 한반도 통일정책과 남북대화에 응용할 수 있을 것이었다. 그 자신 뉴델리에 주재하면서 억류 외교관 석방을 위해 월맹 측과 가까이 접촉했던 입장에서 피부로 느끼던 문제였을 것이다.

이 무렵, 통일원이 별도로 관심을 기울여야 했던 것이 북한에서 넘어온 귀순자 지원 문제와 조직폐지 논란에 부딪쳐 있던 반공연맹의 처리 문제였다. 귀순자들의 경우 '후원회'라는 이름으로 지원단체가 운영되고 있었다. 사무실은 원호처(현 국가보훈처의 전신)에 두고 있었으나 실제로는 안전기획부 주관으로 지원이 이뤄지고 있었던 것이다. 반공연맹에 있어서도 존폐의 기로에 처해 있을 때였다.

당시 '귀순자 후원회'에는 대략 600여 명이 등록되어 있었는데 모두 정부의 원호금 지급 대상이었다. 안전기획부와 원호처가 따로 직장을 알선해 주기도 했다. 문제는 원호처가 국가 유공자들을 관리해야 하는 입장에서 귀순자 지원 업무까지 맡으려니 업무 부담이 너무 버겁다는 점이었다. 이 귀순자 업무를 통일원이 떠맡으면 어떻겠느냐는 논의가 이뤄지던 시점이다.

반공연맹은 당시 이형근李亨根 이사장의 퇴임을 앞두고 아예 연맹 자체를 폐지해야 한다는 논란이 제기되고 있었다. 5공화국 헌법에 따라 통일정책 수립에 관한 대통령 자문기구로 평화통일정책자문회의가 발족될 계획에 있었으므로 반공연맹의 역할이나 활동이 대부분 그 안에 흡수될 터였다. 그렇다고 굳이 연맹조직 자체를 폐지할 것은 아니었다. 이형근 이사장이 그만두면 후임자를 선출하지 말고 그냥 간판만 유지하는 방법으로 놓아두면 될 것이라는 게 이범석의 판단이었다.

이렇게 통일원 업무가 부쩍 늘어나면서 이범석의 집무실에는 밤 늦도록 불이 꺼지는 법이 없었다. 취임 직후부터 전국 시도 '통일꾼 대회'를 개최했고 민족통일중앙협의회를 출범시킨 데다 평화통일정책자문회의 업무까지 떠맡게 된 결과다. 지방 출장 때는 미처 처리하지 못한 서류까지 보따리에 싸들고 갔으며, 숙소에서도 출장에

이범석 통일원장관이 부처 간부들과 함께 판문점 평화의집 남측 연락사무소를 방문하던 때의 모습. 오른쪽은 이동복 당시 남북대화사무국장이다.

수행한 간부 직원들을 불러 늦게까지 회의를 여는 것이 다반사였다. 그 스스로 "내가 내무장관 만큼이나 국내 출장이 잦은 장관"이라고 말했으니, 여기저기 얼마나 바쁘게 쫓아다녔는지 짐작하게 된다.

그러면서도 업무와 관련해 청와대에 보고할 일이 생기면 일부러 일요일을 잡았다. 전두환 대통령으로서도 평일에는 다른 일정에 쫓길 것이었으므로 시간에 구애받지 않으려면 일요일이 최적이었다. 밤낮도 가리지 않고, 쉬는 날도 없이 업무에 매달렸다. 일단 일을 맡은 이상 책임감을 최대한 발휘해야 적성이 풀리는 성격이었다.

전 대통령이 나름대로 통일정책과 관련해 상당한 관심을 쏟고 있을 때였다. 바로 뒤에 설명할 '1.12 제의'나 평화통일정책자문회의가 모두 통일원 소관 업무였다. 통일원 업무만이 아니었다. 전두환은 시중에 떠도는 여러 잡다한 소문에 대해서도 그에게 얘기를 청하곤 했던 것으로 전해진다. 이범석에 대한 신임이 두터웠다는 증거다.

전두환의 '1.12 제의'

전두환 대통령의 '1.12 제의'가 나온 것이 이러한 과정을 거쳐서다. 1981년 1월 12일 신년 국정연설을 통해 밝힌 대북 정책이다. 이범석이 통일원 장관으로 취임한 지 4개월 만에 제5공화국의 새로운 통일정책 전략을 도출한 것이었다. 전 대통령이 그에게 적극적인 평화통일 정책을 수립하도록 지시한 데 따른 것임은 물론이다.

북한의 최고 책임자인 김일성을 아무런 전제조건 없이 서울을 방문토록 초청한 것부터가 주목을 끌 만했다. 김일성에게 '주석主席'이라는 칭호를 사용함으로써 북한에 대해서도 엄연한 정치 실체로서 인정하는 현실적 자세를 보여준 것부터가 그동안의 선언들과 달랐다. 이범석이 통일원 내부에서 '북괴', '승공통일' 등의 대결주의 용어를 쓰지 말도록 지침을 내린 것과 일맥상통하는 조치였다.

향후 남북 정상회담을 염두에 둔 것이기는 했지만 그보다는 그 전 단계로 상호 방문을 하자는 의미가 더 컸다. 김일성이 서울이 아닌 다른 도시나 농촌 실정을 알아보기 위해 방문을 원하는 곳이 있다면 어느 지역이라도 기꺼이 안내할 용의가 있다는 의사도 표명되었다. 북한으로서도 전두환 대통령을 평양으로 초청해 달라는 뜻이었다.

내용으로 따진다면, 남북분단 이래 가장 진전된 제안이었다. 이를테면, 1972년의 '7.4 공동성명' 이후 남북 정상외교의 초석을 까는 선언으로서 의미를 지니고 있었다. 자유월남 패망 이후 한반도를 둘러싸고 달라진 국제정세와 내부적으로 한층 성숙해진 남한의 자신감을 반영하고 있었던 것이다. 시기적으로 이미 미국과 중공이 수교를 이룬 뒤였다.

'1.12 제의'가 발표된 이틀 뒤에는 이범석이 다시 전면에 나서게 된다. 이 제의를 실행하기 위해 먼저 남북 실무접촉을 갖자는 통일원장관 명의의 성명을 발표한 것이었다. "각기 쌍방 당국의 최고 책임자가 서명한 임명장을 휴대하는 세 명의 대표와 약간 명의 수행인원이 참석하도록 하며, 접촉 장소는 판문점이나 서울 또는 평양으로 하자"고 했다. 접촉은 이를수록 좋을 터였다.

남북 간에는 이미 총리회담을 위한 실무회담이 열 차례나 열렸다가 1980년 9월 열한 번째 실무회담을 앞두고 북측의 일방적 거부 선언으로 중단된 상태였다. 북한 정무원총리 이종옥李鍾玉이 그해 1월 서한을 통해 총리회담을 제안하면서 접촉이 시작됐으나 경과가 여의치 않게 되자 북측이 회담 결렬을 선언하고 뒤로 물러나 버렸다. 박정희 대통령이 피살된 '10.26 사태' 여파로 초래된 혼란기를 틈타 남한 사회를 더욱 헤집어 놓으려던 의도가 제대로 먹히지 않았기 때문일 것이다.

이처럼 '7.4 공동성명' 이후 남북 간에는 남북조절위원회를 포함한 여러 주체의 제의가 이어졌으나 제대로 추진된 것은 거의 없었다. 남측이 상호 신뢰회복을 바탕으로 공존의 평화정책을 추구하려 했던 반면 북측은 남북대화를 하나의 술책으로 이용하고 있었기에 생겨난 간격이었다. 오히려 불신이 깊어졌고, 이로 인해 긴장 상태가 더욱 심화된 측면이 없지 않다.

이때의 '1.12 제의'는 브란트Willy Brandt 서독 총리가 슈토프Willi Stoph 동독 총리를 만나기 위해 경계선을 넘은 1970년 3월의 동서독 관계에 비견될 만했다. 연이어 동서독 적십자회담이 타결됐고, 1972년 '동서독 기본조약'이라는 결실을 맺게 된 것도 그 후속 조치였다. 결국 1990년에 이르러 독일이 통일을 이룬 것이 그 연장선상에 있었음을 이해할 필요가 있다.

미국 닉슨Richard Nixon 대통령과 마오쩌둥毛澤東의 역사적인 회동이나 이집트 사다트 대통령과 이스라엘 베긴 총리의 회담도 동서독 회담 이후에 이뤄진 성과물이다. '1.12 제의'에 있어서도 북한의 호응만 이뤄졌다면 분단된 민족사에서 그 이상의 결실을 낼 수 있었을 터다. 이 제의를 마련하는 과정에서 이범석의 소망이기도 했다. 안타깝게도 소득은 없었다. 남북 접촉의 한계였다.

하지만 그런 상황에서도 이범석은 언젠가는 분단된 조국의 통일을 안겨다 줄 운명의 순간이 반드시 우리 눈앞에 스쳐갈 것을 확신하고 있었다. 그가 그때 〈경향신문〉(1981년 4월 16일)에 기고했듯이 "운명은 빠르게 스쳐 지나가는데 누구든지 그 순간에 휘어잡기만 하면 자기 것으로 만들 수 있다"는 '운명의 신'의 한 구절을 잊지 못하고 있었던 것이다. 그가 젊은 시절 읽었던 프랑스의 대문호인 폴 발레리의 작품 내용이다. 그런데, 그 '운명의 신'이 마치 머리카락처럼 다가오기 때문에 그것을 놓치지 않으려면 평소부터 준비해야 한

이범석 통일원장관이 국회 상임위에 참석해 의원들의 질의에 답변하고 있다.

다는 게 그의 기본 생각이었다.

그가 1981년 5월 국회 외무통일위원회에 참석한 자리에서 의원들과 주고받은 문답 내용도 소개할 필요가 있다. 통일원장관으로서의 자격이나 예우에 대한 생각을 따지는 공방이었다.

먼저 민한당 허경구許景九 의원의 질문이다.

"통일원 장관은 적어도 정치학 서적 1000권은 읽은 학자가 해야 한다고 보는데, 이 장관은 자신을 현직에 적격이라고 보는가."

"저는 학자도 아니고 변변치 못한 행정가이지만 다만 소처럼 일할 따름이다."

꾸밈없는 솔직한 답변이었다.

이어 국민당 임덕규林德圭 의원의 질의다.

"외무장관과 통일원장관은 서독과 같이 부총리급이 돼야 한다는 견해에 어떻게 생각하는가."

"일단 열심히 일하겠다."

허경구, 임덕규 의원의 질의가 나름대로 타당성을 지니고 있었지만 통일 정책의 문제는 이범석에게 학식이나 예우 문제를 떠나 현실의 문제였다. 앞서 인용된 폴 발레리의 '운명의 신'이 바로 그것이다. 더욱이 북한의 공산 체제를 피해 모든 재산을 버려두고 남한으로 내려온 입장에서나 그동안 남북교섭에 임했던 경력에서나 이범석만큼 통일정책에 적격인 인물도 찾아보기 어려웠을 터다.

통일에 대한 염원과 열정

이범석은 1981년 5월 평화통일정책자문회의가 정식 발족되면서 그 사무총장으로도 겸직 발령을 받게 된다. 평화통일에 대한 국민적 합의와 역량을 집결하여 대통령에게 통일정책 수립과 관련한 건의와 함께 자문에 응하는 기구였다. 지금 민주평화통일자문회의의 전신이다.

이 기구의 산파 역할을 맡은 것이 또한 통일원이었다. 통일정책을 자문한다는 점에서 통일원이 그 밑그림을 그려야 했다. 이범석은 당시 통일원 연구관이던 정세현丁世鉉에게 기본 골격을 짜도록 지시를 내렸고, 정세현은 북한 조국통일민주주의전선(조국전선)에 상응하는 위상을 감안하고 조직의 윤곽을 마련하게 된다. 노동당 전위 기구로서 통일노선과 정책에 관여하는 기구가 조국전선이다.

평화통일정책자문회의는 남북 접촉과정에서 실무적으로도 필요성이 제기되고 있었다. 남북회담 때마다 각 정당이나 사회단체들이 함께 참석해 통일을 논의하자는 북측의 상투적인 주장 때문이었다. 남한의 정당이나 사회단체를 상대로 공산주의 선전을 하겠다는 속셈이었지만 그런 제의를 언제라도 받아들일 수 있도록 미리 기구를 만들어 놓을 필요가 있었다. 이범석이 남북적십자회담 수석대표를 지내면서부터 느끼고 있었던 문제다.

하지만 그는 평화통일정책자문회의가 뿌리 내리도록 노력을 기울이면서도 맹목적인 공산주의 비판에는 경계심을 가졌다. "공산주의가 나쁘다는 식으로만 교육을 하지 말라"고 강조하곤 했다. 왜 나쁜지를 가르쳐야 한다는 것이었다.

그 실례가 '김일성 역사' 날조 사례다. 김일성이 해방 직후 소련의 앞잡이가 되어 평양 지역을 접수한 뒤부터 자신의 과거 공적과 관련해 여러 가지 사실을 왜곡했던 것이다. "이러한 관련 기록을 일일이 찾아내 어느 책 몇 페이지에서 이렇게 날조되었다"고 구체적인 증거를 들면서 김일성을 비판해야 한다는 게 그의 지론이었다.

이런 생각이었던 만큼 김일성에 대한 그의 평가가 좋을 수는 없었다.

"내가 보기에 김일성은 마르크스 레닌주의자가 아니다. 공산주의를 팔아 국민을 기만하고 자기 야욕을 채우는 야만적인 껍데기 공산주의자일 뿐이다."

반 푼짜리 공산주의자도 못 된다는 평가였다.

그러면서도 직원들이 전두환 대통령의 통일관계 연설문을 작성할 때는 과거와 같은 스타일에서 탈피할 것을 주문했다. 김일성이 나쁘다고 해서 무조건 헐뜯는 식으로 연설하게 된다면 우리 국민들에게 홍보용으로 쓸 수는 있겠지만 북측에 대한 회담 제의용으로는 오히려 역효과를 내기 십상이기 때문이다. "연설문에 김일성을 타이르고 설득하는 내용이 담겨야 한다"는 주문이었다.

그 스스로 신문이나 방송, 잡지 등 매스컴에 나가는 것을 극구 자제하는 모습을 보인 것이 그런 뜻에서다. 통일원 장관으로서 매스컴에 출연할 경우 북한을 칭찬하는 언급도 곤란하지만 그렇다고 비난하는 얘기만 늘어놓을 수도 없는 노릇이었다. 결국 남북 접촉에 도움이 될 수 없는 여건이었다. 차라리 매스컴에 나가지 않는 편이 속 편한 일이라고 생각했을 것이다. 남북적십자회담 당시의 직설적인 태도에 비해서는 상당한 변화였다.

이범석은 남북 접촉 문제에 있어서만이 아니라 '통일 미래상'을 마련하는 데도 남달리 신경을 썼다. 통일을 이루려면 어떻게 해야 하는가라는 방법론 차원을 넘어 통일이 된 다음에는 어떤 모습으로 발전해야 하는가 하는 가치론적인 관심이었다. 통일을 이루고도 바람직한 방향으로 발전할 수 없다면 과연 통일을 이룰 필요가 있겠느냐는 질문이 제기될 수밖에 없는 것은 그때나 지금이나 마찬가지일 것이다. 그가 베트남이 공산월맹으로 통일된 이후의 실정에 대해 관심을 기울인 것도 그런 뜻이었다.

통일원 장관으로서 그는 통일을 기다리기보다는 마중 나가려는 자세를 보여주었다.

"통일은 기다린다고 오지 않는다. 국민적 단합을 통해 북한을 압도할 수 있는 여건이 성숙돼야 통일이 이뤄질 수 있을 것이다."

기성세대를 대신해서 젊은 층이 통일 문제를 걸머지고 나갈 수 있도록 새로운 '통일 일꾼'으로 길러야 한다는 필요성을 제기한 것도 그런 배경에 있었다. 기성세대가 분단의 고통을 직접 체험하긴 했지만 그들의 감성적인 접근방식으로는 언젠가는 한계를 드러낼 것이었기 때문이다.

이와 관련해 그가 통일원 장관으로 재직하던 당시 작곡가인 길옥윤吉屋潤에게 '통일의 노래'를 만들도록 부탁했던

이범석 통일원장관이 1981년 추석을 앞두고 임진각에서 열린 실향민 집단성묘 행사에 참석해 인사말을 하고 있다.

사실도 흥미를 끈다. "통일이 되면 다 같이 불러야 할 노래를 만들어 달라"고 했다는 것이다. 하지만 이 계획은 결말을 보지 못했다. 길옥윤이 나름대로 공을 들여 노래를 만들었으나 가락이 민요풍이라는 이유를 들어 그가 퇴짜를 놓았기 때문이다.

길옥윤은 본명이 최치정崔致禎으로, 평양 종로소학교와 평양고보에 이르기까지 그의 2년 후배가 된다. 평소 무척 가까운 사이였음은 물론이다. 이범석이 한때 길옥윤에게 색소폰을 배우겠다고도 했을 정도다. 이에 길옥윤이 초보자들이 다루기 쉬운 소프라노 색소폰을 손질해 보관해 두었으나 그가 다시 비서실장으로 영전해가는 바람에 색소폰 배울 기회를 놓치고 말았다는 뒷얘기가 전해진다.

대통령 비서실장으로

이범석은 1982년 들어 단행된 개각에서 대통령 비서실장에 임명된다. 김경원金瓊元 비서실장이 유엔대사로 발령나면서 그 후임으로 발탁된 것이다. 통일원장관으로서 1년 4개월 동안의 소임을 마치고 새 역할을 부여받은 것이었다. 새해 1월 4일의 인사에서였다.

유창순劉彰順 무역협회장이 국무총리 서리에, 김준성金埈成 한국은행 총재가 부총리 겸 경제기획원장관에 임명된 것이 이때의 개각에서다. 재무장관에는 나웅배羅雄培 민정당 의원, 동자부장관에는 이선기李宣基 민정당 총재 비서실장, 건설부장관에는 김종호金宗鎬 전남지사가 각각 기용되었다. 통일원장관에는 이범석의 뒤를 이어 손재식孫在植 내무차관이 발령을 받게 된다.

전두환이 제11대 대통령에 취임하면서 구성했던 남덕우南德祐 내각을 경제팀 위주로 대폭 교체했던 것이다. 이웅희李雄熙 청와대 대변인이 "새로운 경제팀으로 새해 시작된 제5차 경제사회발전계획에 활력소를 불어넣게 될 것"이라고 개각 배경을 밝히고 있었다. 그렇게 본다면 경제부처가 아닌 통일원까지 개각 범위에 포함시킨 것은 특별한 의미를 지니는 것이었다. 비서실장을 아무나 데려다 쓰지는 않을 것이기 때문이다.

이범석은 개각 직전 전두환 대통령으로부터 호출을 받은 자리에서 이미 비서실장 임명 의중을 전달받게 된다. "통일정책도 중요하지만 이제 비서실장 직책을 맡아 내 옆에서 도와 달라"며 그의 의사를 은근히 타진했던 것이다. 통일원장관 발탁에 이어진 중용이다.

그로서는 전혀 생각하지 못하던 상황이었다. 통일원장관으로서 전 대통령을 보필하기는 했지만 개인적으로 잘 안다고는 할 수 없었다. 더구나 당시 내각과 국회는 물론 청와대 비서실에 두루 포진되어 있던 군인 출신 인사들과도 마찬가지였다. 그런 상황에서 대통령을 가장 가까이에서 모시는 비서실장 직책을 맡게 되리라고는 꿈에도 생각할 수가 없었을 것이다.

전 대통령의 언질에 고사의 뜻을 밝힌 이유가 그것이다. "저는 외교관 생활만 해 왔기 때문에 비서실장 역할을 제대로 해낼지 자신이 없습니다"고 했다. 자신의 능력이 부족하다는 핑계를 댔지만 완곡한 고사였다. 그의 얘기가 틀린 것도 아니다.

하지만 전 대통령은 "그런 점은 걱정하지 말라"며 오히려 그를 설득했다. 소신을 갖고 자신을 도와주면 되는 것이라고 했다. 이범석으로서도 더 이상 아니라고 말할 수만은 없었다. 계속 고집을 부린다면 대통령에 대한 예의에도 어긋나는 처신이었다. 비서실장 직책을 맡게 되는 과정이다.

역대로 대통령 비서실장은 실세 중의 실세로 꼽히고 있었다. 박정희 당시 6년 가까이 비서실장을 지낸 이후락李厚洛이 대표적인 경우다. 각료 임명과 공화당 의원 공천에 있어서까지 영향력을 행사했을 정도다. 박정희의 신임이 그만큼 두터웠음을 알 수 있다. 비서실장을 지내고 주일대사를 거쳐 중앙정보부장에 임명되고서는 더욱 막강한 위력을 발휘하게 된다.

김정렴金正濂 비서실장은 전임자인 이후락에 비교하면 실무형 참모로 분류된다. 무려 9년 2개월 동안에 걸쳐 비서실장을 지냈으므로 나름대로 영향력이 없지 않았겠으나 스스로 절제했던 경우다. 그의 뒤를 이은 김계원金桂元은 육군참모총장과 중앙정보부장을 이미 역임한 경력에서도 비중을 짐작할 수 있다.

그런 사실을 감안하면 전두환 체제의 5공화국에 들어와서는 비서실장의 위상이 상당히 축소된 측면이 없지 않다. 군인 출신인 허화평許和平 정무수석과 허삼수許三守 사정수석이 오히려 권력 막후에서 비서실장보다 더 실질적인 파워를 행사하고 있었기 때문이다. 전두환 대통령이 비서실장에 김경원에 이어 이범석을 발탁한 것도 청와대의 군복 색채를 지우려는 의도에서였을 것이다.

이범석의 역할은 전임자 가운데서는 김정렴 비서실장에 가까운 편이었다. 결과적으로 그렇게 되기도 했지만 처음부터 그런 식으로 다짐하고 있었다. 그가 비서실장 취임사를 통해 직원들에게 "청와대 비서실은 정부 각 기관 위에 군림하는 조직이 아니라 도와주는 조직이 돼야 한다"고 당부했던 것이 그런 뜻이었다. "저 스스로도 각 부처 장관을 비롯해 대통령을 모시는 여러 기관을 돕는데 앞장서겠다"고도 했다. 그것이 단순히 말뿐이 아니라 진심이라는 사실이 실제 업무를 통해 드러난다.

공안 정국에서의 고충

이범석이 대통령 비서실장에 임명되는 등 대폭적인 개각이 이뤄진 바로 다음날 야간 통행금지 제도가 전면 해제되기에 이른다. 대한민국 출범 이래 사회 공공질서를 유지한다는 차원에서 자정부터 새벽 4시까지 국민들의 심야 활동을 통제했던 제도다. 1981년 12월 10일 국회 내무위원회에서 통행금지 해제 건의안이 가결되었고, 이듬해 1월 5일 국무회의에서 통행금지를 해제토록 의결한 것이었다. 국민 생활의 일대 변화를 예고하고 있었다.

이범석은 통행금지가 해제된 첫 날 안응모安應模 치안본부장의 수행을 받아 서울시내 시찰에 나섰다. 명동을 비롯해 유흥업소들이 몰려 있는 도심 거리의 분위기를 살피려는 것이었다. 혹시 범죄가 일어날 소지는 없는지에 대해서도 직접 확인할 필요가 있었다.

그는 비서실장에 임명되고도 이렇게 직접 현장을 확인하는 방식으로 업무를 처리했다. 서류상으로 서명만 해도 될 일인데도 굳이 현장을 찾곤 했다. 그보다 보름 정도 지나서 이뤄진 전두환 대통령 야간 시찰의 예행연습이나 마찬가지였다.

그가 대통령 비서실장으로서 얼마나 꼼꼼하게 업무를 처리했느냐 하는 것은 외부 사람들과 주고받은 적잖은 편지에서도 잘 나타나 있다. 공적으로나 사적으로나 두루 오간 편지가 개인 서류철에 남아 있다. 이범석이 보낸 답장은 사본으로 전해진다. 본인이 직접 편지를 썼다기보다는 담당 직원에게 내용을 불러주고 타이프로 작성해 오면 본인이 서명하는 식으로 편지가 작성됐기 때문일 것이다. 다른 업무를 처리하기에도 바빴을 것이므로 편지에 일일이 답장을 할 만한 시간적 여유가 없었을 터다. 그래도 답변만큼은 소홀함이 없었다.

그중에서도 눈길을 끄는 것은 미국 대학에서 교수를 지내던 박동환朴東煥의 편지에 대한 답장이다. 이범석이 대한적십자사 청소년부장으로 재직하던 당시 그의 인솔로 일본 국제청소년대회에 참가했던 한 명이다. 서울법대를 졸업하고 잠깐 〈한국일보〉 기자를 지내다가 하와이 대학에서 정치학 박사학위를 받고 노스웨스턴 대

이범석이 대통령 비서실장 시절 특사 자격으로 베네수엘라를 방문한 뒤 귀국길에 로스앤젤레스에 들러 세계문제연구소에서 연설하고 있다. 부인 이정숙 여사가 뒷자리에 앉아 있는 모습이 보인다.

학교에서 후학들을 가르치고 있었다. 이범석은 그의 편지에 답장을 보내면서 "미안美顏의 소년이 어느덧 장년의 신사가 되었으니 나는 얼마나 늙었을까 상상해 보시오"라고 쓰고 있다. 직원들이 편지를 대필하기는 했지만 내용만큼은 모두 이범석이 자세히 챙기고 있었음을 보여준다.

비서실 내부의 갈등을 다스리고 통솔하는 업무도 쉽지는 않았다. 그러나 문제가 생기면 자신부터 먼저 책임지는 자세로 처리해 나갔다. 한 번은 어느 수석비서관이 업무 처리과정에서 실수를 저질러 책임을 져야 할 처지가 되었다. 이범석은 이때도 "모두 일괄사표를 제출하는 게 좋겠다"면서 자신도 사표를 제출했고, 결국 이런 방법으로 유야무야 넘어갈 수 있었다.

하지만 이범석이 대통령 비서실장으로 재직하던 시절 사회적인 분위기는 전두환 정권에 대해 그렇게 우호적인 편은 아니었다. 아니, 대학가 곳곳에서 반정부 시위가 끊이지 않았을 만큼 오히려 반감을 사고 있었다. 신군부가 강압적인 방법으로 권력을 잡았기 때문에 정당성을 인정받지 못한 때문이었다. 더욱이 무차별 총격으로 수많은 희생자가 발생한 광주민주화운동의 후유증이 결코 작지 않았다.

반정부 분위기에 있어서는 종교계 또한 마찬가지였다. 그중에서도 기독교 교파의 반발이 극심했다. 이범석은 기독교 지도자들과 정부 사이의 거리감을 좁히기 위해 노력을 기울이게 된다. 그 자신 기독교 신자의 입장에서 각 교파의 지도자들을 만나 정부 활동에 대한 이해와 협조를 부탁하는 한편 불만이나 건의 사항을 파악해 전 대통령에게 보고하기도 했다. 대통령을 보필하는 입장에서 당연한 처신이었다.

이범석이 한경직韓景職 목사를 찾아가 심각한 시국 상황에 대한 고민을 털어놓은 것이 이러한 과정에서다. 남북적십자회담 수석대표 시절에도 평양으로 떠나기에 앞서 그를 찾은 바 있었다. 한경직은 그의 마음을 이해하고 기독교 지도자들과의 회합을 주선하는 등 원만한 사태 수습에 앞장서 주었다. 대화로 풀어야 한다는 게 이범석의 생각이었다.

그렇다고 모든 문제가 대화로 해결된 것은 아니었다. 이범석의 노력에도 불구하고 종교계의 반정부 움직임이 끊이지 않았으며, 그럴수록 공안당국의 강력 대처로 마찰이 자꾸 불거지고 있었다. 종교계 인사라 하더라도 사태 주모자들에 대해서는 구속 수사한다는 원칙도 정해졌다. 그의 개인적 고충이 심해질 수밖에 없었다.

이에 대해 그의 아내 이정숙은 당시 남편의 고민을 다음과 같이 소개하고 있다. 언젠가 출근하면서 아내에게 털어놓은 고민이다.

"이거 큰일이요. 모두 잡아넣자는 주장뿐이오. 반대하는 사람은 나 말고는 없는 것 같소. 그간 몇 번 대책회의를 했는데, 드디어 오늘 최종 결론을 내린다고 하는 거요. 내 의견이 받아들여지지 않는

다면 사표를 내겠소. 당신도 기도 좀 해 주시오." (이정숙, 〈슬픔을 가슴에 묻고〉)

당시 군부가 정권을 휘두르던 현실에서 대화 위주의 온건한 해결 방안을 내세우는 것은 스스로 나약함을 인정하는 것이나 다름없었다. 정부의 권력 서열에서 밀려날 수밖에 없었고, 경우에 따라서는 신상에 위해가 닥칠 수도 있는 일이었다. 하지만 이범석은 뜻을 굽히지 않았다. 소신을 꺾어야 하는 상황에 이른다면 미련없이 사표를 내고 홀가분히 물러나올 것이라 생각하고 있었다.

더욱이 이 무렵에는 모친인 황인성黃仁成 여사까지 교회에 출석해 야당 기질을 발휘하고 있었다. 교회에서 권사 직분을 맡았으면서도 정부를 옹호하는 얘기가 나돌게 되면 대놓고 '어용御用'이라고 따지곤 했다. 이범석의 입장이 난처할 수밖에 없었다. "어머니, 그러지 마시라"고 만류했지만 별 소용이 없었다. 일제 말기 이범석의 바로 위인 둘째아들 현석顯錫이 군대에 끌려가자 평양부에까지 쫓아가 항의했던 여장부다. 젊은 시절 학교 은사인 조신성趙信聖 여사를 도와 독립운동을 거들었다는 사실은 앞에서 거론한 바와 같다.

하지만, 이범석은 그런 가운데서도 정권 내부 인사들에 의해 은근히 눈총을 받고 있었다. 그의 인물 됨됨이가 비서실장에 그치지 않을 것이라는 가능성을 미리 내다본 견제 움직임이었다. 제한된 분위기에서도 그의 소신과 능력이 유감없이 발휘되고 있었던 것이다. 그리고 결국 외무부장관으로 임명을 받게 된다. 그의 나이 쉰일곱 살 때였다.

제8장

외교정책 사령탑에 오르다

이범석이 외무장관에 임명된 것은 1982년 6월의 일이다. 그보다 한 달 전 이철희李哲熙·장영자張玲子 부부의 어음사기 사건이 터졌고, 이 사건을 수습하려는 혼란의 와중에서 이뤄진 개각에서다. 드디어 한국의 외교정책을 앞서서 이끌어가는 자리에 오른 것이다. 개인적으로 명예와 영광이면서도 아울러 그에 상응하는 책임감을 요구하는 자리였다.

먼저 건국 이후 최대의 금융사건이라 불리던 이 어음사기 사건에 대해 살펴볼 필요가 있다. 당시 신문들의 기사 제목만 훑어보아도 이 사건으로 인한 사회적 충격을 대략 이해할 수 있을 것이다. 그때 철강업계 2위에 올라 있던 일신제강과 건설업계 도급순위 8위이던 공영토건이 하루아침에 부도가 난 것이 이 사건의 여파 때문이었다. 시중 은행장과 기업체 간부들을 포함해 관련자 30여 명이 사건에 대한 책임을 물어 줄줄이 구속되기도 했다.

이를테면, 전두환 정권의 위기관리 능력을 뒤흔든 사건이다. 이들 부부가 사채시장에서 어음 거래를 통해 금융계에 심각한 파문을 불러일으켰다는 사실 외에도 전 대통령 본인과 그리 멀지 않은 인척 관계라는 점이 세간의 주목을 끌고 있었다. 더욱이 이철희는 육군 소장으로 예편해 중앙정보부 차장을 지낸 막후 실력자였다. 신군부 정권의 도덕성이 시험대에 오를 수밖에 없었던 사정이다.

결국 이에 대한 타개책으로 전 대통령은 개각이라는 정치적 카드를 꺼내들게 된다. 검찰의 수사발표 직후인 5월 중순 내각의 일괄사표 제출에 따라 이뤄진 개각이다. 개각을 통해 민심을 수습한다는 뜻이었을 것이다. 법무장관에 정치근鄭致根, 국방 윤성민尹誠敏, 농수산 박종문朴鍾汶, 상공 김동휘金東輝, 보사 김정례金正禮, 노동 정한주鄭漢株, 교통 이희성李熺性, 체신 최순달崔順達, 문공 이진희李振義, 총무처 박찬긍朴贊兢, 정무제1장관에 오세응吳世應 등이 기용된 것이 이때의 개각에서다.

대통령 비서실장이던 이범석이 외무장관으로 발탁된 것은 이보다 보름쯤 지난 6월 초의 후속 개각에서였다. 이철희·장영자 사건에 대한 사전 정보가 부족했다는 이유로 유학성兪學聖 안기부장을 문책 경질하고 외무장관이던 노신영盧信永을 안기부장으로, 또 그의 후임으로 이범석을 앉힌 부분 개각이었다. 이로써 이범석으로서는 1961년 외무부에 첫발을 들여놓은 지 21년 만에 외교정책을 총지휘하는 사령탑을 맡게 되었다.

물론 그로부터 불과 20일 남짓 지나서도 문책성 인사가 이어지게 된다. 유창순劉彰順 국무총리가 퇴진하고 김상협金相浹 고려대 총장이 그 자리를 맡았다. 이밖에 재무장관에 강경식姜慶植, 법무 배명인裵命仁, 동자 서상철徐相喆 등이 임명되는 교체 인사도 따르게 된다. 이철희·장영자 사건으로 불과 한 달 남짓한 짧은 기간 동안 무려 세 차례에 걸쳐 개각이 이뤄진 것이었으니, 그때의 여론이 얼마나 심각했는지를 잘 보여준다.

이를테면, 1982년은 내각 개편으로 정치의 세월이 흘러갔던 셈이다. 새해 들자마자 정초에 단행된 개각은 새로운 각오로 경제활성화를 다지자는 취지의 개각이었다. 우창순 무역협회장이 총리서리에, 김준성 한은 총재가 경제부총리에 발탁됐고 재무부, 건설부, 동자부, 통일원장관이 바뀌었다. 통일원장관이던 이범석이 대통령비서실장으로 발탁된 것이 이때의 개각에서였음은 앞에서 설명한바와 같다.

하지만, 그 사이에도 또 한 차례 부분 개각이 이뤄졌음을 기억할필요가 있다. 경상남도 의령에서 경찰관 총기난사 사건이 벌어졌고, 서울 현저동 지하철 공사장에서 붕괴사고가 일어난 데 대해 책임을 묻는 인사였다. 내무장관이 노태우盧泰愚 체육부장관으로 교체됐고, 서울시장도 김성배金聖培 경북지사로 바뀌었다. 후임 체육부장관에는 서울올림픽조직위 사무총장이던 이원경李源京이 기용되었다.

이처럼 국민들의 동요와 불만을 누그러뜨리기 위해 '내각 쇄신'이라는 카드가 연달아 동원돼야 했을 만큼 사회 곳곳에서 커다란 허

이철희·장영자 어음사기사건의 여파로 개각이 이뤄진 끝에 1982년 6월 출범한 김상협 국무총리 내각이 옛 중앙청 현관에서 기념사진을 찍었다. 김 총리 오른쪽이 노태우 내무, 왼쪽이 이범석 외무장관.

점이 노출되고 있었다. 전두환 집권 체제 하에서 사회 분위기가 전반적으로 겉돌고 있었다는 증거다. 군사정부라는 태생적 거부감에 있어서는 더 말할 것도 없었다.

그 무렵, 외무부의 업무는 나라 안에서 돌아가던 사정과 직접적인 관련이 없었으면서도 역시 또 다른 난관에 봉착해 있었다. 신군부 정권이 출범한 직후 전두환 대통령이 워싱턴을 방문해 레이건 Ronald Reagan 대통령과 정상회담을 갖는 등 겉으로는 외교 활동이 순항하는 듯했으나 실제로는 톱니바퀴가 어긋나 있었던 것이다. 5공화국 정부의 외교 능력이 중대한 고비에 부딪쳐 있던 상황이다.

그중에서도 일본과의 경제 교섭이 가장 큰 현안이었다. 우리 정부가 일본의 '안보 무임승차론'를 거론하며 일찌감치 100억 달러의 차관 지원을 요청해 놓은 상태에서 협상에 진전이 없었다. 일본 정부가 이에 대한 답변으로 "차관을 제공할 용의가 있다"는 원칙론적인 의향을 밝혀놓은 단계에서도 협상은 거의 진척되지 않고 있었다. 그런 상태에서 한 해가 넘게 세월이 흘러가던 참이었다.

이 경협 문제는 1979년 '10.26 사태'로 인한 박정희朴正熙 대통령의 타계 이후 새로운 한일관계를 모색하는 계기로서도 의미가 없지 않았다. 하지만 전임 노신영 장관의 진두지휘 아래서는 협상 추진에 한계가 드러나고 있었다. 원칙적이고도 강경한 입장만으로는 상대방을 설득시키기가 어려웠기 때문이다. 이에 이범석이 교체 투입된 것이었다. 협상 테이블의 구원투수로서였다.

당시 이범석의 외무장관 발탁에는 외교 분야 원로들의 물밑 추천이 있었던 것으로 전해진다. 외교 문제가 어려운 국면에 부딪친 상황에서 전 대통령이 몇 명의 원로들에게 후임 장관 인선에 대한 자문을 구했는데, 이범석에 대한 평가가 대체로 좋았다는 것이다. 그를 추천한 원로 가운데 한 명이 김용식金溶植이다. 이미 외무장관을 거친 그가 대한적십자사 총재를 맡고 있을 때였다. 그동안 여러

이범석 외무장관이 1982년 6월 방한한 자이르 공화국의 모부투 세세 세코 대통령을 김포공항에서 영접하고 있다. 장관 취임 직후 첫 번째 외빈 영접이었다.

차례 이범석과 맞물려 업무를 처리하는 과정에서 그의 외교적 능력과 수완을 높이 평가하고 있었던 것이다. 특히 남북협상에 있어서는 일찍부터 능력을 인정받고 있던 이범석이다.

이로써 그가 자신의 의지와 능력을 마음껏 과시할 수 있는 외교 무대가 활짝 열린 것이었다. 대한민국의 제19대 외무장관으로서다. 결과적으로는 그의 생애를 마지막 장식하는 활동 무대가 됐다는 사실이 안타까울 뿐이다.

'한일 경제협정'의 돌파구

먼저 우여곡절을 겪고 있던 일본과의 경협 교섭에 대해 살펴볼 필요가 있다.

이 문제가 처음 거론된 것이 1981년 2월. 전두환 대통령이 워싱턴을 방문해 레이건 대통령과 정상회담을 갖는 자리에서 제기한 '안보 무임승차론'이 논의의 시발점이다. 한국이 미국의 2개 사단 병력을 주둔시킴으로써 공산 세력의 침략으로부터 일본을 방어하는 방파제 역할을 하고 있다는 사실이 새삼 주목받게 된 것이다. 따라서 일본이 그에 상응하는 비용을 경제협력 방식으로 한국에 지원해야 한다는 논리다. 레이건도 "한국이 일본 안보에 중요하다"는 언급으로 일본을 압박하고 있었다.

그러나 일본 측에 처음 제시한 자금요청 규모가 만만치 않았다. 우리 실무팀이 최종안을 마무리하면서 결정된 액수가 100억 달러였다. 일본 정부에 대해 공적개발원조ODA 60억 달러에, 수출입은행 차관 40억 달러를 요청하고 있었다. 이러한 협상안에 따라 노신영 외무장관이 스노베 료조須之部量三 주한대사를 통해 일본 정부에 경협을 공식 요청한 것이 그해 4월의 얘기다.

그러나 일본 측으로서는 뚱딴지같은 요청이었다. 심지어 일종의 선전포고로 받아들이는 분위기도 없지 않았다. 뒷날 스노베 대사는 이 액수에 대해 '기상천외한 규모'라고 표현했을 정도다. 노신영 장관에게 이 얘기를 듣는 순간 자신의 귀를 의심했다는 것이다. 한국 정부가 미리부터 운을 띄워놓은 터여서 경협 지원을 요청하리라고 예상하고는 있었지만 규모가 너무 컸다. 일본 정가에서는 "원래 10억 달러가 목표인데 착오로 동그라미 하나가 더 붙은 게 아니냐"는 얘기도 나돌고 있었다.

그때 최창락崔昌洛 경제기획원 차관을 팀장으로 하는 실무팀이 당초 구상했던 액수가 50억 달러였던 만큼 일본 측이 이 액수에 놀란 것도 어쩌면 당연했다. 1965년 체결된 한일협정에 의한 청구권 규모가 무상공여 3억 달러, 재정차관 2억 달러, 상업차관 1억 달러로 결정됐던 것과도 비교될 수밖에 없었다. 세월은 흘렀어도 차이가 결코 작지 않았다. 실무팀 스스로도 시안을 작성하는 과정에서 이 규모가 무리라고 평가했으나, 최종 보고 과정에서 전 대통령이 직접 밀어붙인 것이었다.

이에 일본 소노다 스나오園田直 외무상은 "군사전략적 배려하의 경협은 수용하기 어렵다"며 완강한 거부 입장을 표명하기에 이른다. 액수의 많고 적음을 떠나 안보 무임승차론을 내세운 경협 요청에는 응할 수 없다는 뜻이었다. 전쟁 수행을 허용하지 않는 일본 헌법상 제약 때문에 안보협력은 불가능하다는 이유였다. "한국이 일본의 방파제라면 일본은 한국의 뒷방패가 아니냐"라며 국방 및 안보문제를 경제협력과 연결 지으려는 제안은 받아들일 수 없다는 뜻을 명백히 밝히게 된다.

이처럼 양국 언론을 통한 전초전이 오간 끝에 그해 8월 도쿄에서 열린 양국 외무장관 회담의 분위기는 싸늘할 수밖에 없었다. 이미 밀고 당기는 과정에서 한국 측의 요구가 60억 달러 규모로 줄어들긴 했지만 일본 정부는 아직 요지부동이었다. 노신영은 "여기서 단 한푼도 깎을 수 없다"고 내세운 반면 소노다는 "돈을 빌려 달라고 하면서 절대로 못 깎는다며 떼쓰는 경우를 들어본 적이 없다. 우리 상식으로는 통하지 않는다"며 응수하고 나섰다. 다만, 한국의 어려운 경제 사정을 감안해 어느 정도의 범위에서는 도와줄 수도 있다는 식으로 약간의 여지를 남겨 놓았을 뿐이다.

결국 첫 협상을 마무리하며 일본 측도 60억 달러 선에서 잠정 동의하게 된다. 그러나 공식적인 방안은 아니었다. 60억 달러로 정해 놓고 협상할 경우 "ODA 20억 달러, 수출입은행 차관 40억 달러로 하는 게 어떠냐"는 의사타진에 불과했다. 귀국하는 노신영을 전송하려고 나리타 공항까지 동행했던 스노베 외무차관이 한국 측의 반응을 슬쩍 떠본 것이었다. 그가 주한대사를 마치고 외무성 사무차관으로 영전해 있었기에 그나마 소통이 가능했던 것이다.

하지만 그 다음달 서울에서 열린 양국 각료회담에서는 이 규모가 다시 40억 달러로 줄어들게 된다. ODA 13억 달러, 수출입은행 차관 27억 달러가 잠정적인 방안이었다. 일본 측 수석대표인 소노다 외무상이 회의 도중 불쑥 제시한 액수다. 이에 노신영이 "어째서 스노베 차관의 제안보다 줄어들었는가"라고 따지면서 서로의 입씨름이 시작됐고, 결국 회담이 결론을 내리지 못한 채 끝난 뒤로부터 양국 외무장관 사이의 대화 채널은 사실상 끊어지고 말았다.

무엇보다 그동안 양국 간 외교관계가 원활치 못했다는 것이 가장 큰 걸림돌이었다. 1973년 김대중金大中 납치사건과 이듬해 일어난 장충동 국립극장에서의 육영수陸英修 여사 저격사건으로 인한 서로의 앙금이 아직 가라앉지 않고 있었다. 피차 일정 부분 책임을 져야 하는 중대한 사건이었기 때문이다.

세월은 지나갔을망정 과거의 불편한 심기들이 해소되지 않은 상황에서 경협 문제가 제대로 추진되기는 어려운 일이었다. 양측이 서로 속마음을 떠보는 분위기에서 협상이 교착상태에 빠져들고 있었다. 더구나 노신영 장관은 강경론을 고집하고 있었기에 돌파구를 찾기가 쉽지 않았다. 외무장관의 교체 필요성이 제기된 것이 그래서다.

이에 대해 당시 협상 과정을 가까이 지켜보았던 이재춘李在春의 얘기를 들어보자. 노신영, 이범석 두 장관의 재임기에 걸쳐 외무부 동북아 과장으로서 경협 실무를 맡은 책임자가 그였다.

"일본과의 경협 교섭을 진행해오는 과정에서 노신영 장관은 국내외의 많은 비판에 직면해 있었다. 일본 측에 비타협적이며 강경하다는 이미지를 주던 전두환 정부를 대변하는 장관으로 인식됨으로써 호감을 얻지 못했고, 젊다는 것도 흠으로 작용했다. 국내의 한일의원연맹 등 정치권에서도 노 장관에 대한 비판세력이 있었다. 외무부장관에 대한 경질 인사는 이러한 내외의 비판을 상당 부분 감안하면서 교섭에 새로운 활력을 불어넣으려는 전 대통령의 생각이

반영되었던 것이다." (이재춘, 〈외교관으로 산다는 것〉)

그런 가운데서도 먼저 움직인 것은 일본 측이었다. 스즈키 젠코鈴木善幸 총리가 그해 11월 개각을 단행하면서 사쿠라우치 요시오櫻内義雄를 후임 외무상으로 기용하게 된다. 소노다를 경질했으니 한국 측도 노신영을 바꿔야만 대화 통로가 열릴 수 있을 것이라는 하나의 암시였다. 일본 언론들도 "양국 간 협상의 돌파구를 찾으려면 서로 말을 갈아타는 것이 하나의 방법"이라며 분위기를 띄우던 터였다. 노신영이 협상 테이블에 앉아 있는 한 대화 진전이 어렵다는 일본 측의 인식을 보여주고 있었다.

공교롭게도 그런 와중에서 터져나온 것이 바로 이철희·장영자 부부의 어음사기 사건이다. 결국 연쇄개각이 이뤄진 끝에 노신영은 안전기획부장으로 옮겨갔고, 대통령 비서실장이던 이범석이 그 후임을 맡게 된 것이다. 정부 서열로 따진다면 안기부장은 부총리급이므로 노신영으로서도 크게 불만이 있을 수 없는 인사였다.

집권당이던 민정당도 수뇌부 개편이 이뤄져 그동안 일본 측과 물밑 교섭을 맡았던 권익현權翊鉉이 사무총장으로 기용된다. 그가 이토추 상사 고문인 세지마 류조瀬島龍三를 상대로 도쿄와 서울을 오가며 양국 정부의 밀사로서 경협의 윤곽을 그리고 있었던 것이다. 일본 경협 문제가 당시 전두환 정부의 가장 큰 관심사였다는 또 하나의 증거다.

이범석이 후임 외무장관으로 통보를 받으면서 일본과의 경협 문제에 대해 담당자들로부터 미리 보고를 받은 것도 당시 한일경협이 차지하던 비중을 말해준다. 그가 전 대통령으로부터 외무장관 발탁 의향을 전해들은 것이 인사 발표 며칠 전의 일이었고, 그 기간을 틈타 한일경협에 대해 대체적으로나마 윤곽을 파악했던 것이다.

이철희·장영자 사건의 어수선한 분위기에서 전 대통령이 그에게 외무장관 기용 방침을 귀띔해준 것은 개각 발표가 있기 직전의 일요일. 모내기 일손돕기를 겸해 전 대통령 가족이 농촌 나들이에 나섰을 때의 얘기다. 충청북도 음성군 담사마을의 모내기 행사에 이순자李順子 여사와 전재국全宰國 등 자녀들을 대동했는데, 막걸리를 곁들인 점심식사가 끝나갈 무렵 현장에 수행했던 이범석 비서실장을 옆으로 불러 "이 실장이 외무장관 직을 맡아 수고해 주셔야겠다"고 의중을 밝히게 된다. 언론인 출신인 노진환이 〈외교가의 사람들〉에서 기록한 뒷얘기다.

그러나 전 대통령이 이범석에게 외무장관 임명 방침을 언제 알려주었느냐 하는데 있어서는 또 다른 얘기가 전해진다. 이범석이 바로 직전 대통령 특사 자격으로 베네수엘라를 방문했는데, 이미 베네수엘라로 출국하기 이전에 자신이 외무장관으로 옮겨가게 된다는 사실을 알고 있었다는 것이다. 이에 대해 당시 베네수엘라 대사였던 구충회具忠會의 얘기를 들어보자. 〈구충회 회고록〉의 한 부분이다.

"타마나코 호텔에 여장을 푼 이범석 실장은 이번에 중남미를 다녀간 후에는 외무부장관으로 취임할 예정이라고 말했다. 나는 외무부장관으로서 전 세계를 총망라하여 우리나라의 국가 정책을 수립하는데 있어 중남미 지역을 모르면 크게 착각할 소지가 있음을 역설했다."

이 내용대로 이범석이 특사 임무를 띠고 카라카스로 떠나기에 앞서 전 대통령이 미리 인사 방침을 암시했을 가능성은 충분하다. 측근을 영전 시키면서 굳이 감출 필요는 없었을 것이다. 그렇다고 노진환이 기록한 앞서의 얘기가 틀렸다고도 간주할 수는 없다. 농촌 일손돕기에 나섰다가 막걸리를 한 잔 마신 터에 외무장관으로 옮겨가서도 일을 열심히 하라는 격려가 거듭 덧붙여졌을 것이라 여겨진다.

외무장관으로서 첫 국무회의

이범석이 일본과의 경협 문제에 대해 마음속으로 부담을 느끼고 있었다는 사실은 그가 남긴 메모 기록에서도 확인된다. 외무장관으로 임명되고 나서 바로 다음날 오전에 열린 국무회의에서 작성한 메모다. 즉, 1982년 6월 3일의 국무회의에서다. 당시 목요일마다 국무회의가 열릴 때였다.

메모의 내용은 간단하다.

1. 한일 문제
2. 비동맹 문제
3. 대북 외교
4. 경제 외교
5. 기구개편
6. 예산 재편성
7. 인사(외무공무원법) 재검토

외무부의 당면 업무가 여럿 있었으면서도 그중에서도 첫 번째로 한일문제를 꼽고 있었다. 이 메모는 아마 국무회의가 시작되면서 그가 신임 외무장관으로서의 소감과 포부를 밝히기 위해 적어 놓은 것으로 추측된다. 메모지 자체가 하단에 '국무회의'라고 작은 글씨로 인쇄되어 있다. 국무회의 때마다 참석자들 자리에 필기구와 함께 놓아두는 용지였을 것이다.

그렇다고 외무부 업무가 한일경협 문제에만 국한된 것은 아니었다. 당장 발등에 떨어진 것이 일본과의 경협 문제였을 뿐이다. 국가적으로 중요하기는 다른 업무들도 모두 마찬가지였다. 그가 쓴 메모에 나타나 있듯이 비동맹 문제나 대북 외교, 경제 외교 또한 조금도

1982년 정기국회에 참석해 국무위원석에 앉아 있는 이범석 외무장관의 모습. 왼쪽이 김준성 경제부총리, 오른쪽이 노태우 내무장관이다.

소홀히 할 수 없는 과제들이었다. 외무부 내부적으로는 조직과 인사, 예산편성 등의 과제가 기다리고 있었다.

외무부 업무가 다양하면서도 모두 중요하게 다뤄져야 한다는 사실은 그날 국무회의에 올려진 안건에서도 확인된다. 국무회의에 상정된 전체 다섯 건의 안건 중에서 외무부 안건이 두 건이었다. 쿠웨이트 정부와의 문화협정안이 심의에 상정됐으며, 파라과이 사비노 아우구스토 몬타나로 내무장관에 대한 훈장수여 방안이 보고되었다. 파라과이와의 수교 20주년을 기념해 양국 간 우호증진에 기여한 몬타나로 장관에게 수교훈장 광화장光化章을 수여하는 방안이었다.

이날 총무처가 보고한 별도의 정부인사 발령안에도 김재춘金在春 오사카 총영사가 바그다드 총영사로 전보되는 내용이 포함되어 있었다. 물론 전임 노신영 장관 때부터 추진되어 온 안건이지만 앞으로도 이뤄나가야 할 업무가 만만치 않을 것임을 예고하고 있었다 해도 과언이 아니다. '일복'을 타고 난다는 것이 바로 그런 것일 터이다. 아니, 그는 일부러 찾아서라도 일을 만드는 성미였다.

이범석은 이 메모를 적으면서 끝부분에 "전임 노신영 장관의 한일경협, 비동맹 외교 이어 받아야"라는 표현도 잊지 않았다. 외무장관 직책을 맡은 입장에서 처음부터 자기를 내세우기보다는 전임자가 추진하던 방향과 기조를 그대로 이어받는다는 겸양의 뜻이었을 것이다. 한일경협은 물론 비동맹 외교에 있어서도 노신영 때부터 역점을 두고 추진해 온 것이 또한 사실이다.

더욱이 이범석과 노신영은 평양고보 동문이라는 점에서 주목을 끄는 관계였다. 하지만 외무부 내에서는 별로 사이가 좋은 편이 아니었다. 평양고보로 따진다면 이범석이 5년 선배였던 반면 외무부 경력으로는 오히려 노신영이 5년이나 빨랐다. 노신영이 고등고시를 거친 정통파 관료로서 내부 요직을 거쳐가며 탄탄대로를 달렸던 것과는 달리 이범석은 굵직한 현안에 맞닥뜨려 실력을 과시하며 경력을 쌓았던 점이 서로 대비를 이룬다. 이범석이 대한적십자사에 근무하다가 정일형鄭一亨 외무장관 때 특채로 들어갔다는 사실은 앞에서 밝힌 바와 같다.

이 점에 있어서는 이범석 스스로도 '엉터리 외교관'이라고 자평했을 정도다. 장관이 되기까지 외무부에서 20년 넘게 근무했으면서도 국장이나 공사, 총영사 자리를 제대로 거치지 못했음을 솔직하게 인정한 것이다. 튀니지 및 인도 대사를 제외한다면 본부 국제기구과장과 의전실장을 지낸 것이 외무부 보직의 전부다. 그런 점에서, 이범석은 외교관이라기보다는 정치인 스타일로 현안을 따라 외교 무대를 누볐다는 표현이 더 정확할지 모른다.

이처럼 두 사람은 서로 다른 배경과 스타일에도 불구하고 업무 능력에 있어서만큼은 두루 인정받고 있었다. 정치적 포부도 서로 작지 않았다. 그런 과정에서 이들 사이에 미묘한 라이벌 의식이 싹틀 수밖에 없었을 것이다.

특히 노신영으로서는 자신의 뒤를 이어 이범석이 외무장관을 맡은 데 대해 은근히 불편한 심기를 드러내고 있었다. "안기부장으로 영전한 것을 축하한다"는 주변의 인사를 받으면서도 "그게 어디 영전이냐"며 퉁명스런 표정을 지었다는 증언들이 전해질 정도다. 이범석이 그날 국무회의 발언을 통해 전임 장관의 업무를 이어받겠다는 뜻을 밝힌 데도 이러한 분위기가 감안됐을 법하다.

한편, 이 메모지에는 '각하 지시사항'도 함께 적혀 있어 눈길을 끈다. 전두환 대통령이 회의를 끝내면서 내각에 대해 각별히 관심을 갖고 힘써 주도록 당부한 내용이었을 것이다. 그 내용에서도 당시 정부 내부의 분위기를 엿볼 수 있다.

1 공무원의 자세– 국가 발전을 위한 자세. 그렇게 될 때 사심이 없어진다.

2. 인사부정 척결– 심복 혈연 지연 학벌 관계의 척결

3. 관련부처 간의 협조 긴요 (불연시–––––)

4. 신속한 민원 처리

5. 의식개혁, 본인– 가족, 부하, 국가 존립의 관건

6. 공무원 자세가 문제, 소극적 공무원은 장관선에서 조치하라. 국가관이 없는 기회주의자에 대하여 과감하고 공정한 조치를 취할 것.

8. 어음 부도사건. '혹시'라는 의아심을 버려라. 걱정이 유언비어가 된다.

전반적으로 공무원들에 대해 공직자로서의 적극적인 국가관을 강조하는 내용이다. 의식개혁을 통해 부정부패의 소지를 줄이며 부

처 간에 원활한 협조를 이루기 위해 서로 벽을 허물어야 한다는 내용이 포함되어 있었다. 특히 이철희·장영자 부부의 어음사기사건과 관련해 혹시라도 최고 집권층이 연루됐을 것이라는 생각을 떨쳐버리도록 강조하고 있었다. 당시 세간의 일반적인 인식이 그러했다는 뜻이기도 하다.

헤이그 국무장관과의 회담

한국의 외교 활동에서 가장 중요한 나라는 그때나 지금이나 역시 미국이다. 해방 이후 3년 동안 미군 군정이 실시됐다는 사실을 떠나서도 대한민국 건국 이래 가장 든든한 후원자 역할을 해 왔기 때문이다. 한반도가 중국과 러시아, 일본 등 강대국들로 둘러싸여 있다는 지정학적인 측면에서도 한국은 미국의 군사적 지원이 필요하며, 미국 또한 한국을 쉽사리 포기할 수 없는 입장이다.

역사를 거슬러 올라가 살펴보아도 조선 조정이 일본과 수교한 강화도조약(1876년) 이후 처음으로 외국과 맺은 통상조약이 미국과의 조약이었다. 1882년 체결된 조미朝美수호통상조약이 바로 그것이다. 당시 남하하는 러시아를 견제하기 위해 중국이 조선을 빌미로 삼아 미국을 끌어들인 측면이 다분했지만 한국과 미국의 교섭 역사가 결코 짧지 않음을 보여준다. 이범석이 외무장관에 임명되던 바로 그 해로 양국 수교 100주년을 맞이하고 있었던 것이다.

그가 외무장관으로서 첫 방문하게 되는 나라도 미국이었다. 장관에 취임하고 채 한 달도 지나지 않아 성사된 방문이다. 방문 일정이 전격적으로 마련된 것도 그렇지만 헤이그Alexander M. Haig 국무장관의 공식 초청을 받았다는 점에서도 의미를 둘 만했다.

더욱이 전두환 정부가 군사정권의 연장으로서, 박정희 사후

12.12 친위 쿠데타로 집권 발판을 마련했다는 점에서도 미국의 동의가 정권 유지에 필수적이었다. 전 대통령이 미국을 방문해 레이건과 정상회담을 갖긴 했으나 그것만으로는 부족했다. 한국 정부로서는 지속적인 관계유지 노력을 기울여야 했다. 외교 사령탑을 맡은 이범석으로서는 더욱 신경이 쓰이는 문제였다. 그가 외무부에 합류한 직후 5.16 군사정변을 겪었고, 이후 국제기구과장을 맡았을 때 유엔에서 눈총을 받았던 초년병 시절의 기억이 아직 지워지지 않고 있었을 것이다.

이때 미국 방문과 관련해서도 뒷얘기가 전해진다. 형식적으로는 미국의 초청이었으나 실제로는 이범석의 요청으로 이뤄진 방문이었다. 그가 당시 리처드 워커Richard L. Walker 주한 대사를 통해 "정식으로 헤이그 장관과 만날 의향이 있다"는 의사를 전달했고, 이런 뜻이 받아들여진 결과다. 그만큼 이범석의 열의는 적극적이었다. 어쨌거나, 한국 외무장관이 미국 국무장관의 공식 초청을 받아 미국을 방문한 것은 이때가 거의 처음이었다.

그렇다고 양국 간에 긴급한 현안이 노출된 상황도 아니었다. 전례로 따진다면, 해마다 9월이나 10월쯤 한국 외무장관의 유엔총회 방문을 겸해 양국 외무장관 회담이 열리던 것이 보통이었다. 제5공화국 정부 들어 전임 노신영 장관과 헤이그 국무장관 사이에 열린 두 차례의 회담이 그런 식이었다. 전 대통령이 워싱턴을 방문했던 1981년 2월과 그해 10월 노 장관의 유엔총회 방문 때였다. 이범석이 워커 대사를 통해 "지금까지 한국 외무장관이 미국 국무장관을 만난 것은 유엔총회에 참석할 때 덤으로 만난 것뿐이었다"며 문제를 제기한 것이 그런 배경에 있었다.

굳이 양국 간의 관심사를 들자면 한국에 대한 미국 정부의 방위공약을 어떤 식으로 확인하느냐 하는 것이었다. 다시 말해서, 군사원조를 얼마나 늘리느냐 하는 것이 가장 큰 문제였다. 이것은 일본과의 경제 협상과도 맞물리는 사안이었다. 과거 키신저 국무장관 당시 주한미군 철수 문제가 제기된 적이 있었으나 이때는 그렇게 심각한 상황은 아니었다. 무역거래 마찰도 외교 채널을 통해 풀어나갈 필요가 있었다. 이처럼 안보 및 통상 문제는 한미 간에 늘 중요한 현안이었다.

그런데도 양국 외무장관 회담이 두 차례나 미뤄지고 있었다. 그해 5월 서울에서 한미수교 100주년 기념행사가 열리는 것을 계기로 헤이그 국무장관이 방한할 예정이었으나 갑작스런 사정으로 참석하지 못한 것이 그 첫 번째다. 헤이그 장관은 이범석이 장관으로 임명된 직후에도 싱가포르에서 열린 동남아국가연합ASEAN 확대 외무장관 회담에 참석한 뒤 연이어 서울을 방문한다는 계획이었으나 이 계획도 틀어지고 말았다. 일정이 바쁜 탓에 싱가포르 회담에 참석하지 못하고 스토셀Walter Stoessel Jr 국무차관을 대리로 참석시켜야 했기 때문이다.

결국 양국 외무장관 간에 미뤄진 얘기를 정리할 필요가 있었다. 그것은 일종의 숙제나 마찬가지였다. 기회가 있을 때마다 서로 대화를 통해 동반자 관계를 확인하는 것은 우방국 사이에 중요한 과제가 아니던가. 더욱이 이범석이 외무장관으로 취임한 직후였다는 점에서 상견례를 겸해 서로 대화의 실마리를 풀어가야 하는 상황이었다.

특히 한국 정부의 입장에서 미국은 일본에 접근하는 우회로였다. 당시 레이건 행정부도 일본에 대해 안보 분담을 강력 요구하고 있었다. 미국으로서는 일본 문제뿐만 아니라 중공과 자유중국의 양안兩岸 관계도 중요한 현안이었다. 이미 중공과 외교관계가 맺어졌고, 자유중국과는 끊어진 상태였다. 그러나 레이건 행정부가 자유중국에 대해 무기판매 강행 움직임을 나타냄으로써 중공과 미묘한 갈등관계에 부딪쳐 있었다. 한반도를 포함한 동북아 정세가 미국의 이익과 떼려야 뗄 수 없는 상황임을 보여주고 있었던 것이다.

그러나 이처럼 이범석이 워싱턴 방문을 준비하는 과정에서 뜻밖의 변수가 생겼다. 대화의 상대방인 헤이그 국무장관이 며칠 사이에 갑작스럽게 사의를 표명하게 된다. 자리에서 물러나겠다는 뜻이었다. 진작부터 백악관 참모진과의 불화설이 나돌던 터였다. 손님을 초대한 집 주인의 신변에 이상이 생긴 것이었다.

이런 상황에서도 이범석의 방미 계획은 그대로 추진되었다. 헤이그 장관이 아니라면 스토셀 차관에게라도 한국 정부의 입장을 전달하는 것이 중요하다고 판단했던 것이다. 헤이그 국무장관의 사의 표명에 따라 조지 슐츠George P. Shultz가 후임으로 지명됐지만 의회 인준절차가 남아 있으므로 아직 공식적인 대화 상대로 나설 입장은 아니었다.

우려했던 바와 달리 이범석의 워싱턴 방문은 성공적이었다. 헤이그는 사임 의사를 미리 발표했을망정 이범석을 만난 자리에서 미국 정부의 강력한 방위공약을 거듭 다짐하게 된다. 구체적인 약속을 얻어내기보다는 대화 자체에 의미를 두었던 회담이다. 헤이그가 물러나면서 마지막 회담 상대가 이범석이었던 셈이다. 그는 조지 부시George W. Bush 부통령과 칼루치Frank C. Carlucci 국방차관과도 만나 요담을 나누었다.

물론, 겉으로 드러난 성과는 그렇게 내세울 바가 없었다. 명태 쿼터를 2000톤 더 받아온 것이 그가 귀국해서 풀어놓은 선물 보따리의 전부였다. 그 자신 이에 대해 "내 덩치에 비해서는 너무 적다고 웃을지도 모르겠다. 그러나 서서히 과일이 익어갈 것이다"라며 앞으로의 관계 증진에 대한 자신감을 내비쳤다. 그의 말대로 그것은 예고편에 불과했을 뿐이다.

일본 역사교과서 파동

더욱 돋보였던 것은 일본과의 관계 개선 움직임이다. 경협 문제를 조속히 타결하기 위해서도 일본과의 관계를 새로운 각도에서 접근할 필요가 있었다. 이범석이 그때 헤이그 국무장관과의 회담을 마치고 귀국하는 도중 도쿄에 기착하게 된 것이 그러한 시도의 일환이었다. 어차피 쇠뿔을 빼야 한다면 단김에 빼는 게 좋다는 게 그의 생각이었다.

그의 의중을 이해했다는 뜻이었을까. 사쿠라우치 외무상도 이범석의 첫 방문을 맞아 우호적인 분위기에서 대화를 이어가게 된다. 막혔던 양국 관계의 매듭이 풀려가고 있음을 보여주었다. 그의 표현대로 "꺼져가던 엔진에 다시 시동을 걸었던 회담"이다. 그 스스로 "호랑이를 잡으려면 호랑이굴로 들어가야 한다"는 속담을 인용하고 있었다. 개인적인 돌파력을 유감없이 드러낸 회담이었다.

이범석은 사쿠라우치 외무상과의 회동에서 '후샤쿠신묘不惜身命'를 거론했다. "이웃나라 사이에 어려운 일이 생기면 그 지도자들

경협 문제를 포함해 한일 간의 여러 현안을 논의하기 위해 열린 양국 외무장관 회담에서 이범석 장관의 모습. 오른쪽에 서 있는 사람이 사쿠라우치 외무상이다.

은 대의를 위해 신명을 바쳐야 한다"고 강조하고 있었다. 사쿠라우치 외무상이 평소 한국에 대해 호감을 표시한 데 대한 감사의 표시이기도 했다. 일본 의회에서 원폭 피해자 구호법률 만들 때 한국인 피해자들에 대해서도 차별을 둬서는 안 된다고 주장한 사실이 있었기 때문이다.

더구나 이범석 자신이 직접 일본말을 사용하며 대화를 나누었으니, 대화 분위기도 한결 부드러울 수밖에 없었다. 일본어 표현에서도 막힘이 없었던 이범석이다. 전임 노신영 장관이 일본어가 유창했으면서도 일본 당국자들과의 대화에서는 통역을 거쳤던 것과도 대비를 이룬다. 굳이 따지자면 서로 일장일단이 있을 것이다.

그는 스즈키 총리를 예방한 자리에서도 '아바타모 에쿠보痘痕も 靨'라는 일본 속담을 꺼냈다. '곰보도 보조개로 봐야 한다'는 뜻이다. "지금까지 한일관계는 보조개를 곰보라고 놀려댔으나 앞으로는 곰보도 보조개로 봐주는 관계가 됐으면 좋겠다"며 관계 개선의 필요성을 강조한 것이다. 양국 사람들이 서로 상대방을 칭찬하기보다 헐뜯는 경향이 많았던 데 대해 안타까움을 드러낸 표현이었다.

이범석이 이처럼 어려운 일본 속담을 인용하자 스즈키 총리가 기꺼이 웃음을 터뜨릴 수밖에 없었다. 다른 배석자들도 마찬가지였다. 그것으로 서로의 경계감이 한꺼번에 허물어진 것이나 다름없었다. 그를 수행했던 이재춘이 증언하는 당시 스즈키 총리의 접견실 분위기다. 동북아 1과장으로 일본 실무 책임을 맡았던 당사자가 이재춘이다.

언론의 평가도 긍정적이었다. 〈중앙일보〉는 "이번 회담은 얼어붙었던 양국 관계를 녹이고 대화 재개의 길을 여는 계기가 되었다는 점에서 '이범석 적극외교'의 성과라고 할 수 있다"고 지적했다. 〈서울신문〉도 "경협 문제에 대해 일본이 성의를 갖고 관계부서에서 검토를 시키고 있으며 상품차관에 대해서도 종래의 어렵다는 태도에서 진지하게 검토하겠다는 태도를 보인 것은 일본 측 자세의 큰 변화로 보인다"고 평가했다.

이범석은 두 달이 지나서 다시 일본을 방문하게 된다. 앞서의 방문이 서로 격식을 차리지 않은 채 가볍게 악수를 나누고 상대방의 분위기를 살피는 정도의 의미였다면 이때의 방문은 격식을 갖춘 정식 의례였다. 전두환 대통령의 아프리카 및 캐나다 순방 일정을 수행하고 돌아온 직후인 1982년 9월의 얘기다.

그러나 아직은 갈 길이 멀었다. 한두 차례 얼굴을 맞댄 것만으로는 부족했다. 일본 정부로서도 이범석이 외무장관에 오른 직후부터 경협 추진을 위한 긍정적인 신호를 보내고는 있었지만 기본 입장에서는 크게 달라지지가 않았다. 협상 규모를 40억 달러로 맞춘다는 방안에서는 거의 합의를 이뤘으나 그 구체적인 내역에서는 계속 평행선을 긋고 있었다. 대화 분위기가 난기류에서 겨우 벗어났을 뿐이다.

이러한 와중에 터져나온 일본 교과서 왜곡 사태가 또 다른 걸림돌이 되었다. 탈출구가 겨우 뚫리는가 싶던 국면에서 새로 불거진 현안이다. 일본 고등학교 역사 교과서에서 한반도에 대한 과거의 침략 역사가 정당화되고 더 나아가 미화하는 내용으로 기술된 것이 문제였다. 식민지배의 가해자와 피해자라는 불편한 관계로 인해 잠재적으로 깔려 있던 역사적인 인식 차이가 교과서를 통해 표출되기 시작한 것이다. 1965년 한일협정으로 가라앉았던 과거사 문제가 다시 제기되는 시발점이기도 했다.

인식 차이는 작지 않았다. 일본 교과서들은 3.1 만세운동을 '폭동'으로 표현했는가 하면 한국인에 대한 신사참배 강요를 '장려'로 기술하고 있었다. 결코 강제성이 없었다는 뜻이다. 창씨개명이나 토지조사 사업에 있어서도 거의 비슷했다. 지난날 역사적 과오에 대한 반성의 기미는 찾아보기 어려웠다. 이처럼 침략의 역사를 의도적으로 왜곡하는 내용의 교과서가 이듬해부터 배포될 예정이었다. 일본 문부성의 검정 기준 자체가 문제였다. 한국으로서는 받아들일 수 없는 일이었다.

이에 대해서는 중공도 반발하고 있었다. 중공 역시 일본의 무력 침략으로 고통을 겪은 입장이었기 때문이다. 만주사변과 중일전쟁으로 대륙이 전란에 휩싸이는 과정에서 수많은 사람들이 억울하게 죽어갔다. 일본군이 1937년 난징南京을 점령하고 무려 30만 명에 이르는 민간인을 무차별 학살한 것이 대표적인 사례다. 그런데도 일본 교과서는 대륙 침략을 '진출'이라는 표현으로 슬그머니 얼버무리고 있었다.

일본에서 과거 제국주의 시절의 미련에 집착하는 조짐은 일찍이 1960년대부터 드러나고 있었다. 일본 경제가 서서히 제 궤도에 오르면서 제2차 대전에서의 패전으로 위축됐던 극우적 시각의 역사 인식이 다시 고개를 치켜들고 있었던 것이다. 평화헌법을 반대하고 천황제로의 회귀를 내세우던 주장들이 그러한 사례다. 자위대의 각성과 궐기를 외치며 할복자살한 미시마 유키오三島由紀夫가 이런 기류를 대표하고 있었다.

이러한 과정을 거치며 잠복해 있던 국수적인 역사 인식이 교과서를 통해 불거진 것이었다. 이범석이 외무장관에 취임하기를 기다렸다는 듯이 터져나온 것부터가 공교로웠다. 양국 관계가 단숨에 얼어붙을 수밖에 없었다. 비로소 숨통이 트이려던 경제 협상에도 차질이 우려되고 있었다. 그의 외교 능력이 처음부터 시험대에 올랐던 셈이다.

이제 한일 간에 있어 경협보다는 교과서 문제가 더 긴급한 발등의 불이 되고 말았다. 정부 당국 간 갈등만이 아니었다. 단순한 외교적 쟁점 차원을 떠나 양국 국민들 사이의 반감도 자꾸 확대되고 있었다. 양국 관계가 과거사 문제로 인해 덜컥 발목이 잡힌 것이었다.

이범석 자신이 일제의 만행과 술수를 겪으며 청소년기를 보낸 입장이 아니던가. 대화 채널을 통해 즉각 항의의 뜻을 전달하는 한편 역사적 사실 왜곡에 대한 수정을 강력 요청하기에 이른다. 하지만 일본 정부 역시 호락호락하지 않았다. 교과서 검증은 내정 문제라는 논리를 내세워 한국 정부의 항의를 묵살하려 들었다. 과거사 문제에 있어서도 일본 신공황후神功皇后 이전에는 오히려 신라가 일본을 집적댔다는 오랜 기록을 들어 피장파장이라고 주장하고 있었다. 접점의 기미를 찾기가 어려웠다.

일본과의 관계에서 두 마리 토끼를 동시에 쫓아야 하는 상황이 되어 버렸다. 경협 추진과 교과서 왜곡에 대한 정정 요구 가운데 어느 하나라도 포기할 수 있는 과제가 아니었다. 더욱이 하나는 일본으로부터 자금 지원을 받아내야 하는 수혜적인 입장이었던 반면 다른 하나는 그들의 역사적 과오를 따져야 하는 공세적인 과제였다. 한꺼번에 두 가지를 해결하기가 쉬울 리 없었다. 대응전략 마련이 간단치 않았고, 따라서 이범석의 고민도 깊어지게 된다.

하지만 고우나 미우나 우호협력을 유지해 나가야 하는 관계였다. 당장 얄밉다고 해서 쉽사리 왕래를 끊을 수 있는 관계가 아니지 않는가. '가깝고도 먼 나라'라는 표현이 양국의 애증 관계를 말해주고 있었다. 그것이 또한 두 나라가 서로 부딪치며 지내온 역사적 운명이었다.

결국 요구할 것은 최대한 관철시키면서 양보할 것은 양보하는 것이 최선의 전략이었다. 무조건 규탄하거나 버틴다고 해서 해결될 것도 아니었다. '곰보'와 '보조개' 사이에서 조화를 찾아야만 했다. 그것이 동서고금을 관류하는 외교 전략의 변함없는 기본 원칙이기도 하다. 더욱이 양국 관계에서 한국은 약세였다. 장차 국제무대에서 영향력을 더 키우게 되면 과거의 설움을 되갚아 줄 수도 있겠지만, 그것은 그때 가서의 얘기일 뿐이다.

당장은 '이웃 관계'에 더 중점을 두어야 했다. 동반자 관계를 추구하는 분위기에서 교과서 왜곡 문제도 시정될 수 있을 것이었다. 그것이 이범석이 내린 잠정 결론이고, 소신이었다. 그리고 최선의 방안이었다.

"내가 역적이 되면 되지 않느냐. 욕 먹을 각오는 되어 있다."

그가 일본과의 협상 과정에서 고비에 부딪칠 때마다 스스로 되뇌던 다짐이다. 경제 협상에서 그러했고, 교과서 왜곡 문제에서도 똑같았다. 무엇보다 역사적 피해의식을 극복하기가 쉽지 않았다. 설사 열 개를 얻고도 다른 하나를 내주게 된다면 그것만으로도 비난의 손가락질을 받기 십상인 것이 일본과의 협상이었다.

다행스럽게도 교과서 문제는 쉽게 해결 기미를 보이게 된다. 오래 가지도 않았다. 문제가 불거지고 얼마 지나지 않아 미야자와 기이찌宮澤喜一 관방장관이 자체적인 해결 방안을 제시하게 된다. "과거 일본의 행위가 한국과 중공을 포함한 아시아 각국 국민들에게 큰 고통을 준 것을 깊이 자각하고 이같은 취지가 앞으로 검정 작업을 통해 충분히 실현되도록 배려하겠다"는 내용의 담화를 발표한 것이다.

이미 검정을 통과해 이듬해부터 사용토록 예정된 교과서는 일단 그대로 사용할 수밖에 없다는 것이었지만 그나마도 커다란 입장 변화였다. 문제의 교과서를 앞으로 두 해 동안만 사용하고 1985년부터는 수정된 내용으로 교과서를 새로 제작하겠다는 것이 미야자와 관방장관이 밝힌 일본 정부의 공식 입장이었다. 당시 모리 요시로森喜朗 문부성 정무차관도 서울을 방문해 이규호李奎浩 문교장관을 만나 원활한 해결책을 약속하기에 이른다. 막혔던 한일 관계의 숨통이 열려가고 있었다.

나카소네의 방한

　교과서 문제가 해결되면서 오랫동안 끌어왔던 경협 문제도 다시 협상에 돌입하게 된다. 더욱이 스즈키 총리의 뒤를 이어 등장한 나카소네 야스히로中曽根康弘 총리는 한국과의 새로운 관계 정립에 강한 의욕을 내비치고 있었다. 스즈키 총리의 예기치 않은 자민당 총재직 사임 선언으로 그해 말 나카소네 내각이 들어선 뒤였다.

　더욱이 경협 문제가 나카소네 총리의 공식 방한 계획과 연계되면서 협상 라인이 집중적으로 동원되기에 이른다. 나카소네의 서울 방문은 1983년 1월 11일로 날짜가 잡혀 있었다. 새해 벽두부터 양국 관계자들이 현해탄을 오가며 바빠질 수밖에 없었다. 경협보다는 나카소네의 방한 일정을 차질없이 추진하는 것이 더 큰 과제였다.

　나카소네의 방한은 그가 전 해 11월 총리에 취임한 이후 첫 번째 외국 방문이었다. 미국 방문 계획은 한국 방문을 마친 직후로 스케줄이 잡혀 있었다. 워싱턴을 먼저 방문하는 관례를 깨고 서울부터 방문한다는 것은 한국과의 관계 개선에 비중을 두겠다는 의미였

이범석 장관이 일본을 방문해 총통부로 나카소네 총리(사진 맨 오른쪽)를 예방하고 환담을 나누고 있다. 이 장관 바로 왼쪽은 최경록 당시 주일본 대사.

다. 그가 방한을 앞두고 한국어 교습을 받는다거나 녹음기를 틀어가며 '노란 셔츠 입은 사나이' 노래를 배운다는 얘기도 일본 정가에서 간헐적으로 흘러나오고 있었다.

일본 정부 나름대로는 나카소네의 미국 방문에 앞서 한국과의 현안을 먼저 마무리 짓겠다는 뜻이기도 했다. 경협에 있어서는 그동안 논의가 좁혀진 40억 달러 차관 규모를 세부적으로 어떻게 짜맞추느냐 하는 것이 관건이었다.

더욱이 나카소네의 방한은 일본 총리로서는 종전 이후 처음으로 이뤄지는 공식 방문이라는 의미를 지니고 있었다. 그 전에도 1967년 박정희 대통령 취임식과 1974년 육영수 여사 국민장 당시 사토佐藤榮作 총리와 다나카田中角榮 총리가 각각 방한했으나, 그때는 경축과 조문을 위한 의례적인 방문에 지나지 않았다.

일본 총리의 공식 방문이 이뤄진다는 것은 정부종합청사 게양대에 일장기가 태극기와 나란히 나부끼게 된다는 것을 의미했다. 1945년 종전으로 일제가 물러가고 광복을 맞은 이래 38년 만에 처음 경험하는 경우였다. 역사적으로 불행했던 과거에서 벗어나 호혜평등 원칙에 입각해 동반자 관계를 구축해 나가자는 뜻이었다. 나카소네의 방한은 그만큼 의미가 작지 않았다.

그때 나카소네가 표명한 한국과의 관계개선 의지가 과거와는 달랐다. 전두환 대통령과의 만찬에서 "한강의 기적으로 알려지는 한국 경제의 눈부신 발전은 세계의 이목을 집중시킨 바 있으며 국제사회에서의 한국의 위치는 스포츠를 통한 평화의 제전인 올림픽의 서울 유치가 여실히 입증하고 있다"고 치켜세운 데서도 그의 의지를 살펴볼 수 있다. "한일 양국이 내딛는 한걸음은 두 나라가 태평양을 넘어 세계를 향한 동반자로서 유대를 굳게 다짐하는 도약의 거보巨步"라는 전 대통령의 만찬사에 대한 화답이었다.

그러나 양국 관계에서 풀어나가야 할 현안 문제가 한둘이 아니었다. 그중에서도 만성적인 무역 불균형 문제가 가장 시급했다. 국교 정상화에 합의한 1965년 이래 1982년까지 한국 측의 무역수지 적자가 240억 달러에 이르고 있었다. 그밖에 재일 한국인 처우개선 문제나 사할린 거주 한국인 귀환 문제도 해결이 쉽지만은 않았다. 재일 한국인들은 일본 국민과 거의 똑같은 의무를 지면서도 사회적으로 불평등을 겪던 터였다.

이범석이 일본 아베 신타로安倍晋太郞 외무상을 상대로 처음 협상 테이블에 마주앉은 것이 바로 이때다. 한일 양국이 동북아 지역의 평화와 안전에 대한 공통 인식을 토대로 국제사회에서 상호협력 관계를 더욱 굳건히 유지해 나가기로 합의가 이뤄진다. 그가 지금 아베 신조安倍晋三 총리의 부친임은 더 말할 것도 없다.

경협 문제도 이러한 큰 틀에서 협상이 타결되기에 이른다. 김병연金炳連 아주국장과 일본 기우치木內昭胤 아주국장이 마주앉았던 협상이 마지막 결렬 위기에 처하기도 했으나 결국 무사히 합의를 본 것이다. 일본 정부가 향후 5년간 한국에 ODA 18억5000만 달러, 수출입은행 차관 21억5000만 달러 등 모두 40억 달러의 경제 협력 자금을 지원한다는 내용이다.

그중에서도 ODA 자금은 한일협정이 체결된 이래 일본으로부터 지원받은 전체 14억7000만 달러보다 많은 규모였다. 평균 금리는 6.3%로 정해졌다. 상환조건도 5~7년 거치에 18년 상환으로 결정되어 상환 부담이 크게 덜어질 것이라는 평가를 받고 있었다. 두해 가까이 끌어온 협상의 타결이다. 전임 노신영이 시작해 이범석이 마무리를 지은 것이었다.

'김대중 납치사건'의 후유증

　박정희 정권 당시이던 1973년 8월 도쿄에서 발생한 '김대중 납치사건'은 두고두고 한일 관계의 발목을 잡게 된다. 이범석 외무장관 때도 마찬가지였다. 한동안 잠복했던 이 문제가 다시 수면 위로 떠오른 것이었다. 교도소에 수감돼 있던 김대중이 형집행정지로 풀려나 미국으로 사실상의 망명을 떠나면서다. 1982년 12월의 얘기다.

　김대중에게는 1980년 당시 '5.18 광주민주화 항쟁'과 관련해 내란음모 혐의가 씌워져 있었다. 박정희 사후 전두환 육군 소장을 중심으로 하는 신군부가 정권을 잡는 과정에서 일어난 시위 사태의 배후 책임을 뒤집어쓴 것이다. 당초 계엄보통군법회의에서 사형을 선고받았으나 무기징역으로 감형된 데 이어 다시 20년형으로 감형된 상태에서 형집행정지 처분을 받은 게 그나마 다행이었다. 미국 정부가 다각적으로 구명운동을 펼쳤던 덕분이다.

　이렇게 김대중이 미국 망명길에 오르면서 일본 사회에서도 여론이 들끓게 된다. 문제의 납치사건 발생 경위에 대해 다시 조사해야 한다는 분위기였다. 그때 김대중이 신병 치료차 일본에 체류하던 중 유신체제가 선포되었고, 이에 그가 한국민주회복통일촉진국민회의(약칭 한민통)를 결성하고는 반정부 활동을 펼치던 중에 일어난 사건이다. 나카소네 총리의 방한을 앞두고 양국 관계를 고려해 잠잠하던 여론이 그의 방한 일정이 끝나자마자 다시 불붙기 시작했다.

　당초 사건 직후 한일 간 막후교섭도 없지는 않았다. 사건이 발생하고 석 달이 지난 그해 11월 김종필金鍾泌 국무총리가 도쿄를 방문해 다나카 총리에게 박 대통령의 친서를 전달했고, 다나카 총리도 더 이상 문제 삼지 않겠다는 답신을 전달한 바 있다. 양국 정부가 사건의 진상을 덮고 넘어가기로 결정했던 것이다. 이로 인한 갈등도 저절로 봉합되는 듯했다.

하지만 그 뒤로도 간헐적으로 문제 제기가 이어지곤 했다. 중앙 정보부장을 지낸 김형욱金炯旭이 1977년 미국 의회에서 이 사건에 대해 증언하게 되면서 파장을 불러일으켰다. 그가 "김대중 납치사 건은 중앙정보부의 범행"이라고 발설한 데 따른 결과다. 한국 정부 로서는 민감한 문제였다. 그 문제가 이범석 외무장관 때에 이르러 다시 불거진 것이었다.

일본 정부는 일단 미국 정부의 입장을 타진하고 있었다. 미국에 체류하게 된 김대중에게 조사관을 파견해 본인으로부터 직접 당시 의 상황 설명을 들어야겠다는 취지였다. 도쿄에 머무르던 한국의 야당 지도자가 한국 정보기관 요원들에 의해 납치됐던 사건이므로 그냥 넘길 일은 아니었다. 그가 현해탄에서 수장水葬 직전까지 갔 다가 극적으로 생명을 건진 것이 천만 다행이었지만 진상을 밝히겠 다는 움직임은 일본 정부로서는 어쩌면 당연한 일이었다.

이 문제의 처리에 대해 책임이 있다면 안전기획부에 있을 것이었 다. 전두환 정권 들어 중앙정보부가 새로 간판을 바꿔 단 이름이다.

일본 다나카 가쿠에이 전 총리를 예방한 이범석 외무장관. 왼쪽으로부터 마에다 주한대사, 최경 록 주일대사, 다나카 전 총리, 이 장관, 공로명 차관보, 최동진 아주국장.

하지만 결국 이범석이 외교 채널을 통해 전면에 나설 수밖에 없었다. 외무부가 일본과 미국 정부를 상대로 설득 작업을 벌이게 된 것이다. 음모와 의혹으로 가득 찬 해묵은 사건이 다시 수면 위로 떠오른다는 자체가 한국 정부로서는 적잖은 부담이었다.

외무부는 워싱턴과 서울에서 미국 관계자들과 연쇄 접촉에 나섰다. 주미 대사관은 국무성의 데이비드 램버트슨David Lambertson 한국과장을 통해 입장을 설명했으며, 서울에서도 미국대사관 블레익모어Davis Blakemore 참사관을 불러 협조를 부탁하게 된다. 이범석도 최경록崔慶祿 주일 대사에게 보낸 긴급 훈령을 통해 "어떤 형태로든 이 문제가 양국 정부 간 재론되는 상황은 피해야 한다"고 강조하고 있었다.

이런 식으로 논의가 오가다가 결국 유야무야 다시 덮이고 말았다. 시간이 해결해 준 셈이다. 그 뒤로 언론의 간헐적인 추적으로 현재 사건 진상이 거의 밝혀지긴 했지만 이로 인한 외교적인 마찰만큼은 피해간 것이다.

그런 점에서는 1974년 재일교포 2세인 문세광文世光의 8.15 광복절 기념식 저격사건도 마찬가지다. 일본 이름으로 난조 세이코南条世光라 불리던 그의 배후를 캐는 수사에 있어 일본 정부가 제대로 협조하지 않았다는 불만이 제기됐던 것이다. 조총련의 밀봉교육을 받은 범인이 박정희 대통령을 암살하려고 권총을 발사했으나 탄알이 빗나가는 바람에 그의 아내인 육영수 여사가 목숨을 잃은 사건이다.

이를테면, 이범석의 외무장관 재임 기간은 일본과의 관계에 있어 이처럼 지난 앙금을 털고 새로운 미래 관계를 정립해 나가는 시기였다. 이러한 과정에서 어느 정도의 긴장관계가 불거진 것은 불가피했지만 전반적으로는 원활한 관계가 유지될 수 있었다. 당시 주기적으로 열렸던 한일 외무장관 회담이나 정기 각료회의 분위기에서도 확인되는 사실이다. 오히려 그 이후 일본 집권세력이 점차 극우주의 노선을 띠면서 양국 관계가 불편해진 측면이 없지 않다.

슐츠 국무장관의 서울 방문

당시 일본과의 관계에서만이 아니라 한반도를 둘러싼 전반적인 대외 여건이 중대한 변화를 겪는 과정에 있었다. 시대 흐름에 따라 각국 외교정책의 방향과 내용이 바뀌기 마련이었고, 한반도가 처한 상황도 그 영향을 받을 수밖에 없었기 때문이다.

1983년 새해 들면서 이범석이 구상한 외교정책은 한반도 평화정착에 방향을 맞추고 있었다. 잠재적인 전쟁 위협에서 벗어나는 안보외교와 민족화합 방안을 바탕으로 북한을 대화의 마당으로 이끌어내는 평화통일 전략이 그것이다. 수출 증대를 위한 경제외교와 홍보문화외교에도 신경을 기울여야 했다. 특히 1983년은 영국 및 서독과 수교 100주년을 맞는 해였던 만큼 유럽 각국과의 유대 증진에도 노력할 필요가 있었다.

더욱이 이 무렵에는 남북한 교차승인 문제가 한국 정부로서 직면했던 가장 큰 외교 현안이었다. 소련과 중공 등 공산권 국가들이 한국을 승인하는 조건으로 자유진영 국가들도 북한을 승인하면 되지 않겠느냐는 논의가 싹트고 있었다. 남북한 사이의 대결 구도를 해소함으로써 한반도 평화정착을 추구한다는 뜻이었다.

그중에서도 프랑스가 이런 움직임에 앞장을 서고 있었다. 미테랑 Francois Mitterrand 대통령의 사회당 정부가 들어선 1981년 이래 북한 승인 방침을 공식화하던 중이었다. 이미 선거운동 때부터 공산당과의 좌파 연합을 통해 북한에 대한 외교적 승인 방안을 공약으로 내세웠던 것이다.

이러한 방안은 한국 정부의 입장과는 동떨어진 것이었다. 한반도 평화정착을 추구한다는 관점에서는 비슷하게 비쳐지고 있었으나 교차 승인까지는 아직 시기가 아니었다. 겉으로는 평화 공존을 내세우면서도 적화 야욕에 집착하는 북한의 끈질긴 속성이 문제였다. 북한이 1980년 10월 남한의 정치적 격동기를 틈타 내놓은 '고려민주연방공화국' 통일 방안도 순수성을 인정받기는 어려웠다. 더구나 그때 상황에서 교차승인이 이뤄진다면 남한을 한반도의 유일한 합법정부로 규정했던 유엔 결의안도 효력을 잃고 말 터였다.

다만 프랑스의 경우 한국과의 경협 문제를 감안해 북한 수교를 늦추고 있었다는 것이 그나마 다행이었다. 한국 정부가 추진하던 원자력발전소 추가 사업과 고속전철이나 지하철 사업을 따내는 것이 먼저였기 때문이다. 프랑스는 한국 정부가 발주를 앞두고 있던 통신위성 사업에도 관심을 내비치고 있었다. 그러면서도 클로드 셰송Claude Cheysson 외무장관은 1982년 8월 방한해서도 북한과의 수교 원칙에 변화가 없음을 거듭 강조하며 양다리 전략을 구사하던 중이었다.

더욱 심각했던 것은 전통 우방인 미국 정치권에서조차 남북한 교차승인의 필요성이 자꾸 불거지고 있었다는 점이다. 미국 정부가 이미 카터Jimmy Carter 대통령 당시이던 1978년 자유중국을 포기하면서까지 중공과 수교에 이른 사실을 감안할 때 남북한 교차승인이 이뤄지는 것은 시간문제나 다름없었다. 한국의 외교 정책을 이끌어가던 이범석에게 주어진 커다란 부담이었다.

미국과의 관계에 있어서는 대외군사판매FMS라는 또 다른 현안이 불거져 있었다. 미국이 우방국에 전투 무기를 무상원조나 차관 형식으로 지원하다가 1975년부터 유상지원으로 전환한 방식이다. 미군물자 조달가격이 그 기준이지만 판매 규모와 상환조건이 관건이었다. 무기를 원활하게 지원하고, 지원받을 수 있으려면 이러한 협의가 먼저 이뤄져야 했다. 한국은 이밖에도 미국에 대해 방위산업 제품의 수출확대 방안을 요구하고 있었다. 한국에서 생산된 방위산업 제품을 제3국에 수출하는데 있어서도 미국의 사전 양해가 필요했던 상황이다.

이처럼 여러 문제들이 잠복한 상황에서 미국 슐츠George P. Shultz 국무장관의 서울 방문이 이뤄지게 된다. 1983년 2월 들어서다. 새해 들어 나카소네 일본 총리에 연이은 굵직한 외교 손님이었다. 슐츠로서는 국무장관 직책을 맡고 나서 첫 번째 방한이었다. 그 전 해 이범석이 워싱턴을 방문해 퇴임하는 헤이그 장관과 회담을 가진 뒤 처음으로 열리는 양국 외무장관 회담이기도 했다.

그러나 현안이 현안이었던 만큼 무거우리라 여겨지던 회담 분위기는 서로 자리에 앉자마자 쉽게 풀어져 버렸다. 이범석이 남북적십자회담 수석대표를 맡았을 때 북측 대표단을 한마디로 제압했던 일화가 화제에 올랐던 것이다. "자동차를 옮겨오느라 힘들었겠다"는 북측 비아냥에 "빌딩을 옮겨오는 건 더 힘들었다"는 촌철살인의 즉석 대꾸 얘기다.

미국 슐츠 국무장관이 1983년 2월 방한해 국립묘지를 참배했을 당시 이범석 장관이 동행했다.

슐츠 국무장관이 "실제로 그런 일이 있었느냐"고 먼저 관심을 나타냈다. 상대방의 무례를 맞받아치며 꼼짝 못하게 물리쳤다는 점에서 외교 담판의 수사로서도 전혀 손색이 없는 위트였기 때문이다. 슐츠 장관의 질문에 배석했던 한국 대표단 몇 사람이 동시에 "그렇다. 사실이다"라고 응답했고, 좌중에서는 한바탕 웃음이 터져나왔다. 회담에 동석했던 리처드 워커 주한대사의 목격담이다.

그때의 회담이 순조롭게 진행된 것은 두말할 것도 없다. 이미 슐츠가 김포공항에 도착하자 이범석이 승용차를 타고 함께 시내로 들어오며 남북한 정세를 포함해 여러 얘기를 주고받은 터였다. 이러한 첫 대면을 통해 개인적인 신뢰감만큼은 깊이 심어주었을 듯싶다. 솔직한 성격에 뛰어난 언변이 상대방의 마음을 잡아끄는 은근한 매력을 지니고 있기 때문이다.

더구나 슐츠가 과거 남북적십자회담 당시의 일화까지 직접 거론한 단계였다면 마음을 활짝 열어놓은 것이나 다름없었다. 그것만으

1983년 2월 미국 슐츠 국무장관(사진 가운데)이 방한했을 때 외무장관실에서 워커 주미대사(맨 왼쪽), 이범석 장관이 같이 기념사진을 찍었다. 워커 대사 옆이 부인 체니 여사, 그 오른쪽이 슐츠 장관 부인 샤롯데 여사, 또 그 오른쪽이 이 대사 부인 이정숙 여사다.

로도 슐츠가 이범석의 인간적인 면모에 매료됐을 것이라는 점은 충분히 짐작되고도 남는다.

이틀간에 걸친 협상 끝에 한국 정부에 대한 미국의 대외군사판매 프로그램 상환조건이 대폭 완화되기에 이른 것이 그 결과일 것이다. 종래의 '3년 거치, 9년 상환' 조건에서 이듬해부터 '10년 거치, 20년 상환'으로 숨통이 트이게 되었다. 그동안 원리금 상환액이 누적되는 바람에 한국 정부에 가중되던 부담을 덜어주는 조치였다. 슐츠로부터 얻어낸 첫 방한 선물이었다.

그해 4월 말에는 이범석의 워싱턴 D.C. 방문이 이뤄지게 된다. 슐츠 국무장관의 방한에 대한 답방 형식이었다. 이때의 방미를 통해선이 굵고 호방한 그의 성격이 유감없이 발휘된다. 당시 워싱턴 매디슨 호텔에서 미국 상하 의원을 포함한 유력 인사들 150여 명을 초청한 만찬에서 박수갈채를 받았던 다음과 같은 연설이 하나의 사례다.

나는 전두환 대통령에게 워싱턴에 다녀와야 한다고 말씀을 드렸습니다. 전 대통령께서는 내 말을 듣더니 "슐츠 국무장관이 서울을 다녀간 지 얼마 지나지 않았는데 무슨 일로 또 미국에 가려느냐"고 물으셨습니다. 외무장관이 미국을 다녀오려면 이래저래 비용이 드는데 미국 원조를 받는 처지에서 한푼이라도 아껴 써야지, 굳이 돈을 써가면서까지 미국에 가야 하느냐고 지적하신 것입니다.

나는 전 대통령에게 "미국 사람은 부부지간이라도 서로 '아이 러브 유 I love you'라는 말을 아침저녁으로 쓰면서 날마다 사랑을 표시하고 확인하며 살아간다"는 점을 말씀 드렸습니다. 국가 간에도 애정을 표현하면서 지내야 한다고 말이지요. "슐츠 국무장관이 한국을 다녀간 지 얼마 되지 않았으나 답례로 찾

아가서 우의를 전해야 관계를 더욱 돈독히 할 수 있다"고 건의
를 드린 것이지요. 그랬더니 마침내 허락해 주셨습니다.

나는 오늘 여기에 한국으로부터의 우의를 여러분께 전하러 왔
습니다. 다시 말씀 드린다면 '아이 러브 유'라는 말을 전하기
위해 워싱턴을 방문한 것입니다. 여러분, 한국 국민들을 대신
하여 여러분에게 인사를 드립니다. 한국 국민들은 미국과 여
러분을 사랑합니다.

　　몇 마디에 지나지 않는 짧은 연설이었지만 그 자신의 존재를 미
국 정가에 알리는 데는 충분했다. "남녀 사이에도 사랑한다는 말
을 자주 하지 않으면 애정이 식기 마련"이라는 대목에 이르러 참석
자들은 열띤 박수와 환호로 응답했다. 그것만으로도 워싱턴 방문
은 성공을 거둔 셈이었다. 앞서 헤이그 장관 당시에는 그가 사의를
표명했던 어정쩡한 입장이었기에 손님으로 방문한 이범석의 행보에
도 제한이 따를 수밖에 없었으나 이번에는 달랐다. 제대로 실력을

이범석 장관이 1983년 5월 미국을 방문했을 당시 백악관으로 레이건 대통령을 예방하고 환담
을 나누는 모습.

발휘할 수 있었던 것이다.

당시 케네드 댐Kenneth W. Dam 국무장관 대리도 인사말을 통해 그의 표현을 받아 그대로 인용했다. "한국이 우리를 '허니Honey'라고 부르는 것은 한국 안보가 미국 안보에 중요하기 때문"이라는 것이 그의 즉흥적인 응답이었다. 한국의 안보와 경제발전에 있어 미국 정부의 이해가 필요하다는 공감대가 이루어져 있음을 보여주고 있었다.

이때 이범석의 워싱턴 일정 자체가 강행군이었다. 여드레 동안의 방문 기간을 통해 레이건 대통령은 물론 상하의원 등 모두 40여 명을 만났다. 직접 집무실로 찾아 단독 면담하거나 조찬, 또는 오찬에 초청하기도 했다. 스트럼 터몬드Strom Thurmond 상원 임시의장과 베이커Howard H. Baker, Jr. 상원 공화당 원내총무, 라이트Jim Wright 하원 민주당 원내총무, 로트Trent Lott 하원 공화당 원내총무, 타워John Tower 상원 군사위원장, 프라이스David Price 하원 군사위원장이 면담 대상에 포함되었다. 케네디Edward Kennedy 전 상원의원과도 만남이 이뤄졌다. 단번에 미국 정가의 마당발로 소문이 퍼지게 된다.

이범석이 마당발임을 증명하는 사례가 없지도 않았다. 그가 의전실장을 맡았을 당시 주한대사였던 포터William Porter가 줄곧 같이 움직이면서 그의 일을 거들어 주게 된다. 메인주에 살면서도 그를 만나기 위해 일부러 워싱턴 D.C.까지 내려온 것이었다. 포터가 서울에서 대사로 활동할 당시 함께 호텔 사우나에 드나들 정도로 친밀했던 관계가 워싱턴까지 발휘된 셈이다.

거침없는 유모어

이범석은 개인적인 자리에서는 물론 공식석상에서도 격의없는 유모어로 분위기를 이끌곤 했다. 그가 연설할 때마다 좌중에서는 웃음이 터져나왔다. 타고난 기질로, 상대방과의 거리를 좁히는 비결이기도 했다.

다음은 그가 1982년 10월 영국을 방문해 채텀하우스Chatham House에서 연설했을 때의 일화다. 채텀하우스는 외교·안보 분야에서 세계 최정상급 싱크탱크 중 하나로 평가받고 있는 왕립국제문제연구소RIIA의 별칭이다. 당시 프랜시스 핌Francis L. Pym 외무장관의 초청으로 이뤄진 공식 방문 때였다. 양국 수교 100년을 한 해 앞두고 있던 시점이다.

그는 첫머리에서부터 "사회자가 나를 '미스터 범'이라는 호칭 대신 '이 장관'이라 불러줘서 고맙다"며 자기 이름 소개로 연설을 풀어나갔다. 영어권 사람들이 자신의 이름을 부를 때 보통 '이범석Lee Bum Suk'의 '범'자를 패밀리 네임으로 착각하기 때문이라는 설명도 곁들여졌다. '부랑자'나 '게으름뱅이', 또는 '술주정뱅이'라는 뜻을 지닌 '범Bum'의 이름풀이부터 얘기가 시작됨으로써 엄숙했던 연설장 분위기가 단번에 풀어졌음은 물론이다.

맨 앞자리에 앉아 연설을 듣던 핌 장관의 얼굴에도 웃음이 감돌수밖에 없었다. 그 자신이 친한파였다. 남작男爵 작위를 갖고 있던 그는 6.25전란 당시 유엔군의 일원으로 참전하기 위해 기초 훈련을 받았던 것으로 전해진다. 훈련을 받는 도중 휴전이 이뤄짐으로써 참전이 무산되고 말았다는 것이다.

이범석은 '석'이라는 이름자를 내세워 자신을 소개하기도 했다. 발음상 '석suck'으로 들린다는 점에서 듣기가 거북하기는 마찬가지였다. 흔히 뒷골목 패거리들의 상스러운 욕설로 쓰이기 때문이다. 그런데도 그는 조금도 개의치 않았다. 오히려 영어로 자신을 소개할 때는 "여러분, 웃을 준비가 되어 있으십니까"라고 관심을 환기시키면서 이름을 이야기하곤 했다. 그러면서도 "내 이름자의 'Suk'은

'Suck'이 아니다"는 것만큼은 분명히 지적하고 넘어가기 마련이었다.

이범석이 그때 다우닝가 10번지 총리 공관으로 대처Margaret H. Thatcher 총리를 예방했을 때의 대화도 전해진다. 그가 서울에서 준비해간 한 폭의 '미인도美人圖' 선물을 화제에 올렸다. 그림을 전달하면서 "총리처럼 고상하고 아름다운 여인 그림을 구하려고 했으나 찾지를 못했다"며 은근히 대처 총리를 추켜세운 것이다. 대처도 "그림 속 여자가 나보다 훨씬 고상하고 예쁘다"며 기꺼이 웃음으로 응답하게 된다.

이범석 장관이 1982년 10월 영국을 방문해 마가레트 대처 총리를 예방했을 때의 모습. 아래쪽 기념 서류에는 "한국 이범석 외무장관이 다우닝 10번가 총리 공관으로 대처 총리를 예방해 환영을 받았다"는 문구가 적혀 있다.

그가 이처럼 각국을 다니면서 위축되지 않고 활동할 수 있었던 바탕에는 뒤지지 않는 영어 실력이 자리잡고 있었다. 웬만한 자리라면 별도의 연설 원고가 필요 없을 정도였다. 단상에 올라가서 생각나는 대로 이야기를 하면 청중의 박수를 이끌어내는 명연설이 되었다. 그 스스로 "나는 그동안 유엔총회를 비롯해 여러 국제회의에서 영어로 연설하며 상대방을 제압한 때가 적지 않다"고 자부심을 드러낸 적이 있었다. 때로는 유창함으로, 때로는 위트로 상대방을 사로잡으면서 동시에 속마음을 헤아리고 있었던 것이다.

이범석은 신참 외교관들에 대해서도 평소 외국어 실력 향상에 노력을 집중하도록 강조하곤 했다. 외국어 중에서도 기본은 영어였다.

"과거 말 잘하는 사람은 변호사가 된다고 했지만 요즘은 외교관이 된다고 한다. 특히 외교관은 우리말만 잘해서도 안 된다."

이범석은 역대 외교관 중에서도 영어가 출중한 편에 속한다. 물론 외교관 출신 가운데서 최규하崔圭夏와 윤석헌尹錫憲, 박근朴槿 등을 비롯해 영어 실력을 널리 인정받은 경우가 그렇게 드물지는 않다. 특히 최규하의 경우 미국 사람들조차 감탄할 만한 정통 영어를 구사했던 것으로 알려진다. 유엔결의안 표현을 놓고 거기에 들어가는 영어 단어 하나에 있어서까지 의미의 쓰임새를 파고들었을 만큼 꼼꼼했다는 얘기도 전해진다.

호주 헤이든 장관의 방한

1983년 7월에 있었던 윌리엄 헤이든William G. Hayden 호주 외무장관의 방한에 얽힌 일화도 소개할 필요가 있다. 헤이든 장관이 서울을 방문하는 기간 중 한국 반정부 인사들을 만나 인권 문제와 관련한 얘기를 듣겠다는 계획을 추진함으로써 논란이 제기된 경우다. 그는 미국과 일본을 거쳐 한국을 방문한다는 순방 일정을 마련해놓고 있었다.

문제는 한국 정부가 이에 대해 달가워하지 않고 있었다는 점이다. 군부를 동원해 정권을 차지한 전두환 정부가 김영삼金泳三, 김대중金大中, 김종필金鍾泌 등 정치 지도자들에 대해 정치 활동을 금지시키는 등 강압적인 수단으로 민심을 억누르고 있을 때였다.

따라서 안전기획부를 통해 이러한 보고를 받은 전 대통령으로서는 발끈할 수밖에 없었다. 주한 포코크Edward R. Pocock 호주 대사가 헤이든 장관의 사전 지시에 따라 야당 관계자들과 접촉하던 중이었다. 사실은 이러한 계획 자체가 무리한 측면이 없지 않았다. 굳이 방문국 정부의 심기를 거스르면서까지 반정부 인사들을 면담한다는 것은 일종의 '내정 간섭'이나 마찬가지였기 때문이다.

　결국 청와대와 호주 대사관 사이에 심각한 갈등이 야기되기에 이른다. 이에 헤이든 장관이라고 고분고분 넘어갈 리는 없었다. 순방 일정에 따라 도쿄까지 와 있던 그는 여차하면 아예 서울 방문 자체를 취소하겠다는 반응을 보내왔다. 중간에서 외무부가 난처한 입장에 처하게 됐던 것이다.

　그러나 외교 관계를 그렇게 불편하게 처리할 수는 없는 노릇이었다. 더욱이 호주와의 사이에는 교역이 다양하게 이뤄지고 있었으므로 헤이든 장관의 방문 계획이 틀어진다면 자칫 막대한 교역 차질을 우려해야 하는 상황이었다. 정부 내에서도 상공부와 동력자원부, 농수산부가 사태 추이를 지켜보며 초조한 분위기를 감추지 못하고 있었던 것이 그런 때문이다. 헤이든 장관이 사회안전부와 재무장관을 거쳐 노동당 당수까지 지낸 다음 외무장관 직책을 맡은 실력자였으므로, 그의 몇 마디만으로도 양국 관계에 냉기류가 초래될 가능성이 다분했다.

　더구나 불과 석 달 뒤에는 전 대통령의 호주 방문 계획도 잡혀 있었다. 서남아 및 대양주 순방 일정에 호주가 포함돼 있었던 것이다. 한 해 전 프레이저Malcolm Fraser 총리가 방한한 데 대한 답방 형식이었다. 결국 첫 순방지인 미얀마에서 아웅산 폭발사고로 이범석 자신이 목숨을 잃은 데다 그 다음의 모든 일정이 취소되는 얄궂은 운명이 기다리고 있었지만 말이다. 어쨌거나, 헤이든 장관의 비위를 거스를 경우 그에 따른 반대급부를 피할 수 없으리라는 것만은 분명했다.

이범석으로서는 난감한 일이었다. 저녁 늦게까지 간부회의를 열어 의견을 모았으나 뾰족한 해결책을 찾을 수가 없었다. 한남동 공관으로 돌아와서도 잠을 이루기 어려웠다. 방법은 헤이든 장관의 방한을 관철시키는 것뿐이었다. 무슨 방법으로든 전 대통령을 설득해야 했다. 그래서 고심 끝에 내린 결론이 편지를 올리는 것이었다. 곧바로 책상에 앉아 전 대통령에게 보낼 편지를 쓰기 시작했다.

그 요지는 다음과 같다.

> 호주 헤이든 외무장관의 방한과 관련하여 각하께 심려를 끼쳐 드린 것을 송구스럽게 생각합니다. 그러나 외무부에서는 헤이든 장관의 방한 취소가 초래할 수 있는 다음과 같은 연쇄적인 손실을 우려하지 않을 수 없습니다.
>
> 1. 대통령 각하의 호주 방문을 포함한 10월의 정상외교에 좋지 못한 영향을 주게 될 것입니다.
> 2. 한국—호주 관계 악화에 그치지 않고 호주를 발판으로 북한이 남태평양에 진출하는 계기를 제공하게 될 것입니다.
> 3. 한국—호주 관계가 악화되면 호주에 동조하는 영국연방 제국들과 제3세계 국가들에게도 한국에 대한 인식의 악화를 초래하게 될 것입니다.
> 4. 10월로 예정된 국제의원연맹IPU 서울 총회에 나쁜 영향을 미칠 것입니다.
> 5. 특히 헤이든 장관은 미국 방문을 마치고 현재 일본을 방문 중이며, 우리나라를 방문한 뒤에는 중공을 방문토록 되어 있습니다. 만약 방한이 취소되면 그 기간 중 일본이나 홍콩에서 중공 방문일까지 대기해야 하는 입장을 감안할 때 방한 취소 이유를 내외신 기자들에게 밝힐 수밖에 없는 처지

에 임할 것인 바, 과연 그 이유를 무엇이라고 얘기할 것인가 하는 문제도 고려하지 않을 수 없습니다.

헤이든 외무장관의 방한 취소는 우리 정부로서 얻는 것은 거의 없고 잃을 것투성이라는 게 편지의 결론이었다. 따라서 국정의 최고 책임자인 전 대통령이 언짢은 마음을 거두고 그의 방한에 협조하는 것이 바람직하다며 간곡한 내용으로 설득하고 있었다.

편지는 다음날 아침 일찍 경호실을 통해 전달되었다. 전두환 대통령이 마침 주말을 맞아 청남대로 휴가를 떠나 있었기 때문이다. 헤이든 장관의 방한 업무를 계획대로 진행하려면 더 지체할 수가 없었다. 편지가 어떤 효과를 불러올지도 확실히 장담할 수 없었던 상황이다. 그래도 부딪쳐 보기로 한 것이었다.

전 대통령이 그의 편지를 읽고 마음을 바꾼 것이 천만 다행이었다. 더욱이 그 스스로 '태평양 연안국가 정상회담'의 필요성을 제의해 놓은 입장에서 호주 외무장관의 방한을 무산시킬 수는 없는 일이었다. 태평양 연안국 중에서도 미국 다음으로는 호주가 가장 중요한 위치를 차지하고 있기 때문이다. 전 대통령이 이러한 제의를 처음 꺼낸 자체가 그 전 해 서울을 방문한 프레이저 총리와의 정상회담에서였다.

결국 아무 일도 없었다는 듯이 헤이든 장관의 방한 일정은 그대로 추진되었다. 그는 예정대로 이틀 뒤 서울에 도착했고, 전 대통령과 김상협金相浹 국무총리를 차례로 예방하게 된다. 호주 대사 주최의 리셉션에 반정부 인사들도 초청되었고 헤이든 장관과 자유로운 대화가 오갔지만 별다른 문제가 없이 넘어갔다.

자칫 심각한 외교 마찰로 번질 뻔했던 헤이든 장관의 방한 문제가 이렇듯 겨우 위기를 넘기게 되었다. 전적으로 이범석의 편지 덕분이었다. 헤이든 장관의 방한 일정이 마무리되고 나서 포코크 대사가 그에게 고맙다는 인사를 잊지 않은 것이 그런 때문이다. 그에게도 외교관으로서의 진로가 달린 문제였다. 포코크 대사가 그 이듬해 모스크바 주재 대사로 영전해가게 된 것이 이범석 덕분임을 부인할 수 없을 것이다. 안타깝게도 그가 아웅산 테러로 목숨을 잃은 뒤의 얘기다.

사실은, 이범석 본인으로서도 중대한 고비였다. 전 대통령이 자신의 뜻을 받아들이지 않는다면 사표를 쓸 수밖에 없는 처지였다. 이미 대통령이 언짢아한다는 것을 알면서도 설득 편지를 쓴다는 것은 역린逆鱗을 건드리는 것이었고, 따라서 자리를 내놓겠다는 의지가 없으면 어려운 선택이었다.

'공관장 채점제' 논란

그렇지만 외무장관으로서 이처럼 적극적인 활동에도 불구하고 이범석에 대한 부처 내부의 평가는 그렇게 긍정적인 편은 아니었다. 오히려 부정적인 편이었다는 게 더 정확한 표현일지 모르겠다. 경쟁관계에 있던 다른 간부급 사이에서만이 아니라 부하 직원들에게도 후한 점수를 받지는 못했다. 한마디로 '인기가 없는 장관'이었다. 전적으로 그의 성격 탓이었다. 자유분방하고 재치가 넘치는 기질이었건만 업무에 관해서는 엄격하고도 까다로웠다. 각 과별로 작성되는 업무일지를 직접 체크하며 세부적인 추진 사항까지 자세히 점검했을 정도다. 잘못이 발견되면 지위 고하를 막론하고 가차없이 질책을 퍼부었다. 선이 굵었으면서도 일에 있어서만큼은 지나치다 싶을 정도로 세심하고 꼼꼼했다.

스스로는 완벽주의자를 추구하고 있었다. 일찍이 의전실장을 맡아 성공적으로 역할을 수행해 낸 것도 꼼꼼한 성격이 아니었다면 어려운 일이었을 것이다. 더욱이 의전이 거의 불모 상태였을 때였다. 부하 직원들을 다그치기 마련이었고, 그만큼 불평을 살 수밖에 없었다.

한편으로는 업무에 너무 즉흥적인 의욕을 앞세웠던 측면이 없지 않았다. 주변에서 바라보기에는 개인적인 공명심이 그 밑바닥에 깔려 있을 것이라는 오해를 받기 십상이었다. 외무부 직원들을 모두 육군사관학교에 입교시켜 정신교육을 받도록 하겠다든지 해외 공관 운영비를 대폭 깎겠다든지 하는 방안을 생각나는 대로 불쑥불쑥 내뱉었다. 그러나 육군사관학교 합숙 교육만 해도 자존심 높은 외무부 직원들에게는 가당치 않은 얘기였다. 결국 어느 하나 시행도 제대로 해보지 못했으면서 공연히 직원들의 경계 대상이 되고 말았다.

이범석이 외무부 내에서 유례없이 고속 승진을 했다는 것부터가 정치적 야심의 결과로 간주하는 시각이 적지 않았다. 원래 국장급이던 의전실장을 맡아 무려 3년 9개월이나 재직하는 동안 관련 직제가 몇 차례나 유리하게 바뀌면서 그가 대사 직급까지 승진할 수 있었던 자체가 보통 있을 법한 일은 아니었다. 문책성 인사로 의전실장에서 물러났으나 곧바로 튀니지 대사로 발령받았던 것도 다른 사람들이 바라보기에는 마음이 불편할 수도 있었을 법하다.

이에 대한 최호중崔浩中의 증언을 들어보면 외무부 직원들이 이범석에 대해 평소 어떤 생각을 갖고 있었는지 대략 짐작할 수 있다. 다음은 최호중이 자신의 자서전에서 그를 평가하는 내용이다. 이범석의 외무장관 재직 당시 벨기에 대사로 주재했던 그는 이원경李源京, 최광수崔侊洙를 거쳐 제22대 외무장관으로 임명받게 되는 주인공이다.

"이 장관은 야심이 큰 사람이었다. 외무장관직을 훌륭히 잘 해내서 그것을 발판으로 한층 높은 자리에 올라야겠다고 마음먹고 있었음이 분명하다. 그것은 국무총리 자리였다. 빙부인 이윤영 씨가 국회의 인준을 얻지 못하여 서리로 그친 한을 풀어드리자는 심산이었는지도 모른다. 그래서 이 장관은 뛰어난 업적을 올리려고 지나칠 정도로 심하게 굴었던 인상이었고, 많은 직원들이 그것을 탐탁하게 여기지 않았다." (최호중, 〈둔마가 산정에 오르기까지〉)

무엇보다 그가 정치적인 성향이었다는 게 최호중의 평가다. 나름대로 자리 욕심이 있었기에 부하 직원들을 이끌어가며 일을 벌였다는 것이다. 그러나 누구에게나 윗사람에게 잘 보이려는 의도가 없지 않은 만큼 부분적으로 맞는 얘기일 것이다. 그렇다고 이범석의 처신을 전적으로 정치적 동기로 돌리는 것도 온당치는 않다. 하지만 용의주도했고 철두철미했던 측면을 부인할 수는 없다.

통일원장관과 대통령 비서실장을 거쳐 외무장관 자리까지 이른 것도 마찬가지다. 하지만 해외주재 대사를 지내다가 통일원장관으로 발탁된 데서 드러나듯이 평소 맡겨진 업무에 최선을 다함으로써 그 스스로 기회를 마련했다고 간주하는 것이 더 타당하다. 주머니 속에 들어 있는 송곳은 언젠가는 비집고 나오기 마련이 아닌가. '낭중지추囊中之錐'라는 격언 그대로다.

아마 그가 아웅산 사태로 목숨을 잃지 않았다면 주변에서 바라본 대로 언젠가는 국무총리로 발탁되지 말라는 법도 없었을 듯싶다. 실제로 이범석은 노신영과 함께 잠재적인 국무총리 후보로 거론되곤 했다. 당시 전두환 대통령이 가끔씩 핵심 멤버들을 불러 저녁 술자리를 마련할 때는 이 두 사람이 빠지는 법이 거의 없었다는 점에서도 서로 유력한 경쟁 후보였다. 물론 전두환은 두 사람 중에서도 노신영을 자신의 오른쪽에 앉혀 부총리급으로서 예우했다. 이범석의 자리는 전두환의 왼쪽이었다. 이들 외에 노태우盧泰愚 내무장관과 윤성민尹誠敏 국방장관이 동석하는 게 보통이었지만 개각이 이뤄져 국무총리를 새로 기용한다면 어차피 민간인 출신 가

운데서 선택할 수밖에 없는 상황이었다. 이범석과 노신영의 관계가
껄끄러웠던 데도 이러한 역학관계가 작용했을 것 같다.

이범석이 추진하던 '공관장 채점제'에 대해서도 점수가 후한 편
은 아니다. 대사가 현지 신문과 인터뷰를 하는 경우에는 물론 주재
국 외무장관을 면담하거나 리셉션에 초대하는 경우에 있어서까지
일일이 점수로 매겨 평가하겠다는 것이었지만, 별로 호응을 받지 못
했다. 이 제도는 각국 주재 대사관의 활동을 강화하기 위해 외교관
들에게 활동 일지를 작성토록 하고 일일보고 체제를 확립토록 했던
데서 시작된다. 활동 상황을 토대로 각자의 근무 평점을 매기고 이
에 근거해 대사관의 전체 점수를 평가한다는 취지였다.

이처럼 열심히 일하는 외교관들에게 좋은 점수를 준다는 자체가
잘못일 수는 없다. 하지만 이러한 방안에 오류가 있다는 것이 문제
였다. 이를테면, 유능한 대사는 주재국 외무장관을 만나지 않고 전
화 한 통화로도 일을 처리할 수 있는데 반해 몇 번씩 상대방을 만나
거나 리셉션에 초대하고도 맡겨진 일을 제대로 처리하지 못하는 경
우가 있을 수 있기 때문이다. 실제 능력과 업무 처리에 관계없이 엉
뚱한 점수가 나올 소지도 다분했다. 현실과는 동떨어진 발상이었
고, 해외주재 대사관들의 반발을 살 수밖에 없었다.

그러나 이범석 자신의 실제 처신을 살펴보면 이러한 발상이 이해
가 안 되는 것도 아니다. 그는 유엔총회에 참석할 때도 가급적 여러
나라의 외무장관을 만나곤 했다. 일단 안면을 트는 데서 외교가 시
작된다고 생각했기 때문이다. 워싱턴을 방문하더라도 미국 상하 의
원들을 억척스럽게 만나고 다녔다. "이렇게 자주 만나다 보면 편지
로도 상대방을 이해시킬 수 있을 만큼 친분이 두터워지지 않겠느
냐"고 했다. 부하 외교관들에게도 이러한 노력을 요구하고 있었던
것이다.

해외공관 운영비를 깎는 문제도 마찬가지였다. 대사관 공금을 개

인 용도로 사용하는
관행을 용납하지 않
겠다는 뜻이었다. 그
는 실제로 주미 대
사관에 감사관을 불
시에 파견해 직원들
이 사무실 전화로
서울에 개인 용도로
통화한 사례를 적발
해내기도 했다. 공사

이범석 장관이 1983년 방미 기간 중 워싱턴D.C.에서 열린
행사에서 한반도 문제에 정통했던 오버도퍼 워싱턴포스트
기자와 만나 악수를 나누는 모습.

公私를 구분해야 한다는 취지에서 전화요금을 물어내도록 조치하
기도 했다. 잘못된 것을 바로잡겠다는 의도였다.

공관장이나 소속 외교관이 대사관 예산을 제멋대로 쓰다가 적발
되는 사례가 지금도 빈번하다는 점에서 그가 대사관 운영에 과도하
게 간섭하려던 것으로 간주하기는 어렵다. 그 자신 튀니지와 인도
에서 주재할 당시 대사관 살림을 책임진 총무과장에게 가장 먼저
지시를 내린 것이 바로 그런 점이었다.

"나에게 과잉 충성하는 것은 나를 욕되게 하는 것이니, 공과 사
를 분명히 구분해야 한다. 우리 집 살림은 내 월급으로 해결할 테니
절대 지나친 염려는 하지 말라."

그가 인도 대사관을 완공한 뒤 실내장식에 들어가는 용품 구입
에 개인 돈을 들인 데서도 그런 일면을 확인하게 된다. 커튼이나 의
자 커버 등을 구입해야 했는데, 뉴델리 백화점에는 마땅한 물건이
없었다. 당시 인도 정부가 사치성 외래품 수입을 금지하고 있을 때
였다. 결국 아내 이정숙이 홍콩을 다녀와야겠다고 말을 꺼냈고, 이
에 그는 "대사관 예산에는 그런 데 쓰는 여비가 들어 있지 않다"며
여비만큼은 자비로 해결토록 했던 것이다.

외무장관이 되어 한남동 공관에 입주했을 때도 이러한 태도는 달라지지 않았다. 이정숙은 이에 대해 '당시 총무과장을 맡았던 분들이 지금도 외무부에 계시니 그분들은 이런 사실을 잘 알고 있을 것'이라고 말하고 있다. 이범석은 장관 비서실 직원들에 대해서도 공적인 업무 외에는 자기 개인 일과 관련해 바깥 심부름을 시키는 법도 없었다. 공직자로서 그의 원칙이었다.

그만큼 꿀리는 것이 없었기에 자신에게 쏠리는 눈총에 관계없이 닥치는 대로 밀어붙일 수 있었을 것이다. 사람을 많이 만났을 뿐만 아니라 일도 많이 만들어냈다. 심지어 "하루에 하나씩 일을 만드는 사람"이라는 별명까지 붙었을 정도다. 약간의 가능성이라도 엿보이면 논두렁길이나 지름길이나 마다지 않았다. '무정형無定型'이라는 평가가 바로 그것이다. 그런 만큼 부하 직원들이 조금이라도 일에 주저하는 듯한 눈치를 보이면 불호령이 떨어지기 마련이었다.

그가 부하 직원들을 꾸짖었던 중에서도 가장 큰 이유는 책임감 결여에 있었다. 그럴 때마다 '외교관 철새론'이 덧붙여지곤 했다. 외

이범석이 외무장관 시절 인도를 방문해 대사 때부터 친교를 맺었던 현지 인사들을 초청해 환담을 나눈 뒤 기념사진을 찍었다. 이 장관 바로 오른쪽이 당시 김정태 인도대사.

교관들이 본부와 해외 공관을 번갈아 순회하면서 근무하는 특수성 때문에 공사 구분이 흐려지고 국가관의 뿌리가 흔들리기 쉽다는 것이었다. 그가 외무부 직원들에 대해 육군사관학교 합숙교육 필요성을 제기했던 것도 거기에 이유가 있었을 것이다.

'해외협력청' 신설 구상

이범석이 외무장관을 맡아 의욕적으로 추진했던 것 가운데 하나가 '해외협력청'을 새로 만들려는 것이었다. 외무부 산하로 해외협력 기구를 두어 우리 기업들의 해외 진출을 도와주자는 취지였다. 해외 교민들의 보호에도 적극 나설 수 있을 것이라는 판단도 곁들여졌을 것이다.

그 무렵 현대건설을 비롯해 건설업체들을 중심으로 해외시장 진출이 본격화되고 있었다. 이미 국제화의 첫 걸음이 시작됐던 셈이다. 그렇지만 아직 해외여행은 제한에 묶여 있었다. 여권을 발급받기조차 어려웠다. 이범석은 해외협력청 신설 필요성을 제기하면서 적어도 기업인들에 대해서는 해외 출장을 자유롭게 허가해야 한다는 생각을 갖고 있었다. 전두환 대통령의 아프리카 4개국 및 캐나다 순방에 수행하면서 절실히 느낀 문제였다.

다음 기사를 보면 이러한 내용이 잘 나타나 있다.

"정부는 현재 각 부처로 분산돼 있는 대외협력 기능을 통합, 외무부 산하에 해외협력청(가칭)을 신설키로 하고 이를 추진 중이다. 정부가 이같이 새로운 해외협력 기구의 신설을 추진하고 있는 것은 현재 대외협력 기능이 외무부와 각 경제 부처에 분산되어 있어 효율적인 운영에 문제점이 있다는 고위층의 지적에 따른 것으로 알려졌다." (동아일보, 1982년 9월 24일)

그러나 이러한 계획은 구체적으로 논의가 진행되는 단계에서 제동이 걸리게 된다. 그리고 서너 달쯤 지나면서 아예 백지화되기에 이른다. 행정 간소화 원칙에 따라 기구를 새로 만드는 게 곤란하다는 이유가 붙여졌지만 그 이면에는 경제 부처들의 반발이 작용하고 있었다. 이른바 '부처 이기주의'의 벽을 뛰어넘지 못했던 것이다. 경제기획원을 비롯해 재무부, 상공부, 건설부, 동력자원부 등 부처들마다 대외협력 기능을 갖고 있었으므로 이 기능이 외무부로 넘겨지는데 대해 그리 달갑지 않았을 것이다.

결국 이범석이 내세웠던 해외협력청 계획이 무산되면서 경제기획원 산하로 해외협력위원회가 새로 만들어지기에 이른다. 1983년 새해 들어서의 일이다. 차관급인 기획단장에 하동선河東善 경제기획원 차관보가 승진 발령됐으나 미얀마 순방에 수행했다가 아웅산 테러로 함께 목숨을 잃게 됐으니, 안타까운 일이다.

해외협력청 계획만을 놓고 보자면, 부처 다툼에서 김준성金埈成

김상협 국무총리(사진 가운데)가 1983년 방한한 말레이시아 마하티르 총리(맨 왼쪽)의 예방을 받은 자리에 이범석 장관이 배석한 모습. 마하티르는 2018년 아흔셋이라는 나이에 재집권에 성공한 주인공이 되었다.

부총리의 경제기획원이 전리품을 챙긴 것이었다. 다시 말해서, 이범석의 패배였다. 그러나 싸움에는 이기지 못했을망정 업무 추진에 있어서만큼은 열정을 인정받았던 셈이다. 그 자체로 충분히 만족할 수 있었다.

다음과 같은 그의 말을 들어보자.

"누가 나에 대해 전진과 후퇴의 명수라고 했다지요. 맞는 말입니다. 될 일은 전진하고, 안 될 일은 즉시 그만두고 다시 되도록 해야 합니다."

주변에서 보기에는 닥치는 대로 밀어붙인 것으로 보일지 몰라도 그게 아니었다는 얘기다. 나름대로는 이것저것 면밀히 따져보면서 업무를 추진했던 것이다. 추진했던 일이 많았기에 무작정 밀고 나간 것으로 비쳐졌을 뿐이다. 그러나 의욕에 비해 제대로 호응을 받지 못한 측면이 다분하다. 손익계산은 늘 이런 식이었다.

1982년 8월 전두환 대통령이 아프리카 순방 중 가봉을 국빈 방문했을 때 환영식에서 북한 국가가 연주되는 엉뚱한 사태가 벌어졌을 때도 마찬가지였다. 가봉 군악대가 남한과 북한을 혼동한 때문이었지만 누구라도 책임을 져야 하는 상황이었다. 특히 현지에 주재하는 함태혁咸泰爀 대사의 입장이 난처해질 수밖에 없었다. 함병춘 비서실장은 "나머지 일정을 취소하고 당장 떠나자"고까지 주장하고 있었다.

이때 이범석이 택한 방안은 더욱 강경한 어조로 함 대사를 다그치는 것이었다. "서울에 들어가면 당장 소환하겠다"고도 했다. 이미 눈두덩이 부울 정도로 눈물을 쏟은 함 대사 본인에게는 과도한 추궁이었을지도 모른다. 그러나 그 결과 다른 사람들이 말리고 나선 것은 뜻밖의 결과였다. 자기가 모질게 나가야 다른 사람들이 오히려 만류할 것이라고 내다본 처신이었다. 그가 이처럼 악역을 담당함으로써 부하 직원들로부터 경원시됐던 측면도 없지 않다.

내부에서 호응을 받지 못했을 뿐만 아니라 여기저기에서 들어오는 견제에 시달리기도 했다. 어느 조직에서나 직급이 높아지고 권력 핵심부에 가까워질수록 견제가 드세지기 마련이지만 이범석을 에워싸고 있던 여건은 더했다. 그가 고등고시를 거친 정통파 관료가 아니라 제2공화국 당시 특채로 임용됐다는 점에서도 견제가 작지 않았다.

심지어 그의 행적에 대해 뒷조사가 이뤄지기도 했다. 일요일 교회에 출석하고 농장에 가면서 관용차를 이용한다는 사실까지 보고가 올라가기에 이른다. 그나마도 대통령 비서실장 시절 함께 일했던 부하 직원이 알려주지 않았다면 전혀 눈치를 채지 못했을 사안이다. 개인 용도에 관용차를 이용한다는 것이 그리 떳떳한 처사는 아니지만 기껏 그런 수준의 보고까지 취합될 만큼 다른 처신은 별 문제가 없었다는 뜻으로 받아들여진다.

"내가 자기들 출세에 걸림돌이 된다고 여겨 제거하고 싶은 사람이 있는 모양이요. 나는 그런 사람 상대할 시간조차 아깝소."

이범석이 아내에게 들려준 얘기다. 자신에 대한 주변의 견제 움직임에 대해 개의치 않겠다는 뜻이었다. 스스로 판단에 따라 움직이다가 여차하면 사표를 내고 물러나던 그뿐이라고 생각했다. 이미 비서실장으로 청와대에 들어갈 때부터 사표를 써서 안주머니에 지니고 다니던 그였다. 중대한 사태가 일어날 경우 대통령을 보필하는 입장에서 마땅히 책임을 져야 했지만 평소에도 지신을 힐뜯는 소리가 곳곳에서 들려왔기 때문이다.

사실은, 이범석이 그렇게 고분고분한 사람이 아니었다. 성격 자체가 송곳처럼 직선적이었다. 평소 성격을 감추고 있었을 뿐이다. 그의 처신이 다른 사람들에게 더욱 경계의 대상이 되었던 이유다.

그는 당시 시국 상황에 있어서도 개인적으로는 비판적인 견해를 유지하고 있었다. 외국 대사들을 공관으로 초청해 얘기를 나누면서도 솔직한 생각을 털어놓았다. 한창 시국이 어수선할 때였다. 이에 대해 워커 미국 대사는 "이 장관은 청와대가 운영되는 스타일에 대해서도 무조건 긍정적으로 이야기하지는 않았다"고 증언한다. 한국이 직면한 문제에 대해 서로 자유롭고 솔직한 대화를 나누었다는 것이다.

노신영과의 갈등

이범석이 주변의 여러 사람과 갈등을 겪어야 했지만 그중에서도 노신영과의 감정 대립은 유별난 편이었다. 적어도 매끄러운 관계는 아니었다. 평양고보로 따져 이범석이 선배였지만 외무부 서열로는 노신영이 늘 한걸음씩 앞서 있었다는 점에서 서로 관계가 미묘했다. 이범석이 의전실장을 맡고 있던 당시 노신영이 기획관리실장에 임명됨으로써 본부에서 처음 마주쳤지만 이때도 기획관리실장이 선임 직책이었음은 물론이다.

더욱이 이범석이 노신영의 뒤를 이어 외무장관에 임명됐다는 자체가 피차 신경이 쓰일 만한 일이었다. 노신영으로서는 자신이 외무장관에서 물러난 것이 이범석 때문이라고 생각했을 소지도 없지 않다. 이철희·장영자 부부의 어음사기 사건 여파로 몇 차례 개각이 이뤄진 것이었지만 처음 개각은 무사히 넘긴 뒤였다. 안전기획부장이 부총리급이었으므로 영전한 것이었음에도 불구하고 심기는 오히려 불편한 편이었던 것으로 전해진다.

물론, 겉으로는 서로 아무렇지도 않은 듯이 처신하고 있었다. 노신영이 안기부장으로 취임한 이후 순시차 중앙청으로 외무부를 방문했을 때의 얘기가 전해진다. 이때 이범석은 장관실이 위치한 3층 복도 엘리베이터 앞에서 노신영을 맞이했다. 안기부장이 서열상 상급자였으므로 1층 현관에서부터 영접할 것인지가 관심을 끌었던 것이다.

아직 외무부가 중앙청에 사무실을 꾸리고 있을 때였다. 국무총리실을 비롯해 문공부, 총무처, 법제처, 정무장관실 등 외무부와 함께 중앙청에 들어 있던 부처들이 정부종합청사로 나란히 이전하기 전의 일이다. 정무장관실이 외무장관실과 같은 층이었다. 이범석이 그때 3층 복도에서 노신영을 맞았다는 얘기가 전해지는 자체가 이들 두 사람 사이의 긴장관계를 말해준다. 외무부 내에서 이들의 눈치다툼이 심상치 않다는 사실을 심각하게 받아들이고 있었다는 증거다.

이러한 긴장관계는 이들 두 사람을 연달아 장관으로 모셨던 이재춘의 증언에서도 확인된다. 그는 〈외교관으로 산다는 것〉이라는 제목의 자서전에서 한일경협 교섭 과정 중에 야기됐던 두 사람 사이의 감정 다툼을 소개하고 있다.

그 내용을 간단히 정리하면 다음과 같다.

전두환 대통령이 케냐, 나이지리아, 가봉, 세네갈 등 아프리카 4개국과 캐나다 순방길에 오른 것이 1982년 8월. 이범석이 전 대통령을 수행해 출국했으므로 노재원 차관이 장관 직무대행을 맡게 되었다. 그때 노신영 안기부장이 외무부의 일본 관계 라인을 자신의 집무실로 호출하게 된다. 노재원 차관과 공로명 차관보, 최동진 아주국장, 그리고 자서전의 필자인 이재춘 동북아 1과장이 호출 대상에 포함되었다.

노신영은 이들을 불러 일본과의 경협 문제는 물론 그 직전에 터져나온 일본 교과서 왜곡 문제와 관련한 교섭 상황을 점검하고 몇 가지 새로운 지침을 내렸다. 일본 문제는 중요한 이슈이므로 전 대통령이 안기부장인 자기에게 "이범석 장관 부재 중 잘 챙기라"는 당부가 있었다는 전제 아래서였다. 이 대목까지는 누가 잘하고 잘못했는지를 따지기가 애매할지도 모른다. 전 대통령이 외국 순방을 떠나면서 임무를 맡긴 것이 사실이라면 노신영으로서도 당연히 할 일을 한 것이라고 간주할 수밖에 없다.

문제는 노신영의 지침이 현직 장관인 이범석의 정책 노선과 다소 어긋나고 있었다는 사실이다. 노신영이 자신의 장관 재직 때의 원칙을 기준으로 지침을 내렸기 때문이다. 그러나 이범석이 전 대통령 수행에서 귀국하고 일주일이 지나도록 아무도 그 일에 대해 보고하지 않는 상황에서 결국 이재춘이 보고를 하게 된다. 현직 외무장관의 정책 기조에 혼선이 생길 가능성에 대해 주무과장으로서 심각하게 생각했을 것이다. 보고를 받은 이범석이 어떤 반응을 보였을 것인가에 대해서는 눈을 감고도 충분히 짐작할 수 있다.

뒤에 유엔 사무총장을 지내게 되는 반기문도 한때 이범석 장관 밑에서 보좌관을 지내는 동안 이들 두 사람의 틈바구니에서 공연히 눈총을 받아야 하는 처지였다. 반기문은 노신영과도 가까운 사이였다. 노신영이 인도 총영사를 지낼 당시 사무관으로 해외 초임 발령을 받아 그 밑에서 근무했던 인연 때문이다. 이범석과의 인연도 결코 무시할 수 없는 상황이었다. 나이가 채 마흔이 안 된 그를 국장급으로 전격 승진시켜 보좌관으로 발탁한 사람이 이범석이었다. 결국 반기문이 도중에 보좌관 자리를 내놓고 미국 하버드대학으로 연수를 떠나게 된 것도 이범석과 노신영 사이의 갈등 관계가 작용했을 것이라는 얘기가 전해진다.

앞서 소개한 호주 헤이든 외무장관의 방한 문제를 두고도 두 사람은 부딪쳤다. 헤이든 장관이 방한 기간 중 반정부 인사들을 만나겠다는 요청에 대해 안전기획부는 반대하는 입장이었다. 결국 그런 방향으로 잠정 결론이 내려진 상태에서 이범석이 전두환 대통령에게 편지를 써서 헤이든 장관의 요청을 들어주게 된 것이다.

가장 큰 갈등은 외무부 정보문화국에 속해 있던 외신과 조직을 안기부로 이관하겠다는 논란에서 빚어졌다. 해외공관으로 발송되는 장관의 훈령 등 여러 지시사항과 업무연락을 암호문으로 바꿔 처리하는 조직이 바로 이 외신과다. 노신영이 안기부장으로 옮겨간 직후 이 조직을 안기부로 갖고 가겠다는 의사를 비친 것이었다.

원래 외무부 외신과에서는 암호가 아닌 평문만 취급하도록 되어 있었다. 암호 전문은 중앙정보부에서만 취급하던 터였다. 그러나 중앙정보부장이던 김재규가 '10.26 사태'의 주범이라는 점으로 인해 이런 기능이 외무부로 옮겨지기에 이른다. 중앙정보부 조직이 덩달아 견제를 받게 된 결과다. 노신영으로서는 새로 안기부장 자리를 맡으면서 과거의 업무를 되찾아 가겠다는 뜻이었을 것이다.

그렇다고 이범석이 주변 사람들과 부딪치면서 자기 고집만을 내세웠던 것은 아니다. 성공하는 것도 중요했지만 성공에 이르는 과정도 똑같이 중요시했다. 그가 자주 인용했던 링컨의 글귀가 그것이다.

"꼭 이겨야 하는 것은 아나나 반드시 참되어야 할 것이며, 꼭 성공해야 하는 것은 아나나 이상을 세우고 진리를 사랑해야 한다."

이범석은 개인적으로 링컨과 처칠을 존경했다. 생전에 즐겨 읽은 책도 그런 범주였다. 틈 날 때마다 처칠의 자서전인 〈폭풍 속으로Into the Storm〉를 펼쳤고, 키신저의 논지에 심취했다. 〈삼국지三國志〉나 〈도쿠가와 이에야스德川家康〉의 일대기도 그의 애독서였다. 그가 타계하고도 한 동안 책장을 지켰던 책들이다. 번역본보다는 주로 원어로 읽는 것이 그에게는 또한 재미였다.

외무부 예배반

이범석을 평가하면서 그의 신앙심과 관련해서도 얘기를 빼놓을 수 없다. 그만큼 기독교 신앙이 투철했다. 아내 이정숙을 만나고 나서 얻은 신앙이었지만 생전의 그의 생활을 기독교 신앙과 떼어놓고 생각하기가 어려울 정도다.

그는 개인적으로 어려운 일이 닥칠 때마다 성경을 읽고 기도하는 과정에서 해답을 구했다. 성경은 그에게 삶의 지혜였고, 동시에 인생의 나침반이었다. 종교적 여건이 제한을 받았던 튀니지와 인도에서 대사로 주재할 때도 일요일이면 예배를 거르지 않았다. 집에서나마 식구들과 둘러앉아 찬송가를 부르고 기도를 올렸다. 해외 출장 때도 꼭 성경책을 지참하고 다녔다.

이범석은 성경의 여러 구절 중에서도 구약舊約인 이사야서에서 가장 큰 마음의 위안을 얻었다. 그중에서도 다음 두 구절이 마음의 위안처였다. 개인적으로나 외교정책을 추진하는 과정에서 어려운 처지에 빠질 때마다 떠올리던 성결 구절이다.

"오직 여호와를 앙망하는 자는 새 힘을 얻으리니 독수리의 날개 치며 올라감 같을 것이요, 달음박질하여도 곤비치 아니하겠고 걸어가도 피곤치 아니하리로다." (이사야 40장 31절)

"두려워 말라. 내가 너와 함께 함이니라. 놀라지 말라. 나는 네 하나님이 됨이니라. 내가 너를 굳세게 하리라. 참으로 너를 도와주리라. 참으로 나의 의로운 오른손으로 너를 붙들리라." (이사야 41장 10절)

그는 외무부 장관으로 재직하면서 신도 직원들의 모임인 '신우회' 예배 때도 거의 빠지지 않았다. 요일을 정해 정부청사 근처 교회에서 예배를 드리곤 했는데, 아내 이정숙도 함께 참석해 기도를 올리곤 했다. 그 전부터 외무부에 기독교 신자 모임이 결성돼 있었으나 이범석 때에 이르러 더욱 활성화됐던 것이다.

종교 문제를 놓고 그에 대한 평가가 엇갈리기도 하는 것이 이러한 배경 때문이다. 외무부 내에서 '이범석 라인'이 결성되는 조짐을 보이고 있었다. 그가 신앙심을 앞세워 직원들을 자기편으로 만들려고 했던 의도가 아니었을지라도 직원들의 입장에서는 교회를 내세워 그에게 잘 보이려고 처신한 경우가 없지 않았을 것이라는 뜻이다. 아무리 순수한 뜻에서 출발했더라도 일단 조직화가 이뤄지면 부작용이 생기기 마련인 것이 인간사의 속성이다.

이범석이 가정에 충실했던 것도 종교적인 면모와 연관이 없지 않다. 남자들이라면 젊어서 한때 빠지기 마련인 술자리나 노름판도 별로 좋아하지 않았다. 술을 좋아하긴 했어도 호기를 부리며 질펀하게 마시는 것은 스스로 경계했다. 취미가 있다면 골프 정도였다. 그나마도 해외에 주재할 때는 아내와 함께 즐겼지만 장관직을 맡고 나서는 개인적으로 짬을 낼 수 있는 처지가 아니었다. 골프만 해도 가끔씩 전두환 대통령 주재로 몇 명씩 팀을 이뤄 태능골프장에 불려갔던 것이 거의 전부다.

따라서 업무가 끝나고 별일이 없으면 일찍 귀가하는 것이 젊은 시절부터 굳어진 습관이었다. 어쩌다가 갑자기 약속이 생겨 늦어지기라도 하면 집으로 전화를 걸어 이유를 설명하곤 했다. "우리 아이들은 내 몸가짐을 보고 배울 것"이라는 게 그가 내세우던 가정교육 방식이었다. 집에서 잔소리를 들을 필요가 없었다.

흡연도 마찬가지였다. 장관이 되어서도 담배를 피우다가 건강 문제로 금연에 이르렀다. 그래도 가끔 담배가 생각나면 아내에게 "한 대만 피우게 해 달라"며 허락을 부탁하곤 했다. 하지만 아내가 허락할 리 만무였고, 그도 순순히 포기하기 마련이었다. 한편으로는, 부부 금슬을 짐작하게 하는 얘기다. 그렇게 본다면, 그가 외국 대사들을 한남동 공관으로 초청해 베푼 만찬에서 동석했던 부인들을 위한 건배를 자주 제의함으로써 참석자들의 눈길을 끈 것도 새삼스러운 일은 아니다.

아내 이정숙의 내조도 결코 작지는 않았다. 이범석의 의전실장 재임 당시 외빈이 방문하게 되면 정일권丁一權 총리 부인의 영어 통역을 맡기도 했다. 그만큼 영어 실력이 뛰어난 편이었다.

이범석은 아내와 부부애가 좋았을 뿐만 아니라 식구들에 대한 사랑도 각별했다. 퉁명스럽다 할 정도로 투박한 게 평양 남자들의 기질이련만 그의 가족 사랑은 끔찍했다. 고향에 대한 애착심이 바깥으로 표출된 감정이었다면 식구들에 대한 사랑은 안으로 간직한 감정이었다.

그는 아들인 명호와도 많은 대화를 나누었다. 그중에서도 명호가 가장 뚜렷이 기억하는 것이 "너는 아들이기도 하지만 동생이기도 하고, 친구이기도 하다"는 얘기다. 아들이 대학에 들어갈 즈음부터 들려 준 얘기다. 이 얘기도 상황에 따라 약간씩 표현이 바뀌게 된다. "나는 너를 자식으로만 생각하지 않는다. 물론 3분의 1은 자식이지만 3분의 1은 친구이며, 나머지 부분은 동생이다"라는 것이 그 하나다. 아들과의 사이에 있어서도 모든 문제를 툭 터놓고 대화할 수 있도록 이끈 방법이기도 했다.

이범석은 아들에게 이런 얘기도 들려주었다.

"외무장관이 돼서 행복하다. 그러나 부산 피난 시절 네 엄마가 거즈로 커튼을 만들어 달았던 것을 보고 느꼈던 행복이 컸는지 지금 행복이 더 큰지는 잘 모르겠다."

아내 이정숙이 병원에서 근무하던 시절을 돌이키는 얘기였음은 물론이다. 병원에서 거즈를 쓰다가 조금씩 남아 버리는 자투리 토막을 아내가 정성껏 꿰매서 커튼처럼 만들어 썼던 기억을 아들에게 되살려주고 싶었던 것이다. 그 자신 어린 시절 평양에서 부잣집 도련님으로 풍족한 생활을 누렸지만 해방 이후 남한으로 내려와 경제적으로 어려움을 겪으며 세상살이의 의미를 깨달은 처지였다.

그가 외무부 간부들을 대동하고 점심식사를 하러 다니던 음식점이 우래옥이나 남포면옥이 보통이었다는 점에서도 그런 모습이 엿보인다. 평양 출신으로 워낙 냉면을 좋아하기도 했지만 쓸데없이 과시하는 것을 싫어했다. 겨울에는 기껏해야 복집이었다. 장관이라고 해서 호텔 레스토랑을 찾는 법이 별로 없었다. 검소한 태도로 따진다면 깍쟁이 소리를 들을 정도로 알뜰했다.

"내 자리가 장관이지, 내가 장관이 아니다"고도 했다. 사람마다 직책이 다를 뿐 인간적으로는 똑같다는 뜻이다. 언제라도 공직에서 물러나면 일반인의 위치로 되돌아간다는 사실을 깨닫고 있었던 것이다. 그는 미국을 방문할 때면 과거 이용하던 단골 음식점에 들르곤 했다. 뉴욕 차이나타운 중국 음식점에 들러서는 "이 집 음식 맛이 변한 건지 내 입맛이 변한 것인지 잘 모르겠다"라며 껄껄 웃는 식이었다. 월급이 기껏 500달러 안팎에 불과한 초년병 시절이었으니, 당연히 싸구려 식당 위주로 드나들었을 것이다.

가정적이었던 만큼 그는 부하 직원들에 대해서도 가급적 일찍 귀가하도록 채근하곤 했다. 직원들 부인들로부터 "남편을 일찍 들여보내 줘서 고맙다"는 감사 인사를 받았을 정도다. 공무원들이 일찍 퇴근하더라도 곧바로 집에 들어가기보다는 정부청사 근처 카페에 들러 한잔씩 하고 헤어지는 게 하나의 관행이던 시절이다. 하다못해 외상 장부에 그어놓고도 마실 때였다.

간부 직원들에 대해서도 여비서를 가급적 빨리 들여보내도록 했다. 업무가 늦게 끝나는 경우라 해도 자신의 승용차로 태워 주지 말고 일반 택시를 잡아 태워 보내라고까지 지침을 내릴 정도였다. 공연히 여직원 문제로 구설수에 오를 필요가 없다는 취지였을 것이다. 하지만 그 부인들로부터 박수를 받기는 했겠지만 부하 직원들 본인에게는 공연히 간섭한다는 불평을 들었을 법하다.

시동을 건 '북방정책'

한국 정부가 중화인민공화국과 수교에 이른 것은 노태우盧泰愚 대통령 시절이던 1992년 8월의 일이다. 그동안 '중공中共'으로 불리던 국가 호칭이 '중국中國'으로 바뀐 것도 바로 이때부터다. 한국이 소련과 수교에 합의한 1990년 9월 이후 두 해 만에 이뤄진 한중수교로 인해 공산권 국가들과의 교류가 본격 시작된 것이다. 이른바 '북방외교' 시대의 개막이다.

그러나 북방외교라는 개념이 이범석 외무장관 당시 처음 도입됐다는 사실을 기억할 필요가 있다. 1983년 6월 국방대학원 특강을 통해 "우리 외교의 최대 과제는 소련 및 중공과 관계 정상화를 하는 북방정책의 실현에 있다"고 강조했던 것이다. 특강의 제목 자체가 '선진 조국의 창조를 위한 외교과제'였다는 점에서 그 의미를 미루어 짐작할 수 있다. 한국의 미래 발전과 평화통일을 위해서는 공산권 외교에 적극 나서야 한다는 필요성을 거론한 것이었다. 아니, 단순한 필요성 차원을 넘어 그러한 의지를 선언한 것이나 다름없었다.

그 직전까지 한국 정부가 환태평양 외교에 주력하고 있었던 것과도 대비를 이루는 사실이다. 전두환 대통령이 제안해 놓은 '태평양 연안국가 정상회담'이 바로 그것이다. 태평양 연안의 자유진영 국가들이 미국 주도 아래 서로 긴밀히 협력해야 한다는 의미를 포함하고 있었다. 그런데, 북방정책으로 그 방향을 틀겠다는 것이 이범석의 복안이었다. 그동안 편향적이던 친親서방 외교정책의 전환을 시사하는 것이기도 했다.

이범석은 북방외교의 목적을 한반도의 안정과 평화정착에 두고 있었다. 그때 북방정책의 필요성을 거론하며 "80년대 우리 외교의 최대 목표는 한반도에서의 전쟁 재발을 방지하는 데 있다"고 강조한 것이 그것이다. 소련과 중공이 유엔 안전보장이사회 상임이사국으로서 북한과 긴밀한 우호관계를 맺고 있다는 점에서 한반도 평화 유지를 위해서는 새로운 차원의 관계 정립이 필요하다는 논리였다. 더구나 이들 양국이 한국전쟁에 직접 관여한 입장이었다.

무엇보다 북한과의 무한경쟁 구도에서 벗어날 필요가 있었다. 그때 이미 남북한의 동시 수교국이 70개국 가까이 이르렀던 상황이다. 그중에서도 모리타니와의 사례를 살펴볼 필요가 있다. 1963년 남한과 수교했으나 이듬해 북한과 수교를 결정함으로써 남한과는 관계가 끊어지게 된다. 그러다가 북한의 폴리사리오 지원에 반발해 1977년 북한과의 관계를 청산하고 이듬해 남한과 다시 수교하기에 이른다. 하지만 1980년에는 북한과도 다시 수교가 이뤄졌다. 이미 '할슈타인 원칙'이 폐기되고 있었던 것이다.

이러한 과정에서 남북한은 지지국 확보를 위해 서로 소모적인 노력을 쏟아 붓고 있었으며, 일부 신흥국은 이를 빌미로 과도한 경제 원조를 요구하기도 했다. 이를테면, 돈다발을 풀어 지지표를 사들이는 식이었다. 피차간에 손해였다.

따라서, 소련이나 중공과 수교하게 된다면 북한과의 긴장관계를 늦출 수 있을 뿐만 아니라 무리한 경쟁을 벌이지 않아도 될 것이었다. 장기적인 안목에서 바라본다면 강대국들의 이해가 교차하는 한반도의 지정학적 여건에서 하나의 탈출구였을 뿐만 아니라 장차 남북한 교차승인 국면까지 감안한 외교정책의 방향을 제시하고 있었다.

다음은 그 연설문 내용의 일부다.

1980년대 우리 외교의 최대 목표는 한반도의 전쟁 재발을 방지하는 데 있으며, 앞으로 우리 외교가 풀어나가야 할 최대 과제는 소련 및 중공과의 관계를 정상화하는 '북방 정책'의 실현에 있습니다. 우리는 70년대 초에 이미 이들 국가에 대한 문호

개방 입장을 천명한 바 있으나 아직 긍정적인 결과를 얻을 수 있는 여건이 충분히 성숙되지 않고 있습니다. 소련과 중공은 국제연합 안정보장이사회의 상임이사국으로서 오랜 역사를 두고 한반도와 접경한 강국이며 또한 북한과 동시에 동맹조약을 체결하고 있는 나라로서 한국전쟁에 직접 관여한 국가들이라는 점에서 한반도의 평화를 유지하기 위해서는 이들 양국과 선린관계를 맺을 필요가 있습니다.

우리의 북방정책에 대한 장애는 말할 필요도 없이 북한 공산집단이 비현실적이며 편협한 태도와 적화통일의 환상을 버리지 않고 있는 데 있으며, 또한 이들 양국의 경쟁적인 한반도 정책도 상당히 작용하고 있는 것으로 보입니다. 물론 남북한 간의 관계가 정상화되면 북방정책은 그 실마리가 자연히 풀릴 것이나 북방정책의 진전은 남북한 관계를 개선하는 계기를 또한 제공할 수 있을 것입니다. 이러한 관점에서 이른바 교차승인 방식은 한반도의 긴장완화에 기여할 것으로 기대되고 있으나 현재의 여건 하에서는 하나의 가능성이 제시된 것으로 밖에 볼 수 없을 것입니다.

한반도는 약 140만 명의 최신예 무기로 무장한 정규 병력이 30년간 대치하고 있는 제2차 대전 후의 가장 대표적 위험지대이며, 남북한 간에 여하한 접촉이나 교류도 상호 단절되어 있는 긴장지대이므로 이는 동북아의 평화에 대한 위협인 동시에 세계평화의 장애요인이 되고 있습니다. 더욱이 한반도는 역사적으로 주요 열강의 이해가 충돌한 경험을 가지고 있으며, 오늘날에도 주요 강국 간의 경쟁과 대립이 노정되고 있음을 부인할 수 없습니다.

이범석은 "이러한 노력이 결실을 맺기 위해서는 무엇보다도 우리의 국력을 더욱 배양하는 것이 절대적으로 중요하다"고 강조했다. 미국 등 전통 우방국과의 제휴 협력 필요성도 내세웠다. "이리하여 80년대는 한반도에 평화장치를 확립하고 전체 한민족의 '행복한 나라'를 만들어 선진조국으로 도약하는 민족화합의 시대가 되도록 우리 모두 공동의 노력을 경주해야 할 것"이라는 게 그의 결론이었다. 외무장관으로서 그러한 역할에 앞장서겠다는 다짐이기도 했다.

'가지 않은 외교'의 길

여기서 '북방정책'이란 '동방정책Ostpolitik'에 대비되는 표현임은 물론이다. 서독 빌리 브란트Willy Brandt 총리가 추진한 대對 동독 화해정책이다. "동독에 대해 국제법상 승인을 고려할 수는 없으나 그 존재를 독일 내의 '제2의 국가'로 인정해 동등한 자격 조건에서 동독 정부와 마주앉을 용의가 있다"는 게 브란트가 1969년 취임 연설을 통해 밝힌 내용이다.

이범석이 서독의 동방정책을 선례로 삼아 복습을 하고 있었던 셈이다. 복습일망정 그 의미는 결코 작지 않았다. 통일원장관 시절에도 북한과의 근본적인 관계개선에 관심을 기울인 것은 물론 이미 주駐 인도대사 시절 본부 훈령에 따라 월맹 대사관 측과도 외교 접촉을 시도했던 입장이다.

그때 이범석이 연설문에서 북한을 현실적인 국가로 인식하는 표현을 사용했다는 자체가 획기적인 일이었다. "국제사회의 구성원으로 두 개의 국가가 한반도에 존재한다는 것은 엄연한 현실"이라고 밝힌 것이다. 한반도에 '두 개의 국가'가 존재한다는 것은 남한과 더불어 북한의 존재를 인정한다는 뜻이었다. 브란트가 동독을 '제2의 국가'로 인정한다는 것과 마찬가지였다. 남북한이 분단된 이래 정부 차원의 공식 표현으로는 처음이었다.

한반도에서의 평화 정착과 긴장 완화를 위한 방안으로 북방외교를 추진해야 한다는 당위성을 설명하려는 의도였지만 듣기에 따라서는 상당한 파장을 초래할 수 있는 표현이었다. 그러나 이미 국제무대에서 남북한 사이의 현격한 국력 차이가 확인된 만큼 북한의 실체를 인정하느냐, 인정하지 않느냐 하는 것이 큰 문제가 되지 않는다는 자신감을 드러내고 있었다. 남한이 이미 1981년 서울올림픽 유치에 성공한 뒤였다.

이때의 강연이 '6.23 선언' 10주년을 기념하기 위해 마련됐다는 사실부터가 의미를 지닌다. 1973년 6월 당시 박정희 대통령이 한반도 평화통일정책과 관련해 발표한 특별성명이 바로 6.23 선언이다. 남북한이 서로 내정에 간섭하지 않고 유엔에 함께 가입한다는 등의 내용을 담고 있었다. 그 연장선 위에서 북방외교의 필요성이 대두된 것이다.

이 특강 연설문은 이범석의 지시로 당시 이장춘李長春이 국장을

이범석 장관이 1982년 12월 방한한 터키 케난 에브렌 대통령을 부산 유엔군 국립묘지에 안내하고 있다.

맡았던 국제기구조약국에서 작성한 것이었다. 그보다 석 달여 뒤인 10월 초로 예정됐던 국제의원연맹IPU 서울 총회를 염두에 두고 작성된 내용이다. IPU 총회에 소련과 중공 대표들이 참가하도록 미끼를 던진 하나의 유인전략이었다는 것은 또 다른 비화다. 그때로서는 소련에 의한 KAL기 격추사건이 일어나리라는 것을 상상도 할 수 없었을 것이다. 그해 9월 1일 발생한 KAL기 사건으로 IPU 총회가 오히려 소련에 대한 성토장으로 변하고 말았으니 말이다.

이 연설문의 내용이 언론 보도를 통해 알려지면서 외교적인 파장이 작지 않았을 것임을 충분히 짐작할 수 있다. 무엇보다 자유중국의 의아심이 클 수밖에 없었다. '중화中華'의 대표성을 놓고 중공과 다투고 있었기 때문이다. 더구나 바로 그 직전 중공 민항기가 춘천에 불시착함으로써 한국과 중공 사이의 직접 대면이 처음으로 이뤄진 터였다.

그러나 중공의 경우 그때 이미 인구 10억 명을 돌파함으로써 머지않아 세계 최대의 시장이 될 것임을 예고하고 있었다. 덩샤오핑鄧小平의 집권 이후 경제도 서서히 일어나던 중이었다. 따라서 국제무대에서 중공을 제쳐놓고는 외교적으로나 경제적으로나 정책 선택이 제한될 수밖에 없을 것이었다. 공산주의의 원조이자 자원이 풍부한 소련도 마찬가지였다. 국가 이익을 감안한다면 과거의 앙금을 털고 대화 채널을 확보할 필요가 있었다. 체제와 이념은 이미 거추장스런 과거의 유물일 뿐이었다.

서독이 일찍이 동방정책을 폈던 것도 같은 맥락이다. 동독을 정식 국가로 인정한 나라와는 외교관계를 맺지 않기로 했던 '할슈타인 원칙'이 폐기된 것이 이 동방정책에 의해서다. 국제사회에서는 영원한 적도, 영원한 친구도 없다는 원칙이 외교정책에서 실제로 적용되고 있었던 것이다. 이범석의 외교정책도 그 전철을 따라 '가지 않은 길'을 걷고 있었다.

중공 민항기 불시착 사건

중공 국적의 여객기 한 대가 춘천의 미군 비행장인 캠프페이지에 불시착한 것은 1983년 5월 5일의 일이다. 어린이날을 맞아 모처럼 행락길에 나섰던 국민들이 요란한 사이렌 소리의 공습경보에 잔뜩 긴장해야 했던 사건이다. 여객기에는 승무원 9명과 승객 96명이 타고 있었다.

중국민항(중국민용항공총국) 소속 B-296 트라이던트 기종으로, 선양을 떠나 샹하이로 가던 중 여섯 명의 무장 범인에 의해 공중 납치된 것이었다. 그러나 한국으로서는 아직 중공과의 국교가 열리기 전이었으므로 사실상 '적기敵機'가 출현한 것이나 마찬가지였다. 더구나 동서 냉전의 분위기가 첨예했던 시절이다. 여객기 출현에 따라 즉각 공습 사이렌이 울린 것이 그 때문이다.

납치범들은 자유중국 쉐위치薛毓麒 주한대사 면담을 요구하면서 정치적 망명을 요청하고 있었다. 이에 대해 자유중국 주푸송朱撫松 외교부장이 타이베이 주재 김종곤金鍾坤 대사를 불러 한국 정부의 사건처리 방침에 대한 적극적인 관심을 나타내기도 했다. 자유중국이 전통적인 우방이었던 반면 중공은 아직 미수교 상태였다. 그렇다고 일방적으로 처리할 문제는 아니었다.

더욱이 중공의 대응 태세가 그 전과는 달랐다. 한국 정부에 전문을 보내 "교섭 대표단을 태운 특별기를 보낼 테니 착륙을 허가해 달라"고 요청해 왔다. 셴투沈圖 중국민항 국장 명의의 전문이었다. 일본을 통해 전달된 교섭 요청이었지만 중공 정부가 사건 발생 몇 시간 만에 신속하게 움직임에 나선 데다 더구나 전문에는 '대한민국 Republic of Korea'이라는 국호를 사용하고 있었다. 양국 관계에서 처음 있는 일이었음은 물론이다.

이러한 과정을 거쳐 셴투 중국민항 국장을 비롯한 30여 명의 관계자들이 서울에 파견되어 한국 외무부와 직접 협상을 벌이게 된다. 외무부에서는 공로명孔魯明 제1차관보를 협상 대표로 내세웠다. 중공과 첫 담판 테이블에 마주앉게 된 주인공이다.

그 전에도 1961년 민항총국 소속 조종사 두 명이 비행기를 몰고 귀순한 이래 1982년 10월 미그19 전투기 조종사의 망명 요청에 이르기까지 항공기, 선박의 귀순 및 납치사건이 다섯 차례나 있었건만 당국 간 협상이 이뤄진 적은 한 번도 없었다. 중공 측이 기체와 선박의 송환만을 요구했을 뿐 당국자를 보내지는 않았다. 그러나 이때는 납치 여객기 승객 중에 군사기밀에 정통한 미사일 전문가가 포함되어 있었고, 따라서 관련 정보가 유출될까 걱정한 나머지 중공이 신속하게 나섰다는 것은 또 다른 비화다.

어쨌든, 이 여객기 불시착 사건은 외교적으로 상당한 파장을 예고하고 있었다. 중공으로서는 승무원과 승객을 포함해 100명이 넘는 자국 국민의 신변이 달린 문제였다. 6.25가 정전협정으로 마무리된 1953년 이후 한국과 중공 정부 사이의 첫 번째 공식 외교접촉이 우연찮게 성사된 것이다. 국제적으로도 사건의 처리 방향에 눈길이 쏠릴 수밖에 없었다.

양국이 이렇게 협상에 들어간 결과 사흘 만에 모두 아홉 개 항목에 걸친 외교각서 서명이 이뤄지게 된다. 납치범들을 한국 법률에 따라 재판할 것이며, 향후 비슷한 사건이 발생할 경우에도 서로 긴밀히 협조한다는 등의 내용이 포함되었다. 이 각서에서 '대한민국'과 '중화인민공화국'이라는 양국의 정식 국호가 처음으로 사용되었음은 물론이다.

하지만 국호를 공식 사용할 것이냐 하는데 있어서는 협상 과정에서 서로의 입장이 엇갈릴 수밖에 없었다. 중공 측이 난색을 표명하고 있었다. 냉전시대의 흐름 속에서 북한과의 관계를 먼저 의식했기 때문이다. 이른바 '혈맹血盟'이라는 표현으로 수식되는 관계였다. 남한을 정식 인정하는 대신 '남조선South Korea' 표기를 주장했던 이유다.

이에 비해 한국 정부는 어떤 식으로든 전략적인 돌파구를 마련해야 한다는 입장이었다. 결과에 따라서는 아시안게임(1986년)과 서울올림픽(1988년)에 중공 선수단의 참가를 유도하는 계기가 될 수도 있을 터였다. 이범석의 생각이 그러했고, 협상 대표로 나선 공로명의 생각이 마찬가지였다. 민항기 사건은 제 발로 굴러 들어온 기회였다. 한국이 우월적 결정권을 행사할 수 있는 기회를 놓칠 수는 없었다. "남의 나라 안방까지 들어와서 주인에게 인사도 안하고 물러가겠다는 것이냐"라는 논리로 압박했고, 결국 중공 측의 양보를 받아내기에 이른다.

이 합의에 따라 승객들과 비행기 기체는 중공 측에 넘겨졌다. 납치범들은 항공기운항안전법 위반 혐의로 기소돼 징역형을 선고받고 복역하다가 1년여 만에 형집행정지로 풀려나 자유중국으로 강제 추방되는 수순을 밟게 된다. 이러한 방식으로 민항기 사건은 무난히 처리되었고, 아울러 북방정책의 물꼬가 자연스럽게 트이는 계기가 마련되었다. 그가 한 달여 뒤에 국방대학원 특강에서 북방정책의 윤곽을 밝힐 수 있었던 배경이 되었음은 물론이다.

중공 민항기 협상이 진행되는 과정에서 모종의 외교적 접촉이 이뤄졌다는 사실도 기억할 필요가 있다. 이범석이 일본 주한대사인 마에다前田利一를 통해 중공에 거주하던 한국 교포들이 일본으로 귀환할 수 있도록 협조를 요청했던 것이다. 마침 일본 정부가 중공에 잔류한 일본인 혈육찾기 협상을 하던 중이었다. 이 협상에 따라 그해 12월 중공 거주 일본인 혈육들이 일본으로 송환되었으나 한국 교포들이 몇 명이나 포함됐는지에 대해서는 자세한 기록이 전해지지 않는다.

한편, 자유중국으로 송환된 민항기 납치범들에 대해서도 뒷얘기가 남아 있다. 이들은 자유중국 사회의 열렬한 환영 속에 적잖은 보상금을 받아 새로운 생활을 시작했으나 결말까지 좋았던 것은 아니다. 그들 가운데 주오장런卓長仁과 장훙쥔姜洪軍은 사업 투자에 실패함으로써 유괴사건까지 저질렀고, 결국 재판 끝에 사형을 당하고 말았다. 인생사의 또 다른 단면이다.

KAL 007기 피격사건

중공 민항기 불시착 사건이 북방정책의 신호탄이 됐다면 소련에 의한 KAL기 피격사건은 그 반대다. 북방정책이 아직 시기상조임을 일깨워주는 계기로 작용하게 된다. 북방정책의 적정성 여부를 떠나 한국에 비극적인 사건이었다.

1983년 9월 1일. 뉴욕 존 F. 케네디 공항을 이륙해 앵커리지를 거쳐 서울로 향하던 대한항공 007편 여객기가 사할린 상공에 이르러 항로를 이탈하는 사고가 일어났다. 북태평양 5개 항로 가운데 R20 항로로 운행하던 중 소련 영공으로 잘못 들어간 것이다. 이에 긴급 출동한 소련 수호이 전투기가 사전경고 조치도 없이 미사일을 발사했고, 승객과 승무원을 포함해 269명 전원이 사망하는 끔찍한 결과가 발생했다. 새벽 3시 26분에 일어난 공중 테러였다.

이범석은 이른 아침 일본 대사관에서 걸려온 국제전화 보고로 이 소식을 처음 접하게 된다. NHK 방송이 아침 7시 뉴스로 이 소식을 비중있게 전했던 것이다. 사고 비행기가 이날 새벽 3시 23분 일본 관제소와 마지막 교신한 뒤 홋카이도 동북단 도시 네무로 동남쪽 180km 위치에서 통신이 두절됐다는 내용이다. 곧이어 AP, UPI, AFP 등 외신들도 경쟁적으로 속보를 내보내고 있었다.

그러나 아직은 실종으로만 추정될 뿐이었다. 한때 여객기가 시베

리아에 강제 착륙했을 것이라는 외신 보도가 접수되기도 했으나 그런 기대도 깨지고 말았다. 1978년에도 KAL기가 북극권에 인접한 러시아 서북부 무르만스크 지역에 비상 착륙한 사례가 없지 않았다.

사태의 대체적인 경과가 파악되기까지는 시간이 얼마 걸리지 않았다. KAL 007기가 레이더에서 사라지기 직전 다른 네 대의 비행기가 함께 포착됐었다는 사실이 일본 항공자위대로부터 흘러나오고 있었다. 오후 들어서는 아베安倍晉太郎 외무상이 정식으로 KAL기의 피격 사실을 발표했고, 미국에서도 이를 확인하는 슐츠 국무장관의 기자회견이 이어졌다.

미국과 일본 정보당국이 확인한 바에 따르면 소련 전투기의 미사일 공격을 받은 KAL 여객기는 미처 교신할 틈도 없이 1만m 상공에서 추락하다가 순식간에 레이더에서 사라져 버렸다. 북위 42도 23분, 동경 147도 28분 위치에서였다. 국제적인 관례와 일반적인 상식으로는 도저히 이해할 수 없는 소련의 국기적인 만행이었다. 그야말로 청천벽력이었다.

소련에 대한 한국 국민들의 분노가 하늘에 솟구쳤고 국제사회의 비난이 쏟아졌지만 그것만으로 사태를 해결할 수는 없었다. 소련은 자국의 '국경 경비규정'에 따른 정당한 행위였음을 주장하고 있었다. 소련은 더 나아가 격추된 KAL 여객기가 소련 영내에 침입해 첩보 비행을 하고 있었다면서 엉뚱한 의혹까지 제기했다.

이범석은 즉각 외무부에 비상령을 내렸다. 사태의 진상 파악과 수습을 위해 모든 외교 채널을 동원한 것이었다. 이범석 본인에게도 낮과 밤이 따로 있을 수 없었다. 가히 피가 마르던 기간이었다.

문제는 한국이 자체적으로 소련에 보복할 방법이 마땅치 않았다는 점이다. 소련과는 아직 외교관계가 수립되어 있지 않았기에 진상을 파악하는 것조차 쉽지 않았다. 외교관계가 맺어져 있다면 대사관 폐쇄 등의 보복조치를 취할 수도 있었겠으나 그럴 형편도 아니었다. 탑승객들의 유해를 수습할 수 있는 방안도 없었다. 유엔과 국제민간항공기구ICAO 등을 통해 소련의 만행을 규탄하고 압력을 넣는 것뿐이었다.

결국 유엔 안전보장이사회가 긴급 소집됐고, 연이어 유엔총회도 열렸다. 소련의 만행이 성토 대상에 오른 것이었다. 이범석도 뉴욕으로 건너가 유엔총회에서 열변을 토하며 규탄에 앞장섰다. 미국 슐츠 국무장관을 비롯해 각국 대표들을 만나 한국의 입장을 호소하면서 소련 당국의 책임있는 사과를 받을 수 있도록 협력해 줄 것을 부탁했다.

국제민간항공기구도 KAL기 피격사건 진상조사단을 꾸려 자체 조사에 나섰다. 소련 전투기가 정당한 절차에 따른 충분한 사전경고 조치도 없이 미사일을 발사한 것은 국제민간항공협약(시카고협약)을 위배한 것이었다. 설사 여객기가 실수로 영공을 침범했다고 해도 교신을 통해 사태를 해결토록 규정되어 있었다. 소련도 조인에 참여한 협약이다.

이범석 외무장관이 소련 전투기에 의한 KAL기 피격사건 직후인 1983년 9월 유엔을 방문해 하비에르 페레스 데 케야르 사무총장과 만나 KAL기 사건에 대한 대책을 논의하고 있다.

안타까운 것은 북한의 미온적인 태도였다. 한 핏줄을 나눈 동족의 비극에도 모르는 체했다. 이범석이 유엔총회장에서 맞닥뜨린 북한 대표 한시해韓時海의 태도가 그러했다. 그가 인사말을 건넸는데도 한시해는 슬그머니 피하려는 눈치였다. 위로의 말 한 마디가 없었다. 이범석은 쓰게 웃고 말았다.

KAL기 피격사건 해결을 위해 쫓아다니는 과정에서 그는 극심한 피로에 시달려야 했다. 잠도 제대로 이루지 못한 채 연일 과로했기 때문이다. 잇몸에 염증이 생겨 퉁퉁 부은 탓에 음식조차 제대로 먹을 수 없어서 죽으로 겨우 허기를 달래야 했을 정도다. 어디 잇몸뿐이었을까. 1년 4개월 동안에 이르는 외무장관 재임 기간을 통해 다리를 쭉 뻗고 잠이 들 만큼 마음 편한 날이 거의 없었을 것이다.

귀국 직전, 그는 그동안 수고한 유엔대표부와 뉴욕 총영사관 직원들을 격려하기 위해 만찬을 베풀었다. 만찬 장소는 교포가 운영하는 맨해튼 거리의 한 식당이었다. 헤드 테이블에는 이범석과 함께 김경원金瓊元 주유엔 대사, 김세진金世珍 뉴욕 총영사, 박수길朴秀吉 공사가 자리를 잡았다.

이범석은 이 자리에서 일행에 대해 격려의 뜻을 건넸다.

"그동안 노고들이 많았어요."

이에 박수길이 농담 삼아 한마디를 거들었다.

"아니, 오늘 이 자리가 최후의 만찬입니까."

유엔총회와 국제민간항공기구에서 소련의 만행을 규탄하는 국제사회의 움직임을 확인한 데다 이범석이 뉴욕 일정을 마치고 무사히 귀국하게 된 데 대한 안도의 표현이었을 것이다. 좌중의 어색한 분위기를 풀어보려는 뜻이기도 했다. 다만, 듣기에 따라 '최후의 만찬'이라는 표현이 약간 귀에 거슬렸을 뿐이다.

이에 이범석이 다시 말을 받았다.

"이 사람아, 최후의 만찬이라니. 여기에 가룟 유다라도 있다는 말인가."

역시 가벼운 농담으로 받은 얘기였다.

이범석은 만찬을 끝낸 뒤 곧바로 공항으로 가서 서울행 비행기에 몸을 실었다. 미국 방문 자체가 마지막이 됐을 뿐만 아니라 외국 출장에서 돌아온 마지막 귀국 비행기였다. KAL 007기 피격사건이 일어난 지 꼭 한 달이 지나는 그해 9월 30일의 일이다. 미얀마 순방을 여드레 밖에는 남겨놓고 있지 않았을 때다.

미얀마 순방 준비

미얀마 방문 준비는 미리부터 진행되고 있었다. 황선필黃善必 청와대 대변인이 서남아 및 대양주 5개국 순방계획을 발표하게 되는 즈음에는 이미 준비가 거의 끝난 상태였다. 순방 일정이 공식 발표된 것이 그해 8월 5일. 그중에서도 첫 방문국이 미얀마였다.

이범석도 뉴욕을 방문한 길에 인디라 간디 인도 총리와 만나 KAL기 피격사건에 대한 협조를 구하는 한편 전두환 대통령의 인도 방문 문제를 논의하기도 했다. 간디 총리도 마침 유엔총회에 참석하고 있었다. 첫 순방국이 미얀마였고, 그 다음 인도를 방문한다는 게 그때의 순방 일정이었다.

그때 미얀마 대사관에서 참사관으로 근무하던 송영식宋永植은 양곤 현지에서는 방문 넉 달 전부터 본격적인 준비에 들어간 것으로 기록하고 있다. 전두환 대통령이 미얀마에 머무는 동안 다른 곳은 제쳐두고 아웅산묘지만을 방문토록 한다는 계획은 여러 차례 내부 회의와 미얀마 외무부와의 협의를 거친 끝에 이른 결론이었다. 당초 쉐다곤 사원도 방문 계획에 포함되어 있었으나 구두를 벗고 맨발로 참배해야 한다는 것과 안전을 보장하기가 어렵다는 결론에 따라 진작 제외되었다. 옛 미얀마 왕국시대 최후의 도읍이던 만달레이 방문 계획이 논의되다가 도중 취소된 것도 교통과 안전 문제 때문이었다.

그러나 순방 계획이 발표되고 바로 이틀 뒤 중공 조종사가 미그 21기를 몰고 귀순함으로써 중공과의 외교적 마찰이 다시 예고되는 등 외교적으로 여러 현안이 불거지고 있었다. 그보다 한 달 전에는 부분 개각이 이뤄져 서석준徐錫俊이 경제부총리에, 주영복周永福이 내무장관에 기용되어 있었다. 따라서 서석준 부총리로서는 전 대통령 해외순방에 처음 수행하는 기회였다.

이러한 일정 추진에 따라 의전 선발대가 양곤 현지를 방문해 미얀마 외무부 측과 필요한 협의도 모두 마친 뒤였다. 그렇지 않아도 전 대통령의 아프리카 국빈 방문 때 가봉에서 애국가 대신 북한 국가가 연주되는 사고까지 일어났던 터라 의전 문제에 각별히 신경을 써야만 했다.

천병득千炳得 청와대 경호처장을 단장으로 하는 경호실 선발대가 현지에 도착해 점검을 벌인 것은 마지막 단계에서다. 10월 6일, 전 대통령 일행이 도착하기 이틀 전이었다. 그러나 미얀마 정보 당국의 지휘체계가 혼란을 겪고 있었다는 사실부터가 문제였다. 미얀마의 제2인자이던 틴우 정보부장이 최고 실력자인 네윈에 의해 숙청되고도 아직 후임자가 정해지지 않고 있었다.

보안 문제 외에 밍갈라돈 공항이 활주로가 짧은 탓에 순방 특별기인 보잉747기의 이착륙에 문제가 있지 않을까 우려됐던 것도 사실이다. 그러나 이 문제는 대한항공 본사 직원들이 파견되어 검토한 결과 별 문제가 없다는 최종 결론에 이르게 된다. 밍갈라돈 공항이 국제공항이면서도 규모가 작고 시설도 미비하므로 대형 항공기는 비상시에만 이착륙이 허용되던 터다.

한편, 당시 전 대통령 순방에 앞서 현지를 둘러보았던 언론사 기자들의 기록을 들춰볼 필요가 있다. 대체로 미얀마의 현황 소개와 함께 순방을 계기로 양국 사이의 원활한 관계를 바란다는 내용 위주다. 경호 문제가 거론될 수는 없었다. 북한 공작원들의 테러 움직임을 기자들이 미리 예견하기란 쉬운 일이 아니었기 때문이다. 그때 기자들의 취재 자체가 미얀마 당국의 엄격한 통제 아래 이뤄졌던 사정이다.

〈경향신문〉의 이동주李東柱 특파원은 "전두환 대통령의 서남아시아, 오세아니아 5개국 순방계획 중 버마(미얀마)가 첫 방문국으로 설정된 것은 한국과 버마의 관계가 새로운 전환점에 들어왔음을 말해준다"(경향신문, 1983년 9월 8일)고 적었다. "단순한 실리외교를 떠나서도 비동맹 고립주의를 택하고 있던 버마가 한국을 인식하기 시작했다는 것을 의미하기 때문"이라는 분석도 덧붙여졌다.

〈한국일보〉 이성춘李成春 특파원의 보도 내용도 비슷하다. '전두환 대통령의 등정 앞서 둘러본 오늘의 서남아와 대양주'라는 제목의 시리즈 기사다. 이미 인도와 호주 방문기에 이어 세 번째로 미얀마를 다루고 있었다.

버마의 수도 랭군의 밍갈라돈 공항에 내려 시내로 들어오는 외국인은 "아직도 이런 현대에 오염되지 않은 자연도시, 전원도시가 있나" 하는 신기함에 감탄하게 된다. 비록 도로와 건물 등 도시 시설은 퇴락했지만 무성한 나무와 초원, 맑은 하늘과 공기, 그리고 소박한 민중의 모습은 1시간 전에 떠난 소음과 매연, 환락의 국제도시 방콕과는 너무나 판이했다. ……. (중략) 이제 한국과 버마는 지금까지의 형식 관계에서 버마의 점진적 개방정책으로 실질 관계에 접어들고 있다. 이런 관점에서 전두환 대통령의 버마 빙문은 그동안 친親북괴 편향의 사회주의 중립국가에 과감한 정상외교를 시도하고 양국관계를 보다 증진시키는 데 역사적인 의미가 있다고 이계철 대사는 강조했다.
(한국일보, 1983년 9월 29일)

이 기사는 "몇 년 전까지만 해도 상상도 못한 한국 국가원수의
버마 방문에 대해 이곳 동서 진영의 외교사절들은 한결같이 놀라
고 있다"는 이계철李啓哲 대사의 코멘트로 마무리되고 있다. 이 대
사도 북한이 극악한 공작을 꾸미고 있을 줄은 차마 짐작조차 못하
고 있었을 것이다.

출국 전날, 가을비

순방에 오르기 하루 전날인 10월 7일. 모든 준비는 완벽하게 끝
나 있었다. 다음날 출국 비행기에 오르기만 하면 되는 것이었다. 출
영 행사는 김포공항에서 열리도록 예정되어 있었다.

이범석은 그날 오전 잠시 짬을 내 정부청사 근처 치과에 들렀다.
잇몸에 염증이 생겨 수술을 받았는데, 그 실밥을 뽑아야 했다. 원
래 다음날 실을 뽑기로 되어 있었으나 순방 일정이 시작되는 날이
었기에 하루 앞당겨 실을 뽑을 수밖에 없었다. KAL기 피격사건으
로 유엔총회에 참석해 분주히 쫓아다닌 데다 순방 준비에 차질이
없는지 신경을 쓰다가 과로로 풍치가 도진 것이었다. 그 며칠 동안
은 식사도 제대로 하지 못한 채 죽이나 야채 주스로 허기만 간신히
면하고 지냈을 뿐이다.

그날 오후에는 통일원장관 시절 비서관을 지낸 정성근鄭誠根의
방문을 받았다. 아니, 일부러 불러들인 것이었다. 딱히 긴급한 용건
이 없었지만 갑자기 얼굴을 보고 싶다는 생각이 난 것이다. 고려대
재학 때부터 가까이 지냈고, 튀니지와 인도 대사로 나가 있을 때도

서울에서 처리해야 하는 잔심부름을 도맡아 처리해 주었던 후배다.

이때 정부청사를 방문했던 부분에 있어서는 정성근의 기억이 아직도 생생하다. 물론 30년도 지난 일인 만큼 대화의 내용 자체를 제대로 떠올리기에는 한계가 있을 것이다. 그래도 서로 마주앉아 당근 주스를 한 잔씩 마신 것만큼은 또렷이 기억한다. 주스를 마시면서 이런저런 얘기를 나누다가 이범석이 먼저 자리에서 일어났다는 것이다. 이발을 하기 위해서였다. 바로 다음날 대통령을 수행해 해외순방을 떠나도록 되어 있었으므로 머리를 다듬어야겠다는 생각이 떠올랐을 법하다.

그런데, 그날따라 어딘지 분위기가 달랐다. 국무위원 전용 엘리베이터를 같이 타자며 이범석이 정성근의 팔을 슬며시 잡아 끌었던 것이다. 그 전에는 그가 정부청사로 외무부를 방문하더라도 국무위원 엘리베이터까지 깔린 복도의 빨간 카페트 앞에서 헤어지곤 했다. 외부 방문객은 일반 엘리베이터를 이용해야 했기 때문이다.

엘리베이터 안에서도 이범석은 평소답지 않게 초조한 표정이었다. 뭔가 미련이 남아 있는 듯도 했고, 아쉬운 듯도 했다. "이번에는 정말 가기 싫다"는 말도 했다. 마침 엘리베이터 안에 다른 사람이 없었기에 생각대로 불쑥 내뱉은 말이었을 것이다. 정성근도 "아무 걱정 말고 잘 다녀오시라"고 인사를 건네면서도 찜찜한 기분이긴 마찬가지였다. 그가 기억하는 두 사람 사이의 마지막 대화다.

이미 직전 일요일에는 식구들이 모두 소망교회 예배에 다녀왔다. 식구들이 함께 모인 것은 그것으로 마지막이었다. 아들 명호가 그동안 교제하던 여자친구 김지수를 데리고 와서 이범석에게 처음 소개한 것도 바로 그날이었다. 그가 세상을 뜬 다음 집안 며느리로 맞아들이게 되는 규수다. 다른 일요일처럼 이천 농장에도 다녀왔다. 대한항공 피격사건으로 뉴욕을 다녀온 뒤 계속 바빴던 가운데서도 그 하루만큼은 비교적 한가롭게 보낸 편이었다.

더구나 노신영과의 오랜 앙금도 풀 수 있었다. 미얀마 출발을 며칠 앞둔 어느날 저녁 상당히 취한 채 귀가해서는 "오늘 신영이 만났어. 기분 좋아서 한 잔 했어"라고 아내에게 털어놓았다. 노신영이 "형님, 앞으로 잘 해 나갑시다"라고 말했다는 얘기도 들려주었다. 평소 아내에게 그토록 취한 모습을 보여준 적이 별로 없었던 이범석이다. 아마 노신영과 단 둘이 만났다기보다는 출국을 앞둔 시점에서 전두환 대통령 주재로 몇몇 핵심 멤버들이 참석한 가운데 술자리가 벌어졌을 것이다.

그날 저녁, 창밖에는 빗줄기가 추적추적 내리고 있었다. 가을비였다. 이제 계절이 가을로 접어드는 무렵이었다.

이범석은 잠자리에 들면서 아내에게 말했다.

"여보, 이번에는 그 전처럼 자주 전화하기가 어려울 것이요. 대통령 모시고 일정에 따르다 보면 시간 맞추기가 쉽지 않을 테니 텔레비전 뉴스를 보도록 해요. 내가 활동하는 모습도 같이 나오지 않겠소."

해외 출장을 떠나더라도 바쁜 일정 중에서도 틈틈이 집으로 전화를 걸어 식구들 소식을 묻던 남편이었다. 그런데 이번에는 "전화를 자주 못 걸 것 같다"고 말하고 있었다. 더욱이 미얀마는 전화 사정이 좋지 않을 수도 있을 것이었다. 아내 이정숙도 그러려니 하며 나름대로 남편을 안심시키려 했다.

"알았어요. 당신도 집 걱정은 마시고 잘 다녀오세요."

직전 유엔총회 참석 때도 원래는 부부동반으로 가기로 예정되어 있었다. 하지만 대한항공 피격사건이 일어나면서 계획이 바뀌고 말았다. 뜻하지 않게 사고를 만난 상황에서 해외 출장에 아내를 동반한다면 공연히 구설수에 오를 소지가 다분했다. 구설수를 떠나 유족들에게도 면구스런 일이라고 생각했을 법하다. 이범석이 혼자 뉴욕 출장에 올랐던 이유다. "다음에 더 좋은 데 데려가겠다"고 약속했지만 다음 기회가 영원히 찾아오지 않을 것이라는 사실을 서로 모르고 있었을 뿐이다.

아내 이정숙은 자신의 책에서 그 마지막 저녁의 모습을 이렇게 표현하고 있다.

"잠자리에 든 남편은 내일 떠나면 한 열흘 걸릴 텐데, 하면서 두 팔로 조용히 나를 끌어당겼다. 이 세상에서의 마지막 사랑을 주었던 것이다."

밤이 깊어지도록 가을비가 내리고 있었다.

눈물의 영결식

아웅산묘소에서 일어난 테러사건의 과정과 배후에 대해서는 이미 앞에서 살펴본 그대로다. 전두환 대통령의 수행원들이 참배를 위해 도열한 상태에서 북한 공작원들이 미리 설치해 둔 폭탄이 터졌고, 그 결과 수행 각료를 포함해 열일곱 명이 목숨을 잃었고 열네 명이 부상을 입었다. 전 대통령의 해외순방단 일행이 미얀마에 도착하고 다음날인 10월 9일, 현지 시간으로 오전 10시 28분에 일어난 사건이다.

이범석은 그렇게 떠나갔다. 폭발 소리와 함께 무너져 내린 육중한 잔해더미와 기둥에 깔린 채 영원히 눈을 감고 말았다. 매캐한 화약 연기 속에서 여기저기 들려오는 희미한 비명소리를 들으며 자신의 마지막 운명을 실감했을지도 모른다. 그의 나이 아직 한창 때이던 쉰여덟 살이었다. 애석한 일이다.

서석준 부총리와 이범석을 포함한 희생자들의 유해는 대한항공 특별기편으로 긴급 송환되어 조국의 품에 안겼다. 테러사건이 발생하고 이틀이 지난 10월 11일 오후의 일이다. 김포공항에 도착한 유해는 태극기와 붉은 월계꽃으로 덮인 관 속에 뉘어져 서울대 병원에 안치되었다. 이범석의 시신은 가슴에 타박상의 흔적이 뚜렷했다. 아웅산묘소가 폭발로 무너지면서 돌더미에 깔린 자국이었다. 머리카락도 약간 그을린 듯했다. 그래도 전체적으로는 멀쩡한 모습이었다. 단지, 눈을 감고 있었을 뿐이다.

영결식은 여의도 광장에서 열렸다. 10월 13일, 5일장으로 치러진 합동 국민장이었다. 그날 아침부터 빗줄기가 뿌리려는 가운데 여의도 광장에는 수많은 조문 인파가 몰려 고인들이 마지막 가는 길을 눈물로 배웅했다. 당시 신문 보도에는 운집한 애도 행렬이 100만 명에 이르렀다고 기록되어 있다.

김상협金相浹 국무총리는 조사에서 "님들께서는 훌륭한 인격과 탁월한 자질, 뜨거운 애국심을 갖추신 이 나라의 자랑스런 기둥이셨다"며 희생자들을 추모했다. "이 천인공로할 만행은 어처구니없게도 우리와 피를 함께 나누고 있는 북한 공산집단에 의해 자행되었다"는 규탄도 잊지 않았다. 순국자들에게는 청조근정훈장이 추서되었다.

이범석은 생전에 수교훈장 홍인장과 미국 정부가 수여하는 자유훈장도 받았다. 브라질과 에티오피아, 서독, 월남, 튀니지, 말레이시아, 페루, 이란 정부로부터는 외교훈장을 받았다. 대한적십자사 인도장과 미국적십자사 훈장은 적십자사 발전을 위해 노력했던 그의 업적을 말해준다. 이 훈장들은 지금은 모두 국립현충원 유품전시관에 전시되어 있다.

희생자들의 유해는 동작동 국립묘지 국가유공자 묘역에 안치되었다. 국가유공자 묘역 1-9. 이범석의 묘역 번호다. 꽃상여의 영구차 행렬이 영결식장을 떠날 때 마지막 작렬하듯 울려퍼진 열아홉 발의 조포弔砲 소리는 그 자체로 통곡이나 마찬가지였다. 이때 이범석의 막내딸 진주 양이 KBS방송 인터뷰에서 "하나님이 17년 동안 저에게 좋은 아버지를 주신 것으로 감사할 수 있어요"라는 말로 국민들을 더욱 울렸다.

그는 자녀들에게 자상한 아버지였다. 어디 자녀들에게 뿐이었을까. 나이가 들었어도 노모에게는 여전히 소중한 아들이었고, 아내에게는 믿음직한 남편이었다. 그러한 세상의 인연이 이제 모두 과거로 돌려진 것이었다. 그렇다고 기억조차 잊힐 리는 없을 것이다.

아내 이정숙은 다음과 같이 남편을 추모했다.

"58세의 짧은 생을 살고 이 세상을 떠났으나 그이는 의리에 살고자 노력했고, 비겁함을 가장 경멸했으며, 마음을 다하여 하나님을 섬겼고 열을 다하여 조국을 사랑했습니다."

불의의 테러로 떠나간 남편을 생각하며 쓴 〈슬픔을 가슴에 묻고〉라는 추모의 책을 통해서다. 책이 나온 것이 아웅산 테러사건 10년이 지난 뒤였지만 추모의 염은 아직 절절하다. 테러사태 이후 벌써 30여 년이 흘렀지만, 또 30년이 흐른다고 달라지지 않을 것이다.

영결식이 끝난 뒤에도 세계 각지에서 추모 편지가 도착했다. 평소 외교무대에서 이범석과 친분을 나누던 사람들로부터다. 미국 슐츠 국무장관은 편지를 보내 "지금 이 순간 내 기도가 당신과 함께 하고 있음을 알아주기를 바란다"고 고인을 추모했고, 영국 제프리 하우Geoffrey Howe 외무장관은 "최근 뉴욕에서 당신을 만났을 때를 기억한다. 한국은 유능한 정치인을 잃었고, 영국은 친구를 잃었다"며 애도를 표했다. 미국 워커 주한대사도 "같은 가치와 신념을 나누던 가장 친한 친구를 잃었다"며 슬픔을 표시했다.

인도에서 같은 시절 근무했던 미국 고힌Goheen 대사와 핀란드 리타Riitta Oro 대사, 스위스 슈터Etienne Suter 대사가 부부 명의로 이정숙에게 편지를 보내왔다. 튀니지 당시 영국 대사였던 맥캔지A. Mackenzie와 요르단 대사 부인인 수잔Suzanne Duma 여사가 편지를 보내 슬픔을 위로했다. 호주 헤이든 외무장관과 자유중국 주한대사를 마친 뒤 본국 외무차관으로 영전해 있던 딩마오스丁懋時, 인도 외무차관을 지낸 자가드 메타도 위로 편지를 전해왔다.

미국 솔라즈Stephen Solarz 하원의원과 일본 이토추상사 고문인 세지마 류조瀬島龍三, 인도 마힌드라 회장의 편지도 도착했다. 미국 조지 워싱턴대학 엘리어트Lloyd Elliott 총장, 〈산케이 신문〉 시카나이 노부다카鹿內信隆 회장도 편지를 통해 유가족들의 슬픔을 위로했다. 이범석의 인도대사 시절 대사관 신축공사를 맡았던 건축업자인 나그도 편지를 보내왔으며, 〈힌두스탄 타임즈〉 발행인으로 친분을 나누었던 메논은 직접 서울로 조문을 왔다.

그 다음 달 방한한 미국 레이건 대통령은 "몇 달 전에 만났던 이범석 외무장관은 지혜롭고 유능한 사람이었다"며 직접 육성으로 그를 추모했다. 이범석이 그 해 5월 워싱턴을 방문하는 길에 백악관으로 예방했던 때를 얘기하는 것이었다.

그 해 12월 25일, 이범석 묘소에서 묘비 제막식이 열렸다. 성탄절이긴 했지만 겨울철의 쓸쓸한 분위기는 어쩔 수 없었다. 묘역에 울려 퍼진 섹소폰 소리가 더욱 마음을 울렸다. 흐느낌 속에 나지막한 노랫소리도 들리고 있었다.

"울밑에 선 봉선화야/ 네 모양이 처량하다/ 길고 긴 날 여름철에/ 아름답게 꽃 필적에 ……."

평소 이범석이 즐겨 부르던 노래를 길옥윤이 섹소폰으로 연주하고 있었다. 그의 눈가에도 눈물이 번지고 있었다.

제막된 묘비의 추모사 또한 절절했다. 평양고보 후배로서 연세대 교수이던 김동길金東吉이 짓고 김충현金忠顯 글씨로 새겨졌다. 제목은 '외무부장관 이범석을 추모하며'. 고향과 학교 선후배인 두 사람이 함께 꿈의 열차를 타고 통일된 고향 땅으로 다시 돌아가는 날을 고대하는 내용으로 되어 있다.

갈라진 내 땅 하나 되고

피차에 등진 이 겨레 서로 얼싸안고
기쁨의 눈물 흘리는 그날 위해
밤과 낮 가리지 않고 애쓰다
쓰러진 님이여

단군전에 두견새 울고
기자묘에 궂은 비 내리면
임진강 나룻터의 강물도
목메어 흐느끼리

아~, 그 어느 날
통일의 큰 꿈 이뤄져
평양 가는 첫 기차
서울 떠나는 기적소리 울릴 때

님이여!
일어나소서
무덤 헤치고 일어나소서
그 밝은 아침에 일어나소서

내가 만난 이범석

어떤 사람도 금방 매료시키는 놀라운 친화력

- 강신성(전 칠레 대사)

나는 인도 대사관에서 2년 6개월, 외무부 본부에서 3개월 간 총무부 일을 보면서 이범석 장관님을 모셨다. 총무부는 조직의 살림을 담당하는 부서라 기관장의 손발처럼 움직여야 했고, 그런 이유로 장관님을 가까이 보필할 기회를 가졌다. 장관님을 모시는 동안 아직도 생생하게 남아 있는 몇 가지 에피소드를 소개하고자 한다.

이 장관님은 사교성과 근면성에 있어 타의 추종을 불허할 만큼 출중하셨다. 장관님께서는 인도에 부임하시고 얼마 안 되어 인디라 간디 수상, 그리고 인도의 핵심 인사들과 긴밀한 친분관계를 만들었다. 간디의 측근 인사들, 특히 메논T. K. Menon과 같은 거물급 경제인을 사귀었다. 당시 인도는 비동맹주의 맹주로서 북한에 치우친 외교정책을 펴고 있었는데, 장관님이 부임하고는 그 정책이 수정되어 중립으로 돌아섰다. 장관님이 인도 정부나 의회에 두터운 인맥을 갖고 친근한 여론을 형성한 덕분이었다.

장관님은 일주일에 두세 번은 주재국 인사들을 관저에 초청해서 접대하셨다. 그런데 희한한 것은, 초면의 인사라도 장관님을 5분만 마주 대하고 대화를 하게 되면 박장대소를 하며 마음을 여는 것이었다. 장관님의 큰 키와 우람한 체격에서 품어져 나오는, 그 '씨익-' 웃으시는 모습과 화술에는 어떤 사람도 금방 매료시키는 친화력이 있었다. 그렇게 부지런히 외교활동을 하시다 보니 주재국에서 평판이 좋았다. 한 번은 인도 외무부에서 "뉴델리에 와 있는 130여 명의 대사 중 이범석 대사가 가장 활동적이고 일을 잘한다"라는 평가를 내놓아 대사관 식구들을 흐뭇하게 만든 적도 있었다.

장관님은 특유의 사교성과 근면성을 발휘하여 인도 대륙 5대 도시에 주로 경제인을 중심으로 하는 '한-인도 친선협회'를 조직하셨다. 이 조직이 양국을 우호친선 관계로 잇는 기반이 되었다. 나는 모임에 수행하면서 장관님이 연설하시는 것을 볼 때마다 감탄하지 않을 수 없었다. 장관님께서는 영어 원고가 필요 없었다. 단상에 올라가서 생각나는 대로 이야기를 하면 그게 청중의 감동을 이끌어내는 명연설이 되었다. 그만큼 논리적이면서도 박력이 있고, 호소력이 있었다. 물론 그런 연설을 가능케 한 데는 장관님의 탁월한 영어 구사 능력이 있었다.

인도는 가난한 나라였다. 지방은 더 했다. 때문에 위생환경이 아주 열악했다. 그래서 출장 중에 걸핏하면 설사에 걸려 고생을 했다. 그러나 장관님은 그런 고생을 마다시지 않고 그 넓은 대륙을 편력하시면서 친한 조직망을 구축했던 것이다.

1978년 11월 말이었다. 그때 우리 대사관이 쓰고 있던 건물에서 임대 기간이 만료되어 나와야 할 판이었다. 장관님은 아예 새로운 공관 건물을 짓는 것이 좋겠다는 판단을 내리고 본부에 예산 지원을 요청했으나 본부에서는 예산이 없다고 난색을 표명했다. 그러자 장관님은 박정희 대통령께 직접 건의하셨다. 장관님은 달필이셨다. 그 달필로 대사관 신축의 필요성을 역설하는 장문의 편지를 쓰셨다. 그것으로도 모자라 녹음기를 갖다 놓고 편지와 같은 내용을 육성으로 녹음했다. 그리고는 편지와 녹음테이프를 직접 청와대로 발송했다. 그 후 박 대통령은 "정부에 예산이 없다면 은행에서 빌려서라도 지원하라"고 조치했다. 박 대통령이 군인 출신이 아닌 민간인 대사를 그만큼 신임한 경우도 드물었다.

공관 건물은 한 나라의 위상을 대변하는 상징성이 있기 때문에 장관님은 좋은 건물을 짓기 위해 심혈을 기울이셨다. 손수 홍콩에 가셔서 건축 자재를 구입하시기도 했다. 설계와 건축 감리는 당시 한국 건축계의 거장인 김수근 씨에게 맡겼다. 그는 장관님과의 친분을 고려하여 여비나 설계료를 받지 않았다. 그만큼 예산이 절약됐다. 그때 신축된 대사관 건물은 뉴델리의 명물이 되어 관광명소로 자리 잡았고, 지금도 한국을 알리는 데 큰 기여를 하고 있다.

장관님께서 전두환 대통령을 수행해 미얀마로 떠나실 때였다. 전날 사무실에서 작별인사를 드렸으나 마음이 허전하고 서운해서 견딜 수 없었다. 그래서 떠나시는 날 아침 아내와 함께 공관으로 가서 다시 한 번 인사를 드렸다. 그때 장관님은 내 아내를 보시고 말씀하셨다.

"미세스 강, 수고가 많습니다. 내 잘 다녀오리다."

그때 말씀하시면서 짓던 따뜻한 미소를 떠올리면 지금도 목이 멘다. 장관님의 명복을 빈다.

지금도 다정한 목소리가 들리는 듯
- 김무선(멕시코 유카탄 한글학교 교장)

나는 고향을 이북에 둔 실향민으로서, 충청남도 대전에 삶의 둥지를 두고 노부모님 밑에서 어렵사리 살아가고 있었다. 대전사범학교 1학년에 재학 중이던 1955년 여름방학에 대한적십자사 초청으로 전국학생지도자 강습회(2회)에 참가하게 되었다.

지금은 금싸라기 땅이 된 송파에 텐트를 치고 전국에서 쟁쟁한 인재들이 모여 강의를 듣고 토론도 하고 오락도 하면서 1주일 동안 캠프를 갖게 되었다. 전쟁에 찌든 상처를 잠깐이나마 잊고 밝고 환한 앞날을 설계하는 기회였다. 그때 참가자 중에서는 경북고교 2학년이던 현소환(뒤에 연합통신 사장 역임), 이화여고 1학년 서영희(뒤에 KBS 아나운서), 경기중학 3학년이던 곽일훈(뒤에 적십자봉사회 총회장) 등이 기억난다.

그런데 이 귀한 기회를 우리 젊은 학도들에게 베풀어준 이가 바로 이범석 청소년부장이었다. 일찍이 큰 뜻을 품고 외국에 다녀오면서 생각하셨던 '젊은이게 꿈을'이라는 장기 비전을 현실로 실현시켰던 것이다. 송파 잠실 캠프장에서 만난 이범석 부장은 문자 그대로 놀라움의 대상이었다. 훤칠한 키에 우람한 체격, 뚜렷한 이목구비. 누가 봐도 반할 수밖에 없는 외모에 시원시원한 남자다운 성격, 익살스러우리만큼 몸에 밴 유모어….

이 부장께서는 우리에게 좌우명 같은 명언을 적어 주셨는데, 지금 그 글귀가 정확히 기억나지는 않지만 "사나이 한평생 움츠리지 말고 활달하게 밝게 살라"는 내용이었다고 생각된다. 특히 유흥시간에 가르쳐준 희망가는 우리 젊은이들에게 커다란 감명을 주었다.

강습회기 끝나갈 무렵 나를 부르시더니 "강습 끝나면 이틀만 더 선배들과 뒷정리하며 있다가 가면 어떨까"하고 물으시는 것이었다. 개인적으로 친분을 쌓고 싶어도 기회가 없어 못하는데 이 무슨 행운인가. 그래서 남아서 뒷정리고 하도 선배들과 사귀기도 하면서 그분의 일거수일투족을 배우게 되었다. 궂은일을 손수 하시는 것을 보면서 참으로 큰 인물이 될 위인임을 알았고, 존경하게 되었다.

1983년 여름 워싱턴을 방문하시고 귀로에 L.A.에 들러 반공 강연을 하셨던 게 당시 외무장관으로서 마지막 방문이셨다. 그때 귀국하시는 비행기를 타며 "고생이 많은데 아무런 도움도 못주고 가서 미안하다"고 하시던 말씀이 귀에 쟁쟁한데, 그것이 이 세상에서 마지막 듣는 말씀이 되고 말았다.

1983년 10월 9일, 엄청난 비보를 접한 순간 온 천지를 잃은 듯한 충격을 받고 정신이 한동안 멍했던 기억이 있다. 30여 년이 지났는데도 아직 옆에서 다정하게 환담을 나누는 착각에 빠지는 것은 그분의 우애가 그만큼 진실하고 컸던 때문일 것이다.

인도 대사관 신축에서의 열정

- 김성엽(전 리비아 대사)

나는 초년병 외교관으로서 이범석 대사님을 인도에서 2년, 그리고 외무장관이 되신 후에는 보좌관으로 1983년 10월 9일 아웅산 사태로 순국하실 때까지 7개월을 모셨다. 외무공무원으로 치면 깊은 인연이라고 생각한다.

1978년 4월, 첫 해외 임지인 인도에서 정무 업무를 맡았으나 얼마 안 되어 새로 부임해 온 참사관에게 넘겨주고 막 시작된 공관건축 업무를 인계받았다. 그런데 이 모든 일이 이 대사님이 아니었다면 가능하지 않았고, 그 불도저 같은 열정이 없었다면 그렇게 일찍 마무리되지도 못했을 것이다.

뉴델리에서는 각국 공관 건축이 최소 4년 정도 소요되는 것이 정설처럼 되어 있었다. 당시 인도가 개방경제와는 거리가 멀어 물자가 부족했고, 날씨 탓인지 사람들의 동작이 굼뜬 것도 한 이유였다. 우리 대사관 건너편에 짓고 있던 불가리아 공관은 시작은 우리보다 2년 6개월 빨랐으나 1년 6개월이나 뒤에 완공된 것을 보면 그 사정을 짐작할 수 있다.

이 대사는 매일 아침 8시면 현장에 도착해 공사 과정을 둘러보고 독려하셨다. 오후에도 두어 시간씩 짬을 내 설계사, 엔지니어, 공사업자들과 회의를 통해 진행 과정을 훤히 꿰뚫고 꼼꼼하게 점검하는 노력을 보여 주셨다. 이런 과정을 거치면서 부실 공사와 과다한 공사비 청구 등도 자연스럽게 걸러졌다.

반대로 업자의 항변도 제기되기 마련이었다. 공사비 정산 문제가 그중의 하나였다. 어느날 공사업자인 나그 사장이 대사님 방에 들렀다가 손에 뭘 싸들고 나오기에 무엇이냐고 물었더니 마지못해 자신의 수집 취미인 고급시계 여러 개를 망가뜨린 걸 보여 주었다. "추가 공사비를 제대로 주지 않아 집에서 화가 나 던진 것"이라며 대사님에 대한 험담을 마구 늘어놓았다. 결국 이 항변으로 그의 주장이 수용되어 공사비와 시설 집기 등 총액 300만 달러에서 얼마 남지 않은 금액을 모두 지불하고 일단락 짓게 되었다.

신축 후 인도 대사관은 독특한 건축 양식과 완벽에 가까운 공사 결과 때문인지 건축 전공 학생들이 견학하러 오고 단지 내 신축 예정이던 오스트리아, 싱가포르 등 많은 대사관 관계자와 공사업자들이 찾아오는 곳이 되었다. 중소업자로서 이 공사를 맡았던 나그도 이후 10개에 가까운 공관을 더 짓게 되어 큰 부자가 되었다.

재임 4년 4개월 동안 이 장관의 열정은 비단 건물을 짓는 것뿐만이 아니라 외교 본령에서 더욱 놀랍게 펼쳐졌다. 부임 이래 인디라 간디 정부와의 돈독한 관계 수립, 그 뒤 야당인 데사이 정권으로 교체된 후 자가트 메타 외무차관 내외와의 전설적인 밀월관계 구축 등이 아직도 인상적으로 남아 있다.

리더의 책임의식 일깨워 주신 분

- 김시관(청년적십자 봉사단체 봉우회 회원)

벌써 30여 년이 지난 지금도 장관님을 생각할 때마다 청소년적십자 시절의 많은 일들이 떠오릅니다. 수재민 구호를 위해 현장에 나가 구호품을 나눠주던 때를 생각하다 보면 양수리 캠프장(지금의 서울지사 수련장)을 지을 때의 이야기는 빼놓을 수 없는 추억의 한 단편입니다. 허허벌판인 백사장에서 벽돌을 만들고 돌을 주워다가 기초작업을 할 때 힘들고 어려웠지만 누구 한 사람도 불평없이 서로 한몸으로 땀을 흘리면서 일하던 그때를 생각하면 더욱 장관님이 보고 싶어집니다.

"지금은 힘들고 고생이겠지만 앞으로 후배들이 편안하게 사용할 수 있는 수련장이 되고 청소년적십자의 요람이 될 것이니 긍지를 갖자"고 말씀하시며 모두를 따뜻이 감싸 주시던 그 모습이 청년봉사회 회원들을 뭉치게 하는 원동력이 되었다고 생각합니다. 장관님은 이렇게 우리를 격려해 주셨고 저녁에 일이 끝나고 나면 모두 강가에 나가 물고기를 잡기도 했습니다. 그물 한쪽은 백사장에서 붙잡고, 다른 한쪽은 강 가운데서 배를 타고 계속 거슬러 올라가면서 고기를 잡다보면 언제 피곤이 풀어졌는지 신나는 기분이 되었습니다. 지금도 그때의 회원들끼리 만나면 고기 잡던 이야기를 한마디씩 늘어놓곤 합니다.

1959년 9월 사라호 태풍이 불어온 것도 바로 그때였습니다. 한강에 있는 밤섬에서 30여 명이 탈 수 있는 모터보트를 건조해서 양수리까지 한강을 거슬러 몰고갔던 일은 지금도 기억이 생생합니다. 그날 점심을 먹고 출발해 광나루에서 연료를 보충하고 다시 출발할 때부터 날씨가 흐려지면서 바람이 불기 시작했습니다. 우리는 비가 오려는가 보다 하고 서둘러 출발했습니다.

그러나 빗방울이 떨어지기 시작하더니 곧바로 폭우로 변했고, 바람도 더욱 거세지면서 엔진마저 꺼지고 말았습니다. 힘들게 시동을 걸고 조금 가다가 엔진이 꺼지면 끌기도 해서 겨우 팔당까지 이르렀으나 회돌이 여울을 만나게 되었습니다. 결국 호된 고생을 한 끝에 새벽녘에야 겨우 강가에 닿아 가로수에 적십자 깃발을 달아놓고 헛간(고 오백진군 자택)에서 곤히 자고 있는데 툭툭 치면서 일어나라고 하는 소리가 들려 깨어보니 장관님이 거기에 와 계셨지요.

눈을 비비면서 일어나니 첫 말씀이 "야, 너희들 다 죽은 줄 알았다"면서 "태풍으로 인해 많은 피해를 입었지만 너희들이 무사하니 이제 마음을 놓겠다"고 하셨습니다. 태풍이 상륙했다는 뉴스를 듣고 서울에서 뚝섬, 광나루, 양수리까지 몇 차례나 왕복하면서 우리를 찾았고, 경찰국에도 수색 요청을 하고 한 잠도 못 잤다는 것이었습니다. 새벽에 다시 양수리로 향하다가 가로수에 달아놓은 깃발을 보고 우리를 찾아냈다는 말씀에 리더의 책임의식이 얼마나 중하고 힘든 것인지 느낄 수 있었습니다. 더욱이 장관님이 우리를 얼마나 소중히 생각하시는지 따뜻한 사랑을 다시 한 번 느낄 수 있는 기회였습니다.

1957년 12월 하순께던가요. 고 엄선종 군이 자신이 운영하던 '사랑의 토굴학교'에 강냉이 가루 3포대를 지원해 달라고 장관님께 요청을 했다가 한마디로 거절당했습니다. "여기 있는 것은 내 것이 아니고 적십자의 것이니 아무런 이유 없이 내줄 수 없다"고 하셨지요. 절차를 밟아 오던지, 아니면 적십자회비 모금 포스터를 붙이고 온다면 지원해 줄 수 있다는 것이었습니다. 이렇게 해서 성탄절 전날 아침부터 저녁 늦게까지 포스터를 곳곳에 붙이고 다음날 강냉이 가루를 받아간 일이 마치 어제 일처럼 생생히 떠오릅니다.

이처럼 장관님께서는 통솔력이 강하고 공사 구분이 분명하셨습니다. 어떤 일이든지 여러 사람이 하는 일에는 항상 공동책임으로 서로 협력하여 처리하도록 이끌어 주셨습니다. 그런 모습을 옆에서 지켜보고 배워온 우리 후배들은 지금도 장관님과의 아름다운 추억을 그리움과 아쉬움으로 느끼고 있습니다.

"일을 앞에 놓고 잠이 오느냐"

- 김주훈(전 국제교류증진협회 이사)

공직사회에서 확고한 국가관과 사회기강이 절실히 요청되는 요즈음 공직자의 사표師表요, 대북 달인達人이신 옛 상사 이범석 장관님을 생각하며 추모의 글을 적는다.

우선 그분 하면 떠오르는 것은 국사에 있어서는 물불을 가리지 않고 조직의 선두에 서서 국내외 외교관을 독려하시던 솔선수범의 모습이다. 부하 직원이 늑장 부리거나 미온적일 때면 "일을 앞에 놓고 잠이 제대로 오느냐"며 채근하시곤 했다. 나는 지난날의 불충을 자성하며 지금도 그 가르침을 값진 교훈으로 삼고 있다.

어른께선 1972년 온 국민을 울렸던 남북적십자회담의 남측 수석대표로서 탁월한 성과를 이루었고, 1978년 월남전 패망 후 그곳에 억류됐던 이대용 공사 송환을 주도하셨다. 그 후 많은 외교 현안, 특히 대미 협상에서 카운터파트였던 슐츠 국무장관과의 친분을 공고히 한 외교력은 우리 모두를 감동시켜 준 바 있다.

돌이켜보면 1970년대 후반 주인도 대사 시절에는 인도 조야를 넘나들며 외교력을 펼쳤고, 심혈을 기울여 신축한 대사관저는 그곳 명물로서 각계 인사, 학생들의 견학 대상이 되었다. 또한 대사관저의 큰 행사 때 제 아내(홍옥희 권사)의 꽃꽂이 장식에 내외분이 주신 격려와 대견해 하심을 잊을 수가 없다.

장관님은 신앙심이 두터워 그 바쁜 국사 수행 중에도 성수주일 하셔서 소망교회는 물론 외교부 신우회 예배에도 부부 함께 참석하여 은혜를 나누고 격려하여 주셨다. 특히 이사야서를 좋아하셨다. 바로 그 분의 스타일대로!

"오직 여호와를 앙망하는 자는 새 힘을 얻으리니 독수리 날개 치며 올라감 같을 것이요. 달려도 곤비치 않고 걸어도 피곤치 아니하

리라." (사 40:28~31)

장관님은 남다른 가족애로 사모님 이정숙 여사를 비롯한 가족들에게 사랑을 주셨고, 자녀들에게 철학을 전수해 주셨다.

현충원 순국사절 묘역 비명碑銘에 "밤낮 가리지 않고 뛰시다 쓰러진 님이여/ ……/ 통일의 큰 꿈 이루어져/ 평양가는 첫 기차 서울 떠나는 날/ 기적소리 울릴 때/ 님이여 일어나소서/ 무덤 헤치고 일어나소서"라는 소리가 저 멀리서 울려오는 듯하다.

사모님께서 엄선한 성구聖句 "나는 부활이요 생명이니 나를 믿는 자는 죽어도 살겠고"(요 11:25)를 함께 낭송하며 깊이 추모한다.

내 공직생활의 롤모델이 된 따뜻한 인품
- 안응모(전 내무부 장관)

내가 이범석 장관과 처음으로 마주하게 된 때는 1981년의 일이다. 당시 나는 치안본부(현 경찰청) 제2부장으로 재직하고 있었고, 고인께선 국토통일원 장관으로서 남북 이산가족 문제에 대해 바람직한 의견과 해법을 얻기 위해 다방면으로 노력을 기울이고 계셨다. 고인께선 1970년대에 남북적십자회담 수석대표를 역임하는 등 남북 교류의 물꼬를 트는 데 열정을 바치셨던 만큼 국토통일원 장관으로서의 책임과 사명 또한 막중했으리라 생각한다.

당시 나는 김일성 체제에 있던 북한 대남전략의 실상과 탈북자 문제 등을 소상히 브리핑하였던 것으로 기억된다. 공식 회의석상이라면 늘 긴장되기 마련인데도 이 장관은 공직 후배들과 허물없이 마음의 벽을 허물고 해법 찾기에 골몰하셨다. 나는 그 모습을 보면서, 나라를 위한 일이라면 권위를 내세우지 않고 누구라도 만나 허심탄회하게 마음을 여는 참된 지도자로서의 인상을 강하게 받았다. 첫 만남으로도 이렇듯 존경을 품게 했던 고인의 인품은 그 후 내 공직 생활의 롤모델이 되었음을 솔직히 고백한다.

고인을 떠올리면 지금까지도 기억이 생생한 추억이 있다. 때는 1982년 1월 5일, 나는 경찰총수인 치안본부장에 취임했고, 고인께서도 대통령 비서실장으로 막 임명된 터였다. 나는 취임식을 마치자마자 곧바로 청와대 국무회의에 배석해 제1호로 통금해제에 따른 치안확립 대책을 보고하였다. 1945년부터 37년간 계속됐던 야간 통행금지가 해제됨에 따라 국민 생활의 일대 전환을 예고하고 있었던 것이다. 그러나 이에 따른 범죄예방 활동의 반경도 대폭 넓혀야 하는, 요컨대 경찰의 역할이 실로 막중해지는 시기였다.

이 때문에 전두환 대통령을 비롯한 정부 각 부처에서는 많은 관심을 표했고, 치안 확립대책을 보고한 바로 그날 밤 대통령 비서실장이던 고인을 모시고 통금이 해제된 서울 시내를 시찰하였다. 범죄 발생이 우려되는 유흥업소를 비롯해 카페, 상점, 그리고 명동 시내를 두 시간 가량 둘러보았는데, 고인께선 그 누구보다 진심으로 경찰의 노고를 위로하고 격려해 주셨다. 이러한 만남을 계기로 고인께서는 언제나 나를 만나면 오랜 지기처럼 반겨주셨고, 따뜻한 격려와 인정을 아끼지 않으셨다.

국가 발전을 위해 사심없이 일하고자 했던 내 공직 인생의 길에서 고인을 만난 것은 공무에서뿐만 아니라 개인적인 삶에 있어서도 큰 행운이자 축복이었다. 그러기에 외무장관으로서 더 큰 일을 하시며 국가발전을 앞당겼을 이 장관의 죽음은 30여 년의 세월이 흐른 지금에 와서도 여전히 애통하고 애석할 따름이다.

철기 이범석 장군과 관련된 소동

- 윤우(의병정신 선양중앙회 명예회장)

대한적십자사 부총재이며 남북적십자회담 수석대표이던 '이범석 성님'을 처음 만난 것은 남북적십자 회담이 본회담으로 접어들기 얼마 전이었고, 그분이 튀니지 대사로 계시다가 귀국한 직후였다. 최두선 적십자사 총재의 이산가족찾기 회담 제의에서 시작돼 26차례에 걸친 예비회담을 거쳐 역사적인 제1차 본회담이 1972년 8월 29일부터 9월 2일까지 평양에서 열리기로 예정되어 있었다.

나는 그때 대한적십자사 회담사무국의 지도과장으로 일했기 때문에 매사를 수석대표님과 의논하고 보고하면서 결재를 받아야 했다. 거의 동거동락했다고 해도 과언이 아니다. 수석대표님을 처음 뵈었을 때의 느낌은 "우리 사회에 이런 분이 계셨구나"라는 감탄이었다. 어쩌면 그렇게도 안성마춤의 인사가 계셨을까 하는 생각부터 들었다. 다른 분야에서도 크게 활약하실 수 있는 분이지만 특히 남북적십자 회담에서는 그야말로 제격이셨다.

한번은 이범석 수석대표께서 우리를 자기 농장으로 불러 회식을 베푼 적이 있다. 지금은 올림픽공원으로 편입되었지만 그때는 변두리 시골이던 그 언덕 위에 돼지 열댓 마리를 키우는 농장이었다. 저녁 나절, 거기서 바베큐를 곁들여 푸짐한 회식을 했는데 성님께서는 "돼지도 흙을 밟아야 무좀이 안 생긴다"며 돼지의 습성과 사육법 등을 직접 설명하고 많은 경험을 호탕하게 실토하셨다. 그런가 하면 요리 지도까지 하는 등 자상함을 보여 주셨다.

그때 얘기 가운데 기억나는 것으로는 이름 석자가 같은 분과의 미묘한 사연이다. 대학생 당시 어느 날 북아현동에 거주하던 국무총리 겸 국방장관 철기 이범석 댁 앞을 지나게 되었는데, 예사롭지 않게 생긴 학생의 걸음걸이가 달리 보였는지, 경비하던 군인 몇 명이 가로막고 "네 이름이 뭐냐"고 묻더라는 것이다.

그래서 "내 이름은 이범석이다"라고 당당하게 답변했더니 "이놈, 건방진 놈. 각하의 이름을 함부로 부른다"며 마구 때리더라는 것이다. 그래서 다시 해명하는 과정에서 소란이 벌어졌고, 결국 안방마님의 귀에까지 들어가게 됐다고 한다. 마님이 자초지종을 알아본후 "미안하게 됐다"며 경비병들을 나무라고 성님을 안으로 안내해서 차 대접을 했다는 것이다. 내용이 재미있기도 하지만 격의없이 호탕하고 솔직하게 들려주시던 모습이 지금도 생생하다.

조국을 사랑하던 그 마음, 하늘 가는 밝은 길로
- 이복형(전 멕시코 대사, 중남미문화원 관장)

내가 외무부 의전과장을 맡고 있을 때인 1966년 이범석 장관께서 외무부 의전실장으로 부임하셨다. 의전실장은 외국에서 온 국빈을 영접하는 임무를 담당하는데, 당시 의전실은 지금하고는 비교할 수 없을 정도로 빈약한 인원과 예산뿐이었다. 그런데도 이 장관님은 그 어려운 일을 크게, 시원하게 잘 치르셨다.

의전실장으로 재직하는 동안 이 장관은 어떠한 행사를 치르면서도 남다른 수완을 발휘했고, 또 성공을 거두었다. 미국 케네디 대통령이 암살되면서 부통령이다가 대통령직에 오른 존슨 대통령이 방한했을 때가 대표적인 사례다. 그때 미국에서는 대통령 전용기 이외에도 큰 비행기 몇 대가 왔는데 수행원과 경호원, 취재진 용도에 방탄차 수송용이 별도로 편성됐을 만큼 여간 복잡한 게 아니었다. 의전실에는 여덟 명의 인원밖에 없었다.

특히 존슨 대통령이 남부 출신이어서 그랬는지 그 경호원들도 좀 거칠고 무례한 점이 있었다. 중앙청 제1회의실에서 양국 정상회담을 열도록 돼 있었는데, 어느 경호원이 국화꽃 장식을 없애라고 하는 게 아닌가. 꽃꽂이 장식가를 초빙해 애써서 만들어 놓은 걸 치우라는 것이었으니, 우리 직원들은 기분이 상할 수밖에 없었다. 결국 이 장관이 직접 나선 끝에 문제가 간단히 해결되었다.

이 장관은 나중에 외무장관을 맡았을 당시 도미니카공화국 대사였던 나를 본부로 불러주셨다. 1983년 유럽담당 국장으로 일하게 된 것이 그것이다. 나는 원래 중남미 전문이고 스페인에서 근무를 하기도 했지만 유럽 관계는 잘 몰랐다. 하지만 그런 내게 서유럽 관련 업무를 맡기고, 특히 당시 외교관계가 없었어도 향후 새로운 관계를 구축해야 할 소련 위주의 동유럽 국가들을 담당하는 큰 자리를 주셨다.

내가 그 자리에 간 지 얼마 지나지 않아 소련 전투기에 의한 KAL 격추사건으로 269명이 목숨을 잃는 일이 발생했다. 당시 우리나라가 소련과의 외교관계도 수립되지 않았기 때문에 보복할 방법도 마땅치 않았다. 할 수 있는 일이란 유엔을 비롯한 국제기구들, 유럽의회, 국제민간항공기구 등을 통해 소련을 규탄하는 여론을 형성하고 압력을 가하는 정도였다. 무고한 민간인들이 타고 있던 항공기가 전투기에 의해 격추되었다는 사실만 알려졌을 뿐 유해도 건질 수 없었고, 진상을 아직 모른다는 점이 특히 문제였다.

사건 직후 이 장관이 신라호텔에 방을 하나 잡고 당시 주한 미국 대사인 리처드 워커, 주한 미군사령부 참모장, 유럽 담당국장인 나, 동유럽과의 서기관 등 5명이 회의를 했다. 워커 대사는 레이건 대통령 밑에서 일하던 사람으로, 정통 외교관이 아니라 학자 출신이었는데, 이 장관과는 무척 호의적으로 지내고 있었다.

그때 이 장관은 "사고가 미국 영공 바깥에서 일어났지만 알래스카는 소련과 접경이니 군사정보가 많이 있을 것 아닌가? 그 정보를 제공하라"고 요청했다. 그리고는 회의 도중 아예 호텔 밖으로 나가지도 못하게 한 채 도시락을 시켜 먹었다. 이 장관의 그런 배포는 보통 관료나 학자 출신에게서는 찾아보기 힘든 것이었다. 나중에 모두 물러간 다음 담당 서기관과 단 둘이 남아 회의 내용을 정리했다. 다음날 아침, 출근하자마자 보고했더니 "이건 너 아니면 못한다"는 격려가 돌아왔다. 이 장관은 그 길로 청와대로 가서 보고서를 제출했다.

젊었을 때 내가 노래를 잘하는 편이었다. 연말에 실장 및 국장급 가족들을 위한 송년회가 앰버서더 호텔(당시 금수장)에서 열렸는데, 그때 이 장관 앞에서 오페라 아이다를 부르던 일이 생각난다. 안타깝게도 이 장관이 아웅산에서 고인이 되어 돌아온 후, 국립묘지에 묻히기 전 소망교회에서 추모예배를 드릴 때 사모님인 이정숙 여사께서 나한테 "남편이 평소 좋아하던 찬송가(하늘 가는 밝은 길)를 불러 줄 수 없겠느냐"고 부탁했다.

이 장관은 살아 생전 부인을 사랑했다. 아무리 바쁘고 어려울 때라도 부인을 걱정하고 위로하며 전화를 거는 모습을 자주 보았다. 부인에게 항상 존댓말을 쓰는 것도 당시로서는 이례적으로 보였다. 그 분은 애처가이자 효자였다. 그리고 모두를 결합하게 만드는 힘이 있는 분이었다. 눈, 키, 목소리와 통도 크셨다.

오랜 세월이 지나 나도 은퇴를 했고 그동안 수많은 사람들을 만났지만 그중에서도 가장 기억에 남는 인물, 특히 어려울 적에 생각나는 인물이 바로 이범석 장관님이다. 내가 영전에 불렀던 찬송가처럼, 그 분은 영원히 '하늘가는 밝은 길'에 서 계실 것이다.

"어카겠어, 다녀와서 보세"라던 마지막 음성
이성춘(전 한국일보 논설위원)

- 조금 일찍 공항에 나왔어. 오늘 출국한다구.

이 국장, 다시 한 번 물어보자구. 당신은 이번 대통령 각하의 서남아 순방 중 버마 방문은 여전히 반대하는 거야?

"그렇습니다. 무엇 때문에 지극히 불투명하고 불안정한 나라를 방문하려는 것입니까. 버마 방문은 지금이라도 취소해야 합니다."

– 이제 와서 어카겠어. 이해 좀 해주라고. 다녀와서 보자구.

1983년 10월 8일 오전 전두환 대통령의 서남아 순방을 수행하는 이범석 장관님의 전화를 통한 마지막 음성이었다. 언제나 씩씩하고 활기차던 이 장관님의 목소리는 힘이 없었다. 그날따라 아침부터 종일 추적추적 내리는 비는 하루 뒤에 벌어질 나라의 비극을 예고하고 암시하는 것이었던가.

1983년 10월 8일~9일 전두환 당시 대통령의 버마 방문은 그야말로 미스터리 투성이다. 국민들과 가족들이 궁금해하는 의혹과 미스터리를 살펴보자.

첫째, 누가 무슨 이유와 명분 목적으로 버마 방문을 건의했는가. 인도 스리랑카 호주 뉴질랜드 등은 이미 10개월~1년 전에 결정해 방문 준비를 해온 데 비해 버마는 방문 4개월 전에 갑자기 결정되어 시달됐다.

둘째, 버마의 전 대통령 방문 수락의 속사정은 무엇일까. 네윈이 쿠데타를 일으켜 21년간 군사 독재를 지속해 오는 동안 경제는 파탄났고 암흑 속에 국제적으로 완전 고립됐다. 더구나 1982년 말~83년 5월 중순까지 치열한 권력투쟁 끝에 네윈은 제2인자이던 틴우 국가정보국장을 숙청 파면했다.

셋째, 1970년 6월 22일 새벽 3시 50분께 서울 동작동 국립묘지 현충문 폭파사건은 북한의 남측 요인암살 기도의 새로운 변형變形 전술이었다.

한국 정부는 휴전 이후 매년 6월 25일 상오 국립묘지 현충원 앞 광장에서 북한의 불법 남침 격퇴를 기념하고 호국영령들을 추모하는 행사를 거행해 왔다. 북한은 그때 기념식 사흘 전 무장특공대를 밀파, 현충문 2층에 폭탄을 장치하다가 실수로 폭발해 한 명이 숨지고 두 명은 열흘쯤 지나 뒤를 쫓던 수색대에 의해 사살됐다.

혹시나 그들이 의도했던 대로 기념식 도중 폭탄이 터졌다면 어떻게 됐을까, 상상만 해도 식은땀이 흐를 지경이다.

넷째, 현충문 폭파사건은 우리에게 요인 경호에 있어 보다 각별한 대비와 경각심을 촉구하는 중대한 경고警告이자 교훈이었다.

다섯째, 네원 군사정부는 1983년 전반기에 권력투쟁에서 승리한 후 그동안 국가정보국이 맡아오던 외빈 국빈國賓의 경호 업무를 외무부 의전국장이 담당케 했다. 모든 경호 업무는 그와 협의토록 한 것이다.

의전국장이 요인 경호에 관해 무엇을 알겠는가. 경호 업무를 담당한 현지 대사관의 안기부 주재관과 무관은 의전국장과 직접 협의를 못하고 외교관을 통해 간접 협의를 해야만 하게 된 것.

우리 정부는 대통령 경호와 안전에 직결되는 중대한 협의 채널의 변경인 만큼 청와대 경호실 등의 고위인사를 랭군에 급파, 비상 대책을 강구했어야 했다.

여섯째, 1983년 8월 중순 청와대 경호처장을 팀장으로 하는 정부의 요인경호 전문가 10명이 랭군에 도착해 1주일 동안 버마측 전문가들과 공동으로 버마 체재 기간 중 대통령의 동선動線을 체크했다.

점검 결과 "안전 이상무異常無를 확인했다"고 당시 랭군 대사관의 주재관은 필자에게 큰소리 쳤다.

당시 전 대통령의 버마 방문 중 공식일정은 대통령궁과 영빈관에서의 정상회담-고위회담, 오찬 만찬 외에 유일한 장외場外 행사는 국부國父인 아웅산 장군의 묘소 참배였다. 현충문 폭파사건을 상기한다면 하늘이 무너져도 아웅산 묘소 안팎을 이잡듯이 점검하는 것은 너무나 당연했다.

그런데 우리의 안전팀이 묘소 점검을 제의하자 버마측은 한마디로 고개를 저었다. "이 묘소는 성소聖所 성역聖域이다. 매년 하루만 참배를 허용하고 경비병들이 연중 엄중 경호한다. 사전 안전점검은 절대로 불가不可다."

전 대통령의 랭군 방문 이틀 전인 10월 6일 경호실 선발대가 현지에 도착, 묘지 점검을 요구했으나 버마 정부는 완강히 거부하면서 동일한 반응을 나타냈다. 따라서 우리 경호팀이 직접 점검하지 못한 곳은 전 대통령의 참배 취소를 고려하겠다고 강하게 맞섰어야 하지 않았을까.

일곱째, 북한의 동향과 특히 괴물怪物인 저들의 무기 및 간첩 호송선인 애국동건호를 철저히 추적했어야 했다. 동건호는 대통령이 출국하기 열흘 전 황해남도 옹진甕津항을 비밀리에 출항한 후 동남아 각국을 돌다가 10월 6일 랭군항 인근 시리암 섬에 기항, 공작원 3명을 하선시키고 떠났다.

이들은 북한 대사관의 전철휘 참사관 집에 묵으며 다음날 낮에는 시내를 정탐하고 7일 밤 아웅산 묘지에 침투해 이튿날 새벽까지 강력한 폭탄장치를 설치한 것. 북한은 바로 전 해 8월, 전 대통령의 아프리카 순방 때도 테러를 자행하려는 속셈에서 동건호를 가봉 수도 리브르빌 인근 오웬도 항구에 보냈다가 철수한 바 있었다.

여덟째, 당시 전 대통령의 버마 및 서남아 방문은 취소 또는 무기한 연기 명분이 충분히 있었다. 출국 38일 전인 9월 1일 소련이 뉴욕발 서울행 KAL 여객기를 영공 침해를 이유로 전투기를 출격시켜 미사일을 발사함으로써 269명의 승객과 승무원을 몰살하는 反인도적인 만행을 자행, 전 세계를 경악케 하는 끔찍한 사건이 발생한 것이다.

모든 우방과 자유세계인들이 대 소련 규탄에 열을 올리고 있는

데 당사국 대통령이 해외순방에 나선다는 것은 어이없는 처사라고 할 수 있지 않을까. '나들이 병病'의 발로인가. 우방국의 국민들, 자유세계인들의 심경이 과연 어떠했을까.

35년 전 "어카겠어. 이해하라구"라며 거의 체념 상태에서 전화를 걸어주신 이 장관님의 힘없는 음성이 아직도 생생하다.

지금도 가슴을 치는 청천벽력의 비보
- 이재춘(전 러시아 대사)

외교부를 떠난 지 오랜 세월이 흘렀지만 해마다 10월이 되면 왠지 불안한 생각이 감돌던 현직 시절의 기억이 떠오르곤 한다. 1983년 10월 9일 새벽, 주미대사관 참사관이던 나에게 본부 윤지준 과장으로부터 걸려온 전화는 충격 그 자체였다. 전두환 대통령의 서남아 순방 중 미얀마에서 폭탄테러가 발생했고, 그로 인해 순국한 수행원 중에 이범석 장관도 포함되었다는 청천벽력 같은 비보였다. 나는 순간 쇠망치로 뒤통수를 맞은 것 같은 느낌이었다.

내가 이 장관을 처음 만난 것은 1968년 3월 외교관 시험의 마지막 코스인 면접시험 때였다. 5~6명의 면접위원 중 풍채가 당당하고 멋져 보이는 분이 장시간 영어로 질문을 했다. 나중에 알고 보니 그분이 이범석 의전실장이었고, 나는 의전과에 배치되어 그 분을 상관으로 모시고 2년 동안 많은 것을 배우게 되었다.

내가 두 번째로 그분을 모시고 일하게 된 것은 1982년 6월 초 안기부장으로 전임된 노신영 장관의 후임으로 그분이 외무부를 지휘하게 되면서부터. 일본에 대한 이른바 '100억불 안보경협' 교섭이 1년여 동안 답보상태를 면치 못하자 이 장관을 외무장관에 기용함으로써 국면을 돌파하겠다는 것이 전 대통령의 뜻인 것 같았다.

나는 아주국 동북아 1과장으로서 실무를 맡고 있었다. 이 장관은 나에게 총무과장을 맡아 주기를 원했지만 나는 "이번 장관 경질로 일본과의 외교 교섭을 속히 마무리하려는 것이 대통령의 뜻일진대, 1년여 그 일에 집중해 온 주무과장을 바꿔서 어쩌려고 그러시느냐"고 반론했고, 장관께서도 이를 납득하셨다.

당시 한일 관계는 경협 문제에 더하여 일본 역사교과서 왜곡 문제로 격심한 진통을 겪고 있었지만, 이 장관 취임으로 일본 정부 내에서 분위기가 호전되고 있었다. 일본 정부는 장관 취임 초부터 이 장관의 일본 방문을 타진했는데, 이는 호감을 표시하는 제스처인 동시에 경협 문제를 조기 타결해 양국 관계를 보다 안정시키는 것이 일본을 위해서도 유익하다고 판단한 때문인 것 같았다.

그때 이 장관은 주무과장인 나와 관계관 몇 사람만을 대동하고 도쿄를 방문하여 스즈키鈴木 수상, 사쿠라우치櫻内 외상, 아베安倍 자민당 간사장 등 일본 정부 요로와 회담하고 협력 분위기를 조성하는데 열중하셨다. 지금까지 기억에 남아 있는 것은, 이 장관이 일본어로 구사한 탁월한 언변이었다.

"이웃나라 사이에 어려운 일이 생기면 그 지도자들이 해야 할 일은 무엇보다 대의를 위해 신명을 바치는 일, 즉 '후사쿠신묘不惜身命'가 아니겠습니까? 제가 일본을 방문한 것은 바로 그 때문입니다." (사쿠라우치 외상과의 회담에서)

"한일 간에는 언제부터인가 보조개도 곰보라고 부르는 경우가 생겼는데 이제부터는 곰보도 보조개로 봐주는 새로운 변화가 생겨야 하지 않겠습니까?" (스즈키 수상과의 면담에서)

일본 지도자들의 감명을 불러일으키기에 충분한 언중유골의 표현이었다. 이 장관의 방일 후 교과서 문제도 일단락되면서 경협 교섭이 빠른 속도로 진전을 보게 되었다. 특히 그해 연말 스즈키 수상이 퇴진하고 후임인 나카소네의 공식 방한 계획과 연계되면서 경협 총액에 대한 공식, 비공식 라인 교섭이 집중적으로 이뤄졌고, 40억 불 정도의 전망 하에 교섭의 마무리가 진행되고 있었다.

그런데 합의 형식을 둘러싸고 문제가 생겼다. 일본 측은 나카소네 수상이 전 대통령과 정상회담을 하는 자리에서 경협 내용을 낭독하겠다는 것이었다. 반면 전 대통령은 외교문서를 통한 합의서 작성을 끝까지 주장했다. 이 때문에 우리 실무진에 비상이 걸렸다. 정상회담을 하루 앞둔 1983년 1월 10일 저녁, 신라호텔에서 문서 합의를 위한 마지막 양국 아주국장 회의가 열렸으나 도중에 결렬되는 등 우여곡절을 겪고도 경협은 무사히 타결되기에 이르렀다.

그때 전두환-나카소네 정상회담에서 이러한 협의 사항이 정식 발표되었다. 그날 저녁 이 장관은 아주국 직원들의 노고를 치하하는 만찬을 베풀어 주셨다. 나는 그 자리에서 "이제 본부 근무도 2년이 되었으니 해외로 나가야 할 차례가 되었다"고 운을 뗀 후 가급적이면 워싱턴으로 보내달라고 말씀드렸다.

그렇게 워싱턴 부임 6개월도 안 된 시점에서 이 장관님의 참변 소식을 접했던 나는 지금도 그 순간을 잊을 수 없다. 인자하고 자상했던 큰형님 같았던 그분에게 너무도 많은 것을 배웠고, 그분을 흠모하는 나의 마음은 지금도 한결같다. 이 장관이 아직 살아 계셨다면 대한민국이 크게 달라졌을 텐데, 하는 아쉬움이 많다.

도저히 채워지지 않는 크나큰 빈자리

- 정성근(전 통일원장관 비서관)

나는 30년간 비서처럼 이범석 장관을 가까이 모셨다. 1972년 남북적십자회담 때부터 비서관으로 들어갔지만, 그 전에 고려대학 선후배로서 형님과 아우 같은 사이였다. 평양 출신인 이 장관은 광복

후 누님 댁에서 고학을 하다시피하며 대학에 다녔는데, 후배를 워낙 좋아하던 분이었다.

6.25가 터진 후 부산 피난을 갔을 때, 경황이 없어서 서로 형편을 모를 때였다. 부산 남포동 거리에서 이 장관과 우연히 마주쳤다. 그때 첫마디가 이랬다.

"살아서 왔구나? 너 지금 어디 있느냐?"

아직 피난처도 정하지 못한 나를 보더니 이 장관이 지갑을 꺼내 양 손바닥에 돈을 다 꺼내 놓았다.

"야, 이게 더 많다. 너 이거 가져라."

두 손에 놓인 돈의 높이를 대충 살피고는 더 많은 쪽을 내밀며 말했다.

"우리 꼭 살아야 된다. 너랑 우리랑 꼭 살아야 된다. 몸조심해서 꼭 서울 가서 만나자."

이후 내가 군대에 가느라고 한동안 이 장관을 찾아볼 수가 없었다. 이 장관은 그 후 외무부 의전실장을 거쳐 튀니지 대사로 발령이 났다. 당시 남북관계의 긴장을 완화시키기 위해 정부는 정치 색깔을 배제하고 순수한 인도주의 차원에서 적십자회의를 열고자 했다. 그때 수석대표로서 가장 적격자로 지목된 것이 바로 이 장관이다. 당시 군대생활을 마치고 중앙정보부의 한 연구기관에서 연구요원으로 일하던 내게 어느날 이 장관이 전화를 걸어왔다.

"너는 내가 돌아왔는데 얼굴도 안 비추냐?"

그러자 나는 이렇게 대답했다.

"나는 시골병정마냥 되는 대로 다니는데 형님은 가끔 신문에도 나고, 그래서 짝사랑만 하고 있습니다."

이 장관은 "너, 나 좀 도와줄 수 있겠냐"라고 물었고, 나는 곧바로 "지금 일을 정리하겠다"고 대답했다. 다음날 삼청동 사무실로 가자 이 장관은 나를 비서실장에 임명했다. 그렇게 나는 비서실장이 되어 평양도 네 번이나 갔다 오는 등 인연을 이어갔다.

남북적십자회담에 이어 이 장관은 인도대사로 자리를 옮겼다. 새로 공관을 짓는 등 많은 일을 하는 사이에 박정희 대통령 시해사건이 터졌다. 그리고 전두환 대통령 아래서 통일원장관이 되었고, 나도 통일원장관 비서로 가게 되었다. 이 장관이 다시 청와대 비서실장으로 갔다가 외무부로 오게 되면서 나는 이렇게 말했다.

"이제 날 그만 놔주십시오. 다시 적십자사로 가겠습니다."

이 장관이 처음에는 화를 냈지만 결국 허락을 받아 나는 다시 적십자사에서 일하게 되었다. 그렇지만 나는 일주일에 한 번쯤은 이 장관을 뵈러 갔고, 공적인 일이든 개인 일이든 도움을 드리고자 노력했다. 이처럼 특별한 관계였고, 그만큼 이 장관은 매사에 날 무척 신뢰해 주셨다.

동남아 순방을 떠나기 전 날, 장관실로 찾아뵈었을 때 이 장관은 평소처럼 당근 주스를 마시고 있었다. 그리곤 이발을 하러 간다고 하고 엘리베이터를 타는 모습을 보며 인사를 했다. 그런데 장관들만 타는 그 엘리베이터에 같이 타자고 했다. 우리 말고는 아무도 없었는데, 갑자기 나를 꼭 껴안는 게 아닌가.

"나 이번에 가기 싫은데 말이야. 어쨌든 잘 다녀올게."

그것이 마지막이었다. 그렇게 그분은 내게 맞는 자리에서 마음껏 일할 수 있도록 배려를 아끼지 않았다. 내 미래에 대해서도 항상 걱정해 주면서 많이 사랑해 주셨다. 이 장관이 돌아가신 후 가족을 제외한다면 가장 억울한 사람은 나일 것이다. 지금도 이렇게 옆이 허전한 것은 바로 이 장관의 그 큰 빈자리 때문일 것이다.

참고문헌

〈나의 만남, 나의 인생〉, 이태영, 정우사, 1991년
〈나의 외교노트〉, 공로명, 기파랑, 2014년
〈나의 이야기〉, 송영식, 엔북, 2012년
〈남북대화에 대한 북한 내부의 장애요인 분석〉, 강인덕, 국토통일원, 1981년
〈노신영 회고록〉, 노신영, 고려서적, 2000년
〈대동강〉 6호에 이범석 추모 좌담회 게재, 85년 8월 29일 좌담회 하고
〈도산 안창호〉, 이광수, 범우, 2015년
〈도산 안창호의 생애와 교육사상〉, 박의수, 학지사, 2010년
〈도산 안창호 평전〉, 이태복, 흰두루, 2012
〈둔마가 산정에 오르기까지〉, 최호중, 태일출판사, 1997년
〈미국, 중남미를 외교무대로〉, 구충회, 삶과 꿈, 2007년
〈백사 이윤영 회고록〉, 이윤영, 사초, 1984
〈슬픔을 가슴에 묻고〉, 이정숙, 고려원미디어, 1994년
〈시간이 멈춘 땅, 미얀마〉, 신봉길, 한나래, 1991년
〈아웅산 리포트〉, 박창석, 인간사랑, 1993년
〈아웅산 테러리스트 강민철〉, 나종일, 창작과비평, 2013년
〈아웅산, 피의 일요일〉, 싱후쿠오 지음, 남현욱 옮김, 병학사, 1984년
〈알려지지 않은 역사〉, 글라이스틴, 황정일 역, 중앙M&B, 2000년
〈어느 외교관의 비망록〉, 윤하정, 기파랑, 2011년
〈외교가의 사람들〉, 노진환, 서울미디어, 1993년
〈외교관으로 산다는 것〉, 이재춘, 기피랑, 2011년
〈6.25와 베트남전 두 사선을 넘다〉, 이대용, 기파랑, 2010
〈이중섭 평전〉, 최열, 돌베개, 2014
〈일해재단〉, 장세동, 한국논단, 1995년
〈전두환 회고록〉, 전두환, 자작나무숲, 2017
〈지금도 대동강은 흐른다〉 평양고보 동문회, 범조사, 1993년
〈투사와 신사, 안창호 평전〉, 김삼웅, 현암사, 2013년
〈평화의 계단〉, 서영훈, 백산서당, 2002년
〈평화의 기를 들고〉, 이병웅, 도서출판 늘품, 2006
〈한국독립운동의 역사-경제운동〉, 오미일, 독립기념관, 1998년
〈한국 적십자 사업의 10년〉, 대한적십자사, 4292년
〈한국적십자운동 100년〉, 대한적십자사, 2006년
〈한국청소년적십자 50년사〉, 대한적십자사, 2003년
〈희망과 도전〉, 김용식, 동아일보사, 1987

분단 극복을 위해 헌신한 외교관

초강 이범석 평전

1판 1쇄 펴낸날 2018년 9월 14일

지은이 허영섭

펴낸이 서채윤 펴낸곳 채륜
책만듦이 김미정 책꾸밈이 이한희

등록 2007년 6월 25일(제2009-11호)
주소 서울시 광진구 자양로 214, 2층(구의동)
대표전화 02-465-4650 팩스 02-6080-0707
E-mail book@chaeryun.com Homepage www.chaeryun.com

책값은 뒤표지에 있습니다.
ISBN 979-11-86096-83-3 03910

이 도서의 국립중앙도서관 출판예정도서목록(CIP)은 서지정보유통지원시스템 홈페이지(http://seoji.nl.go.
kr)와 국가자료공동목록시스템(http://www.nl.go.kr/kolisnet)에서 이용하실 수 있습니다. (CIP제어번호 :
CIP2018027343)

　☙ 채륜서(인문), 앤길(사회), 띠움(예술)은 채륜(학술)에 뿌리를 두고 자란 가지입니다.
　　물과 햇빛이 되어주시면 편하게 쉴 수 있는 그늘을 만들어 드리겠습니다.